**RELIURE SERREE
Absence de marges
intérieures**

**VALABLE POUR TOUT OU PARTIE
DU DOCUMENT REPRODUIT**

Couvertures supérieure et inférieure manquantes

LA
CAMPAGNE DE 1814

PARIS. — IMPRIMERIE L. BAUDOIN, 2, RUE CHRISTINE.

LA CAMPAGNE DE 1814

D'APRÈS LES DOCUMENTS
des Archives impériales et royales de la guerre à Vienne

LA CAVALERIE DES ARMÉES ALLIÉES
PENDANT LA CAMPAGNE DE 1814

PAR

le Commandant WEIL

AVEC UNE

Préface par M. le Général LEWAL

TOME PREMIER

> « Tous les grands capitaines n'ont fait de grandes choses qu'en se conformant aux règles et aux principes naturels de l'art..... Ils n'ont cessé de faire constamment de la guerre une véritable science. C'est à ce titre seul qu'ils sont nos grands modèles et ce n'est qu'en les imitant qu'on doit espérer d'en approcher. »
>
> NAPOLÉON,
> *Commentaires, Correspondance*, T. 32

PARIS
LIBRAIRIE MILITAIRE DE L. BAUDOIN
IMPRIMEUR-ÉDITEUR
30, Rue et Passage Dauphine, 30

1891

Tous droits réservés.

Mon cher Commandant,

Vous désirez que je présente votre œuvre nouvelle à nos camarades de l'armée. N'est-ce pas superflu ?

Utile, intéressante et patriotique, sa propre valeur la recommande suffisamment et mes éloges n'ajouteront rien à son succès certain.

Par votre pratique des langues étrangères vous avez pu recueillir dans les archives des autres pays des pièces encore inédites et donner ainsi à votre livre un caractère d'exactitude des plus précieux à un pareil sujet.

C'est la première fois que le drame si varié de l'exploration est présenté d'une manière aussi complète, aussi réelle, aussi palpitante. Vous avez habilement réussi à retracer le rôle de la cavalerie, à cette période finale du premier Empire, où les plus hautes combinaisons de la guerre étaient en partie annulées par l'influence prépondérante du nombre. Aucune question n'était plus essentielle à remettre en lumière, à exposer dans toute sa vérité, et l'on ne saurait trop vous remercier d'avoir accompli cette tâche difficile.

Votre récit mouvementé est comme un reflet de l'action même entre les adversaires.

Dans ce journal de marche en partie double, on assiste à l'agitation stérile de toute cette cavalerie alliée autour de laquelle s'était créée une légende si fausse. Elle s'évanouit à la clarté de la vérité. Vous nous la montrez à l'œuvre, sans aucune entente des nécessités de la guerre, avec ses tergiversations, ses indécisions, son manque d'audace, ses arrêts sans motifs, en proie à des inquiétudes incessantes, se laissant surprendre parfois, renseignant mal si ce n'est pas du tout, alors que l'adversaire réduit à presque rien n'offrait pour ainsi dire plus de contre-partie à l'action des envahisseurs de la France. Cette émouvante page d'histoire parle haut.

En montrant toutes les erreurs commises dans le passé, elle forme comme les propylées de la campagne de 1870-71 où la cavalerie allemande, dans des conditions analogues, ne s'est guère montrée supérieure à la cavalerie des coalisés un demi-siècle auparavant.

Ce rapprochement saute aux yeux ; c'est ce qui donne tant d'intérêt à votre livre et le rend si instructif. En prouvant une fois de plus que l'exploration rationnelle n'a encore été réalisée ni dans le passé, ni dans le présent, il inspirera sans doute à beaucoup de nos brillants cavaliers le désir de travailler à la réalisation d'une méthode meilleure.

On apprend plus par les fautes que par les succès.

En retraçant si bien les phases de l'exploration défectueuse à tous égards, vous conduirez, je l'espère, les efforts vers l'exploration plus parfaite de l'avenir, et vous aurez ainsi rendu un incontestable service à l'armée.

Général LEWAL.

Paris, 29 Juin 1891.

AVANT-PROPOS

Ce n'est pas sans une certaine appréhension que nous livrons à la publicité le premier volume de ce livre qui nous a coûté plus de dix ans de recherches et de travail et qui, d'après le plan que nous nous étions primitivement tracé, devait n'être que la deuxième partie, la conclusion de notre *Étude sur la cavalerie des armées alliées* pendant la campagne de 1813.

Nous aurions voulu rester fidèle à ce programme spécial et restreint, nous borner à mettre en lumière les procédés essentiellement différents employés par la cavalerie alliée pendant ces deux campagnes et opposer à l'esprit d'initiative, à la vigueur dont elle avait fait preuve tant qu'elle avait opéré en pays ami, le rôle relativement effacé qu'elle joua pendant la campagne de France, la prudence, poussée souvent jusqu'à la timidité, qui, sauf dans quelques cas particuliers, entrava l'initiative, dénatura le mode d'action de cette arme à partir du jour où les armées de la coalition pénétrèrent sur le territoire national.

Mais en 1814, si l'on en excepte les raids exécutés par les corps volants de Geismar et de Meininger, dans le nord et le centre de la France, quelques coups de main plus ou moins hardis et pour la plupart d'importance secondaire tentés par Stscherbatoff, Seslavin, Kaïssaroff, Tchernitcheff et Thurn, la masse de la cavalerie de Schwarzenberg et de Blücher n'osa guère rien entreprendre qu'avec le concours et dans le voisinage immédiat des armées de Bohême et de Silésie.

Il nous a donc fallu nous décider à étendre le cadre primordial de notre étude et à suivre pas à pas, jour par jour, les mouvements des armées.

Nous avons d'ailleurs trouvé aux Archives impériales et royales de la guerre à Vienne, des documents si nombreux et si précieux que, tout en continuant à insister plus particulièrement sur le rôle de la cavalerie, nous nous sommes laissé entraîner plus loin que nous ne nous l'étions proposé.

C'est ainsi que, par la force même des choses, nous avons été amené à essayer de rédiger, comme M. le général Lewal a bien voulu le dire dans sa Préface, un journal de marche en partie double, à faire ressortir les faiblesses, les erreurs, les hésitations, l'organisation défectueuse du commandement des armées alliées, en un mot à refaire sur des bases nouvelles l'histoire complète de la campagne de France. Si nous n'avons pas réussi dans cette tâche délicate et difficile, nous espérons toutefois qu'on nous tiendra compte de nos efforts et qu'on trouvera au moins dans ce long travail quelques renseignements intéressants, quelques leçons utiles à méditer.

Nous n'ajouterons plus qu'un mot aux lignes qui précèdent. Il nous reste en effet à payer la dette de reconnaissance que nous avons contractée envers les officiers autrichiens dont la courtoisie et la bienveillance ont tellement facilité nos recherches. Aussi, bien que plusieurs années se soient écoulées depuis lors, nous n'avons pas oublié l'accueil gracieux et amical qui nous a été fait à Vienne, tant au Ministère qu'aux Archives de la guerre et nous avons tenu, en publiant ce premier volume, à adresser à S. E. le feldzeugmeistre baron Beck, chef d'état-major général de l'armée austro-hongroise, à son adjoint, le feld-maréchal-lieutenant Galgotzy, ainsi qu'aux officiers que nous avons eu la bonne fortune de trouver au *K. K. Kriegs Archiv*, le témoignage bien faible, bien tardif, mais bien sincère de notre profonde et inaltérable gratitude.

LA CAMPAGNE DE 1814

(d'après les documents des Archives impériales et royales de la guerre à Vienne)

LA CAVALERIE DES ARMÉES ALLIÉES

PENDANT LA CAMPAGNE DE 1814.

CHAPITRE PREMIER.

SITUATION GÉNÉRALE EN NOVEMBRE ET DÉCEMBRE 1813.

Divergence d'opinion des généraux alliés. — La victoire de Hanau avait rouvert aux glorieux vaincus de Leipzig la route de France que les Austro-Bavarois de Wrède avaient vainement tenté de leur barrer. L'Empereur, momentanément rassuré sur le sort des débris de son armée qu'il allait charger de garder la rive gauche du Rhin, quittait Mayence le 2 novembre et revenait à Paris pour y organiser de nouvelles forces. Pendant ce temps les souverains alliés hésitaient, comme étonnés de la grandeur des résultats obtenus, et, ne sachant à quel parti s'arrêter, perdaient, dans des discussions stériles, dans des négociations condamnées par leur nature même à rester infructueuses, l'occasion de tirer parti de leurs avantages et de mettre, en quelques semaines, fin à la guerre qui désolait l'Europe.

Quoi qu'on ait pu alléguer depuis lors pour essayer de justifier l'inaction des Alliés, quelle que puisse être la véritable valeur des considérations militaires ou des raisons politiques invoquées pour les besoins de la cause, Blücher était évidemment dans le vrai lorsqu'il faisait écrire, le 3 novembre 1813, par Müffling, la lettre suivante adressée au général Knesebeck : « On peut maintenant se rendre compte de la position de Napoléon. Si nous

nous portons rapidement sur la Hollande et si nous franchissons le Rhin, la conquête de la Hollande sera chose faite avant deux mois et l'on signera une paix durable. Si nous restons au contraire sur la rive droite, si nous nous laissons arrêter par des négociations, nous aurons à faire en 1814 une rude et sanglante campagne. Napoléon est actuellement dans la situation la plus difficile et la plus critique dans laquelle il ait jamais été, dans une situation qui ne saurait devenir pire. Je suis curieux de voir comment son génie lui permettra de s'en tirer. »

Mais comme ni Müffling, ni Gneisenau, ni Pozzo di Borgo, ni Blücher ne devaient parvenir à se faire écouter, à ce moment du moins, il nous a paru indispensable de faire précéder notre travail de l'exposé sommaire de la situation réciproque des deux partis vers le milieu de novembre 1813, de chercher à y découvrir les raisons diplomatiques ou autres qui ont décidé les Alliés à violer le principe si juste posé par Clausewitz : « Le vainqueur doit toujours tendre à hâter la solution, le vaincu à la retarder[1]. »

Les Alliés se décident à suspendre les opérations. — Il convient de reconnaître que les Alliés se trouvaient dans une position toute spéciale. Favorable dans son ensemble, surtout au point de vue militaire, elle présentait, en raison même des conditions et des tendances de la coalition, de son origine et de ses aspirations, d'innombrables difficultés. Et ce sont ces difficultés mêmes qui, se manifestant alors avec une recrudescence d'intensité, ont dû puissamment contribuer à faire prévaloir les idées de prudence exagérée, de temporisation intempestive, et à annihiler les efforts tentés par les partisans d'une offensive aussi rationnelle que peu dangereuse.

C'est ce fait que le maréchal Ney[2] constatait quelques mois plus tard, lorsqu'on lui demanda après la signature de la paix quelle eût été la conséquence d'une continuation immédiate des opérations : « Messieurs les Alliés auraient pu compter leurs jour« nées d'étapes jusqu'à Paris. » Mais à ce moment l'influence na-

---

[1] Clausewitz, *Critique stratégique de la campagne de France en 1814.*
[2] Bernhardi, *Toll*, IV, p. 46.

turelle exercée par les intérêts essentiellement différents de chacune des puissances alliées avait repris le dessus; les menées diplomatiques l'emportaient sur les considérations militaires; la voix de Metternich et de Knesebeck imposait silence aux prières et aux réclamations de Blücher et de Gneisenau.

Il ne pouvait, d'ailleurs, en être autrement à un moment où le parti de la guerre à outrance n'avait guère pour représentants militaires, sérieux et convaincus, que le commandant et le chef d'état-major général de l'armée de Silésie. L'empereur Alexandre, lui-même, tout en étant l'âme de la coalition et bien qu'il n'eût pas abandonné un instant l'idée de répondre à l'occupation de Moscou par une entrée triomphale à Paris [1], avait dû céder momentanément à la pression générale. Il avait, d'ailleurs, pu remarquer un an plus tôt, lors du passage du Niémen et de la Vistule, à leur entrée en Prusse, que ses généraux trouvaient l'honneur de la Russie suffisamment vengé par l'anéantissement de la Grande Armée et la délivrance du territoire national. Quant au roi de Prusse, influencé par les conseils pacifiques de Knesebeck, il n'avait pas cessé et ne devait jamais cesser d'être un instrument docile entre les mains d'Alexandre. L'Angleterre, fatiguée de la guerre qu'elle soutenait depuis si longtemps, épuisée par les subsides considérables qu'elle était obligée de fournir à la coalition, aurait d'autant plus volontiers souscrit à la paix qu'elle avait, en grande partie, atteint son but et réalisé son programme. L'Autriche, certaine désormais de voir ses anciennes provinces allemandes et ses possessions italiennes lui faire retour dès que les hostilités cesseraient, ne se souciait guère de continuer une guerre dont elle savait ne pouvoir tirer aucun profit nouveau. Enfin, Bernadotte, poursuivant la réalisation de ses rêves ambitieux, se berçant du vain espoir de remplacer Napoléon sur le trône de France, se prononçait vivement contre le plan proposé par Blücher qui voulait, après avoir passé le Rhin à Mühlheim, le 15 novembre, pendant que l'armée du Nord aurait pénétré en Hollande, se porter avec son armée sur Bruxelles et continuer de là sa marche sur Paris. L'armée de Bohême devait naturellement, dans ce projet, accentuer son mouvement en avant et passer, elle

---

[1] Caulaincourt devait écrire, le 30 janvier à Napoléon, de Châtillon : « Le czar veut faire voir ses gardes aux Parisiens pour venger Moscou. »

aussi, sur la rive gauche du Rhin. Il est bien certain que les débris de l'armée française, échelonnés depuis Huningue jusqu'à la mer du Nord, n'auraient pu arrêter sérieusement les alliés; l'Empereur le reconnaissait lui-même, puisqu'il écrivait le 19 novembre à Marmont : « Nous ne sommes dans ce moment-ci en mesure pour rien. »

Quoi qu'il en soit, l'habileté de Metternich, qui avait trouvé moyen de se mettre en relations avec Saint-Aignan, les insinuations perfides et intéressées de Bernadotte, qui ne contribuèrent pas peu à faire accepter ces atermoiements au czar, en lui inspirant l'idée de chercher à séparer la cause de Napoléon de celle de la France, eurent raison de la haine insatiable de Blücher, de la logique et des arguments de Gneisenau. Le maréchal Vorwærts, escomptant les ordres de marche qu'il se croyait certain de recevoir, faisait descendre, le 7 novembre, la Lahn aux corps d'York et de Sacken pour les pousser ensuite, à partir de Limburg, sur la grande route de Francfort à Cologne. Il dirigeait Langeron par Siegen et voulait le faire rallier par Saint-Priest venant de Cassel ; mais, pendant ce temps, le conseil de guerre réuni à Francfort le 7 novembre, se prononçait contre la continuation immédiate des opérations et, se basant sur l'état précaire dans lequel se trouvait surtout l'armée de Silésie, prescrivait à Blücher de revenir sur ses pas et de se charger du blocus de Mayence.

La France était momentanément sauvée; l'Empereur allait avoir le temps de faire sortir de terre de nouvelles formations, de se créer de nouvelles ressources. Aussi Napoléon n'hésita-t-il pas à accepter les offres qu'on lui fit, et il désigna Mannheim comme lieu de réunion des plénipotentiaires.

Mais si le parti de la paix avait eu un instant le dessus, les efforts de Stein et la haine de Pozzo di Borgo ne devaient pas tarder à amener bientôt un revirement presque complet. On avait reculé d'abord, au grand quartier général des Alliés, devant une offensive qui pouvait en quelques jours mettre fin à la campagne ; cependant, comme on n'y voulait pas d'une paix qui n'aurait pu être durable, et comme on était décidé à reprendre les opérations dès que les troupes se seraient refaites, dès que les renforts seraient arrivés, dès que les colonnes de munitions auraient rejoint, on convint, contrairement aux prévisions de l'Empereur, de faire une campagne d'hiver.

Proclamation du 1er décembre. — D'autre part, pour priver Napoléon d'une partie de ses ressources, pendant qu'ils continuaient à négocier, les souverains alliés, se ralliant à l'idée émise par Bernadotte, tentèrent de séparer la cause de l'Empereur de celle de la France, en lançant la proclamation du 1er décembre. Ils y déclaraient nettement que : « Les puissances alliées ne font pas la guerre à la France, mais à cette prépondérance hautement annoncée, à cette prépondérance que, pour le malheur de l'Europe et de la France, l'empereur Napoléon a trop longtemps exercée hors des limites de son empire. »

Il ne nous appartient pas d'approfondir la nature, l'étendue des pouvoirs donnés de part et d'autre aux plénipotentiaires, de chercher à démêler quelles ont été réellement les intentions, plus ou moins sincères des souverains et de leurs ministres. Nous pensons, cependant, que Napoléon (et les instructions données à Caulaincourt sont loin d'infirmer notre manière de voir) aurait à ce moment accepté une paix honorable si elle lui avait été sérieusement offerte. Dès le 10 décembre, du reste, le doute ne lui était plus permis, et la réponse faite par Metternich à Caulaincourt est là pour prouver qu'à ce moment déjà, la coalition était décidée à amener par les armes la solution qu'elle recherchait. De son côté, Napoléon n'avait pas perdu son temps depuis son retour à Paris ; grâce aux sénatus-consultes des 9 octobre et 15 novembre, il espérait tirer du pays 545,000 conscrits. C'est avec ces ressources qu'il comptait faire face à l'invasion et soutenir les trois corps de Victor, de Marmont et de Macdonald, dont les 45,000 hommes échelonnés depuis la Suisse jusqu'à la Hollande, allaient avoir à supporter, avec les quelques troupes postées en Belgique, les premières attaques des armées alliées.

Plus on examine la situation morale et matérielle des belligérants vers la mi-novembre 1813, et moins on saisit les motifs qui ont pu décider les Alliés : d'abord, à renoncer aux avantages qu'ils devaient à la victoire de Leipzig, et à se priver, comme la dernière partie de la campagne de 1815 ne devait pas tarder à le démontrer, des bénéfices certains que leur aurait assurés une offensive immédiate et vigoureuse ; ensuite, à découvrir leur aile gauche en violant la neutralité de la Suisse ; enfin, à faire choix d'un plan d'opérations excentrique qui avait tout au plus, pour excuse apparente, de diminuer l'étendue de la ligne d'opérations de l'armée autrichienne.

Situation de l'armée française. — Renseignés comme ils l'étaient par leurs propres agents et par les partisans des Bourbons, les Alliés devaient savoir que l'Empereur aurait peine à opposer, en y comprenant la garde et le petit corps de Belgique, 60,000 à 70,000 hommes aux 150,000 hommes qu'il leur était si aisé de pousser immédiatement sur Paris. Comme le dit Clausewitz, « les Alliés étaient numériquement assez forts pour ne courir aucun danger en se résolvant à utiliser la puissance que venait de leur donner la victoire, à entrer en France et à continuer leur mouvement en avant jusqu'à la prise de Paris... » Il est évident que l'armée française, si elle avait été poursuivie, se serait retirée jusqu'à Paris. Il n'y avait nulle part des forces suffisantes pour la recueillir, et les Alliés le savaient fort bien. Au lieu de se refaire et de se renforcer, cette armée se serait affaiblie en détachant les garnisons qu'elle aurait été obligée de jeter dans les forteresses, et l'on ne saurait être taxé d'exagération si l'on affirme qu'en arrivant sous Paris, elle n'aurait compté guère plus de 35,000 à 40,000 hommes.

Opinion de Clausewitz sur le plan des Alliés. — Comme Clausewitz le fait encore remarquer quelques pages plus loin dans sa *Critique stratégique de la campagne de France en 1814*, l'objectif stratégique des Alliés était *d'abord l'anéantissement des forces à l'aide desquelles l'Empereur aurait reconstitué en France une nouvelle armée*, puis *la prise de Paris*.

Il en résultait donc pour les Alliés l'obligation de se porter, avec toutes leurs forces réunies, contre l'armée française, de lui livrer une bataille décisive, puis après l'avoir battue de marcher sur Paris, sinon avec la totalité, du moins avec la plus grande partie de leurs troupes. On devait, en un mot, *faire sortir la paix des conséquences mêmes de la bataille de Leipzig*[1].

L'objectif était donc plus nettement déterminé qu'il ne l'a jamais été au début d'une campagne. Les Alliés devant chercher à rendre le plus rapidement possible une grande bataille inévi-

---

[1] CLAUSEWITZ, *Critique stratégique de la campagne de France en 1814*. — Clausewitz ajoute encore : « Pour se servir des termes favoris des écrivains militaires, c'était le cas de s'élever au-dessus des règles consacrées, de remplacer la guerre méthodique par la plus extrême audace. »

table, il aurait été naturel et logique de se porter en avant par la grande route la plus directe de Francfort à Paris, par Mayence et Metz, en limitant conséquemment le nombre des routes suivies par les différents corps à ce qui était strictement nécessaire pour faire vivre et marcher une armée de près de 200,000 hommes.

Or, ajoute Clausewitz, puisqu'on devait, en se rapprochant de l'ennemi, réduire ce front de marche de manière à permettre et à faciliter la concentration des troupes destinées à prendre part à la lutte, il importait de choisir à l'avance un point de réunion pour les armées. Comme il était impossible d'admettre que les forces françaises parvinssent à se masser ailleurs que sur la Haute-Meuse ou sur la Marne, ce point devait être Verdun ou Châlons, villes précisément situées sur la route centrale la plus courte. Au cas où l'Empereur aurait choisi un autre centre de résistance on avait ainsi la faculté de prendre Nancy comme point général de réunion au lieu de Verdun ou de Châlons.

En un mot les Alliés auraient pu et dû marcher, dès le principe, en trois grosses colonnes jusqu'à hauteur de Luxembourg, Metz et Nancy. En portant immédiatement et directement la guerre au cœur même de la France, ils facilitaient encore la conquête des Pays-Bas et de la Belgique en rendant impossible l'envoi des renforts destinés aux faibles corps chargés de la garde de ces régions.

Plan d'opérations du prince de Schwarzenberg. — Puisqu'on savait que l'armée française ne pouvait en aucun cas se concentrer en avant de la rive gauche de la Meuse; puisqu'on voulait ramener dans le Haut-Rhin les lignes de communication des troupes tirées de l'Autriche et des États de l'Allemagne du Sud; dès qu'on se décidait, d'autre part, à ne franchir le haut Rhin à Lörrach que dans les derniers jours de décembre et le Rhin moyen qu'en janvier, la marche par le Brisgau et par la Suisse entraînait une perte de temps inutile et par conséquent nuisible. Enfin, puisque l'on avait posé en principe d'opérer de manière à accepter la bataille toutes les fois que l'ennemi aurait divisé ses forces et que la supériorité serait décidément de notre côté (du côté des Alliés, c'est toujours Clausewitz qui parle), de l'éviter, au contraire, lorsque toutes les forces de l'ennemi se trouveraient réunies et dirigées sur le point menacé par nos armées [1], — c'était commettre une grosse faute que de se séparer dans le principe pour opérer ensuite une jonction qui devait être d'autant plus aléatoire qu'elle allait vraisemblablement s'effectuer en présence d'un adversaire tel que Napoléon.

Premiers mouvements de l'armée de Bohême. — Quoi qu'il en soit, l'empereur Alexandre, après avoir hésité pendant quelques jours, avait fini par approuver le plan que le généralissime autrichien lui avait soumis dans les derniers jours de novembre. La grande armée de Bohême quitta, vers le 10 décembre, les canton-

---

[1] Propositions générales sur un plan d'opérations contre la France présenté à Francfort-sur-le-Mein par le feld-maréchal prince de Schwarzenberg à Sa Majesté l'empereur de Russie (*Archives de l'état-major de Saint-Pétersbourg*). Résumé des mesures proposées à ce moment par Schwarzenberg :

1° Tous les cosaques et tous les partisans disponibles dans les différentes armées seront immédiatement jetés sur la rive gauche du Rhin. On leur donnera pour instruction de former des colonnes mobiles, de traverser la France dans tous les sens pour empêcher les conscrits de se rassembler et de rejoindre leurs dépôts ou leurs corps, et enfin d'inquiéter et d'interrompre autant que possible les communications de l'ennemi (a).

2° La grande armée de Bohême marchera par sa gauche ; elle passera le Rhin et tâchera de pénétrer dans l'intérieur de la France pour tendre la main à l'armée de lord Wellington et à celle d'Italie.

3° L'armée du maréchal Blücher passera également le Rhin dans le but de contenir l'armée française, de l'occuper, de manœuvrer contre elle jusqu'au moment où l'armée de Bohême aura atteint les communications de l'ennemi. Le maréchal Blücher sera soutenu par un corps que la grande armée détachera pour observer Kehl et Brisach et qui sera sous ses ordres lorsque la grande armée avancera dans l'intérieur de la France.

4° En même temps l'armée de S. A. R. le prince royal de Suède passera le Rhin aux environs de Düsseldorf ou de Cologne et se dirigera sur la Hollande, ainsi que S. A. l'a fait proposer par M. le comte de Löwenhielm. Comme les forces principales de l'ennemi seront contenues par les autres armées alliées, il n'est pas probable que les forteresses de la Hollande soient ravitaillées et pourvues de garnisons suffisantes ; il est donc à désirer que le prince royal de Suède accélère cette opération autant que possible avant que l'ennemi ne puisse réunir les moyens de s'y opposer.

En renforçant le corps du général Wallmoden d'une partie de l'armée suédoise suffisante pour contenir le maréchal Davout, S. A. R. garderait avec elle le corps de Winzingerode, celui de Bulow, les Saxons et un corps suédois avec lesquels il entreprendrait l'expédition de Hollande.

Par une marche rapide de Cologne sur Anvers on réussirait à couper la Hollande de la France, à empêcher l'empereur Napoléon de jeter des garnisons dans les places fortes, et enfin à prendre ce pays à revers, ce qui faciliterait l'insurrection de ses habitants et donnerait les moyens de les faire soutenir par l'Angleterre.

(a) Rien de cela n'a été fait, comme nous le démontrerons plus tard.

nements qu'elle avait occupés dès le 18 novembre, depuis Lahr jusqu'au Mein, et remonta peu à peu le cours du Rhin, pendant que Schwarzenberg, décidé à violer la neutralité de la Suisse, partait de Francfort le 9 décembre pour surveiller de plus près ces mouvements. Passant par Heidelberg et Carlsruhe, le généralissime installait, le 11, son quartier-général à Fribourg-en-Brisgau.

Composition de cette armée. — La grande armée de Bohême se composait des : 1re division légère autrichienne (feld-maréchal-lieutenant comte Bubna); 2e division légère autrichienne (feld-maréchal-lieutenant prince Maurice Liechtenstein); Ier corps d'armée autrichien (feldzeugmeister comte Colloredo); IIe corps d'armée autrichien (feld-maréchal-lieutenant prince Aloïs Liechtenstein); IIIe corps d'armée autrichien (feldzeugmeister comte Gyulay); IVe corps d'armée wurtembergeois (prince royal de Wurtemberg); Ve corps d'armée austro-bavarois (général de cavalerie comte Wrède); VIe corps d'armée russe (général de cavalerie comte Wittgenstein); réserves autrichiennes (général de cavalerie prince héritier de Hesse-Hombourg); gardes et réserves russes et prussiennes (général d'infanterie comte Barclay de Tolly), soit 235 bataillons, 302 escadrons avec 682 bouches à feu et un effectif total de près de 200,000 hommes [1]. Elle commença son mouvement vers la Suisse le 10 décembre. Sa tête de colonne, la division Bubna, était arrivée, dès le 9 décembre, à Lörrach où Schwarzenberg transporta son quartier général le 20.

Composition de l'armée de Silésie. — L'armée de Silésie, sous les ordres de Blücher, composée du Ier corps prussien (général d'infanterie von York), du IIe corps prussien (général lieutenant von Kleist), du corps russe du général d'infanterie comte Langeron, du corps russe du général d'infanterie baron Sacken, du corps volant du prince Biron de Courlande, forte de 146 1/2 bataillons, 152 escadrons, 17 régiments de cosa-

---

[1] D'après Bogdanovitch : 255 bataillons, 304 escadrons, 26 régiments de cosaques, 690 bouches à feu et un effectif total de 198,300 hommes; d'après Plotho : 239 bataillons, 293 escadrons, 684 bouches à feu et 228,650 hommes; d'après Damitz : 263 bataillons, 295 escadrons, 581 bouches à feu et 200,687 hommes.

ques, 448 canons avec un effectif de 95,440 hommes, devait, lorsqu'elle aurait été rejointe par les IV⁰ et V⁰ corps fédéraux (Électeur de Hesse et duc régnant de Saxe-Cobourg), présenter un total de **191 1/2 bataillons, 155 escadrons, 500 bouches à feu et 136,670 hommes**. Cette armée qui, à la date du 20 décembre, occupait des cantonnements resserrés sur la rive droite du Rhin, de Mannheim à Coblence, ne présentait, lorsqu'elle commença sa marche lors du passage du Rhin (1ᵉʳ janvier 1814), qu'un effectif de 50,000 hommes. Le corps de Kleist était à cette époque encore sous Erfurt; celui de Langeron resta devant Mayence et les IV⁰ et V⁰ corps fédéraux, en voie de formation, ne rejoignirent que beaucoup plus tard.

Composition de l'armée du Nord. — Quant à l'armée du Nord, sous les ordres du prince royal de Suède et dont les différents corps représentaient une force totale de près de 170,000 hommes, elle se composait du III⁰ corps d'armée prussien (général-lieutenant von Bulow, 30,000 hommes et 96 bouches à feu), du corps russe du général de cavalerie baron Winzingerode (30,000 hommes et 132 bouches à feu)[1], du III⁰ corps fédéral (général de cavalerie duc de Saxe-Weimar, 23,000 hommes et 56 bouches à feu), du corps du général-lieutenant comte Walmoden (15,000 hommes et 32 canons), de 10,000 hommes de troupes néerlandaises, milices sous les ordres du prince d'Orange, des 9,000 Anglais[2] du général Graham; enfin, du corps suédois du feld-maréchal comte Stedingk (23,000 hommes et 62 bouches à feu) et du II⁰ corps fédéral sous les ordres du duc de Brunswick, fort de 32,900 hommes et 64 bouches à feu[3].

Effectifs de l'armée française au 1ᵉʳ janvier 1814. — A ces forces considérables, aux 200,000 hommes que les Alliés allaient

---

[1] Le corps de Bulow arriva le 24 février à Laon; mais ces deux corps ne rejoignirent l'armée de Blücher qu'en mars. Le III⁰ corps prussien ne comptait plus alors que 16,000 hommes.

[2] Ces troupes n'opérèrent que dans les Pays-Bas et en Belgique.

[3] Ces deux derniers corps ne prirent pas part à la campagne de France, mais en revanche les armées furent renforcées pendant le cours des opérations par les VI⁰ et VIII⁰ corps fédéraux et par les contingents hessois, würtzbourgeois, badois, etc.

jeter contre lui dès les premiers jours de janvier 1814, Napoléon ne pouvait opposer depuis Huningue jusqu'au delà de Nimègue que Victor, qui surveillait le cours du Rhin de Huningue à Landau avec le 2e corps (5,615 hommes et 14 canons) et le 5e corps de cavalerie (4,265 hommes et 6 bouches à feu); Marmont, qui couvrait la ligne de Landau à la Moselle avec le 6e corps fort d'un peu plus de 10,000 hommes et 23 canons environ et 3,000 cavaliers. Le 4e corps (Morand, 14,181 hommes) occupait Mayence. Le reste du cours du Rhin depuis Coblence jusqu'à Nimègue était gardé par les troupes sous les ordres du duc de Tarente. Le 5e corps (Sebastiani) réduit à une seule division forte de 3,000 hommes environ et 12 canons, soutenue par 1,533 chevaux du 3e corps de cavalerie, était échelonné depuis le confluent de la Moselle jusqu'à celui de la Lippe. Le 11e corps devait avec 25 bataillons et la division de cavalerie Exelmans (11,550 hommes et 18 canons) surveiller le Rhin, de Crefeldt et Wesel jusqu'à Nimègue et au fort Saint-André.

A l'extrême-gauche de l'armée française, Maison, auquel l'Empereur venait le 21 décembre de confier le soin de défendre la Belgique, ne disposait à ce moment que de quelques dépôts des 17e et 24e divisions militaires, de quelques cadres de la jeune garde et de la cavalerie du général Castex.

A l'extrême-droite, Lyon était aussi presque entièrement dégarni de troupes. Comme réserve au centre de cette longue ligne on ne trouvait que la faible division de vieille garde du général Michel et les deux divisions de jeune garde en formation à Metz. Ces troupes devaient un peu plus tard et pour quelque temps seulement, constituer, sous les ordres de Ney, le rassemblement qu'on décora du titre pompeux d'armée des Vosges; on l'affecta, en partie, à soutenir les quelques bataillons qui, sous les ordres de Mortier, allaient momentanément (vers le 15 janvier) former sur le papier l'armée du Morvan.

Comme on le voit, les 10,000 hommes de Victor, échelonnés de Huningue jusqu'en aval de Strasbourg, paraissaient destinés à soutenir à eux seuls le premier choc des 200,000 hommes de Schwarzenberg.

Violation de la neutralité de la Suisse, 20-21 décembre 1813. — Pendant ce temps le généralissime autrichien en était arrivé à ses fins : il avait décidé ou pour mieux dire obligé le czar à consentir à la violation de la neutralité de la Suisse [1], et dans la nuit du 20 au 21 décembre, après la retraite des troupes helvétiques, tous les corps autrichiens passaient le Rhin à Bâle, Lauffenburg et Schaffouse. Les Austro-Bavarois de Wrède les suivaient le 22.

En y comprenant le VI⁰ corps (Wittgenstein) et les gardes et réserves sous Barclay de Tolly, la grande armée, désormais divisée en 9 colonnes principales allait, en étendant sa gauche jusqu'à Genève, chercher à pénétrer en France par la trouée qui sépare le Jura des Vosges, pour gagner de là le plateau de Langres par la route de Bâle à Vesoul. Elle devait, conformément au plan de Schwarzenberg, être à Langres vers le 15 janvier, au moment même où l'armée de Silésie marchant par la Sarre et la Moselle serait arrivée aux environs de Metz.

Le mouvement de l'armée de Bohême jusqu'au passage du Rhin s'était naturellement opéré sans aucune difficulté. Schwarzenberg avait seulement fait tenter contre Neuf-Brisach, dans la nuit du 19 au 20 décembre, un coup de main qui, mollement exécuté par 2,000 hommes du III⁰ corps d'armée (Gyulay), échoua complètement.

Pour arriver à se rendre un compte à peu près exact des mouvements que les différents corps des armées alliées effectuèrent dans des directions si divergentes à partir du 21 décembre, il a paru indispensable de diviser notre travail en périodes et de suivre, pendant chacune de ces périodes, les mouvements de chacun des différents corps alliés. C'est pourquoi, dans le chapitre consacré aux premières opérations de l'armée de Bohême, on a compris les mouvements exécutés jusqu'à la prise de Genève par la colonne de Bubna, chargée d'assurer un point d'appui solide à l'extrême-gauche des alliés. On a ensuite retracé rapidement les premières opérations de l'armée de Silésie, et on a terminé l'étude de cette première période de la campagne, qui nous mènera jus-

---

[1] Proclamation du 21 décembre 1813 adressée par Schwarzenberg aux Suisses. Il est à remarquer que ni les troupes russes, ni les troupes des IV⁰ et V⁰ corps ne pénétrèrent à l'intérieur de la Suisse. Les gardes et réserves de Barclay et les Austro-Bavarois de Wrede se bornèrent à se servir du pont de Bâle tandis que les Autrichiens s'étendirent jusqu'à Genève.

qu'à la veille du combat de Brienne et de la bataille de La Rothière, jusqu'à la première jonction des armées de Bohême et de Silésie, par un résumé des événements qui se sont passés, en janvier 1814, tant à l'extrême-droite en Belgique qu'à l'extrême-gauche du côté de Lyon.

CHAPITRE II.

OPÉRATIONS DE L'ARMÉE DE BOHÊME DEPUIS LE PASSAGE DU RHIN A BALE JUSQU'A LA PREMIÈRE RÉUNION AVEC L'ARMÉE DE SILÉSIE (26 JANVIER 1814).

20 décembre 1813. — Ordre de mouvement. — Ce fut de son quartier général de Lörrach que Schwarzenberg fit partir, le 20 décembre, les ordres de mouvement pour les différentes colonnes de l'armée de Bohême.

La première colonne composée de l'avant-garde (1re division légère comte Bubna) et du IIe corps (prince Aloïs Liechtenstein) devait, en partant de Crenzach et de Bâle, se diriger la première à l'extrême-gauche de la ligne sur Genève, le second, en passant par Soleure, Berne, Fribourg où il arriva le 25, se séparer de Bubna, pousser des partis vers Pierre-Pertuis pour observer la vallée de Saint-Imier et la route de Travers à Pontarlier, et continuer sa marche de Neuchâtel sur Pontarlier.

La 2e colonne, la division Crenneville du IIIe corps autrichien du comte Gyulay, renforcée momentanément par la division de grenadiers de Bianchi, qui ne tarda pas à être employée jusque vers le 5 janvier devant Belfort, avait reçu l'ordre d'aller de Bâle à Bienne par Soleure, d'appuyer de là vers la droite pour gagner, par Porrentruy et Montbéliard, Vesoul où elle arriva le 7 janvier.

La 2e division légère (prince Maurice Liechtenstein) et le Ier corps autrichien (comte Colloredo) formaient la 3e colonne qui, après avoir franchi le Rhin à Lauffenbourg, passait par Aarau, Aarburg et Berne pour aller vers Neuchâtel.

A la 4e colonne, qui se composait des 2 autres divisions du IIIe corps (Gyulay), on avait attribué pour les premiers jours la même route qu'à la 3e. Cette colonne suivit ensuite la division Crenneville et se dirigea sur Vesoul.

Le prince héritier de Hesse-Hombourg avec les réserves autrichiennes, (2 divisions de grenadiers et 2 de cuirassiers, 5e colonne), passa le Rhin à Schaffouse avec ordre d'être le 29 décembre à Berne.

Quant aux Austro-Bavarois de Wrède qui formaient la 6ᵉ colonne, ils passèrent le Rhin à Bâle le 22, se dirigeant sur Huningue et envoyèrent une division (la division Rechberg) sur Belfort.

Le IVᵉ corps d'armée (prince royal de Wurtemberg) constituant la 7ᵉ colonne resta provisoirement à Lörrach et ne passa le Rhin, à Märkt, que le 31 décembre.

Le VIᵉ corps composé des Russes de Wittgenstein, formant la 8ᵉ colonne qui ne pénétra pas en Suisse, avait ordre de venir bloquer Kehl et observait à ce moment le Rhin depuis Fort-Vauban jusqu'à Mannheim.

Enfin les gardes et réserves russes, sous les ordres de Barclay de Tolly, qu'on peut considérer comme formant une 9ᵉ colonne, restaient provisoirement à Lörrach comme le IVᵉ corps.

Considérations sur cet ordre de mouvement. — En admettant que les Alliés ont agi sagement et prudemment en effectuant leur mouvement par la Suisse, pour opérer ensuite une conversion générale à droite à laquelle le VIᵉ corps (Wittgenstein) était appelé à servir de pivot, en allant même jusqu'à trouver une certaine raison d'être à l'envoi des 12,000 hommes de Bubna sur Genève, on est en revanche dans l'impossibilité de découvrir les motifs qui justifient la direction suivie par le Iᵉʳ corps (Colloredo) et les réserves autrichiennes du prince héritier de Hesse-Hombourg qu'on envoya de Neuchâtel sur Pontarlier et Dijon. On ne s'explique pas davantage les motifs qui ont pu amener Schwarzenberg à prendre un front dont l'étendue, dans les derniers jours de décembre, embrassait plus de 300 kilomètres depuis Fort-Louis jusqu'à Genève.

Un pareil dispositif ne répondait guère aux idées émises dans le plan d'opérations que le généralissime autrichien avait soumis et fait accepter au czar à Francfort.

22 décembre 1813. — **Premiers mouvements de Wrède.** — De toutes les colonnes auxquelles on avait fait passer le Rhin à Bâle, ce ne fut, grâce à ces dispositions, que la colonne formée par les Austro-Bavarois de Wrède qui se trouva rester sur la grande voie menant à l'intérieur de la France. Wrède, bien qu'il n'eût traversé le Rhin avec ses troupes que le 22, fit investir le jour même Huningue par la brigade Zollern de la division Beckers, dirigea la division Rechberg sur Belfort et la division La Motte sur Porrentruy. Les Autrichiens de Frimont formaient sa réserve, et les 700 chevaux du corps volant du colonel autrichien Scheibler couvraient sa droite par des postes envoyés sur la route de Colmar, jusque vers Habsheim et Rixheim, sur celle de Cernay et dans la direction de Thann.

Le corps de Wrède était donc le seul dont les troupes eussent été jetées en France et le mouvement offensif d'une armée de 200,000 hommes qui n'avait, à proprement parler, rien devant elle, ne se manifesta que par l'investissement de quelques places et par l'envoi de quelques partis dans le département du Haut-Rhin.

Quoi que les panégyristes de Schwarzenberg aient pu écrire pour justifier ces dispositions, ils n'ont pas trouvé une seule bonne raison à faire valoir. En effet, s'il était décidé à ne porter les Austro-Bavarois en avant que lors de l'entrée en ligne du IVe corps et des colonnes autrichiennes passant par Neuchâtel, il eût été assurément plus rationnel de maintenir le Ve corps un peu plus en arrière. On aurait ainsi épargné aux partisans de Scheibler la leçon qu'ils allaient recevoir à Sainte-Croix, le 24 décembre. On n'aurait pas, il est vrai, enlevé deux bicoques comme Blâmont et Landskron; mais on aurait eu l'avantage de ne pas révéler prématurément aux Français la direction dans laquelle l'attaque allait se produire.

En somme, le 22 décembre au soir, l'armée de Bohême occupait les positions suivantes :

Positions de l'armée de Bohême le 22 décembre au soir. — Bubna était à Soleure, le général Scheither à Büren, le général Zechmeister à Bettlach. Le Ier corps à Aarau, le IIe à Balstall. Crenneville, relevé devant Huningue par une division du Ve corps [1], devait se diriger le lendemain sur Soleure après avoir rejoint Bianchi à Lauffen. Le IVe corps était encore très en arrière, en marche vers le Haut-Rhin, et devait être du 3 au 6 janvier à Belfort pour se relier au Ve et couvrir sa droite. Le prince

---

[1] Le corps volant du colonel Scheibler eut ce jour-là déjà, du côté de Battenheim, une petite escarmouche avec un des avant-postes français qui se retira sur Ensisheim.

Eugène de Wurtemberg bloquait Kehl. Les cosaques du colonel prince Lubomirsky, soutenus par le général major Dochtoroff avec le régiment de hussards d'Olviopol posté à Ottenheim, surveillaient le Rhin de Kehl à Vieux-Brisach; le général major Moussin-Pouchkine, ayant pour soutien à Rastadt le général major Rudinger et les hussards de Grodno, en faisait autant de Kehl à Mannheim, avec les régiments cosaques de Jaroslaw et de Wlassoff II. Enfin, Wittgenstein, afin de se procurer des nouvelles de l'ennemi, avait fait partir le général Seslavin avec deux escadrons de hussards de Soumy et le régiment cosaque Rebrikow III, avec ordre de chercher à passer en amont de Strasbourg, sur la rive gauche du Rhin, et d'opérer en partisan sur les derrières de Victor. La ligne formée le long du Rhin par les postes d'observation du VI⁰ corps ne mesurait guère moins de 180 kilomètres.

23 décembre 1813. — Mouvements. — Le lendemain 23 la 1ʳᵉ division légère autrichienne arrivait à Berne, le Iᵉʳ corps à Aarburg, le IIᵉ à Soleure, le IIIᵉ à Liestadt. Le major de Vaulx (des chevau-légers de Vincent) avec un parti de 100 cavaliers et quelques fantassins avait poussé, dans la nuit du 22 au 23, jusqu'à Neuchâtel. La division de grenadiers de Bianchi était le soir à Moutier, celle de Crenneville à Asch et celle de Weissenwolff à Eglisau. Le IVᵉ corps s'était rapproché d'Offenbourg.

Mouvements de la cavalerie de Wrède. — Quant à Wrède, qui avait transféré son quartier-général à Hésingen, sur la route de Belfort, il avait reconnu Huningue et envoyé deux petites colonnes mobiles contre Landskron et Blâmont. Le colonel Scheibler, avec son corps volant, fort de 100 hussards du régiment de Szekler, de 50 hussards du régiment de Hesse-Hombourg, de 90 chevau-légers bavarois et des deux faibles régiments cosaques des colonels Elmorsin et Korin qui ne comptaient à eux deux que 400 chevaux, avait poussé, dès l'aube, jusqu'à Ensisheim. Il avait chargé le capitaine baron Schell, du régiment de hussards de Hesse-Hombourg, de poursuivre avec un escadron, 100 cosaques et un peloton de chevau-légers le piquet français qui s'était retiré la veille en tiraillant mollement de Battenheim sur Ensisheim. Le capitaine Schell parvint jusqu'au delà de Colmar, enlevant en route un convoi de douze caissons de munitions; mais, informé de l'approche d'un corps français marchant sur Colmar, il crut plus sage de se retirer sur Sainte-Croix après avoir prévenu Wrède du mouvement de la cavalerie française de Milhaud, qui devait, d'après les renseignements qu'il avait recueillis, arriver à Colmar le 24 [1].

24 décembre 1813. — Affaire de Sainte-Croix. — Bien qu'informé à temps de l'approche de la cavalerie de Milhaud, le colonel Scheibler [2], après avoir rallié son avant-garde, crut devoir se rapprocher de Sainte-Croix. Parti d'Ensisheim le 24, vers sept heures du matin, il arrivait à dix heures à Sainte-Croix où il fut rejoint par un parti, que sous les ordres du capitaine Eberle il avait envoyé la veille battre le pays dans la direction de Neuf-Brisach. Il faisait aussitôt filer sur Colmar le capitaine Schell qui, avec 50 hussards et 50 cosaques, vint donner contre la droite de la brigade Montélégier et fut rejeté sur Sainte-Croix. Informé de ce fait, le colonel Scheibler se porta aussitôt en avant avec l'escadron de hussards de Szekler et les cosaques d'Elmorsin, et parvint d'abord à arrêter, puis à repousser les 2e, 6e et 11e dragons, de la brigade Montélégier.

Ce succès aurait peut-être permis au colonel Scheibler d'effectuer sa retraite sans trop de peine si, à ce moment même, le colonel Korin, qu'il avait laissé en réserve à Sainte-Croix avec son régiment de cosaques et avec les chevau-légers bavarois, n'avait pas cru devoir quitter sans ordre sa position pour prendre

---

[1] « Le maréchal Victor au major général. — Strasbourg 24 décembre 1813. — 3 heures après midi.

« .... Je reçois à l'instant des nouvelles du général Milhaud. Il me mande de Colmar hier à 9 heures du soir qu'au moment où son avant-garde entrait dans cette ville d'un côté, les ennemis y entraient de l'autre. C'était un parti commandé par le baron de Schell et composé de chevau-légers bavarois, de hussards autrichiens et de 20 cosaques du Don, venant de Mulhouse... » (*Archives du dépôt de la guerre.*)

[2] Scheibler ne pouvait pas savoir à ce moment que Victor, comme le prouve la dépêche suivante, envoyait derrière Milhaud de l'infanterie à Colmar :

Le maréchal Victor au major général. — Strasbourg, 24 décembre 1813. — 3 heures après midi. — ..... Une colonne d'infanterie est sortie ce matin de Strasbourg pour aller soutenir le général Milhaud. Elle est composée de 3,000 hommes du 2e corps. J'en ferai sortir une de même force demain avec de l'artillerie. C'est tout ce que j'ai de disponible pour le moment. » (*Archives du dépôt de la guerre.*)

part à l'action, alors que deux escadrons de la brigade Collaert (division Milhaud) débouchaient en arrière de Sainte-Croix. Pris ainsi de front et à revers, la plus grande partie des cosaques ne songea qu'à chercher son salut dans la fuite; avec les 300 chevaux qui leur restaient, les colonels Scheibler et Elmorsin réussirent néanmoins à se frayer un passage et à ramener à Ensisheim les débris du corps volant auquel cette affaire avait coûté neuf officiers, la moitié de l'escadron bavarois, en tout 200 hommes. Le colonel Elmorsin, grièvement blessé, fut fait prisonnier et succomba le soir même [1].

La brigade Collaert se porta à Sainte-Croix où le général Milhaud la fit soutenir par la division Piré. La division de cavalerie Lhéritier et l'une des brigades de la division Duhesme occupèrent Colmar.

Les restes du corps volant de Scheibler [2] reçurent de Wrède l'ordre de servir d'extrême avant-garde aux Autrichiens de Frimont que, par suite de la résistance de Belfort et de Huningue, on avait fait venir à Mulhouse pour couvrir, du côté du Nord, les attaques tentées infructueusement jusqu'ici contre ces deux places.

Prise du château de Landskron et position des colonnes autrichiennes le 24 au soir. — La prise du château fort de Landskron, qui se rendit le 24 au soir, au colonel von Treuberg, n'était qu'une faible compensation à l'échec éprouvé par Scheibler et à la résistance inattendue que le V⁰ corps rencontrait à Belfort et à Huningue.

Les autres colonnes avaient continué tranquillement leur

---

[1] Les rapports des Alliés ne parlent que de 67 hommes tués ou blessés. De son côté Milhaud dans son rapport de Colmar, 24 décembre, 9 heures du soir, exagère les pertes de Scheibler qu'il prétend être de 200 tués, 300 blessés, 150 prisonniers (*Archives de la guerre*). Ces chiffres sont évidemment trop élevés puisque l'effectif total du corps volant n'était que de 650 hommes.
Il est vrai de dire que dans les rapports des Alliés on évalue à 4,000 hommes les troupes françaises engagées, tandis que la brigade Montélégier fut la seule qui donna. Les 2 escadrons de la brigade Collaert n'ont fait qu'exécuter une démonstration, et, d'ailleurs, la division tout entière ne comptait que 659 hommes le 20 décembre (Voir *Archives du Dépôt de la guerre* situation du V⁰ corps de cavalerie).

[2] Le colonel Scheibler reçut 3 blessures au combat de Sainte-Croix.

marche : Bubna, avec la 1re division légère, était à Fribourg. Le Ier corps à Aarwangen, le IIe à Berne, le IIIe à Balstall, la tête de colonne du IVe corps à Offenburg, les grenadiers de Bianchi à Tavannes et à Bienne, ceux de Weissenwolff à Zurich.

Conséquences du combat de Sainte-Croix. — Quelque insignifiante qu'eût été en elle-même l'affaire de Sainte-Croix, elle n'en produisit pas moins, sur l'esprit de Schwarzenberg, une impression d'autant plus vive qu'il ne s'était pas attendu à voir Belfort et Huningue résister aux efforts de Wrède. On envisageait les choses d'une façon tragique au grand quartier général, disait Toll [1]. On croyait que Napoléon était arrivé en personne à Strasbourg, on s'attendait à voir un corps français déboucher en aval de Strasbourg, y passer sur la rive droite pour y menacer la droite de l'armée de Bohême, prendre l'offensive contre elle et tomber successivement sur ses différentes fractions échelonnées et disséminées le long du Rhin. Schwarzenberg crut donc sage d'envoyer des courriers à Wittgenstein et au prince royal de Wurtemberg, pour les inviter à accélérer leur marche et à effectuer au plus vite le passage du Rhin ; de prescrire à Frimont, qui devait le 25 se porter sur Colmar, d'avoir à s'arrêter entre Ensisheim et Mulhouse ; à Wrède, de concentrer tout son monde entre Belfort, Mulhouse et Huningue.

Plus à droite, les Russes de Wittgenstein devaient se tenir pour le moment de Kehl jusqu'à hauteur d'Offenburg, et les Wurtembergeois du prince royal, se masser sur la Kinzig, près de Gengenbach. Mais ces mesures elles-mêmes ne suffirent pas pour calmer les appréhensions de Schwarzenberg, et, le 25 décembre, il écrivait entre autres à Blücher :

25 décembre 1813. — **Lettre de Schwarzenberg à Blücher.**
— « Il importe d'occuper l'armée ennemie qui se réunit entre Metz et Strasbourg, de façon qu'elle ne puisse rien entreprendre sur la rive gauche contre Huningue, ni tenter un passage sur la rive droite, du côté de Kehl. Wittgenstein est devant Kehl, mais il est encore trop faible pour inquiéter sérieusement l'ennemi.

---

[1] BERNHARDI, *Denkwürdigkeiten des Grafen Toll*; IV, p. 135.

L'armée de Silésie pouvant seule détourner l'attention de l'ennemi; le généralissime prie son commandant en chef de lui faire connaître les mesures qu'il compte prendre à cet effet. Il lui semble qu'une opération contre Nancy ou Verdun produirait les résultats désirés [1]. »

Nous avons insisté à dessein sur les conséquences vraiment surprenantes d'un engagement aussi peu important que celui de Sainte-Croix, parce qu'il nous a semblé qu'il en découlait des enseignements utiles à méditer même de nos jours.

Prise de Blâmont. — Pour la journée du 25 décembre, on n'a guère à signaler que la prise du château de Blâmont, contre lequel Wrède avait envoyé le capitaine d'état-major von Heideck, avec une compagnie d'infanterie et un peloton du 4e régiment de chevau-légers. L'officier bavarois trouvant le pont-levis abaissé, pénétra au galop dans l'intérieur du château-fort pendant que son infanterie se déployait; il fit prisonniers les quelques hommes dont se composait la garnison.

Positions. — Quant aux autres troupes du Ve corps, elles occupaient, le 25, les positions suivantes : Frimont avec ses Autrichiens, s'étendait d'Ensisheim à Mulhouse, couvert à sa droite sur la route de Neuf-Brisach, par les quelques cavaliers qui restaient au colonel Scheibler et étaient postés de Fessenheim à Blodelsheim. La division du comte Antoine Hardegg était à Ensisheim, ayant une avant-garde à Mayenheim et Eguisheim, sur la route de Colmar; elle était soutenue par une partie de la division du feld-maréchal-lieutenant Spleny, à Baldersheim et Battenheim. Enfin, de gros partis assuraient les communications avec la division Rechberg du côté de Belfort, et avec la division Beckers, qui investissait Huningue.

Bubna était, pendant ce temps, arrivé à Fribourg avec les brigades Hesse-Hombourg et Zechmeister; des détachements de la 1re division légère avaient été dirigés sur Payerne et Bienne; enfin, le gros de la colonne de Bubna devait être renforcé le lendemain par la division Greth, qui venait remplacer la brigade Scheither passée au IIe corps.

Le Ier corps était à Kilchberg. Le IIe faisait halte à Berne. La

---

[1] BERNHARDI, *Toll*; VI, p. 136.

brigade Scheither avait occupé Neuchâtel, et son avant-garde, sous les ordres du major de Vaulx, avait poussé jusqu'à Pontarlier. Le III® corps était à Soleure, et l'une de ses divisions (la division légère Crenneville) rejoignait Bianchi à Tavannes, pendant qu'une colonne volante de trois compagnies et d'un escadron filait sur Porrentruy et que la division Weissenwolff venait à Bremgarten.

Du côté du VI® corps, le 2® corps d'infanterie sous les ordres du prince Eugène de Wurtemberg avait relevé depuis le 22 à Kehl une brigade wurtembergeoise ; 4 régiments de cosaques, soutenus en arrière par la cavalerie légère, continuaient à surveiller le cours du Rhin. Le 1er corps russe (prince Gortchakoff), était cantonné autour d'Offenburg, et le général Seslavin se préparait à passer sur la rive gauche avec des cosaques et de la cavalerie légère pour se relier à droite à l'armée de Silésie, à gauche avec Wrède.

La brigade wurtembergeoise Stockmayer, relevée par les Russes à Kehl, était en marche pour rejoindre la colonne du général Franquemont (du IV® corps) au delà d'Offenburg.

26 décembre 1813. — Positions et opérations. — La journée du 26 devait être encore plus insignifiante et plus nulle que celle du 25. Wrède, désormais certain qu'il lui serait impossible d'enlever Huningue par un coup de main, se décidait à en faire le siège en règle et ouvrait la première parallèle dans la nuit du 25 au 26. Frimont envoyait trois bataillons et une batterie pour couvrir la gauche du V® corps.

Le même jour, quelques cavaliers français essayèrent en vain d'enlever un peloton de hussards posté à Cernay.

Pendant ce temps Schwarzenberg, préoccupé de voir une trouée se produire dans ses lignes, du côté de Neuf-Brisach par suite du mouvement qu'une grande partie du V® corps avait fait sur Belfort, écrivait au prince royal de Wurtemberg de régler la marche de ses colonnes de façon à les faire déboucher de Fribourg le plus rapidement possible et à les diriger sur Märkt, où son corps d'armée passerait le Rhin sur un pont de bateaux.

Or, comme le fait remarquer lord Burghersh [1], on n'avait rien

---

[1] LORD BURGHERSH (*Earl of Westmoreland*), *Memoi*.

devant soi et l'on perdait si bien son temps à exécuter des marches compliquées, des manœuvres soi-disant savantes, qu'on s'amusait à tourner des positions que personne n'occupait et que l'armée autrichienne, concentrée le 21 décembre autour de Bâle, mit près d'un mois pour arriver sur le plateau de Langres.

Le Ier corps continuait méthodiquement sa marche sur Berne. Le IIe sur Aarberg; son avant-garde (général Scheither), était restée immobile à Neuchâtel. Le IIIe corps avait fait halte; la division Weissenwolff était cantonnée en arrière de Lenzburg, et les réserves russes et prussiennes avec Barclay de Tolly, dont le quartier général était à Rothweil, reçurent directement de l'empereur de Russie l'ordre de commencer le 28 leur mouvement sur Lörrach.

Quant à Bubna, il n'alla ce jour-là que jusqu'à Payerne; son avant-garde seule atteignit Moudon, et la division Greth, sous les ordres du général Kloppstein, ne dépassa pas Fribourg.

27 décembre 1813. — Marches et opérations. — Le 27, Bubna imprima un peu plus d'activité à sa marche. Son avant-garde, sous le colonel comte Zichy, arriva jusqu'à Morges; la brigade Hesse-Hombourg avec le quartier général, à Lausanne; le général Kloppstein, à Moudon.

Les autres corps autrichiens, en revanche, ne firent que peu de chemin. Le Ier corps fit halte à Berne; le IIe se contenta de dépasser Neuchâtel; la brigade de Scheither, qui lui servait d'avant-garde, poussa jusqu'à Travers, et sa pointe, qui occupait Pontarlier et Morteau, fit une démonstration contre le fort de Joux. Le IIIe corps se cantonna ce jour-là à Bienne.

La cavalerie de la division Rechberg, du Ve corps, avait envoyé des partis jusque dans les environs de Vesoul, et le lieutenant baron Gagern, du 1er régiment de chevau-légers, qui battait l'estrade avec un peloton de cavalerie et quelques fantassins, reconduisit jusqu'à Lure un petit piquet français, auquel il enleva 15 hommes et 9 chevaux.

On avait jeté sur le Rhin deux ponts de bateaux destinés au IVe corps, l'un à Märkt, l'autre à Idstein.

Dans cette journée, 300 cavaliers français avaient exécuté une reconnaissance en avant de Colmar et repoussé les avant-postes du Ve corps jusqu'en arrière de Balgau.

Les Alliés, malgré leur nombreuse cavalerie, n'avaient pu se procurer que des renseignements vagues et contradictoires sur la force des troupes françaises qui leur étaient opposées dans le Haut-Rhin. Tout ce qu'ils savaient à ce moment, c'était que les Français occupaient Sainte-Croix et Rouffach, et que leurs coureurs s'étaient montrés en avant de Soultz jusque vers Cernay[1].

Quant à Wittgenstein, il employa la journée du 27 à préparer le passage de son corps d'armée à Plittersdoff, à l'endroit même où, en 1793, le prince de Waldeck avait réussi à l'effectuer heureusement, en raison des facilités qu'y présente le cours même du Rhin.

Le même jour, le général Bianchi était vers Glovilliers, et le major Wöber, avec une colonne volante, se portait par Porrentruy

---

[1] « Le maréchal Victor au major général. — Strasbourg, le 27 décembre 1813. — 8 heures du soir. — ..... Le dernier rapport du général Milhaud m'annonce que le corps d'armée commandé par le général de Wrède est devant lui et qu'il s'attend à être attaqué d'un moment à l'autre. On suppose que ce corps d'armée doit être fort de 20 à 25,000 hommes. Je viens de faire sortir de Strasbourg le reste de la 4e division et 2 batteries pour aller s'établir en 2e ligne du général Milhaud à Guemar. Je choisis cette position pour attendre l'ennemi parce que c'est la plus resserrée de la vallée et qu'elle convient aux forces dont je puis disposer. Elles ne peuvent pas s'élever pour le moment au delà de 7.000 hommes d'infanterie, 3,800 chevaux et 5 batteries du 13e d'artillerie légère. Le général Milhaud a ordre de se replier sur Guemar dans le cas où l'armée ennemie marcherait sur lui, mais de couvrir et de défendre Colmar tant qu'il le pourra sans danger. » (*Archives du dépôt de la guerre.*)

Rapport du général Milhaud. — « Colmar, 27 décembre 1813. — Mon Prince, Je fais harceler avec prudence et vigueur les flancs de l'ennemi. Mes partis de cavalerie légère et de dragons ont tous les jours des escarmouches avec les partis ennemis, qui ont jusqu'ici été à notre avantage. Je protège, autant que mes moyens me le permettent, les communes contre les réquisitions de l'ennemi...

« Il serait bien essentiel de donner une direction à l'élan des habitants pour faire le plus de mal possible aux ennemis de l'Empereur et de la France.

« Les habitants du Haut-Rhin sont presque tous bons cavaliers; on pourrait facilement organiser une légion de volontaires à pied et à cheval, mais il faudrait un ordre de Sa Majesté.

« Je pousse aujourd'hui une forte reconnaissance sur la route de Belfort pour voir, de plus près possible, si le rapport fait au général Ludot concernant un camp baraqué entre Cernay et Thann, est exact.

« Ce qui est certain c'est que l'ennemi a une forte division de toutes armes et des canons en batterie à Ensisheim. Je saisirai néanmoins toutes les occasions favorables pour l'entamer et le forcer de retenir devant nous un corps beaucoup plus considérable.

« Nota. Le général Beaumont est resté malade à Metz; je désirerais avoir à la tête de la 9e division de grosse cavalerie un général de division bien portant et intrépide comme le général Montélégier. » (*Archives du dépôt de la guerre.*)

sur Rocourt et Dauvan; un autre parti, composé d'un escadron soutenu par deux compagnies, se dirigeait sur Sainte-Ursanne, par Saint-Léger.

Enfin Crenneville, avec sa division légère arrivée à Porrentruy, envoyait des partis sur Delle pour essayer de se relier à la division Rechberg.

Le IVe corps atteignait Emmendingen; la division Wessenwolff s'arrêtait le soir auprès d'Aarburg, et le reste des réserves autrichiennes continuait lentement leur marche sur Pontarlier, où elles arrivèrent du 4 au 6 janvier.

28 décembre 1813. — Mouvements. — Le 28 décembre, le Ier corps arrivait à Aarberg; le IIIe, cantonné près de Saint-Imier, recevait l'ordre de soutenir Bianchi.

Du côté du Ve corps, les Français firent une sortie assez vigoureuse à Belfort, et les travaux d'attaque continuèrent devant Huningue.

Bianchi était alors à Porrentruy, et la division légère Crenneville venait prendre position à Pierre-Fontaine afin d'être à même de soutenir le corps franc du major Wöber, envoyé en reconnaissance sur Besançon. Ces partisans rencontrèrent un petit parti français à Clerval-sur-Doubs, le rejetèrent et le poursuivirent jusqu'à Baume-les-Dames.

Quant au IIe corps, il était à Morteau, Le Locle et Chaux-du-Milieu. Son avant-garde, la brigade Scheither, reconnaissait les abords du fort de Joux.

Mouvements de Bubna vers Genève pendant les journées du 28 au 30 décembre. — Bubna avait continué sur Genève. La division Kloppstein était à Lausanne; la brigade Zechmeister allait de Morat à Moudon. Bubna lui-même, avec la brigade Hesse-Hombourg, arrivait à Rolle, et l'avant-garde du colonel Zichy, poussant jusqu'à Nyon sur les bords du lac de Genève, occupait Saint-Cergues et fermait ainsi la route venant du Jura. On avait fait partir le 27 le colonel Simbschen chargé d'occuper, avec ses six cents hommes, les passages du Saint-Bernard et du Simplon et d'envoyer par la vallée d'Aoste des partis sur Turin.

L'occupation de Genève par les Alliés n'était plus qu'une question d'heures, surtout depuis qu'une députation d'habitants de la ville s'était présentée au quartier général de Bubna et lui avait fait savoir que le général Jordy, bien qu'il disposât de 6 bataillons et qu'il eût reçu l'ordre de tenir jusqu'à la dernière extrémité, avait en quelque sorte promis à la municipalité de capituler dès que Genève serait menacée d'un bombardement et investie par des forces respectables.

Bubna continua sa marche le 29. Son avant-garde occupa Versoix et Gex s'assurant ainsi la route de Saint-Claude, pendant qu'un escadron envoyé en avant de Pouilly-Saint-Genis surveillait le fort de l'Ecluse. Son quartier général fut installé à Nyon; Zechmeister s'établit à Morges.

Le lendemain 30, dès l'aube, Zichy, avec 2 bataillons, 2 escadrons et 3 batteries, dont 2 d'artillerie à cheval, vint par la route de Ferney occuper les hauteurs de Délice et de Saint-Jean qui dominent Genève, pendant que le colonel Wieland, marchant avec 2 bataillons, 1 escadron et une batterie par la route qui longe le lac, se montrait presque en même temps à Suéconex. La division Kloppstein, qui le suivait, occupa peu de temps après les hauteurs de Petit-Suéconex. Le reste de la cavalerie se déploya à Ferney.

30 décembre 1813. — Occupation de Genève. — Bubna n'eut pas besoin de prendre de dispositions d'attaque. Dès l'apparition des colonnes autrichiennes, le conseil de défense s'était prononcé pour la capitulation et, sans même entrer en relations avec Bubna, la garnison française se retira immédiatement sur Rumilly. Quelques heures plus tard, le général Zechmeister entrait à Genève à la tête de 3,000 hommes qui allaient y tenir garnison. Quant à Bubna[1], comme nous le dirons en détail plus tard dans le chapitre consacré aux opérations autour de Lyon, il se porta avec le reste de ses forces par les défilés du Jura sur Poligny où il arriva le 5 janvier. De là, il poussa son avant-garde vers Arbois et un

---

[1] Si l'on veut se rendre compte de la facilité avec laquelle Bubna aurait pu à ce moment pousser sur Lyon, il suffit de lire les lignes suivantes adressées le 1ᵉʳ janvier de Grenoble par le général Laroche au duc de Feltre : « Je pars avec 1000 ou 1200 hommes d'infanterie de la colonne italienne du général Saint-Paul, pour me porter sur Chambéry, afin de protéger la retraite de la garnison de Genève et aussi pour retarder s'il est possible la marche de l'ennemi que l'on dit avoir l'intention de se porter sur Lyon et sur Valence. » Il convient même d'ajouter que le général Laroche se retira le 3 sur Grenoble et laissa continuer sur Milan la brigade italienne. (*Archives du Dépôt de la guerre.*)

autre parti plus à gauche vers Lons-le-Saunier, afin de couvrir l'aile gauche de l'armée de Bohême.

Formation de corps de partisans. — Pendant que Bubna achevait ainsi son mouvement sur Genève, on se préoccupait, au grand quartier général de Schwarzenberg, de l'organisation des corps de partisans destinés à précéder l'armée et à couvrir ses flancs. Dès le 25, le jour même où Barclay de Tolly avisait le généralissime de la marche de 4 régiments cosaques, qu'il lui envoyait et qui devaient être rendus à Petit-Bâle le 29, Schwarzenberg avait prescrit de former avec 2 régiments de cosaques et 1 escadron de hussards un corps de partisans qui devait, sous la conduite du lieutenant-colonel comte Thurn, pousser vers Nancy et Verdun. Du reste, la lettre que Toll[1] écrivit par ordre du généralissime, le 28 décembre, au prince Wolkonsky permet de se rendre un compte exact des projets du grand quartier général : « Le prince de Schwarzenberg, y est-il dit, me charge de prier Votre Excellence de demander à S. M. l'Empereur quelle destination elle compte donner au corps du comte Platoff. Le prince pense que nous devons, en entrant en France, employer, non seulement des chefs de partisans hardis et intrépides, mais surtout des officiers qui, possédant et parlant la langue du pays, rendront des services *comme éclaireurs des armées* et pourront, par leurs renseignements et leurs observations personnelles, nous donner des indications précises sur les mouvements de l'ennemi. . . .

« Le prince de Schwarzenberg a l'intention d'employer les partisans de la manière suivante :

« 1° Le colonel Scheibler descendra le Rhin, en passant par Colmar, pour aller sur Strasbourg;

« 2° Le lieutenant-colonel comte Thurn ira par la vallée de la Moselle sur Nancy;

« 3° Un autre partisan par Saint-Loup et Neufchâteau sur Nancy;

« 4° Un autre opérera entre la Seine et la Loire;

« 5° Un autre, enfin, ira par Besançon sur Bourges.

---

[1] Bernhardi, *Toll*; IV, p. 150-151.

« Seslavin, ajoute Toll, n'est pas compris parmi les partisans dont il vient d'être question.. »

29 décembre 1813. — Premiers mouvements des corps de partisans. — Ces dispositions ne tardèrent pas à recevoir un commencement d'exécution. Dès le 29, 4 régiments cosaques, tirés du corps de l'ataman Platoff, arrivèrent à Lörrach avec le général-major prince Stscherbatoff[1] et furent envoyés, dès le 30, sur Altkirch avec ordre de se porter de là dans la vallée de la Moselle et de pousser ensuite d'Epinal sur Nancy, pendant que Thurn était dirigé sur Langres. Stscherbatoff avait dû, comme le montre la situation[2] de son détachement au 29 décembre, céder par ordre supérieur un de ses régiments cosaques au lieutenant-colonel comte Thurn.

Quant au général Seslavin, chargé en ce moment de battre le

---

[1] « Instructions données au général-major prince Stscherbatoff par le prince de Schwarzenberg. — Lörrach, 30 décembre 1813 (*original en français*). — Je destine Votre Excellence avec 4 régiments cosaques de faire le partisan. Votre but principal sera de m'éclairer sur tous les mouvements de l'ennemi et de profiter des moments favorables pour lui porter des coups sensibles sans risquer de vous engager avec un ennemi supérieur à votre troupe. En conséquence de quoi V. E. partira d'ici pour Altkirch ; de là elle se dirigera dans la vallée de la Moselle par Épinal sur Nancy. Pendant cette marche vous entretiendrez une communication à droite avec le colonel Scheibler qui a la destination d'opérer par Colmar sur la route de Strasbourg. A gauche (tant qu'il n'y aura pas de partisans dans la direction de Langres) vous pousserez des partis vers Langres et Vesoul, avertissant de tout ce qui se passe les commandants des troupes qui forment le blocus de Béfort et de Huningue.

« Il peut facilement arriver que Votre Excellence sera invitée à coopérer à quelque entreprise de conséquence. Je ne doute guère que vous profiterez de l'occasion favorable pour porter un coup décisif. Je compte encore, mon Prince, sur la bonne discipline de vos troupes et je crois que c'est le seul moyen de faciliter l'approvisionnement de l'armée en nous attachant les habitants du pays.

« Je vous invite, mon Prince, de m'envoyer régulièrement tous les jours vos rapports afin que je puisse donner à temps les ordres nécessaires concernant les mouvements de l'armée. SCHWARZENBERG. »

[2] *Situation d'effectif disponible du détachement du prince Stscherbatoff le 29 décembre.*

1er régiment de cosaques de Tepler.	1 off. sup.	6 off.	5 s.-off.	201 h.
3e régiment de cosaques d'Orenbourg.	1 —	8 —	12 —	256 —
Régiment de cosaques du Don Jagodin II.	1 —	11 —	16 —	271 —
TOTAUX.....	3 off. sup.	25 off.	33 s.-off.	728 h.

(*Toll*; IV, *Beilage VI*, p. 395, 396, et *Archives de Saint-Pétersbourg*.)

pays entre Strasbourg et Colmar et de relier entre eux les V⁰ et VI⁰ corps, ce fut en vain qu'il demanda l'autorisation de renforcer son petit corps qui comptait 250 hussards de Soumy et 300 cosaques du Don, de 300 à 400 cosaques de la mer Noire avec lesquels il comptait traverser la France pour aller rejoindre Wellington.

Mouvements des colonnes. — Le I⁰ʳ corps d'armée (Colloredo) était arrivé le 29 avec la division du comte Ignace Hardegg, à Bienne. Il se divise alors en 2 colonnes : la première, renforcée des divisions Hardegg et Wied-Runkel, se portera sous les ordres immédiats de Colloredo, par Baume-les-Dames, Montbozon et Vesoul, sur Langres, où elle se reliera, vers le 15 janvier, avec la gauche du III⁰ corps. La seconde est formée de la division Wimpffen et de la division légère du prince Maurice Liechtenstein.

Cette deuxième colonne, passant à la gauche du II⁰ corps chargé du blocus de Besançon, ira par Salins et Dôle sur Auxonne qu'investira la division Wimpffen, tandis que le prince Maurice Liechtenstein se dirigera par Dijon vers Châtillon-sur-Seine. Cette division légère devait avoir pour point d'appui les réserves autrichiennes destinées à rester à Dijon pendant la plus grande partie du mois de janvier. Arrivées le 29 à Berne, ces dernières continuèrent lentement leur marche sur la Bourgogne en passant par Neuchâtel et Montbozon.

Le général Scheither (avant-garde du II⁰ corps) employa la journée du 29 à tourner le fort de Joux pour déboucher sur la route de Pontarlier. Le III⁰ corps cantonna près de Saint-Braix et la cavalerie du IV⁰ corps d'armée, arrivée à Märkt, fit immédiatement passer sur la rive gauche quelques troupes qui relevèrent le colonel Scheibler à Mayenheim, le lendemain 30, et se cantonnèrent entre l'Ill et le Rhin vers Ensisheim et Blodelsheim.

La brigade Quallenberg, de la division légère Crenneville, avait passé le Doubs à Pont-de-Roide ; la brigade Haugwitz était arrivée à Cheveney, et les grenadiers de Weissenwolff à Barzdorf.

30 décembre. — **Bombardement de Belfort et de Huningue.** — Dans la nuit du 29 au 30, Wrède avait fait bombarder sans succès Huningue et Belfort ; puis, au jour, à la nouvelle l'informant de l'approche de troupes françaises qu'on prétendait en marche pour débloquer Huningue et Belfort, il modifia les emplacements des Bavarois. Une seule des brigades de la division Rechberg resta devant Belfort, l'autre alla à Dannemarie. Une des brigades de la division de La Motte fut postée vers Altkirch; l'autre sous les ordres du général Deroy fut ramenée en arrière à Hegenheim, pour couvrir plus efficacement les travaux devant Huningue, pendant que les Autrichiens de Frimont se tenaient à Thann et Cernay et que leur avant-garde, qui occupait fortement Soultz, envoyait un petit détachement s'établir à Saint-Amarin. Frimont n'était plus séparé à ce moment que par l'Ill du IV⁰ corps dont une partie avait déjà pris pied sur la rive gauche du Rhin. Le prince royal de Wurtemberg installa ce jour-là son quartier général à Mulhouse.

Positions. — Le I⁰ʳ corps était à Court et Tavannes, et le général Scheither avait inutilement tiré quelques coups de canon contre le fort de Joux. Le III⁰ corps n'avait pas bougé, et seule la division Hohenlohe s'était quelque peu rapprochée de Porrentruy; Bianchi y reçut ce jour-là l'ordre d'aller, le 2 janvier, relever sous Belfort les Bavarois et, une fois arrivé à Belfort, de diriger la division légère Crennneville sur Vesoul. Weissenwolff, avec ses grenadiers, était à Berne, et le corps de l'ataman Platoff traversait Fribourg-en-Brisgau se dirigeant sur Bâle.

31 décembre 1813. — **Mouvements et affaire de Baume-les-Dames.** — Le 31, le I⁰ʳ corps se porta sur Mouthiers, et Bianchi, qui avait atteint Montbéliard, fit occuper par un détachement le fort de Pierre-Pertuis, en même temps qu'il poussait la division légère de Crenneville à Arcey. Gyulay, avec le III⁰ corps, suivait la même direction; arrivé à Porrentruy le 31, il entrait en France le lendemain et venait jusqu'à Delle. Le prince Aloïs Liechtenstein (II⁰ corps) avait envoyé un bataillon bloquer le fort de Joux et la brigade Scheither à Fallerans par Aubonne.

Quant au petit corps volant du major Wöber, il avait été attaqué ce jour-là à Baume-les-Dames par un bataillon et deux escadrons français, chassé de Baume et obligé de repasser le Doubs à Clerval [1].

---

[1] « Le général Musnier au ministre de la guerre. — Besançon, 31 décembre,

A partir de ce jour, le prince héritier de Hesse-Hombourg prit le commandement du II⁰ corps, des deux divisions de grenadiers Weissenwolff et Trautenberg, ainsi que des deux divisions de cuirassiers Klebelsberg et Lederer (réserves autrichiennes) qui devaient être rendues du 5 au 6 janvier à Pontarlier. Le prince avait pour mission de se porter avec toutes ses troupes contre Besançon et d'en commencer le siège le 9 janvier.

Les Bavarois avaient continué de bombarder Huningue sans succès, et l'avant-garde autrichienne de Frimont s'était entièrement reliée par sa droite avec la gauche des Wurtembergeois, dont les patrouilles poussaient jusque vers Rouffach.

Reconnaissance et combat de cavalerie de Sainte-Croix.

— Wrède et Frimont ignoraient encore la force réelle des troupes françaises postées à Colmar. Pour mettre fin à cette incertitude, ils prescrivirent au comte Antoine Hardegg de pousser, le 31, une forte reconnaissance sur Sainte-Croix. Renseignés par les déserteurs sur les moyens de défense de Sainte-Croix et sur les précautions prises par le général de Piré, les Alliés espéraient enlever les troupes de cavalerie postées dans ce village. Favorisée par un épais brouillard, l'avant-garde autrichienne, sous les ordres du colonel Mengen, apparut tout à coup formée en trois colonnes devant Sainte-Croix. Quoique les reconnaissances qu'il avait envoyées à la pointe du jour à la découverte, n'eussent rien aperçu, le général de Piré, à cause du brouillard, n'avait pas fait rentrer ses régiments dans le village à l'heure accoutumée. Les cavaliers du colonel Mengen chargèrent résolument les grand'-gardes françaises, culbutèrent les avant-postes et arrivèrent en même temps qu'eux à Sainte-Croix, qu'ils traversèrent au galop, pendant que les deux autres colonnes essayaient de cerner le bourg placé sur les deux côtés de la route au milieu d'une vaste plaine. Les cavaliers autrichiens ne s'arrêtèrent que de

---

0 heures soir. — Un corps de quelques centaines de partisans ennemis occupait Baume, petite ville sur le Doubs, à 5 lieues au dessus de Besançon. Le général Marulaz sortit la nuit dernière, à minuit, avec 600 hommes d'infanterie et 300 chevaux, pour marcher contre eux. Il les rencontra près de Baume et les chargeant aussitôt avec impétuosité il les mit en fuite, leur tua 18 hommes et leur fit 103 prisonniers. » (*Archives du dépôt de la guerre.*)

l'autre côté du village où ils trouvèrent le gros de la division en bataille [1].

Plusieurs charges eurent lieu pour l'occupation de Sainte-Croix, dit le général Petiet dans son *Journal historique de la cavalerie légère du 5e corps de cavalerie*; mais l'infanterie tyrolienne s'étant montrée, le général de Piré, n'ayant pas d'infanterie avec lui, crut devoir se conformer aux instructions antérieures qu'il avait reçues; il se retira et prit position momentanément à la tête du défilé. Il y attendit l'arrivée du général Milhaud qui amena la 1re division de dragons et lui ordonna de reprendre Sainte-Croix, ce qui eut lieu sans difficulté, l'ennemi s'étant retiré, dès qu'il eut vu que son coup était manqué. La cavalerie française et celle des alliés réoccupèrent le soir les positions qu'elles tenaient avant cette affaire. Toutefois la division Piré ne laissa plus qu'un escadron à Sainte-Croix, et son gros s'établit à Sandhofen [2].

Afin de couvrir pendant cette opération la droite du colonel

---

[1] « Le 30 décembre, le régiment avait atteint Riedelsheim, qu'il quitta dans la nuit du 30 au 31, après avoir détaché la 2e division du major qui était affectée au corps volant du colonel baron Scheibler. Le régiment se dirigeant vers Sainte-Croix, se mit en marche à 2 heures du matin. Le feld-maréchal-lieutenant comte Antoine Hardegg avait résolu de tenter avec les uhlans, les hussards de l'archiduc Joseph et le 3e bataillon de chasseurs, une surprise contre Sainte-Croix. La division du colonel faisait l'avant-garde. Le 1er escadron de cette division suivait la route qui mène à Sainte-Croix et y arriva à l'aube du jour par un brouillard des plus intenses. 2 pelotons du 2e escadron de cette division devaient prendre le village par sa droite, pendant que les 2 autres pelotons devaient le tourner à gauche. Cet escadron avait ordre de pénétrer dans le village après l'avoir tourné et de couper la retraite à l'ennemi. Mais, comme on l'apprit ensuite par les prisonniers français, l'ennemi avait de son côté projeté une surprise, et ce fut pour cela que les uhlans vinrent donner sur des troupes déjà formées et en position. Ils réussirent cependant à les déloger du village qu'une compagnie de chasseurs occupa peu après. On avait fait des prisonniers, enlevé des chevaux. Le but de l'entreprise était donc atteint, et le régiment reçut l'ordre de rentrer dans ses cantonnements de la veille. » (*Faits de guerre mémorables du régiment de uhlans de Schwarzenberg* (aujourd'hui 2e régiment de uhlans) O. M. Z., 1844, VII.)

Nous n'avons trouvé nulle part la moindre trace de la surprise dont il est question ici et que le général de Piré aurait projetée. Il nous semble de plus que le but de la reconnaissance n'était pas atteint puisque les cavaliers autrichiens ne réussirent pas à percer le rideau formé par la cavalerie française.

[2] Voir pour plus de détails : PETIET, *Journal historique de la division de cavalerie légère du 5e corps de cavalerie*; rapport de Milhaud, 31 décembre, 5 heures soir; rapport du chef d'état-major du 5e corps et rapport du général de Piré sur l'affaire de Sainte-Croix. (*Archives du dépôt de la guerre.*)

Mengen, on avait poussé le colonel Scheibler avec 150 cosaques et 50 hussards contre les avant-postes français de Dessenheim et de Weckolsheim. Il réussit à les rejeter jusque sur Neuf-Brisach, après leur avoir pris 11 hommes et 21 chevaux.

Premiers mouvements de Platoff. — Platoff, dont les cavaliers avaient défilé par Fribourg, reçut l'ordre de passer le Rhin à Bâle et de se porter aussitôt vers les défilés des Vosges, de manière à précéder le IVᵉ corps et à relier l'extrême droite de la grande armée de Bohême avec la gauche de l'armée de Silésie qui allait, elle aussi, commencer sa marche en avant.

1ᵉʳ janvier 1814. — Wittgenstein se prépare à passer le Rhin. — Dans la journée du 1ᵉʳ janvier et la nuit du 1ᵉʳ au 2, Wittgenstein, avec une prudence et une circonspection que rien ne justifiait, puisqu'il n'avait devant lui tout au plus que 250 à 300 hommes chargés de garder les ouvrages en ruines de Fort-Louis, prépara méthodiquement le passage du Rhin.

La violence du courant et l'intensité du brouillard ne lui permirent de jeter les ponts que dans la journée du 2. Il se borna donc à masser le 2ᵉ corps et la cavalerie de Pahlen près du point choisi pour le passage et à pousser plus en avant le régiment de chasseurs chargé de former la tête de colonne et d'enlever Fort-Louis (Fort-Vauban).

Mouvements des partisans Scheibler et Stscherbatoff. — Les IVᵉ et Vᵉ corps, qui forment à ce moment la droite de la grande armée, ne bougent pas. Seul le petit corps volant du colonel Scheibler, qui battait l'estrade vers Neuf-Brisach, prit un peu plus à gauche par Soultz vers Guebwiller, et le général prince Stscherbatoff, avec 4 régiments de cosaques, partit d'Altkirch, passa par Thann pour pénétrer dans la vallée de Saint-Amarin, franchir ensuite les Vosges et se diriger de là sur Remiremont. A cette date (le journal même des opérations tenu au grand quartier général de Schwarzenberg nous en fournit la preuve irréfutable)[1]

---

[1] STARKE, *Eintheilung und Tagesbegebenheiten der Haupt Armee unter Feld-Marschall Fürst Schwarzenberg im Monate Januar 1814.* (K. K. Kriegs Archiv., I, 30.)

on sait seulement que la cavalerie des généraux Milhaud et de Piré est à Sainte-Croix et Habstatt. C'était donc là tout le résultat obtenu pendant les dix jours qui s'étaient écoulés depuis que le V⁰ corps avait franchi la frontière.

Le III⁰ corps (Gyulay) arrivé à Delle, comme nous l'avons dit, posta entre Blamont et Villers, sa brigade d'avant-garde (brigade Grimmer). Une autre brigade, chargée plus spécialement de soutenir le major Wöber, qui avait dû évacuer Baume-les-Dames, et d'assurer au III⁰ corps la possession des ponts de Clerval et de Pont-de-Roide, fut placée à Mont-Bouton.

Mouvements du corps volant de Thurn. — Le corps volant du lieutenant-colonel Thurn, qui précédait le corps de Gyulay, avait poussé vers Lure [1].

Mouvements des colonnes. — Le I⁰ʳ corps arriva à Délemont, après avoir fait force détours et suivi depuis Soleure des chemins difficiles, alors qu'il eût été aisé de l'amener en ligne plus rapi-

---

[1] Lettre du lieutenant-colonel comte Thurn au prince de Schwarzenberg. — « Frahier, le 1ᵉʳ janvier 1814. — A son Altesse le général en chef, feld-maréchal prince de Schwarzenberg. — Je m'empresse de faire respectueusement connaître à Votre Altesse que je suis arrivé ici cette après-midi avec mon corps volant et que j'ai poussé mes avant-postes du côté de Ronchamps.

« J'essaierai d'occuper cette nuit Lure où l'ennemi n'avait encore personne hier, et je m'efforcerai d'enlever le régiment de cavalerie ennemie posté à Vesoul.

« *L'esprit des populations me surprend et dépasse mes espérances. Fatigués par un gouvernement honni et détesté, les habitants avouent qu'ils attendent avec impatience l'heure de leur délivrance. Les proclamations que nous avons distribuées, l'excellente conduite de nos troupes ont dû puissamment contribuer à développer ces sentiments.*

« D'après les renseignements qui me parviennent à l'instant, des troubles sérieux auraient éclaté à Lyon et en Vendée. A Lyon les conscrits auraient refusé de se rendre à l'appel du gouvernement.

« De Metz, j'apprends que le corps cantonné dans la place et aux environs compte à peine 20,000 hommes. Le gros des forces ennemies semble avoir été en partie dirigé sur la Hollande, et être en partie massé du côté de Mayence.

« Dans quelques jours j'espère pouvoir transmettre à V. A. des renseignements exacts et précis que doivent me fournir les émissaires que j'ai fait partir. » (K. K. Kriegs Archiv., I, 31.)

Les appréciations du comte Thurn, appréciations que nous retrouverons dans plusieurs de ses premiers rapports, sont utiles à enregistrer. Elles permettent de se rendre compte de l'état des esprits au début de l'invasion et de suivre pas à pas le réveil de l'esprit national.

dement et plus facilement, si l'on avait su à ce moment quel rôle lui était réservé et quelle direction il aurait à suivre.

A sa gauche, le II⁰ corps était toujours immobile du côté de Pontarlier. Les patrouilles de l'avant-garde de Bubna (général Scheither) avaient pris le contact avec les avant-postes français vers l'Hôpital du Gros-Bois.

Les réserves autrichiennes, encore assez loin en arrière des I⁰ʳ et III⁰ corps, étaient échelonnées de Neuchâtel à Berne ; quant aux réserves russes et prussiennes elles marchaient lentement de Fribourg-en-Brisgau sur Bâle ; la cavalerie de l'ataman Platoff avait cependant traversé le Rhin et était cantonnée à Altkirch.

2 janvier 1814. — Mouvements des Alliés en Alsace. — Le 2 janvier, Wittgenstein parvint, enfin, à faire passer le Rhin à son avant-garde, à enlever Fort-Louis (Fort-Vauban) et Fort-d'Alsace, à jeter sur la rive gauche la 4⁰ division d'infanterie, pendant que les régiments cosaques de Wlasoff et de Jaroslaw traversaient à gué le bras mort du Rhin qui sépare Fort-Louis de la rive alsacienne et se répandaient sur les routes de Strasbourg, Haguenau et Lauterbourg.

Le prince royal de Wurtemberg, toujours posté à la droite du V⁰ corps, fit avancer la réserve de sa 1ʳᵉ colonne (général Stockmayer) jusqu'entre Ensisheim et Bantzenheim, et le gros de la 2⁰ (général Koch) prit position de Rumersheim à Blodelsheim.

Wrède, dont le quartier général était à Cernay, concentra par ordre du généralissime, entre Cernay et Aspach la division La Motte, entre Soultz et Rouffach la division Antoine Hardegg, à Uffholtz la division Spleny, à Soppe-le-Bas la division Rechberg que Bianchi venait de relever sous Belfort, et ne laissa devant Huningue que la brigade Zollern.

Il n'y avait à ce moment devant les positions occupées par le V⁰ corps que quelques piquets de cavalerie française postés à Pfaffenheim, Herlisheim et Sainte-Croix. Hardegg débouchant de Rouffach chassa de Pfaffenheim les cavaliers français qui s'y trouvaient. Quelques heures plus tard, lorsque le général autrichien fut rentré dans ses lignes à Rouffach, ils réoccupèrent ce poste.

Le corps volant du colonel Scheibler s'avança jusqu'à Bühl pour surveiller la vallée du Lautenbach.

Concentration des IV° et V° corps sur Colmar. — De ce que nous venons de dire, il ressort que les IV° et V° corps employèrent les deux premières journées de 1814 à se concentrer et à se masser pour enlever Colmar aux cavaliers de Milhaud et aux quelques fantassins que Victor avait postés de ce côté en soutien du 5° corps de cavalerie. C'était pour obtenir un si piètre résultat que Schwarzenberg avait cru nécessaire de prescrire à Wrède de marcher avec tout le V° corps par Rouffach et Sainte-Croix vers Colmar, et au prince royal de Wurtemberg de masser tout le IV° corps à Ensisheim.

Pendant que Wrède et le prince royal de Wurtemberg se préparaient à exécuter les ordres du généralissime, le lieutenant-colonel comte Thurn avait continué son mouvement sur Lure, qu'il occupa sans coup férir dans la nuit du 1er au 2 janvier et d'où il poussa des partis sur les routes de Luxeuil et de Vesoul [1].

---

[1] Le lieutenant-colonel comte Thurn au prince de Schwarzenberg. — « Lure, le 2 janvier 1814. — J'ai occupé cette nuit Lure, avec un peloton de hussards, et le reste de mon détachement m'y a rejoint aujourd'hui.

« Mes postes sont sur la route de Luxeuil et sur les deux routes de Vesoul. Les chasseurs bavarois, qui m'ont été adjoints, assurent dans cette région boisée mes communications avec mes avant-postes. J'ai poussé un fort détachement sur les deux routes de Vesoul afin d'être fixé sur les renseignements contradictoires que je reçois relativement à la présence de la cavalerie ennemie à Vesoul, et j'ai prescrit au chef de ce détachement d'essayer de surprendre et d'attaquer l'ennemi pendant la nuit. Demain je chercherai à me relier, par Luxeuil, avec le corps volant du général-major prince Stscherbatoff et si faire se peut, à ma gauche avec la division du comte Crenneville que je fais rechercher.

« Il est certain qu'il y avait encore ce matin un fort piquet de chasseurs à cheval à Calmoutier, que le préfet de la Haute-Saône a fait afficher aujourd'hui à midi à Vesoul le décret relatif à la levée en masse, que le commissaire impérial et sénateur Valence est arrivé à Besançon et y a apporté les ordres d'organisation de la levée en masse. Il paraît que la discipline et la tenue de nos troupes en imposent aux populations.

« *Mon parti a été reçu ici avec joie. Tout semble indiquer qu'on attend, même à l'intérieur du pays, notre arrivée avec une réelle impatience.*

« J'ai l'honneur d'adresser à V. A. le très intéressant Journal de l'Empire en date des 28 et 29 décembre.

« Enfin, je dois communiquer à V. A. une nouvelle non moins intéressante : d'après des lettres reçues ici de Paris par le ci-devant commissaire ordonnateur La Motte, il y aurait eu à Paris un soulèvement qui a eu pour conséquence d'empêcher l'Empereur d'en partir.

« J'ai saisi ici à Lure un magasin de 50 quintaux de tabac à fumer et j'attends à ce sujet les ordres de V. A.
(*K. K. Kriegs Archiv*, I, 46.)

Bianchi avait relevé les Bavarois devant Belfort, laissant sur les routes de Besançon et de Vesoul la division légère Crenneville, qui occupa Arcey, Isle-sur-le-Doubs, Héricourt, et dont les patrouilles se montrèrent sur la route de Vesoul jusque dans les environs de Lure.

Le IIIe corps qui était toujours à Delle envoya un régiment à Montbéliard afin de recueillir, le cas échéant, les troupes de Crenneville postées à Arcey.

Schwarzenberg, pour être plus à portée, avait transféré son quartier général de Lörrach à Bâle. Afin de compléter l'ensemble des mesures de précautions superflues déjà prises, le Ier corps vint à Porentruy. Le IIe, tout en laissant des troupes devant le fort de Joux, se massa autour de Morteau de façon à pouvoir se porter en avant le lendemain, tandis que, derrière ces deux corps, le prince héritier de Hesse-Hombourg, en marche sur Pontarlier, cantonnait ses troupes depuis Travers jusqu'à Saint-Blaise et Arberg. Ce prince devait, avec 25 bataillons et 74 escadrons, essayer de pousser de Pontarlier sur Besançon qu'on comptait enlever de vive force. Le prince de Hesse-Hombourg se proposait, d'ailleurs, dans le cas où le coup de main projeté contre Besançon échouerait, de se rabattre à droite sur Vesoul pour y rallier l'aile droite de l'armée de Bohême. Enfin, le général Scheiter, posté entre Villafans et Fallerans, reliait la gauche du IIe corps avec le gros des troupes de Bubna.

3 Janvier 1814. — La cavalerie de Pahlen passe sur la rive gauche du Rhin se dirigeant sur Hagueneau. — Dans la nuit du 2 au 3 janvier, les pontonniers de Wittgenstein ayant achevé le pont sur le Rhin rouge, Pahlen passa aussitôt sur la rive gauche avec sa cavalerie (hussards de Grodno, 5 escadrons; hussards de Soumy, 2 escadrons; uhlans de Tchougouïeff, 4 escadrons; 2e régiment de dragons badois, 4 escadrons; et la batterie à cheval, n° 23).

Il avait ordre de se porter sur Hagueneau, de menacer et, si faire se pouvait, d'intercepter la route de Strasbourg à Nancy par Saverne. Pahlen, en s'avançant ainsi dans la direction de Hagueneau, se fit couvrir sur sa gauche, vers Strasbourg, par le général Rüdinger qui devait aller avec les hussards de Grodno, les cosaques de Wlassoff et 2 pièces d'artillerie à cheval jusqu'à

Drusenheim et pousser de là la moitié du régiment cosaque aussi loin que possible vers Strasbourg.

Un escadron des hussards de Grodno et le reste des cosaques de Wlassoff étaient dirigés par la route de Haguenau à Strasbourg sur Brumath, envoyant des partis, d'une part vers Strasbourg, de l'autre vers Saverne.

Enfin, le lieutenant-colonel Nabel, avec les deux autres escadrons des hussards de Soumy et la moitié du régiment cosaque de Jaroslaw, était chargé de couvrir la droite du côté de Landau, en se postant à Seltz et en envoyant des partis au delà de Wissembourg vers Landau et Bitche.

Pour compléter ce rideau, le colonel Sélifontieff alla, avec deux escadrons de uhlans de Tchougouïeff et les sotnias restant du régiment de Jaroslaw, s'établir à Lauterbourg, envoyant par Langenkandel des partis sur Landau et recherchant, par Rheinzabern et Spire, la communication avec l'armée de Silésie[1].

Pendant la journée du 3, le prince Eugène de Wurtemberg fit occuper Fort-Louis (Fort-Vauban) par la 3e division d'infanterie; la 4e resta encore sur la rive droite à Stollhofen et ne passa sur la rive gauche que le 8[2].

On avait donc envoyé la cavalerie du VIe corps dans toutes les directions, afin de se procurer les renseignements nécessaires sur la position et les forces de l'ennemi, ainsi que sur la marche des autres colonnes alliées. Cette cavalerie ne fit que peu de chemin le 3, et le soir elle occupait les positions suivantes : Pahlen, avec le gros de sa cavalerie ne dépassa pas Suffelheim; Rüdinger alla jusqu'à Schierofen; les cosaques de Wlassoff s'établirent à Drusenheim et dépassèrent Gambsheim, s'éclairant du côté de Wantze-

---

[1] Composition de la cavalerie de Pahlen, d'après l'état de situation du 4 janvier 1814.

[2] Le comte Wittgenstein au prince de Schwarzenberg; « Rastatt, 3 janvier 1814. — Wittgenstein rend compte du passage du Rhin par les troupes du VIe corps, des affaires du fort Vauban et du fort Alsace, et ajoute ensuite :
« Le 3e pont (celui du 3e bras) étant achevé, toute ma cavalerie passera avec moi sur la rive gauche. Le gros de cette cavalerie, sous les ordres du comte Pahlen, va à Haguenau et poussera aussi loin que possible vers Saverne. Un autre corps de cavalerie ira vers Strasbourg et Schlestadt, afin de se relier avec les partisans et les coureurs du général comte Wrède. Enfin, un autre détachement de cavalerie se dirige de façon à chercher à se relier avec la gauche du feld-maréchal Blücher, du côté de Wissembourg. » (*K. K. Kriegs Archiv.*, 1, 84.)

nau encore occupé par les Français ; enfin, un des deux escadrons de uhlans de Tchougouieff s'installa à Haguenau, que les Français avaient évacué le 3 au matin.

On trouve à propos de l'occupation de Haguenau, dans les rapports adressés par Wittgenstein et par Barclay de Tolly à l'empereur de Russie, à la date du 5 janvier, des données curieuses sur l'état d'esprit des populations. L'entrée des uhlans russes ne causa, paraît-il, aucune émotion, aucune inquiétude à la population qui continua à vaquer à ses occupations ordinaires, comme si de rien n'était. Mais la situation ne devait pas tarder à se modifier complètement par suite de la mesure qui, prescrite par Schwarzenberg à l'insu des souverains et rapportée d'ailleurs peu après[1], imposait l'obligation du serment d'obéissance et de fidélité envers les souverains alliés, *aux autorités et aux populations*. Celles-ci, en butte aux sévices et aux violences inséparables d'une invasion, exaspérées par la misère et les mauvais traitements, se décidèrent peu à peu à courir aux armes et à prendre, comme nous le verrons plus tard, une part glorieuse et active à la défense du territoire national.

En somme, Pahlen avait seulement réussi à apprendre que deux régiments de gardes d'honneur (les 3º et 4º) surveillaient le Rhin dans ces parages, tandis que du côté de Strasbourg, ce service était confié à quelques compagnies d'infanterie de la garnison ; que le gros du 4º régiment de gardes d'honneur, qui avait évacué Haguenau à l'approche des uhlans, paraissait se retirer sur Saverne, et que le 3º régiment de ces gardes s'était replié des environs de Fort-Vauban vers Bischwiller, d'où l'on s'attendait à lui voir prendre le chemin de Saverne.

Marche de Wrède sur Colmar. — Schwarzenberg s'était rendu le 3 au matin auprès des troupes qu'il avait destinées, par un ordre daté de Lörrach le 2 janvier, à agir contre Colmar[2]. Ce mouvement devait permettre à Wrède de reprendre la place qui

---

[1] Voir BOGDANOWITCH, I, 67.

[2] Schwarzenberg au feld-maréchal lieutenant Bianchi. — « Lörrach, 2 janvier 1814. — Le général comte de Wrède poussera, le 3 janvier, vers Colmar. Le corps volant du général prince Stscherbatoff s'est porté vers Epinal par la route de Remiremont. » (*K. K. Kriegs Archiv.*, I, 37.)

lui était assignée dans l'ordre de bataille, de passer devant le IVᵉ corps, de se porter à la droite de ce dernier, ayant par conséquent le prince royal de Wurtemberg à sa gauche et Wittgenstein à sa droite.

La marche sur Colmar[1] s'effectua ainsi qu'il suit : Frimont avec la division Antoine Hardegg, se porta dès l'aube sur Rouffach; il était suivi par les divisions La Motte, Spleny et par les chevau-légers bavarois du général Ellbracht.

La division Rechberg marchait en même temps vers Soultz et devait y rester en réserve. Enfin, le IVᵉ corps se mettait en marche sur deux colonnes, l'une avec le général Koch vers Neuf-Brisach en longeant le Rhin, l'autre conduite par le prince royal de Wurtemberg en personne, d'Ensisheim sur Sainte-Croix et Colmar, couvrant ainsi la droite et les derrières du Vᵉ corps, avec lequel les Wurtembergeois se reliaient en outre par le petit corps volant du colonel Scheibler, renforcé momentanément de deux compagnies de chasseurs.

Les derniers postes qui couvraient l'arrière-garde de Milhaud occupaient à ce moment encore Sainte-Croix, Pfaffenheim et Hattstadt. A 9 heures, les deux corps alliés se mirent en mouve-

---

[1] Régiment de uhlans autrichiens Schwarzenberg devant Colmar (Historique du régiment). — 4 janvier 1814. — Le régiment se porta ce jour-là sur Colmar avec le Vᵉ corps d'armée dont il formait l'avant-garde.

Le major comte Hadik avait été envoyé avec un escadron sur le flanc droit pour couvrir ce flanc et se relier avec les troupes du colonel baron Scheibler, qui devait se porter sur Colmar par la route de Sainte-Croix. Bien que cet escadron eût à passer par un terrain des plus défavorables à l'action de la cavalerie, coupé partout de marais, de fossés et d'étangs à moitié gelés, il réussit cependant à pénétrer le premier dans Colmar et à faire de l'autre côté de la ville quelque mal à l'arrière-garde ennemie qui se retirait. Ces bons résultats étaient principalement dus au coup d'œil et à la décision du capitaine baron Saamen.

Le maréchal des logis chef Hepsch, qu'on avait envoyé en avant avec 15 hommes pour tirailler avec l'ennemi, se distingua tout particulièrement. Arrivé dans les vignes qui entourent la ville, il se porta rapidement en avant avec deux hommes, poussa jusqu'à la porte de Colmar, que cinq cavaliers ennemis, aidés par quelques habitants, cherchaient à barricader. Il n'hésita pas à entamer la lutte avec eux, les empêcha de continuer leur œuvre, jusqu'au moment où, soutenu par dix cosaques de Platoff, il réussit à les mettre en fuite. Sans ordre et de sa propre inspiration, il poursuit l'ennemi avec les cosaques, donne sur la place dans un peloton de cavalerie en train de se former, le culbute, en blesse le chef et poursuit les fuyards jusqu'à la porte située de l'autre côté de la ville, qu'il garde jusqu'à l'arrivée du gros, bien que quatre escadrons ennemis fussent établis à proximité et en dehors de cette porte.

ment; les vedettes et les petits postes de cavalerie française se replièrent d'abord sur Colmar[1] qu'ils quittèrent presque sans combat. Le général Milhaud, informé du passage du Rhin exécuté par Wittgenstein, l'avait évacuée le matin, se portant avec sa cavalerie dans la direction de Sainte-Marie-aux-Mines, tandis qu'il avait fait filer l'infanterie vers Strasbourg. C'était du moins ce que l'on apprit à Wrède, lorsqu'à 3 heures de l'après-midi, il entra à Colmar presque en même temps que le IVᵉ corps. L'arrière-garde fut mollement poursuivie par Scheibler jusqu'à Markolsheim, et se replia sans autrement être inquiétée sur Sainte-Marie-aux-Mines, afin de couvrir ce passage des Vosges et de permettre au gros d'atteindre sans encombre la vallée de la Meurthe.

C'était donc pour enlever Colmar à une poignée de cavaliers et pour assurer en passant l'investissement de Neuf-Brisach, que l'on avait mis en mouvement deux corps d'armée qui se cantonnèrent le soir, le Vᵉ à Colmar et environs, le IVᵉ entre Sainte-Croix et Biltzheim.

Schwarzenberg était de sa personne retourné à Altkirch; le colonel Scheibler, qui seul avait fait mine de suivre l'arrière-garde de Milhaud dut, après avoir été arrêté à Markolsheim, se

---

[1] Dans le rapport qu'il adressa, le 7 janvier au soir, de Baccarat, au major général, le général Milhaud rend compte en ces termes de ce mouvement rétrograde :

« Quand j'ai eu ordre du duc de Bellune de quitter Colmar, dit-il dans ce rapport, j'étais en présence d'une forte armée qui attaquait le 5ᵉ corps de cavalerie et ma brigade d'infanterie par quatre grandes colonnes; j'avais des détachements sur les bords du Rhin et avant de Neuf-Brisach et dans les montagnes de Soultzbach, et malgré les forces de l'ennemi douze fois (?) supérieures aux nôtres, nous avons fait notre retraite sans perdre un seul homme ni un seul cheval. J'ai quitté Colmar à 2 heures après midi et n'ai pas cru devoir répondre par un seul coup de canon aux canonnades de l'ennemi. Nous avons manœuvré dans les défilés et dans la plaine avec le plus grand ordre. . . . . . Les uhlans de Schwarzenberg forment l'avant-garde ennemie, mais avec beaucoup de circonspection. . . . .

« Un détachement de 100 dragons et de 200 fantassins commandés par le chef d'escadron Montanolle, du 22ᵉ, que j'avais envoyé dans la vallée de Munster, a fait sa retraite le long des montagnes et est venu joindre notre arrière-garde.

« *Quel malheur, mon Prince*, ajoutait le général en terminant, *de ne pouvoir pas défendre l'entrée des gorges de Sarerne, de Mutzig et de Sainte-Marie-aux-Mines par quelques bataillons d'infanterie légère.* » Tous les habitants des montagnes n'avaient besoin que de se voir protéger par un ou deux bataillons à l'entrée de chaque gorge pour faire une irruption et défendre leurs foyers. (*Archives du dépôt de la guerre.*)

diriger du côté de Schlestadt, parce que le généralissime était convaincu que Milhaud se porterait de là vers Strasbourg pour y rallier Victor.

Marche de Stscherbatoff sur Remiremont. — Stscherbatoff avait de son côté passé les Vosges, débouché dans la vallée de la Moselle et poussé avec ses 700 cavaliers sur Remiremont, qu'il occupa le 3, à une heure de l'après-midi, après une escarmouche dont il rend compte dans les termes suivants :

Rapport de Stscherbatoff à son Altesse Monseigneur le Prince de Schwarzenberg, commandant en chef les armées réunies. — Remiremont, 3 janvier 1814. (En français dans l'original.)

« A deux lieues de Remiremont, mon avant-garde commandée par le colonel Efimovitch, fut rencontrée par un détachement de cavalerie ennemie qui a été culbuté.

« Beaucoup furent tués et 36 faits prisonniers. Il y a 6 cosaques de blessés dont 2 grièvement.

« Vers une heure de l'après-midi, Remiremont a été occupé; mais maintenant le hasard me fit connaître par une lettre que 600 hommes d'infanterie marchent d'Epinal sur Remiremont, que 250 hommes à cheval sont arrivés à Epinal et qu'on y en attend 250 autres dans la nuit.

« Je ne pourrai pas résister à ce fort détachement, et je devrai me replier sur la même route par laquelle je suis venu, pour ne pas laisser surprendre le flanc gauche de l'armée par le débouché des gorges des montagnes.

« J'avais envoyé une bonne patrouille à Plombières, qui n'y a trouvé aucun ennemi[1]. »

Mouvement de la cavalerie de Thurn sur Vesoul. — Le lieutenant-colonel comte Thurn, arrivé de son côté à Lure, avait résolu de surprendre, dans la nuit du 2 au 3, le détachement français posté à Calmoutier, mais qui s'était, entre temps, replié sur les hauteurs voisines de Vesoul. Le parti que Thurn avait poussé en avant, ayant tiraillé pendant toute la matinée avec les avant-postes français, le colonel lui prescrivit d'occuper et d'amuser

---

[1] *K. K. Kriegs Archiv.*, I, 57.

l'ennemi. Marchant pendant ce temps, avec le reste de son monde, par la route de Besançon à Vesoul, il déboucha sur les derrières de Vesoul, par Vellefaux. « Aussitôt, dit-il[1], que ce mouvement fut exécuté, je fis vivement attaquer l'ennemi de front. Le capitaine Burckardt s'acquitta de sa mission avec tant d'habileté et d'intelligence, qu'il entra pêle-mêle avec l'ennemi dans la ville, et y prit le préfet au moment où celui-ci se préparait à partir. »

Thurn ajoute qu'il a fait 200 prisonniers, parmi lesquels des malades, des blessés ; qu'il a pris, outre le commissaire des guerres attaché au dépôt de Vesoul, un magasin de fourrages et un gros magasin de tabac ; qu'il tient sous bonne garde le préfet, mais que le principal résultat de son coup de main sur Vesoul *aura été de retarder la levée en masse décrétée par le préfet.*

Bianchi, après avoir relevé les Bavarois devant Belfort, avait infructueusement sommé le général Legrand de lui rendre cette place. Le III⁰ corps (Gyulay), arrivé à Montbéliard, lui servait de soutien, et, comme ce corps manquait de cavalerie, il avait fait occuper par l'infanterie les postes de Clerval et d'Arcey. Bianchi prévenait également Schwarzenberg, dans son rapport du 3 janvier[2], « qu'il serait impossible de pousser la division légère Crenneville bien avant dans la direction de Vesoul, parce que cet officier général n'avait avec lui que deux faibles escadrons. »

On ne s'étonnera pas, nous l'espérons du moins, de nous voir insister sur des détails qui peuvent, au premier abord, paraître insignifiants ; mais, en y réfléchissant quelque peu, on découvrira sans peine les raisons pour lesquelles nous nous sommes attaché à signaler ces faits. Il nous semble, en effet, qu'il y a lieu de procéder de la sorte, si l'on désire arriver à se rendre un compte exact du caractère des opérations, à découvrir la cause de lenteurs qui paraissent inexplicables au premier examen, à apprécier dans toute son étendue l'espèce de terreur superstitieuse dont semble avoir été hanté le quartier général du généralissime, à partir du moment où l'on se décida à fouler le sol français. N'ayant rien devant soi, on aurait pu et dû pousser résolument et rapidement

---

[1] Rapport de Thurn à Schwarzenberg, de Vesoul, 4 janvier (*K. K. Kriegs Archiv.*, I, 73).

[2] *K. K. Kriegs Archiv.*, I, 49.

en avant, afin de crever le mince et faible rideau de cavalerie, derrière lequel on n'aurait trouvé que quelques faibles bataillons disséminés depuis Wissembourg jusqu'à Baume-les-Dames. Si l'on ouvre, à la date du 3 janvier, le *Journal sommaire des opérations et des marches, tenu au grand quartier général de Schwarzenberg*[1], on y lira que Pahlen est à Haguenau, où il a trouvé des malades et pris des dépôts de cavalerie, qu'il pousse à droite sur Wissembourg et devant lui sur Saverne, que Stscherbatoff a passé les Vosges à Saint-Amarin et s'est avancé dans la vallée de la Moselle jusqu'à Remiremont. Mais on se gardera bien, en revanche, d'y faire la moindre allusion aux lenteurs de Wittgenstein, d'y motiver le déploiement inutile de deux corps d'armée pour enlever Colmar à quelques cavaliers, de mentionner la perte du contact avec la cavalerie de Milhaud, d'expliquer le piétinement sur place imposé aux IIIe, IIe et Ier corps et aux réserves.

Il nous reste cependant à dire, pour en avoir fini avec le journée du 3, que la division Ignace Hardegg, du Ier corps, avait repris sur le Doubs, du côté de Saint-Hippolyte, Pont-de-Roide et Baume-les-Dames, les postes que le IIIe corps, allant sur Montbéliard, avait quittés. Le gros de ce corps était d'ailleurs encore à Porrentruy, et le IIe corps débouchait seulement à Flangebouche, pendant que les réserves autrichiennes, avec le prince héritier de Hesse-Hombourg, se portaient, sans se presser, sur Pontarlier, Saint-Sulpice, Chaux-du-Milieu et Saint-Blaise, et que Barclay de Tolly installait son quartier général à Bâle.

Considérations sur les positions des Alliés.—Conséquences de l'entrée du Ve corps à Colmar. — Il faut cependant reconnaître que la marche des Alliés sur Colmar, en obligeant Milhaud à se replier sur Sainte-Marie-aux-Mines, vint contrarier les projets de Napoléon et contrecarrer les mouvements de Victor. Obligé de chercher, avant tout, à gagner le temps dont il avait besoin pour assurer un semblant de cohésion aux formations nouvelles, Napoléon avait été amené forcément à l'idée d'organiser une défense simulée du Rhin, et avait, par suite, dû donner à sa ligne une extension égale à la longueur du front par lequel passaient

---

[1] STARKE, *Eintheilung und Tagesbegebenheiten der Haupt Armee unter Feld-Marschall Fürst Schwarzenberg im Monate Januar* (K. K. Kriegs Archiv., I, 30).

les lignes naturelles d'invasion des Alliés. L'événement s'est, d'ailleurs, chargé de justifier la manière de voir de Napoléon, puisque, tout en restant échelonnés le long du Rhin, les corps français, malgré les fautes commises par certains généraux, ont néanmoins pu se rallier sur les points situés plus en arrière et choisis par l'Empereur.

Il est évident, en effet, que si les corps français avaient, dès le principe, continué leur retraite, les Alliés, au lieu de perdre en hésitations, en contre-marches, presque tout le mois de janvier, les auraient suivis pas à pas et, sachant ce qu'ils avaient devant eux, ne seraient pas restés aussi longtemps immobiles. Malheureusement les lieutenants de l'Empereur et surtout Victor, dont nous avons à nous occuper actuellement, n'étaient plus susceptibles d'exécuter convenablement un plan qui exigeait de leur part une confiance et un entrain qu'ils avaient perdus, une ardeur et un zèle qui s'étaient refroidis et avaient fait place à la lassitude, à l'indifférence, pour ne pas dire au découragement.

L'Empereur [1] avait ordonné, le 2 janvier, au major général de prescrire à Marmont d'avoir à se rendre à Colmar pour y prendre le commandement de la division dont se composait le 2ᵉ corps et y réunir les deux divisions du 6ᵉ corps, les 1ᵉʳ et 5ᵉ corps de cavalerie. Victor devait rester à Strasbourg, pour former les 2ᵉ et 3ᵉ divisions de son corps (le 2ᵉ) et veiller à la défense des places, tandis que Mortier servirait de réserve à Langres et que deux divisions de la garde, sous les ordres du général Curial, viendraient de Nancy et de Luxembourg prendre position à Épinal. Mais Victor, se voyant menacé en amont de Strasbourg par Wrède et les Wurtembergeois, en aval par le passage de Wittgenstein, sur la rive gauche, et l'apparition de la cavalerie de Pahlen à Haguenau, craignant de se voir rejeter et enfermer dans Strasbourg, et par-dessus tout inquiet de la responsabilité qui pesait sur lui, avait, contrairement aux ordres de l'Empereur, résolu [2] de

---

[1] *Correspondance*, nᵒˢ 21055 et 21056.

[2] Victor au major général, Strasbourg, 3 janvier, 8 heures du matin. — Victor ajoutait dans cette dépêche : « Je pense que les troupes du 2ᵉ corps et du 5ᵉ de cavalerie, qui sont dans la vallée de Colmar, seront réunies aujourd'hui à Molsheim, et que nous serons demain de bonne heure sur les hauteurs de Saverne, où il serait possible que l'ennemi nous prévînt ; car il a moins de chemin à faire que nous. » (*Archives du dépôt de la guerre*.)

se replier par Schlestadt et Molsheim sur Saverne, d'où il espérait parvenir à donner la main à Marmont dont il était, sans le savoir, déjà séparé par la marche de l'armée de Silésie. Le mouvement exécuté par les IV⁰ et V⁰ corps alliés avait eu, d'ailleurs, pour conséquence d'empêcher l'exécution de l'ordre du mouvement rétrograde par Molsheim sur Saverne, que Victor avait envoyé au 5⁰ corps de cavalerie. La direction sur Sainte-Marie-aux-Mines, que Milhaud imprima à sa retraite, dérouta complètement le duc de Bellune qui, laissant simplement deux régiments de gardes d'honneur du côté de Saverne pour observer Pahlen, crut plus sage, au lieu de chercher à défendre les débouchés des Vosges du côté d'Épinal, de se mettre en retraite le 5 janvier [1] par Mutzig et Blamont sur Raon-l'Étape, découvrant ainsi Épinal, dégarnissant les défilés des montagnes et contrecarrant, en les rendant inutiles, toutes les mesures prises par l'Empereur. C'était là commettre une faute grave dont n'aurait pas manqué de profiter un adversaire quelque peu actif et entreprenant. Mais les hésitations de Schwarzenberg, la direction singulière que de Colmar il donna, comme nous allons le voir, au corps de Wrède, la lenteur que Wittgenstein mit à se porter sur Saverne; enfin, chose absolument inouïe de la part de généraux disposant d'une cavalerie nombreuse et aguerrie, la perte du contact avec la cavalerie de Milhaud, allaient, si ce n'est réparer, du moins atténuer la faute commise par Victor.

Il est certain, en effet, que les Alliés, en continuant leur mouvement en avant, en suivant pas à pas et en menant vivement l'arrière-garde du 5⁰ corps de cavalerie, auraient pu, sans rencontrer la moindre résistance, descendre par la vallée de la Meurthe sur Lunéville et Nancy. Wittgenstein, en accentuant son mouvement sur Saverne, aurait appelé sur lui toute l'attention de Victor, d'ail-

---

[1] Voici, en effet, ce que Grouchy écrivait au général Milhaud, le 5 janvier, à 8 heures du matin : « L'ennemi occupe Saverne (a). Le maréchal se retire par Mutzig, Urmatt et Wisches. Le 5⁰ corps de cavalerie s'établira en arrière de Framont ; la cavalerie légère restera à Schirmeck, poussant quelques partis sur la route de Senones, afin d'avoir des nouvelles de l'ennemi et de savoir s'il a paru de ce côté. » (*Archives du dépôt de la guerre.*)

(a) N. B. Il y a là une erreur commise par Victor et Grouchy. Saverne était encore à ce moment occupé par la cavalerie française, et ce ne fut que le 7 au matin que les coureurs de Pahlen entrèrent à Saverne. Les Français ne l'évacuèrent que dans la nuit du 6 au 7 janvier.

leurs disposé à se porter de ce côté. Plus à gauche un corps aurait pu, en filant par Épinal, marcher rapidement par la vallée de la Moselle jusqu'à Charmes ou Pont-Saint-Vincent, et deux autres corps, les IIIe et Ier par exemple, auraient dû accélérer leur marche sur Langres par Vesoul. Un pareil mouvement, sans danger puisqu'on n'avait personne devant soi, aurait complètement désorganisé la défense et livré presque sans combat avec les côtes de Meuse les têtes des vallées de la Marne, de l'Aube et de la Seine. La timidité des généraux alliés s'explique donc uniquement par la crainte que l'Empereur leur inspirait, par l'appréhension qu'ils ont eue de le voir se jeter d'abord contre Blücher, le battre sur la Meuse et se retourner ensuite avec les renforts qu'il aurait ramassés en route contre les têtes de colonne de Schwarzenberg. Aussi, plus fidèles que jamais aux principes émis lors de la signature de la convention de Trachenberg, les généraux alliés paraissent avoir cherché par-dessus tout à éviter la moindre rencontre sérieuse, à rendre impossible toute entreprise quelque peu importante, jusqu'au moment où l'armée de Bohême aurait opéré sa jonction avec celle de Silésie.

Mais cette jonction elle-même pouvait s'opérer rapidement, sans peine, sans perte de temps et sans danger. Il aurait suffi pour cela d'ordonner au VIe corps de pousser immédiatement en avant le 3 au soir, tandis qu'au contraire on laissa Wittgenstein piétiner sur place, depuis le 3 jusqu'au 10 janvier, aux environs du point où il avait passé le Rhin. Et c'est ainsi qu'au moment où Blücher arrivait le 17 janvier à Nancy avec le gros de ses troupes, nous ne trouverons à hauteur de Phalsbourg que la cavalerie de Pahlen. Grâce à la lenteur méthodique de Wittgenstein, aux hésitations du grand quartier général, un corps de cavalerie va mettre quinze jours pour aller de Haguenau à Phalsbourg!

4 janvier 1814. — Mouvements de la cavalerie du VIe corps. — Le 4, en effet, Pahlen s'était contenté d'occuper, avec le gros de ses troupes, Haguenau, où l'un de ses escadrons était déjà depuis la veille. Il avait, il est vrai, jugé à propos de se faire soigneusement couvrir, sur sa gauche, par Rüdinger, qui s'établit à Gambsheim et dont les avant-postes se tinrent en vue de Wantzenau. Sur sa droite, le colonel Sélifontieff dépassait Lauterburg, et le lieutenant-colonel Nabel envoyait des partis vers

Landau, sans rencontrer nulle part les petits détachements français qui s'étaient repliés sur Landau. Pahlen avait cependant osé pousser, en avant de Haguenau, un escadron qui alla, sur la route de Saverne, jusqu'à Monmenheim, et envoyer, sur les routes de Bouxwiller et de Bitche, les dragons badois. Le reste du VI⁰ corps resta sur les mêmes positions que la veille.

Il paraît, d'ailleurs, qu'on trouvait au grand quartier général que Wittgenstein n'avait pas encore assez de cavalerie [1], puisque, le lendemain 5 janvier, on l'informait qu'il allait être rejoint par Seslavin. Cet officier général, qui aurait pu rendre de réels services si l'on avait, comme il le désirait, comme il le demandait, consenti à lui laisser tenter une pointe vers le Midi de la France, reçut, à Porrentruy, l'ordre de se diriger, par Dannemarie et Colmar, sur Schlestadt, afin de relier entre eux les V⁰ et VI⁰ corps.

Perte du contact. — Ainsi qu'il a déjà été indiqué, les IV⁰ et V⁰ corps avaient perdu complètement, dès la veille, le contact avec la cavalerie de Milhaud, d'abord parce qu'on avait arrêté le colonel Scheibler à Markolsheim, ensuite parce que l'on était convaincu en haut lieu que Milhaud n'avait pu se retirer que sur Schlestadt. En raison de l'ignorance même dans laquelle on se trouvait et des ordres que l'on reçut du grand quartier général, on n'entreprit, à vrai dire, absolument rien dans toute la vallée du Rhin ! Wrède, n'ayant pas réussi à découvrir la moindre trace de son adversaire, ne pouvant tirer aucune indication sérieuse des renseignements contradictoires donnés par les habitants, détacha [2] de son avant-garde trois partis de cavalerie ; le premier,

---

[1] Le prince de Schwarzenberg, au général en chef comte Wittgenstein. — Altkirch, 5 janvier 1814 : « Afin de donner aussi rapidement que possible à V. E. la cavalerie qui lui manque, j'ai prescrit au général major Seslavin de prendre par Colmar pour rejoindre votre Excellence. »
(*K. K. Kriegs archiv.* I. 84.)

[2] Schwarzenberg se rendait si peu compte de la situation, que dans les ordres bizarres dont nous aurons à parler et qui dirigeaient Wrède sur Schlestadt, il jugeait à propos de lui recommander ce qui suit :

Schwarzenberg à Wrède. — Altkirch, 4 janvier 1814.

« .... Il me serait bien agréable de vous voir attaquer la cavalerie que vous avez devant vous. Culbutez-la et répandez un peu la terreur de votre côté. » (*K. K. Kriegs Archiv.*, 1/66 C.)

En même temps il croyait nécessaire d'éclairer et de rassurer le prince royal de Wurtemberg, auquel il écrivait : « Vous êtes couvert sur votre front

sous les ordres du général-major Ellbracht, longea le pied des Vosges, se dirigeant à gauche vers Ober-Bergheim et Guemar¹ ; le second, que le colonel baron Mengen conduisit, par Markolsheim, à Heidolsheim, et, enfin, le 3ᵉ à droite, sous les ordres du colonel Scheibler, alla sur Dipolsheim pour battre le pays entre l'Ill et les différents bras du Rhin. Le reste du Vᵉ et tout le IVᵉ corps demeurèrent complètement immobiles.

Mouvements du corps volant de Thurn en avant de Vesoul. — Le lieutenant-colonel comte Thurn avait occupé, le 4 à midi, Vesoul avec le gros de son détachement, et il ajoutait, dans la lettre qu'il adressait de Vesoul, à 5 heures du soir, à Schwarzenberg : « Je surveille toutes les routes dans la direction de Besançon, Gray, Port-sur-Saône et Luxeuil. J'ai rendu compte de tout ce qui s'est passé au général-major von Haecht, et l'ai prié d'occuper Lure pour me servir de soutien. J'ai vainement cherché à me relier par Luxeuil et Remiremont avec le corps volant du prince Stscherbatoff, et, comme je n'ai que fort peu de cavalerie, je ne puis m'affaiblir en envoyant trop loin des détachements. Un émissaire, qui rentre à l'instant, m'annonce qu'un corps de cavalerie française marche, par Chaumont, sur Langres et Port-sur-Saône, et que ses patrouilles ont poussé sur Charmoille. J'ai aussitôt dirigé sur Port-sur-Saône le capitaine de chasseurs bavarois Fleischmann avec un détachement mixte de

---

par le prince Stscherbatoff, à gauche par le IIIᵉ corps, qui sera le 9 à Vesoul. Vous assurerez à droite par des corps volants, vos communications avec le général comte de Wrède. » (*K. K. Kriegs Archiv.*, 1/66 B.)

¹ Grouchy au Major général. — Baccarat, 6 janvier :

« Attaqué sur trois points dans Colmar, on s'est retiré dans le meilleur ordre, sans pertes, et l'ennemi ne nous a suivis que jusqu'à hauteur de Guémar. Depuis ce point jusqu'à la position qu'occupe le 5ᵉ corps de cavalerie, l'ennemi ne s'est plus montré. Une de ses colonnes s'est portée par la route qui longe le Rhin dans la direction de Strasbourg. D'autres colonnes débouchent des Vosges par les routes de Ste-Marie-aux-Mines et du Bonhomme. Les gardes d'honneur étaient hier 5, en avant de Saverne, ayant devant eux la cavalerie légère russe. S'ils sont fortement poussés, ils ont l'ordre du duc de Bellune de se replier sur Phalsbourg et la route de Nancy.......... L'effectif total du 5ᵉ corps de cavalerie est d'environ 3,000 chevaux. » (*Dépôt de la guerre*).

On voit donc que, pendant que les Alliés perdaient le contact avec la cavalerie de Milhaud, cette cavalerie parvenait en revanche sans se compromettre et sans révéler sa présence, à se tenir au courant des mouvements des différentes colonnes des Alliés. Le fait nous a paru la peine d'être signalé.

cavalerie et de chasseurs, et lui ai donné l'ordre de se procurer des renseignements sur l'ennemi et de chercher par-dessus tout à faire des prisonniers.

« Les dépôts de cavalerie ennemie se réunissent à Dijon.

« Les nouvelles de Paris signalent un grand mécontentement dans la population et font prévoir l'explosion prochaine de désordres sérieux. L'Empereur, d'après ce que m'annonce l'agent que j'ai envoyé à Paris, et qui a quitté cette ville il y a six jours, aurait l'intention d'y faire venir 10,000 hommes de la garde [1].....

« J'ai l'honneur d'adresser à Votre Altesse le numéro du *Moniteur* que je viens de recevoir. »

Mouvements des autres corps et ordres de Schwarzenberg. — Au centre et à l'aile gauche, les II⁰ et III⁰ corps ne bougèrent pas davantage, et le I⁰ᵉʳ corps alla de Porrentruy à Delle, laissant encore dans la vallée du Doubs à Clerval et Pont-de-Roide la division légère Ignace Hardegg, dont les patrouilles constatèrent l'évacuation de Baume-les-Dames et la présence de quelques cavaliers français du côté de Mamirolle, à l'est de Besançon. Enfin, deux des quatre divisions des réserves autrichiennes arrivèrent à Pontarlier.

Pendant que les troupes de l'armée de Bohême restaient ainsi inactives, le 4, on avait, au contraire, été très affairé au grand quartier général d'Altkirch ; les ordres abondaient et pleuvaient de tous côtés. En réalité, il est difficile de comprendre à quels besoins ils répondaient, et quelles raisons avaient pu décider Schwarzenberg à envoyer Wrède investir Schlestadt, à maintenir jusqu'au 6 devant Neuf-Brisach le IV⁰ corps, qui devait être relevé ce jour-là par une partie du V⁰, pour ne lui faire commencer que plus tard son mouvement sur Remiremont, tandis que le III⁰ corps recevait, de son côté, l'ordre de quitter Montbéliard le 6, et de se porter, par Vesoul, sur Langres. Pour compléter ces mesures, le I⁰ᵉʳ corps devait venir avec Schwarzenberg à Montbéliard, et, à l'extrême gauche, le prince héritier de Hesse-Hombourg était chargé d'investir et de bombarder Besançon le 9 janvier. Enfin, et bien qu'il n'ait eu jusqu'à ce jour aucune lutte à soutenir, bien que chacun de ses corps d'armée fût doté d'un nombre respec-

---

[1] *K. K. Kriegs Archiv.*, I. 73.

table d'escadrons, bien qu'il eût eu le loisir de déterminer à l'avance et à son aise la composition et la marche de ses colonnes, Schwarzenberg se crut déjà obligé de faire venir de l'arrière une cavalerie qui n'aurait, d'ailleurs, jamais dû s'y trouver, parce qu'elle n'avait et ne pouvait y avoir rien à faire. Il écrivit, en effet, à Barclay de Tolly : « *Comme je n'ai actuellement pas de cavalerie à moi en avant de mon front,* il me faut prendre, pour soutenir la division légère Crenneville, une division de cuirassiers russes, à laquelle vous prescrirez d'avoir à se rendre, le 8 janvier, de Montreux à Novillard ; le 9, par Vézelois, Meroux, Sevenans, Botans, Bavilliers, Essert, à Frahier ; le 10, à Lure ; le 11, à Vesoul, où elle se cantonnera. Un régiment de cosaques devra aller à Montbéliard, où sera installé mon quartier général.

« Enfin, pour surveiller la vallée de la Meuse et pour me renseigner sur les mouvements de l'ennemi, je compte envoyer l'ataman comte Platoff, le 9, d'Épinal sur Neufchâteau, afin que, de concert avec le prince Stscherbatoff, il maintienne, du côté de Langres et de Chaumont, les communications avec les troupes qui se porteront en avant[1]. »

L'offensive vigoureuse et énergique, dont parlait toujours Schwarzenberg dans ses ordres, consistait donc à donner à Wrède une direction absolument illogique, à laisser au VI⁰ corps (comme on le disait au quartier général) le temps de prendre pied sur la rive gauche, de réparer les ouvrages en ruines du fort Vauban et d'organiser une solide tête de pont au fort Alsace ; d'autre part, on faisait bloquer Huningue, Neuf-Brisach, Schlestadt, Besançon, et l'on maintenait, pour cette raison, les réserves russes et prussiennes fort loin en arrière, précisément au moment où il aurait fallu les faire serrer sur les corps de première ligne et marcher à tout prix vivement et résolument en avant. Et cependant, en raison même de la crainte qu'inspirait un adversaire qu'on s'attendait à voir apparaître partout et à tout moment, d'un adversaire que, quelques jours plus tard, le 7 janvier[2], on

---

[1] *K. K. Kriegs Archiv.* I;66 A.
[2] BERNHARDI, *Toll Denkwürdigkeiten*, IV, 164.
Il est essentiel de considérer que ce fut seulement lorsqu'il eut reçu cette fausse nouvelle, que Schwarzenberg modifia ses ordres du 4 et rappela à lui Wittgenstein et Wrède, que sans cela il eut vraisemblablement laissés plus longtemps en Alsace.

croyait même déjà arrivé à Langres à la tête d'une armée de 80,000 hommes, il eût fallu avant tout éviter l'éparpillement des forces.

On aurait dû éviter de perdre un temps précieux et irréparable à conquérir l'Alsace, où il n'y avait personne; mais, au contraire, se hâter de réunir 120,000 à 150,000 hommes sur un point donné, Langres, par exemple, afin d'être dans les dix premiers jours de janvier, comme on le pouvait d'ailleurs, à même d'écraser l'ennemi sous le poids de ces masses auxquelles rien, et surtout des formations à peine ébauchées, n'aurait pu résister.

Nouvelles de Blücher. — Schwarzenberg avait à peine expédié ces différents ordres qu'il reçut de Blücher l'avis du passage du Rhin par l'armée de Silésie et du commencement d'exécution du mouvement vers la Sarre. Il semble qu'il eût été naturel à ce moment de modifier les ordres, d'accélérer la marche des différentes colonnes et de porter surtout le VI⁰ corps, qui formait la droite de l'armée de Bohème, résolument en avant. Schwarzenberg préféra écrire à Blücher pour le mettre au courant de sa propre situation et lui annoncer à mots couverts qu'il ne prendrait une résolution définitive que « lorsque l'armée de Silésie serait arrivée à Nancy ».

5 Janvier. — **Mouvements du VI⁰ corps.** — Aussi la journée du 5 ne présente pour cette raison guère plus d'intérêt que celle de la veille. Du côté du VI⁰ corps, tout se borne à l'occupation par le général Rüdinger de Wantzenau que les Français évacuèrent après une légère escarmouche contre les cosaques, pour se replier sur Höhenheim. Les patrouilles, poussées sur la route d'Haguenau à Bitche, vinrent jusqu'à Reichshoffen. Elles y apprirent que le 3ᵉ régiment de gardes d'honneur, après avoir paru la veille dans ce village, s'était, à la nouvelle de l'occupation d'Haguenau, replié le soir par Bouxwiller sur Saverne. Les partis, envoyés de Brumath vers Mutzig et la vallée de la Bruche, afin de chercher la communication avec le général Seslavin, avaient tiraillé avec les avant-postes français du côté de Marlenheim. Enfin, sur la foi de renseignements recueillis du côté de Lauterbourg, on croyait savoir que Marmont se repliait de Pirmasens sur Bitche.

Mesures prises par le prince royal de Wurtemberg pour le passage des Vosges. — Le V⁰ corps investit Schlestadt, envoya une des brigades de la division La Motte vers Sainte-Marie-aux-Mines, et releva sous Neuf-Brisach les Wurtembergeois qui devaient commencer leur mouvement le lendemain, et que le généralissime renforça de la brigade autrichienne Schäffer et du régiment de hussards Archiduc Ferdinand. Le quartier général du prince royal s'établit à Ober-Bergheim, d'où le prince adressa à Schwarzenberg le rapport par lequel il lui communiquait les mesures qu'il prenait pour la marche du lendemain :

« Prince royal de Wurtemberg, à Schwarzenberg.
« Oberbergheim, 5 janvier 1814 [1].

« J'ai reçu cette nuit les ordres de Votre Altesse, et je marcherai demain sur Remiremont. La tête de mes colonnes cherchera à atteindre ce point avant cette date, pour que ma cavalerie ne soit pas obligée de séjourner plus que de raison dans la région si inhospitalière des Vosges.

« Afin de rester en communication et en liaison avec le général comte Wrède, j'enverrai des partis sur ma droite, et je prierai le comte Wrède d'en faire autant de son côté.

« Mon quartier général sera demain à Cernay. »

Le généralissime, tout en approuvant les propositions du prince royal relatives à la cavalerie, l'invita cependant à la laisser le moins longtemps possible sans infanterie, parce qu'il craignait de la voir arrêtée par une petite arrière-garde ennemie tirant habilement parti du terrain accidenté et difficile de ces régions.

Schwarzenberg mandait en même temps au prince royal que le général Stscherbatoff, comme cet officier général l'avait du reste prévu lui-même, avait été contraint d'évacuer Remiremont à l'approche de 600 fantassins et de 500 cavaliers ennemis [2].

Stscherbatoff rentre à Remiremont. — La recommandation de Schwarzenberg n'était pas tout à fait inutile, puisque, comme le montre la lettre du chef d'état-major du IV⁰ corps à Stscherba-

---

[1] *K. K. Kriegs Archiv. ad*, I. 81.
[2] *K. K. Kriegs Archiv*. I. 81.

toff, le gros de ce corps ne devait, d'après les projets du prince royal, arrriver que quatre jours plus tard à Remiremont[1].

Stscherbatoff n'était pas, d'ailleurs, resté inactif, et, dès le 5, profitant de ce que quelques troupes alliées avaient occupé les défilés de Bussang, rassuré sur ses derrières, et presque sûr désormais de pouvoir, en cas d'échec, se replier sur ce soutien, il avait de nouveau débouché dans la journée sur Remiremont, qu'il avait occupé.

---

[1] Le colonel comte Baillet de La Tour au général prince Stscherbatoff, Oberbergheim, 5 janvier 1814 (en français dans l'original) :

« En ordonnant à S. A. R. le prince royal de Wurtemberg de se porter sur Remiremont avec son corps d'armée, S. A. le prince maréchal lui mande que vous êtes chargé de couvrir son front.

« Je ne veux donc pas manquer de me mettre en relations avec vous, mon général, et de vous prévenir qu'aujourd'hui Thann sera occupé par un bataillon wurtembergeois qui se portera demain à Bussang pour vous servir de repli en cas de nécessité.

« Le Prince Royal se flatte cependant que vous pourrez vous maintenir dans la route de Remiremont jusque vers le 9, jour auquel la tête du corps d'armée y arrivera.

« Le capitaine Nagel, qui nous précède avec un escadron, est chargé de rassembler des vivres et des fourrages pour le corps d'armée.

« Le Prince Royal désire, mon prince, que pour lui faciliter cette besogne, vous tâchiez de tirer les vivres et les fourrages nécessaires à votre corps, des environs de Plombières et d'Épinal. Il espère aussi que vous voudrez l'instruire des renseignements que vous aurez pu vous procurer sur la force et les mouvements de l'ennemi. »

(K. K. Kriegs archiv. I., 121, C.)

Puisque nous venons de parler du comte de La Tour, il nous a paru intéressant de reproduire la lettre ci-dessous. Il en ressort qu'au moment d'entrer en France les états-majors des Alliés n'avaient pas de cartes, et, ce qui est plus curieux encore, c'est que le colonel de La Tour ayant soumis le cas au généralissime et lui ayant demandé l'autorisation de donner au lieutenant-colonel comte Thurn l'ordre de lui faire tenir la carte dont il est question ci-dessous, Schwarzenberg fit répondre (pièce I. 124, Kriegs Archiv.) qu'il convenait de laisser à Thurn des cartes dont cet officier a bien plus besoin qu'aucun autre.

Louise Fries au colonel comte La Tour. — Montbéliard, le 4 janvier 1814 :

« Monsieur, je viens de recevoir, par une estafette, la lettre que vous avez bien voulu adresser à mon mari, et dans laquelle vous lui demandez l'atlas national de France.

« Je suis bien fâchée de ne pouvoir satisfaire à votre demande, l'ayant déjà remis au comte de Zettritz, qui était envoyé par le comte de Thurn. Je ne pourrais même vous donner aucune autre carte, mon mari étant venu exprès de Bâle pour en faire la recherche dans notre ville et en faire hommage au prince de Schwartzenberg. Il s'en est retourné cette nuit.

« J'ai l'honneur, Monsieur, de vous saluer avec une parfaite considération. »

(K. K. Kriegs Archiv. I., 124 D.)

Combat d'Arches. — C'est du rapport qu'il adressa *en français* à Schwarzenberg, d'Arches, dans la nuit du 5 au 6 janvier, que nous extrayons ce qui suit :

Rapport du prince Stscherbatoff à Schwarzenberg (en français dans l'original). — Arches, 6 janvier 1814, *minuit*.

« Le corps de troupes wurtembergeois étant venu hier pour occuper les défilés de Bussang, j'ai de nouveau débouché sur Remiremont.

« J'ai passé la ville et me suis porté jusqu'à Arches, à 2 heures d'Épinal. Avant d'y arriver, mon avant-garde rencontra une patrouille ennemie qui la mène sur un détachement de 400 chevaux. Le lieutenant-colonel Nazaroff, commandant le régiment des cosaques de l'Oural, l'a attaqué, soutenu par 150 cosaques de Tepter, l'a culbuté et chassé hors du village jusqu'à un quart de lieue.

« La nuit étant venue et 100 hommes d'infanterie se trouvant dans les broussailles ont protégé la fuite de leur cavalerie. Outre beaucoup de tués, on a fait 12 prisonniers. Notre perte n'est que d'un bas-officier et de 2 cosaques blessés, 5 chevaux tués et 11 blessés. Au nombre des prisonniers, il y avait deux conscrits tout nouvellement incorporés, des Lyonnais. *J'ai laissé retourner dans leur maison ces deux conscrits pour qu'ils disent chez eux que les troupes alliées ne viennent pas faire la guerre aux Français,* qu'ils ne veulent aucun mal à l'habitant, mais qu'ils viennent pour ramener la paix et la tranquillité pour le bonheur de la nation française.

« Ces gens ont toute la mauvaise volonté de servir, et j'espère que leur retour fera changer l'opinion que le gouvernement cherche à semer dans l'esprit du bourgeois et du paysan.

« Il peut y avoir à Épinal près de 4,000 hommes d'infanterie, car entre Épinal et Nancy il y a trois grands bivouacs.

« Demain, j'attaquerai à la pointe du jour et je tâcherai de m'emparer de la ville, si je trouve de la possibilité.

« Un lieutenant espagnol, nommé Torres, qui était prisonnier à Nancy, ayant appris l'approche des troupes alliées, a trouvé moyen de s'échapper et est venu se présenter à moi. Les nouvelles, qu'il m'a données, sont qu'il y avait à Metz 30,000 conscrits dont 15,000 seront envoyés vers Bruxelles. Tous les jours il en vient de nouveaux, on choisit les meilleurs, on les place dans la jeune garde et on les expédie du côté de la Hollande. On rassemble à Metz tous les dépôts des environs et comptant toutes les troupes avec les conscrits, on peut pour sûr évaluer à 25,000.

« Les dépôts de cavalerie font le plus grand objet des préoccupations.

« Le quartier général de l'armée est à Metz ainsi que celui de l'Empereur. On l'attendait, mais il n'est pas venu.

« A Nancy la garnison est de 1000 à 1500 hommes. Dans les troupes cantonnées entre Nancy et Épinal il y a la garde. . . . .

« Le maréchal Oudinot est disgrâcié pour avoir osé dire qu'il n'y avait pas moyen de faire la guerre et qu'il ne pouvait commander un corps composé d'enfants faibles et indisciplinés. . . .

« . . . Les bourgeois sont très mécontents du gouvernement et désirent un changement. . . . . Il est certain que l'on manque absolument d'armes.

« Les prisonniers que je fais se croient heureux, car disent-ils, nous ne servirons plus [1]. »

Mouvements de Platoff et de Thurn. — Pendant ce temps Platoff était en marche sur les Vosges : il devait être le 6 à Saint-Weiler, le 7 à Saulxures et le 9 à Épinal. Il avait ordre de se relier par sa droite avec Stscherbatoff et par sa gauche avec les colonnes autrichiennes destinées à marcher par Vesoul sur Langres. Thurn, toujours aux environs de Vesoul, continua à surveiller les routes de Besançon, Gray, Port-sur-Saône et Luxeuil, tandis qu'à l'extrême gauche Scheither recevait l'ordre d'occuper Ornans.

Les mouvements exécutés, pendant cette journée par les IIIe, IIe et Ier corps et par les réserves autrichiennes, sont si insignifiants qu'ils ne méritent même pas d'être indiqués.

Position de Victor. — En apprenant le passage du Rhin par les Alliés et le mouvement qui découvrait sa droite, Victor avait, comme nous l'avons dit, abandonné la défense du fleuve, laissant, sous les ordres du général Milhaud, une brigade d'infanterie de

---

[1] *K. K. Kriegs Archiv.*, I, 118.

la division Dubesme qui, avec la division de cavalerie du général Lhéritier, au lieu de se porter par Molsheim sur Saverne, dut se retirer par la vallée de Sainte-Marie-aux-Mines. Lui-même, avec le reste de ses troupes (division Gérard, une brigade de la division Dubesme et la division de cavalerie du général Briche), marcha par Mutzig sur Raon-l'Étape, point sur lequel il avait déjà dirigé la division de cavalerie légère du général de Piré.

Ordres de l'Empereur à Mortier. — Jusqu'à ce moment d'ailleurs l'Empereur n'avait rien changé à la direction donnée aux renforts en marche. Cependant, le 24 décembre, il avait ordonné à Mortier de se rendre de Namur à Reims. Le maréchal y trouva, le 3 janvier, l'ordre de continuer immédiatement sur Chaumont et sur Langres avec sa division d'infanterie de la vieille garde, 5 à 6 batteries d'artillerie et la division de cavalerie de la garde. Le mouvement projeté par Victor qui avait eu l'intention (les ordres donnés à Milhaud, et que celui-ci ne put d'ailleurs exécuter, en font foi) de se poster à Saverne, d'y tenir jusqu'à l'arrivée de Marmont, avait déplu à l'Empereur qui chargea le major général de lui témoigner son mécontentement [1].

Ordre à Victor intercepté par les Cosaques. — Une dépêche adressée à Victor par l'intermédiaire de Kellermann, fut interceptée par les cosaques du côté de Mutzig, dans la nuit du 7 au 8 janvier. Elle était ainsi conçue :

« Le maréchal duc de Valmy [2], à S. E. le maréchal duc de Bellune, commandant le 2ᵉ corps.

---

[1] L'empereur Napoléon au prince de Neuchâtel et de Wagram, major général à Paris. — Paris, 6 janvier 1814.

« Mon cousin, faites connaître au duc de Bellune mon mécontentement de ce que, de Colmar, il a porté son corps sur les hauteurs de Saverne, dégarnissant ainsi toutes les Vosges et découvrant Epinal; qu'il était bien plus convenable que de Colmar il se rendit sur le col d'Epinal; que le col de Saverne se trouve gardé par la place de Phalsbourg, tandis que, par Epinal, Nancy se trouve entièrement découvert.

« S'il est toujours du côté de Saverne, donnez-lui ordre de filer sur Nancy.

« Donnez ordre au prince de la Moskowa de partir dans la journée pour se rendre à Nancy et d'y prendre le commandement de la division de la jeune garde et de toutes les troupes qui sont de ce côté, afin de garder Nancy, de reprendre Epinal, qui n'est occupé que par de a cavalerie, et de contenir l'ennemi de ce côté. »

[2] K. K. Kriegs Archiv., I, 205 c.

« Mon cher Maréchal, j'ai fait connaître à S. M. l'Empereur le contenu de la dépêche que vous aviez adressée au commandant de Phalsbourg, et que vous l'aviez chargé de me communiquer.

« L'Empereur répond par dépêche télégraphique datée de ce jour de Paris :

« Ce n'était pas sur les hauteurs de Saverne que le duc de Bel-
« lune devait se diriger, mais sur Épinal. S'il est toujours du
« côté de Saverne, ordonnez-lui de filer sur Nancy. »

« Je m'empresse de vous transmettre cette dépêche, mon cher Maréchal, et de vous prévenir que la 1re division de jeune garde et les troupes réunies de la 4e division sont entre Nancy et Charmes, avec deux batteries, et prêtes à se porter sur Épinal, si la cavalerie ennemie dans les Vosges n'est pas soutenue par de l'infanterie.

« P.-S. — Le duc de Raguse était hier à Hombourg près Deux-Ponts et le général Ricard à Ottweiler, avec les 8e et 32e divisions. »

Cette dépêche aurait eu naturellement plus de valeur pour les Alliés, si elle avait été interceptée dès le 6. A ce moment, en effet, ils n'avaient pas encore réussi à rétablir le contact ; mais la prise de cette dépêche avait, quoique un peu tardivement, l'avantage de fixer d'une façon positive la direction certaine que comptait suivre Victor. Elle leur permettait encore de supposer que ce maréchal, une fois arrivé de l'autre côté des montagnes, serait à nouveau informé des ordres de l'Empereur et chercherait à gagner le point si important d'Épinal, nœud des routes qui, venant de Suisse, franchissent la chaîne des Vosges. Un corps posté à Épinal y aurait occupé, en effet, une position centrale, d'où il lui eût été d'autant plus facile d'empêcher les têtes des colonnes alliées de déboucher dans la vallée de la Moselle, qu'il n'aurait pas eu à se préoccuper de ses derrières couverts par les troupes que le maréchal Ney réunissait à Nancy, et qui semblaient destinées à prendre part aux opérations dans un bref délai.

Les recommandations, que Schwarzenberg avait faites ce même jour au prince royal de Wurtemberg au sujet de l'emploi de sa cavalerie, se trouvaient donc parfaitement justifiées.

Après avoir commis les fautes que nous venons de signaler, Victor ne sut même pas les réparer. Au lieu d'agir énergiquement

avec le plus de monde possible contre les Alliés, il ne leur porta
que des coups timides et commit la faute plus grave encore
d'éparpiller ses forces déjà peu considérables et d'opérer par
petits paquets. Une pareille manière de faire ne pouvait amener
des résultats utiles, et, si elle n'eut pas des conséquences plus
funestes et plus sérieuses, il faut en chercher la raison, non pas
dans les mesures prises par le duc de Bellune, mais bien dans le
décousu des opérations des Alliés, les incertitudes du commandement supérieur, le morcellement et l'échelonnement des différents
corps, et surtout le mauvais emploi que l'on fit d'une cavalerie
suffisamment nombreuse pour percer le faible rideau tendu
devant elle, et suivre pas à pas la marche et le mouvement des
colonnes d'infanterie française.

**6 janvier 1814. — Renseignements fournis par la cavalerie
du VI⁰ corps.** — Les renseignements, transmis dans la journée du
6 à Wittgenstein par sa cavalerie, lui firent connaître que le maréchal Marmont n'était pas, comme on le lui avait annoncé la veille,
en train de se concentrer à Bitche. Les partis envoyés de Brumath
vers la vallée de la Bruche, avaient de nouveau donné à Marlenheim, à peu de distance de Wasselonne, contre des partis de cavalerie française, auxquels ils avaient enlevé une dizaine d'hommes,
mais qui les avaient empêchés de pousser leurs reconnaissances
plus avant. Plus à droite, le colonel Selifontieff avait, par Spire,
ouvert les communications avec Sacken. Wittgenstein avait, du
reste, reçu des nouvelles directes l'informant des positions occupées par l'armée de Silésie à la date du 4. Le lieutenant-colonel
Nabel avait, de son côté, envoyé des coureurs qui poussèrent
jusque sous les murs de Landau et de Bitche. Ils lui apprirent
que la garnison de Landau se composait uniquement de garde
nationale, que Bitche était gardé par quelques invalides. On savait
encore que les Français avaient évacué le 6 au soir Hochfelden,
se repliant par Dettwiller sur Saverne, et que le général comte de
Ségur, après y avoir réuni ses deux régiments de gardes d'honneur, avait continué sa retraite sur Sarrebourg. Le quartier général de Wittgenstein était toujours à Rastadt, et ses extrêmes
avant-postes ne dépassaient pas une ligne allant d'Haguenau à
Wissembourg et Spire.

Mouvements du V⁰ corps. — Du côté du V⁰ corps on s'était relié par deux escadrons de uhlans Schwarzenberg envoyés de Benfeld sur Molsheim avec le général Rüdinger, avant-garde du VI⁰ corps [1]. Le général autrichien Volkmann avait complété l'investissement de Schlestadt et rejeté la garnison dans la place; la brigade bavaroise Maillot avait relevé les Wurtembergeois sous Neuf-Brisach; le colonel Scheibler avait chassé de Bofsheim 200 hussards français démontés, qui n'eurent que le temps de se jeter dans Schlestadt, et la brigade Deroy, rejoignant l'autre brigade de la division La Motte aux environs de Sainte-Marie-aux-Mines, avait occupé le col et le passage menant de côté d'Alsace en Lorraine.

En outre, on savait déjà au quartier général de Wrède que Victor se repliait de Strasbourg sur les Vosges, et que Milhaud, avec ses dragons, s'était retiré sur Saint-Dié [2].

Mouvement du IV⁰ corps vers les Vosges. — Le IV⁰ corps avait commencé son mouvement vers les Vosges [3]. De Cernay, où il arrivait le 6 au matin, le prince royal de Wurtemberg écrivait à Schwarzenberg pour lui annoncer qu'il avait été rejoint par un escadron du régiment de hussards, Archiduc Ferdinand, et lui demander d'envoyer le plus rapidement possible le 2⁰ escadron, afin d'être à même de diriger ces deux escadrons le 9, ou, au plus tard, le 10, sur Luxeuil. L'intention du prince royal était de rester quelques jours aux environs de Remiremont, et, à moins d'ordres formels l'envoyant sur Epinal, de pousser de là rapidement sur Lunéville et Nancy. Le prince ajoutait dans ce rapport que, pour couvrir Wrède, il enverrait vers Saint-Dié et Bruyères des partis avec lesquels il se relierait par Pouxeux. Enfin, comme on venait de l'informer de l'arrivée de Platoff à Thann, il faisait,

---

[1] *Tagebuch* du major prince Taxis (*K. K. Kriegs Archiv.*, XIII, 32), et STÄRKE, *Eintheilung and Tagesbegebenheiten der Haupt-armee* (*Ibid.*, I, 30).

[2] Au grand quartier général, on avait connaissance du mouvement de Victor sur Lunéville et on savait qu'il voulait se relier, dans la vallée de la Moselle, à la cavalerie de Milhaud et de Piré. (*K. K. Kriegs Archiv.*, I, 30.)

[3] L'avant-garde du IV⁰ corps occupait le 6 janvier les points suivants à deux escadrons du régiment duc Louis à Thann, un escadron à Uffholtz, une batterie à cheval à Wattuller, avec un bataillon d'infanterie, un bataillon : Berwiller et un autre à Hartmanswiller.

non sans raison, remarquer que, pour ne pas épuiser le pays déjà fort appauvri, il serait bon d'assigner aux cavaliers de l'ataman une autre route que celle attribuée au IV⁰ corps pour le passage des Vosges.

En avant des Wurtembergeois, le général prince Stscherbatoff battait toujours la campagne entre Pouxeux et Arches. Les rapports qu'il avait envoyés au grand quartier général et à Barclay de Tolly, rapports dans lesquels il signalait la présence de troupes françaises à Épinal, avaient eu pour conséquence l'ordre donné à Platoff, qui arriva ce jour-là seulement jusqu'à Thann, d'avoir à se porter rapidement en avant pour soutenir Stscherbatoff et l'aider à enlever Épinal [1].

Le III⁰ corps reçoit l'ordre de se porter sur Vesoul. — Plus à gauche Schwarzenberg, reconnaissant la nécessité d'occuper le plus rapidement possible Vesoul et n'ayant encore de ce côté que le petit corps volant du lieutenant-colonel comte Thurn, envoyait de Montbéliard, où il venait de transférer son quartier général, au comte Gyulay l'ordre d'accélérer la marche de son corps (IIIᵉ) de manière à être, au lieu du 9, le 8, au moins avec la tête de ses colonnes, à Vesoul [2]. Il lui recommandait d'avoir à se couvrir sur sa droite jusqu'à l'arrivée à Remiremont du prince

---

[1] Barclay de Tolly à Schwarzenberg. — Bâle, 6 janvier 1814.
(Dispositions qu'il prend pour enlever Épinal.)

« Le général-major prince Stscherbatoff m'informe qu'il y a à Épinal, ville vers laquelle se dirige l'ataman comte Platoff, des troupes ennemies en force respectable.

« J'ai, par suite, prescrit au comte Platoff de se concerter avec le prince Stscherbatoff pour chasser avec lui l'ennemi d'Épinal, d'y laisser un poste de correspondance suffisamment fort, de recommander au prince Stscherbatoff, auquel il devra préalablement donner 2 bouches à feu, de marcher de là sur Nancy et de se maintenir constamment en liaison sur sa droite avec les avant-postes bavarois.

« Le comte Platoff se portera, de son côté, sur Neufchâteau et restera en communication, à droite avec Stscherbatoff, à gauche avec le corps autrichien posté à Vesoul.

« J'ai, en outre, prescrit aux généraux Platoff et Stscherbatoff de me tenir jour par jour au courant de leurs mouvements, afin de pouvoir leur assigner des directions ultérieures, d'après les ordres que je recevrai de Votre Altesse. »
(K. K. Kriegs Archiv., I, 113.)

[2] Schwarzenberg à Gyulay. (K. K. Kriegs Archiv., I, 110.)

royal de Wurtemberg, avec lequel il aurait à se relier. L'avant-garde du III⁰ corps arriva le 6 à Villersexel, le gros à Vellechevreux, la division Crenneville à Ronchamp. Il donnait, en outre, l'ordre à cette dernière division d'être le 7, au lieu du 8, à Port-sur-Saône[1], que Thurn avait, comme le montre le rapport suivant, enlevé dans la nuit du 5 au 6.

Surprise de Port-sur-Saône par le corps volant de Thurn. — « Le lieutenant-colonel comte Thurn au prince de Schwarzenberg. — Vesoul, le 6 janvier 1814, 5 heures du soir :

« J'ai l'honneur d'informer Votre Altesse que j'ai surpris et occupé, la nuit dernière, Port-sur-Saône ; j'y ai pris quelques conscrits.

« Mes patrouilles battent le pays du côté de Combeaufontaine, sur la route de Gray, de Grandvelle, sur celle de Besançon et sur celle de Villersexel. A droite, je m'éclaire et me couvre par des patrouilles de flanc sur Faverney et Luxeuil.

« Je pars d'ici cette nuit me portant sur le département de la Haute-Marne, dans la direction de Langres, parce que j'apprends à l'instant que la division Crenneville vient à Lure.

« J'enverrai demain à Votre Altesse les prisonniers de guerre anglais et espagnols que j'ai délivrés.

« *Je me permets de faire respectueusement observer à Votre Altesse que les réquisitions de toute sorte, dont on frappe le pays, nous aliènent l'esprit des populations qui, dans le principe, étaient favorablement disposées pour nous.*

« Je transmets à Votre Altesse la lettre que m'a adressée aujourd'hui le préfet, ainsi que la réponse que je lui ai faite.

« Le magasin de tabac que j'ai pris ici vaut plus de 100,000 francs.

« Mes émissaires m'assurent que le duc de Valmy est à Metz avec 8,000 hommes, presque tous des conscrits ; que le gros de l'armée ennemie se porte sur le Brabant, qu'une autre masse va sur Strasbourg et que 10,000 hommes de la garde sont en marche sur Paris[1]. »

---

[1] Schwarzenberg à Bianchi (qui bloquait à ce moment Belfort). (*K. K. Kriegs Archiv.*, ad. I, 110.)

[1] En marge de ce document (*K. K. Kriegs Archiv.*, I, 117), se trouve la

On est loin, on le voit déjà, de l'enthousiasme que Thurn[1] signalait si pompeusement dans ses premiers rapports.

Les populations, étonnées et surprises au premier moment, ne vont pas tarder, d'ailleurs, à se retrouver et à faire payer cher à l'envahisseur ses brutalités, ses violences et ses pillages.

Mouvements des Ier et IIe corps. — Quant au Ier corps, il est encore entre Montbéliard et Arcey, mais il a détaché sur Héricourt la division Wimpffen, qui doit soutenir le 9 janvier, sur la rive droite du Doubs, l'entreprise du prince de Hesse-Hombourg contre Besançon. Le IIe corps, qui sert d'avant-garde à ce prince, est à l'Hôpital-du-Gros-Bois, et les réserves autrichiennes s'avancent péniblement jusque vers Villafans, Ornans et Étalans. Le prince Maurice Liechtenstein, qui a pris le commandement de la 2e division légère, couvre l'extrême gauche du prince de Hesse.

Afin de compléter les données relatives à la position des corps alliés à cette date, il y a lieu d'indiquer que la cavalerie de Bubna était maîtresse du pont de Dôle, que les troupes de ce général étaient à Poligny et à Salins, qu'il y reçut, le 6, l'ordre de marcher sur Lyon. Ajoutons, enfin, qu'une de ses brigades surveillait la Savoie, depuis la prise de Genève.

Arrivée à Lunéville de Caulaincourt, chargé de reprendre les négociations. — Ce fut également le 6 janvier que Caulaincourt, désigné par l'Empereur pour reprendre et suivre les négociations interrompues depuis plus d'un mois, arrivait à Lunéville et faisait demander à Metternich les passeports dont il avait besoin pour franchir les avants-postes des Alliés. Le même jour,

---

note suivante, mise au quartier général de Schwarzenberg et qui sert d'élément à la réponse à faire à Thurn :

« J'ai reçu vos rapports des 4 et 6 janvier. Pour ce qui est du préfet de la Haute-Saône, le traiter avec ménagement et me l'envoyer sous escorte à mon quartier général, qui sera le 9 à Arcey, le 10 à Villersexel, le 11 à Vesoul. »

[1] Le comte Thurn était, en 1814, lieutenant-colonel au régiment autrichien de hussards palatinat.

La présence des coureurs de Thurn à Combeaufontaine, et jusqu'à ses projets sur Langres, étaient connus des Français, puisque le commandant Gerbaux, aide de camp du Ministre de la guerre, lui disait, de Langres, le 6 janvier, à 8 heures 1/2 du soir : « L'ennemi a mis un petit poste à Combeaufontaine ; on attend, ce soir, 150 chevaux à Cintrey, et l'on assure qu'il veut faire une reconnaissance sur Langres. » (*Dépôt de la guerre.*)

lord Castelreagh débarquait en Hollande et continuait sa route pour rejoindre le grand quartier général des Alliés.

7 janvier. — La cavalerie du VI⁰ corps à Saverne. — Le 7, au matin, les avant-postes russes ayant remarqué que les Français avaient évacué Saverne[1] pour se replier sur Phalsbourg, occupèrent immédiatement cette ville et prévinrent Pahlen, qui poussa aussitôt des partis vers Sarrebourg et Phalsbourg[2].

L'infanterie du VI⁰ corps commença, elle aussi, son mouvement. Une des brigades de la 4⁰ division (II⁰ corps, sous les ordres du prince Eugène de Wurtemberg) se porta en soutien des cavaliers de Pahlen, à Haguenau; l'autre brigade resta à Roeschwoog, mais la 3⁰ division d'infanterie passa en partie de Fort-Louis, sur la rive gauche, et Wittgenstein chercha à se relier sur sa gauche par Mutzig et Benfeld, avec la droite de Wrède. On avait réussi, en démontant les stations télégraphiques de Haut-Bar, près de Saverne, et du Kochersberg, près de Willgotheim, à couper et à intercepter les correspondances aériennes de l'ennemi.

Positions du V⁰ corps. — Affaire de Saint-Dié. — Le V⁰ corps resta devant les places qu'il investissait avec ses avant-postes, à droite, près de Ziegelhutt; au centre, à Benfeld; à gauche, au col du Bonhomme, et en avant de Sainte-Marie-aux-Mines. Seul, le général Deroy, posté comme nous l'avons dit à Sainte-Marie-aux-Mines, envoya du côté de Saint-Dié quelques patrouilles qui tiraillèrent avec les vedettes françaises et rapportèrent des renseignements que Wrède transmit à Schwarzenberg dans le rapport ci-dessous, rapport qui ne parvint, d'ailleurs, au généralissime, à Vesoul, que le 14 :

---

[1] Au moment même où la cavalerie française venait d'évacuer Saverne, Grouchy avait prescrit à Ségur, dans le cas où il serait poussé par l'ennemi, de se replier sur Phalsbourg, Sarrebourg et enfin sur Heming, à l'embranchement des routes de Strasbourg à Metz et à Nancy, et, dans le cas où il serait contraint à abandonner Heming, de se retirer par la route de Nancy, mais de ne s'y résoudre que le plus tard possible. Grouchy ajoutait : « Nous sommes toujours à Raon-l'Étape et à Baccarat. On ne fera de mouvement ni aujourd'hui, ni probablement demain. » (*Archives du Dépôt de la guerre.*)

[2] *K. K. Kriegs Archiv.*, 1, 30.

« Wrède à Schwarzenberg, Colmar, le 8 janvier 1814.

« J'informe Votre Altesse que le général Deroy, que j'avais posté hier près de Sainte-Marie-aux-Mines, a envoyé des patrouilles vers Saint-Dié. Le général a rencontré l'ennemi en avant de cette ville, l'a vivement attaqué et poursuivi jusqu'au delà de Saint-Dié. Le poste ainsi rejeté se composait de 80 chevaux. Il a appris de cette façon qu'il y avait à Raon, sous les ordres du général Piré, 3,000 hommes d'infanterie et de cavalerie, et que le maréchal Victor était à Baccarat avec 12,000 hommes.

« J'ai prescrit au général Deroy de faire observer Saint-Dié et la route de Saint-Dié par des patrouilles, et de se relier par Bruyères aux troupes du prince royal de Wurtemberg.

« On m'apprend que la cavalerie que j'ai envoyée à Molsheim s'y est reliée aux troupes légères du comte Wittgenstein. . . . .

« . . . . . J'ai prié le prince de Wurtemberg d'envoyer Platoff, non pas sur Épinal, mais par Bruyères sur Rambervillers, et, de là, droit sur Lunéville. J'ai prescrit, en outre, à tous mes chefs de corps de pousser au loin des patrouilles, afin de se procurer des renseignements. En même temps, j'ai fait dire par le général Frimont au colonel Scheibler, d'avoir à aller à Saverne [1]. »

Mouvements du IVe corps et de Platoff. — L'avant-garde du IVe corps s'engage sur les deux routes menant de Wesserling à Remiremont. 2 escadrons et 4 compagnies vont jusqu'à Oderen et Felleringen. 1 escadron et 3 compagnies poussent sur l'autre route jusqu'à Urbay et Mollau. Les soutiens s'établissent à Wesserling et Saint-Amarin. Le gros du corps était à Willer. Le prince royal de Wurtemberg, tant pour couvrir sa gauche que pour se relier avec le centre de l'armée de Bohême, en marche sur Vesoul, et avec le corps d'investissement de Belfort, avait fait partir un escadron des hussards archiduc Ferdinand pour Faucogney, Château-Lambert et Giromagny.

Platoff était arrivé le 6 au soir à Thann, avec 4,000 chevaux, et avait continué le lendemain sa marche sur Épinal, par Saulxures et Éloyes [2].

---

[1] *K. K. Kriegs Archiv.*, I, 165.
[2] Prince Royal de Wurtemberg, Wesserling, 7 janvier, à Schwarzenberg Weil.

En avant des positions occupées par le IV⁰ corps et de l'autre côté des Vosges, Stscherbatoff avait continué à s'avancer par la vallée de la Moselle sans rencontrer aucune résistance et avait occupé Épinal [1].

Mouvements des autres corps. — Au centre, l'avant-garde de Gyulay, dont le gros ne dépassa pas Villersexel, arriva à Vesoul, et la division Crenneville à Mollans. Le I⁰ʳ corps, toujours encore aux environs de Montbéliard, s'était contenté d'envoyer quelques patrouilles de cavalerie du côté de Besançon, tandis que le II⁰ corps avait fait passer sur la rive droite du Doubs, à Beaume-les-Dames, le régiment de dragons archiduc Jean, qui avait forcé les avant-postes français de Roulans à se reporter plus en arrière [2].

Les réserves autrichiennes continuaient toujours avec la même même méthode et la même lenteur leur marche vers Besançon, et les réserves russes et prussiennes de Barclay de Tolly déroulaient encore leurs colonnes depuis Bâle, où elles achevaient de passer le Rhin, jusqu'à Altkirch.

Schwarzenberg, ajoutant foi à des renseignements erronés, modifie ses ordres. — Ce fut à ce moment que parvinrent

---

(*K. K. Kriegs Archiv.*, I, 137), et rapport journalier à l'Empereur d'Autriche. (*Ibib.*, I, 130.)

[1] Le général prince Stscherbatoff à Schwarzenberg (en français dans l'original) :

« Épinal, 7 janvier 1814.

« J'ai l'honneur d'annoncer à V. A. que j'ai occupé aujourd'hui Épinal.

« Encore de Remiremont j'ai envoyé un parti à ma gauche sur Plombières et Fontenois (Fontenoy-le-Château) à la demande du lieutenant-colonel de la Tour (a). Le parti est revenu sans l'avoir découvert ; je ne pouvais pas envoyer vers Langres, vu le trop grand éloignement.

« Aujourd'hui j'ai encore envoyé un fort parti à ma droite à Rappoltsweiler (Ribeauvillé) vers Schlestadt à la découverte du corps bavarois et du colonel Scheibler, qui doivent se porter là, comme le général Toll m'a fait savoir.

« Je serai obligé d'attendre demain le retour de ce détachement qui ne pourra revenir que dans l'après-midi, à cause de la grande distance qu'il y a d'ici à Rappoltsweiler (Ribeauvillé).

« L'arrière-garde de l'ennemi est à Charmes, à trois lieues d'Épinal (b). Mes patrouilles y ont déjà été. »   (*K. K. Kriegs Archiv.*, I, 166.)

[2] *K. K. Kriegs Archiv.*, I, 30.

(a) Il s'agit ici du lieutenant-colonel Thurn.   (b) Il y a plus de 3 lieues d'Épinal à Charmes.

au quartier général de Schwarzenberg, des nouvelles malheureusement fausses, mais qui arrivèrent encore à temps pour imprimer un semblant d'élan à la marche jusque-là si traînante, si incertaine et si hésitante de l'invasion. Le généralissime, sur la foi de renseignements que lui signalaient le rassemblement imminent sur le plateau de Langres d'une armée de 80,000 hommes, inquiété par ces bruits qui avaient, à tout bien considérer, l'apparence de la vérité, convaincu désormais qu'il va falloir emporter de haute lutte un point stratégique aussi important que le plateau de Langres, se décide à secouer la torpeur dans laquelle il s'était complu. Il prend immédiatement les mesures nécessaires pour jeter de ce côté des forces considérables et masser des colonnes qu'il a tenues jusqu'à présent dans les directions les plus diverses, qu'il a laissé piétiner sur place et auxquelles, tout en songeant toujours à une concentration sur le plateau du Morvan, il a fait exécuter à partir de Bâle un mouvement divergent vers la gauche, qui s'étend à ce moment, sans parler du corps destiné à bloquer Besançon, jusqu'à Beaume-les-Dames. Comme nous aurons lieu de le faire remarquer plus d'une fois encore pendant le cours de cette campagne, on passe tout à coup et sans motif sérieux, de la confiance la plus absolue à l'inquiétude la plus profonde, de la sérénité la plus complète à la terreur la plus irraisonnée. Cette fois aussi, on trouvera au quartier général des prétextes plus ou moins plausibles pour justifier des mouvements parfaitement logiques et rationnels en eux-mêmes, des mouvements qu'on aurait, d'ailleurs, dû exécuter dès le début, si l'on n'avait pas, à de certains moments, affecté, ou du moins paru affecter dans l'entourage de Schwarzenberg un souverain mépris pour les principes éternellement vrais et immuables de l'art de la guerre. C'est donc apparemment parce que Victor, Milhaud et Piré ont évacué la vallée du Rhin, mais en réalité parce qu'on crut avoir à faire un effort surhumain pour enlever la position de Langres, encore presque inoccupée, qu'on finit par reconnaître qu'il est temps de donner à Wittgenstein et à Wrède une destination un peu plus en rapport avec les forces dont ils disposent et que l'on s'était plu à immobiliser jusque-là devant Kehl, auprès de Strasbourg, sous Schlestadt, Neuf-Brisach et Huningue.

C'est pour la même raison qu'on en arrive au grand quartier général des Alliés à trouver que Bianchi a autre chose à faire qu'à rester en observation devant Belfort. Mais, bien que l'on paraisse croire à la présence ou à l'arrivée imminente de forces considérables à Langres, bien que l'on sache qu'il ne reste plus d'ennemis dans la vallée du Rhin, au lieu de se contenter de masquer des places défendues par des conscrits, des gardes nationales ou des invalides, on ne se résout pas à agir vigoureusement, on continue à préférer des demi-mesures à une offensive énergique. Schwarzenberg donne l'ordre de se porter en avant; mais, avant de faire commencer le mouvement, il affaiblit les corps d. ses lieutenants en leur imposant l'obligation de laisser en arrière une partie trop considérable de leurs forces. C'est ainsi qu'au lieu de faire marcher résolument le VI⁰ corps tout entier, il prescrit à Wittgenstein de conserver devant Strasbourg et Kehl, jusqu'à l'arrivée des troupes qu'allait amener le comte Guillaume von Hochberg (margrave Guillaume de Bade), les forces nécessaires pour *bloquer* les places et de se diriger vers la Champagne avec le reste de son corps, formant la droite de la grande armée. Il en est de même pour Wrède, qu'il oblige à laisser 8,000 hommes devant Schlestadt, Neuf-Brisach et Huningue, et qui ne peut, par suite, se mettre en route qu'avec environ 30,000 hommes.

Le IV⁰ corps ne sera pas affaibli par les détachements, et le prince royal de Wurtemberg, qui avait manifesté l'intention de rester quelques jours aux environs de Remiremont, recevra l'ordre de n'y faire qu'une halte de vingt-quatre heures, de marcher vers sa gauche par Bains et Jussey pour venir opérer sa jonction avec le centre au nord-ouest de Vesoul, du côté de Fayl-Billot.

Les I⁰ʳ et III⁰ corps doivent être en position le 10 au plus tard sur les bords de la Saône sur une ligne allant de Seveux à Port-sur-Saône; ils y seront soutenus par les réserves de Barclay de Tolly, échelonnées entre Vesoul et Besançon; mais, en revanche, Bianchi ne devra quitter les environs de Belfort qu'en deux échelons. On lui prescrit de faire partir de Vesoul deux de ses brigades dès qu'il sera relevé par les troupes russes du général Raïeffsky, mais de rester sous Belfort avec la troisième pendant toute la durée du bombardement. Il ne devait remettre le blocus aux Russes que si le bombardement restait sans effet [1].

---

[1] Cet ordre bizarre doit avoir eu une raison spéciale. On espérait que le

Les Alliés apportaient, d'ailleurs, une telle circonspection dans leurs entreprises que, le même jour encore, Schwarzenberg prescrivait d'établir de solides têtes de pont sur le Rhin, à Märkt et à Rheinweiller. C'est, d'ailleurs, parce qu'il ne cessera pas, pendant toute la durée de la campagne, d'avoir pour sa gauche des craintes, la plupart du temps imaginaires, parce qu'il tremblera constamment pour ses derrières, que nous verrons Schwarzenberg détacher à tout instant des troupes qu'il aurait pu employer plus avantageusement sur le théâtre principal des opérations.

Enfin, bien que trente-six heures plus tôt on ait donné à Bubna l'ordre formel de marcher sans retard sur Lyon, on crut plus prudent de l'arrêter, et on lui fit savoir d'avoir à se reporter vers Dôle, Auxonne et Dijon.

Le même jour Blücher, de son quartier général de Cusel, rendait compte à Schwarzenberg des mouvements de l'armée de Silésie depuis le passage du Rhin, mais cette lettre ne parvenait que le 14 entre les mains de Wrède, qui la transmettait aussitôt au général en chef.

8 janvier. Mouvements de Victor. — Ému des reproches qu'il venait d'encourir[1], et voulant, malgré la disproportion numérique, tenter un dernier effort; sachant, d'autre part, par une lettre du maire de Rambervillers, que les troupes alliées postées du côté d'Épinal se préparaient à réquisitionner aux environs de Rambervillers, Victor prescrivit au général Grouchy d'envoyer sur ce dernier point une division de dragons pour empêcher les Alliés de venir inquiéter les villages et en imposer à la colonne d'Épinal. Victor recommandait, en outre, de faire protéger cette division par l'autre division, qu'on devait échelonner depuis Gerbéviller jusqu'à Roville-aux-Chênes et d'appuyer le tout, en cas de besoin, par quelques bataillons. Enfin, la division de dragons de Rambervillers devait *observer avec attention* les

---

bombardement ferait capituler Belfort, et l'on tenait, nous le croyons du moins, à ce que cette place se rendît à des troupes autrichiennes.

[1] Victor avait, à la date du 9 janvier, cherché à justifier sa retraite. Écrivant au major-général, il lui faisait observer qu'en se portant sur Saverne, il n'avait fait qu'exécuter les ordres que Berthier lui avait donnés au nom de l'Empereur et par lesquels on lui recommandait de ne pas se laisser séparer de la route de Metz.

routes de Saint-Dié et d'Épinal. Grouchy, se conformant aux ordres du maréchal, envoya à Rambervillers les dragons de Briche, et les fit soutenir par ceux de Lhéritier¹. L'infanterie de Duhesme, postée aux environs de Raon-l'Étape, leur servait de soutien pendant que les généraux Cassagne et Rousseau, venant de Nancy, remontaient la vallée de la Moselle, se dirigeant par Charmes sur Épinal².

Prise par les Cosaques d'un courrier envoyé de Strasbourg à Victor. — Pendant que Victor³ prenait les mesures que nous venons d'indiquer, la fortune qui devait si capricieusement favoriser les Alliés, le hasard qui allait à tant de reprises leur fournir les renseignements qu'ils ne parvenaient pas à se procurer autrement, faisaient tomber entre les mains des cavaliers de Pahlen, qui battaient le pays du côté de Mutzig et de Wasselonne,

---

¹ Ordres de Milhaud et Mémoires de Grouchy. (*Archives de la guerre.*)

² Déjà Belliard avait demandé à Berthier que l'on confiât à l'un des trois maréchaux (Ney, Victor ou Marmont) le commandement supérieur, afin qu'il n'y ait pas de conflit d'autorité entre eux. (Belliard, Correspondance, *Dépôt de la guerre.*)

³ Le maréchal Victor avait, le 6 janvier à neuf heures du soir, adressé de Baccarat au major-général un rapport dans lequel il essayait de justifier et d'expliquer sa retraite. « Il comptait, dit-il, avoir tout son monde à Molsheim le 3; mais le général Milhaud a été attaqué au moment où le mouvement commençait et n'aurait, par suite, pu être à Molsheim que le 4. » Le maréchal ajoutait qu'à ce moment une colonne de troupes alliées, celle de droite, marchait sur Saverne, que Milhaud était suivi par une autre colonne, et qu'une troisième, celle de Frimont, allait par Saint-Amarin sur Remiremont; que ses deux flancs se trouvent menacés, que sa communication avec Saverne est compromise et qu'il venait, en outre, d'apprendre que le maréchal Marmont ne pouvait plus le rejoindre.

« En me portant sur Saverne comme j'en avais l'intention, écrit le maréchal, je pouvais y rencontrer l'ennemi, dont l'avant-garde est déjà à Hochfelden, et être suivi par la colonne qui avait attaqué Milhaud. En raison de la disproportion des forces, et pouvant de plus être prévenu par Frimont au débouché de Raon-l'Étape, je me suis mis en marche le 5 par Mutzig et suis arrivé le 6 à midi à Raon. J'y ai laissé le général Duhesme avec 5 bataillons, la cavalerie légère du 5ᵉ corps et une batterie d'artillerie à cheval pour observer les communications de Saint-Blaise et Rambervillers, et j'ai posté le reste de l'infanterie, les dragons et l'artillerie à Baccarat.......... J'avais, continue le maréchal, formé le projet de remonter sur Phalsbourg pour couvrir de ce côté les communications de Nancy et de Metz; mais, ayant appris que les ennemis allaient se montrer sur Saint-Dié, j'ai cru devoir rester ici en attendant les ordres de Sa Majesté, et j'ai laissé sous Saverne le général de Ségur avec 1,400 chevaux des gardes d'honneur. (*Archives du Dépôt de la guerre.*)

un courrier que, de Strasbourg, Rœderer, commissaire extraordinaire de l'Empereur dans le Bas-Rhin, expédiait à Victor. Sur ce courrier on trouvait, outre la dépêche de Kellermann transmettant au duc de Bellune les reproches et les ordres de l'Empereur et indiquant, comme on l'a vu, les positions des troupes entre Nancy et Charmes, une lettre de Rœderer au duc de Rovigo, dans laquelle il rendait un compte exact de l'état peu rassurant des esprits à Strasbourg, ainsi que de la terreur produite par l'apparition des premières troupes alliées aux environs de la ville.

« Rœderer à M. le duc de Rovigo, ministre de la Police générale. — Strasbourg, 7 janvier 1814.

« Monsieur le duc, l'ennemi s'est approché hier de la ville en tiraillant jusqu'à une demi-lieue. Cette situation a fait un grand changement dans l'esprit du peuple. On criait dans les boutiques et les cafés que la ville était vendue, que le duc de Bellune en avait emmené la garnison, que la ville serait rendue sous trois jours. Ces bruits ont jeté la terreur dans la masse des habitants. Cette terreur procédait d'un bon sentiment; mais plusieurs de ceux qui jetaient l'alarme m'ont paru très suspects.

« En conséquence, j'ai pris le parti :

« 1º De faire une proclamation pour rassurer les bons ;

« 2º De donner des ordres pour l'arrestation des orateurs, s'ils recommençaient aujourd'hui ;

« 3º De prendre des mesures pour l'évacuation des étrangers suspects qui sont à Strasbourg.

« Je vais m'occuper de mesures de finances pour assurer tous les services....., le tout en cas que les communications soient coupées avec Paris, et elles sont au moins douteuses en ce moment.

« ..... Les forces de l'ennemi qui a passé devant le fort Vauban ne sont guère que de 8,000 à 9,000 hommes ; mais ils se sont répandus sur tout le pays, et se joignent avec les troupes du passage de Bâle.....

« Enfin, il faut des secours du centre de la France, et il faut les promettre pour entretenir le zèle de cette ville-frontière[1]. »

---

[1] *K. K. Kriegs Archiv.*, I, 205, c.

Transmission défectueuse des renseignements et nouvelles. — Cette pièce et la dépêche de Kellermann à Victor étaient assurément, à ce moment, des prises précieuses pour les Alliés, par cela même qu'elles contenaient toutes deux des renseignements que le généralissime et les généraux commandant les différents corps de l'armée de Bohême avaient intérêt à connaître de suite. Mais le service était si bizarrement organisé aux états-majors des différents corps de l'armée de Bohême, que ce fut seulement le 12 janvier (soit quatre jours plus tard) que le général-lieutenant d'Aunay, chef d'état-major du VIe corps, expédiait de Rastadt ces dépêches à Schwarzenberg, dont le quartier général était alors à Vesoul. D'Aunay[1] annonçait, il est vrai, au généralissime que Pahlen avait communiqué ces renseignements à Wrède. Voulait-il, de la sorte, chercher à expliquer le retard apporté à la transmission de renseignements aussi importants? Il est permis d'en douter, car il aurait vraisemblablement, dans ce cas, réussi à trouver une excuse plus plausible. Si l'on considère qu'il ne s'agit pas là d'un fait isolé, on sera bien forcé de reconnaître avec nous que les relations des différents chefs de colonnes entre eux, les rapports de ces mêmes généraux avec le généralissime étaient insuffisamment réglés, et que la transmission et l'envoi des renseignements intéressant et ces généraux et le grand quartier général se faisaient d'une manière absolument illogique et contraire aux intérêts du service.

A l'appui de notre opinion, nous citerons encore la lettre non moins importante du commissaire ordonnateur de Nancy, en date du 7 janvier, interceptée le même jour que la précédente[2] :

« La jeune garde va se porter à Épinal, Charmes et Flavigny, et la 6e cohorte à Rambervillers, Raon-l'Étape et Saint-Dié. Une autre cohorte et d'autres troupes vont être envoyées dans les Vosges.

« Une armée de près de 100,000 hommes, composée d'un corps commandé par le duc de Trévise, de cinq corps d'infanterie et de cavalerie, des équipages militaires, ainsi que de toutes les troupes

---

[1] D'Aunay à Schwarzenberg, de Rastadt, 12 janvier, *K. K. Kriegs Archiv.*, I, 205.

[2] *K. K. Kriegs Archiv.*, I, 284.

qui devaient aller à Mayence renforcer le corps du duc de Raguse, va être envoyée dans les départements de la Meurthe et des Vosges.

« Il sera formé des approvisionnements de vivres sur toute la ligne de Reims à Colmar, à Épinal, pour 30,000 hommes. »

Or, cette lettre, des plus importantes, puisque, à côté des exagérations manifestes et probablement intentionnelles, elle contenait des indications précieuses sur les mouvements des Français, ne fut envoyée (c'est Stscherbatoff[1] qui se charge de nous en fournir la preuve) que le 13 janvier à Schwarzenberg.

Cette transmission tardive des renseignements peut, dans un assez grand nombre de cas peut-être, expliquer les hésitations, les lenteurs, les contre-ordres du commandement supérieur. Il faut reconnaître toutefois que la responsabilité tout entière de l'organisation défectueuse d'un service aussi important n'en retombe que plus lourdement sur le général en chef et sur ses collaborateurs immédiats, qui ont ainsi, au début de la campagne, laissé échapper des occasions exceptionnelles leur permettant de porter sans danger des coups décisifs à un adversaire hors d'état d'opposer une résistance sérieuse.

Positions et mouvements des VIe V^e et IVe corps. — Pahlen occupa, le 8 janvier, avec les uhlans de Tchougouïeff, les dragons badois et quatre pièces d'artillerie à cheval, Saverne, où un de ses escadrons d'avant-garde était déjà entré depuis plus de vingt-quatre heures, et poussa ses avant-postes jusqu'aux faubourgs de Phalsbourg. Le prince Eugène de Wurtemberg, dont une des divisions était à cette date à Haguenau, envoya deux escadrons du 1er régiment de dragons badois vers Bitche pour surveiller cette place; quelques bataillons d'infanterie badoise ayant également rejoint, Wittgenstein les posta sur la rive droite du Rhin, à Stollhofen, où ils servirent de réserve aux troupes de Gortchakoff, chargées encore de l'investissement de Kehl.

Du côté de Strasbourg, Rüdinger s'était avancé, par les routes venant de Wantzenau et de Brumath, vers la place, dont il allait

---

[1] Stscherbatoff à Schwarzenberg, au camp près de Châtel, 13 janvier 1814. (*K. K. Kriegs Archiv.*, I, 284.)

bientôt compléter l'investissement, et dont il surveillait déjà les abords, tandis que des troupes françaises des trois armes, sorties de la ville, prenaient position à Schiltigheim et à la Robertsau.

Au V⁰ corps, la brigade autrichienne Minutillo était venue relever devant Neuf-Brisach la brigade bavaroise Maillot, qui alla, de son côté, reprendre les positions occupées sous Schlestadt par la brigade autrichienne Volkmann. Ce mouvement permit de disposer du colonel von Géramb, qui, passant avec 3 escadrons et 1 bataillon par Gersheim, rejoignit, dans la nuit du 8 au 9, à Boofzheim, le colonel Scheibler, auquel Wrède avait donné l'ordre de se diriger sur Saverne et de se procurer des nouvelles de l'ennemi. Le lieutenant-colonel comte Alberti, qu'on avait fait partir la veille avec 2 escadrons des uhlans de Schwarzenberg, était arrivé à Molsheim et se reliait du côté de Brumath à la cavalerie du VI⁰ corps. Le général Deroy, pointe d'avant-garde du V⁰ corps, était toujours à Sainte-Marie-aux-Mines, et la division Rechberg, postée plus à gauche et plus en arrière, surveillait de Kaysersberg le col du Bonhomme. On continuait à bombarder infructueusement Huningue.

Enfin, ce même jour, un aide de camp de Caulaincourt se présenta aux avant-postes de Deroy porteur d'une lettre pour Metternich. On l'amena à Colmar, à Wrède, qui transmit la lettre à Metternich et garda l'officier à Colmar. La réponse n'arriva que le 11; Metternich acceptait, en principe, la réunion à Châtillon-sur-Seine d'un congrès qui devait commencer à siéger après l'arrivée de lord Castelreagh [1], mais il ne fixait aucune date pour la première séance.

Le prince royal de Wurtemberg avait passé les Vosges. Le IV⁰ corps était cantonné depuis Fraize jusqu'à Bussang. Ses troupes légères occupaient Rupt, Ramonchamp, Ventron et Remiremont. Platoff était à Eloyes, et Stscherbatoff battait le pays entre Épinal et Charmes [2].

Les renseignements apportés de ce côté par les émissaires, révélaient l'existence de magasins assez considérables à Auxonne,

---

[1] *Tagebuch des bayerischen Majors Fürsten Taxis vom Feldzuge 1812-13-14, hauptsächlich die bayerische Armee betreffend* (autographie). (*K. K. Kriegs Archiv.*, 1814, XIII, 32.)

[2] *K. K. Kriegs Archiv.*, I, 30 et I, 155.

la présence de Kellermann à Nancy avec 5,000 hommes, enfin, l'existence, à Nancy, d'un autre rassemblement sous les ordres de Nansouty, et composé de 5,000 hommes de cavalerie. Les émissaires ajoutaient, à ce propos, que Nansouty manquait de chevaux et avait beaucoup de malades[1].

Mouvements du corps volant de Thurn et de la cavalerie du IIIe corps. — Le lieutenant-colonel comte Thurn, qui, avec ses partisans, avait pris les devants du IIIe corps, avait continué à marcher vers Langres et avait eu une petite escarmouche, le 8 au soir, du côté de Cintrey, d'où il chassa les avant-postes français[2]. Mais, comme le corps volant était trop faible pour détacher du monde vers Gray, Gyulay dut envoyer de ce côté un escadron de hussards, afin de chercher à couper les communications et à enlever des convois entre Besançon et Langres[3]. Gyulay, conformément aux ordres du généralissime, avait fait occuper Vesoul par la division Hohenlohe-Bartenstein; il avait cantonné la division Fresnel à droite, à gauche et en arrière de la ville. La division légère Crenneville avait poussé au delà de Vesoul, et, arrivée à Port-sur-Saône, elle s'était étendue vers sa droite jusqu'à Con-

---

[1] Rapports d'émissaires. (*K. K. Kriegs Archiv.*, I, 155, b.)

[2] Le lieutenant-colonel comte Thurn au feldzeugmeister comte Gyulay. — Cintrey, 9 janvier 1814, six heures du matin.

« Votre Excellence m'ayant prescrit, par ordre de S. A. le prince de Schwarzenberg, de me porter au plus vite vers Langres et de chercher à y entrer, je me suis mis en route cette nuit aussitôt après l'envoi de vos avant-postes à Combeaufontaine.

« A Cintrey, j'ai rencontré une patrouille ennemie de 15 chasseurs qui s'est retirée sur Fayl-Billot, où il y avait 1 officier et 37 chasseurs, que ma pointe d'avant-garde a surpris et délogés. L'officier qui commande mon avant-garde m'informe que plusieurs chasseurs ennemis sont blessés, qu'il a perdu un homme et qu'il pousse vers Langres, où il y aurait un général avec plusieurs dépôts.

« Comme je dois continuer mon mouvement sur Langres, et que je ne veux pas perdre les avantages résultant des affaires de cette nuit, je me trouve dans l'impossibilité absolue d'entreprendre quoi que ce soit contre Gray.

« J'espère enlever Langres encore aujourd'hui et me porterai ensuite, si faire se peut, sur Gray, mais je me permets de prévenir V. A. que, d'après les renseignements que j'ai recueillis, tous les convois ennemis auraient déjà quitté Gray. » (*K. K. Kriegs Archiv.*, I, 168 a.)

[3] *K. K. Kriegs Archiv. Tagesbegebenheiten der Haupt Armee.* (*K. K. Kriegs Archiv.*, I, 30, et Rapport de Gyulay à Schwarzenberg, I, 168.)

flandey, pendant qu'elle jetait en avant sur la route de Langres des partis jusqu'à Combeaufontaine.

Bien que Thurn l'eût précédée dans ces parages et n'eût signalé la présence d'aucun rassemblement ennemi, bien que Gyulay eût dû savoir qu'il n'avait pas grand chose à craindre pour sa gauche, puisque la cavalerie du Ier corps avait pris pied sur la rive droite du Doubs, en avant de Baume-les-Dames, le feldzeugmeister s'était fait couvrir, pendant toute sa marche du 7, par des détachements de flanqueurs, du côté de Montbozon. « Ces détachements, dit-il dans son rapport[1], ces détachements qui s'éclairaient par des patrouilles poussées du côté de la route de Besançon, n'ont rencontré quelques vedettes de cavalerie ennemie que près du village de Cendrey, qu'occupait un petit poste français fort de 20 chevaux. »

La présence de ce peloton inquiéta Gyulay, car il ajoute dans le même rapport : « J'ai fait, pour cette raison, côtoyer ma marche depuis Montbozon jusqu'à Échenoz-le-Sec, par des flancs-gardes, et j'ai établi des postes sur ma gauche, à Villefaux et à Andelarrot. » La prudence est assurément une qualité précieuse chez un général, mais, dans l'espèce, il nous semble que le général autrichien, sachant qu'il n'y avait à Cendrey que 20 hommes, au lieu de diriger un escadron sur Gray et de se conformer strictement aux ordres supérieurs, aurait agi plus sagement et plus logiquement en détachant un ou deux escadrons, afin de savoir s'il y avait quelque chose et ce qu'il y avait derrière le poste de Cendrey.

En revanche, il envoya par le même courrier à Schwarzenberg des renseignements qui eurent d'autant plus de valeur aux yeux des généraux alliés, que le comte Gyulay les tenait de la bouche de personnages en mesure de savoir exactement ce qui se passait et auxquels leur position même aurait dû imposer plus de tact et de réserve, sans parler des devoirs qu'ils avaient à remplir vis-à-vis de leur souverain, sans parler des sentiments d'un patriotisme que la terreur inspirée par l'invasion avait momentanément étouffés.

---

[1] Rapport de Gyulay à Schwarzenberg, de Vesoul. 8 janvier 1814. *K. K. Kriegs Archiv.*, I, 159.

« Le feldzeugmeister comte Gyulay, au prince de Schwarzenberg[1]. — Vesoul, 8 janvier 1814.

« Le frère du général Junot est ici receveur général. Il avait fait partir sa femme pour Dijon; tranquillisé par la discipline et la bonne conduite de nos troupes, il l'a fait revenir et elle est arrivée aujourd'hui, ayant quitté Dijon avant-hier. Elle affirme avoir vu arriver à Dijon le conseiller d'État Ségur, chargé d'organiser la levée en masse; mais le peuple a refusé de l'écouter, et le maire a déclaré qu'il était impossible de procéder à la levée en Bourgogne, en raison du manque d'armes et faute d'hommes en état de servir.

« Ségur est retourné à Paris.

« Le général Valence a essayé, mais sans plus de succès, d'organiser la levée en masse dans les départements du Jura, de la Haute-Saône et du Doubs.

« Mme Junot affirme qu'il n'y a pas eu de troubles à Paris, *mais qu'on y est fort mécontent.*

« Les troupes ennemies, postées à Gray, Dijon et Langres, *auraient reçu l'ordre de se replier à l'approche des Alliés sur Troyes, où il y aurait un assez gros rassemblement de troupes.* »

A l'aile gauche on ne bougea guère; les réserves autrichiennes étaient toujours à Ornans; le IIe corps resserra l'investissement de Besançon sur la gauche du Doubs, pendant que Wimpffen, établi sur la rive droite, à Roulans-le-Grand, poussait son avant-garde jusqu'à Malmaison.

Bianchi bombardait Belfort, et une partie des réserves russes et prussiennes (la 2e division de grenadiers et les 2e et 3e divisions de cuirassiers russes) arrivait à Altkirch. Enfin, Schwarzenberg donnait encore ce jour-là à Wittgenstein l'ordre « de se diriger vers le sud-ouest, en sortant de Saverne, afin de se rapprocher des Austro-Bavarois de Wrède et d'opérer de concert avec ce général contre Langres.

9 janvier. — Pahlen devant Phalsbourg. — Les événements de la journée du 9, quoique peu importants en eux-mêmes, n'allaient cependant pas être favorables aux armes des Alliés.

---

[1] *K. K. Kriegs Archiv.*, ad. I, 159.

Du côté du VI⁰ corps, les Français avaient, sans être attaqués, abandonné Schiltigheim et la Robertsau, pour rentrer dans Strasbourg, et le général Rüdinger, afin d'être à même de pouvoir observer cette place de plus près, allait être renforcé par le 2⁰ régiment de dragons badois, envoyé à cet effet de Saverne.

Quant à Pahlen, il avait été rejoint sur ce point par les hussards d'Olviopol et par les 4⁰ et 34⁰ régiments de chasseurs (4⁰ division), dont il avait besoin, afin de pouvoir opérer plus efficacement du côté de Phalsbourg[1].

V⁰ corps. — Ordre de mouvement sur Remiremont. — Wrède avait reçu à Colmar l'ordre de se diriger d'abord sur Remiremont, et, de là, vers Langres. Il chargea aussitôt le général Minutello de l'investissement de Neuf-Brisach, le général comte Pappenheim de celui de Schlestadt, le général baron Zollern de celui de Huningue, et confia la direction supérieure de ces trois opérations au général comte Beckers, dont les troupes (2⁰ division bavaroise) étaient, du reste, employées devant ces places. Quant à lui, il se mit immédiatement en route pour Saint-Dié. Le général Deroy (2⁰ brigade de la 3⁰ division bavaroise), après avoir franchi les Vosges à Sainte-Marie-aux-Mines, avait pris position à Sainte-Marguerite. Un de ses bataillons, soutenu par quelques escadrons, occupait Saint-Dié, à 5 kilomètres environ en avant de Sainte-Marguerite. Les patrouilles de cette extrême avant-garde avaient même poussé vers la gauche jusqu'à peu de distance de Bruyères sans rencontrer l'ennemi. En Alsace, le colonel Scheibler, avec un petit corps volant, était encore entre Erstein et Obernaï, et le lieutenant-colonel Alberti battait le pays aux environs de Molsheim, d'un côté vers Mutzig, et de l'autre vers Strasbourg.

Seslavin à Bruyères. — Renseignements. — Lettre de Victor interceptée par les Cosaques. — Seslavin, que Witt-

---

[1] A ce moment même, Grouchy, par ordre de Victor, prescrivait au général de Ségur de ne laisser à Sarrebourg que 200 chevaux avec un chef d'escadrons et de venir en deux marches à Rambervillers, en passant par Blamont, Ogévillers, Flin et Magnières. Le général de France devait venir prendre à Rambervillers le commandement des quatre régiments de gardes d'honneur.

genstein avait fait partir de Saverne avec 2 régiments cosaques et quelques hussards, était à Bruyères, se reliant avec les avant-postes de Deroy, et c'est de là qu'il envoyait à Wrède la première nouvelle et de l'occupation de Rambervillers par la cavalerie française, et de l'échec éprouvé par Stscherbatoff à Épinal.

« Le général Seslavin à S. E. M. le général comte de Wrède, commandant en chef l'armée bavaroise (en français dans l'original). — Bruyères, le 9 janvier 1814.

« Mon général,

« J'ai l'honneur d'annoncer à Votre Excellence que, aujourd'hui, je suis venu à Bruyères, où j'ai su, par un officier du détachement du prince Stscherbatoff, les notions suivantes :

« Le corps ennemi, sous les ordres du duc de Bellune, qui se trouvait à Raon, s'est porté sur Épinal, et Stscherbatoff, qui s'y trouvait, a été forcé de l'évacuer, ayant été assailli par un corps ennemi de toutes armes. Une division de cavalerie ennemie est déjà venue occuper Rambervillers, et j'ai l'honneur d'envoyer à Votre Altesse une lettre que cet officier a interceptée, et par laquelle vous verrez les préparatifs du duc de Bellune.

« D'après des nouvelles réitérées, on ne saurait douter que l'armée française se rallie à Nancy, et un corps de 40,000 hommes est ramassé à Metz [1]. »

A cet envoi était jointe la lettre suivante de Victor au général Cassagne, trouvée par les cosaques de Stscherbatoff sur l'officier de hussards qu'ils avaient enlevé :

« Baccarat, le 9 janvier 1814. — M. le capitaine de Lassale, commandant à Magnières, m'a communiqué la lettre que vous lui avez écrite hier, par laquelle vous lui mandez que vous vous portez sur Épinal pour en chasser l'ennemi. Je dois vous prévenir que M. le duc de Valmy ayant mis à ma disposition toutes les troupes de son commandement, y compris la division de voltigeurs de la jeune garde, j'ai prié Son Excellence de faire réunir toutes les troupes à Charmes, sous les ordres de M. le général Meunier, à qui j'enverrai mes instructions, dès que la réunion sera opérée, et c'est à l'effet de marcher à l'ennemi de concert

---

[1] *K. K. Kriegs Archiv.*, I, 201, *t.*

avec le 2ᵉ corps et de vous mettre en communication avec Rambervillers, où j'aurai aujourd'hui une division de dragons.

« On m'assure qu'il y a 4,000 hommes à Épinal, et qu'on y en attend un plus grand nombre. Tâchez, je vous prie, d'avoir des renseignements positifs sur leurs forces, et veuillez me les transmettre[1]. »

« *P. S.* — Je vous envoie ci-joint une lettre pour M. le général Meunier, je vous prie de la lui faire passer. »

Cette deuxième lettre ne se trouvait pas, d'ailleurs, sur l'officier pris par les cosaques.

Il nous paraît inutile d'insister sur les exagérations qu'on trouve dans les renseignements recueillis par Seslavin, et d'après lesquels il y aurait eu 40,000 hommes à Metz ; mais il est certain que la prise de la lettre adressée au général Cassagne avait une valeur réelle pour les Alliés, puisqu'elle leur révélait, en même temps que les projets de Victor, la situation et la composition des troupes dont le maréchal disposait, et leur permettait de se rendre un compte exact de la nature de la résistance qu'ils pouvaient s'attendre à rencontrer, surtout après les affaires désavantageuses qui avaient marqué pour eux la journée du 9, tant dans la vallée de la Meuse que dans celles de la Mortagne et de la Meurthe.

Affaires de Rambervillers et d'Épinal. — En effet, tandis que le gros du Vᵉ corps commençait à se porter en avant, que le IVᵉ corps, continuant sa marche, atteignait, avec la tête de ses colonnes, Remiremont, et que son gros se cantonnait, le 9, autour de Ramonchamp, Victor, afin d'éloigner les troupes légères alliées, dont on lui avait signalé la présence entre Saint-Dié et Épinal, s'était décidé à faire occuper Rambervillers par la division de dragons du général Briche, qui prit position dans ce bourg après avoir culbuté et poursuivi assez vivement un parti de 200 cosaques venus dans ces parages pour réquisitionner, et qui avait cru superflu de se garder sérieusement[2].

---

[1] *K. K. Kriegs Archiv.*, I, 201, s.
[2] Voir, *Archives du dépôt de la guerre* : Mémoires de Grouchy et journal de Petiet.

Dans la même journée, une brigade d'infanterie de la jeune garde, sous les ordres du général Cassagne, se portait, avec un détachement de 300 chevaux, sur Épinal. Stscherbatoff, instruit par les patrouilles qu'il avait envoyées à la découverte du côté de Charmes de la présence, en avant de cet endroit (entre Charmes et Épinal), de partis ennemis qui semblaient être la tête d'une forte colonne[1], désirant se renseigner plus complètement et se sachant, d'ailleurs, soutenu en arrière par le IVe corps, se porta avec tout son corps volant sur Charmes. Arrivé à peu près à mi-chemin entre Épinal et Charmes, il rencontra les troupes françaises en marche sur Épinal, qui le repoussèrent et le poursuivirent jusqu'à Pouxeux, où il fut rejoint par Platoff.

Platoff à Pouxeux. — Ses rapports avec le prince royal de Wurtemberg. — L'ataman, toujours inquiet, toujours timoré, devait, dès le jour de son entrée en ligne, donner la première preuve de l'insurmontable mollesse qu'il ne put secouer pendant le reste de la campagne, de ces craintes imaginaires qui paralysèrent constamment ses opérations et qui empêchèrent ses cosaques de rien faire de bon jusqu'au moment où le tzar, lassé d'une pusillanimité, rendue plus dangereuse encore par l'impudence de ses forfanteries, releva Platoff de son commandement.

Afin de permettre au lecteur de se rendre, dès le début de la campagne, un compte exact de la manière d'agir de Platoff, nous croyons devoir donner et le rapport[2] qu'il adressa au prince royal de Wurtemberg et la réponse qu'il reçut de ce prince[3].

« L'ataman comte Platoff au prince royal de Wurtemberg (en français dans l'original). — « De Pouxeux, 9 janvier 1814.

« J'ai l'honneur d'informer Votre Altesse Royale de l'approche de l'ennemi sur Épinal.

« Je me suis approché de cette ville et ai opéré ma jonction avec le détachement du prince Stscherbatoff, qui m'a appris que l'ennemi occupait Épinal, fort de quatre colonnes (*sic*) d'infanterie, cinq escadrons et trois bouches à feu.

---

[1] Tagesbegebenheiten der Haupt Armee (*K. K. Kriegs Archiv.*, I, 30), et Operations Journal des IVten Armee Corps. (*Ibid.*, XIII, 56.)

[2] Platoff au prince de Wurtemberg. *K. K. Kriegs Archiv.*, I, 173, a.

[3] Prince royal de Wurtemberg à Platoff. *K. K. Kriegs Archiv.*, I, 173, b.

« La configuration du terrain m'a empêché de reconnaître par moi-même les forces ennemies. Les avant-postes français étant établis en avant de la ville, sur la route de Pouxeux, dans les défilés, j'ai idée de les attaquer à sept heures du matin et de pousser sur Épinal; mais comme le terrain occupé par ces avant-postes est en somme un défilé étroit et resserré contre lequel la cavalerie ne peut guère agir efficacement, qu'il me faut me servir de mon artillerie, j'ai besoin de troupes d'infanterie qui me font absolument défaut. Je prie donc Votre Altesse de m'envoyer, si ce n'est quatre, au moins trois bataillons d'infanterie. . . . . .

« . . . . . Je crois que l'ennemi est en force dans la ville et veut la défendre, ce point étant très important. »

Voici maintenant comment le prince royal répondit à la demande de l'ataman :

« Prince royal de Wurtemberg au comte Platoff. — « Remiremont, 9 janvier 1814.

« Il m'est absolument impossible de vous envoyer même trois bataillons. Vous évaluez les forces de l'ennemi à 3,000 hommes d'infanterie, cinq escadrons, trois canons. Il vous sera donc possible d'en venir à bout rien qu'avec votre corps; mais si l'ennemi est décidé à résister vigoureusement, on ne le culbutera certainement pas avec trois bataillons.

« Je tiens évidemment beaucoup à déloger l'ennemi d'Épinal, et si vous ne réussissez pas dans votre entreprise, je l'attaquerai le 11 avec tout mon corps d'armée. En attendant, et pour vous recueillir en cas de besoin, je posterai trois bataillons sur la route de Pouxeux. »

Platoff, on doit le reconnaître, avait une singulière manière de comprendre les devoirs qui incombent au commandant d'un corps de cavalerie destiné, dans l'esprit des généraux en chef, à agir au loin, à renseigner le grand quartier général sur les mouvements et les projets de l'ennemi, puisqu'il suffisait de l'apparition d'un groupe dont il avoue lui-même n'avoir pu reconnaître la force, pour qu'il crût nécessaire de demander un renfort de trois bataillons.

Ce qu'il y a de certain, c'est que les craintes folles de Platoff exercèrent néanmoins une influence sur les résolutions du prince royal de Wurtemberg. Il n'avait pas eu encore, il faut le dire à son excuse, l'occasion d'apprécier la véritable valeur d'un officier arrivant à l'armée précédé d'une réputation, sinon absolument imméritée, du moins singulièrement surfaite, d'un officier qui, s'il avait accompli naguère de brillants faits d'armes, s'il s'était fait remarquer par une incontestable hardiesse, avait complétement perdu et son ancienne énergie et les aptitudes spéciales dont il avait fait preuve en 1812.

Inaction du IVe corps le 10 janvier. — Le prince royal échelonnant son corps entre Eloyes et Saint-Nabord, attendit donc pendant toute la journée du 10 le résultat d'opérations qu'il avaient conseillées à Platoff et que celui-ci se garda bien d'entreprendre. Le prince royal semble, du reste, avoir pris très au sérieux les nouvelles données par Platoff, et avoir cru comme lui qu'il y avait sur ce point et derrière cette avant-garde des forces importantes ennemies, chargées de couvrir les plaines de Lorraine et de chercher à empêcher les Alliés de déboucher des Vosges. En effet, le 9 au soir, en prévenant Schwarzenberg de l'apparition à Épinal du corps français qui en avait chassé Stscherbatoff, et malgré l'ordre de prendre à gauche pour se porter sur Langres, il lui faisait savoir que, comme le corps français pourrait obliger Platoff à se retirer de Pouxeux, il était presque certain qu'au lieu de prendre la route qui mène de Remiremont par Bains, Vauvillers, Jussey et Fayl-Billot sur Langres, il se verrait contraint à marcher droit sur Épinal le 11 « pour chasser l'ennemi de ce point important d'où, ajoutait-il, l'ennemi pourrait couper nos communications avec Remiremont et empêcher la brigade Schæffer et les troupes qui la suivent de déboucher. Si j'attaque Épinal, disait-il encore, je laisserai mes parcs et mes convois à Plombières pour me maintenir en communication avec Vesoul et la grande armée, et éviter d'être, quoi qu'il arrive, contraint de me replier sur les Vosges [1] ».

Barclay de Tolly partageait sans doute les craintes émises par le prince royal de Wurtemberg et croyait, comme lui, à la présence, en arrière d'Épinal, de forces considérables, puisque, dans une lettre qu'il adressait à Schwarzenberg d'Altkirch, à la

---

[1] Prince royal de Wurtemberg à Schwarzenberg; Remiremont, 9 janvier. *K. K. Kriegs Archiv.*, I, 173.

date du 10¹, il lui disait qu'il avait prescrit à Stscherbatoff de se faire soutenir par le prince royal².

D'après les documents que nous venons de citer, on se rend compte de l'inquiétude qu'un mouvement offensif aussi peu important que celui dont il s'agit ici, causait dans les états-majors alliés. On peut alors se demander, si en agissant énergiquement avec tout ce qu'il avait sous la main, avec les renforts envoyés de Nancy, Victor n'aurait pas pu réussir non seulement à ralentir et à retarder considérablement la marche des colonnes alliées encore occupées à franchir les Vosges, mais encore à interdire aux Alliés l'accès du bassin de la Moselle, à menacer même les communications des troupes de la grande armée de Bohême en marche sur Vesoul et Langres. Un pareil résultat n'aurait pu être que momentané ; mais, dans la situation où se trouvait la France, il importait par-dessus tout de chercher à gagner du temps, en arrêtant les Alliés le plus longtemps possible et en profitant à cet effet des moindres occasions. C'est là ce qui semble avoir été faisable le 10 janvier et ce qui n'a malheureusement pas été fait.

---

¹ Prince royal de Wurtemberg à Schwarzenberg ; Remiremont, 9 janvier. *K. K. Kriegs Archiv.*, I, 202.

² Comme j'aurai souvent lieu d'insister sur la nature singulière des relations entre les différents généraux alliés, de faire ressortir les fautes résultant du manque d'unité dans la direction, les conflits qui se sont produits presque journellement entre les chefs les plus haut placés, j'ai cru devoir citer ici la lettre suivante de Barclay à Schwarzenberg. Tout le monde, on le voit, donne des ordres sans même prendre la peine de se mettre d'accord avec le généralissime ; puis, quand les ordres ont reçu un commencement d'exécution et que Schwarzenberg a appris de cette façon, et alors seulement, ce qui s'est fait à son insu, on cherche à lui expliquer plus ou moins habilement les raisons de ces mouvements et à les lui faire approuver, en ayant l'air d'avoir deviné ses projets et ses intentions. La lettre de Barclay est évidemment inspirée par un sentiment de cette nature.

« Barclay de Tolly à Schwarzenberg. — Altkirch, 9 janvier 1814.

« Le général comte Toll m'informe qu'il avait donné à Platoff l'ordre d'aller à Epinal, et que Votre Altesse, au contraire, désirerait le voir aller à Neufchâteau. J'ai seulement fait ordonner à Platoff de recueillir éventuellement Stscherbatoff en passant par Epinal, et aussitôt cette ville occupée, de continuer par Mirecourt son mouvement sur Neufchâteau, lui recommandant d'envoyer de là des partis sur Bar-le-Duc et de se relier, à gauche vers Langres avec les Autrichiens, à droite avec le prince Stscherbatoff, que Votre Altesse envoie sur Nancy.

« On ne laissera à Epinal, comme soutien destiné à couvrir les communications, que quelques cosaques qui y resteront jusqu'à l'arrivée des troupes du prince royal de Wurtemberg. » (*K. K. Kriegs Archiv.* I. 174.)
p

Il est certain, d'autre part, que même bien dirigées et couronnées de succès, les opérations offensives du duc de Bellune n'auraient servi qu'à faire gagner deux ou trois jours. Le maréchal aurait été obligé de se replier, dès qu'il aurait eu connaissance du mouvement de retraite que Marmont exécutait à ce moment, de la Sarre vers la Moselle, et qu'il se serait vu menacé sur sa gauche et sur ses derrières par la marche de la cavalerie et de l'avant-garde de l'armée de Silésie se dirigeant de Château-Salins sur Lunéville et Nancy.

9 janvier. — Echec du corps volant de Thurn à Langres. — La journée du 9 n'avait été guère meilleure pour le corps volant du lieutenant-colonel Thurn, qui battait l'estrade sur le front du IIIe corps en marche sur Langres. Avec un peu de prudence et de circonspection, il eût été facile à ce petit corps d'éviter la leçon qu'il allait recevoir.

Thurn, arrivé avec son corps à la Griffonotte, avait eu l'idée de s'emparer à lui seul de Langres. Il pensait que l'occupation de cette ville ne présenterait pas plus de difficultés que celle de Vesoul et espérait pouvoir s'y procurer des renseignements certains sur la position et la force des troupes françaises que l'on savait dirigées sur ce point. Persuadé qu'il enlèverait Langres sans coup férir, Thurn s'y fit précéder par un officier, escorté de deux hussards, chargé d'annoncer au maire son arrivée et de sommer le commandant d'armes de lui rendre la ville [1]. Bien qu'au bout de deux heures, il n'eût encore reçu aucune nouvelle de cet officier et que ce silence eût dû l'inquiéter et lui faire comprendre qu'il était indispensable d'agir prudemment, il n'en dirigea pas moins son avant-garde sur Langres. Celle-ci, sous les ordres du capitaine Burckhardt, pénétra sans encombre dans le long faubourg par lequel passe la route de Vesoul. Elle avait

---

[1] Voici le texte de la sommation de Thurn :

« Le commandant de l'avant-garde des armées alliées au commandant de la ville de Langres.

« Je vous somme, Monsieur le Commandant, de rendre la ville aux armes des armées victorieuses ; il serait inutile de faire une vaine résistance, mes forces étant telles que la ville ne pourra résister ; je vous en préviens pour épargner à la ville les suites des fléaux de la guerre. Je suis avec toute la considération. » (*Archives du dépôt de la guerre.*)

déjà dépassé les portes de la ville, lorsqu'elle vint tout à coup donner dans une troupe de cavalerie de la garde (avant-garde du maréchal Mortier) qui arrivait à Langres. Attaqué vivement de front par cette cavalerie soutenue par la gendarmerie et les hommes de la levée, fusillé par les habitants qui avaient pris les armes, le détachement du capitaine Burckhardt[1] parvint à grand'-peine à sortir de la ville et du faubourg et à se replier sur Fayl-Billot.

Affaire contre les paysans armés de Chaudenay. — Pendant cette retraite, les hussards autrichiens se virent encore une fois sur le point d'être entièrement coupés. Les paysans de Chaudenay, village qu'ils étaient forcés de traverser, avaient pris spontanément les armes, et leur tuèrent 1 officier et 12 hommes.

Voici, d'ailleurs, en quels termes Thurn lui-même rend compte à Schwarzenberg de son coup de main manqué sur Langres, coup de main qui eut, comme nous allons le montrer, une portée et des conséquences que les Alliés n'avaient pu prévoir.

« Le lieutenant-colonel comte Thurn au prince de Schwarzenberg[2]. — Fayl-Billot, le 9 janvier 1814, 9 heures du soir.

« J'ai l'honneur d'informer Votre Altesse que le maréchal Mortier est arrivé avec son avant-garde à Langres et que je suis entré avec mon avant-garde dans le faubourg,

« Les habitants nous invitèrent à y pénétrer, nous affirmant qu'ils nous attendaient avec impatience et depuis longtemps. La patrouille de tête avait déjà dépassé un certain nombre de maisons, lorsqu'elle fut saluée par une décharge générale, par des coups de feu partant des toits et tirés par des hommes de la levée et de la garde départementale soutenus par quelques fantassins de la ligne.

« La patrouille se retira sur mon avant-garde.

« Le village de Chaudenay, par lequel je devais forcément passer en me retirant, s'était armé pendant ce temps et nous eûmes à nous frayer un passage le sabre à la main. Nous avons

---

[1] Szenen aus der Geschichte des K. K. Husaren Regiments n° 3, Erzherzog Ferdinand, et Tagesbegebenheiten der Haupt Armee. (*K. K. Kriegs Archiv.*, I, 30.)

[2] *K. K. Kriegs Archiv.*, I, 170).

fait subir des pertes sensibles à ces paysans. J'ai fait quelques prisonniers appartenant à des régiments italiens, qui m'affirment que le maréchal Mortier aura demain, 10 janvier, 30,000 hommes à Langres et que d'autres troupes ont dû arriver aujourd'hui à Gray.

« J'ai perdu dans ces affaires le lieutenant Schlachta. Le capitaine Burckhardt, après avoir eu un cheval tué sous lui, a été blessé à la jambe droite ; quatre de mes hussards sont blessés.

« On m'assure que l'ennemi se porte en force contre Fayl-Billot. Je vais l'observer et me retirerai lentement, si j'y suis contraint, sur Combeau-Fontaine, où se trouve l'avant-garde du comte Gyulay. »

Les populations commencent à s'armer. — Dans le rapport qu'il adressait deux jours après à l'empereur d'Autriche, Schwarzenberg[1] annonçait à son souverain qu' « *en présence de la levée générale* que l'ennemi cherche à organiser », il avait aussitôt prescrit au feldzeugmeister comte Gyulay de « se porter à *marches forcées* sur Langres. »

Mais Gyulay n'était encore qu'à Vesoul, où il avait donné le 9 un peu de repos à ses troupes. Ce fut le 11 seulement que son avant-garde atteignit Combeau-Fontaine, que ses extrêmes avant-postes occupèrent Fayl-Billot, et le 14 que le gros du IIIe corps arriva vers Langres que la division de cavalerie du général Laferrière (2,567 hommes, 2,695 chevaux) occupait depuis le 10, et la division Friant (5,885 hommes et 148 chevaux), depuis le 11. Pour la première fois depuis son entrée en France, le centre de la grande armée alliée allait rencontrer un semblant de résistance.

Il semble, du reste, que Schwarzenberg reconnut immédiatement l'importance que devait avoir l'affaire de Langres, la gravité que prenaient des faits en eux-mêmes peu considérables, un échec assurément insignifiant, mais qui pouvait être gros de conséquences

---

[1] Schwarzenberg à l'empereur d'Autriche, de Villersexel, 11 janvier (*K. K. Kriegs Archiv.*, I, 238 et ad. I, 238). Schwarzenberg ajoute dans ces rapports que Mortier n'a pas 30,000 hommes à Langres, que les nouvelles recueillies par Gyulay et par Thurn contredisent ces premiers renseignements, que c'est seulement à Troyes qu'on réunit les conscrits et qu'on les encadre dans les troupes de ligne.

par suite de la part que, pour la première fois depuis l'entrée des Alliés en France, les habitants avaient prise à la lutte. L'organisation de la levée en masse n'avait jusque-là produit aucun résultat et il allait encore s'écouler quelque temps avant que l'application de cette mesure ait pu se généraliser et revêtir un caractère véritablement inquiétant. Les causes de l'apathie qui s'était manifestée pendant les premières semaines de janvier 1814, si elles sont multiples et variées, sont intéressantes à rechercher et à constater. On aurait tort, en effet, de croire que l'hésitation, mise par les populations à courir aux armes, provenait, comme on a essayé de le démontrer, de l'impopularité de l'Empereur. Pour le peuple, mais plus encore pour les paysans, Napoléon était alors, comme il l'est toujours resté depuis, le plus grand homme de guerre de tous les temps, le César triomphant qui avait vaincu et conquis l'Europe, qui, à lui seul, paraissait de taille à tenir tête au monde entier coalisé contre lui. De son vivant même, il était déjà devenu un personnage légendaire, auquel ni la retraite de Russie, ni le désastre de Leipzig, ni l'invasion n'avaient pu parvenir à faire perdre la moindre parcelle du prestige inouï que son nom exerçait et exercera toujours sur les masses. Il était toujours encore et surtout aux yeux du peuple l'homme merveilleux, dont la présence rendait la confiance aux découragés, dont la voix électrisait les conscrits et en faisait des soldats aussi solides au feu que les plus vieux grognards de la garde. La cause réelle de cette indifférence, que le vandalisme et les brutalités des Cosaques et des Prussiens n'allaient pas tarder à faire disparaître, provenait bien plutôt de ce que les populations, lassées des guerres que le pays soutenait depuis plus de vingt ans, épuisées par les sacrifices qui leur avaient été demandés depuis 1792, et surtout depuis l'Empire, abusées peut-être aussi dans le principe par les promesses fallacieuses contenues dans la proclamation des souverains alliés, encore éblouies par le souvenir des victoires passées, ne pouvant croire à l'invasion et ignorantes des horreurs qu'elle traîne à sa suite, étaient disposées à voir dans les Alliés, non pas des libérateurs, mais les instruments destinés à ramener dans le monde une paix à laquelle la France n'aspirait pas moins vivement que le reste de l'Europe.

Enfin, ce qui avait manqué jusque-là pour que le peuple pût envisager sainement la situation telle qu'elle était déjà, depuis le commencement de l'invasion, c'était l'exemple. On hésitait, on doutait parce qu'on croyait que la résistance locale, la résistance improvisée dans chaque ville, dans chaque village, ne servirait à rien qu'à attirer sur ces villes, sur ces villages de terribles représailles. L'impulsion était désormais donnée ; les coups de fusil des habitants de Langres et des paysans de Chaudenay allaient se répercuter dans toute la Champagne, en Bourgogne, en Lorraine, en Alsace. Le peuple a désormais retrouvé sa voie, il s'est ressaisi ; sachant maintenant ce qu'on attend de lui, se rendant désormais un compte exact des résultats que peut produire son intervention armée, il n'hésitera plus à faire héroïquement son devoir. On a par trop négligé jusqu'à ce jour de rendre aux paysans armés la justice qui leur est due, et de faire ressortir la grandeur du rôle qu'ils ont joué pendant les tristes jours de l'invasion. On ne s'étonnera donc pas si nous insistons dans ce travail sur les services qu'ils ont rendus, sur le mal qu'ils ont fait aux Alliés, et si nous livrons à la publicité parmi les pièces qui se rapportent à leurs hardis coups de main, surtout celles qu'il nous a été possible de consulter et de retrouver aux Archives impériales et royales du ministère de la guerre à Vienne. Enfin, avant de revenir aux mouvements des Alliés pendant la journée du 9 janvier, il convient d'ajouter que si les bourgeois de Langres et les paysans de Chaudenay ont été les premiers à courir aux armes, ils ont été aussi presque les derniers à les déposer avec les gens de Fayl-Billot et des environs.

Positions des autres corps de la grande armée pendant la journée du 9. — Les autres corps de la grande armée avaient continué à marcher le 9 avec leur lenteur habituelle. Gyulay avait, nous l'avons dit, fait halte à Vesoul ; derrière lui, le Ier corps en faisait autant à Villersexel. Deux des brigades du général Bianchi, relevées sous Belfort par les grenadiers russes de Raïeffsky, s'étaient mises en marche sur Lure et Vesoul. Les réserves autrichiennes étaient toujours immobiles à Ornans, et le IIe corps restait affecté au blocus de Besançon. Le quartier général de Barclay de Tolly avait été transféré d'Altkirch à Chavannes-sur-l'Étang.

10 janvier. — **La droite du VIe corps se relie du côté de**

Phalsbourg avec un parti de l'armée de Silésie. — Wittgenstein continua à rester en place, n'osant pas continuer sa marche avant d'avoir pu appeler à lui toute son infanterie, et craignant peut-être aussi d'être inquiété sur ses derrières tant qu'il ne se serait pas au préalable rendu maître de Phalsbourg et de bicoques telles que la Petite-Pierre et Lichtenberg. Il se contenta, le 10, de profiter de l'arrivée de 5 bataillons badois avec 10 canons, pour opérer contre Phalsbourg et la Petite-Pierre et faire couper près de Lützelbourg la conduite qui seule alimentait d'eau potable la première de ces places.

Il chargea également le général Schakoffskoï du blocus de Landau en lui donnant une partie des troupes du colonel Selifontieff et du lieutenant-colonel Nabel.

Un escadron de hussards d'Olviopol fut envoyé des environs de Phalsbourg à Lützelbourg pour vérifier si les bruits qu'on avait répandus sur la présence de la cavalerie française à Mittelbronn étaient fondés. Les hussards ne trouvèrent personne à Mittelbronn; mais ils apprirent cependant que quelques escadrons français venant de Phalsbourg avaient traversé ce village, se rendant à Sarrebourg, ville que cette cavalerie n'avait, d'ailleurs, pas tardé à évacuer.

Le VIe corps se relia encore ce jour-là par sa droite avec la cavalerie de l'avant-garde du général Lanskoï qui était, depuis le 8, à Bliescastel. Le parti qui communiqua de ce côté avec le VIe corps avait quitté Neunkirchen le 9 au matin par ordre du général Karpoff, qui y commandait les avant-postes du corps Sacken (armée de Silésie), et, passant par Rimling et Drulingen, avait poussé jusque vers Phalsbourg.

Devant Strasbourg, deux des escadrons du 2e régiment badois étaient à Stützheim, surveillant la porte de Saverne, les deux autres à Oberschæffolsheim et Wolfisheim. Observant la porte Blanche, ils avaient en outre, à Holtzheim et à Lingolsheim, un parti chargé de couvrir les routes de Colmar et de Neuf-Brisach.

Enfin, Pahlen avait reçu l'ordre de marcher sur Lunéville, et, afin d'être à même de le soutenir, on avait prescrit au prince Eugène de Wurtemberg de porter la 4e division d'infanterie à Hochfelden, et la 3e à Haguenau.

Mouvement du Ve corps et de Victor vers Saint-Dié. — Combat de Saint-Dié. — Pendant que Wrède, convaincu de l'inutilité de la présence de ses forces en Alsace, prenait toutes ses mesures pour les amener le plus rapidement possible de l'autre côté des Vosges, envoyait le général de La Motte à Sainte-Marie-aux-Mines et prescrivait au général Deroi d'occuper solidement Saint-Dié, Victor, de son côté, avait donné au général Duhesme l'ordre de se mettre en marche le 10 au matin, de se diriger sur Saint-Dié et d'y attaquer l'ennemi : « L'attaque sur Saint-Dié, ajoutait le duc de Bellune, doit être brusque et franche[1]. »

Les Bavarois avaient poussé, le 10 au matin, en avant de Saint-Dié, une pointe d'avant-garde composée d'un demi-escadron de chevau-légers du 5e régiment, de 30 cosaques et d'une compagnie d'infanterie qui vint donner dans la tête de la colonne française. Les Bavarois, repoussés, traversèrent Saint-Dié et, suivis par la cavalerie française, cherchèrent à se maintenir à Sainte-Marguerite, d'où ils furent chassés par les cavaliers de Piré, soutenus par deux bataillons. Mais au moment même où Piré[2] entrait dans Sainte-Marguerite, le général Deroi déployait sa brigade à peu de distance du village et prenait immédiatement les dispositions nécessaires pour empêcher les Français d'en déboucher et leur enlever le village avant qu'ils aient eu le temps de s'y établir solidement et d'être soutenus par le reste de l'infanterie du général Duhesme. Bien que le général Deroi eût été blessé à l'instant où il lançait ses colonnes d'attaque contre Sainte-Marguerite et qu'il eût dû remettre le commandement au colonel von Treuberg, Piré ne put réussir à se maintenir sur ce point et dut se replier sous un feu des plus violents sur Saint-Dié, où Duhesme avait gardé le gros de ses troupes. La cavalerie de Piré, quoique exposée à une fusillade meurtrière et au tir de l'artillerie bavaroise, fit bonne contenance, se repliant pas à pas sur Saint-Dié en couvrant la retraite de son infanterie[3].

---

[1] Victor au major général, Baccarat, 9 janvier, et *Mémoires de Grouchy*.

[2] Rapport du général de Piré au général de Grouchy, de Nompatelize, 10 janvier, à six heures du soir.

[3] « Je n'ai pu, dit le général Piré, exécuter de charges, attendu la nature du terrain. »

A la fin de son rapport, Piré ajoute : « La contenance de l'ennemi, qui

L'infanterie bavaroise continua à s'avancer sous la protection du tir bien dirigé de son artillerie et, attaquant Saint-Dié à la fois de front et par la gauche, elle parvint à s'en emparer avec d'autant moins de peine que l'artillerie mal servie du général Duhesme ne fit aucun mal à ses colonnes d'attaque. Les Bavarois occupèrent aussitôt Saint-Dié, et Duhesme se retira d'abord sur Saint-Michel, puis de là, le 11 au matin, sur Rambervillers. Le colonel von Treuberg qui, après la prise de Saint-Dié, avait été rejoint par le général Habermann, que le général de La Motte avait, à la première nouvelle du combat, porté en avant avec deux bataillons, deux escadrons et quatre bouches à feu, n'osa pas s'engager dans les gorges à la suite des Français; il fit paraître seulement quelques troupes sur les deux routes de Rambervillers et de Raon-l'Étape [1] et envoya un bataillon et un demi-escadron à Bruyères pour surveiller de là la route d'Épinal, couvrir la droite du IVe corps et se maintenir en communication avec la division Rechberg. Les combats de Sainte-Marguerite et de Saint-Dié avaient coûté une centaine d'hommes à la brigade Deroi. Les pertes des Français étaient plus considérables, et le nombre des prisonniers[2], qu'ils laissèrent entre les mains des Bavarois, s'éleva à 240. Le rapport que le général de Grouchy adressa le soir au duc de Bellune permet au moins de constater que la cavalerie française, bien qu'elle ne fût guère composée que de conscrits, s'acquittait consciencieusement et intelligemment de son service d'exploration et de sécurité, et que les généraux placés à sa tête ne manquaient ni de jugement, ni d'initiative, ni de coup d'œil. C'est ainsi que Grouchy put annoncer au maréchal que Bruyères est occupé par 1,000 hommes (Wurtembergeois, Bavarois et Cosaques), que des trois reconnaissances envoyées par le général Milhaud, aucune n'a pu dépasser Grandvillers. Il

---

était en marche sur Saint-Dié lorsque je l'ai rencontré, me fait croire qu'il appartient à un corps considérable. » (Rapport de Piré à Grouchy, *Archives de la guerre.*)

[1] « L'ennemi, après nous avoir suivis vigoureusement dans la ville, n'a pas voulu nous reconduire dans les gorges : il s'est contenté de faire paraître ses troupes sur les routes de Rambervillers et de Raon... » (Piré à Grouchy, *Archives de la guerre.*)

[2] Tagesbegebenheiten der Haupt Armee (*K. K. Kriegs Archiv.*, I, 30), et Tagebuch du major prince de Taxis (*ibid.*, XIII, 32).

ajoute : « L'une d'elles n'est pas rentrée, et 200 cosaques sont à Girecourt. Épinal a été occupé hier par le général Cassagne ; mais il est probable qu'il y sera attaqué avant peu. Je vais lui faire part de ma manière de voir à cet égard en envoyant ma lettre par Châtel, puisqu'elle ne pourrait lui arriver par la route directe. »

Ce petit rapport de Grouchy est un modèle à méditer. Il est consolant de voir que, dans les plus tristes jours de notre histoire, en dépit de la disproportion des forces, du peu d'instruction des soldats, de la mauvaise qualité des chevaux, nos généraux de cavalerie, fidèles aux principes qui leur avaient valu tant de succès, parvenaient encore à renseigner le commandement bien plus complètement et plus exactement que les chefs de la cavalerie alliée.

Enfin, Grouchy se permettait encore, en terminant ce rapport, de présenter respectueusement quelques observations au maréchal : « Dans cet état de choses, lui écrivait-il, je vous engage, Monsieur le Maréchal, à venir demain de bonne heure ici, car il est probable que le général Duhesme sera suivi, et la journée ne se passera probablement pas sans événement [1] et [2]. »

Sur la droite du V⁰ corps, le colonel Scheibler, qui s'était porté avec son corps volant sur Lutzelhausen, dirigeait une centaine de cosaques et un demi-escadron de hussards sur Schirmeck afin de chercher à se procurer, en poussant par les routes menant à Raon-l'Étape, des renseignements sur les mouvements et la position de Victor.

L'effectif des troupes, que Wrède avait laissées en Alsace au moment de passer les Vosges, s'élevait, en y comprenant la garnison de Colmar, à onze bataillons et une compagnie, huit escadrons et quatre batteries ; il ne lui restait donc guère que 20,000 à 25,000 hommes de disponibles pour les opérations que le V⁰ corps allait entreprendre et en vue desquelles on concentra, le 0, les Bavarois à Ober-Bergheim et Châtenois (Kestenholtz), les Autrichiens à Epfig, Dambach, Saint-Hippolyte. L'avant-garde autrichienne, sous les ordres du colonel von Geramb, était à

---

[1] Grouchy au duc de Bellune, 10 janvier 1814.
[2] Ney était à Nancy depuis le 9 janvier. (Belliard, *Archives de la guerre.*)

Benfeld. Nous rappellerons que déjà avant cette époque Frimont s'était relié par Molsheim avec la cavalerie de Pahlen.

Marche du IV⁰ corps sur Épinal. — On se rappellera encore que le IVᵉ corps, laissant Épinal à sa droite et marchant, conformément aux ordres du généralissime, par Bains, Plombières et Vauvillers, devait être le 14 à Jussey, de façon à pouvoir se diriger soit par Fayl-Billot sur Langres, soit par Bourbonne sur Montigny-le-Haut (Montigny-le-Roi).

Nous avons déjà vu aussi qu'à la nouvelle de l'occupation d'Épinal par les Français, le prince royal de Wurtemberg avait informé le généralissime des modifications qu'il s'attendait à être très probablement obligé d'apporter à la marche de son corps. Le prince royal, en effet, inquiet de savoir les Français à Épinal, insuffisamment renseigné, puisqu'il les y croyait établis avec des forces considérables, craignant de les voir de là interdire aux Alliés l'accès de la vallée de la Moselle, se décida, comme le montre la lettre ci-après de Stscherbatoff, à se concerter avec Platoff, posté à Pouxeux pour les en chasser et couper aux troupes établies sur ce point le chemin de Charmes.

Renseignements fournis par Stscherbatoff. — « Stscherbatoff au prince de Schwarzenberg[1], du camp près de Pouxeux, 10 janvier 1814, à minuit (en français dans l'original).

« J'avais envoyé d'Épinal, encore avant l'approche de l'ennemi, deux partis, un à droite sur Rambervillers avec un guide, le comte Lunel de Cortomiglio, l'autre à gauche sur Mirecourt, avec mon aide de camp, le sous-lieutenant Sonine.

« Aujourd'hui j'ai eu un rapport de ma droite du guide comte Lunel de Cortomiglio, qu'il a découvert les forces ennemies, qui sont à Charmes, Magnières, Baccarat, Raon, et aux environs de Saint-Dié.

« Le général russe Seslavin se trouve à Bruyères et environs. Le guide a pris un bas officier français qui était porteur d'une lettre du maréchal duc de Bellune au général Cassagne, de laquelle j'ai eu l'honneur de prendre copie par précaution. Le

---

[1] *K. K. Kriegs Archiv.* 1. 206.

guide a gardé l'original. Je me crois en devoir de recommander à Votre Altesse le guide Cortomiglio, qui a rempli sa commission au delà de mes espérances.

« Demain le prince royal de Wurtemberg est intentionné d'attaquer Épinal. Le corps du général comte Platoff, se trouvant ici, se portera par la gauche en avant de la ville d'Épinal pour couper la retraite de l'ennemi ou pour l'empêcher de recevoir des renforts de Charmes. Je me joindrai avec mon détachement au corps du comte Platoff.

« Si la réussite de l'attaque aura lieu, je me porterai sur Nancy ou sur Toul, selon les circonstances, pour me trouver sur la route de Strasbourg à Paris.

« Ce que je pourrai découvrir de conséquent et de remarquable, je m'empresserai de faire un rapport à Votre Altesse.

« Je crois pouvoir trouver à l'avenir des espions autant que j'ai trouvé ici. Pourquoi il m'est nécessaire d'avoir de l'argent, chose qui me manque absolument et que Votre Altesse avait eu la bonté de me promettre. »

Mouvements du corps volant de Thurn. — Le lieutenant-colonel Thurn, après s'être replié à la suite de son imprudent coup de main sur Langres par la route de Fayl-Billot à Vesoul, informait dès le matin du 10, de Fayl-Billot, l'un des officiers de l'avant-garde de la division Crenneville, des événements qui s'étaient produits pendant la nuit.

« Le lieutenant-colonel comte Thurn, au capitaine Zadubsky (du régiment de chevau-légers Rosenberg)[1]. — 10 janvier 1814.

« L'ennemi s'est replié sur Langres et a envoyé cette nuit de fortes patrouilles contre mes avant-postes. On entend le tambour sur la route de Gray à Dijon.

« Je ferai de mon mieux pour découvrir les projets et les mouvements de l'ennemi.

« *Comme les espions, même en les payant richement, donnent à tout instant de fausses nouvelles*, il faut que je me procure moi-même les renseignements dont nous avons besoin.

---

[1] *K. K. Kriegs Archiv.*, I, 195.

« Je campe à Fayl-Billot et j'attends avec impatience des nouvelles de la division Crenneville ; je vous tiendrai au courant de mes mouvements ».

En marge :
« Vu par moi, avec envoi de l'avis que je continue ma marche.
« Crenneville, F. M. L. »
(En marche sur la Cart (la Quarte), 10/1 1814).

Il ressort du ton même de cette lettre, que Thurn n'était rien moins que rassuré, et la difficulté qu'il éprouve à se procurer des espions est une preuve indéniable du changement radical qui s'est produit dans l'esprit des populations depuis l'entrée des Alliés en France. Nous sommes loin déjà de l'enthousiasme que Thurn se plaisait à signaler dans ses premiers rapports.

Thurn ne resta pas longtemps à Fayl-Billot ; passant entre Ouge et la Quarte, il était le 10 au soir avec son gros à Pressigny, occupait Poinson-les-Fays et Genevrières, et envoyait des patrouilles vers Champlitte. Prévenant Crenneville qu'il comptait aller le lendemain à Champlitte même, pour couper les routes de Langres à Gray et Dijon, il priait cet officier général de le tenir au courant de ses mouvements, s'il se décidait à tenter quelque chose le 11 ou le 12 contre Langres [1].

Quelque légitimes que fussent, d'ailleurs, les inquiétudes qu'inspirait à Thurn sa situation, très compromise par l'affaire de Langres, quelque motivées qu'aient pu être ses craintes, quelque sérieuses qu'aient été les pertes de son corps volant, puisqu'il reconnaît lui-même qu'il n'y a plus que deux officiers présents à son escadron de hussards archiduc Ferdinand, bien qu'il réclame à cors et à cris, dans sa dépêche datée de Pressigny, le 10 janvier, à 11 h. 1/2 du soir, *des renforts de cavalerie sans lesquels il lui est impossible de rien entreprendre,* le lieutenant-colonel croit cependant utile de s'enthousiasmer sur les conceptions stratégiques de Schwarzenberg, et voici ce que cet officier, envoyé en avant pour éclairer le général en chef sur les projets de l'ennemi, a l'audace de lui annoncer :

« *Je puis affirmer à Votre Altesse que l'ennemi est complète-*

---

[1] Thurn à Crenneville, de Pressigny, 10 janvier 1814 (*K. K. Kriegs Archiv.*, I, 219 a, et I, 219 b).

ment dérouté par nos marches et est convaincu que la plus grande partie des forces de Votre Altesse va par Genève en Italie [1]. »

Loin de nous la pensée de croire que le prince de Schwarzenberg ait pu un seul instant ajouter foi à une semblable appréciation. Il nous semble toutefois que cette dépêche suffit pour donner la véritable mesure d'un officier d'avant-garde, qui affirme aussi légèrement que l'ennemi est dérouté et qui ose adresser à son général en chef un rapport dans lequel il lui raconte que, dans la pensée de Napoléon, les Alliés n'ont fait en France qu'une démonstration destinée à détourner l'attention du coup qu'ils se préparent de porter en Italie, où le prince Eugène avait déjà fort à faire pour défendre le terrain pied à pied contre Bellegarde. Un pareil officier n'était pas à la hauteur de sa mission et aurait dû être immédiatement remplacé. Il y avait en effet, et Thurn a raison sous ce rapport, de quoi dérouter l'ennemi dans la manière d'opérer des Alliés! Clausewitz s'est, d'ailleurs, chargé de démontrer pourquoi les Français étaient déroutés et n'avaient peut-être pas réussi à deviner quelles étaient ou quelles pouvaient être à ce moment les intentions des Alliés. « S'il est difficile de découvrir le but que l'on s'était proposé [2] en poussant l'aile droite d'un côté où il n'y avait absolument rien à faire, ce qu'il y a de certain en revanche, c'est qu'on retint pendant quinze jours Barclay de Tolly, afin de l'avoir sous la main pour soutenir les IVe et V[e] corps que l'on garda inutilement en Alsace. »

Pendant tout ce temps, on s'était avancé en deux grandes colonnes sur les routes de Vesoul et de Dijon pour bloquer Besançon et Auxonne. On avait donc, en partant de la ligne Huningue—Neufchâtel, marché dans trois directions divergentes : à droite, vers Schlestadt; à gauche, sur Dijon; au centre, contre Vesoul, et on avait laissé les réserves du côté d'Huningue. *Quel était l'objectif de tous ces mouvements? Un corps ennemi de 12,000 hommes en marche de Reims sur Langres.* On paraît n'avoir rien su de la force et de la position des corps ennemis. De cette façon, la grande armée avait vu fondre ses effectifs à 30,000

---

[1] Lieutenant-colonel Thurn à Schwarzenberg, Pressigny, 10 janvier 1814, onze heures et demie soir (*K. K. Kriegs Archiv.*, I, 200).
[2] CLAUSEWITZ, *Critique stratégique de la campagne de 1814.*

ou 40,000 hommes, à savoir le corps de Gyulay et deux divisions du corps Colloredo qui se trouvaient réunies près de Vesoul.

Ce fut, continue Clausewitz, avec ces 30,000 ou 40,000 hommes qu'on se porta en avant sur Langres et Chaumont, et, grâce à la faiblesse de l'ennemi, on ne courut aucun danger parce qu'on n'avait devant soi que les 12,000 hommes de Mortier.

Dissolution du corps volant de Scheibler. — Causes de ce licenciement. — La résistance de Langres, ou, pour mieux dire, la leçon donnée au lieutenant-colonel Thurn, avait inquiété Schwarzenberg qui, comme il le fit toujours pendant tout le cours de cette campagne, chaque fois qu'il se crut à tort ou avec raison sérieusement menacé par l'ennemi, éprouva le besoin de se faire directement renforcer et de modifier la composition de ses différentes colonnes. Cette fois il se borna, et on ne saurait lui donner tort en cela, à ordonner la dissolution du corps volant de Scheibler, qui n'avait, d'ailleurs, rendu aucun service; mais, en revanche, la raison qu'il en donna à Wrède est tellement singulière, que nous ne pouvons résister à la tentation de reproduire ici la lettre qu'il lui adressa à ce propos :

« Le prince de Schwarzenberg au comte Wrède[1]. — Villers-Exelles (Villersexel!), 11 janvier 1814.

« L'ennemi fait mine de résister du côté de Langres et a repoussé le corps volant du lieutenant-colonel comte Thurn.

« Le département de la Haute-Marne s'agite et prend les armes.

« J'ai sur mon front à peine 500 chevaux, et force m'est de renforcer ma cavalerie.

« Votre Excellence possède plus de cavalerie que tous les autres commandants de corps d'armée autrichiens ensemble, et a d'autant moins besoin du corps volant du colonel Scheibler, que la cavalerie du comte Wittgenstein couvre votre droite, celle des généraux Platoff et Stscherbatoff votre gauche.

« Je considère comme indispensable la dissolution du corps volant Scheibler, et vous invite à lui ordonner de diriger à *marches forcées* les deux régiments de cosaques et l'escadron de hussards de Hesse-Hombourg sur Vesoul. Il vous laissera l'escadron de hussards de Szekler et les chevau-légers bavarois.

---

[1] *K. K. Kriegs Archiv.*, I, 231.

« Quant au colonel Scheibler, il devra, de sa personne, rejoindre son régiment en Italie. »

Positions du III⁰ corps. — En attendant, au lieu d'ordonner à Gyulay d'accélérer son mouvement pour calmer l'agitation qui se manifestait dans la Haute-Marne, le généralissime permit au III⁰ corps, qui laissa à Vesoul une garnison de deux bataillons, de se cantonner autour de Port-sur-Saône, sa droite vers Faverney, sa gauche à Scey, son avant-garde entre la Quarte et Fayl-Billot, envoyant des patrouilles en avant sur Langres et à droite sur Jussey, avec ordre de chercher à se relier de ce côté avec le IV⁰ corps.

Positions des I⁰ʳ et II⁰ corps et des réserves. — Le I⁰ʳ corps arrivait à Vesoul, et la division légère Ignace Hardegg à Montbozon et Vellefaux. Les deux brigades détachées par Bianchi atteignaient le 10 janvier Moffans ; et Schwarzenberg, qui de Villersexel s'était rendu à Besançon pour reconnaître la place, chargea du blocus le II⁰ corps (prince Aloïs de Liechtenstein), qu'il renforça d'une brigade de grenadiers et du régiment de cuirassiers archiduc François. En même temps, convaincu de l'impossibilité d'enlever Besançon autrement que par un siège en règle, il prescrivait au prince héritier de Hesse-Hombourg de se porter avec la brigade Scheither (quand elle aurait été relevée à Salins par la brigade du prince Gustave de Hesse), une brigade de la division Weissenwolff et les divisions de cavalerie Klebelsberg et Lederer, par Quingey et Villers-Farlay, sur Dôle et Auxonne, puis sur Dijon, où il devait être rendu du 15 au 16 et être rejoint par la division Wimpffen, venant de Gray. Le gros des réserves et des gardes prussiennes et russes restait cantonné entre Altkirch et Dannemarie.

Or, comme Schwarzenberg savait évidemment que les garnisons des places françaises étaient forcément composées de conscrits ramassés à la hâte et de gardes nationales sans cohésion, que l'effectif total de ces garnisons ne pouvait dépasser une vingtaine de mille hommes, il eut suffi à les faire observer ou bloquer. En faisant à ce moment un gros détachement sur sa gauche vers Dijon, il s'affaiblissait sans motif et se serait exposé à de réels dangers si, lors de son arrivée sur le plateau de Langres, les Français avaient pu lui opposer autre chose que le petit corps de Mortier, revenu en toute hâte de Namur par Reims.

11 Janvier. — Positions du VI⁰ corps. — Le 11 janvier, le VI⁰ corps demeura sur ses positions devant Kehl, Strasbourg, Bitche, Phalsbourg, la Petite-Pierre et Landau. Le général Rüdinger modifia quelque peu l'emplacement des avant-postes sous Strasbourg, en portant les deux escadrons de Stützheim à Oberhausbergen, l'escadron d'Oberschæffolsheim à Wolfisheim, le poste de Niederhausbergen à Mittelhausbergen, et en envoyant, pour soutenir son aile gauche, un bataillon d'infanterie à Wantzenau.

Marche du V⁰ corps. — Le V⁰ corps poussa son avant-garde (brigade Deroi) jusqu'à Nompatelize. Cette brigade était suivie par le reste de la division La Motte, qui occupa Saint-Dié et Bruyères, tandis que la division Rechberg était encore de l'autre côté des Vosges, en arrière du col du Bonhomme et que les troupes de Frimont prenaient le chemin de Sainte-Marie-aux-Mines pour passer les Vosges le 13 et se diriger ensuite sur Rambervillers.

Le gros du corps volant du colonel Scheibler, qui venait d'ailleurs d'être dissous, était à Celles; mais un détachement de ce corps, qui se trouvait la veille encore à Schirmeck, avait atteint Raon-l'Étape. Enfin, Wrède avait été, pendant le cours de cette journée, prévenu par une dépêche expédiée la veille de Saverne par Pahlen, que Blücher était dès le 4 à Kreutznach, marchant sur Metz, et que Marmont se retirait devant lui [1].

Quant au maréchal Victor, il s'était contenté de donner l'ordre de tenir bon à Baccarat, afin de couvrir Lunéville.

Combat d'Épinal. — Conséquences de la mollesse de Platoff. — Au IV⁰ corps, le prince royal de Wurtemberg avait formé, dès le matin du 11, ses troupes sur les deux rives de la Moselle en trois colonnes d'attaque se dirigeant : l'une par la Baffe et la rive droite de la Moselle; la deuxième, par Pouxeux; la troi-

---

[1] Tagesbegebenheiten der Haupt Armee (*K. K. Kriegs Archiv.*, I, 30).

sième, par Xertigny et Saint-Laurent, sur la rive gauche de la Moselle contre Épinal, qu'occupait l'infanterie du général Rousseau, renforcée par environ 300 chevaux. Les deuxième et troisième colonnes[1] devaient dessiner simultanément leur attaque et être soutenues par une réserve composée du régiment de dragons Prince-Royal avec une demi-batterie à cheval. Pendant ce temps, les cosaques de Platoff, répartis sur les deux ailes du IVᵉ corps, devaient, par Fontenay et les Forges, déborder l'ennemi, le prendre à revers et lui couper la retraite.

Mais le général Rousseau ne tarda pas à s'apercevoir des projets de son adversaire et, tout en entretenant avec les têtes de colonnes wurtembergeoises une fusillade assez nourrie, il évacua Épinal et se retira sans perdre de temps, et en bon ordre, par la route de Charmes. Le prince royal de Wurtemberg, ne pouvant espérer joindre les Français avec son infanterie très fatiguée par les marches qu'elle avait exécutées, l'arrêta à Épinal et, comptant sur l'apparition de Platoff sur les ailes et sur les derrières du général Rousseau, il jugea plus sage de ne le faire poursuivre jusqu'à Igney que par sa cavalerie (régiments Prince-Royal et duc Louis, et 2 escadrons du régiment Prince-Adam) et sept pièces d'artillerie à cheval.

Pendant ce temps, la tête de la colonne française arrivait à la hauteur du village de Thaon, que le général Grékoff avait occupé dès le matin, et par lequel le général Rousseau devait forcément passer pour atteindre Charmes. A son approche, les cosaques sortent de Thaon, se précipitent sur la cavalerie française, la culbutent, lui prennent 6 officiers et 80 hommes ; mais obligés de reculer devant l'infanterie qu'ils ne parviennent pas à entamer, ils sont forcés d'évacuer le village que la colonne française traverse sans encombre pour continuer de là sa retraite vers Charmes.

Il est évident que si Platoff n'avait pas exagéré son mouvement tournant en se jetant par trop à gauche, comme le prince royal de Wurtemberg le constate dans son rapport à Schwarzenberg[2],

---

[1] Opérations Journal des IVten Armee Corps unter den Befehlen S. K. H. Kronprinz v. Württemberg verfasst von K. K. Général Graf Baillet-Latour (*K. K. Kriegs Archiv.*, XIII, 56), et Tagesbegebenheiten (*ibid.*, I, 30).

[2] « Le prince royal de Wurtemberg au prince de Schwarzenberg. — Épinal, 12 janvier 1814 :

s'il avait pu ou voulu traverser plus rapidement les bois situés en avant de Les Forges, et s'il avait au moins songé à envoyer à Thaon son artillerie légère, la colonne du général Rousseau, prise entre deux feux, aurait été obligée de mettre bas les armes. Malgré cela, les Français souffrirent beaucoup pendant cette journée. Les quelques escadrons attachés à la colonne avaient été désorganisés, et l'infanterie avait éprouvé des pertes sensibles, causées surtout par le tir de l'artillerie du prince royal, et, vers la fin de la retraite, par l'artillerie cosaque, amenée par le général Kaïssaroff. Cette dernière, débouchant trop tard du bois des Forges, dut se borner à appuyer la poursuite que les cosaques poussèrent jusqu'à Charmes. Le 12 au matin, les restes des troupes des généraux Cassagne et Rousseau, qui avaient été recueillies par le général Meunier à Charmes, se replièrent avec lui sur Nancy.

L'affaire d'Épinal, qui aurait pu avoir des conséquences encore plus désastreuses pour les troupes françaises et qui leur coûta 500 prisonniers, rendit les Alliés maîtres de la Haute-Moselle, contribua à accélérer l'évacuation de la Lorraine[1], et permit.

« L'attaque sur Épinal s'est effectuée conformément aux ordres donnés, mais l'ataman comte Platoff a cru devoir incliner à gauche avec son artillerie et sa cavalerie et prendre vers Thaon, parce que la route de Charmes est meilleure pour la cavalerie que celle de Rambervillers. L'ennemi n'a pas attendu notre attaque à Epinal et s'est retiré lestement par la route de Charmes. Je l'ai suivi avec une partie de ma cavalerie et mon artillerie à cheval jusqu'au delà de Thaon.

« Le général Grékoff, qui formait la tête de Platoff, occupait déjà Thaon, lorsque la pointe des colonnes françaises est arrivée sur ce point. Il s'est jeté sur la cavalerie française et l'a mise en déroute. (Voir plus loin rapport de Platoff, à Schwarzenberg, K. K. Kriegs Arch., I, 10.)

« Le général Rousseau commandait à Epinal les troupes françaises. Il est lui-même sous les ordres du général Cassagne. Il est bon de remarquer que le corps français n'avait avec lui qu'un canon...... L'ataman comte Platoff compte aller aujourd'hui à Mirecourt. Le général prince Stscherbatoff poussera vers Nancy. Je resterai en communication avec lui et avec le général Seslavin, qui est à Bruyères. » (K. K. Kriegs Archiv., I, 254.)

[1] Ney, en rendant compte de Nancy, le 12, au major général, de l'affaire d'Epinal, en lui annonçant que les troupes des généraux Rousseau et Cassagne ont pris position à Flavigny, qu'elles tiendront autant que possible sur ce point qui couvre Nancy, ajoute que, par suite de l'échec d'Epinal, du mouvement rétrograde de Marmont sur Metz et Nancy, et de la retraite de Victor, ces troupes sont d'autant plus compromises que la route de Sarreguemines à Château-Salins reste absolument sans défense et que lui-même craint fort de ne pouvoir conserver Nancy. (Archives du Dépôt de la guerre.)

enfin, au V⁰ corps de défiler tout à son aise par les passages des Vosges sur Saint-Dié et Rambervillers.

Platoff, que nous verrons par la suite, dans des circonstances semblables, chercher à travestir les faits pour excuser sa mollesse et son incapacité, n'essaya même pas, cette fois, de se disculper et d'expliquer les raisons pour lesquelles il était entré si tardivement en ligne. D'ailleurs, son rapport est conçu dans des termes si bizarres, qu'il vaut la peine d'être au moins reproduit en note [1];

---

[1] « Rapport du général de cavalerie, Ataman comte Platoff (en français dans l'original). — Le 31 décembre 1813-12 janvier 1814, du village de Nomexy.

« A Son Altesse Monseigneur le maréchal de Schwarzenberg, commandant en chef toutes les armées. — « D'après mon rapport à Votre Altesse du 29 de ce mois (10 janvier 1814), étant convenu avec le prince royal de Wurtemberg, je me suis porté hier à attaquer l'ennemi qui se trouve dans la ville d'Epinal et près aussi de la ville, aux bivouacs plus à gauche du grand chemin. Traversant les bois, je me suis dirigé sur la campagne Leforge (les Forges); au moment même que l'armée du prince royal a chassé l'ennemi de la ville d'Epinal; j'ai de suite employé les régiments de cosaques, partagés en deux colonnes, une commandée par le général major Grékoff le huitième, et l'autre par le général major Kaïssaroff, poursuivant moi-même l'ennemi avec mon artillerie volante de cosaques, soutenue aussi par le détachement du prince Stscherbatoff. D'après la disposition faite, le général Grékoff devait couper le chemin qui conduit à Charmes, et le général Kaïssaroff tomber sur les deux flancs. L'ennemi, malgré sa déroute, a fait l'impossible de gagner de bonnes positions et de faire résistance ; mais, étant poursuivi avec un feu terrible, a fui dans le bois et derrière la rivière Moselle jusqu'à la ville même de Charmes, et par ce désastre presque toute la cavalerie de la jeune garde a été détruite, ce qui prouve que les officiers et commandants en sont faits prisonniers, le reste tué. A peine restait-il 1,000 hommes d'infanterie qui est entrée à Charmes déjà la nuit.

« Au moment de la poursuite de l'ennemi près de la ville, on a fait beaucoup de prisonniers que j'ai fait remettre à l'armée wurtembergeoise, mais on en a fait encore en poursuivant au delà de la ville : 8 officiers, 94 soldats et un préfet (a) qui se trouva avec l'armée et qui annonça que le général Roussot (sic), qui commandait le corps, devait être fait prisonnier ; mais comme il ne se trouve pas chez nous, il est à croire qu'il a été tué dans l'affaire. La route était couverte de morts, de fusils et de hâvre-sacs jetés. De notre côté, grâce à Dieu, la perte n'est pas considérable : il n'y a que 25 hommes tués et blessés, 24 chevaux tués, 18 blessés. Ce qui regarde la perte de l'armée wurtembergeoise, elle m'est inconnue, mais je suis persuadé qu'ils ont très peu souffert.

« Les débris de l'infanterie ennemie joignirent à Charmes un petit nombre de troupes qui s'y trouvaient, et ils ont été chassés aujourd'hui à sept heures du matin de Charmes et sont poursuivis d'après mes ordres par trois régiments de cosaques sous les ordres du général Grékoff le huitième, suivant la route qui mène à Nancy, jusqu'à ce que l'ennemi soit totalement détruit ou tant que

(a) Il s'agit ici du baron de Flegny, préfet des Vosges.

la lecture de ce document permettra de se faire une idée de l'insuffisance de l'ataman et de comprendre pourquoi, malgré toute son indulgence, malgré la reconnaissance qu'il avait pour les services rendus, l'empereur Alexandre dut, en fin de compte, se décider à retirer à l'ataman un commandement qu'il n'était plus capable d'exercer.

Enfin, il faut aussi remarquer que, dans les conditions mêmes où s'exerçait le commandement, il était bien difficile aux généraux de cavalerie de faire œuvre utile. En effet, au moment où le prince royal de Wurtemberg informait Schwarzenberg de la marche de Stscherbatoff sur Nancy, Platoff, au contraire, intimait à ce général l'ordre de se tenir près de Charmes et lui défendait, comme le montrera le rapport de Stscherbatoff à Schwarzenberg que nous citerons plus tard, de s'aventurer vers Nancy.

Correspondance directe des généraux en sous-ordre avec le généralissime. — En dehors du manque d'unité dans la direction, et sans insister sur les inconvénients et les dangers résultant de l'absence de cette subordination, toujours si nécessaire entre les généraux, mais plus indispensable encore entre généraux appartenant à différentes nations, nous aurons plus d'une fois, pendant toute cette campagne de 1814, à tenir compte des rivalités personnelles qui divisèrent les généraux d'une même armée. Nous aurons aussi à signaler les tendances à la critique des inférieurs contre les supérieurs, tendances encouragées par

---

les circonstances permettront à le poursuivre, mais ne pas approcher de Nancy, vu que, d'après les renseignements, l'ennemi s'y trouve en grande force sous les ordres du maréchal Ney.

« Le général Grékoff le huitième, après son expédition, doit retourner à Charmes ; moi je me trouve au village de Noncey (Nomexy) et je suis dans le mouvement de l'ennemi, à droite, qui se trouve, d'après le rapport qui m'a été fait par le général-major Seslavin, qui croit que l'ennemi est en très grande force commandé par le maréchal Victor, qui marche de Lunéville sur Epinal, ce qui doit se confirmer demain.

« Et puis je me conformerai aux ordres que j'ai reçus du général en chef comte Barclay de Tolly, que je dois prendre la direction sur Mirecourt et Neufchâteau et où les circonstances l'exigeront. A Charmes restera le détachement du prince Stscherbatoff qui m'a annoncé que, tous les événements qui arrivent, il fait un rapport à Votre Altesse personnellement.

« Les braves qui ont combattu dans cette journée, je n'ai pas le temps de les recommander à Votre Altesse, mais je me fais un devoir de faire mon rapport après. » (*K. K. Kriegs Archiv.*, 1, 10.)

le fait que, pour peu qu'ils fussent détachés, même momentanément, les officiers supérieurs ou généraux étaient autorisés à correspondre directement avec le généralissime, et profitaient de cette occasion pour apprécier sévèrement la conduite et les opérations des chefs aux corps desquels ils étaient passagèrement adjoints, ou sous les ordres desquels ils étaient placés pour un temps plus ou moins long. Les correspondances latérales que certains officiers entretenaient d'une manière suivie avec les personnages attachés au quartier général du généralissime ou à la personne des souverains alliés, correspondances latérales dont nous aurons à nous occuper fréquemment, n'étaient pas de nature à simplifier la situation, à faciliter l'action du commandement. En lisant le rapport ci-dessous du général Stscherbatoff, on verra aisément que ce général y dissimule mal un mécontentement, explicable jusqu'à un certain point, puisqu'on l'empêchait de marcher, mais causé, en réalité, par le profond mépris qu'il professait pour Platoff et par l'impatience qu'il éprouvait à s'affranchir d'une dépendance à laquelle il avait peine à se plier.

« Rapport de Stscherbatoff à Schwarzenberg, au Camp près de Châtel (en français dans l'original). — Le 11 janvier 1814.

« Le prince royal de Wurtemberg a attaqué hier[1] l'ennemi à Épinal, et l'a délogé de la ville. Le général comte Platoff est allé à la gauche par des chemins de détour, pour couper la retraite à l'ennemi ; mais les mauvais chemins ont retenu la marche à cause de 8 canons qu'avait le hetman. Je me suis joint à son corps. Nous avons poursuivi l'ennemi jusqu'à Charmes. La nuit tombante protégea sa retraite, et il s'est arrêté dans cette ville.

« L'ennemi a beaucoup perdu en tués, et on lui a fait beaucoup de prisonniers. Le nombre des retirés à Charmes ne peut être que de 1,000 hommes.

« Son Excellence le général comte Platoff m'a donné ordre de me tenir près de Charmes et de ne pas m'aventurer près de Nancy, pour ne pas trop m'éloigner des troupes qui occupent Épinal. Le gros de l'armée ennemie se trouve à Bacara (*sic*) (Baccarat), Raon et aux environs.

---

[1] Il y a là un *lapsus calami* de la part de Stscherbatoff, puisque le combat d'Epinal a eu lieu le 11 janvier.

« On dit qu'à Nancy, il est arrivé quantité de troupes ennemies, où se trouvent le maréchal Ney et un sénateur pour armer et soulever le peuple ; mais ils n'ont aucun succès.

« Étant à Épinal, j'ai fait parvenir en avant et même à Nancy beaucoup d'exemplaires de la proclamation de Votre Altesse.

« Parmi les prisonniers faits hier, il y a les commandants des cuirassiers, des dragons, des hussards et des gendarmes. Toute cette cavalerie a été taillée (*sic*).

« La meilleure prise est le préfet du département des Vosges, M. Flegny, baron de l'empire, homme détesté non seulement par les habitants d'Épinal, mais par ceux de toute la contrée. C'est lui qui cherchait à les soulever et à les armer.

« Quand j'étais à Épinal, on m'a beaucoup dit du mal de lui. C'est encore lui qui a demandé des troupes pour nous reprendre Épinal. Il a un secrétaire avec lui.

« Je m'empresserai de faire mon rapport à Votre Altesse de tout ce que je pourrai savoir à l'avenir[2].

« *P. S.* — Ayant déjà cacheté mon rapport, je viens d'apprendre par un gentilhomme de Chatel qu'il a reçu une lettre de Paris depuis douze jours. On lui marque que Napoléon a quitté Paris pour se rendre, avec 80,000 hommes, sur Langres et Besançon. »

Marche du IIIe corps. — Gyulay ignore ce qu'il a devant lui. — Du côté du IIIe corps, Gyulay, s'avançant lentement vers Langres, était arrivé, le 11 janvier, à Combeau-Fontaine, Crenneville à Fayl-Billot ; ses avant-postes, établis à Chaudenay et La Ferté-sur-Amance, envoyaient des patrouilles vers Langres. Une division de cuirassiers russes, destinée au IIIe corps, et un régiment de cosaques, qui devait être plus particulièrement attaché à la division Crenneville, arrivaient à Vesoul. Mais, soit qu'il manquât de cavalerie, comme le prouvent les ordres donnés à Barclay de Tolly ; soit, ce qui nous paraît plus vraisemblable, que le service d'exploration se fît fort mal, il est certain que Gyulay ignorait complètement à ce moment ce qu'il avait devant lui.

« Les rapports de mes avant-postes, écrivait-il de Combeaufontaine

---

[1] *K. K. Kriegs Archiv.* I. 124.

à Schwarzenberg [1], ne m'ont fourni aucune donnée positive sur les forces de l'ennemi. »

Il est vrai que de son côté Schwarzenberg se croyait mieux informé et lui disait, de Vesoul, le 11 au matin [2] : « L'ennemi n'a que peu de monde à Langres. Marchez de façon à être devant cette ville le 13 au matin. » A ce moment, le généralissime n'avait pas reçu encore le singulier renseignement que Stscherbatoff lui envoyait de Châtel, et dans lequel il lui faisait part du fameux mouvement que Napoléon, à la tête de 80,000 hommes, était supposé en train d'effectuer sur Langres. Il serait impossible d'établir aujourd'hui si les nouvelles erronées données par Stscherbatoff inquiétèrent Schwarzenberg, comme paraissent l'indiquer les ordres envoyés à Kaïssaroff, ou bien si Gyulay lui-même, troublé et par ces nouvelles et par l'impossibilité de savoir exactement ce qu'il avait devant lui, et par la reconnaissance offensive que Mortier entreprit, le 12, contre les avant-postes du IIIe corps, contribua involontairement par ses rapports à augmenter les hésitations du quartier général. Nous constaterons seulement qu'aussitôt après avoir envoyé à Gyulay l'ordre d'être prêt à attaquer Langres le 13, Schwarzenberg changea d'idée, puisque ce fut le 17 seulement qu'on se décida à exécuter un mouvement qu'il eût été possible de faire, peut-être le 12 et certainement le 13. Gyulay allait donc perdre cinq à six jours à piétiner autour de Langres. Pour en chasser, comme nous le verrons, les 12,000 hommes avec lesquels Mortier se retira à l'approche de forces qui lui étaient tellement supérieures en nombre, on crut indispensable d'amener en ligne le Ier corps, qui était déjà, le 11, sur la rive gauche de la Saône, entre Seveux et Fresne, et de diriger sur la droite de Gyulay le IVe corps. On paraissait, d'ailleurs, tellement convaincu de la présence de forces considérables à Langres qu'on avait pris les mesures nécessaires pour faire arriver en temps utile jusqu'aux réserves autrichiennes du prince héritier de Hesse-Hombourg.

Affaire de cavalerie à Gray. — En attendant, un escadron de

---

[1] Gyulay à Schwarzenberg (*K. K. Kriegs Archiv.*, I, 219).
[2] Schwarzenberg à Gyulay (*Ibid.*, I, 236).

hussards du Iᵉʳ corps avait chassé, le 11, de Gray un petit piquet de cavalerie française et avait pénétré dans la ville, qu'il dut quitter peu après, parce que l'infanterie française occupait solidement le pont et l'avait barricadé.

Pour compléter l'exposé des mouvements exécutés dans la journée du 11, nous ajouterons que deux brigades de la division Bianchi continuaient leur marche, que la 3ᵉ brigade était encore devant Belfort, que le prince héritier de Hesse marchait sur Quingey, Wimpffen sur Vieilley, Scheither sur Salins, et le prince Maurice de Liechtenstein, avec sa division légère, sur Dôle.

Le IIᵉ corps avait, dans cette journée, complété l'investissement de Besançon.

Ordre de mouvement des Iᵉʳ, IIIᵉ et IVᵉ corps. — Quant à Schwarzenberg, arrivé ce jour-là à Vesoul, il avait envoyé de là aux Iᵉʳ, IIIᵉ et IVᵉ corps les ordres de mouvement sur Langres, que nous avons indiqués plus haut, et prescrit à Wrède de faire partir de Remiremont de forts partis de cavalerie contre l'aile gauche des troupes postées à Langres, et d'accélérer la marche de son gros.

Réception d'un rapport de Blücher. — Le généralissime avait reçu ce jour-là un rapport de Blücher[1], daté de Cusel le 7 janvier,

---

[1] Nous avons cru, pour plus de clarté, devoir donner ici le rapport succinct que Blücher adressait de Cusel à l'empereur de Russie, et dans lequel il résumait les idées exposées plus en détail dans le premier de ses rapports envoyés à Schwarzenberg.

« Le feld-maréchal Blücher à Sa Majesté l'empereur de Russsie (en français dans l'original). (Reçu par Schwarzenberg à Vesoul le 11 janvier.) — Cusel, 7 janvier 1814. — « Le 6ᵉ corps, sous les ordres du maréchal Marmont, et le 1ᵉʳ corps de cavalerie, sous les ordres du général Doumerc (autrefois La Tour-Maubourg), en force de 15,000 à 16,000 hommes, se sont retirés devant moi en marches forcées sur la Sarre, où le 5 janvier un corps de 4,000 hommes est arrivé de Metz.

« Hier 6 janvier, le corps de Marmont passe la Sarre à Sarrebrück et Sarreguemines, et aujourd'hui les avant-gardes des corps de Sacken et de York sont arrivées à la Sarre.

« L'ennemi a fait venir des pontons de Metz dont il a construit un pont à Sarrebrück où il a fait sauter le pont de pierre sur la Sarre.

« Après-demain j'aurai rassemblé les corps de Sacken et d'York sur la Sarre, et si l'ennemi ne se retire pas, je passerai ce fleuve et l'attaquerai sur-le-champ.

« Le colonel comte Henckel est arrivé le 6 janvier à trois heures du matin

rapport dans lequel le feld-maréchal lui donnait le résumé de ses opérations jusqu'au 6 janvier, et lui faisait part de son projet de se porter sur Metz et d'y arriver le 15. Un deuxième rapport de Blücher, parti de Saint-Wendel le 9 à minuit, et arrivé quelques heures plus tard, confirmait ces premières nouvelles et mettait le généralissime au courant des ordres donnés à l'armée de Silésie pour la journée du 11.

12 janvier. — Positions des VI⁰ et V⁰ corps. — Immobilité du IV⁰ corps. — Ordres de Schwarzenberg relatifs à Platoff et à Stscherbatoff. — La journée du 12, plus nulle encore que les précédentes, se passa sans qu'on ait rien d'intéressant à signaler. Le VI⁰ corps continua à rester immobile, et Pahlen[1] se contenta de faire savoir à Wrède que l'aile gauche de l'armée de Silésie, le corps de Sacken, était le 8 à Hombourg, et qu'à cette date, le maréchal Marmont se repliait sur la Sarre.

Le V⁰ corps continuait lentement son mouvement, et le major prince Taxis, qui escortait l'aide de camp de Caulaincourt, ne rencontrait le premier avant-poste français qu'au delà de Raon-l'Étape[2].

Le prince royal de Wurtemberg, au lieu de profiter des avantages remportés la veille, donnait un peu de repos à ses troupes à Épinal. Un régiment de cavalerie wurtembergeoise, soutenu par un régiment d'infanterie, poussa seul par la rive droite de la Moselle sur la route de Rambervillers et de Lunéville; Platoff était

---

à Trèves, que l'ennemi a évacué en y laissant un hôpital de 600 à 800 malades et un grand magasin de tabac.

« Le général comte Langeron, après avoir chassé les avant-postes dans la forteresse, a cerné et sommé Mayence le 4 janvier.

« Le corps du général v. Kleist est dirigé sur Coblence, où il arrivera le 20 janvier.

« J'ai chargé Son Altesse le duc de Cobourg de relever, avec le 5⁰ corps allemand, le comte de Langeron, et Son Altesse le prince Electeur de Hesse est chargé de suivre avec le 4⁰ corps allemand le général de Kleist à Coblence.

« Si je réussis de chasser le maréchal Marmont de la Sarre, j'arriverai le 15 devant Metz où, à ce qu'on dit, beaucoup de conscrits sont rassemblés.

« J'inviterai les comtes Wittgenstein et Wrède à faire des mouvements d'accord aux miens et de manière à pouvoir, en cas de besoin, attaquer l'ennemi conjointement avec moi. » (*K. K. Kriegs Archiv.*, I, 313 b.)

[1] *Tagesbegenheiten der Haupt Armee* (*Ibid.*, I, 30).

[2] *Tagebuch der Majors Fürsten Taxis* (*Ibid.*, XIII, 32.)

toujours à Nomexy et devait, de là, se porter par Mirecourt sur Neufchâteau pour couvrir la droite de l'armée; le général Seslavin battait le pays en avant de Bruyères[1]. Schwarzenberg s'était décidé à séparer désormais Platoff de Stscherbatoff, et il avait prescrit au général Toll[2] de charger l'un de ces généraux d'établir la communication avec Blücher entre la Meuse et la Moselle, et d'envoyer l'autre vers Chaumont afin de relier entre eux les corps postés de ce côté.

Gyulay resta à Combeaufontaine la plus grande partie de la journée, se bornant à porter la division légère de Crenneville vers Chaudenay, Montlandon et Celsoy, et à rapprocher d'elle la division Hohenlohe-Bartenstein, de façon qu'elle pût lui servir de soutien en cas de besoin.

Affaire de La Griffonotte et de Chaudenay. — Les avant-postes de Crenneville furent attaqués, du côté de La Griffonotte, vers Chaudenay par une petite reconnaissance exécutée par un détachement d'infanterie et de cavalerie françaises. Cette reconnaissance, après avoir tiraillé pendant quelque temps, se retira en bon ordre, suivie d'assez loin jusqu'à quelques kilomètres de Langres par un escadron du régiment de chevau-légers de Rosenberg[3] Après la rentrée de la reconnaissance, Gyulay crut utile de faire avancer une partie du IIIe corps jusqu'à Fayl-Billot, peut-être parce que Mortier n'avait pas cessé un seul instant d'inquiéter toute la ligne des avant-postes autrichiens.

Quant au lieutenant-colonel Thurn, auquel Crenneville avait donné l'ordre de pousser sur Longeau afin de couvrir sa gauche pendant sa marche sur Langres, il avait été inquiété lui aussi du côté de Chassigny. Posté le 12 au soir à Bériat[4], il faisait savoir à Schwarzenberg que Mortier était arrivé à Langres avec son

---

[1] Opérations Journal des IV ten Armée Corps (*K. K. Kriegs Archiv.*, XIII, 56).

[2] Du quartier général du prince de Schwarzenberg à Toll, Vesoul, 12 janvier (*Ibid.*, I, 274).

[3] Gyulay à Schwarzenberg, de Combeaufontaine, 12 janvier (*K. K. Kriegs Archiv.*, I, 244, et ad I, 244).

[4] BÉRIAT, d'après les rapports allemands. Il doit s'agir ici du moulin Barillot, au nord de Violot.

avant-garde, et que la ligne des avant-postes français passait par Longeau et Heuilley [1].

Les Ier et IIe corps restèrent complètement immobiles pendant que les réserves autrichiennes se dirigeaient lentement vers Dijon.

Le prince de Hesse-Hombourg arriva ce jour-là à Villers-Farlay, et Wimpffen à Gray.

Causes du mouvement rétrograde de Victor. — Enfin, s'il fallait en croire les documents allemands, ce serait la présence de Pahlen qui aurait motivé le mouvement rétrograde de Victor.

Pahlen aurait, en effet, enlevé le 12 un courrier envoyé au duc de Bellune et lui apportant l'ordre de se reporter sur Épinal. Victor, ne recevant pas d'instructions, repoussé sur son front, menacé sur sa droite, se serait pour cette raison retiré sur Lunéville. Nous croyons [2], au contraire, que le maréchal hésitait à abandonner la défense des Vosges et qu'il ne se décida à la retraite qu'après avoir reçu du maréchal Ney avis de l'arrivée de l'avant-garde de l'armée de Silésie à Château-Salins, où elle entra le 13. Craignant d'être complètement coupé de sa ligne de retraite et de perdre la communication avec Toul, Victor

---

[1] Thurn à Schwarzenberg, de Grand-Champ, 13 janvier (*K. K. Kriegs Archiv.*, I, 282).

[2] Pour réfuter cette opinion, il suffira de citer ici les ordres donnés par Victor : « L'avant-garde, sous les ordres de Duhesme, qui serait compromise à Saint-Michel si les Alliés marchaient en force de Bruyères sur Rambervillers, se retirera le 12, deux heures avant le jour sur Jeanménil, où le général établira quatre bataillons et une batterie. Un bataillon restera en avant de Jeanménil, trois escadrons éclaireront la route de Saint-Dié. Les gardes d'honneur, moins 200 chevaux qu'on laissera à Bertrichamps, le reste de la division Piré, une division de dragons et une batterie occuperont Grandvillers, Gugnécourt, Girecourt, Dompierre, Sercœur, Padoux, Destord, Sainte-Hélène et Vomécourt. » (Victor à Grouchy, *Archives de la Guerre.*) Le 12, à trois heures, comme le général Dejean le faisait savoir au major général, l'infanterie du 2e corps occupait Xermaménil, Gerbéviller et Magnières ; la cavalerie était aux environs de Roville, et la division de cavalerie légère de Piré avec un régiment d'infanterie, à Baccarat.

Enfin, Victor envoyait à ce moment de Roville l'ordre à tout son monde de se mettre en marche le 13 à quatre heures du matin sur Saint-Nicolas en passant par Lunéville. (*Archives de la Guerre.*)

Pour le 13, ordre à la division de France, qui est encore à Dombasle, d'accélérer son mouvement de retraite, parce qu'on a reçu avis d'une marche rapide de l'ennemi sur Nancy, Toul, Gondrecourt et Joinville.

Pour le 14, l'ennemi est à Nancy, on continuera le mouvement sur Toul. (*Mémoires de Grouchy.*)

n'avait plus désormais qu'un parti à prendre, celui de se replier par Nancy et Toul, et de chercher à opérer sa jonction avec Ney et Marmont [1].

On trouve à ce propos dans la biographie de Wrède une assertion qu'il nous paraît impossible d'accepter. Questionné par le maire de Lunéville sur les mesures qu'il comptait prendre pour assurer l'évacuation des blessés, le maréchal Victor aurait répondu : *C'est égal qu'ils soient pris ici ou ailleurs, nous finirons par l'être tous* [2]. Un pareil propos n'est pas admissible de la part du maréchal duc de Bellune.

13 janvier. — Nouvelles de Blücher. — Le VIe corps reçoit l'ordre de se porter sur Nancy. — Le 13, dès que l'on eut reçu au quartier général de Schwarzenberg l'avis de Blücher annonçant pour ce jour même son arrivée probable à hauteur de Metz, on donna, enfin, à Wittgenstein l'ordre de se porter vers Nancy [3] pour combler au plus vite le vide existant entre la droite de la grande armée et la gauche de Blücher ; on lui recommandait toutefois de laisser suffisamment de monde devant Strasbourg.

Mouvements du Ve corps. — Wrède [4], n'ayant plus rien devant

---

[1] « Comme l'ennemi n'est pas arrivé à Flavigny, écrivait Victor à Grouchy, de Saint-Nicolas, le 13 janvier, les troupes du 2e corps et du 5e corps de cavalerie s'établiront pour passer la nuit : la cavalerie légère de Piré à Saint-Hilaire et Lupcourt, ayant des postes sur Flavigny et Richardménil ; les deux divisions de dragons s'arrêteront à Dombasle, les gardes d'honneur à Lunéville, s'éclairant sur Blamont, Baccarat et Rambervillers ; la 3e division d'infanterie à Varangeville, la 2e à Saint-Nicolas, la 1re à la Neuville. Toutes les troupes se mettront en marche le 14 à cinq heures du matin, se rendant à Toul par Nancy. » Il ajoutait en *post-scriptum* : « L'ennemi paraît manœuvrer sur Toul. » (*Archives du Dépôt de la Guerre.*)

[2] Heilmann, *Feld-Marschall Fürst Wrède*, p. 327.

[3] Tagesbegebenheiten der Haupt Armee (*K. K. Kriegs Archiv.*, I, 30).

[4] Il est assez curieux de voir les Alliés, au moment même où ils venaient d'entrer en France, s'occuper sérieusement de fortifier certains points en Allemagne, tels que Memmingen, par exemple. A ce propos, Wrède, qui attribue la paternité de cette idée bizarre à M. de Stein, écrit au roi de Bavière le 13 janvier : « Ce diable de M. de Stein, qui a le nez partout, veut donc aussi le fourrer à Memmingen. Si M. de Stein avait autant à faire que moi, il ne s'occuperait que de sa vraie besogne, et il passerait moins pour un fou, comme je commence à le taxer d'après tout ce que je vois de lui. »

Le 4 février, Wrède revint à la charge sur ce sujet et écrivit au comte de Mongelas : « Depuis ma dernière lettre à M. de Stein, il me laisse tranquille. Si

lui, s'étendit sans peine dans les plaines de Lorraine entre Rambervillers et Saint-Dié, et son avant-garde, sous le général Habermann, poussa en avant par les routes de Lunéville et de Nancy, afin de faciliter la marche de Blücher. Wrède, dont le gros va, d'ailleurs, rester dans ces parages, envoya encore le 13 un bataillon et deux escadrons de la division Rechberg occuper Épinal que les Wurtembergeois avaient quitté le même jour pour se porter par Bains vers Jussey et Langres.

Affaires devant Langres. — Gyulay se concentre à Fayl-Billot. — Au IIIe corps, Gyulay avait eu l'intention d'entreprendre le 13 une reconnaissance générale de Langres; mais l'activité de Mortier le força de renoncer à son projet en ne lui laissant pas un instant de tranquillité. Dans la nuit du 12 au 13, 700 cavaliers français surprennent les avant-postes du IIIe corps à une heure du matin, les chassent de Chaudenay, puis se replient sans être inquiétés sur Langres, entre trois et quatre heures du matin. A cinq heures, c'est au tour des avant-postes du côté de Boute-en-Chasse de subir une attaque. Enfin deux heures plus tard un groupe de 800 cavaliers environ sort de nouveau de Langres et inquiète toute la ligne occupée par Gyulay qui, s'attendant à être attaqué à tout instant, renonce à reconnaître Langres et se concentre à Fayl-Billot, afin de pouvoir, en cas d'attaque sérieuse, être soutenu sur ce point par le Ier corps, qui aurait dû être rendu à Grenant; mais Colloredo, n'ayant pas trouvé de pont sur la Saône à Seveux, retardé en route par les mauvais chemins, avait dû remonter la Saône jusqu'à Scey, et le gros de son corps, après y avoir passé la rivière, n'arriva que le soir vers Combeaufontaine. Dans cette journée Gyulay, pour se relier avec le IVe corps, avait envoyé quelque cavalerie jusqu'à Bourbonne sans pouvoir se procurer le moindre renseignement sur la position des troupes wurtembergeoises[1].

---

le jour de la bataille il s'était présenté à mon avant-garde, je l'aurais fait mettre dans un obusier pour en faire cadeau à l'empereur Napoléon. »

Dans une autre de ses lettres, Wrède appelle le baron de Stein « généralissime de l'univers ». (HEILMANN, *Feld-Marschall Fürst Wrède*, p. 333.)

[1] *Tagesbegebenheiten* (*K. K. Kriegs Archiv.*, I, 30); rapports de Gyulay à Schwarzenberg, de Fayl-Billot. 13 janvier (*Ibid.*, I. 276, et *ad* I, 276).

Le corps volant de Thurn obligé à se replier sur Grandchamp. — Pendant ce temps Thurn, auquel Gyulay n'avait plus la possibilité de faire connaître en temps utile les événements de la nuit, pensant que le feldzeugmeister entreprendrait la reconnaissance projetée, croyant avec juste raison qu'il faciliterait cette opération en attirant sur lui l'attention des Français, avait attaqué *Bériat* (le moulin Barillot, au nord de Violot), où, d'après ce qu'on lui avait affirmé, il ne devait y avoir qu'un poste de 50 chasseurs à cheval et de 100 fantassins. Mais lorsqu'il se fut déployé, il reconnut qu'il avait devant lui 400 chevaux soutenus par un bataillon de grenadiers. L'affaire était engagée, et Thurn essaya de faire aussi bonne contenance que possible. A onze heures, sa patrouille de droite l'ayant informé de la présence de l'ennemi à Chalindrey, il crut prudent, dans la crainte d'être coupé, de laisser à sa droite la route de Gray, de se rapprocher du IIIe corps et de ramener à Grandchamp son petit corps, très éprouvé par le combat qu'il avait eu à soutenir et, d'ailleurs, très affaibli par ses pertes, qui s'élevaient à 13 morts, dont 1 officier, 19 blessés, 11 disparus, 1 cheval tué et 5 blessés. Il terminait ainsi le rapport[1] qu'il adressa à ce propos à Schwarzenberg : « Je supplie Votre Altesse de renforcer ma cavalerie; mon escadron de hussards ne se compose plus, après le combat d'aujourd'hui, que de 60 hommes. Ma bonne volonté et mon désir de bien faire sont presque annihilés par la faiblesse de mon corps. »

L'avant-garde des réserves autrichiennes, sous le prince Gustave de Hesse-Hombourg, était arrivée devant Auxonne; les rapports des émissaires[2] avaient fait connaître à ce moment au généralissime la composition des garnisons de Besançon et d'Auxonne. Le prince héritier de Hesse, qui était avec le gros de ces réserves à Dôle, s'occupait de remettre en état les ponts de la Saône à Saint-Jean-de-Losne et Pontailler, que les Français avaient détruits en se repliant sur la rive droite.

Enfin, l'empereur de Russie avait célébré le jour de l'an russe

---

[1] Thurn à Schwarzenberg, Grandchamp, 13 janvier (*K. K. Kriegs Archiv.*, I, 282).

[2] Rapports sur les renseignements fournis au grand quartier général par les émissaires (*K. K. Kriegs Archiv.*, I, 386).

en passant le Rhin à Bâle à la tête des gardes russes et prussiennes.

14 janvier. — Occupation de Lunéville par la cavalerie du Ve corps. — La journée du 14 présente les mêmes caractères que les précédentes. Du côté du Ve corps, tout se borne à l'occupation de Lunéville par deux escadrons de hussards, à l'envoi à Schwarzenberg d'une dépêche de Wrède lui confirmant le départ de Lunéville de Victor et l'informant que le maréchal a pris la route qui va de Nancy à Langres ou de Toul à Paris[1]. Le gros du Ve corps fait halte sur les points qu'il occupait entre Rambervillers et Saint-Dié. Les divisions autrichiennes de Wrède profitent de cette halte pour se rapprocher du premier de ces deux points.

Marche du IVe corps. — Le prince royal de Wurtemberg, ne pouvant, à cause de la crue des eaux, tenter de traverser la Saône à Jussey, résolut de se porter sur Jonvelle, de remonter de là jusqu'aux sources de la Saône, de gagner par Bourbonne la grande route de Chaumont, et alla ce jour-là jusqu'à Vauvillers. Le général Jett, à la tête de l'arrière-garde, relevée par les Bavarois de Wrède à Epinal, atteignit Bains[2].

Immobilité de Platoff. — Quant à Platoff, il continuait à rester immobile; depuis l'affaire d'Épinal, il n'avait pas bougé de Charmes. La façon dont il justifie cet inexplicable séjour est peut-être plus singulière encore que sa manière de comprendre son rôle de commandant d'une avant-garde de cavalerie chargée de couvrir et de renseigner une armée.

« Croyant que l'ennemi viendrait à Lunéville, dit-il textuellement dans un rapport en date de Charmes[2] (14 janvier), je restais à Charmes jusqu'à l'arrivée à Épinal des troupes du général comte Wrède. A présent, *ayant laissé à Charmes* le prince Stscherbatoff, je me porte à l'instant même avec cinq régiments cosaques sur Mirecourt. Demain, j'irai jusqu'à Neufchâ-

---

[1] Tagesbegebenheiten (*K. K. Kriegs Archiv.*, I, 30), et Wrède à Schwarzenberg. Saint-Dié, 14 janvier (*Ibid.*, I, 313).

[2] En français dans l'original (*K. K. Kriegs Archiv.*, I, ad 344).

teau, où j'établirai une communication à gauche avec le prince royal de Wurtemberg, à droite avec le prince Stscherbatoff. »

Il avait donc fallu trois jours à Platoff pour se décider à se porter en avant. Au lieu de suivre et de harceler sans cesse les quelques troupes que le IVe corps avait eues devant lui à Épinal, il avait cru plus nécessaire de couvrir Épinal contre une attaque qui ne pouvait pas se produire, puisqu'avec un peu d'activité et de vigilance, il aurait dû savoir qu'il n'avait plus rien devant lui, et, pour compléter cette première faute, il croit devoir laisser derrière lui, à Charmes, le détachement de Stscherbatoff. Celui-ci, du reste, dès qu'il fut redevenu maître de ses actions, après le départ de Platoff, se porta dès le 15 janvier sur Vézelise.

Gyulay reconnaît les abords de Langres. — Gyulay exécuta enfin, le 14 janvier, sa reconnaissance sur Langres et chassa les avant-postes français de Chalindrey, Culmont et Corlée. A l'approche des colonnes de Gyulay, les Français prirent position sur la hauteur de Saint-Geôsmes. Tout se borna à une canonnade qui ne cessa que le soir, lorsque Gyulay se replia et alla cantonner avec la division Fresnel à Chalindrey. Le gros du IIIe corps était encore à Fayl-Billot[1].

---

[1] « Le feldzeugmester comte Gyulay au prince de Schwarzenberg. — Chalindrey, 14 janvier 1814. — « J'ai, avec la division Fresnel et quelques troupes légères, fait une reconnaissance contre Langres.

« J'ai trouvé l'ennemi à Chalindrey, et comme le terrain est absolument plat, j'ai formé mon infanterie en masse. J'ai attaqué l'ennemi, je l'ai chassé de Corlée et repoussé jusque sous le canon de Langres.

« Le général Haecht, s'avançant par la route de Fayl-Billot à Langres, l'a rejeté de son côté par Saint-Maurice et Saint-Vallier jusqu'à Langres.

« L'ennemi avait devant nous trois bataillons d'infanterie et 600 hommes de cavalerie. » (*K. K. Kriegs Archiv.*, I, 309.)

« Mortier au major général. — Langres, 15 janvier 1814. — Il fait un brouillard très épais. L'ennemi, paraît-il, avait l'intention d'attaquer; ses troupes sont rentrées vers midi. Hier à dix heures du soir il est encore arrivé de l'artillerie à Chaudenay et de l'infanterie à Montlandon. L'ennemi a formé ses lignes de ce village à Torcenay, Culmont, Chalindrey. Il doit être en force. Il m'a prévenu à Bourbonne-les-Bains. Cet endroit était occupé, mais par 100 chevaux seulement, quand les douaniers et 26 chasseurs du 3e régiment s'y sont présentés.

« J'ai bien en réserve les grenadiers à cheval; ils sont à Rolampont, Humes et Jorquenay, mais les dragons et chasseurs à cheval sont très fatigués. » (*Archives du Dépôt de la Guerre.*)

Gyulay avait aussi envoyé quelques détachements de cavalerie sur sa droite vers Bourbonne. Tout ce que la cavalerie autrichienne put apprendre de ce côté constituait un bagage assez mince, et, des rapports adressés au général-major von Haecht, il résulte que le III⁰ corps n'avait guère mieux que Platoff employé sa cavalerie, peu nombreuse il est vrai. Le chef de la reconnaissance envoyée à Bourbonne est, en effet, obligé d'avouer qu'il a pu constater le départ du régiment de chasseurs à cheval qui y était le 13, mais qu'il n'a pu découvrir la direction prise par ce régiment [1].

Retraite du corps volant de Thurn sur Bussières. — Renseignements fournis au généralissime. — Thurn s'était retiré sur Bussières, après son insuccès du Moulin-Barillot. Il avait, à ce moment, l'intention de pousser vers la route de Dijon, mais il en avait été empêché par un ordre formel de Gyulay.

Les populations de la Haute-Marne étaient, au dire de Thurn, manifestement hostiles aux Alliés. La nouvelle d'un gros rassemblement de troupes françaises entre Dijon et Langres, nouvelle par laquelle il terminait son rapport, était de nature à inquiéter d'autant plus sérieusement Schwarzenberg, que, dès le début et pendant tout le cours de la campagne, le généralissime ne cessa pas un seul instant d'être préoccupé du sort de son extrême gauche [2].

---

[1] Le capitaine von Goethem au général-major von Haecht, de La Ferté-sur-Amance, 14 janvier, cinq heures un quart du soir. (*K. K. Kriegs Archir.*, I, 309 *a* et 309 *b*.)

[2] « Le lieutenant-colonel comte Thurn au prince de Schwarzenberg. — Bussières, le 14 janvier 1814. — Comme je l'avais annoncé hier à Votre Altesse, je me suis retiré sur Bussières, laissant sur la route de Champlitte une forte arrière-garde dans le but de tromper l'ennemi sur la direction que j'avais prise. Ce détachement m'a rejoint aujourd'hui sans avoir été, à vrai dire, suivi par l'ennemi.

« Un parti, envoyé à la découverte de l'ennemi, a rencontré un groupe de cavalerie et d'infanterie qui se portait vers Grenant. Une autre patrouille a aperçu un détachement ennemi allant à Champlitte. Ces deux troupes se sont repliées à onze heures sur Longeau. Je fis aussitôt occuper Grenant par une section de chasseurs et un peloton de hussards.

« Dès que mon parti volant sera rentré, je traverserai avec le gros de mon petit corps la chaussée de Champlitte pour essayer d'atteindre de là la route de Dijon, ce que je comptais déjà faire hier au moment où j'ai reçu du feldzeugmeister comte Gyulay l'ordre de seconder son mouvement sur Langres.

Positions du Ier corps et des réserves. — Marche des cuirassiers de Duka. — Le Ier corps cantonna le 14 à Pierrecourt et Malvillers[1]. La division Wimpffen, en marche sur Dijon, avait passé la Saône à Gray et se dirigeait sur Mirebeau; les réserves autrichiennes attendaient en vain l'achèvement des ponts sur la Saône pour passer sur la rive droite, et leur chef profitait de cet arrêt pour reconnaître Auxonne.

Les gardes et réserves russes et prussiennes atteignirent Dannemarie et Giromagny.

La division de cuirassiers du général Duka (3e division de cuirassiers) marchait par Lure et Vesoul sur Fayl-Billot, afin de rejoindre au plus vite Gyulay et de renforcer la cavalerie par trop faible du IIIe corps.

Instructions de l'Empereur à ses lieutenants. — Soit qu'il ait espéré parvenir par ses reproches à raviver l'ardeur éteinte, à réchauffer le zèle refroidi de ses maréchaux, soit qu'il ait réellement pensé que les effectifs de la Grande Armée aient été ceux qu'il indiquait dans son instruction générale du 12 janvier, il n'en est pas moins certain que Napoléon[2], après avoir reconnu que l'ennemi opérait en trois masses, l'une dirigée contre le général Maison, en Belgique, l'autre conduite par Blücher, manœuvrant contre Marmont, semblait croire, en ce qui touchait la la troisième, celle de Schwarzenberg, qu'après avoir détaché 20,000 hommes devant Besançon, 20,000 hommes pour surveiller

---

« J'ai l'honneur d'informer Votre Altesse que la disposition d'esprit des populations dans le département de la Haute-Marne est bien différente de celle que j'ai constatée dans la Haute-Saône. Les habitants sont ici animés d'intentions manifestement hostiles et refusent tout à nos troupes, même des vivres. Jusqu'à présent je suis, malgré cela, parvenu à me procurer à peu près ce qu'il me fallait.

« J'adresse à Votre Altesse le *Journal de l'Empire* en date du 7.

« Un émissaire, rentrant à l'instant, m'annonce qu'il y aurait plus de 50,000 hommes de troupes ennemies entre Dijon et Langres. On dit à l'armée que Napoléon va venir en prendre le commandement; mais cet émissaire prétend que des officiers supérieurs lui auraient affirmé que l'Empereur ne viendrait pas. » (*K. K. Kriegs Archiv.*, I, 312.) — Voir également les rapports de Mortier des 13 et 14 janvier (*Archives de la Guerre*).

[1] Tagesbegebenheiten (*K. K. Kriegs Archiv.*, I, 30), et Colloredo à Schwarzenberg, Malvillers, 15 janvier (*Ibid.*, I, 337).

[2] *Correspondance de Napoléon*, 21091.

la Suisse, 20,000 à 25,000 hommes pour masquer les places d'Allemagne, elle devait être contenue par les corps du duc de Trévise à Langres, du prince de La Moskowa sur Nancy et Épinal, et du duc de Bellune sur les Vosges. « Ces trois maréchaux, disait l'Empereur, devront correspondre entre eux ; on doit se réemparer des gorges des Vosges, les barricader, y réunir les gardes nationales, les gardes-champêtres, les gardes forestiers et les volontaires, et si, enfin, l'ennemi pénétrait en force dans l'intérieur, ces trois corps devront lui barrer le chemin, couvrir toujours la route de la capitale, en avant de laquelle l'Empereur réunit une armée de 100,000 hommes. »

Position des corps français. — Mais au moment où Napoléon rédigeait ces instructions, au moment surtout où Berthier envoyait les ordres et écrivait entre autres à Ney qu'il fallait gagner du temps jusqu'au 15 février[1], la situation avait bien changé. Le IV° corps avait enlevé Épinal, Gyulay était sur Langres, Wrède avait passé les Vosges, Wittgenstein n'avait plus qu'à exécuter une simple marche militaire pour arriver sur les côtes de la Meuse, et les coureurs de Blücher s'approchaient de Nancy. Victor, repoussé par les IV° et V° corps, menacé sur l'une de ses ailes par l'armée de Silésie, sur l'autre par le mouvement du prince royal de Wurtemberg, rappelé en arrière par le prince de La Moskowa, avait gagné Nancy et rejoint Ney, qui se reliait par sa gauche avec Marmont. Ney et Victor, au lieu d'opérer leur jonction avec Mortier, s'étaient donc, en se repliant, rapprochés de Marmont avec lequel ils allaient désormais opérer

---

[1] « Belliard à Berthier. Châlons, 14 janvier, dix heures soir. — Prince, votre arrivée fera très grand bien, je vous l'assure, et nous vous attendons avec grande impatience. Vous centraliserez l'autorité et tout ira mieux, car il y a si peu d'accord dans les mouvements des corps d'armée du duc de Raguse, du duc de Bellune et du prince de La Moskowa, qu'on ne fait que de mauvaise besogne et on a bien l'air de continuer ainsi si vous ne venez pas, Prince, ou si l'Empereur ne réunit pas les trois corps d'armée sous le commandement d'un seul et même chef.

« D'après ce que j'ai su aujourd'hui du corps de droite, nous occupions hier dans cette partie Vaucouleurs, Pagny-sur-Meuse, Toul et Commercy, poussant des partis sur Saint-Mihiel que nous tenons maintenant et qu'on avait maladroitement laissé prendre, sur Pont-à-Mousson, sur Joinville et sur Neufchâteau.

« En face de Vaucouleurs à Neufchâteau se trouve Platoff avec 10 régiments de cosaques. » (*Archives de la guerre.*)

contre l'armée de Silésie. Il semble, du reste, que l'Empereur ignorait l'état précaire dans lequel se trouvaient entre autres le 2ᵉ et le 5ᵉ corps de cavalerie, car voici à ce sujet ce que Grouchy écrivait au major général de Toul, le 15 janvier[1] :

« Monseigneur,

« C'est avec un vif chagrin que je me vois forcé d'instruire Votre Altesse des pertes notables qu'éprouve la cavalerie par la désertion..... Les causes de ce mal, si inquiétant par ses progrès, sont les souffrances du soldat qui n'est pas payé, qui ne reçoit presque pas de distribution et qui est mal vu et mal traité par l'habitant.....

« D'un autre côté, le temps rigoureux qui s'est établi depuis que la cavalerie a repassé les Vosges et les longues marches que l'on a faites ont fait périr un grand nombre de chevaux. Il n'y a pas un cheval ferré à glace et pas un régiment n'a de fonds pour subvenir à cette urgente dépense. Depuis Baccarat jusqu'à Toul, le 5ᵉ corps de cavalerie, son artillerie et les deux régiments de gardes d'honneur ont perdu plus de 300 chevaux laissés en arrière, qui se sont cassé les jambes... »

Les deux rapports que le général de Piré adressait le même jour au général de Grouchy[2] sont plus navrants encore :

« Le général de Piré au général de Grouchy. — Gondreville, 15 janvier 1814, 9 heures du matin.

« Mon général,

« J'ignore en quelle force l'ennemi est entré à Nancy[3]. Nous n'avons vu que des uhlans. Il paraît que quelques gardes d'honneur ont été enlevés ce matin par des cosaques..... Toute ma division est bivouaquée en arrière de Gondreville. C'est avec le plus vif chagrin que je suis forcé de vous rendre compte que la désertion s'établit dans ma division. 10 hussards d'élite du 3ᵉ hussards et des cavaliers des 11ᵉ et 27ᵉ chasseurs sont passés

---

[1] Grouchy, *Mémoires.*
[2] *Ibid.*
[3] Biron était entré à Nancy le 14, et, comme nous le dirons ci-après, y avait été rejoint par un parti de cavalerie bavaroise envoyé par Wrède.

à l'ennemi; c'étaient tous de vrais soldats; la troupe se plaint d'être mal payée, mal habillée.... »

La deuxième lettre est du même jour, à 2 heures de l'après-midi :

« Mon général,

« Je serai forcé, par ma position, de passer la journée la bride au bras, pour ne pas être exposé à perdre en entier ma division. L'ennemi viendra certainement en masse pour m'obliger à la retraite sur Dommartin, ce que je n'aurais pas le temps de faire si j'étais dans Gondreville, encore moins si l'ennemi arrivait par la route qui va à Pont-Saint-Vincent.

« Je dois, d'ailleurs, vous déclarer que, *dans l'état actuel des chemins et du ferrage, ma cavalerie, qui peut être abordée, est plus que compromise.* De ma personne, j'ai voyagé à pied depuis Nancy jusqu'ici; jugez des autres.

« Vous n'ignorez pas, mon général, que la cavalerie allemande est ferrée avec soin et que les cosaques ne le sont pas; leurs chevaux courent à merveille sur la glace.

« Ma présence ici ne fait que compromettre ma division, car, à l'approche de l'ennemi, je serai forcé de me retirer comme une simple grand'garde, et il en résultera que mes chevaux vont souffrir horriblement et que, dans quelques jours, ma division n'existera plus. Du reste, comment vivrais-je? Gondreville est ravagé à n'y pas trouver un fétu de paille. »

Il est donc bien évident que l'Empereur, au moment où il donnait aux maréchaux les ordres dont nous venons de parler, n'avait pas connaissance de l'état lamentable dans lequel se trouvaient ses troupes.

« On trompe l'Empereur; ceux qui l'approchent ne l'aiment pas et ceux qu'il a comblés d'honneurs et d'argent le trahissent; » telles sont les paroles que l'indignation avait, quinze jours auparavant, arrachées au général Pajol, dans une lettre particulière qu'il adressait le 30 décembre 1813 à son beau-frère, Victor Oudinot[1], lettre à l'aide de laquelle on s'explique aussi certaines

---

[1] Cette lettre est absolument inédite puisqu'elle a été prise par la cavalerie du IV° corps à la poste de Colombey, le 28 janvier 1814, avant d'avoir été remise à destination. Le manque de place nous oblige, à notre grand regret, de résister au plaisir que nous aurions à reproduire ici cette lettre, qui figure au

des erreurs commises à ce moment par Napoléon, erreurs que son génie allait lui permettre de réparer, dans la limite du possible, dès que, arrivé à l'armée, il n'en sera plus réduit à ne voir que par les yeux des autres.

La manière d'opérer des Alliés n'en est, en revanche, que plus incompréhensible, et, malgré la lenteur de leur marche, malgré la timidité peut-être voulue de certains de leurs généraux de cavalerie, on ne parvient pas à s'expliquer leur profonde ignorance et des mouvements et de la situation précaire des quelques troupes qu'on leur avait opposées.

15 janvier. — Cavalerie du VI⁰ corps à Sarrebourg. — Wittgenstein, en effet, continuait à se laisser arrêter comme à plaisir par les quelques éclopés qui défendaient Phalsbourg, Bitche et les petites places de la Petite-Pierre et de Lichtenberg, qu'il aurait pu, sans le moindre danger, laisser derrière lui en se contentant de les faire observer. En agissant de la sorte, il lui eût été, dès le 5 ou le 6 janvier, possible de porter Pahlen en avant. Il pouvait le faire d'autant plus résolument, à partir du 15, que le détachement du général Seslavin arriva ce jour-là à Saverne. Malgré cela, la cavalerie du VI⁰ corps ne dépassa guère Sarrebourg, bien qu'elle n'y eût naturellement rencontré personne, et se borna à surveiller timidement la route de Blamont et celle de Phalsbourg à Nancy par Fénestrange[1], en envoyant toutefois quelques coureurs jusqu'à Lunéville.

La cavalerie du V⁰ corps, à Bayon, se relie par ses partis avec les coureurs de Blücher. — Évacuation de Nancy par les Français. — L'avant-garde du V⁰ corps, quoique n'ayant plus rien devant elle depuis la retraite de Victor, ne poussa, le 14, que jusqu'à Bayon ; ses coureurs seuls allèrent jusqu'à Nancy, et un petit parti de cavalerie, sous les ordres du capitaine baron

---

K. K. Kriegs Archiv. sous le n° 629 du premier fascicule de 1814, et qui, bien que d'un caractère absolument intime, est, depuis le premier mot jusqu'au dernier, l'expression du patriotisme le plus pur et dépeint bien les sentiments du général qui devait, quoique souffrant encore de blessures à peine fermées, charger un mois plus tard à la tête de sa division et se couvrir de gloire en enlevant aux Wurtembergeois le pont de Montereau.

[1] Wittgenstein à Schwarzenberg, 13 janvier (*K. K. Kriegs Archiv.*, ad 1, 493).

von Grafenreuth, du 5ᵉ régiment de chevau-légers, qui s'était porté sur Lunéville, rencontra, au nord de cette ville, une patrouille du corps Sacken. Cet officier informa aussitôt Wrède de l'arrivée à Château-Salins, depuis le 14, du général Sacken et d'une division de dragons. Wrède[1], en transmettant ces nouvelles à Schwarzenberg, ajoutait que la levée en masse n'avait pu se faire dans le département de la Meurthe; qu'on disait à Lunéville que la garde était entre Paris et Châlons, où l'Empereur rassemblait des troupes pour livrer bataille; enfin, que Marmont se repliait de son côté de Metz sur Châlons. Le commandant du Vᵉ corps terminait sa dépêche en annonçant au généralissime qu'il porterait, le 18, sa gauche à Mirecourt, sa droite à Colombey-aux-Belles-Femmes (Colombey-les-Belles), et qu'il serait, le 19, à hauteur de Neufchâteau.

Il avait, ce jour même, transféré son quartier général de Colmar à Saint-Dié et avait eu, dès sa sortie de Colmar et pendant sa route, à essuyer à plusieurs reprises les coups de feu de francs-tireurs, qui, embusqués dans les bois voisins de la route suivie par les colonnes, tiraient de là sur le général, sur son escorte, sur les isolés, les traînards et les convois[2].

La nouvelle de l'évacuation de Nancy par les Français était encore confirmée à Schwarzenberg par une dépêche de Stscherbatoff[3], qui écrivit au prince après avoir été rejoint à Vézelise par un officier du général prince de Biron. Ce dernier avait, en outre, fait part à Stscherbatoff de l'abandon, par les Français, du pont de Flavigny, de la continuation de leur retraite sur Toul, point vers lequel Stscherbatoff comptait se diriger dès le 16 au matin.

Conformément aux ordres que lui avait donnés le généralissime, Wrède avait dissous, à partir du 15, le corps volant du colonel Scheibler et envoyé son aide de camp, le prince Thurn et Taxis, communiquer au feld-maréchal Blücher et au général comte Pahlen les instructions de Schwarzenberg, qui prescrivait au Vᵉ corps d'avoir à se porter sur Neufchâteau, pour donner, de là,

---

[1] Wrède à Schwarzenberg, Saint-Dié, 16 janvier (*Ibid.*, *ad* I, 374).

[2] HEILMANN, *Feld-Marschall Fürst Wrède*, p. 327.

[3] Stscherbatoff à Schwarzenberg, Vézelise, 15 janvier (*K. K. Kriegs Archiv.*, I, 344).

la main à Blücher arrêté devant Metz. Wrède, en confirmant, dans la dépêche qu'il adressait à Schwarzenberg, l'évacuation de Lunéville et la retraite des Français, était obligé de reconnaître que. *dans ce pays, il lui était très difficile de se procurer des émissaires*[1].

Caractère des relations existant entre les généraux alliés. — Puisque nous venons, à propos de cette dépêche, de parler de l'envoi du major prince Thurn et Taxis auprès de Blücher, il nous semble qu'il serait à propos d'insister quelque peu sur la nature des relations des généraux alliés entre eux.

La correspondance échangée à cette époque entre les principaux généraux alliés est, en effet, d'autant plus curieuse à consulter qu'elle permet de se rendre un compte exact des tiraillements qui n'ont cessé d'exister entre eux pendant tout le cours de la campagne.

Presque dès le début des opérations, Wrède critique en termes des plus vifs les mesures prises par Schwarzenberg, mesures qui, comme nous l'avons dit, réduisaient l'effectif du V⁰ corps présent le 15 janvier à moins de 30,000 hommes, par suite des détachements que le généralissime avait obligé le général bavarois à laisser devant Schlestadt, Huningue et Neuf-Brisach, places qui tinrent bon jusqu'à l'armistice. Ces tiraillements menaçaient de tourner à l'aigre, et, seul, le tact de Schwarzenberg réussit à calmer, quoique en partie seulement, la susceptibilité de Wrède.

L'historiographe de Wrède, le général major Heilmann est lui-même obligé de le reconnaître et de citer la lettre que Schwarzenberg adressait, à ce propos, au vaincu de Hanau, le 15 janvier : « Ce n'est pas pour moi une tâche aisée que celle qui consiste à concilier les différentes manières de voir, les intérêts divers qui se manifestent et se produisent forcément dans toute armée alliée. »

Le général Heilmann, en approuvant les paroles de Schwarzenberg, constate, d'ailleurs, que Wrède se considérait comme l'égal et non comme le subordonné du prince de Schwarzenberg, et que, dans sa correspondance avec le généralissime, il n'employait

---

[1] Wrède à Schwarzenberg, de Saint-Dié, 15 janvier (*K. K. Kriegs Archiv.*, I, 343).

jamais les mots *respectueusement* ou *obéissant*, et se contentait de la simple formule de : *J'ai l'honneur*.

Le général Heilmann signale également les velléités d'indépendance manifestées par Wrède, qui, aussitôt après avoir passé le Rhin, s'était mis à correspondre directement avec Blücher. Il lui avait fait part de ses critiques et de ses plaintes, motivées, il est vrai, par la lenteur imprimée aux opérations, par la légèreté et l'inconséquence qui régnaient au quartier général de Schwarzenberg, et lui avait manifesté le désir d'opérer de concert avec lui. On doit même reconnaître que Blücher parut, dans le principe, approuver et encourager l'attitude de Wrède, et c'est ainsi qu'il lui écrivait de Cusel, à la date du 7 janvier :

« Votre Excellence m'a fait connaître, par l'entremise du major prince de Thurn et Taxis, qu'Elle désirait opérer de concert avec moi contre l'ennemi. Je suis, de mon côté, tout prêt à accepter votre concours, et Votre Excellence, après avoir pris connaissance de ma position actuelle, ne manquera certainement pas d'exécuter certains mouvements dont je La prie de m'informer. D'après tous les renseignements que je possède, l'ennemi est dans une situation des plus critiques, situation qui nous invite à lui livrer bataille, d'autant mieux qu'en raison de la grande supériorité de notre cavalerie, une bataille perdue ou indécise ne saurait avoir pour nous de conséquences fatales, tandis que l'ennemi, au contraire, sera obligé de tout mettre en jeu et de tout risquer. J'ai prescrit au général d'infanterie von Sacken de chercher à se relier par Bitche ou par Saarwerden avec le corps du comte Wittgenstein. »

Dès que Schwarzenberg eut connaissance de la correspondance échangée à son insu entre Blücher et Wrède, de l'intention nettement manifestée par le général bavarois d'agir absolument à sa guise, il fit savoir à Blücher, nous dit le général Heilmann, qu'il avait formellement interdit à Wrède d'accentuer davantage son mouvement vers la droite, qu'il lui avait notifié l'ordre d'avoir à se considérer comme une partie intégrante de la grande armée, et d'avoir, par suite, à se relier à elle. Cette déclaration de Schwarzenberg devait mettre fin à un état de choses inadmissible et obligea Wrède à calmer ses velléités d'indépendance. Wrède, en effet, en expédiant, le 15 janvier, le prince de Thurn et Taxis au quartier général de Blücher, n'osa pas se dispenser d'en rendre compte dans les termes suivants : « Je viens d'envoyer mon aide de camp, le major prince de Thurn et Taxis, au général-lieutenant comte Pahlen et au feld-maréchal von Blücher pour les informer de ma marche et les prier d'en faire autant de leur côté. »

Blücher lui-même changea également de ton dans sa correspondance avec Wrède, comme le prouve la lettre suivante qu'il remit, à Château-Salins, au major prince de Thurn et Taxis :

« Je remercie bien sincèrement Votre Excellence des renseignements contenus dans sa lettre datée de Saint-Dié, 15 janvier, qu'Elle m'a fait remettre par M. le quartier-maître prince de Thurn et Taxis, son aide de camp. En cherchant à me relier avec le comte de Wittgenstein, au moment où j'eus connaissance de la direction suivie par le 2º corps ennemi que Votre Excellence chassait devant Elle, je croyais utile de me porter sur Nancy, d'une part afin de couvrir l'aile droite de la grande armée, de l'autre afin d'éviter les six places fortes si rapprochées les unes des autres qui se trouvent au nord de Nancy.

« Mais si l'ennemi a jeté des garnisons dans toutes ces places, leurs approvisionnements doivent être fort incomplets, et leurs garnisons se composent en grande partie de conscrits. J'ai donc fait investir Sarrelouis ; demain, je ferai bloquer Metz, Thionville et Luxembourg, non pas que je me propose de disséminer mes forces, mais parce que j'espère de la sorte tromper l'ennemi sur mes intentions et couvrir la marche du IIe corps prussien, qui se porte de Coblentz, par Trèves, sur la Meuse. Je serai demain 17 janvier avec environ 30,000 hommes à Nancy, et j'ai dirigé une colonne, par Pont-à-Mousson, sur Commercy. Les troupes de blocus se concentrent à Saint-Mihiel, et moi-même, avec le gros de mes forces, je marcherai de Nancy sur Toul et Ligny, *si le prince de Schwarzenberg ne désire pas me voir exécuter un autre mouvement.*

« D'après les renseignements que je possède, l'ennemi se concentre autour de Châlons. C'est vers ce point que se replient les corps de Marmont et de Victor. L'ennemi me paraît d'autant moins disposé à y rechercher une solution, que des voyageurs m'affirment avoir rencontré la vieille garde en marche sur Reims. Je crois donc que jusqu'à Châlons je n'aurai pas besoin du concours de Votre Excellence, concours sur lequel je sais par expérience pouvoir compter au moment décisif. Je pense qu'il en sera de même pour la grande armée. *A mon humble avis, je crois donc que Votre Excellence se conformerait le plus complètement aux désirs contenus dans la lettre de Son Altesse le prince de Schwarzenberg, lettre que Votre Excellence m'a communiquée, si Elle se rapprochait quelque peu de lui*, et Neufchâteau me semble être le point le plus avantageux pour un mouvement de ce genre. Je prie en tout cas Votre Excellence de me faire connaître la direction qu'elle aura prise, afin que je puisse régler mes mouvements en conséquence. Le comte de Wittgenstein ne devant, d'après les nouvelles qu'il m'a fait parvenir hier, être à Saverne que le 21, il me semble difficile qu'il puisse entrer en ligne, bien que les patrouilles envoyées par les avant-gardes du corps Sacken aient rencontré hier des détachements du général von Pahlen à Lunéville. Je suis heureux d'avoir Votre Excellence à côté de moi et ne manquerai pas de l'informer de suite de tous ceux de mes mouvements qui pourraient l'intéresser. »

Malgré cela, on verra que Wrède ne put se résigner tout d'un coup à passer sous les ordres de Schwarzenberg, et voici ce qu'il écrivait à Blücher, de Rambervillers, le 17 janvier :

« J'ai appris avec un très vif plaisir que l'armée de Votre Excellence s'était considérablement rapprochée de nous. Mon quartier général sera aujourd'hui à Charmes, le 18 à Mirecourt et le 19 à Neufchâteau. Toutes les nouvelles reçues me font croire que l'ennemi cherchera à masser et à poster autour de Châlons et de Paris le peu de troupes qu'il pourra encore rassembler. Il s'agira donc de le suivre le plus rapidement possible, de lui livrer, là où on le rencontrera, une bataille dont l'issue, vu la situation précaire de son armée, ne peut être que décisive. Je prie Votre Excellence de me faire savoir si je dois, d'accord à ses dispositions, toujours marcher à la gauche de ses troupes tout en me rapprochant progressivement de la droite de la grande armée, afin de relier finalement d'une manière complète l'armée de Votre Excellence avec celle du prince de Schwarzenberg. Le major prince von Thurn und Taxis me remet à l'instant même la lettre que Votre Excellence m'écrivait hier. Je suis doublement heureux de voir que mes dispositions ont répondu aux désirs de Votre Excellence. Il est pour moi hors de doute que le feld-maréchal prince de Schwarzenberg cherchera par-dessus tout à marcher à l'ennemi avec toutes les forces réunies et à l'attaquer partout où on le rencontrera. »

La veille, Wrède avait fait part de ses intentions à Schwarzenberg et lui avait annoncé qu'il transférerait le 19 son quartier général à Châtenois : « Ce mouvement, disait-il, en me rapprochant de l'aile droite de la grande armée de Votre Altesse, me permet de prendre part à la bataille qu'Elle pourrait vouloir livrer et d'assurer, en cas d'échec ou d'insuccès, la défense des passages des Vosges, qui m'avait été donnée comme premier objectif. »

La réponse de Schwarzenberg, de Vesoul, le 17 janvier, prouve péremptoirement que le généralissime, sous une forme des plus aimables, éprouvait une fois encore le besoin de faire comprendre à Wrède qu'il était sous ses ordres et que son corps faisait partie de la grande armée : « Je compte, écrit Schwarzenberg, voir Votre Excellence, dont les troupes constituent *le dernier échelon agissant de mon aile droite, rester toujours à portée* et entreprendre de concert avec moi tout ce qui sera nécessaire en raison des événements. J'ai employé à dessein le mot dernier échelon agissant, parce que le général Wittgenstein n'est pas pour le moment à même de prendre une part effective et directe à l'action et que sa nombreuse cavalerie servira à maintenir les communications entre la grande armée et l'armée de Silésie. »

On comprendra sans peine, d'après ce qui précède, que dans de semblables conditions la situation du généralissime ait été peu enviable. On s'expliquera plus aisément aussi ses timidités, ses hésitations, quand on pensera qu'il avait sous ses ordres un certain nombre de généraux disposés à critiquer tout ce qui venait du grand quartier général, que ses lieutenants n'étaient satisfaits que lorsqu'il se présentait une occasion, une possibilité d'agir seuls et d'opérer pour leur propre compte, sans avoir besoin de lier leurs opérations avec celles de leurs collègues, de s'entendre avec eux ; que chacun d'eux désirait échapper à la direction immédiate du généralissime, enfin que l'inertie, l'entêtement et le mauvais vouloir de certains d'entre eux ressemblèrent parfois à l'indiscipline. Trop souvent aussi ces officiers trouvèrent des encouragements tacites et des soutiens latents auprès des souverains. Par cela même que les aspirations et les tendances des puissances coalisées étaient essentiellement différentes, ils approuvaient jusqu'à un certain point, et en tous cas se gardaient bien de condamner, les déplorables rivalités qui se manifestaient à tout instant et à tout propos entre la plupart des chefs des différentes armées, et ne songèrent jamais à mettre un terme à des mésintelligences plus ou moins accentuées qu'ils n'osaient pas fomenter, mais qu'ils ne regrettaient pas de voir se produire. Nous aurons, d'ailleurs, à revenir plus d'une fois sur ces conflits d'attribution et sur ces tiraillements; pour le moment, il nous faut en finir avec les opérations du 15 janvier.

La cavalerie du IVe corps a Bourbonne et à Jussey. — L'avant-garde du IVe corps atteignit ce jour-là Enfonvelle et Fresnes-sur-Apance; le gros, Jonvelle d'où le prince royal envoya le lieutenant-colonel Rohrig avec 2 escadrons à Bourbonne et de là sur la grande route qui va de Mirecourt à Langres et à Chaumont, tandis que le reste de la cavalerie wurtembergeoise se reliait par Jussey avec les escadrons du IIIe corps [1].

Gyulay attendait toujours l'attaque de l'ennemi, et, pour être à même de le recevoir, il tint pendant toute la journée son corps massé et ne se décida qu'à la tombée de la nuit à le cantonner dans les environs de Fayl-Billot.

La concentration des troupes du IIIe corps n'avait, d'ailleurs, pas échappé à Mortier, qui, informé de la présence d'un gros rassemblement de troupes autrichiennes entre Chalindrey et Balesmes pendant la nuit du 14 au 15, avait pris toutes ses mesures pour résister avec la seule division de vieille garde à une attaque qu'il avait toute raison de croire inévitable et immédiate [2].

Mouvements du corps volant de Thurn. — **Positions du Ier corps et des réserves.** — Quant à Thurn, qui s'était dirigé vers Dijon, il avait dépassé Champlitte, communiqué avec Wimpffen, pris position près de Saint-Maurice, derrière la Vingeanne, et poussé ses avant-postes vers Fontaine-Française, La Chaume et Courchamp [3]. Le Ier corps, arrêté par des chemins absolument

---

[1] Tagesbegebenheiten (*K. K. Kriegs Archiv.*, I, 30); journal d'opérations du IVe corps (*Ibid.*, XIII, 56).

[2] La position de Mortier était à ce moment plus critique que ne le pensaient les Alliés. Il avait reçu, le 15 au matin, 12 pièces de 4, mais il n'avait ni boulets ni artilleurs. (Voir lettre de Mortier au major général, *Archives de la Guerre*.)

[3] Thurn à Schwarzenberg (*K. K. Kriegs Archiv.*, I, 394).

impraticables, n'avait pu sortir de ses cantonnements. Seule, la la division Ignace Hardegg s'était avancée jusqu'à Pierrecourt.

Bianchi, pendant ces derniers jours, avait vainement tenté d'amener le général Legrand à lui ouvrir les portes de Belfort. Convaincu désormais de l'impossibilité de lui arracher une capitulation, il avait chargé du blocus le général Raïeffsky, et avec sa troisième brigade et son artillerie, il s'était dirigé sur Vesoul, afin de rallier la grande armée et de prendre part au combat que Schwarzenberg comptait livrer à Mortier devant Langres le 18 janvier.

Les réserves russes et prussiennes étaient entre Ronchamp et Lure, et les réserves autrichiennes, après avoir remonté la Saône par la rive gauche, avaient poussé des environs d'Auxonne jusqu'à Pesmes-sur-l'Oignon.

16 janvier. — Platoff à Neufchâteau. — Stscherbatoff sur Toul. — Renseignements qu'il transmet au généralissime.
— Le 16 janvier, Platoff, que Kaïssaroff avait enfin décidé à marcher, arrivait à Neufchâteau, où il ramassait deux canons et une centaine de fusils. Les Français s'étaient retirés à son approche sans détruire le pont, et l'ataman annonçait au général en chef qu'il allait envoyer des partis dans la vallée de l'Ornain, dans la direction de Bar-le-Duc[1].

Quant à Stscherbatoff, que nous avions laissé à Vézelise, il avait pris plus à droite, s'était approché de Toul et avait appris par des déserteurs que cette place était encore occupée par une arrière-garde française forte d'environ 6,000 hommes.

Comme le général prince de Biron était avec sa colonne volante sur la grande route de Nancy, Stscherbatoff se proposait de se rabattre le 17 sur Vaucouleurs, afin de pouvoir de là agir sur la route de Paris, soit entre Toul et Void, soit entre Void et Bar-le-Duc. Stscherbatoff communiquait, en outre, au quartier général des renseignements intéressants sur les mouvements de l'ennemi, renseignements qui devaient avoir d'autant plus de valeur, que le quartier général en recevait fort peu, et surtout fort peu d'exacts.

---

[1] Tagesbegebenheiten (*K. K. Kriegs Archiv.*, 1, 30), et Rapport journalier à l'empereur d'Autriche, 18 janvier 1814 (*Ibid.*, L, 435).

— 131 —

« On a, disait Stscherbatoff, entendu à Nancy une assez forte canonnade du côté de Pont-à-Mousson, on dit même qu'on y a vu de l'incendie (*sic*). On prétend que de grandes forces marchent sur Châlons[1]. »

Le renseignement ainsi donné par Stscherbatoff était parfaitement exact. Il est, en effet, confirmé par la dépêche que Grouchy envoyait de Toul le 16 janvier au major général et qu'il est utile de citer, parce qu'elle montre que, si les rivalités et les mésintelligences des généraux alliés entravaient et retardaient la marche de leurs troupes, le manque de direction compromettait également les opérations des maréchaux.

« Je crois devoir, écrit Grouchy au major général, rendre compte à Votre Altesse qu'hier soir, à 9 heures, le poste de Pont-à-Mousson a été évacué par les troupes de M. le maréchal duc de Raguse, sans qu'on en ait été prévenu. Je ne l'ai su que par le rapport de mes reconnaissances. Cette évacuation va amener l'abandon de la ligne de la Moselle, *et il est si funeste aux intérêts de Sa Majesté que tous les mouvements des troupes aux ordres du duc de Raguse et du prince de La Moskowa ne soient pas combinés, que je ne puis m'empêcher d'en témoigner mon étonnement et ma peine à Votre Altesse. Un semblable défaut d'ensemble dans les opérations atténue encore nos moyens déjà si faibles et augmente la rapidité de l'invasion de l'ennemi*[2].

Ordres de Grouchy à Milhaud. — Pendant que Stscherbatoff manifestait, comme nous l'avons vu, l'intention de se rendre à Vaucouleurs, Grouchy transmettait au général Milhaud[3], auquel Victor avait donné le commandement d'une colonne formée de la 1re division d'infanterie et de ses 14 bouches à feu, du 4e régiment de gardes d'honneur et de la division de dragons du général Briche, l'ordre de se mettre en marche le 17 à 6 heures du matin, pour se diriger sur Vaucouleurs, y prendre position et

---

[1] Stscherbatoff à Schwarzenberg, du camp près de Thuilley, 10 janvier. (*K. K. Kriegs Archiv.*, I, 369.)

[2] GROUCHY, *Mémoires*, et *Archives de la guerre*.

[3] *Archives de la guerre*. — A la suite du mouvement du 2e corps, la division Meunier, du corps du maréchal Ney, dut quitter Pagny-sur-Meuse et Void le 17 et se replier, la 1re brigade sur Ligny, la 2e sur Bar-le-Duc.

éclairer de là les routes de Toul, Pont-Saint-Vincent et Neufchâteau. Milhaud devait mettre 6 pièces en batterie en arrière du pont, le couvrir par une forte grand'garde et se maintenir en communication avec Grouchy, qui allait s'installer à Void, à l'intersection même des routes de Toul à Ligny et de Vaucouleurs à Commercy, avec la division de dragons de Lhéritier, l'artillerie du 5ᵉ corps de cavalerie, la 2ᵉ division d'infanterie du 2ᵉ corps et son artillerie.

Grouchy recommandait, en outre, à Milhaud de chercher à se procurer des renseignements sur la position de l'armée austro-bavaroise « qui doit avoir poussé une avant-garde jusqu'à Gondrecourt, au sud-ouest de Vaucouleurs, sur la route de Bar-le-Duc. »

Il prescrivait en même temps au général de Piré, qui allait former l'arrière-garde avec sa division de cavalerie légère, soutenue par un bataillon du 26ᵉ d'infanterie légère et 2 canons, de partir à 8 heures du matin, le 17, de Gondreville pour Toul, de traverser cette place et de s'établir à Lay, sur la route de Toul à Void. Il prévenait en même temps Piré que si l'ennemi le contraignait à quitter Lay, il aurait à se replier sur Pagny-sur-Meuse, où il trouverait une division d'infanterie avec du canon[1].

Si Grouchy se plaint avec raison des défauts d'ensemble, du manque d'unité dans le commandement, on voit, du moins, qu'il y a entre la manière de procéder des Français et celle des Alliés des différences capitales. Grouchy prévoit les événements et met ses lieutenants au courant de la situation ; il a conservé le contact de l'ennemi, tout en réussissant à lui cacher sa position, tandis que du côté des Alliés, malgré les avantages remportés, malgré la supériorité numérique, malgré la présence en avant des lignes d'un corps de cavalerie aussi considérable que celui de Platoff, on en est réduit à tâtonner et, depuis Charmes, on ignore la direction prise par les corps français. Au lieu d'être renseigné sur leurs mouvements par des pointes de la cavalerie de l'ataman, on n'a pu se procurer des nouvelles que par l'intermédiaire de Stscherbatoff et grâce à l'apparition, sur l'extrême droite de l'armée de Bohême, des colonnes volantes qui précédaient l'armée de Silésie.

---

[1] GROUCHY, *Mémoires*, et *Archives de la guerre*.

Positions des V⁰, IV⁰ et III⁰ corps. — L'avant-garde du V⁰ corps s'était avancée sans peine jusqu'à Lunéville, et ses coureurs, comme nous l'avons dit, avaient fait leur jonction avec la cavalerie de Sacken. Wrède, voyant dès lors qu'il n'avait plus rien à craindre ni pour sa droite, ni sur son front, quitta de sa personne Saint-Dié, pour se rendre à Rambervillers, et dirigea son corps d'armée sur Mirecourt.

Le prince royal de Wurtemberg, avec la brigade Jett était à Bourbonne; comme l'attaque sur Langres ne devait avoir lieu que le 18, il crut pouvoir en profiter pour faire faire halte à Jonvelle à son gros et remettre en état la ferrure de ses chevaux.

Le III⁰ corps se concentrait entre la Quarte et les Griffonottes; le quartier général de Gyulay était à Chaudenay, et le I⁰ʳ corps continuait à rester immobile à Malvillers et Pierrecourt.

Bianchi avait atteint Mollans; la tête de colonne des gardes russes, Vesoul, et le prince héritier de Hesse-Hombourg, Gray, avec les réserves autrichiennes.

Schwarzenberg donne l'ordre d'attaquer Langres. — On ignorait si complètement ce qui se passait à Langres, on avait tellement peu idée des projets et de la situation de Mortier, que Schwarzenberg, certain de rencontrer à Langres une résistance acharnée, croyant qu'il y avait sur ce point des forces considérables et s'attendant à voir, ce qui était, d'ailleurs, parfaitement rationnel, les Français chercher à s'y maintenir à tout prix, fit partir le 16 les ordres définitifs fixant au 18 l'exécution d'une attaque convergente sur Langres. Le prince royal de Wurtemberg, venant par Montigny, devait attaquer la ville du côté du nord, et Gyulay et Colloredo, débouchant par la route de Fayl-Billot, en faire autant du côté de l'est et du sud-est. Wimpffen, qu'on allait porter, le 17, de Gray à Champlitte, avait pour mission de paraître également devant Langres le 18 janvier et de former, en débouchant par la route de Dijon, l'extrême gauche de l'attaque. Toutes ces colonnes, avec leur grosse artillerie placée en tête et pourvues d'échelles pour donner l'assaut, devaient être rendues devant Langres à une heure de l'après-midi. Enfin, le prince de Hesse-Hombourg était chargé de couvrir la gauche et les derrières de l'attaque, en faisant front contre

Dijon, en occupant solidement Mirebeau et le canal près d'Arc-sur-Tille, en envoyant sa cavalerie sur la route de Langres à Dijon. Les gardes russes elles-mêmes devaient venir à Fayl-Billot pour servir de réserve générale aux colonnes d'attaque.

Quant à Wrède, il était en marche pour se rapprocher de l'aile droite de la Grande Armée, et Wittgenstein recevait à nouveau l'ordre d'accélérer son mouvement sur Nancy.

Enfin, la 3ᵉ division de cuirassiers russes du général Duka avait rejoint le IIIᵉ corps le 16 janvier.

17 janvier. — Mortier évacue Langres sans que les Alliés remarquent son départ. — Le but que Mortier s'était proposé était atteint, et la mission que l'Empereur lui avait confiée en l'envoyant à Langres pouvait être désormais considérée comme terminée. Malgré la faiblesse numérique de son petit corps, il avait su, par ses dispositions aussi intelligentes qu'énergiques, par la fierté de son attitude, par le caractère résolu qu'il avait donné à ses démonstrations offensives, en imposer à l'ennemi, lui faire croire à la présence sur ce point de forces considérables et immobiliser devant lui depuis cinq jours le corps de Gyulay. Il avait même réussi à retarder le mouvement des colonnes de la grande armée ennemie, en obligeant Schwarzenberg à modifier leurs marches, à détourner Wrède de Nancy, à faire obliquer à gauche le IVᵉ corps, à amener le Iᵉʳ corps derrière le IIIᵉ, à faire avancer les réserves autrichiennes et les gardes russes vers les positions sur lesquelles il avait retenu Gyulay. Le maréchal, renseigné sur les mouvements des Alliés, aurait perdu d'un coup tout le bénéfice de ses belles manœuvres des jours précédents, en s'entêtant davantage sur la position. Il avait volontairement attiré l'orage sur sa tête; il ne lui restait plus maintenant qu'à trouver les moyens de remplir la dernière partie de son programme, la partie la plus ingrate et la plus difficile : échapper à l'étreinte des corps qui allaient chercher à l'enfermer dans Langres, en se dérobant silencieusement et mystérieusement avant leur arrivée.

Le 17 à quatre heures du matin, le maréchal, se dirigeant sur Chaumont[1], quittait Langres, où il ne laissait que 184 hommes

---

[1] En se repliant de Langres sur Chaumont, Mortier ne faisait, comme le

et 13 canons avec le colonel Simon de Lamortière, auquel il avait donné l'ordre de tenir le plus longtemps qu'il le pourrait et de capituler afin d'épargner à la ville les suites d'un assaut.

Entrée des Alliés à Langres. — Le service des avant-postes de Gyulay était si singulièrement fait que les Autrichiens ne s'aperçurent de rien. Ce fut à la fin de la journée seulement que

---

prouve l'extrait ci-dessous de la *Correspondance de Napoléon I*^{er}, qu'aller au-devant des intentions de l'Empereur :

« Au prince de Neuchâtel et de Wagram.
« Paris, 17 janvier 1814.

« ..... Recommandez au duc de Trévise, dans le cas où l'ennemi serait trop en force et qu'il ne pût pas tenir à Langres, de faire évacuer toutes les pièces qui sont dans cette place sur Vitry et sur Troyes, et de se rapprocher lui-même de Châlons, mais lentement et seulement autant que cela serait nécessaire.

« Faites connaître au duc de Tarente que je vais porter mon quartier général sur Châlons. » (*Correspondance* n° 21.092.)

Le 16 au matin, Mortier avait rendu compte au major général de sa situation et l'avait informé des mesures qu'il prenait pour se retirer sur Chaumont : « L'ennemi s'est renforcé, lui écrivait-il. Dammartin est occupé et l'ennemi est attendu à Montigny-le-Roi. Je me trouve débordé. Les grenadiers à cheval de la garde, restés à Rolampont, ont l'ordre de partir demain matin à 4 heures pour Chaumont, où je compte coucher demain soir, et d'occuper La Ville-aux-Bois qui couvre la route de Montigny et de Bourbonne. L'évacuation totale de Langres entraînerait de graves inconvénients ; j'y laisserai le colonel Simon avec quelques hommes choisis parmi les plus fatigués afin de rassurer les habitants et de former un noyau de défense avec 400 gardes nationaux. On estime à 25,000 hommes les troupes que j'ai devant moi. Ce nombre est probablement exagéré, mais il est de fait que, depuis quatre jours, des renforts arrivent successivement par Chalindrey..... Tous les villages aux environs sont occupés. L'attaque vigoureuse qui a eu lieu dans la nuit du 12 au 13 à Châtenay-Vaudin et le combat de Longeau ont rendu l'ennemi circonspect. »

Aussitôt arrivé à Chaumont, où il avait pris position le 17 au soir, Mortier occupa immédiatement les hauteurs de Marnay, qui battent les passages de la Marne et La Ville-aux-Bois : « La cavalerie alliée est déjà établie à Biesles, écrit Mortier à cette date ; on m'assure que le prince de La Moskowa est à Bar-sur-Ornain : je suis donc en mesure de ne pas être débordé par l'ennemi. S'il ne fait pas de plus grands progrès, je resterai à Chaumont, et, si le prince de La Moskowa se reporte en avant, j'occuperai de nouveau Langres.....

« Je fais venir en hâte le 113e régiment qui est à Troyes. Les troupes de la garde, notamment les dragons et les chasseurs à cheval, qui n'ont pas eu un moment de repos depuis notre départ de Trèves, sont très fatigués. »

Mortier était, du reste, très bien renseigné sur la composition des troupes qu'il avait devant lui : il savait que Gyulay avait sous ses ordres le prince de Hohenlohe et que le lieutenant-colonel comte Thurn, qui commandait le corps volant détaché du côté du IIIe corps, correspondait directement avec le prince de Schwarzenberg. (*Archives de la guerre.*)

le lieutenant-colonel Woyna, un des aides de camp de Schwarzenberg, envoyé vers les portes de la ville avec deux officiers de l'état-major russe pour parlementer avec le maréchal, tout surpris d'avoir pu, sans être arrêté par aucun poste, arriver jusqu'à portée de fusil des premières maisons, informa de la retraite de son adversaire le feldzeugmeister qui, n'ayant reçu aucun avis des troupes postées en vue de Langres, n'avait pas la moindre idée du départ du duc de Trévise.

Manquant de munitions pour ses canons, abandonné par la garde nationale, qui refusa de prendre part à la défense, le colonel Simon dut déposer les armes, et les Autrichiens entrèrent à Langres le soir même. Gyulay poussa alors sa cavalerie sur la route de Chaumont, envoya la division Crenneville à Humes, garda le gros à Langres, sauf une brigade qui cantonna en arrière de la ville, à Corlée et à Saint-Geosmes [1].

La brigade d'avant-garde de la division Wimpffen, sous les ordres du général-major Geppert, arrivait en même temps par la route de Dijon en vue de Langres.

Position des IV⁰ et V⁰ corps. — Le prince de Wurtemberg, exécutant les ordres de Schwarzenberg, avait porté son corps d'armée de Bourbonne à Montigny, et son avant-garde, sous le général Stockmayer, jusqu'à Frécourt. Enfin, et comme il résulte du rapport ci-dessous, le prince avait, en outre, envoyé à Mandres le lieutenant-colonel Röhrich, avec ses deux escadrons, et lui avait donné pour soutien la brigade Jett.

« Le prince royal de Wurtemberg au prince de Schwarzenberg [2]. — Bourbonne, 17 janvier 1814. — ..... Je fais reconnaître aujourd'hui le terrain en avant de Frécourt, ainsi que les routes qui, dans ma marche vers Langres, me permettraient de me jeter à droite sur la route de Langres à Chaumont pour le cas où l'ennemi ne se défendrait pas à Langres.

« Le lieutenant-colonel Röhrich, qui a poussé aujourd'hui jusqu'à Mandres, doit, s'il apprend que Chaumont est dégarni de

---

[1] Tagesbegebenheiten (*K. K. Kriegs Archiv.*, I, 30). Journal d'opérations du IV⁰ corps (*Ibid.*, XIII, 56). Rapport journalier à l'Empereur, 18 janvier (*Ibid.*, I, 436).

[2] *K. K. Kriegs Archiv.*, I, 391.

troupes ou évacué, surprendre cette ville cette nuit. J'ai signalé tout particulièrement à son attention les dépôts, le télégraphe et la poste. J'ai envoyé Platoff par Bourmont et l'ai décidé à jeter des partis sur la route de Chaumont à Châlons pour inquiéter et intercepter cette grande ligne de communication de l'ennemi.

« Je l'ai chargé de répandre partout les proclamations. Je préviens le feldzeugmeister comte Gyulay de mes mouvements.

« Vous verrez par les journaux que je vous envoie qu'on forme à Paris douze légions de garde nationale à la tête desquelles l'empereur Napoléon et les dignitaires de sa cour ont cru devoir se placer. »

A droite du IVe corps, le Ve corps avait sa gauche (division de La Motte) à Mirecourt, son centre (division Rechberg) à Charmes, sa droite sous Frimont à Bayon [1].

Platoff à Neufchâteau. — Stscherbatoff à Colombey-les-Belles. — A droite également et en avant du IVe corps, Platoff était à Neufchâteau où, quelques heures plus tard, il allait recevoir l'ordre de se porter par Andelot sur Bar-sur-Aube. Les partis qu'il avait envoyés à Bar-le-Duc lui firent savoir que l'ennemi se retirait vers la Marne.

A la droite de Platoff et plus au nord, couvrant le front du Ve corps, Stscherbatoff était à Colombey-aux-belles-Femmes (Colombey-les-Belles), d'où il envoyait le 17 les renseignements suivants :

« Du camp près de Colombey [2] (original en français). — Le 17 janvier 1814. — Les défilés qui se trouvent entre Colombey et Vaucouleurs m'ont décidé à m'arrêter près du premier endroit, car le second est occupé par l'ennemi, ainsi que Toul, près duquel il y a beaucoup de cavalerie. Je fais agir mes partis et me suis arrêté pour que l'ennemi ne me coupe pas dans les défilés et que je puisse protéger mes partis.

« L'avant-garde du feld-maréchal Blücher, commandée par le lieutenant général Wassiltchikoff, est arrivée aujourd'hui à Nancy. Par les nouvelles que j'ai, ils marcheront sur Toul.

---

[1] Tagesbegebenheiten (*K. K. Kriegs Archiv.*, I, 30). Tagebuch des Majors Fürsten Taxis (*Ibid.*, XIII, 32).

[2] Stscherbatoff à Schwarzenberg (*Ibid.*, I, ad. 369).

« Toutes les lettres particulières que j'ai interceptées annoncent que toutes les forces se portent sur Châlons.

« Les nouvelles d'ici sont que Napoléon a déclaré au Sénat qu'il donnera une bataille décisive sur les plaines de Châlons, et si elle n'aura pas de succès, il privera l'Impératrice de son époux. »

Stscherbatoff allait, dès le lendemain, être dirigé par Void et Ligny sur Saint-Dizier. Il semble qu'on voulait faire surveiller d'un côté par Platoff, de l'autre par Stscherbatoff, les routes qui, partant de Paris et passant, l'une par Troyes, l'autre par Châlons, conduisent vers le plateau de Langres.

Positions des autres corps de la grande armée. — A l'extrême droite des Alliés, Wittgenstein s'était, enfin, décidé à commencer sa marche en avant : il avait abandonné au comte de Hochberg (margrave Guillaume de Bade) le blocus de Kehl ; les troupes, retenues jusque-là sur la rive droite, vinrent à Haguenau, et l'on bombarda sans succès Phalsbourg. Le prince Eugène de Wurtemberg, qui avait pu arriver avec la 4e division et le 1er régiment de dragons badois jusqu'à Saverne, se chargea des opérations contre Phalsbourg, permettant ainsi à la cavalerie de Pahlen de reprendre sa liberté d'action.

Enfin, vers la gauche de la grande armée [1], le Ier corps est entre Langres et Longeau, sur la route de Langres à Dijon; la division Wimpffen est à Chassigny, la division Bianchi vers Mailly. D'après de nouveaux ordres, ces deux divisions devaient aller rallier les réserves autrichiennes du prince héritier de Hesse-Hombourg.

Affaire de cavalerie d'Occey. — De ce côté encore, Thurn, que nous avons laissé à Saint-Maurice, y avait appris qu'un fort convoi de poudres avait quitté Langres le 14 pour se rendre par la chaussée à Dijon avec une escorte.

Laissant à Saint-Maurice ses deux compagnies de chasseurs qui, à cause de la crue anormale des eaux de la Vingeanne, n'auraient pas pu traverser la vallée, et qu'il fit couvrir par quelques

---

[1] Tagesbegebenheiten (*K. K. Kriegs Archiv.* I, 30). Tagebuch der Majors Fürsten Taxis (*Ibid.*, XIII, 32).

cavaliers, il s'était porté avec le reste de sa cavalerie à Occey et y avait tendu une embuscade. Vers midi il aperçut du haut d'une colline le convoi, se composant de 23 voitures escortées par des cuirassiers du 12e, quelques hussards et chasseurs. Thurn laissa le convoi et son escorte dépasser le village d'Occey, en déboucha ensuite à l'improviste, se jeta sur les derrières du convoi, sabra la plus grande partie de l'escorte et s'empara de toutes les voitures, à l'exception d'une seule qui sauta pendant le combat [1].

N'ayant pas assez de monde pour pouvoir garder lui-même ses prises, Thurn les envoya au feld-maréchal lieutenant baron Wimpffen à Champlitte, en lui faisant savoir que, d'après ce qu'il avait appris des prisonniers, le convoi parti d'Auxonne était destiné à Metz, mais qu'on l'avait fait rétrograder sur Dijon parce qu'on ne trouvait pas les routes suffisamment sûres pour le laisser continuer sa route.

Nouveaux ordres de Schwarzenberg pour le 18. — Schwarzenberg, informé des événements de Langres, modifia naturellement les ordres pour la journée du 18 et prescrivit au IVe corps, soutenu par la 3e division (Duka) de cuirassiers russes qui devait venir à Marnay, de se porter sur Chaumont. Le IIIe corps devait cantonner dans les villages situés sur la route de Langres à Châtillon-sur-Seine, le Ier corps entre Longeau et Langres, et le prince héritier de Hesse devait chercher à arriver à Dijon le 19 [2].

---

[1] Thurn à Schwarzenberg. Sacquenay, 17 janvier, 2 heures après midi. (*K. K. Kriegs Archiv.*, I, 394.)

[2] CLAUSEWITZ, *Critique stratégique de la campagne de 1814.*

« On ne saurait guère démêler les raisons pour lesquelles on dirigea sur Dijon le prince héritier de Hesse-Hombourg avec les réserves autrichiennes, et le général Colloredo avec le Ier corps, dit Clausewitz dans sa critique. On voulait probablement assurer les communications avec Bubna, couvrir le blocus des places d'Alsace et de Franche-Comté et protéger l'aile gauche de Schwarzenberg. Tout cela porte l'empreinte de considérations stratégiques qui ne sont que les restes de l'ancienne routine. Faire soutenir 12,000 hommes par 40,000, c'est commettre une faute inexplicable. En janvier, les troupes d'investissement et l'aile gauche n'étaient nullement menacées. De plus, il est clair qu'une bataille décisive gagnée sur les bords de la Seine menait les Alliés à Paris, qu'une grande bataille perdue les ramenait sur le Rhin. Il n'y avait donc pas lieu de se préoccuper du blocus des places et de l'aile gauche. Avec une base aussi étendue, allant de Genève à Nimègue; avec les moyens dont on disposait, avec la ferme intention d'en finir en frappant à grands coups, on ne devait

Perte du contact avec Mortier. — Considérations sur les mouvements des Alliés depuis leur départ de Bâle. — Toute la grande concentration projetée et, en grande partie, exécutée, avait donc été complètement inutile, et cependant on avait eu le temps de tout prévoir et, surtout, de se renseigner, puisqu'on avait employé quatre semaines entières pour franchir les 190 kilomètres environ qui séparent Bâle de Langres, bien qu'on n'eût rien devant soi. Mais on faisait de la cavalerie un emploi si étrange qu'on ne savait même pas ce qu'était devenu Mortier après l'évacuation de Langres ; on le croyait déjà bien au delà de Chaumont, où l'on s'attendait à entrer sans avoir à tirer un coup de fusil. Comme le dit Toll dans ses rapports : « Gyulay, avec son insouciance et sa somnolence habituelles, avait trouvé absolument inutile de faire suivre, même par un petit parti, le maréchal Mortier[1], dont on avait, le 17 au soir, absolument perdu, non seulement le contact, mais encore la trace. »

On a bien essayé de justifier cette lenteur en prétendant qu'on tenait à rester à la même hauteur avec l'armée de Silésie, que ce fut, par conséquent, par calcul qu'on n'imprima pas au mouvement une plus grande activité. Cet argument est absolument spécieux et sans valeur. Rien n'empêchait, en effet, le généralissime de faire passer le Rhin à Blücher, de façon que la grande armée n'eût pas besoin, pour l'attendre, de piétiner sur place dans le Haut-Rhin, et, d'ailleurs, il n'y avait aucune raison valable pour ne pas laisser cette dernière prononcer son mouvement en avant. La marche de l'armée de Bohème, en s'accentuant dès le passage du Rhin, aurait, au contraire, présenté de nombreux avantages et épargné à Schwarzenberg une partie des fautes plus ou moins graves qu'il commit pendant ces quatre semaines.

S'il avait pris, dès le principe, la résolution de se porter carrément en avant, le généralissime aurait dû renoncer à ce grand et

---

pas s'inquiéter du danger, toujours très problématique, qui peut résulter d'un mouvement stratégique de flanc. »

Les troupes alliées attaquèrent, le 18 au soir, Varois, et le poste français se retira sur Saint-Apollinaire. Le général Liger-Bellair évacua Dijon le 19 au matin, se rendant à Auxerre, et le général de Veaux se porta à Saint-Seine avec quelques gardes nationales. De petits postes occupèrent Sombernon et Vitteaux. (*Archives de la guerre.*)

[1] BERNHARDI, *Toll, Denkwürdigkeiten*, IV, 189.

inutile mouvement de conversion, qui l'amena à pousser sa gauche jusqu'à Genève et à immobiliser ensuite tout un corps d'armée du côté de Dijon, à ce mouvement qui devait permettre de tourner des obstacles naturels que les Français ne songeaient pas à défendre, car ils ne pouvaient y amener que des forces insignifiantes, ce dont il eût été aisé de s'assurer sans danger. Il n'aurait pas, en poussant inutilement Wrède sur la rive gauche du Rhin dix jours avant le reste de ses forces, révélé à Victor le point contre lequel il se proposait de diriger ses premières attaques ; il ne lui serait pas venu à la pensée de choisir pour pénétrer en France quatre routes divergentes. Il lui aurait été impossible d'éparpiller du monde devant toutes les places, grandes ou petites, importantes ou insignifiantes, qu'il rencontra sur son chemin. Au contraire, il eût été forcé de garder son monde dans la main et ne serait pas arrivé à ce résultat inouï de ne pouvoir disposer, au moment où il croyait rencontrer à Langres des forces considérables, que d'une quarantaine de mille hommes sur une armée d'un effectif total supérieur à 200,000 hommes.

Au lieu d'attendre l'entrée en ligne de Blücher, de ne commencer à marcher que lorsque l'approche des colonnes de l'armée de Silésie obligea Ney et Victor à abandonner la vallée de la Moselle et à se replier sur la Meuse, il aurait, en accentuant quelque peu son mouvement, compromis sérieusement la retraite de Marmont qui reculait pas à pas devant Blücher. Enfin, surtout devant un adversaire aussi actif que l'Empereur, il importait avant tout d'agir vivement et résolument, et il fallait par-dessus tout le mettre dans l'impossibilité de rappeler Mortier de Belgique, de faire revenir Macdonald des frontières des Pays-Bas. Que serait-il arrivé si Napoléon, quittant Paris, où sa présence était malheureusement nécessaire, 10 ou 12 jours plus tôt qu'il ne le fit, avait pu, ramassant en route les corps de Mortier, de Ney et de Victor, les joignant aux quelques troupes qu'il aurait amenées avec lui, se jeter sur les colonnes alliées séparées les unes des autres, échelonnées, isolées, hors d'état de se soutenir réciproquement ? Il est bien probable que l'armée de Bohême aurait subi le sort réservé à Blücher pendant sa première tentative de marche sur Paris. L'Empereur aurait dès le début remporté des avantages sérieux dus presque uniquement aux dispositions défectueuses du généralissime. Celui-ci, dans la crainte de trop risquer, d'exposer son armée à des dangers imaginaires, avait commis à ce moment des imprudences que lui aurait fait chèrement expier Napoléon s'il n'avait pas été retenu loin de son armée par des nécessités de toute sorte.

Puisque, malgré la faiblesse bien connue des Français, on avait cru nécessaire de passer par le Brisgau et la Suisse pour tourner la ligne du Rhin que Napoléon était hors d'état de défendre, il aurait fallu tout au moins, une fois arrivé sur le plateau de Langres, suivre résolument l'une des lignes d'invasion, l'une des vallées aboutissant à Paris. En marchant vivement, on ne courait aucun risque, on augmentait le nombre de lignes d'étape et de ravitaillement, et l'on arrachait du même coup plus de terrain à l'ennemi.

Mais si nous passons des considérations générales à l'examen de certains points de détail, nous constaterons que, même sous ce rapport, tout était loin d'être satisfaisant. Grâce aux mesures absolument insuffisantes et à l'insouciance de Gyulay, le maréchal Mortier avait réussi à se dérober si habilement que les Alliés n'avaient pu rétablir le contact avec son arrière-garde. Au quartier général on pensait qu'il avait déjà dû évacuer Chaumont. On avait, en conséquence, prescrit au IV° corps de pousser sur Chaumont. Lorsque ces ordres parvinrent au prince royal de Wurtemberg [1], il avait déjà fait prendre à son avant-garde, sous le général von Stockmayer, la direction de Langres, parce que l'on avait négligé de le prévenir à temps des événements du 17.

18 janvier. — Ordres et mouvements du IV° corps. — Affaire de cavalerie de La Ville-aux-Bois. — Reconnaissance de Chaumont. — Le prince royal dut, par suite, reconstituer une nouvelle avant-garde, composée du régiment de chasseurs à cheval n° 4 (Prince Adam), d'un régiment d'infanterie et d'une batterie à cheval qu'il fit partir avec le général von Jett pour Chaumont, le 18 à 7 heures du matin ; il faisait en même temps savoir au général von Stockmayer d'avoir à suivre le mouvement du général von Jett, et ordonnait au gros de son corps de se porter de Montigny-le-Haut sur Chaumont. Il prévenait également le

---

[1] Tagesbegebenheiten (*K. K. Kriegs Archiv.*, I, 30), et Journal d'opérations du IV° corps (*Ibid.* XIII, 56).

lieutenant-colonel Röhrich de prendre à droite de Mandres pour gagner à hauteur de Riaucourt la route de Joinville à Chaumont. Cette dépêche ne put parvenir à temps au lieutenant-colonel qui, continuant à pousser droit devant lui, vint donner près de Biesles dans quelques escadrons de dragons et de carabiniers de la garde, qui se replièrent sur La Ville-aux-Bois. Un peu plus tard, lorsque le prince royal, marchant avec la colonne du général von Jett, vint renforcer Röhrich avec le régiment Prince-Adam et menacer La Ville-aux-Bois par le nord, ces escadrons continuèrent lentement leur retraite sur Choignes, où, protégés par 2 bataillons d'infanterie, ils passèrent sur la rive gauche de la Marne.

Après avoir enlevé Choignes, d'où son infanterie ne tarda pas à être chassée par un bataillon de grenadiers de la garde[1], le prince royal reconnut la position de Mortier. La trouvant trop forte pour oser l'attaquer avec le IV° corps seul, il se borna à canonner jusqu'à la nuit cette position qu'il comptait enlever le lendemain avec le concours du III° corps, qui était resté immobile pendant toute la journée, sans soutenir les troupes wurtembergeoises sur les rives de la Marne.

Affaire des cuirassiers russes à Vesaignes. — Pendant que le IV° corps était engagé sur la rive droite de la Marne, du côté de Choignes, la 3° division de cuirassiers russes (3 régiments, sous les ordres du général Duka) avait été poussée en avant par Gyulay sur la rive gauche de la Marne, et avait reçu du feldzeugmeister l'ordre d'aller cantonner à Marnay. Les cuirassiers qu'on avait négligé de mettre au courant de la situation, habitués, d'ailleurs, à servir de réserve, peu familiarisés avec le service des avant-postes, vinrent donner près de Vesaignes contre les premières vedettes françaises. Celles-ci se replièrent lentement sur une troupe d'infanterie française établie à Marnay et attirèrent les cuirassiers dans une embuscade tendue dans une vallée encaissée, par laquelle ils devaient forcément passer pour atteindre les cantonnements. Accueillis par un feu assez vif par-

---

[1] Journal et opérations du IV° corps (*K. K. Kriegs Archiv.*, XIII, 56), et rapport du commandant Gerbaud au Ministre de la guerre (*Archives de la Guerre*).

tant des hauteurs qui dominent cette vallée, les cuirassiers firent demi-tour et se replièrent sur Rolampont, après avoir perdu pas mal de monde. Comme la nature du terrain ne permettait guère de faire agir de la grosse cavalerie dans ces parages, Duka demanda à Gyulay de lui envoyer de l'infanterie et de lui donner l'ordre de lui ouvrir la route menant à ses cantonnements[1]. Un bataillon, une demi-batterie et un escadron de cavalerie légère rejoignirent, à cet effet, les cuirassiers à Rolampont dans la nuit du 18 au 19.

Positions des IIIe et V[e] corps et de Platoff. — Le IIIe corps était resté à Humes, et le feldzeugmeister, que le prince royal avait informé de ses projets d'attaque sur Chaumont, se proposait de manœuvrer le lendemain sur la droite de Mortier en débouchant par Foulain.

Les Bavarois du Ve corps étaient arrivés à Mirecourt ; Frimont, avec les Autrichiens, était resté à Bayon ; mais il avait envoyé le colonel von Mengen à Vézelise et le colonel von Geramb à Charmes.

Platoff, de son côté, expédiait de Neufchâteau 500 cosaques sur Joinville[2].

L'ataman apportait, il faut le croire, une bien grande négligence en toute chose, puisque l'adjudant-commandant La Condamine, porteur d'une lettre de Berthier au prince de Schwarzenberg et que Grouchy avait envoyé en parlementaire auprès de Platoff, rapportait à son général qu'il avait vu dans le bureau de cet officier un itinéraire dirigeant une colonne d'infanterie sur Langres et Chaumont par Saint-Thiébault[2]. La cavalerie française avait, d'ailleurs, réussi à faire connaître à Grouchy la position des cosaques d'une part et la marche de l'armée de Silésie de l'autre.

Affaire de Stscherbatoff à Vaucouleurs. — Quant à Stscherbatoff, qui continuait à se tenir à l'extrême droite de la ligne, il s'était porté de Colombey-les-Belles sur Vaucouleurs et avait rencontré à une demi-lieue de la ville les avant-postes français qu'il

---

[1] BERNHARDI, Toll, *Denkwürdigkeiten*, IV, 190, 191, Tagesbegebenheiten. (*K. K. Kriegs Archiv.*, I, 30.)

[2] Victor au major général (*Archives de la guerre*), et GROUCHY, *Mémoires*.

avait obligés à se replier sur le faubourg. « Mais (et ce sont là les termes mêmes dont il se sert dans sa dépêche[1], rédigée en français), les dragons qui y étaient à pied ont arrêté la charge. J'en suis sorti pour ne pas perdre beaucoup de mes cosaques. L'ennemi est sorti aussi, mais n'osa pas me charger avec sa cavalerie et fit mettre pied à terre à ses dragons. J'ai essuyé un grand feu de mousqueterie. Les canons que l'ennemi avait de l'autre côté de la rivière ont aussi tiré sur moi, ce qui m'a obligé de me retirer avec le gros de mon détachement sur le premier village de Gibeaumeix, qui est à moins d'une lieue de Vaucouleurs, mais mes avant-postes ont occupé les hauteurs où l'ennemi avait les siens. »

Pendant que les dragons du général Briche chassaient les cosaques de Commercy et de Vignot, la division d'infanterie française stationnée à Sorcy était dirigée sur Commercy et passait momentanément sous les ordres du général Briche, chargé de défendre le pont de la Meuse. Le général devait, s'il y était forcé, se replier en bon ordre sur Saint-Aubin, s'y mettre en bataille et y attendre l'arrivée du 2e corps et du 5e de cavalerie. Les gardes d'honneur restèrent, moitié à Sorcy, moitié à Ville-Issey. Le général Briche avait en outre, un parti de 300 chevaux entre Commercy et Saint-Mihiel. Ce parti établit son gros en arrière de Pont-sur-Meuse et tenait par des postes Mécrin et Aïlly, tandis que ses patrouilles poussaient sur Saint-Mihiel. A droite, le général de France, qui avait devant lui, du côté de Neufchâteau, les cosaques de Platoff, avait pour mission d'arrêter l'ataman et devait, s'il y était contraint, se replier sur Void après avoir prévenu de son mouvement les troupes de Void, Lay et Pagny-sur-Meuse[2].

Le même jour, Schwarzenberg, qui était venu s'installer à Langres, faisait savoir à Wittgenstein que l'armée de Bohême se concentrant entre Langres et Dijon, il devait par suite pousser immédiatement des troupes entre Commercy et Joinville pour se relier au Ve corps[3].

---

[1] Stscherbatoff à Schwarzenberg, de Saussure, janvier. (*K. K. Kriegs Archiv.*, I, 445).

[2] Grouchy à Milhaud et à de France (*Archives de la guerre*).

[3] Schwarzenberg à Wittgenstein, 18 janvier (*K. K. Kriegs Archiv.*, I, 428).

Mouvement des VIe, IIIe et Ier corps. — L'avant-garde du VIe corps avait commencé son mouvement, et Pahlen, avec les 4e et 34e régiments de chasseurs à pied, les uhlans de Tchougouïeff, les hussards d'Olviopol et 4 pièces d'artillerie à cheval, s'était avancé de Saverne à Sarrebourg, tandis que les cosaques de Rebrikoff et un escadron de hussards de Soumy s'étaient portés à Heming, à l'embranchement des chemins menant d'une part à Blâmont, de l'autre à Moyenvic.

Derrière le IIIe corps, le Ier corps, qui était à Saint-Maurice, allait y recevoir l'ordre d'aller à Dijon, avec les divisions Ignace Hardegg et Wimpffen postées à Aubigny, renforcer les réserves autrichiennes du prince héritier de Hesse-Hombourg, en ce moment à Mirebeau-sur-Bèze. Bianchi était à Langres, et le dernier échelon des gardes et réserves russes et prussiennes avait atteint Port-sur-Saône, où Barclay avait son quartier général.

Mortier se décide à évacuer Chaumont le 19 au matin. — Le duc de Trévise ne s'était pas un seul instant abusé sur les intentions de l'ennemi. Il s'était immédiatement rendu compte de la gravité de la situation et de la difficulté de sa tâche. Se voyant menacé de front par deux corps d'armée, sachant qu'il pouvait être d'un instant à l'autre débordé sur sa gauche par un troisième, n'ayant avec lui pour tenir tête à l'ennemi qu'une division d'infanterie[1] et une de cavalerie, il jugea sage et prudent de se dérober une fois encore comme il l'avait fait à Langres, d'évacuer sans bruit Chaumont et de prendre, le 19 à la pointe du jour, la route de Bar-sur-Aube, où il comptait être renforcé par la 2e division de vieille garde du général Michel, par le 113e de ligne, déjà arrivé à Troyes, de façon à avoir avec lui 8,000 hommes et 2,500 chevaux.

Bien que Schwarzenberg ne l'eût pas inquiété à sa sortie de Chaumont, il crut avec raison devoir se protéger contre une poursuite active, quelque improbable qu'elle pût lui paraître, en char-

---

[1] Les fatigues, les privations avaient réduit l'effectif des troupes de vieille garde du général Christiani à moins de 3,000 hommes, et le 19, Mortier, en écrivant de Colombey-les-Deux-Eglises au major général, se voyait obligé d'avouer que « La vieille garde elle-même s'affaiblit graduellement par la désertion. » (Mortier au major général, 19 janvier, *Archives de la guerre.*)

geant le général Letort, qu'il posta à Colombey-les-Deux-Églises avec 2,000 hommes et 400 chevaux, d'observer les routes venant de Chaumont et de disputer le terrain pied à pied. Pour lui faciliter sa tâche, le maréchal fit prendre à une partie de son corps d'armée une forte position sur les hauteurs qui bordent le ruisseau de Rouvre; sa gauche allait jusque vers Voigny, et une grosse batterie, placée en avant de sa droite, enfilait à la fois la route de Colombey et le pont de Fontaine. Le reste de son petit corps devait aller prendre position sur les hauteurs de la rive gauche de l'Aube, à Fontaine.

Schwarzenberg laissa le maréchal se retirer tout à son aise. Le généralissime s'était si peu rendu compte de la faiblesse numérique des troupes qu'il avait devant lui, qu'au lieu de tirer parti de sa supériorité, il aima mieux s'arrêter, remettre de l'ordre dans ses colonnes, faire reposer ses troupes tout en les concentrant, donner surtout à Blücher le temps d'arriver à hauteur de l'armée de Bohême et ne reprendre lui-même son mouvement qu'au moment où les têtes de colonne du feld-maréchal, après avoir franchi les côtes de Meuse, marcheraient vers la Marne.

19 janvier. — Le IVe corps reste à Chaumont du 19 au 24 janvier. — Il en résulta que le prince royal de Wurtemberg, entré à Chaumont le 19, y reçut l'ordre de s'arrêter et y resta *jusqu'au* 24. Il avait néanmoins poussé son avant-garde jusqu'à Jonchery et envoyé un parti de cavalerie vers Colombey-les-Deux-Églises [1].

Positions du Ve corps. — A sa droite, Wrède [1] était arrivé avec ses Bavarois à Neufchâteau, où il allait attendre pendant quelques jours des instructions; Platoff, n'ayant plus désormais aucun prétexte à faire valoir, se mettait, enfin, en route pour Joinville [2] avec le gros de ses cosaques : « Mes partis me précèdent, écrivait-il à Schwarzenberg, battant le pays dans toutes les directions. Ils agiront surtout sur la route de Langres à Châtillon. »

Frimont (aile droite du Ve corps), arrivé avec ses Autrichiens à Colombey-aux-Belles-Femmes (Colombey-les-Belles), avait en-

---

[1] Tagesbegebenheiten (*K. K. Kriegs Archiv.*, I, 30). Journal d'opérations du IVe corps (*Ibid.*, XIII, 56).

[2] Platoff à Schwarzenberg. Denville, 19 janvier (*Ibid.*, I, 462).

tendu le canon du côté de Toul et fait partir aussitôt sa cavalerie légère dans cette direction [1]. Les troupes du général Liéwen (du corps Sacken) bombardaient, en effet, cette place qui devait ouvrir ses portes le lendemain.

Schwarzenberg prescrivit à Wrède « d'avoir à se concentrer, à se relier à Blücher par des corps volants qui s'étendront de Toul à Joinville ». En l'informant de l'arrivée prochaine de Pahlen sur sa droite, il recommandait, en outre, à Wrède d'envoyer à gauche du monde à Vignory pour couper la communication entre Chaumont et Joinville [2].

Mouvements de Platoff. — Affaire de cavalerie à Vaucouleurs. — Platoff, après son départ de Neufchâteau, avait eu un petit combat à livrer avant de parvenir à passer la Meuse et à rejeter, une fois après avoir pris pied sur la rive gauche, les avant-postes français.

Stscherbatoff avait renouvelé sans plus de succès que la veille sa tentative contre le pont de Vaucouleurs :

« Toutes les troupes ennemies, écrit-il textuellement à Schwarzenberg [3], ont quitté leurs quartiers, sont sorties de l'autre côté de la ville et ont passé la nuit au bivouac. La nuit, j'ai donné ordre à mes avant-postes d'avancer ; l'ennemi évacua le faubourg et se retira par une longue digue dans la ville, et il fit dessus des abatis qui étaient gardés par des dragons à pied et protégés par les canons. J'ai fait occuper le faubourg.

« Ma perte ne consiste qu'en 4 cosaques et 9 chevaux tués, 1 officier, 1 bas-officier, 10 cosaques et 5 chevaux blessés. La perte de l'ennemi est très grande ; pour les prisonniers, il n'y en a que 6. *Je tâche d'en faire moins, car ils me gênent beaucoup.*

« Ce matin, un régiment de cosaques, attaché à une division de dragons du corps du général Sacken, faisant l'avant-garde de la division et destiné à reconnaître Vaucouleurs, arriva. Je lui ai remis le faubourg de la ville que j'avais pris la veille, et, ayant fait mon rapport au lieutenant général Wassiltchikoff, qui commandait l'avant-garde du général Blücher, je me suis retiré au

---

[1] Tagesbegebenheiten (*K. K. Kriegs Archiv.*, I, 30).
[2] Schwarzenberg à Wrède, Langres 20 janvier (*Ibid.*, I, 449).
[3] Stscherbatoff à Schwarzenberg. Saulxures-les-Vannes, 19 janvier (*Ibid.*, I, 445).

village de Saussure (Saulxures-les-Vannes) pour laisser reposer mon détachement, qui en a grand besoin, se trouvant presque tous les jours en affaire et bivouaquant toujours sous des pluies à verse sans avoir de repos. Après-demain je passerai la Meuse dans les environs si je pourrai le faire, vu la grande quantité de l'eau augmentée par les pluies, et j'irai par Gondrecourt pour m'avancer sur les grands chemins et agir autant qu'il sera possible.

« Les forces de l'ennemi à Vaucouleurs consistent en 5 régiments de dragons, 1 de gardes d'honneur, 6 canons et 11,000 (?) hommes d'infanterie. Un grand parc d'artillerie se trouve à Void [1].

« Il paraît que l'ennemi tient beaucoup à garder Toul et Vaucouleurs, et ne les cédera qu'à des forces supérieures. »

Positions des corps alliés le 19. — L'avant-garde (Pahlen) du VIe corps arriva à Blamont, poussant en avant d'elle les cosaques de Rebrikoff jusqu'à Lunéville.

Le IIIe corps avait dû, par cela même que le IVe corps avait reçu l'ordre de s'arrêter à Chaumont, se cantonner depuis Foulain jusqu'à Richebourg. Les réserves et les gardes russes et prussiennes en firent de même de Fayl-Billot à Combeaufontaine : les réserves autrichiennes du prince héritier de Hesse entrèrent à Dijon, et le Ier corps, en marche sur cette ville, était vers Thil-Châtel.

Le 19 janvier, la grande armée, moins le VIe corps, se trouve donc répartie sur une ligne allant de Colombey-les-Belles à Neufchâteau par Chaumont et Langres à Dijon, et, bien qu'elle n'ait encore devant elle que le petit corps du duc de Trévise, quoiqu'on n'ait eu aucun combat sérieux à soutenir, le généralissime croit cependant utile de s'arrêter de nouveau. Il se donne ainsi l'apparence de concentrer son monde, de relier ses colonnes entre elles, de faire avancer les convois ; mais, en réalité, et nous ne saurions trop insister sur ce point, il a pour objet de laisser à Blücher et à Wittgenstein le temps nécessaire, au premier pour pousser Marmont et déblayer une fois encore, par son intervention, le terrain en avant de la grande armée ; au second,

---

[1] Il est impossible de ne pas appeler l'attention du lecteur sur l'exagération de ce rapport. De pareilles inexactitudes ne peuvent avoir été commises de bonne foi.

pour entrer en ligne à droite du V° corps. Schwarzenberg espère, en outre, que ce temps d'arrêt lui permettra de se procurer les données, les renseignements militaires et politiques dont il a besoin pour établir un nouveau plan d'opérations destiné à remplacer celui qui, approuvé par les souverains, n'avait en vue que l'occupation du plateau de Langres.

Aussi, les ordres donnés le 19 consistèrent à arrêter tous les corps, sauf le VI° et les réserves et gardes russes et prussiennes, qui devaient arriver à Langres le 21, à charger Platoff de battre le pays entre la Seine et l'Aube, et Stscherbatoff d'en faire autant entre l'Aube et la Marne.

Lettre de Blücher à Schwarzenberg. — Enfin, comme nous avons eu lieu de parler de la correspondance échangée entre Wrède et Blücher d'une part, et Wrède et Schwarzenberg de l'autre, avant de passer aux journées qui nous séparent encore du combat de Bar-sur-Aube, nous croyons d'autant plus utile de reproduire ici la lettre que Blücher[1] adressait de Nancy, le 19, au généralissime, qu'elle contient certaines indications sur les mouvements de l'armée de Silésie, sur les projets du feld-maréchal, sur les intentions qu'il supposait à Marmont :

« J'éprouve, écrit-il, une véritable satisfaction à apprendre que Votre Altesse approuve mes mouvements, et je pense qu'Elle connaît également la correspondance que j'ai échangée avec le général comte Wrède, puisque l'on a poussé Wrède à droite, afin de me faciliter, à moi et à mon armée, notre marche sur la Moselle.

« J'ai conseillé au général comte Wrède, parce que je ne m'attendais pas à voir l'ennemi opposer une résistance sérieuse sur la Marne, de se rapprocher de Votre Altesse en passant par Neufchâteau.

« Je crois de mon devoir de mettre Votre Altesse au courant de mes projets.

« Le général York tâtera la contenance de l'ennemi à Luxembourg, Thionville et Metz, et sera, le 26, à Saint-Mihiel. Je désirerais, par suite, savoir si Votre Altesse approuve mon mouvement sur Arcis.

---

[1] Blücher à Schwarzenberg, Nancy, 19 janvier. (*K. K. Kriegs Archiv.*, I, 492.)

« Je serai, le 30, sur une position concentrique dans la ligne de Vitry à Arcis.

« Le général Kleist sera, à cette date, arrivé devant Metz avec le IIe corps prussien.

« L'ennemi fait mine de vouloir défendre la Meuse. Je fais tourner Toul par Pont-Saint-Vincent et attaquer cette place par le côté de Void. J'espère bien m'en emparer rapidement, d'autant qu'il n'y a, à ce que je crois, qu'une arrière-garde sur la Meuse. »

Le caractère essentiellement différent des deux principaux généraux alliés ressort, il semble, des termes mêmes de la correspondance qu'ils échangent. Blücher est toujours net et énergique. Pour lui, il n'y a jamais ni doute, ni surtout hésitation. Il justifie toujours le surnom qu'on lui a donné : *Vorwärts*, et, sauf à un seul moment, on ne le verra jamais s'arrêter pendant toute la campagne : il faut marcher, marcher toujours. Schwarzenberg, au contraire, dont la responsabilité est, il faut bien le reconnaître, plus grande et la situation personnelle plus difficile, tient à procéder avec plus de méthode et de circonspection, avec tant de méthode et de circonspection même qu'il perd et néglige les plus belles occasions. C'est ainsi qu'il choisit pour s'arrêter précisément le moment où une action énergique aurait pu amener de grands résultats : le moment où, arrivé sur le plateau de Langres, maître déjà des hautes vallées de la Moselle et de la Meuse, il peut, à son gré, descendre dans celles de l'Aube et de la Marne, et prendre rapidement et solidement pied au cœur même du bassin de la Seine; le moment où Napoléon, ne comprenant plus rien à la conduite du duc de Bellune, auquel il ne peut pardonner ni l'abandon des Vosges, ni la perte d'Épinal, lui fait écrire par Berthier la lettre suivante :

Lettres et ordres de Napoléon à Victor. — « Au maréchal Victor, duc de Bellune, commandant le 2e corps à Void[1]. — Paris, 17 janvier 1884.

« Monsieur le duc de Bellune, l'Empereur désapprouve que vous ayez abandonné Nancy. Sa Majesté vous ordonne de ne pas quitter la Moselle sans vous battre. Elle trouve que vous avez fatigué vos troupes par de grandes marches, et que vous avez

---

[1] *Correspondance de Napoléon*, 21.103.

donné de l'audace à l'ennemi en évacuant sans raison. Cela oblige le duc de Raguse et le duc de Trévise à faire également un mouvement rétrograde. Cela amène l'ennemi sur nous et fait le plus grand tort à nos affaires.

« On est surtout très peiné de voir que vous ayez évacué Nancy devant de la cavalerie sans avoir attendu l'infanterie. »

Cette dépêche ne faisait, d'ailleurs, que renouveler, à vingt-quatre heures d'intervalle, les reproches que le major général avait, par ordre de l'Empereur, adressés au duc de Bellune, à la date du 16. Cette première dépêche était même plus dure et plus sévère encore : « Si vous aviez défendu les cols des Vosges, écrivait le major général, l'ennemi serait encore de l'autre côté... Enfin, la Meurthe et la Moselle forment une barrière que vous devez défendre ; car, si vous vous retirez toujours sans combattre et sans nuire à l'ennemi, il marchera aussi vite que vous. L'essentiel est donc de retarder sa marche autant qu'il sera possible et de *pouvoir attendre jusqu'au 15 février*. Alors nous aurons une grande armée [1]. »

Deux jours plus tard, l'inquiétude et l'impatience de l'Empereur se sont accrues à un tel point qu'il ordonne au major général de partir de Paris le 19, d'être le lendemain aux avant-postes, de renvoyer le duc de Bellune, de rester jusqu'à ce que le duc de Raguse ait pris toutes les mesures pour la défense de la Meuse, qu'il n'était déjà plus possible de conserver.

Tout en faisant la part des difficultés intérieures que Schwarzenberg rencontrait à tout instant, des intrigues de toute espèce contre lesquelles il avait à lutter, il faut reconnaître que le généralissime n'avait pas su deviner ou n'avait pas voulu comprendre que, comme Napoléon ne cessait de le répéter à ses maréchaux, l'essentiel, pour l'Empereur, « *c'est de retarder la marche de l'ennemi autant qu'il sera possible.* »

Après avoir mis près d'un mois pour arriver à Langres, il allait aussi, de gaieté de cœur, perdre une semaine pour aller de Langres par Chaumont à Bar-sur-Aube, et, soucieux avant tout de couvrir sa responsabilité, il était, dès ce moment, décidé à ne rien faire d'important avant l'arrivée des souverains alliés à

---

[1] Registres de Berthier, *Archives de la Guerre.*

Langres, avant d'avoir reçu d'eux, ou tout au moins de l'empereur d'Autriche, l'ordre formel de continuer la marche en avant.

30 janvier. — Pahlen à Lunéville. — Le 20, Pahlen [1] informait Wrède, qu'il savait être à Neufchâteau, de son arrivée à Lunéville avec l'avant-garde du VIe corps. Il lui donnait en même temps connaissance du mouvement que l'aile gauche de l'armée de Silésie était en train d'exécuter sur Joinville ; mais il ajoutait qu'à cause de l'extrême fatigue de ses troupes, il se voyait dans la nécessité de leur accorder encore un jour de repos, le 21, et se porterait ensuite en avant, à marches forcées, pour arriver le plus tôt possible à hauteur des têtes des autres colonnes.

Renseignements fournis par Wrède. — Du côté du Ve corps, les Bavarois restèrent à Neufchâteau, d'où Wrède envoya à Schwarzenberg le rapport suivant, dans lequel il exposait au généralissime, auquel il parlait également de l'affaire que Platoff avait eue la veille à Greux, les projets qu'il prêtait à Napoléon.

« Le général de cavalerie comte Wrède au prince de Schwarzenberg [2]. — Neufchâteau, 20 janvier 1814.

« J'ai tout lieu de penser que l'empereur Napoléon se portera à Châlons et non à Troyes, et je crois d'autant plus à ce mouvement de l'ennemi que le feld-maréchal Blücher m'a informé de la retraite du duc de Raguse sur Reims.

« Il me semble donc que le moment est venu de marcher vite et droit à l'ennemi, d'autant plus que, manquant de cavalerie, Napoléon n'aimera guère à combattre dans les plaines de Châlons.

« Sachant que l'ennemi se proposait de faire sauter le pont de la Moselle à Greux [3], j'y ai envoyé un officier de mon état-major,

---

[1] Pahlen à Wrède, Lunéville, 20 janvier. (*K. K. Kriegs Archiv.*, I, 511 c.)

[2] Wrède à Schwarzenberg. (*Ibid.*, I, 492 d.)

[3] Schwarzenberg écrivant de Langres, le 22, à Bellegarde et à Colloredo pour les mettre au courant de la situation, leur donnait sur l'affaire de Greux les renseignements complémentaires que voici :

« Le prince de Schwarzenberg aux généraux comte Bellegarde et Colloredo. — Langres, 22 janvier 1814.

« La grande armée fait halte le 22. Le Ier corps est à Dijon. L'ataman comte Platoff, malgré toutes les difficultés que présentait l'entreprise, a franchi la Meuse à Greux et se porte par Joinville et Bar-sur-Aube sur Bar-sur-Seine.

« Lors de l'arrivée de l'avant-garde sur la Meuse, l'ennemi avait de la cava-

qui a trouvé sur ce point l'ataman comte Platoff. Une patrouille française avait tenté l'entreprise, mais elle avait été chassée par les cosaques, qui ont pris un officier et plusieurs dragons.

« L'officier fait prisonnier a dit que le général Milhaud, établi hier à Vaucouleurs, s'était avancé jusqu'à Maxey, et que ses avant-postes étaient à Taillancourt.

« Platoff me prévient qu'on attend de l'infanterie française à Vaucouleurs. »

De tout le V⁰ corps, Frimont faisait seul un petit mouvement ce jour-là et venait avec la division Spleny à Colombey-aux-Belles-Femmes (Colombey-les-Belles); la division Antoine Hardegg suivait et échelonnait ce mouvement. Si, du côté des Alliés, on continuait à n'avoir qu'une idée vague des mouvements des Français, que des renseignements incomplets et contradictoires sur leurs positions, il n'en était pas de même au 2ᵉ corps français. La cavalerie française n'ayant pas un seul instant cessé de suivre d'un œil attentif les mouvements des Alliés, Victor était encore, le 20 à une heure de l'après-midi, en mesure de pouvoir dire dans une dépêche que, de Vaucouleurs [1], il envoyait à Grouchy : « Il paraît certain que l'armée ennemie marche pour passer la Meuse, puisque les Bavarois et les Autrichiens ont remplacé les Russes à Neufchâteau. Je pense que l'ennemi va faire un mouvement sur Gondrecourt, afin de chercher à arriver à Ligny et à Saint-Dizier avant nous [1]. »

Le général Grouchy savait, en outre, que les Alliés défilaient à son extrême droite par le pont de Domrémy et se portaient de Greux vers Gondrecourt; qu'une reconnaissance envoyée par le général Lamothe (de la division Lhéritier), de Brixey aux Chanoines à Sauvigny avait été enlevée; que la cavalerie alliée conti-

---

lerie sur la rive opposée. On fit passer quelques hommes à l'aide de barques. On rejeta la cavalerie ennemie en lui prenant 1 lieutenant et 19 hommes. Nos pertes sont de 2 cosaques et 10 chevaux

« Le lieutenant fait prisonnier a dit qu'il venait de Taillancourt, où il y avait 5 régiments de cavalerie, sous les ordres du général Grouchy, qui forme l'avant-garde du maréchal Victor.

« Un autre parti de cosaques, envoyé pour soutenir ce détachement, n'a plus trouvé l'ennemi à Taillancourt et s'est assuré de la retraite des avant-postes ennemis sur Void. » (*K. K. Kriegs Archiv.*, 1, 518.)

[1] GROUCHY, *Mémoires*. Rapports des généraux de France, La Mothe, Briche et de l'adjudant commandant de La Condamine. (*Archives de la Guerre.*)

nuait à pousser en force sur Gondrecourt, par Vouthon, et qu'une autre reconnaissance, envoyée à Houdelaincourt, avait aperçu des coureurs se dirigeant vers Joinville et cherchant à savoir ce qui se passait vers Saint-Dizier et Chaumont, tandis que, du côté de Commercy, le général Briche signalait la présence de fortes colonnes à Bouconville et Apremont.

Positions des IIIe et IVe corps. — Pour les IVe et IIIe corps, postés l'un à Chaumont, l'autre à l'ouest de Chaumont, sur la route qui mène de cette ville à Châtillon-sur-Seine, tout se borna à l'installation du quartier général de Gyulay à Arc-en-Barrois, et au passage de l'Aube par l'avant-garde, avec laquelle Crenneville alla jusqu'à Courban.

Mortier à Bar-sur-Aube. — Pendant ce temps, le duc de Trévise[1] avait achevé, sans être inquiété un seul instant, sa retraite sur Bar-sur-Aube. Les partisans alliés, ayant fait savoir que Châtillon-sur-Seine n'était pas occupé par les Français, Schwarzenberg écrivit aussitôt à Barclay de Tolly[2], dont les têtes de colonnes arrivaient à ce moment à Langres, pour l'inviter à modifier de suite les destinations précédemment données à Platoff et à Stscherbatoff, à pousser Platoff par Joinville et Bar-sur-Seine vers Auxerre, afin de couvrir l'aile gauche, et à diriger Stscherbatoff entre Châlons et Troyes afin de renseigner les Alliés et d'inquiéter

---

[1] Le 20 au matin, il occupait fortement Lignol et songeait à faire réoccuper Colombey-les-Deux-Eglises. Il avait, d'autre part, fait garder, en aval de Bar-sur-Aube, le pont de Dolancourt et établi les grenadiers à cheval en colonne entre Bar, Ailleville et Arsonval.

[2] « Prince de Schwarzenberg au comte Barclay de Tolly. — Langres, 20 janvier 1814.

« Votre Excellence reconnaîtra avec moi qu'il est actuellement indispensable de modifier les directions de marche du corps de l'ataman comte Platoff et du détachement du général-major prince Stscherbatoff.

« Je vous prie donc d'envoyer au comte Platoff l'ordre d'aller par Joinville et Bar-sur-Seine sur Auxerre, d'où il devra couvrir votre gauche et d'où il pourra sans peine pousser vers Sens et Fontainebleau.

« *C'est là le plus beau rôle qu'on puisse donner à un corps de ce genre, et je crois cette mission si importante que je prie Votre Altesse d'adjoindre au comte Platoff quelques officiers de son état-major.*

« Je prie Votre Excellence de pousser le général Stscherbatoff entre Troyes et Châlons-sur-Marne, afin qu'il nous renseigne sur les mouvements et la position de l'ennemi et qu'il inquiète en même temps les routes menant à Paris. »

(K. K. Kriegs Archiv., 1, 477, et Tagesbegebenheiten, *Ibid.*, I, 30.)

les communications de l'ennemi par des pointes exécutées sur les routes menant à Paris.

Le Ier corps était à Montsaugeon ; comme il ne se composait plus que de la division légère Ignace Hardegg et de la division Wied-Runkel, on le fit renforcer, d'abord par la division légère Maurice Liechtenstein, puis par la division Bianchi, la division de grenadiers de Trautenberg et la division de cuirassiers de Nostitz, toutes trois tirées de la réserve autrichienne. On en forma une colonne qui, opérant pour son compte comme extrême gauche de la grande armée, devait se porter des environs de Dijon sur Châtillon-sur-Seine.

Composition nouvelle des troupes sous les ordres du prince héritier de Hesse-Hombourg. — Il est bon de rappeler ici que les troupes placées sous les ordres du prince héritier de Hesse-Hombourg, cantonnées à ce moment autour de Dijon, à Gray et Mirebeau, et chargées du blocus des différentes places, du maintien des communications avec Bubna devaient se composer, à partir du 23, de la brigade légère Scheither[1], d'une division mixte de cavalerie et d'infanterie laissée au prince Aloïs Liechtenstein (IIe corps), pour remplacer la division Greth, cédée dès le début des opérations à Bubna, de la division Wimpffen provenant du Ier corps ; enfin, de la division de grenadiers Weissenwolff et de la division de cuirassiers Lederer, qui avaient précédemment appartenu aux réserves autrichiennes. Ces réserves allaient donc, à proprement parler, cesser d'exister à partir du moment où ces différentes transformations auront été accomplies.

Lettre de Blücher à Schwarzenberg. — Enfin, c'est encore le 20 janvier que Blücher, annonçant de Nancy à Schwarzenberg la prise de Toul, lui confirmait ses précédents rapports et l'entretenait, comme on le verra dans la dépêche ci-dessous, des propositions qu'il avait faites aux prisonniers espagnols trouvés à Toul.

---

[1] Nous aurons à nous occuper au chapitre V, consacré spécialement aux opérations de Bubna et de l'armée du Sud, de quelques mouvements exécutés par la brigade Scheither. Cet officier général, après avoir assuré jusqu'au 30 janvier le blocus d'Auxonne, fut relevé à cette date par la division Wimpffen. Renforcé par un bataillon de cette division et par quelques troupes appartenant à Bubna, il reçut l'ordre de s'emparer de Chalon-sur-Saône et de combiner ses opérations avec le colonel Wieland, de la division Bubna.

Voir pour ce dernier ordre : *K. K. Kriegs Archiv.*, I, 632.

« Le feldmaréchal Blücher au prince de Schwarzenberg[1].

« Nancy, 20 janvier 1814.

« Je félicite Votre Altesse des succès remportés à Langres et la remercie des nouvelles qu'elle m'a envoyées relativement à la marche des IVe et V^e corps.

« Je ne peux aujourd'hui que confirmer mes précédents rapports. Un homme revenu hier ici m'annonce qu'il a trouvé, le 17, l'armée du maréchal Victor en marche de Ligny sur Châlons.

« La concentration de l'ennemi à Châlons peut, par suite, être chose faite le 21.

« Hier, j'annonçais à Votre Altesse que l'ennemi tenait encore Toul, et que je me proposais de faire tourner cette ville.

« Les hautes eaux ont quelque peu retardé la marche des troupes, mais j'ai fait enlever Toul aujourd'hui.

« Le général Sacken m'informe, par une communication verbale, qu'il y a pris 400 hommes et 2 canons.

« Je transfère mon quartier général à Toul. L'ennemi y a, dans la précipitation de sa retraite, oublié les Espagnols qu'il y tenait prisonniers. J'ai fait mettre en liberté le général Sotomayor, 30 officiers et bon nombre de soldats.

« J'ai offert aux officiers ou de retourner dans leur patrie par la Hollande, ou de former avec leurs hommes un bataillon spécial, à la tête duquel ils rentreraient chez eux dès que nous serons en communications avec lord Wellington.

« Le général Sotomayor et quelques officiers rentrent par la Hollande. Le reste constitue un bataillon que j'ai déjà armé et que j'emploierai, d'une part, pour escorter les convois, de l'autre, pour assurer le service de garnison.

« Le général Pahlen est aujourd'hui à Lunéville. »

P. S. « J'envoie à Votre Altesse copie du rapport du général Sacken qui me parvient à l'instant. »

21 janvier. — Pahlen dirigé sur Joinville. — Mouvement du VIe corps. — Pendant que Pahlen faisait le 21 une halte à

---

[1] *K. K. Kriegs Archiv.*, I, 466.

Lunéville, Wittgenstein, auquel Schwarzenberg[1] réitère encore l'ordre d'accélérer sa marche sur Nancy, débouchait, enfin, de Saverne en trois échelons, après avoir laissé la 5e division d'infanterie avec le prince Gortchakoff devant Kehl et Strasbourg, le général major Schakoffskoï avec 2 régiments de la 3e division devant Landau, et 2 régiments de la 14e division devant Phalsbourg. Le prince Eugène de Wurtemberg quittait Saverne le 21 avec son corps. Le quartier général de Wittgenstein avec le régiment de cosaques Ilowaïsky XII et le détachement du général Rüdinger (hussards de Grodno, un bataillon du régiment de Selenguinsk, la moitié du régiment cosaque de Wlassoff et 2 pièces d'artillerie à cheval), en partait le 22, et enfin le général Helfreich avec 2 régiments de sa division (la 14e), le régiment de dragons d'Ingrie et 12 bouches à feu, le 23.

Dans le rapport qu'il adressait ce même jour à l'empereur d'Autriche[2], Schwarzenberg, après lui avoir annoncé que le parti de cavalerie envoyé sur la route de Troyes n'y avait rencontré personne, ajoutait qu'il donnait à Pahlen l'ordre de venir à Joinville avec la cavalerie du VIe corps, afin d'avoir cette cavalerie à hauteur des têtes de colonnes du Ve corps et de l'armée de Silésie.

Ordres de Schwarzenberg à Wrède. — Le Ve corps étendit sa gauche jusqu'à Bourmont, et Frimont, arrivé avec ses Autrichiens à Neufchâteau, les y cantonna le long de la Meuse.

Pendant que Schwarzenberg[3] écrivait au commandant du Ve corps pour lui dire que « l'ennemi pouvait, au lieu de se masser à Troyes, se concentrer à Châlons, mais que néanmoins, au lieu de prendre plus à droite pour se porter sur Châlons, il aimait mieux marcher sur Troyes, parce qu'une fois l'armée alliée arrivée à Troyes, Napoléon, menacé sur son aile droite, se trouvant dans l'impossibilité de rester à Châlons, serait forcé de se porter en avant pour venir attaquer l'armée alliée sur une posi-

---

[1] Schwarzenberg à Wittgenstein, Langres, 21 janvier. (*K. K. Kriegs Archiv.*, I, 466.)

[2] Rapport journalier à l'empereur d'Autriche, Langres 21 janvier. (*Ibid.*, I, 503.)

[3] Schwarzenberg à Wrède, Langres 21 janvier. (*Ibid.*, I, 492, o.)

tion qu'il aura été facile de choisir à l'avance », Wrède recevait de Blücher une dépêche que nous croyons devoir donner dans toute sa teneur.

Lettre de Blücher à Wrède. — Le général bavarois transmettait cette lettre au généralissime, avec le rapport de Pahlen (relatif à sa halte à Lunéville), en ajoutant qu'il avait conseillé à ce dernier de venir à Gondrecourt et demandé à Wittgenstein de se relier à la droite du V° corps[1].

« Le feldmaréchal Blücher au général de cavalerie comte de Wrède. — 21 janvier 1814, 9 heures du matin.

« J'ai reçu la lettre que m'a apportée l'aide de camp prince de Löwenstein.

« L'armée de Silésie marche aujourd'hui par Void, Commercy et Vaucouleurs pour s'assurer les passages de la Meuse.

« Le général Sacken a appris à Nancy que l'ennemi est en marche de Châlons sur Langres ; mais ni lui ni moi nous n'ajoutons foi à cette nouvelle.

« Comme vous devez rester à Bourmont jusqu'à ce que le prince de Schwarzenberg ait fait serrer son extrême gauche, j'attendrai de mon côté l'arrivée d'York à Saint-Mihiel, où le général ne sera que le 26.

« L'armée de Silésie ne pourra donc être concentrée entre Arcis et Vitry que le 30.

« Ma cavalerie a néanmoins pour ordre de gagner constamment du terrain en avant[2]. »

La cavalerie de Platoff et de Stscherbatoff, soutenue par Wassiltchikoff à Vaucouleurs. — Passage de la Meuse. — Platoff et Stscherbatoff[3] étaient encore à ce moment devant le front du V° corps vers Joinville et Vaucouleurs, où la cavalerie du général Wassiltchikoff était arrivée dans la nuit du 20 au 21.

---

[1] Wrède à Schwarzenberg, Neufchâteau, 22 janvier. (*K. K. Kriegs Archiv.*, I, 511.)

[2] Blücher à Wrède, 21 janvier. (*Ibid.*, I, 511 a.)

[3] Tagesbegebenheiten (*Ibid.*, I, 30). — D'après les registres de Belliard, le duc de Bellune occupait Commercy, Void, Vaucouleurs et Gondrecourt ; Ney était à Bar-le-Duc, Ligny et Saint-Dizier. Belliard ajoutait : « Le maréchal duc de Trévise doit être à Chaumont. »

Stscherbatoff[1], qui n'avait pas encore connaissance de la présence de Wassiltchikoff, passa dans la journée la Meuse à Sauvigny et poussa de là par Gondrecourt jusqu'à Bonnet, d'où il envoya des partis à gauche sur Joinville, à droite sur Vaucouleurs. Le soir ses cosaques occupaient ces deux points.

Affaire de l'avant-garde du IVe corps à Juzennecourt. — L'avant-garde du IVe corps, sous le général von Stockmayer, s'avança sur la route de Bar-sur-Aube jusqu'à Blézy et Gillancourt. Le général von Jett, qui était à Bologne, y recevait l'ordre de pousser des partis vers Joinville pour communiquer avec Platoff. Quant au lieutenant-colonel Röhrich, posté avec ses deux escadrons à Bricon, il avait pour mission de se relier au IIIe corps posté[2] à Courban et à Arc-en-Barrois.

L'arrière-garde de Mortier occupait encore Colombey-les-Deux-Églises, et les cavaliers alliés avaient eu quelques escarmouches avec les coureurs français dans la forêt de Juzennecourt[3].

Thurn trouve Caulaincourt à Châtillon. — Le Ier corps, continuant sa marche sur Dijon, est à Is-sur-Tille et à Thil-Châtel, le corps volant du lieutenant-colonel Thurn à La Ferté-sur-Aube et Châtillon-sur-Seine, d'où cet officier adresse à Schwarzenberg les deux lettres suivantes pour lui annoncer l'arrivée du duc de Vicence, chargé de représenter La France au Congrès de Châtillon, et pour lui communiquer les particularités de l'entretien qu'il a eu avec Caulaincourt[4] :

« Le lieutenant-colonel comte Thurn, au prince de Schwarzenberg. — Châtillon, 21 janvier 1814, 9 h. 1/2 soir.

« Un courrier du duc de Vicence vient d'arriver m'annonçant que le duc en personne serait ici dans une demi-heure. Je l'enverrai à Langres par Arc, mais j'ai cru de mon devoir d'informer immédiatement Votre Altesse. »

« Le lieutenant-colonel comte Thurn, au prince de Schwarzenberg. — Châtillon, 21 janvier 1814, 10 heures soir.

---

[1] Stscherbatoff à Schwarzenberg, Bonnet, 22 janvier. (*K. K. Kriegs Archiv.*, I, 512.)
[2] Journal d'opérations du IVe corps. (*Ibid.*, 13/56.)
[3] Tagesbegebenheiten. (*Ibid.*, I, 30.)
[4] Thurn à Schwarzenberg, Châtillon, 21 janvier. (*Ibid.*, I, 485 et ad l, 485.)

« Le duc de Vicence vient d'arriver et m'a dit qu'il voulait parler au prince de Metternich en personne ou attendre ici une lettre du prince.

« Lorsque je lui dis : « Je viens, Votre Excellence, recevoir « vos ordres (sic), » il me répondit : « C'est à vous, les vain-« queurs, de nous les donner. » J'ai fait mon possible pour le traiter avec une politesse égale à la sienne.

« J'attends avec impatience les ordres de Votre Altesse et désire surtout savoir si je puis laisser le duc, comme il le désire, continuer sa route.

« Le duc me remet à l'instant une lettre à transmettre. »

De son côté, le généralissime avait prescrit au général Toll de diriger par Aubigny et Thil-Chatel sur Dijon les deux régiments de cosaques provenant du corps dissous du colonel Scheibler et destinés à rejoindre le Ier corps d'armée (Colloredo). Schwarzenberg ajoutait que, comme ces deux régiments de cosaques seraient affectés à la division du comte Ignace Hardegg, il serait bon qu'il y eût dans leurs rangs quelques officiers cosaques parlant le français [1].

Lettre de Schwarzenberg à Blücher. — Enfin, informant Blücher de la marche des IIIe, IVe, V[e] et VIe corps et des réserves russes vers Troyes, le généralissime ajoutait : « La direction à donner à la colonne de Dijon (Ier corps et corps du prince héritier de Hesse-Hombourg) dépendra des nouvelles que je compte recevoir demain. *J'approuve votre marche sur Arcis ; mais je crois que vous ferez bien d'exécuter au préalable, ou en même temps, par Vitry-le-François, une démonstration sur Châlons.* Je vous préviendrai du jour où je compte être à Troyes [2] ».

22 et 23 janvier. — Mouvements de Stscherbatoff sur Saint-Dizier. — Le 22 et le 23, c'est à peine si les différents corps de la grande armée firent le moindre mouvement. Au VIe corps, Pahlen passa la Moselle au pont de Flavigny, se porta jusqu'à Vézelise, où il fit reposer encore une fois son monde pendant

---

[1] Schwarzenberg à Toll. Langres, 21 janvier. (*K. K. Kriegs Archiv.*, I, 500.)
[2] Schwarzenberg à Blücher. Langres, 21 janvier. (*Ibid.*, I, 492.)

toute la journée du lendemain, et Wittgenstein se rapprocha gra duellement de Nancy.

Le V⁰ corps ne bougea pas, mais, chose singulière, au momen même où Schwarzenberg n'aurait dû songer qu'à une offensiv vigoureuse, il trouvait le temps d'écrire longuement à Wrède e d'insister à nouveau sur la nécessité de faire mettre en état d défense Hanau et Memmingen [1].

Stscherbatoff, arrivé à Bonnet depuis la veille, recommençai son mouvement vers Saint-Dizier, tout en conservant, écrivait-i à Schwarzenberg [2], sa communication à gauche avec Platoff. I craignait seulement que les grandes inondations ne *fissent occupe* (c'est le terme même dont il se sert dans sa dépêche rédigée e français) beaucoup de temps à ses marches.

Le prince royal de Wurtemberg était toujours à Chaumont. L III⁰ corps s'étendait de Château-Villain et Blessonville jusqu'à Clairvaux et La Ferté-sur-Aube ; et Thurn, pour les raisons qu'i expose dans sa lettre, avait cru bon de ne pas s'éterniser à Châ tillon et avait, comme on va le voir, poussé vers Bar-sur-Seine.

Mouvement du corps volant de Thurn sur Neuville. — « Le général von Hecht [3] ayant laissé à Châtillon une troupe des tinée à servir de garde d'honneur au duc de Vicence, j'ai cru qu ma présence et celle de mon détachement devenaient inutiles su ce point, et j'ai poussé par suite, hier 22, mon avant-garde ver Bar-sur-Seine. J'ai occupé aujourd'hui Neuville où se trouve m cavalerie, et Gyé, où sont mes chasseurs.

« Le duc de Vicence m'ayant fait connaître les causes d son voyage et la raison de sa présence à Châtillon, en me don nant communication d'une lettre du prince de Metternich, j'ai cr pouvoir laisser arriver jusqu'à lui deux courriers venant de Paris mais je l'ai prévenu en même temps que, tant que nous n'aurion pas reçu d'ordres de nos chefs, aucun de ces courriers ne serai autorisé à retourner à Paris.

« Une patrouille, que j'avais envoyée avec un émissaire dan

---

[1] Schwarzenberg à Wrède. Langres, 22 janvier. (*K. K. Kriegs Archiv.*, I, 524.

[2] Stscherbatoff à Schwarzenberg. Bonnet, le 22 janvier. (*Ibid.*, I, 512.)

[3] Thurn à Schwarzenberg. Neuville, 23 janvier, trois heures après midi (*K. K. Kriegs Archiv.*, I, 527.)

la direction de Bar-sur-Seine, annonce que l'ennemi n'a laissé à Troyes qu'une faible garnison et s'est replié, avec le gros de ses forces, en partie sur Châlons, en partie sur Sens.

« Le feldzeugmeister comte Gyulay vient de me transmettre les ordres de Votre Altesse relatifs à la réception et au départ des courriers du duc de Vicence.

« J'ai dirigé sur le quartier général de Votre Altesse le général et les officiers espagnols que j'avais trouvés à Châtillon. »

Les réserves et les gardes russes et prussiennes, arrivées le 22 à Humes et s'échelonnant en arrière jusqu'à Fayl-Billot restèrent, elles aussi, dans leurs cantonnements jusqu'au 28.

Voyage de Schwarzenberg à Dijon. — Arrivée de l'empereur de Russie à Langres. — Ce fut à ce moment que Schwarzenberg crut devoir partir le 23 pour Dijon afin de surveiller par lui-même l'exécution des mesures qu'il avait ordonnées quelques jours auparavant et qui modifiaient sensiblement la composition du Ier corps et des réserves.

Ce fut alors également que l'empereur de Russie arriva à Langres, et c'est vraisemblablement à sa présence qu'il convient d'attribuer la reprise des opérations complètement arrêtées, sans raison plausible, depuis le 18.

Le 23 janvier, de Blamont, Wittgenstein accusant réception à Schwarzenberg des ordres qui le dirigeaient par Nancy et Colombey-les-Belles sur Gondrecourt, lui annonçait que Pahlen prendrait, le 24, position entre Wrède, posté à Neufchâteau, et Blücher, qui devait se trouver entre Saint-Mihiel, Void et Vaucouleurs, et qu'il arriverait lui-même le 26 entre la Moselle et la Meuse à Colombey [1].

Positions de Mortier. — Affaires de Clairvaux et de Tremilly. — L'arrière-garde de Mortier occupait toujours devant les IIIe et IVe corps, entre Colombey-les-Deux-Églises et Bar-sur-Aube, une forte position, d'où elle ne cessait de pousser des reconnaissances offensives contre les avant-postes des Alliés. Toujours fidèle à

---

[1] Wittgenstein à Schwarzenberg. Blamont, 23 janvier. (*K. K. Kriegs Archiv.*, I, 580.)

cette défensive active qui lui avait si bien réussi, le duc de Trévise avait fait attaquer, le 23 au matin, par les chasseurs de la garde, le poste de Clairvaux-sur-Aube et y avait enlevé une douzaine d'hommes (chevau-légers de Klenau et Croates) de l'avant-garde du général Hecht (IIIe corps) qui, précédant Gyulay, était depuis le 23 au matin à La Ferté-sur-Aube.

Le prince royal de Wurtemberg, irrité de ces alertes incessantes et de ces coups de main qui fatiguaient son monde, avait eu l'intention d'enlever par surprise, le 23 au matin, les postes français de Colombey-les-Deux-Églises ; mais il renonça à ce projet dès qu'il sut que les Français occupaient solidement les bois situés entre Colombey et Juzennecourt, et, après en avoir obtenu l'autorisation de Schwarzenberg, il se décida, pour le lendemain, à une attaque combinée des IIIe et IVe corps sur Bar-sur-Aube.

Comme l'ataman Platoff avait fait savoir de Joinville, le 22[1], au prince de Schwarzenberg que, continuant à marcher sur Bar-sur-Aube, il serait à Doulevant le 23 ; comme son avant-garde avait poussé de là des partis en avant de ce village et que l'un d'eux avait même cherché à intercepter la route de Bar-sur-Aube à Brienne pour y enlever des courriers, on l'invita à prendre part à l'opération résolue sur Bar-sur-Aube, en tombant sur la gauche et les derrières de l'ennemi, au moment où il commencerait sa retraite.

Les mouvements de Platoff n'avaient pas échappé à la vigilance de Mortier, dont les reconnaissances avaient eu affaire aux Cosaques de l'ataman à Tremilly. Le maréchal sachant que Vassy et Montiérender étaient occupés par les Alliés, avait aussitôt, après cette escarmouche, envoyé 500 hommes d'infanterie avec 2 canons et 50 chevaux s'établir à Tremilly, ce point se trouvant sur les communications de Joinville à Brienne.

Comme il s'attendait à voir les Alliés faire un détachement sur Brienne, il avait prescrit au général Dufour, alors à Arcis-sur-Aube, d'aller occuper Brienne au plus vite. Le maréchal ne s'était pas trompé en pensant, ainsi qu'il l'écrivait le 23 au matin au major général, que Gyulay et le prince royal attendaient l'arrivée des Cosaques de Platoff pour agir ; il était, dès ce moment, convaincu qu'il allait être sérieusement attaqué le 24, et demandait avec instance à connaître la direction qu'il aurait à prendre, soit

---

[1] Rapport de Platoff, 23 janvier. (*K. K. Kriegs Archiv.*, I, 629 *b.*)

sur Troyes, soit sur Châlons, dans le cas fort probable où il se trouverait hors d'état de résister à des forces tellement supérieures aux siennes.

24 janvier. — Combat de Bar-sur-Aube. — Conformément à l'entente convenue entre le prince royal de Wurtemberg et le feldzeugmeister comte Gyulay, le IV⁰ corps se porta le 24 au matin vers Bar-sur-Aube, par la rive droite de l'Aube, le III⁰ par la riv gauche.

L'arrière-garde du duc de Trévise, sous les ordres du général Letort, surveillait de Colombey-les-Deux-Églises la route de Chaumont, avec 4 bataillons, 4 escadrons et 6 pièces ; une forte colonne avait pris position plus en arrière, de façon à pouvoir recueillir les troupes de Letort, sur les hauteurs situées en arrière du ruisseau de Rouvres. De cette façon, Mortier avait à sa gauche et devant lui le village de Voigny ; à sa droite, son artillerie enfilait à la fois la route de Colombey et le pont Boudelin, qui franchit l'Aube à Fontaines ; la division Michel occupait ce village. Enfin, sur la rive gauche, le reste des troupes du maréchal garnissait les hauteurs de Sainte-Germaine.

A onze heures du matin, Gyulay, qui marchait par la rive gauche avec son corps d'armée formé en deux colonnes, vint donner à Bayel, avec la colonne qui longeait la rivière, contre les avant-postes français, qui se replièrent sur Fontaines, au moment où la division Michel se déployait en avant de ce village.

« J'apprends à l'instant, dit à ce propos Schwarzenberg dans le rapport qu'il adressait le lendemain à l'empereur d'Autriche[1], que le feldzeugmeister comte Gyulay s'est avancé avec le III⁰ corps, le long de l'Aube, a repoussé l'avant-garde ennemie jusqu'au pont de Beau-de-Ville (il doit s'agir ici du pont Boudelin), où l'ennemi a pris une bonne position, avec 12,000 hommes (?), 10 canons et 4 obusiers. Le comte Gyulay, ayant reconnu qu'il était impossible d'enlever cette position sans sacrifier beaucoup de monde, s'était décidé à attendre l'arrivée du IV⁰ corps ; mais à midi, l'ennemi déboucha de Bar-sur-Aube, attaqua le III⁰ corps qui le rejeta et le fit poursuivre par sa cavalerie jusque sur ses

---

[1] Schwarzenberg à l'empereur d'Autriche. Langres, 25 janvier. (*K. K. Kriegs Archiv.*, I, 582.)

positions. L'ennemi renouvela à plusieurs reprises ses attaques que Gyulay réussit à repousser. »

Le prince royal de Wurtemberg, dont le corps était également formé sur deux colonnes, arriva à midi avec son avant-garde (général von Stockmayer et 3 bataillons), se dirigeant sur Colombey-la-Fosse qu'il voulait prendre à revers, pendant que le général von Jett, avec 2 régiments de cavalerie, 2 bataillons et une batterie à cheval, avait pour mission d'attaquer ce village de front. Le prince royal qui avait laissé le reste du IV⁰ corps avec le général Koch à Chaumont, n'avait en réserve que 2 bataillons, 1 régiment de cavalerie et une batterie.

Le général Letort avait, des hauteurs de Colombey, pénétré les projets du commandant du IV⁰ corps, et s'était mis aussitôt en retraite.

Le prince royal, se portant en avant sans attendre l'arrivée du gros de l'infanterie du général Stockmayer qui n'avait pas encore paru, chercha à entamer avec sa cavalerie et sa batterie à cheval, la petite colonne du général Letort, qu'il atteignit à Lignol. Celui-ci continua à effectuer sa retraite en bon ordre et ne tarda pas à être recueilli sur le plateau de Rouvres par la division Friant, qui garnissait les hauteurs du village de Voigny, pendant que les 20 bouches à feu, que Mortier avait mises en batterie sur ce point, obligeaient les Wurtembergeois à s'arrêter. « Le prince royal de Wurtemberg, dit Schwarzenberg dans son rapport, dont l'infanterie et l'artillerie étaient restées en arrière, ne put attaquer cette position. »

Gyulay avait continué à attaquer le pont de l'Aube et le village de Fontaines, mais, dit le Journal des opérations [1], il ne réussit pas à les enlever et ne s'empara du pont que le soir.

L'artillerie wurtembergeoise, et plus tard l'artillerie autrichienne étant arrivées en ligne dans le courant de l'après-midi, le maréchal Mortier [2], craignant avec raison d'être trop faible,

---

[1] Tagesbegebenheiten. (*K. K. Kriegs Archiv.*, I, 30.)
[2] « Mortier à l'Empereur. — Bar-sur-Aube, 24 janvier.

« Ainsi que je m'y étais attendu, l'ennemi m'a attaqué aujourd'hui. Depuis six heures du matin les troupes étaient sous les armes et j'étais en mesure. Le 113⁰, avec deux canons, occupait le pont près de Dolancourt. Un régiment de vieille garde et trois pièces de position avaient pris poste sur le plateau entre Proverville et Spoy. Le village de Fontaines était occupé par les chasseurs

pour avoir une chance quelconque de résister le lendemain à l'attaque de forces par trop supérieures en nombre, jugea prudent d'évacuer Bar-sur-Aube pendant la nuit. « Gyulay, dit encore Schwarzenberg [1], qui avait, ainsi que le prince royal, campé le soir en arrière du champ de bataille, m'annonce à l'instant que l'ennemi a évacué Bar-sur-Aube pendant la nuit, se retirant sur Châlons et sur Troyes. Le feldzeugmeister a occupé Bar-sur-Aube. Le IV⁰ corps, posté à Rouvres, Lignol et Villeneuve-aux-Fresnes, lui sert de soutien. »

Mortier se replie sans que les Alliés s'aperçoivent de sa retraite. — Ici encore, comme à Langres, les Alliés s'aperçurent si peu du départ de Mortier, que le 24 au soir, les deux généraux se concertèrent en vue de l'attaque qu'ils comptaient

---

à cheval de la garde, un bataillon de la vieille garde et 100 hommes de la 2ᵉ division. Le reste des troupes était rangé en bataille en avant de Bar, sur la route de Chaumont. Mes éclaireurs occupaient Arrentières. Vers onze heures l'ennemi déboucha sur deux colonnes, l'une par la route de Chaumont, l'autre par celle de Clairvaux. C'était une attaque réelle. On ne pouvait s'y méprendre à la profondeur des colonnes qui se présentaient devant moi. De fortes masses d'infanterie de la colonne venue de Clairvaux tentèrent de s'emparer du pont au-dessus de Fontaines. Mon artillerie l'en éloigna. Trois fois Fontaines fut attaqué avec impétuosité, trois fois l'ennemi fut culbuté. Il porta sur sa gauche de fortes colonnes. Cependant Spoy n'avait pas encore été attaqué à la tombée de la nuit.

« Le général Letort avait reçu l'ordre de se replier de Colombey-les-Deux-Églises sur Lignol. Il fut suivi par le corps du prince royal de Wurtemberg et une nuée de cosaques. Il vint se mettre en ligne avec nous, sa gauche dans la direction du plateau de Voigny, que j'avais fait occuper, et s'y est maintenu malgré la supériorité des forces qu'il avait devant lui. J'ai eu affaire au corps de Gyulay, que les prisonniers affirment de 30,000 hommes. Ces forces sont indépendantes de celles du prince royal de Wurtemberg, qu'on évalue de 12,000 à 15,000 hommes.

. . . .

« ..... Dans mes précédents rapports, j'avais eu l'honneur de faire connaître à Votre Majesté que l'ennemi manœuvrait par les deux rives de l'Aube. Il paraîtrait que toutes les forces concentrées à Arc, Château-Villain, La Ferté-sur-Aube, Clairvaux, etc., s'étaient réunies. Ma position n'étant plus tenable, je me porterai demain sur Vendeuvre pour couvrir la route de Paris. Je compte camper ensuite au pont de la Guillottière, qui m'offre une bonne position où je tenterai de nouveau le sort d'une bataille avant de me rendre à Troyes Si Votre Majesté pense que je doive aller de Troyes à Arcis-sur-Aube, elle aura la bonté de me le faire savoir. Je préviens de mon mouvement le général Gérard, qui a dû se rendre à Brienne. Platoff était à Doulevant : ses cosaques inondent le pays ». (*Archives de la Guerre.*)

[1] Schwarzenberg à l'empereur d'Autriche. (*K. K. Kriegs Archiv.*, I, 582.)

exécuter le lendemain. Ici encore, ils perdirent le contact. Leurs troupes légères et leur cavalerie s'étaient laissées arrêter par le premier obstacle qu'elles avaient rencontré sur leur route, le pont détruit près de Spoy, sans même essayer de trouver un autre passage et de poursuivre plus loin. Aussi, au lieu de chercher à savoir ce qu'était devenu Mortier, leurs généraux s'en tenant à des suppositions, se fiant aux bruits recueillis et à des renseignements qu'ils n'avaient pu faire contrôler, annonçaient au généralissime que le gros des troupes du duc de Trévise avait, de Bar-sur-Aube, pris la direction de Châlons, que la garde seule était allée à Troyes. Avec un peu d'activité et d'initiative, il leur aurait été cependant facile de constater que le petit corps français, presque exclusivement composé de troupes de la garde, s'était tout entier replié sur Troyes. Enfin, on ne s'explique guère les raisons pour lesquelles le prince royal laissa le gros de son corps à Chaumont, et ne porta que 7 bataillons, 13 escadrons et 3 batteries à l'attaque de Bar-sur-Aube.

Fautes et mensonges de Platoff. — Le combat de Bar-sur-Aube avait, d'ailleurs, coûté pas mal de monde aux deux adversaires, mais comme le dit le Journal des opérations tenu au quartier général de Schwarzenberg [1], comme le constate également le Journal des opérations du IVᵉ corps [2], les Français auraient certainement plus souffert, si, ainsi qu'il en avait reçu l'ordre et ainsi qu'il l'avait promis la veille au prince royal de Wurtemberg, Platoff avait paru sur leurs derrières avec ses 4,000 cosaques.

De même qu'à Épinal, l'ataman était arrivé trop tard, et bien qu'au lieu de déboucher sur le derrière des Français, il se fût montré sur ceux du IVᵉ corps, il osa néanmoins adresser à Schwarzenberg le rapport ci-après [3] :

« Ayant pris avec mon corps la direction de Bar-sur-Aube, je faisais, de mes postes avancés, replier les détachements de cavalerie des gardes ennemies, de Joinville jusqu'à Beurville. Ces détachements étaient destinés à couvrir l'aile gauche du corps du

---

[1] Tagesbegebenheiten. (*K. K. Kriegs Archiv.*, I, 30.)

[2] Journal d'opérations du IVᵉ corps. (*Ibid.*, XIII, 56.)

[3] Platoff à Schwarzenberg. Bar-sur-Aube, 25 janvier (en français dans l'original). (*K. K. Kriegs Archiv.*, I, 572.)

maréchal Mortier, qui se trouvait à Bar-sur-Aube, ayant son avant-garde, hier, à Colombey-les-Deux-Églises.

« Mes partis entretenaient la liaison avec les troupes wurtembergeoises qui occupaient le grand chemin de Châlons. Jours et nuits, j'envoyais des cosaques en flanc et en dos de l'ennemi, devant le général Gyulay et le prince de Wurtemberg.

« Mes cosaques l'inquiétèrent de même pendant qu'il était aux mains avec ces généraux, dispersèrent les détachements de cavalerie des gardes qui voulaient s'opposer à eux et firent nombre de prisonniers. L'ennemi fut obligé de quitter Bar-sur-Aube. Il y abandonna 200 blessés et prit sa direction sur Troyes.

« Mes partis le poursuivent en côté sur le chemin ; mais demain, ils se dirigeront sur Bar-sur-Seine, où je vais me porter moi-même.

« Les prisonniers des gardes, que j'ai pris, ont été remis au comte Gyulay. »

Lettre du prince royal de Wurtemberg au général Toll. — Le prince royal de Wurtemberg devait être cette fois moins patient, moins crédule et moins indulgent qu'à Épinal. Justement indigné et de la mollesse et des impudences de Platoff, qui osait, de Beurville (à 15 kilomètres de Bar), lui annoncer, le 25, que ses cosaques avaient chassé l'ennemi de Bar, le prince royal ordonna, le 26 janvier, à un des officiers de son état-major d'écrire au général lieutenant Toll. Dans cette lettre, qui est reproduite ci-dessous, il flétrit comme elle le mérite, quoique dans des termes peut-être un peu trop violents, l'inexplicable conduite de l'ataman pendant la journée du 24 janvier :

« Bien que ce document [1] ne doive pas être considéré comme une communication officielle, mais uniquement parce qu'il me semble nécessaire de faire connaître la vérité à Votre Excellence, je crois revenir encore une fois sur *l'affaire* [2] sérieuse d'avant-hier, dont l'issue a été satisfaisante puisque la vieille garde, une

---

[1] BERNHARDI, *Toll. Denkwürdigkeiten*, V. 397. Lettre adressée au général-lieutenant comte Toll par l'état-major général du prince royal de Wurtemberg, le 26 janvier 1814.

[2] En français dans le texte.

partie de la jeune et une division arrivée de Metz en toute hâte ont dû se retirer après avoir subi de grosses pertes.....

« Dès que le prince royal eut combiné, le 23 après midi, son attaque avec le feldzeugmeister comte Gyulay, il écrivit à l'ataman (Platoff) pour l'engager à se porter, le 24, sur Bar-sur-Aube et à se montrer sur les derrières de l'ennemi, qui se retirait de Colombey. L'ataman, avant d'avoir reçu la lettre du prince, avait de son côté prié Son Altesse, par une communication datée de Beurville le 24 de grand matin, de vouloir bien entreprendre quelque chose contre Colombey, parce que lui, Platoff, avait l'intention de tomber sur les derrières de l'ennemi et de pousser sur Bar-sur-Aube.

« Nous comptions par suite d'une manière absolue sur la coopération de l'ataman; nous avions enlevé les positions de l'ennemi, nous l'avions rejeté sur la ville, en avant de laquelle il occupa sérieusement une nouvelle position sur le front de laquelle il avait mis vingt bouches à feu en batterie, et nous ne savions toujours rien de l'ataman, si ce n'est qu'on avait vu quelques cosaques sur nos propres derrières. Le prince royal espérait toujours voir l'ataman déboucher par Arrentières avec son artillerie, prendre l'ennemi à dos et l'obliger ainsi à traverser dans le plus grand désordre le défilé formé par la ville. Ce mouvement aurait permis à Gyulay, sérieusement engagé à Fontaines, et au prince royal de se porter simultanément sur Bar et d'infliger à l'ennemi une véritable défaite.

« Mais ce ne fut qu'hier matin, après l'entrée de Gyulay à Bar et après le retour du prince royal de Bar à Colombey, que Son Altesse reçut dudit ataman une lettre toujours datée de Beurville, lettre par laquelle il lui faisait connaître que ses cosaques avaient chassé l'ennemi de Bar, et qu'ayant désormais les mains libres, il allait se porter en droite ligne sur Fontainebleau.

« A Votre Excellence d'apprécier la conduite de l'ataman. Quant à nous, après avoir critiqué et blâmé son attitude, nous ne pouvons plus que rire de l'impudence de cet imposteur. »

Platoff dirigé sur Sens et Fontainebleau. — C'était cependant à un pareil officier que l'empereur de Russie avait cru pouvoir confier la délicate mission qui consistait à enlever le pape à Fontainebleau. Le 24 janvier, en effet il avait fait écrire à Platoff par Toll une lettre dans laquelle il lui disait : « Sa Majesté tient par-dessus tout à ce qu'une fois arrivé à Bar-sur-Seine, vous vous dirigiez de suite sur Auxon et Sens pour vous porter sur la route qui va de Paris à Dijon par Fontainebleau et la rive gauche de la Seine. Comme le midi de la France envoie sans cesse des approvisionnements de toute sorte à Paris, tant par les routes de terre que par les voies fluviales, vous ferez solidement occuper Moret et Nemours, points par lesquels tous ces transports doivent forcément passer, vous vous emparerez de ces envois en vous gardant de détruire des approvisionnements qui peuvent nous être très utiles, et vous aurez soin de faire connaître au prince de Schwarzenberg la nature et la quantité des envois qui tomberont entre vos mains [1]. »

On verra plus loin de quelle façon l'ataman s'acquitta de cette mission.

Pahlen à Maxey, Stscherbatoff à Eurville. — Pahlen (avant-garde du VIe corps) était arrivé le 24 à Maxey et le Ve corps n'avait pas bougé de Neufchâteau.

Stscherbatoff, moins indolent que Platoff, était du côté de Saint-Dizier, agissant avec ses partis à droite et gauche d'Eurville, annonçant à Schwarzenberg que, pendant les journées des 23 et 24, les troupes ennemies se repliaient de Void par Ligny sur Saint-Dizier.

C'est également d'Eurville [2] qu'il écrit au généralissime pour lui annoncer qu'il lui envoie le maire de cette ville, le baron de Lespérut, attaché au maréchal Berthier, « parce que, dit-il, *la visite qu'il m'a faite et le désir trop manifeste qu'il avait de savoir la quantité des troupes qui demandaient des vivres et des fourrages, tout enfin me fait voir cet homme suspect.*

« Mes soupçons peuvent être mal fondés, mais ma prudence m'oblige à faire plutôt trop que trop peu, quand cela s'agit pour le bien général.

« Hier soir, ajoute-t-il dans le même rapport, on avait pris

---

[1] BERNHARDI, *Toll. Denkwürdigkeiten*, IV, 238-39.

[2] Stscherbatoff à Schwarzenberg. Eurville, 24 janvier. (*K. K. Kriegs Archiv.*, I, 548), et Tagesbegebenheiten (*Ibid.*, I, 30).

deux espions, et en passant par Eurville un d'eux a été arraché par les habitants, que j'ai fait assembler, leur ai dit que *nous ne venions pas faire la guerre à la nation, ce qui est annoncé par les proclamations; mais si, au contraire, nous trouverions des malveillants qui s'armeront ou chercheront à nous nuire de telle façon que ce soit, les coupables seront punis avec toutes les rigueurs militaires et leurs maisons brûlées* [1] ».

Thurn à Bar-sur-Seine. — A la gauche, le lieutenant-colonel Thurn occupait Bar-sur-Seine. Comme il était destiné à opérer du côté de Troyes, le généralissime lui envoya le capitaine von Tully, du régiment d'infanterie Erlach, « parce que, écrivait-il, cet officier, originaire de Troyes et connaissant parfaitement le pays, pourra vous rendre de grands services lors de l'occupation de Troyes, et qu'il sera bon de l'y laisser comme commandant de place [1]. »

Le 24 janvier, Thurn écrivait, lui aussi, à Schwarzenberg pour rendre compte de ses opérations, mais surtout pour se plaindre d'un ordre de Wrède et demander, comme toujours, des renforts.

« Un courrier du général comte Wrède m'apporte à l'instant l'ordre qui m'enlève les deux compagnies de chasseurs bavarois attachées jusqu'à ce jour à mon détachement. Ces deux compagnies rejoignent dès demain l'armée bavaroise.

« Je me permets respectueusement d'appeler l'attention de Votre Altesse sur la faiblesse de mon corps. Il ne me restera plus demain qu'un petit escadron de hussards archiduc Ferdinand avec deux officiers (un capitaine et un lieutenant).

« Votre Altesse comprendra, j'ose l'espérer, qu'avant d'avoir reçu des renforts, il me sera absolument impossible de rien tenter contre l'ennemi.

« L'ennemi a poussé aujourd'hui une assez forte reconnaissance et a inquiété le parti que j'avais envoyé du côté de Troyes et qui s'est retiré ensuite par Vaudes et Saint-Parres.

« Je me propose de tenir ici le plus longtemps possible. Il y a avec moi un parti volant envoyé par le feldzeugmeister comte Guylay, et qui se compose d'un escadron de chevau-légers et de

---

[1] Schwarzenberg à Thurn. Langres, 24 janvier. (*K. K. Kriegs Archiv.*, I, 564.)

2 compagnies d'infanterie, sous les ordres du lieutenant-colonel Selby[1] ».

Mouvements de Colloredo. — Positions du prince héritier de Hesse-Hombourg. — A l'extrême gauche, Colloredo qui avait reçu les troupes que lui attribuait la nouvelle organisation, et avec lesquelles il devait se porter sur Châtillon-sur-Seine, avait envoyé la division légère Ignace Hardegg dans la vallée de l'Armançon, vers Montbard, sur la route directe de Dijon à Paris, et poussé sa propre avant-garde jusqu'à Saint-Seine.

Le prince héritier de Hesse-Hombourg, dont le gros était encore à Dijon, avait dirigé Wimpffen avec sa division, 2 régiments de cuirassiers et 2 batteries de position, sur Saint-Jean-de-Losne pour y disperser des rassemblements armés et permettre au général Scheither de se porter sur Chalon-sur-Saône et d'envoyer de là des partis vers Mâcon afin de se relier avec le colonel Wieland[2]. Un escadron de chevau-légers autrichiens de Vincent avait occupé Beaune sans coup férir.

25 janvier. — Pahlen à Donjeux. — Le gros du VIe corps à Nancy. — Le 25, pendant que Wittgenstein avec le gros de son corps arrivait à Nancy, Pahlen se montrait sur les bords de la Marne, à Donjeux, où il devait être suivi et rejoint par le général Rudinger.

Positions des corps alliés. — Le Ve corps était encore dans ses cantonnements depuis Neufchâteau jusqu'à Clefmont. Le IVe corps restait en soutien du IIIe du côté de Colombey-le-Sec, de Colombey-les-Deux-Églises et de Lignol. Le IIIe corps était entré à Bar-sur-Aube, et ses avant-postes se tenaient en vue des dernières troupes de Mortier, postées entre Magny-Fouchard et Vendeuvre, et que, par suite de la destruction des ponts, Gyulay avait renoncé à poursuivre.

Schwarzenberg avait établi son quartier-général à Chaumont.

A gauche et plus en arrière, formant une sorte de deuxième

---

[1] Thurn à Schwarzenberg. Bar-sur-Seine, 24 janvier. (*K. K. Kriegs Archiv.* I, 545.)

[2] Tagesbegebenheiten. (*K. K. Kriegs Archiv.*, I, 30.)

ligne¹, Colloredo était à Saint-Seine et, avec quelques troupes seulement, dans les environs de Châtillon ; le prince héritier de Hesse-Hombourg se trouvait à Dijon, et, plus en arrière encore, le IIᵉ corps, sous Aloïs Liechtenstein, devant Besançon et Auxonne ; la division légère de Maurice Liechtenstein opérait d'une façon indépendante à l'extrême gauche, avec ordre de se diriger vers Auxerre, tandis que Bubna était à Pont-d'Ain, Zechmeister à Genève et Chambéry, Scheither à Mâcon.

En arrière du centre de cette longue ligne, les réserves et les gardes russes et prussiennes, cantonnées aux environs de Langres, se dirigeaient sur Chaumont.

Renseignements envoyés par Thurn. — En avant des corps d'armée en première ligne on ne trouvait, à gauche, que le petit corps volant du lieutenant-colonel Thurn, en marche de Châtillon-sur-Seine sur Bar-sur-Seine, où il devait arriver le 26 et d'où il faisait savoir à Schwarzenberg² que le corps ennemi posté entre Bar-sur-Aube et Colombey s'était replié le 25 au matin par Vendeuvre sur Troyes, emportant ses blessés sur des voitures. Thurn avait fait inquiéter, toute la journée du 25, l'ennemi par de fortes patrouilles et appris le soir que la plus grande partie des troupes qu'il avait devant lui s'était retirée de Vendeuvre par Dienville sur Brienne et s'était postée sur la route de Châlons. Après avoir reconnu la présence des avant-postes ennemis en avant de Troyes, à Maisons-Blanches, qu'occupaient 150 cavaliers et environ 100 fantassins, il avait encore poussé une reconnaissance de ce côté, chassé les vedettes et pu découvrir la faiblesse des postes avancés de l'ennemi, qu'à cause de sa propre faiblesse il avait dû se borner à harceler. « Il m'était, dit-il, d'autant plus impossible de songer à les attaquer, que des troupes ennemies défilaient constamment sur ma droite, de Vendeuvre à Troyes. Je pris donc

---

¹ Pour plus de clarté, et bien que nous nous réservions de revenir plus loin sur ces mouvements, nous croyons devoir ajouter ici que le 1ᵉʳ corps occupa Châtillon-sur-Seine le 26, que le feld-maréchal-lieutenant Bianchi arriva avec ses troupes à Saint-Seine le même jour ; que, sur la droite de la grande armée, l'avant-garde du VIᵉ corps s'avança jusqu'à Cirey-le-Château, et que les autres corps restèrent immobiles.

² Thurn à Schwarzenberg. Bar-sur-Seine, 26 janvier. (*K. K. Kriegs Archiv.*, I, 585.)

instamment Votre Altesse de donner une suite immédiate à ma demande urgente de renforts. » A droite de Thurn, Platoff, qui aurait dû être déjà rendu à Bar-sur-Seine, continuait à rester à Bar-sur-Aube, se préparant, sans se hâter, à marcher vers la Seine.

Stscherbatoff opère à Eurville sa jonction avec l'armée de Silésie. — Enfin, à l'aile droite, Stscherbatoff envoyait d'Eurville à Schwarzenberg la dépêche par laquelle il l'informait de sa jonction avec l'avant-garde de l'armée de Silésie [1], avec la cavalerie des généraux Lanskoï et Karpoff, qui occupaient Saint-Dizier. Stscherbatoff lui mandait, en outre, que, son détachement ayant empêché la destruction du pont sur la Marne, il comptait se remettre, le lendemain à la pointe du jour, en marche sur Arcis-sur-Aube.

Au moment même où les armées de Bohême et de Silésie opéraient leur jonction du côté de Saint-Dizier, l'Empereur partait de Paris et arrivait, le 26 au matin, à Châlons. Sa présence à l'armée, attendue avec une indicible impatience, allait désormais imprimer aux opérations une impulsion énergique, rendue plus nécessaire que jamais par la gravité des circonstances, et leur assurer l'unité de direction qui leur avait manqué depuis l'ouververture de la campagne.

---

[1] Stscherbatoff à Schwarzenberg. Eurville, 25 janvier (original en français). (*K. K. Kriegs Archiv.*, 1, 572.)

CHAPITRE III.

OPÉRATIONS DE L'ARMÉE DE SILÉSIE DEPUIS LE PASSAGE DU RHIN JUSQU'A LA PREMIÈRE JONCTION AVEC LA GRANDE ARMÉE DE BOHÊME (26 JANVIER 1814).

Effectif et position de l'armée de Silésie en décembre 1813. — Depuis le jour (7 novembre) où le conseil de guerre, réuni à Francfort-sur-le-Mein, avait fait tenir à Blücher l'ordre de ramener vers Mayence l'armée de Silésie, les différents corps de cette armée avaient mis à profit les quelques semaines de repos qui leur étaient accordées pour se refaire et se renforcer. Ils avaient reçu les missions suivantes :

Le Ier corps prussien (York), cantonné dans le duché de Nassau, le long de la rive droite du Rhin, avait été chargé de l'investissement de Castel et du fort Montebello. Depuis le 18 décembre, les hussards de Brandebourg, le 10e régiment de cavalerie de landwehr et quelques compagnies de chasseurs surveillaient le cours du Rhin, depuis le confluent de la Lahn jusqu'à Hochheim; la 7e brigade, cantonnée à Mosbach et Bieberich, fournissait les troupes qui bloquaient le fort Montebello et se reliait à Eltville aux postes échelonnés le long du Rhin ; la 2e brigade occupait Wiesbaden et Erbenheim et poussait ses avant-postes jusque sous Castel : son extrême gauche donnait la main à la droite du corps Sacken. Les 1re et 8e brigades étaient réparties aux environs de Langen-Schwalbach ; la cavalerie de réserve était à Kirberg et le quartier général d'York restait du 14 novembre au 30 décembre à Wiesbaden. L'effectif total de ce corps était au 1er janvier 1814 de 21,447 hommes d'après Damitz, de 22,108 hommes, dont 661 officiers, d'après Droysen, et seulement de 19,561 officiers, sous-officiers et soldats (à la date du 4 janvier) d'après Plotho et Bogdanowitch. Il se composait de 31 1/2 bataillons, 44 escadrons et 13 batteries (104 bouches à feu).

Le IIe corps prussien (Kleist), fort de 16,000 hommes environ (et de 20,000 d'après Bogdanowitch), à la date du 6 janvier, époque à laquelle il se mit en route pour se porter vers le Rhin, était resté jusqu'alors devant Erfurt. Ce corps d'armée qui devait, d'après les ordres qu'il reçut ultérieurement, être le 16 janvier à

Coblentz et du 27 au 28 à Trèves, avait détaché une colonne volante, composée de 2 escadrons du 2ᵉ régiment de hussards de Silésie, de 2 escadrons du régiment national de hussards de Silésie, d'un escadron de chasseurs avec quelques bouches à feu, laquelle, placée sous les ordres du général-major prince Biron de Courlande, avait été temporairement attachée au corps russe du général von Sacken.

Au moment où Kleist commença sa marche vers le Rhin, son corps comprenait 25 bataillons, 20 escadrons et 12 batteries (96 pièces). Il avait été précédé par sa cavalerie de réserve (16 escadrons et 16 bouches à feu), sous les ordres du général von Röder.

A gauche du corps d'York se trouvait pendant les mois de novembre et de décembre, le corps russe du général von Sacken, cantonné depuis le 2 décembre aux environs de Darmstadt. Composé des 6ᵉ et 11ᵉ corps d'infanterie (généraux-lieutenants Stscherbatoff et Liewen III, du corps de cavalerie du général Wassiltchikoff, des cosaques du général Karpoff), il présentait à la fin de décembre un effectif de 26 bataillons, 28 escadrons, 8 régiments de cosaques, 7 batteries (94 bouches à feu), en tout 21,550 hommes [1].

Le corps russe du général comte Langeron, placé en 2ᵉ ligne autour de Francfort, comprenait le 8ᵉ corps (général comte de Saint-Priest, qui, détaché à Ehrenbreitstein, opéra à part et d'une façon indépendante pendant une bonne partie de la campagne), le 9ᵉ (général Olsufieff) et le 10ᵉ (général Kapsewitch), le corps de cavalerie du général Korff et les cosaques du général Grekoff VIII. En en déduisant le 8ᵉ corps (environ 10,000 hommes), ce corps présentait un effectif de 23,000 hommes, répartis en 43 bataillons, 28 escadrons, 7 régiments de cosaques et 12 batteries (136 bouches à feu), 5 compagnies de pionniers et pontonniers et un équipage de ponts [2].

D'après Bogdanowitch, les effectifs du corps Langeron, au moment de la reprise des hostilités, auraient été de 36,000

---

[1] D'après Bogdanowitch : 26 bataillons, 32 escadrons, 7 régiments de cosaques, 8 batteries (96 canons), avec un effectif total de 19,500 hommes.

[2] D'après Damitz et Plotho.

hommes, réduits à 24,099 par suite du détachement du 8ᵉ corps qu'il compte pour 11,901 hommes.

Effectifs disponibles lors du passage du Rhin. — L'effectif total de l'armée de Silésie était donc *au moment où elle franchit le Rhin* de 67,000 hommes[1], avec un peu plus de 300 bouches à feu.

Mais comme Blücher dut laisser environ 15,000 hommes du corps Langeron devant Mayence, ce fut seulement avec un peu plus de 50,000 hommes qu'il commença les opérations sur la rive gauche du Rhin.

29 décembre. — Mesures prises par Blücher. — Blücher, dont le quartier général était installé à Höchst, se transporta de sa personne à Francfort-sur-le-Mein, le 29 décembre. Pour donner le change à tout le monde, au moment même où il adressait à ses lieutenants des instructions confidentielles relatives au passage du Rhin, il chargeait ostensiblement Ribbentrop, le commissaire général des guerres de l'armée de Silésie, de s'occuper activement de l'établissement des quartiers d'hiver et de la constitution des magasins nécessaires à des troupes appelées à faire un assez long séjour sur les points qu'elles occupaient sur la rive droite du fleuve.

Lettre de Schwarzenberg à Blücher. — A ce moment, le 26 décembre, Schwarzenberg annonçait au feld-maréchal « qu'il occupait Berne, Soleure, Zurich et Porrentrui ; que Bubna, arrivé à Fribourg, se dirigeait sur Genève ; qu'il comptait toujours parvenir à hauteur de Langres vers le 20 janvier ; qu'il n'avait pendant ce temps de craintes que pour la droite de l'armée de Bohême, et qu'il importait par suite d'occuper les forces françaises qui pouvaient se réunir à Metz, de façon à les empêcher d'envoyer du monde vers Huningue ou de chercher à traverser le Rhin à Kehl. » Le généralissime ajoutait dans cette lettre du 26 que Wittgenstein, étant encore trop faible pour pouvoir s'opposer à de semblables tentatives, il comptait sur l'armée de Silésie pour se charger de cette tâche.

---

[1] 74,000 hommes d'après Clausewitz.

Rôle attribué par le plan de campagne à l'armée de Silésie. — Le rôle attribué à l'armée de Silésie avait, d'ailleurs, été prévu et déterminé dans le plan général de campagne : « L'armée de Silésie passera le Rhin entre Coblentz, Mayence et Mannheim, bloquera ensuite Mayence, se portera avec son gros sur Metz, de façon à y arriver le 15 janvier, époque à laquelle la grande armée se trouvera à hauteur de Langres. L'armée de Silésie, sans se préoccuper autrement des places de la Moselle et de la Meuse, continuera son mouvement vers la Champagne, et le 31 janvier les deux grandes armées alliées devront être réunies entre Troyes, Arcis et Vitry. »

L'auteur du plan en question ajoutait : « Que l'armée de Bohême, passant par la Suisse et la Franche-Comté et ayant plus de chemin à parcourir, l'armée de Silésie devait franchir le Rhin onze jours après que les troupes de Schwarzenberg auraient effectué leur passage. »

Instructions confidentielles de Blücher à ses généraux. — Aussi, dès le 26 décembre, Blücher adressait à ses différents lieutenants des instructions confidentielles par lesquelles il fixait au 1er janvier 1814 au matin le passage du Rhin, que les corps de Langeron et d'York traverseraient entre Mayence et Coblentz, le corps de Sacken entre cette dernière ville et Mannheim. Les différents corps de l'armée de Silésie devaient se réunir le 4 janvier sur la ligne Kreuznach—Alzey.

Aux difficultés que présente toujours le passage d'un grand cours d'eau venaient encore s'ajouter celles qui provenaient de la présence sur la rive gauche du Rhin du maréchal Marmont avec le 6e corps et la faible division du général Ricard, et du fait que Mayence et Castel étaient occupés par les 12,000 hommes du général Morand.

Il en résultait que l'armée de Silésie devait tenter d'effectuer ce passage à la fois en amont et en aval de cette place et que l'opération n'avait de chance de réussir qu'à condition d'être préparée en secret et exécutée avec la plus grande célérité, de façon à ne pas laisser aux Français le temps nécessaire pour se concentrer et écraser les têtes de colonnes au moment où elles chercheraient à prendre pied sur la rive gauche.

Mouvements préparatoires des différents corps. — A cet effet, Langeron, avec le 10ᵉ corps (Kapsewitch) et la réserve d'artillerie, se porta le 29 sur la Nidda et la plus grande partie de la cavalerie de réserve s'établit entre Butzbach et Kirberg.

Le 30, l'infanterie continua son mouvement vers Wiesbaden, où elle releva les avant-postes prussiens, qui depuis Biebrich jusqu'à Mosbach participaient au blocus de Castel, pendant que la cavalerie de réserve atteignait Kirberg et Erstein et que le Iᵉʳ corps prussien (York) quittait Wiesbaden pour se masser entre Langen-Schwalbach et le Rhin.

Le lendemain 31, ce corps poussait jusqu'entre Nastätten et le Rhin, vers Caub et Sanct-Goarshausen. Langeron avec le 10ᵉ corps s'établissait derrière lui sur la rive droite du Mühlbach, la cavalerie de réserve à Langen-Schwalbach et Katzenellbogen et le 9ᵉ corps relevait les postes de l'aile droite des troupes en position devant Castel.

Le point de passage à Caub reconnu par un officier de l'état-major du 2ᵉ corps était, sans démonstration, occupé dans l'après-midi par une des brigades du Iᵉʳ corps, sous les ordres directs du général-lieutenant von Hünerbein, chargé de la conduite de l'avant-garde.

Tout était calme sur la rive gauche : on semblait n'y avoir aucune notion ni des projets de l'armée de Silésie, ni des mouvements qu'elle exécutait.

En même temps Saint-Priest massait le 8ᵉ corps russe sur la Lahn, de Dausenau à Ober-Lahnstein, et embarquait sur 82 bateaux amarrés à peu de distance du confluent de cette rivière, 5,000 hommes destinés à se porter immédiatement sur Coblence, dès qu'ils auraient débarqué sur la rive gauche.

Du côté du corps Sacken, on avait employé les derniers jours de décembre à la construction d'un pont de bateaux qui devait, au moment opportun, descendre le Neckar et permettre le passage aux environs de Mannheim.

Le 31 décembre au soir, l'armée de Silésie occupait les positions suivantes :

Le corps de Sacken était cantonné aux environs de Mannheim : le Iᵉʳ corps prussien entre Sanct-Goarshausen et Caub, où se trouvait également le quartier général de Blücher : Langeron avait pris position avec le 10ᵉ corps en arrière du Iᵉʳ corps. Le

9e corps était tout entier devant Castel et le 8e du côté d'Ehrenbreitstein, sur les rives de la Lahn. Le corps volant du général Biron, qui avait reçu l'ordre de rejoindre le corps de Sacken à Mannheim, y arriva dans la matinée du 31 décembre.

Ordres de l'Empereur à Marmont. — Mouvements de Marmont. — Au moment où l'armée de Silésie se préparait à passer le Rhin, Marmont qui avait été chargé jusque-là de la garde de la rive gauche avec les divisions Lagrange, postée en face de Mannheim, Ricard et Durutte entre Mayence et Coblence, venait de recevoir de l'Empereur, informé de l'apparition des Alliés en avant de Bâle, l'ordre de concentrer sur Landau le 6e corps et le 1er corps de cavalerie, pour se porter sur Colmar où il prendrait la direction supérieure des opérations en Alsace. Le maréchal, se conformant aux instructions de son souverain, avait aussitôt commencé son mouvement et se trouvait de sa personne, dès le 30 décembre, à Neustadt avec l'infanterie de Lagrange et la cavalerie de Doumerc. Il ne restait plus à Ober-Wesel, Bacharach et près de Mannheim que quelques petits postes de la division Lagrange. Quant à la division Durutte, une de ses brigades était répartie entre Coblence et les redoutes élevées en face de Lahnstein, l'autre était à Saint-Goar, Bacharach et Bingen ; la division Ricard marchait sur Kreuznach, pour se relier au maréchal.

La fortune souriait, on le voit, à Blücher et allait lui faciliter singulièrement une opération que la présence de forces quelque peu respectables aurait pu aisément faire échouer ou tout au moins compromettre.

1er janvier 1814. — Passage du Rhin par le corps Sacken. — Si Sacken avait eu le soin de faire descendre le Neckar au pont de bateaux qu'on y avait construit en pleine sécurité, il lui fallait pour jeter ce pont sur le Rhin, s'emparer tout d'abord de la redoute, armée de six bouches à feu et élevée par les Français, en face du confluent du Neckar et du Rhin. Il chargea de cette opération, qui devait s'exécuter dans la nuit du 31 décembre au 1er janvier, six régiments de chasseurs[1], sous les ordres des géné-

---

[1] D'après Bogdanowitch, 4 régiments de chasseurs et le régiment d'infanterie de Biélostok.

raux Talisin II et Sass, et qu'il avait embarqués sur des bateaux trouvés sur le Neckar.

Ces troupes formées en deux échelons s'ébranlèrent à 4 heures du matin. Protégées par le brouillard, elles réussirent à arriver sans être aperçues jusqu'à quelques pas de la redoute qu'elles enlevèrent en présence du roi de Prusse, non sans avoir eu leurs 2 généraux blessés et sans avoir perdu 300 hommes, parmi lesquels 1 officier supérieur tué et 2 blessés. A 6 heures du soir, le pont de bateaux était en place, et Sacken, commençant aussitôt à faire passer son monde sur la rive gauche, poussa le soir même jusqu'à Frankenthal. Des partis envoyés en avant arrivèrent, à droite jusqu'à Worms, à gauche jusqu'à Spire, tandis que le général prince Biron de Courlande, avec son corps volant, dont le gros s'était arrêté à Frankenthal, étendait ses avant-postes vers Alzey. Il devait de là chercher à se relier sur sa droite avec les corps d'York et de Langeron.

Combat de cavalerie de Mutterstadt. — Le général Karpoff II [1], qui avait pris à gauche avec ses cosaques aussitôt après

---

[1] Le corps de cosaques du général Karpoff II se composait d'environ 2,000 chevaux appartenant aux sept régiments suivants : cosaques du Don de Karpoff, de Lukowkin, de Semenstchikoff, de Kuteinikoff IV, de Grekoff, cosaques volontaires du baron Borde et 2° régiment de Kalmoucks.

Bien que la *Kurzgefasste Darstellung der Kriegsbegebenheiten der Schlesischen Armee im Jahre* 1814 (*K. K. Kriegs Archiv.*, I, 31) n'enregistre ce combat comme celui d'Alzey qu'à la date du 2 janvier, il est bien évident que l'affaire de Mutterstadt eut lieu le 1er janvier, et que Blücher, renseigné tardivement à ce moment, l'a par erreur laissé enregistrer à la date du 2.

Le rapport suivant de Marmont au major-général ne laisse aucun doute sur le moment où cet engagement a eu lieu :

« Marmont au major-général. — Hochdorf, 1er janvier.

« Informé par des douaniers fuyards du passage du Rhin par l'ennemi à Mannheim, j'ai réuni la cavalerie que j'avais sous la main et suis parti immédiatement pour Mutterstadt. Nous avons rencontré environ 100 cosaques en avant de Meckenheim. Le 7° dragons les a chargés et menés l'épée dans les reins jusqu'à Mutterstadt... Environ 300 chevaux ennemis étaient à Mutterstadt et se sont repliés. Voulant profiter du reste du jour et avoir des nouvelles précises, j'ai donné ordre au général Doudenarde de suivre avec ses 500 chevaux et de presser le mouvement de l'ennemi. A un quart de lieue de Mutterstadt, ce général a été attaqué par 1200 à 1500 chevaux, qui l'ont forcé à se replier... Je saurai demain matin à quoi m'en tenir. Si ce n'est qu'un fort parti, je le pousserai. Si c'est l'armée qui débouche, je me replierai sur Neustadt, et je défendrai les gorges pied à pied, autant que mes moyens me le permettront. La 8° division qui vient de Coblence ne m'a pas encore rejoint. Pour

s'être établi sur la rive gauche, rencontra près de Mutterstadt 8 escadrons français; il les chargea sans leur laisser le temps de se reconnaître, les mit en pleine déroute et leur enleva 25 officiers et 200 hommes.

Passage du Rhin à Caub par le corps York. — C'était surtout du côté de Caub que la fortune devait favoriser les entreprises de Blücher, bien qu'il eût choisi pour le passage le point qui paraissait se prêter le moins à une entreprise de ce genre. En effet, pour arriver à Caub, il fallait d'abord passer par le défilé de Weisel qui, s'il permettait d'y masser les troupes sans qu'on pût apercevoir leurs mouvements, présentait le grave inconvénient d'être commandé par les hauteurs de la rive gauche. Il pouvait, de plus, être aisément rendu impraticable si l'artillerie française, en incendiant le village de Caub, venait à en interdire complètement le débouché. Enfin, les hauteurs situées sur la rive gauche tombent presqu'à pic dans le fleuve. Le choix fait par Blücher d'un point aussi défavorable se justifie par la constatation qui avait été faite de l'absence de tout poste français et du manque de toute disposition défensive sur la rive gauche.

L'avant-garde du Ier corps prussien, forte de 12 bataillons d'infanterie, de 2 compagnies de chasseurs, de 16 escadrons et de 16 bouches à feu, le tout sous les ordres des généraux Hünerbein et Jürgass, s'était massée le 31 au soir sur la rive droite, un peu avant le moment où les pontons russes venant de Nastätten et destinés au pont arrivèrent sur ce point. On commença aussitôt à jeter le pont qui devait en amont de Caub mener à la Pfalz, sans que les mouvements de troupes et le travail des pontonniers eussent provoqué la moindre alerte sur la rive opposée. Vers 3 heures du matin 200 fusiliers s'embarquèrent et prirent pied sur la rive gauche après avoir essuyé quelques coups de fusil partis au dernier moment d'un poste de douaniers. Ces fusiliers eurent ensuite une légère escarmouche avec quelques faibles détachements qui,

---

accélérer sa marche, elle était formée en trois détachements. J'envoie à chacun d'eux des instructions conformes aux circonstances.

« Si l'ennemi se porte sur moi, je me retirerai sur Kaiserslautern et sur la Sarre. Si ce n'est qu'un parti, après lui avoir fait repasser le Rhin, je continuerai mon mouvement sur Strasbourg. »

(*Archives de la Guerre.*)

accourus d'Ober-Wesel et de Bacharach, ne tardèrent pas à se retirer. A l'aube, les Français renouvelèrent encore timidement leur tentative, mais sans plus de succès.

Renseignements recueillis par les Prussiens sur la rive gauche. — Un courrier, porteur de dépêches de Marmont, qui se rendait de Bacharach à Rheinfels, fut pris par les troupes passées sur la rive gauche. Les Prussiens apprirent par lui qu'ils n'avaient eu affaire qu'à un petit poste de 60 hommes et que la rive gauche était presque entièrement dégarnie de troupes. Des dépêches saisies, et qui étaient destinées au général Durutte, alors à Coblence, il ressortait clairement que Marmont avait l'intention de prendre position entre Kaiserslautern et Neustadt, où Durutte avait ordre de venir le rejoindre. Le maréchal prescrivait, en outre, à ce général, dans le cas où il lui serait impossible de marcher par Kirn et Oberstein, de se diriger par Birkenfeld vers la Sarre. Enfin, on savait désormais, et c'était là chose importante pour Blücher, que Marmont était pour le moment à Neustadt et que la division Ricard se tenait aux environs de Kreuznach. Aussi, dès qu'ils eurent repoussé la tentative faite au matin par les Français, les trois bataillons prussiens, qui étaient venus renforcer les deux compagnies de chasseurs, se portèrent en avant, escaladèrent les hauteurs et occupèrent Bacharach, Ober-Wesel et les villages environnants.

A 9 heures du matin, le pont atteignait enfin la Pfalz, qu'occupèrent aussitôt deux escadrons de hussards qui, avec deux canons, ne tardèrent pas à être transportés en bateau sur la rive gauche, où se trouvait déjà une brigade d'infanterie. La première brigade, aussitôt après avoir passé le Rhin en barques, avait immédiatement poussé dans la direction de Saint-Goar [1].

Rupture du pont de la Pfalz. — A 4 heures de l'après-midi, au moment où l'on se croyait presque certain de parvenir à achever rapidement le pont qui devait mener de la Pfalz à la rive gauche, les ancres cédèrent, les amarres se rompirent et les bateaux furent entraînés par la violence du courant. Force fut

---

[1] *Kriegs Archiv.* de Berlin, E. 25.

donc de reprendre à nouveau le travail, et le pont ne put être achevé que dans la matinée du 2 janvier. Enfin, les chasseurs, postés sur la rive droite à Rüdesheim, ayant signalé vers le soir des mouvements de troupes françaises se portant de Bingen vers Bacharach, le général von York crut devoir envoyer, le soir même, la première brigade, qui avait occupé Saint-Goar, soutenir à tout événement les quelques troupes postées à Bacharach.

Par suite de la rupture du pont, Blücher resta encore pendant la nuit du 1er au 2 janvier sur la rive droite, entre Caub, Weisel et Saint-Goarshausen, avec ce qui restait de trois brigades du Ier corps prussien et le corps russe de Langeron, établi plus en arrière, en deuxième ligne.

Passage d'une partie du corps de Saint-Priest. — Prise de Coblence. — Plus en aval, dans la nuit du 31 décembre au 1er janvier, Saint-Priest avait réussi à jeter sur la rive gauche deux de ses brigades, sous les ordres des généraux Bistrom II et Karpenkoff, et à faire enlever la redoute élevée par les Français en face de l'embouchure de la Lahn. Le général Durutte, forcé par ces événements de se retirer sur le Hundsrück, évacua Coblence, où les Russes entrèrent le 1er janvier à 4 heures du matin. Le général-major Pillar poussa encore le même jour jusqu'à Andernach, où il s'empara de six barques-transports chargés de vivres et de munitions.

Le 2 janvier, à 9 heures du matin, les pontonniers russes avaient achevé le pont de bateaux, dont les troupes et l'artillerie du Ier corps se servirent immédiatement pour achever leur passage. Comme on ne disposait que d'un seul pont, ce fut seulement le 3, à l'aube du jour, que le corps de Langeron put à son tour quitter la rive droite du Rhin.

Passage du corps Langeron. — Opinion de Clausewitz sur le passage du Rhin. — « Un passage de rivière, dit à ce propos Clausewitz, malgré toute l'admiration qu'il professe pour Blücher et qui l'amène souvent, même dans sa *Critique stratégique de la campagne de* 1814, quand il s'agit des opérations du feld-maréchal, à se départir de son impartialité ordinaire, un passage de rivière exécuté par 70,000 hommes sur une ligne de plus de 120 kilomètres de long, interrompue par une place dans laquelle l'ennemi a une garnison de 16,000 hommes, n'est pas une opération bien recommandable; car l'ennemi, pourvu que ses forces le lui permissent, pouvait se jeter avec tout son monde sur une fraction, celle de Sacken, et la bousculer avant que l'autre eût été à même de lui porter secours. Étant donné cependant la faiblesse des Français, comme il ne pouvait entrer dans leur plan de tenir ferme entre le Rhin et les Vosges, il n'y avait pas grand danger à tenter l'entreprise; de plus, comme on pouvait obtenir ainsi des résultats plus considérables qu'en opérant le passage sur des points plus rapprochés, on eut raison d'agir de la sorte : c'est à celui des deux adversaires qui a pour lui la supériorité du nombre qu'il appartient de provoquer la crise, de rechercher les grands résultats. »

Il y a assurément beaucoup de vrai dans la manière de voir de Clausewitz, et l'on ne saurait qu'approuver le principe qu'il pose en terminant. Toutefois il nous semble qu'il aurait été plus sévère pour tout autre général et qu'après avoir critiqué l'opération, comme il le fait à juste raison au début; après avoir mis en lumière ses inconvénients et ses dangers, il n'aurait pas manqué de dire, s'il n'eût pas été question de Blücher, que cette manière d'agir et le choix de points de passage aussi éloignés ne pouvaient se justifier que dans le cas où, avant de commencer l'opération, le commandant de l'armée de Silésie aurait su, par les rapports de ses émissaires, comme il l'apprit ensuite par les dépêches trouvées sur le courrier, que Marmont avait dû, par ordre supérieur, dégarnir la rive gauche et se porter sur Kaiserslautern.

2 janvier. — Mouvements des corps York et Langeron. — Pour remédier dans la limite du possible aux lenteurs inséparables du passage d'un grand cours d'eau sur un seul pont et surtout sur un pont de bateaux, Blücher prescrivit à York de se diriger aussitôt de Bacharach par Rheinböllen et Stromberg sur Kreuznach. Langeron reçut l'ordre de prendre, une fois sur la rive gauche, la chaussée de Bacharach à Bingen.

Marche de la division Ricard. — Le général Ricard avait passé la nuit à Kreuznach, où il avait eu connaissance du mouvement des Prussiens et des Russes sur Coblence et Bacharach. Il s'était mis aussitôt en marche pour se porter par le

Hündsrück vers Coblence et donner la main à la division Durutte. Bien que son avant-garde eût déjà dépassé Alzey, que son gros eût atteint Stromberg, son arrière-garde qui était encore à Laubach ne tarda pas à se joindre aux restes de la division Durutte qui se repliait sur Simmern et se reporta en avant jusqu'à Habsenbach. Mais les postes français de Saint-Goar et de Bacharach ayant été forcés par les Prussiens qui poussaient sur Rheinböllen et Stromberg, le général Ricard se vit contraint à s'arrêter à Laubach, afin de s'y réunir avec le général Durutte. Dès qu'il eut appris qu'York était maître des débouchés du Rhin sur le Hundsrück, qu'il occupait déjà Rheinböllen et Stromberg, que sa cavalerie remontait par la rive gauche de la Moselle et qu'il sut que le général Durutte n'avait avec lui que 400 à 500 hommes, il résolut de se diriger sur Trèves, pour s'assurer le passage de la Moselle.

Blücher, en poussant rapidement en avant le corps d'York d'abord sur Kreuznach, puis par la vallée de la Glan, sur Sarrebrück, pendant qu'il faisait marcher Sacken par Kaiserslautern et Deux-Ponts vers la Sarre, cherchait évidemment à empêcher les troupes des généraux Durutte et Ricard d'opérer, d'abord leur retraite, puis leur jonction avec Marmont.

Affaire de cavalerie de Rheinböllen. — York avait mis ses troupes en mouvement aussitôt après la réception des ordres du feld-maréchal, c'est-à-dire un peu après midi; son avant-garde prit la route de Kreuznach; les 1re, 2e et 7e brigades, et la cavalerie de réserve suivirent le mouvement de l'avant-garde. La cavalerie de l'extrême avant-garde chassa sans peine les cavaliers français de Rheinböllen, leur enleva une cinquantaine d'hommes et ne trouva plus trace de l'ennemi, ni à Stromberg, ni même à Kreuznach, où elle arriva pendant la nuit. La 2e brigade poussa jusqu'à Rheinböllen et Ellnau, et comme les Français occupaient encore Argenthal et Schnorbach, comme d'autre part cette brigade avait reçu l'ordre de continuer sa marche, elle laissa provisoirement à Ellern un bataillon et un escadron chargés de couvrir la droite des autres troupes du Ier corps jusqu'au moment où le colonel comte Henckel, qu'on venait de diriger sur Simmern avec un corps volant, aurait obligé les Français à quitter Argenthal.

Envoi du corps volant de Henckel sur Trèves. — Le détachement confié au colonel Henckel, et qui devait ensuite de Simmern se porter sur Trèves, se composait du 5e régiment de cavalerie de landwehr de Silésie (4 escadrons), de 2 escadrons du 3e régiment de cavalerie de landwehr de Silésie, du bataillon de fusiliers du corps et d'une demi-batterie d'artillerie à cheval. Comme cette colonne n'avait été formée que dans le courant de l'après-midi, elle arriva à neuf heures du soir à Rheinböllen, s'y arrêta quelques instants et reprit aussitôt son mouvement sur Simmern.

La marche du 2 janvier, exécutée par un froid des plus vifs et dans les mauvais chemins du Hundsrück, éprouva d'autant plus les troupes du Ier corps qui avaient déjà bivouaqué pendant les deux dernières nuits, que la plupart d'entre elles n'atteignirent leurs cantonnements situés en avant des gorges des montagnes que fort tard dans la nuit, et que quelques-unes même n'y arrivèrent que le 3 au matin. York arriva de sa personne à onze heures du soir à Stromberg, et le quartier général de Blücher resta à Bacharach.

Combat de Dürkheim et mouvement de Biron sur Alzey. — Du côté du corps Sacken, Marmont, afin de couvrir Kaiserslautern, avait pris position sur le Schindbuckel, avec la division Lagrange et la cavalerie de Doumerc, entre Dürkheim et Ellerstadt. Après un court combat, il avait dû se replier sur Hardenburg, en arrière de Dürkheim, et laisser entre les mains de l'ennemi une centaine de prisonniers. Les généraux Ricard et Durutte, se trouvant dans l'impossibilité de rejoindre le maréchal dès le moment où les troupes d'York les avait prévenus à Stromberg, se virent forcés à gagner la Sarre en passant par Laubach et Simmern.

Le 2 janvier, à neuf heures du matin, Sacken avait encore dirigé le corps volant du général prince Biron de Courlande, de Dautenheim sur Alzey. Ce détachement, en se portant le lendemain 3 sur Wonsheim, avait pour mission d'établir et d'assurer la communication avec l'avant-garde. Biron trouva Alzey évacué ; il réussit néanmoins à atteindre l'ennemi grace à un brouillard épais, à le surprendre entre Bermersheim et Lohnsheim, et à lui prendre 1 lieutenant colonel, 5 officiers, 20 hommes et 65 chevaux [1].

Combats de cavalerie de Mehlem et Ober-Winter. — La cavalerie de Saint-Priest avait continué à pousser en avant d'Andernach et était arrivée dans l'après-midi du 2 janvier jusqu'à Mehlem et Ober-Winter. Mais les cosaques, soutenus par quelques compagnies d'infanterie et une bouche à feu, vinrent se heurter sur ce point contre les généraux Albert et Jacquinot (du 5ᵉ corps, Sébastiani), qui, sortis de Bonn à leur rencontre, les attaquèrent aussitôt, les reconduisirent vivement dans la direction d'Andernach et réoccupèrent Remagen [2].

Passage du corps de Saint-Priest retardé par les glaces. — Le Rhin ayant commencé à charrier des glaces, Saint-Priest parvint, à grand'peine et en perdant beaucoup de temps, à faire passer successivement en bateau le reste de son infanterie, son artillerie et sa cavalerie. Force lui fut donc de rester plusieurs jours à Coblence, et ce fut plus tard seulement qu'il put commencer son mouvement par Andernach sur Malmédy, Dinant et Givet. Nous n'aurons plus, d'ailleurs, à nous occuper de Saint-Priest avant la mi-février, époque à laquelle il se mit en marche avec un des échelons du 8ᵉ corps russe pour se rendre à Saint-Dizier, où il arriva le 27 février. Il y resta alors pendant quelque temps pour réunir les renforts envoyés à Blücher et relier l'armée de Silésie, d'une part avec l'armée de Bohême, de l'autre avec le Rhin.

3 janvier. — **Mouvement de la cavalerie prussienne sur Bingen.** — La plus grande partie des troupes du Iᵉʳ corps fit

---

[1] La plupart des auteurs allemands (Plotho, Damitz, etc.) prétendent que les combats d'Alzey et de Mutterstadt eurent lieu le 1ᵉʳ janvier, le jour même du passage du Rhin, bien que la *Kurzgefasste Darstellung der Kriegsbegebenheiten der Schlesischen Armee im Jahre* 1814 (*K. K. Kriegs Archiv.*, I, 31) enregistre ces deux affaires à la date du 2 janvier, tandis que l'affaire de Mutterstadt eut lieu, comme nous l'avons dit, le 1ᵉʳ janvier. Celle d'Alzey, seule, est du 2 janvier.

[2] Sébastiani au major-général. Oberwinter, 2 janvier au soir. (*Archives de la guerre.*)

halte le 3 janvier. Tout se borna de ce côté à quelques opérations de la cavalerie de l'avant-garde et au mouvement du colonel comte Henckel.

Le général von Hünerbein, qui commandait l'avant-garde, ne sachant pas si Bingen était encore occupé par les Français, avait envoyé de ce côté une colonne volante qu'il fit partir de Stromberg le 2 au soir. Elle devait éclairer sa gauche et établir, si faire se pouvait, la communication avec le corps Langeron. Cette colonne, sous les ordres du lieutenant-colonel von Stössel et formée par le bataillon de fusiliers du régiment de Brandebourg, chassa de Waldalgesheim un petit poste français qui, grâce à l'obscurité, parvint à se retirer sans encombre. Le lieutenant-colonel von Stössel réussit néanmoins à savoir que les Français (il s'agit là du général Choisy qui, avec le 2ᵉ régiment de gardes d'honneur et un millier de fantassins de la 2ᵉ brigade de la division Durutte, alla ensuite s'enfermer dans Mayence), occupaient encore Bingen le 3 au matin et surveillaient le cours de la Nahe.

Combat de cavalerie de Simmern. — Le colonel Henckel, continuant son mouvement dans la nuit du 2 au 3, avait trouvé Argenthal évacué par l'ennemi et était arrivé à 2 heures du matin devant Simmern, qu'occupait encore une faible arrière-garde de la division Ricard. Cette petite troupe, chassée presque aussitôt de la ville, essaya vainement de reprendre pied au débouché; mais, rompue par la cavalerie de Henckel, elle fut poursuivie jusqu'à Kirchberg où le combat, qui avait coûté aux Français une centaine d'hommes tués, blessés ou prisonniers, continua jusque vers 5 heures du matin.

Le gros du corps volant du colonel Henckel atteignit le 3 au soir Kirchberg, que les Français avaient quitté dans le courant de la journée, pour se replier avec les généraux Ricard et Durutte par Kirn et Saint-Wendel sur la Sarre.

Mouvements des cosaques. — Les cosaques s'étaient pendant ce temps reliés par Alzey avec le corps Sacken, et les quelques troupes françaises postées encore de ce côté avaient dû se retirer d'abord sur Meisenheim, puis sur Kirn, pour rejoindre les divisions Ricard et Durutte en retraite sur Birkenfeld.

Marche de Langeron sur Bingen. — Langeron, dont le corps avait, enfin, pu achever la veille le passage du Rhin et prendre position le 2 au soir à Bacharach, s'était, dès l'aube, mis en marche sur Bingen, qu'il avait fait enlever par le général Karnieloff. Le général Choisy, auquel cette affaire avait coûté 300 hommes, se retira avec son infanterie sur Ingelheim, dans la direction de Mayence, pendant que sa cavalerie cherchait à rallier les troupes du maréchal Marmont. Quant au 1er régiment de gardes d'honneur précédemment posté à Kreuznach, il avait été coupé du reste des troupes françaises par les mouvements de l'armée de Silésie ; mais il n'en réussit pas moins, après avoir été contraint à se diviser en petits paquets marchant par des routes différentes, à rejoindre finalement les troupes françaises sur la Sarre.

Affaire de cavalerie de Neustadt. — **Embuscade de Warteck.** — **Escarmouche de Fürfeld.** — Sacken avait continué à suivre Marmont qui, après avoir été rejoint par 4 bataillons et une demi-batterie de la division Ricard, évacua Dürkheim et Neustadt dans la nuit du 3 au 4, pour se replier sur Kaiserslautern. L'arrière-garde du maréchal, atteinte à Neustadt et prise en flanc par les cosaques du général major Lukowkin, fut bousculée et ramenée vivement, perdant dans cette affaire 3 officiers et 50 dragons faits prisonniers [1].

Le général prince Biron avait enlevé un convoi de vivres dans une embuscade tendue près de Warteck, entre Alzey et Kirchheimbolanden, et avait ensuite été s'établir à Wonsheim, d'où il s'était relié à l'avant-garde d'York.

Pour compléter l'exposé des petites opérations de ce jour, il nous reste à ajouter qu'une patrouille prussienne, envoyée de Kreuznach vers Fürfeld, avait eu un léger engagement avec un petit poste français, et que sur son extrême droite York s'était relié dans l'après-midi avec des cosaques appartenant au corps de Saint-Priest.

Positions le 3 janvier au soir. — Il résulte de ce qui précède que, le 3 au soir, deux des corps de l'armée de Silésie se

---

[1] 12e rapport de l'armée de Silésie (Zwölfter Bericht der Schlesischen Armee), daté de Saint-Wendel, 9 janvier 1814. (*K. K. Kriegs Archiv.*, I, 186.)

portaient vers la Sarre : York par la route de Kreuznach, Sacken par celle de Kaiserslautern, pendant que Langeron se dirigeait vers Mayence.

4 janvier. — Ordres de Blücher relatifs à la transmission des nouvelles. — Mouvements de l'avant-garde vers la Sarre. — Le 4 janvier, l'avant-garde du corps York, conformément aux ordres de Blücher, continua, par la route de Kreuznach et la vallée de la Glan, en passant par Meisenheim et Lauterecken, son mouvement sur Cusel. « Afin, dit Blücher dans cet ordre, d'assurer la rapidité dans la transmission des nouvelles venant de l'avant, on laissera des ordonnances de cavalerie aux points principaux et l'on expédiera les renseignements importants à l'aide de chasseurs volontaires qui serviront de courriers. »

Cette avant-garde devait de Cusel marcher vers la Sarre en deux colonnes se dirigeant, celle de gauche sur Sarrebrück, celle de droite sur Sarrelouis. Elle avait pour mission d'empêcher l'ennemi de s'établir solidement sur la Sarre, d'enlever Sarrelouis, dans le cas où la place n'aurait que peu de vivres et qu'une faible garnison, enfin de couvrir la marche du corps York et d'assurer la tranquillité de ses cantonnements successifs.

Le gros du corps avait ordre de se cantonner le 4 au soir entre Kreuznach et Meisenheim.

Mais le dégel, qui était survenu entre temps, avait défoncé les chemins à tel point que l'avant-garde, sous les ordres du prince Guillaume de Prusse ne parvint pas à dépasser Lauterecken, d'où l'on envoya un détachement à Kirn, afin de couvrir la droite. L'extrême avant-garde, commandée par le général von Katzler avait dû s'arrêter à Offenbach et se contenta de pousser à gauche, vers Kaiserslautern, le régiment de uhlans du Brandebourg avec ordre de se relier de ce côté avec le corps de Sacken.

Marche d'Henckel sur Trèves. — A l'extrême droite, Henckel avait reçu l'ordre de pousser vers Trèves, de s'en emparer, si cette ville était faiblement occupée. On voulait de la sorte s'assurer un pont sur la Moselle et surveiller Luxembourg. Henckel se porta de Mörbach vers Thalfang, suivant, malgré toutes les difficultés que présenta cette marche, l'arrière-garde française, qui cherchait à gagner Sarrebrück en passant par Birkenfeld. Pour se couvrir sur sa droite, il avait fait passer la Moselle à Trarbach à un parti de 30 cavaliers, commandé par un officier chargé de surveiller la route de Coblence.

Langeron, de son côté, s'approchait de Mayence, poussant devant lui les quelques postes français qui essayaient de l'arrêter en route. Sacken continuait sa marche sur Kaiserslautern; Kleist, auquel aux termes de la convention signée le 21 décembre on allait remettre le 6 la ville d'Erfurt, avait reçu ce jour-là de Schwarzenberg l'autorisation de ne laisser que quelques troupes devant la citadelle, et pris immédiatement ses mesures pour se mettre en mouvement avec le reste de son corps formé en trois colonnes.

5 janvier. — Mouvements du Ier corps prussien. — Henckel à Trèves. — Le Ier corps resta immobile le 5 janvier; l'avant-garde seule fit un peu de chemin; après s'être concentrée à Lauterecken, elle poussa jusqu'à Cusel, toujours précédée par le général von Katzler, qui atteignit Konken, pendant que la réserve d'artillerie du corps venait à Ober-Moschel et que York installait son quartier général à Meisenheim.

Le colonel Henckel avait, malgré le mauvais temps et l'état déplorable des chemins, continué son mouvement de Thalfang sur Trèves, et dès le 5 au matin il s'était fait précéder par un détachement composé de 4 escadrons de cavalerie de landwehr et de 60 tirailleurs transportés en voiture sous les ordres du major von Ozeroffski, qu'il avait chargé de reconnaître Trèves. Le major réussit à chasser devant lui les postes extérieurs des Français et à se maintenir devant la ville jusqu'à l'arrivée du colonel, qui parvint avec son gros le 5 au soir jusqu'à Ruwer, à un peu plus de 5 kilomètres de Trèves. Afin de tromper l'ennemi sur la force réelle de son corps, il fit allumer un nombre considérable de feux, et, formant sa troupe en deux colonnes, il se prépara à enlever la ville avant le jour. Mais la faible garnison française n'attendit pas son attaque et se replia sur Luxembourg. Henckel, prévenu de son départ, entra à 3 heures du matin dans Trèves, où les Français avaient abandonné leurs malades, leurs blessés et plusieurs magasins abondamment pourvus d'équipement militaire [1].

---

[1] 12ter Bericht der Schlesischen Armee (Saint-Wendel, 9 janvier 1814)

Marche de Sacken sur Kaiserslautern. — Langeron devant Mayence. — Sacken continua en deux colonnes sa marche vers Kaiserslautern. Après un combat assez vif, Langeron avait achevé d'investir Mayence. Ne gardant devant la place que le corps du général Kapsewitch, il mit immédiatement en route le 9e corps (général Olsufieff), avec ordre de rejoindre l'armée de Silésie par les voies les plus courtes. Enfin, le général major prince Biron de Courlande, se conformant aux ordres qu'il avait reçus pendant la nuit du 4 au 5, avait occupé à cinq heures de l'après-midi Kaiserslautern évacué par les Français.

Retraite de Marmont vers la Sarre. — Marmont, se rendant un compte exact de la situation, avait parfaitement compris que Blücher espérait le voir faire tête sur son front à Sacken, qui l'aurait amusé, afin de ménager à York le temps nécessaire pour déborder sa gauche. Il avait, en outre, reconnu qu'il n'avait pas assez de troupes pour se maintenir sur la position de Kaiserslautern, et que, de toute façon, il s'exposait en y restant à voir York arriver avant lui sur la Sarre, pendant que Sacken le déborderait en passant par Rabenstein et Schönenberg. Enfin, comme il savait fort bien que c'était seulement sur les bords de cette rivière qu'il lui serait possible de rallier les troupes des généraux Durutte et Ricard, il se replia le 5 au matin vers Homburg et continua le 5 au soir son mouvement de retraite sur Sarrebrück, où se trouvaient déjà depuis la veille quelques troupes envoyées par la garnison de Metz. Pour compléter les précautions prises de ce côté, les Français avaient fait sauter le pont de pierre et l'avaient remplacé par un pont de bateaux [1].

Nouveaux ordres de Blücher. — Dans l'après midi du 5, sur

(*K. K. Kriegs Archiv.*, I, 186), et le général Rigau au major-général, Grewemachern, 6 janvier 1814 :

« L'ennemi m'a forcé à quitter Trèves hier 5 janvier, à 7 heures du soir, après m'être tiraillé avec lui tout l'après-midi pour donner le temps aux dépôts, qui y étaient stationnés, d'effectuer l'évacuation de leurs magasins. Il est impossible que le courrier puisse continuer sa route sur Kirchberg, attendu que la route de Sarrelouis est également interrompue.

« L'ennemi est en ce moment à ma hauteur, sur la rive droite de la Moselle. » (*Archives de la guerre.*)

[1] Blücher à l'empereur de Russie (Cusel, 7 janvier). (*K. K. Kriegs Archiv.*, ., 313 *b*.)

la foi de renseignements d'après lesquels Marmont aurait pris position à Kaiserslautern, Blücher avait modifié ses ordres. Il avait prescrit à York de se porter le 6, dès l'aube, sur Cusel, en envoyant son avant-garde sur la Sarre, et à Sacken, de se diriger d'une part sur Otterberg, de l'autre sur Alsenborn, afin de retenir les Français jusqu'au moment où York aurait pu déboucher sur leurs derrières. Blücher ajoutait dans son ordre : « Si, comme il y a tout lieu de le supposer, l'ennemi, dès qu'il se verra tourné, se retire et prend la route de Pirmasens, le corps Sacken aura pour mission de le suivre, en faisant marcher de préférence en tête de ses colonnes son infanterie qui, seule, peut agir utilement dans ce pays de montagnes. Le corps d'York aura, de son côté, à prévenir l'ennemi sur la Sarre et à le couper de Metz. »

Enfin York, comme il le fit d'ailleurs, devait envoyer de la cavalerie dans la direction de Deux-Ponts, pendant que l'avant-garde du prince Guillaume continuerait de son côté à pousser sur Sarrebrück. Sacken avait l'ordre de se diriger de Kaiserslautern par Homburg et Bliescastel, d'une part sur Sarreguemines, de l'autre sur Bitche, et devait rappeler à lui et reporter en avant sa cavalerie, soit par Dürkheim et Kaiserslautern, soit par Neustadt et Kaiserslautern, soit enfin par Annweiler.

Si l'ordre donné par Blücher le 5 n'est pas aussi clair et aussi précis que le sont en général les instructions données par le feld-maréchal à ses lieutenants, cela tient uniquement à ce qu'en réalité il n'avait pas pu jusque-là parvenir à se renseigner d'une façon positive sur les positions occupées et les mouvements exécutés par son adversaire. La dernière phrase de son ordre de mouvement le démontre, d'ailleurs, d'une façon péremptoire : « Il importe, dit-il, de découvrir le plus rapidement possible les mouvements de l'ennemi, de m'en informer immédiatement, de me fournir, par conséquent, des rapports nombreux et fréquents. »

Mais à ce moment, et malgré la marche des plus dures qu'il allait faire exécuter à ses troupes par un temps affreux et par des chemins entièrement défoncés, il était déjà trop tard pour pouvoir rejoindre le duc de Raguse. En effet, le maréchal, après avoir, sous la protection d'une arrière-garde composée d'une brigade de cuirassiers, bivouaqué aux environs de Homburg dans la nuit du 5 au 6, avait atteint le 6 Sarreguemines et Sarrebrück, points sur lesquels il repassa la Sarre[1].

6 janvier. — Mouvements de la cavalerie du général von Jürgass sur Deux-Ponts. — Néanmoins, le général von Jürgass, avec une brigade de dragons et une demi-batterie d'artillerie à cheval, partit dès l'aube des environs de Cusel, se dirigeant par la route de Homburg sur Deux-Ponts : l'avant-garde marchait sur Sarrebrück. Sur l'ordre du prince Guillaume, la cavalerie du général von Katzler, envoyée vers Tholey, détacha sur Ottweiler le régiment de uhlans de Brandebourg et un bataillon d'infanterie. Le lieutenant-colonel von Stutterheim, qui conduisait cette colonne, avait pour mission spéciale d'enlever, le 7, Sarrebrück, si cette ville était faiblement gardée, et de pousser ensuite des partis vers Sarreguemines, Saint-Avold et Sarrelouis. Ce détachement arriva le 6 au soir à Ottweiler.

Mais le 6 au soir, les troupes françaises avaient déjà repassé la Sarre, brûlé le pont de bateaux de Sarrebrück, alors que le général von Katzler était encore à Tholey, Bergweiler et Marpingen, le gros de l'avant-garde du prince Guillaume à Saint-Wendel[2], le général von Jürgass à Brücken et Schönenberg sur la grande route de Cusel à Homburg. Le quartier général de York, dont les troupes ne s'arrêtèrent qu'entre neuf et dix heures du soir, s'installa à Cusel et celui de Blücher à Lauterecken.

Henckel, pendant ce temps, mettait Trèves à l'abri d'un coup de main et d'un retour offensif des Français qu'il faisait suivre dans la direction de Luxembourg par un escadron du 3ᵉ régiment

---

[1] 12ter Bericht der Schlesischen Armee. (*K. K. Kriegs Archiv.*, 1, 186.)
Les divisions Ricard et Durutte, venant de Saint-Wendel, étaient déjà arrivées à Sarrebrück le 5 au soir.

[2] Le général Ricard, arrivé de sa personne à Sarrebrück en même temps que Marmont, le 6 janvier, avait informé Belliard de sa jonction avec le maréchal et lui disait, en outre « qu'il avait vu, le 5, à Saint-Wendel, 2 régiments de hussards prussiens (700 à 800 chevaux), avec 300 chasseurs à pied, mais qu'il n'avait pas été suivi dans sa marche sur Sarrebrück. » (*Archives de la guerre.*)

Marmont ajoutait dans son rapport à Berthier, de Sarreguemines, le 6 janvier à 10 h. 1/2 du soir, que l'avant-garde prussienne avait eu à Saint-Wendel un léger engagement avec les gardes d'honneur. (Le 1ᵉʳ régiment rejoignit tout entier le maréchal. Le 2ᵉ régiment de gardes d'honneur s'était replié sur Mayence, où il allait être enfermé avec le général Morand.)

de cavalerie de landwehr de Silésie et une compagnie de fusiliers.

Cosaques de Sacken à Deux-Ponts. — Du côté de Sacken, le général-major Lanskoï, avec un peu de cavalerie, avait poussé en avant de Kaiserslautern sur Pirmasens, et Biron, qui s'était mis en route à neuf heures, était arrivé à deux heures à Homburg, venant de Landstuhl; il avait envoyé de là un petit parti d'une vingtaine de hussards et de quelques cosaques sous les ordres du major von Strantz, à Deux-Ponts, où ces cavaliers enlevèrent une partie des bagages de Kellermann. La communication entre les corps d'York et de Sacken était désormais établie.

Les renseignements recueillis avaient permis de constater la retraite du duc de Raguse; on avait également appris qu'il n'y avait à Sarrelouis que peu d'approvisionnements et une garnison d'à peine un millier d'hommes.

Les troupes françaises avaient dès lors une avance d'une bonne journée de marche sur l'armée de Silésie. De plus, comme les pluies incessantes et le dégel avaient grossi les eaux de la Sarre, dont les ponts avaient été coupés, le maréchal Marmont, qui avait réussi à opérer sur la rive gauche de cette rivière sa jonction avec Ricard et Durutte, était désormais en mesure d'en disputer le passage à son adversaire, de retarder sa marche et de gagner le temps dont il avait besoin pour approvisionner les places et procéder à l'organisation des troupes de nouvelle formation et aux opérations de la levée en masse [1].

---

[1] Belliard, écrivant au major-général de Metz, le 3 janvier, lui faisait un triste tableau de la situation :

« J'ai l'honneur de le rappeler à Votre Altesse, on ne fait rien pour se mettre en mesure contre les ennemis. Point de magasins, point d'approvisionnements. Aucune place n'est armée et en état de défense. L'esprit public est mort. On ne s'occupe pas de le faire revivre. Les armées combinées marcheront; on voudra s'opposer au torrent : il sera trop tard et l'Empereur n'aura pas le tiers des moyens sur lesquels il doive compter. Il semble qu'un génie malfaisant a répandu ses pavots sur la France. La crise est terrible, mais nous en sortirons. Le tocsin doit sonner partout. La nation tout entière doit être sous les armes et ne les déposera qu'après avoir chassé l'ennemi de son territoire ; mais les moments sont pressants...

« ... De nombreux partis organisés et jetés sur les derrières des armées combinées doivent leur faire beaucoup de mal. Je sais que dans l'Alsace et dans les Vosges beaucoup d'habitants sont très disposés pour cela : il ne s'agit que de les réunir et de leur donner de bons chefs. » (*Archives de la guerre.*)

7 janvier. — Positions des avant-postes de cavalerie. — Bombardement de Sarrelouis. — Le lendemain 7 janvier, le Ier corps de l'armée de Silésie, toujours en deux colonnes marchant, l'une par Birkenfeld, l'autre par Saint-Wendel, continua, mais moins vivement, son mouvement vers la Sarre. York et Blücher se tinrent ce jour-là à Saint-Wendel.

A l'avant-garde, le prince Guillaume avait dirigé vers Sarrelouis le général von Katzler. Celui-ci s'avança jusqu'à Saarwellingen et Dillingen; après avoir infructueusement tenté de faire passer la rivière à la nage à quelques-uns de ses cavaliers, il étendit la chaîne de ses avant-postes par Dillingen, Roden, Ensdorf et Völklingen, et jeta pendant la nuit du 7 au 8 quelques obus dans Sarrelouis. Le 7 au soir, le prince Guillaume était, avec le gros de l'avant-garde, à Lebach, occupant en outre Landsweiler, Eppelborn, Bubach et Eidenborn.

Henckel détaché vers Namur et Aix-la-Chapelle. — A l'extrême droite, Henckel était toujours à Trèves, d'où il dirigeait un officier avec un petit parti, par Arlon, vers Namur et Aix-la-Chapelle dans l'espoir de se relier au IIIe corps prussien. Mais cet officier dut revenir à Trèves sans avoir pu établir cette communication.

A ce propos, il y a lieu de faire remarquer que l'armée de Silésie paraît avoir été au moins aussi mal partagée en fait de cartes que l'armée de Bohême; c'est du moins ce qui ressort d'une lettre qu'York adressait, le 7, à Henckel en le priant de lui envoyer de Trèves des cartes qui, disait-il, vont, à partir de ce moment, lui faire complètement défaut. La même demande était renouvelée ce jour-là, et en termes plus pressants encore, par le major von Schack, quartier-maître du Ier corps prussien.

Escarmouche de Saint-Jean. — Le général von Jürgass avait atteint Neunkirchen avec ses dragons et le lieutenant-colonel von Stutterheim, ayant occupé, après une légère escarmouche en face de Sarrebrück, Saint-Jean, sur la rive droite de la Sarre, y avait opéré sa jonction avec Biron. Le gros du corps Sacken était à Homburg, son avant-garde vers Sarreguemines, à Rohrbach, Bliescastell et Deux-Ponts, le général Lanskoï vers Pirmasens.

8 janvier. — Ordres de Blücher. — Les ordres de mouvement pour la journée du 8 sont aussi insignifiants que les événements de cette journée, et Blücher, tout en prescrivant au Ier corps d'employer deux marches pour arriver sur la Sarre, s'occupe surtout des moyens de faire rallier les fractions qu'il a laissées en arrière. Aussi l'avant-garde du prince Guillaume reste à Saarwellingen; seul le major de Zastrow, avec le 10ᵉ régiment de cavalerie de landwehr de Silésie, est envoyé à Beckingen et Fickingen pour y surveiller le cours et les gués de la Sarre.

Affaire de Saint-Jean. — Quant au lieutenant-colonel von Stutterheim, attaqué par une centaine d'hommes venus de Sarrebrück et qui avaient passé la Sarre en barques sous la protection d'une batterie d'artillerie, il avait été momentanément chassé de Saint-Jean. Les Français[1] abandonnèrent ce village après avoir brûlé et coulé les quelques bateaux que les Prussiens avaient trouvés et réunis sur la rive gauche. Le soir, d'ailleurs, le lieutenant-colonel recevait l'ordre de se porter, le 9 janvier, sur Saarwellingen. Sa présence à Saint-Jean était devenue complètement inutile depuis l'arrivée sur ce point du corps volant de Biron.

Mouvements d'York et de Sacken. — Le 8, le quartier général d'York avait été porté à Tholey; le corps de Sacken était à Deux-Ponts, se dirigeant sur Sarreguemines.

---

[1] Marmont avait dans ses dispositions pour la journée du 7 janvier prescrit de faire sauter le pont de Sarrebrück; ordonné aux divisions Ricard et Durutte de prendre position à Forbach occupant Sarrebrück, les gués de Wehrden, Olklingen et Malstatt avec de l'infanterie, de la cavalerie et du canon ; au général Doumerc de garder le gué de Rehlingen à la position de Siersberg, de tenir le gué de Pachten avec sa grosse cavalerie, soutenue par 600 hommes tirés provisoirement de la garnison de Sarrelouis. Si l'ennemi venait à forcer le passage à Siersberg, Doumerc devait se replier dans la direction de Metz, après avoir informé de son mouvement les généraux postés à Forbach.
L'effectif des deux divisions Ricard et Durutte et de la division Lagrange n'était que de 8,500 hommes. (*Archives de la guerre.*)
Marmont ajoute dans son rapport au major-général, de Forbach, le 8 janvier, à 8 heures du soir, que par une négligence inimaginable tous les bateaux qu'il avait fait réunir à Sarrebrück avaient descendu la rivière et étaient sur la rive droite au pouvoir de l'ennemi. Comme ils étaient assez nombreux pour transporter 5,000 hommes, et comme les Prussiens n'étaient pas en force sur ce point, le maréchal ne perdit pas un seul instant pour faire arriver du canon, chasser les postes de Saint-Jean et reprendre possession de ces bateaux qu'il fit couler. (*Archives de la guerre.*)

Enfin, Henckel recevait de Blücher l'ordre de rester jusqu'au 16[1] à Trèves. Il avait pour mission de rayonner pour empêcher le ravitaillement de Luxembourg, et il devait y attendre l'arrivée du général Röder (du II⁰ corps, Kleist) pour se remettre en marche et former l'extrême droite de l'armée.

Quant à Kleist, qui, avec 16,000 hommes du II⁰ corps, avait quitté Erfurt, il recevait le 8 à Cassel l'ordre de Blücher de partir le 14 de Marburg et d'être rendu le 20 à Coblence.

Ordres de Blücher pour les 9, 10 et 11 janvier. — Dans l'ordre qu'il fit établir pour les journées des 9, 10 et 11 janvier, Blücher cherche évidemment à rattraper le temps qu'il avait perdu depuis le passage du Rhin, en donnant, les 3 et 5 janvier, deux jours de repos à ses troupes, très éprouvées, il est vrai, par la rigueur et les variations de la température. Il veut faire border ce jour-là la Sarre par le corps d'York, de Merzig jusqu'à Sarrebrück, et de ce point jusqu'à Sarralbe par le corps de Sacken.

Pour la première fois aussi on trouve dans son ordre de mouvement des indications, très sommaires et très incomplètes encore, sur les forces et les intentions de son adversaire ; mais, malgré tout son désir de joindre au plus vite Marmont, le feld-maréchal est obligé de reconnaître que, par suite du front considérable qu'il a fait occuper à ses troupes et en raison de la crue de la Sarre, il lui sera impossible de passer cette rivière dans la journée du 9, qu'il lui faudra consacrer tout entière aux travaux d'établissement des ponts.

Négligence de Blücher. — On peut remarquer en passant que Blücher eut dû songer à l'avance aux difficultés de ce passage et qu'il eût pu aisément gagner du temps en faisant marcher un équipage de ponts avec les têtes de colonne de chacun de ses deux corps. Enfin, comme il semble croire que Marmont, favorisé évidemment par l'appui que peuvent lui prêter les places fortes de la Meuse, de la Moselle et de la Sarre, a dû se concentrer pour s'opposer à ses entreprises, Blücher, en disséminant ses troupes sur un front s'étendant depuis Trèves jusqu'à Sarralbe,

---

[1] On verra plus loin que Henckel quitta, le 15, Trèves, avec l'ordre de se porter sur Thionville, et qu'il fut ensuite dirigé à nouveau sur Luxembourg.

s'exposait à voir les Français chercher à crever cette longue ligne sur un point quelconque.

9 janvier. — Retraite de Marmont. — Les lieutenants de Blücher, exécutant ses ordres à la lettre, occupèrent donc dans la journée du 9 les positions indiquées ci-dessus. Mais les renseignements transmis par les émissaires et surtout par la cavalerie, établirent d'une façon positive, que le duc de Raguse, loin de chercher à disputer le passage, avait, au contraire, continué son mouvement de retraite sur Metz. Les Français semblaient, en effet, n'avoir laissé du monde qu'à Sarrebrück; leur poste établi jusque-là en face de Beckingen s'était replié sur Sarrelouis, ceux des villages de Völklingen et de Bouss sur Forbach.

Cavalerie russe du côté de Sarreguemines. — Quelques partis de cavalerie prussienne, ayant réussi à passer sur la rive gauche, suivaient attentivement les mouvements sans oser cependant s'aventurer trop loin. Le lieutenant-colonel von Stutterheim avait toutefois poussé quelques patrouilles sur la route de Metz, et le général Karpoff II, du corps de Sacken, après avoir traversé la Sarre en aval de Sarreguemines, en avait chassé les Français, rétabli immédiatement le pont et envoyé des partis vers Puttelange.

10 janvier. — Évacuation de Sarrebrück. — On n'avait pas cessé de travailler activement à l'établissement, à Beckingen, d'un pont que l'on comptait pouvoir livrer aux troupes dans la matinée du 10. Mais pendant ce temps et à la nouvelle de l'apparition de la cavalerie de Karpoff du côté de Sarreguemines, la garnison de Sarrebrück, alarmée par les mouvements des cavaliers d'York entre Sarrelouis et Sarrebrück, avait évacué cette place dans la nuit du 9 au 10 et s'était repliée sans être autrement inquiétée sur Saint-Avold [1].

Exécuté 36, ou à la rigueur même 24 heures plus tôt, le mouvement enveloppant que Blücher allait faire tenter à sa cavalerie

---

[1] Des ordres et des dépêches ci-dessous expédiées par Marmont, il résulte qu'il s'était alarmé plus que de raison et qu'il aurait parfaitement pu dissimuler sa retraite et conserver sur le gros de l'armée de Silésie une avance

aurait amené inévitablement des résultats immédiats, malgré son amplitude démesurée, surtout si Marmont avait partagé la manière de voir de Napoléon et si, croyant comme lui que Blücher, obligé de laisser derrière lui dans sa marche depuis le Rhin, une vingtaine de mille hommes, n'arriverait sur lui qu'avec 30,000, il s'était décidé à disputer sérieusement et pied à pied le passage de la Sarre. Mais, comme Marmont avait pu évaluer exactement les forces de son adversaire, et comme ce fut le 10 seulement que le gros de la cavalerie de Blücher déboucha sur la rive gauche de cette rivière et se porta en avant, il était déjà trop tard pour que le feld-maréchal pût rejoindre le gros des corps français et inquiéter même les dernières troupes qui avaient gardé la Sarre. Les Français, ayant toujours conservé leur avance d'une grande journée de marche, il leur était facile, comme ils le firent d'ailleurs, de refuser le combat et de se retirer, presque sans encombre, sur Metz.

Le feld-maréchal lui-même reconnaît, du reste, les faits que nous venons d'avancer, et nous trouvons dans la *Kurzgefasste Darstellung der Kriegsbegebenheiten der Schlesischen Armee*[1], à la

---

nécessaire sans imposer à ses troupes déjà très éprouvées les fatigues d'une marche de nuit.

« Marmont au major-général. — Forbach, 9 janvier, midi.

« L'ennemi a forcé le passage de la Sarre à Rehlingen au-dessous de Sarrelouis, construit un pont et débouché en force avec infanterie, cavalerie et artillerie. J'ai reçu également le rapport que les forces ennemies se sont augmentées du côté de Sarreguemines et que l'ennemi est entré avant-hier à Saverne. Ces circonstances me déterminent à me porter demain matin sur Saint-Avold avec la plus grande partie de mes forces en laissant mon avant-garde à Forbach. »

« Ordre du 9 janvier 1814, quartier général de Forbach, 6 h. 1/2 soir.

« La division Lagrange se mettra en marche immédiatement avec son artillerie et la réserve pour aller prendre position à Saint-Avold et y attendre l'arrivée des autres troupes. Le général van Merlen suivra avec sa cavalerie et sera sous les ordres du général Lagrange. Le général van Merlen poussera cette nuit même des reconnaissances sur la direction de Puttelange et de Bouzonville.

« Le général Durutte réunira ses troupes à Forbach de manière à être en marche à 2 heures du matin sur Saint-Avold.

« La division du général Ricard, qui aura eu le temps de se rallier, marchera immédiatement après.

« Le général Picquet sera à cheval à 2 heures, avec ses gardes d'honneur et marchera avec le quartier général sur Saint-Avold.

« Le général Beurmann devra être rendu à Forbach à 2 heures du matin, et fera l'arrière-garde. » (*Archives de la guerre.*)

[1] *K. K. Kriegs Archiv.*, I, 31.

date du 10 janvier, les phrases suivantes : « Blücher prescrit à sa cavalerie de passer la Sarre le 10, de déborder l'ennemi, de se porter sur Forbach et Saint-Jean et d'intercepter ses communications avec Metz. Marmont, de moitié plus faible que Blücher, devine ses intentions et se retire sur Metz par Saint-Avold. »

Quoique le retard que nous venons de signaler ait empêché Blücher de déborder les Français et de les couper de leur ligne de retraite, on doit cependant reconnaître que c'est uniquement en poussant rapidement sa cavalerie en avant aussitôt après le passage de la Sarre, qu'il parvint d'abord à chasser les troupes françaises de tout le pays situé entre la Sarre et la Moselle, puis à se rendre maître, sans coup férir, grâce il est vrai à la négligence des généraux français, des principaux passages de la Meurthe et de la Moselle.

Il importe encore de reconnaître que la température vint, elle aussi, contrecarrer les projets de Blücher et retarder la marche de ses colonnes, puisqu'à cause de la gelée qui recommença le 10, le pont de Beckingen, qui devait être achevé le 10, ne put être complètement établi que le 11 vers 3 heures de l'après-midi, et ce fut le 14 seulement que les dernières troupes y passèrent la Sarre [1].

Ordres d'York. — Des dispositions prises par Blücher le 9, complétées à l'usage du Ier corps et expédiées par York, à 7 heures du soir, de Lebach, il résulte que l'on ignorait encore à ce moment la retraite des troupes françaises, ou tout au moins que l'on s'attendait à rencontrer une résistance assez vive dès que l'on chercherait à s'avancer sur la rive gauche de la Sarre. C'est, en effet, plus tard et dans un deuxième ordre que York, informé du départ de l'ennemi, recommande au général von Jürgass, dans le cas où cet officier général réussirait à passer la rivière à Sarrebrück, de gagner immédiatement la route de Metz et de poursuivre l'ennemi ; au général von Katzler, d'accélérer le plus possible son passage à Beckingen. York se porte sur ce point dès l'aube, afin de se rendre par lui-même un compte exact des événements. Il y trouve le prince Guillaume en position avec 3 bataillons, une compagnie de chasseurs et une demi-batterie.

---

[1] DROYSEN, *Leben des Feldmarschall Grafen York von Wartenburg*, II, 270.

Mouvements de cavalerie sur Thionville, Sarrelouis, Forbach, Luxembourg et Saint-Avold. — Comme les ponts étaient encore loin d'être finis, le lieutenant-colonel von Stössel, qui avait pris le commandement de la cavalerie de l'avant-garde (à la place du général von Katzler malade), passa la Sarre au gué de Rehlingen, pour se porter aussitôt par Bouzonville sur Boulay. Il envoya immédiatement des partis, sous les ordres du major von Krafft, d'un côté vers Thionville et de l'autre vers Niederwisse. Entre temps, le 1er régiment de cavalerie de landwehr de la Nouvelle-Marche avait également passé la Sarre à gué près de Beckingen, et s'était rabattu sur Sarrelouis.

Quant au lieutenant-colonel Stutterheim, posté à Saint-Jean, dès qu'il eut connaissance de l'évacuation de Sarrebrück par les Français, il s'était empressé d'abord de remettre à flot les barques qu'ils avaient coulées, puis de jeter un pont provisoire, qui fut achevé vers 11 heures du matin, et de faire garder Sarrebrück par un bataillon d'infanterie et par ses 4 escadrons de uhlans. Aussitôt le pont achevé, le général von Jürgass passa sur la rive gauche avec 13 escadrons et une batterie à cheval, et poussa avec eux jusqu'à Forbach. Blücher arrivait lui-même vers le soir à Sarrebrück ; mais avant de quitter Saint-Wendel, il avait envoyé à York de nouveaux ordres lui prescrivant, d'abord de faire investir Sarrelouis, puis, dès qu'il aurait eu la certitude de la retraite de l'ennemi sur Metz, d'envoyer sur Thionville le général von Horn.

Cet officier général devait s'efforcer de répandre partout la confusion et la terreur, chercher à enlever la place par un coup de main, empêcher en tous cas qu'on la ravitaillât, pousser des partis sur la Moselle, intercepter les routes de Luxembourg et de Longwy à Thionville et se relier avec Henckel, auquel il avait à faire tenir l'ordre de se porter le 15 au plus tard de Trèves sur Thionville.

Henckel n'était pas resté inactif depuis son entrée à Trèves. Les partis qu'il avait envoyés vers Luxembourg, sous les ordres du capitaine von Osten et du lieutenant de Chevallerie, s'étaient réunis le 10 près de Wulferdingen, avaient repoussé jusque sous les canons de la place un gros détachement ennemi et lui avaient enlevé un certain nombre d'hommes, pendant qu'un autre de ses partis, remontant plus au nord, poussait vers Malmédy.

Sacken avait porté son quartier général à Sarralbe[1]. Sa cavalerie, sous Lanskoï et Karpoff, continuait à marcher de Sarreguemines sur Saint-Avold, et, dans la journée du 10, Biron s'était porté de Sarrebrück sur Forbach. Après s'y être réuni vers le soir avec le général von Jürgass, il était allé cantonner à Freymingen pour pousser le lendemain 11 sur Saint-Avold, point sur lequel il devait recevoir des instructions ultérieures.

11 janvier. — Mouvements après l'achèvement des ponts de la Sarre. — Ce ne fut, nous l'avons dit, que le 11, à 3 heures de l'après-midi, que le pont de Beckingen fut en état d'être livré aux troupes. Ce retard de près de 36 heures avait eu pour première conséquence d'empêcher l'exécution des ordres donnés par Blücher pour les journées des 10 et 11 janvier ; mais il avait, en outre, obligé York à faire bivouaquer, par un froid des plus rigoureux, des troupes déjà fort éprouvées et auxquelles, pour rattraper le temps perdu et essayer de rejoindre l'ennemi, on allait être obligé de faire exécuter encore des marches forcées.

Le prince Guillaume fit aussitôt passer son avant-garde, qu'il dirigea d'abord sur Valdevrange, où il quitta la grande route, qui l'aurait conduit sous le canon de Sarrelouis, pour ne la reprendre qu'à Bisten ; ce détour fut cause qu'il ne parvint le soir que jusqu'à Uberherrn. Sa pointe était arrivée à Carlingen à 6 kilomètres de Saint-Avold. Sa cavalerie qui, sous les ordres du lieutenant-colonel von Stössel, avait poussé jusqu'à Boulay, avait été contrainte à se reporter à une lieue en arrière de ce point, d'abord parce que les Français occupaient tous les villages situés entre Saint-Avold et Boulay, ensuite parce qu'il lui avait été impossible de se relier sur sa gauche avec la cavalerie de réserve du général von Jürgass.

Affaire de cavalerie de Pontigny. — Ce mouvement rétrograde avait failli compromettre le sort d'un escadron du 2ᵉ régi-

---

[1] « L'ennemi ayant passé la Sarre à Sarralbe et à Rehlingen et cherchant à me couper du défilé de Saint-Avold, écrit, le 10 janvier, à 8 heures du soir, le maréchal Marmont à Belliard, j'ai pris position à Longeville ; je tiens une avant-garde à Saint-Avold et j'y resterai assez longtemps pour obliger l'ennemi a se déployer. » (*Archives de la guerre.*)

ment de hussards du corps. Celui-ci, sous les ordres du capitaine Erichsen, après avoir passé le 10 le gué de Rehlingen, avait reçu pour instruction de pousser aussi loin que possible sur la route de Metz, afin de se procurer des nouvelles positives sur les positions, la force, les mouvements et les projets de l'ennemi. Cet escadron réussit dans la délicate mission qui lui était confiée et arriva le 11 à une lieue de Metz sans avoir rencontré l'ennemi. Là, les hussards prussiens donnèrent contre un convoi d'artillerie, l'attaquèrent, enlevèrent quelques hommes et quelques chevaux. Le but que l'on se proposait était désormais atteint et l'escadron commença sa retraite. A cause de la grande quantité de neige tombée, elle dut s'effectuer par la route suivie en venant de la Sarre.

Pendant ce temps, l'infanterie française était venue occuper le village de Pontigny situé à trois lieues de là et au point où se trouve précisément le pont de la Nied. Le commandant de l'escadron du 2ᵉ hussards fut informé de ce fait lorsqu'il était déjà aux Étangs, à une demi-lieue de Pontigny, où il s'était arrêté pour faire manger ses chevaux. Il s'assura, du reste, par lui-même de l'authenticité de la nouvelle. Le village était fortement occupé, le pont solidement barricadé, et il était par suite impossible de songer à enlever Pontigny de vive force. On avait, en outre, à craindre, à cause de l'affaire qu'on venait d'avoir avec le convoi d'artillerie, une attaque venant de Metz. Le détachement était dans une de ces situations dont il est impossible de se tirer autrement que par la ruse.

Le capitaine, qui commandait les hussards, envoya donc en parlementaire un officier, accompagné d'un trompette, sommer le commandant français de Pontigny de se rendre, en lui annonçant que la cavalerie formait la pointe d'avant-garde d'un corps considérable. Le parlementaire fut reçu à coups de fusil tirés contre lui par les sentinelles postées à l'entrée du village ; mais, profitant de l'obscurité, il mit pied à terre, se glissa dans le fossé qui borde la route, arriva ainsi jusqu'au petit poste, s'y présenta comme parlementaire et se fit conduire au colonel qui commandait les troupes de Pontigny. Celui-ci refusa de se rendre et n'ajouta pas croyance à la fable débitée par l'officier prussien, qui réussit néanmoins à lui faire croire qu'il avait devant lui une patrouille de flanc du corps du comte Henckel, et que ce corps se réunirait le matin même à Pontigny avec les troupes venant de Sarrelouis.

Le colonel déclara alors à l'officier prussien qu'il évacuerait Pontigny dans une heure, à condition toutefois d'y être préalablement autorisé par le général Ricard, dont le quartier général était à une petite lieue de Pontigny. L'officier prussien accepta naturellement la proposition. On envoya au général un soldat monté sur un cheval de paysan, et une heure et demie plus tard le colonel recevait l'ordre écrit de quitter Pontigny.

Cette nouvelle, transmise aussitôt par l'officier prussien à son chef, arriva d'autant plus à propos que le petit poste établi sur la route de Metz venait d'être inquiété par une patrouille de hussards français et qu'on devait s'attendre à une nouvelle attaque, qui aurait eu pour conséquence l'anéantissement du détachement pris entre deux feux. Les hussards prussiens se portèrent donc sans plus tarder sur Pontigny, déblayèrent le pont, continuèrent lestement leur retraite jusqu'à Volmerange, situé à deux lieues de là, et occupèrent ce village dont ils barricadèrent les rues. Le lendemain 12, l'escadron y était rejoint par le reste du régiment[1].

A la droite du Ier corps, le général Horn avait commencé son

---

[1] Les rapports français de ce jour constatent et enregistrent ces faits. C'est ainsi que le général Fournier écrivait de Narbéfontaine au général Ricard, le 11 janvier, à 1 h. 1/4 de l'après-midi : « Un particulier, qui arrive de Metz, a vu ce matin 40 cosaques au village des Etangs. Le colonel du 136ᵉ établi à Niedervisse m'informe que l'ennemi occupe Boulay et a poussé des reconnaissances jusqu'à Volmerange et qu'il a fait partir une reconnaissance pour voir si le village de Darting est occupé. »

Le général Belliard donnait encore plus de détails dans le rapport qu'il adressait, le 11 janvier, à 10 heures du soir, de Metz, au major général.

« Un parti ennemi est venu hier soir à Boulay. On l'a su de suite. L'ennemi n'y a pas moins couché, et, se trouvant tranquille, il s'est porté aujourd'hui en avant jusqu'à une lieue de Metz, à l'embranchement de la route de Courcelles, où il s'est établi. Il nous a enlevé quelques hommes allant à Courcelles, ou en revenant, ainsi que des voitures. Je pense que le parti sera retourné à Boulay. Il est vraiment honteux de voir 60 cavaliers courir impunément la campagne sous le canon d'une place de guerre de premier ordre. Je demande qu'on mette du monde sur la route de Courcelles, qu'on fasse des patrouilles autour de la ville, qu'on pousse au loin des reconnaissances. Je demande aussi qu'on occupe en force Pont-à-Mousson, où il n'y a personne, et qui est un point important à conserver. Tout cela va se faire. On me l'a promis. »

mouvement de Bockingen vers Thionville et s'était cantonné le soir avec sa brigade à Bouzonville.

Prise de Saint-Avold par la cavalerie. — Conformément aux ordres du prince Guillaume, le lieutenant-colonel von Stutterheim s'était mis en marche pour s'établir à Saint-Avold. Arrivé à peu de distance de cette ville, il avait donné à l'entrée du défilé de Neuen-Mühle contre l'ennemi qui avait posté sur ce point quelque infanterie soutenue par de la cavalerie. Comme le terrain sur lequel il allait être obligé d'agir ne se prêtait guère à l'action de la cavalerie, Stutterheim fit passer un de ses bataillons par les bois situés sur la gauche des Français, les tourna ainsi et les débusqua sans peine de leurs positions. Le lieutenant-colonel, prononçant son mouvement de front, les poursuivit vivement avec ses quatre escadrons jusque dans Saint-Avold où les Français essayèrent de tenir bon. Après un combat assez vif, les Prussiens, grâce à l'arrivée opportune du corps volant du prince de Biron et de la cavalerie du général Lanskoï, réussirent à s'emparer de cette ville [1] et à en chasser l'ennemi qui se retira sur la route de Metz, poursuivi par Lanskoï jusqu'à Longeville. Vers dix heures et demie du soir, la cavalerie du général von Jürgass venait, elle aussi, bivouaquer aux environs de Saint-Avold; le gros de la cavalerie du corps Sacken, sous les ordres du général Wassiltchikoff, se tenait encore aux alentours de Puttelange.

12 janvier. — **Mouvement d'York et de Sacken.** — **Affaire de cavalerie de Noisseville.** — Le 12, les corps d'York et de Sacken continuèrent leur mouvement vers la Moselle, l'un dans la direction de Metz, le second sur la ligne Pont-à-Mousson—Nancy.

En avant du prince Guillaume (avant-garde du Ier corps), arrivé à Fouligny et qui occupa Raville et Guinglange, le lieute-

---

[1] Marmont écrivait de Longeville, le 11 janvier, à 7 heures du soir, au major général et à Belliard, que Sacken était arrivé devant lui pendant que York passait la Meuse à Rehlingen et marchait par la route directe de Sarrelouis à Metz, et que, par suite, il partait la nuit même pour se rapprocher de Metz. Il ajoutait qu'il y avait eu un léger engagement à Saint-Avold entre son avant-garde et celle de l'ennemi, « qui nous a forcés d'abandonner cette ville, mais sans pertes ». (*Archives de la guerre.*)

nant-colonel von Stössel s'était porté, avec sa cavalerie, à la droite d'York, et avait continué vers Metz, par Boulay et les Étangs. A hauteur de Noisseville, il vint donner dans trois escadrons de cavalerie française qui, au moment où ils se disposaient à se jeter contre les cavaliers prussiens, furent chargés par un escadron du 2e hussards, un escadron des hussards de Mecklembourg et un escadron du régiment de cavalerie nationale de la Prusse orientale, mis en déroute et chaudement ramenés jusqu'à Noisseville. Un poste d'infanterie française, établi sur ce point, les recueillit, pendant que plusieurs bataillons d'infanterie et 6 escadrons de cavalerie débouchant de Nouilly, village situé à 2 kilomètres à peine de Noisseville, se déployaient pour arrêter le lieutenant-colonel von Stössel. Comme la cavalerie de réserve du général von Jürgass et le gros de l'avant-garde n'étaient pas encore arrivés à sa hauteur, cet officier crut plus prudent de refuser un engagement qui, vu la disproportion des forces, ne pouvait lui être que défavorable, et s'établit à Glatigny. La petite affaire de Noisseville avait coûté aux Français une quarantaine d'hommes hors de combat et une trentaine de prisonniers [1].

La cavalerie de réserve, sous les ordres du général von Jürgass, avait aussi passé la Nied, et le lieutenant-colonel von Stutterheim, qui la suivait avec 3 bataillons, 4 escadrons et une batterie à cheval, se cantonnait le soir à Courcelles.

Le quartier général d'York venait à Longeville et le gros de son corps s'établissait sur une ligne allant de Saint-Avold à Fouligny.

Horn devant Thionville. — A l'extrême droite, Horn [2] était arrivé devant Thionville, qu'il avait fait investir sur la rive droite

---

[1] « Nous avons eu, écrit Marmont, le 12 janvier à 11 heures du soir, de Metz, à Belliard, des engagements de cavalerie assez vifs dans l'après-midi, du côté de Boulay et de Courcelles. L'ennemi a montré de chaque côté un millier de chevaux. *Demain j'aurai devant moi de fortes avant-gardes et après-demain toutes les forces ennemies.* » (*Archives de la Guerre.*)

Il ajoutait que, comme il s'affaiblissait beaucoup en fournissant des troupes qui resteraient en garnison à Metz, le général Curial lui laisserait provisoirement la division Decouz, venant de Thionville.

[2] Belliard au major général, Metz, 12 janvier, soir. — Il lui annonce dans la même dépêche le départ du quartier général pour Châlons.

de la Moselle par le lieutenant-colonel von Sohr, avec 1 bataillon et 4 escadrons. Quant à lui, il restait encore à Distroff, avec ses 6 autres bataillons [1].

Position de la cavalerie de Sacken. — Le général Lanskoï (avant-garde de Sacken) avait reçu ce jour-là, 12 janvier, près de Courcelles, l'ordre de marcher par la route de Château-Salins sur Pont-à-Mousson, tout en maintenant avec la cavalerie prussienne ses communications que devait assurer un de ses régiments de cosaques posté à Chailly. Wassiltchikoff, avec le reste de la cavalerie de Sacken, continuait à pousser, lui aussi, vers la Moselle, et Biron, chargé de se relier avec le VI⁰ corps de la grande armée de Bohême (Wittgenstein), qu'on croyait déjà en marche sur Nancy, arriva le soir à Morhange et Habourdange. Le gros du corps de Sacken occupa, le 12 au soir, la ligne Puttelange—Faulquemont.

Retraite de Marmont sur Metz. — **État de son corps.** — Dès le 12 au matin, Marmont était venu prendre position sous le canon de Metz, abandonnant à l'ennemi tout le terrain entre la Sarre et la Moselle, où Sarrelouis seul restait encore aux Français. Il est juste de reconnaître que la situation du maréchal était loin d'être brillante. Quels que pussent être les avantages et les points d'appui que présentait pour lui la ligne de la Moselle, malgré les ressources qu'il aurait pu y trouver, il est impossible de se dissimuler qu'il ne pouvait s'arrêter à l'idée de s'y maintenir qu'à la condition d'être certain d'y être immédiatement renforcé par des troupes fraîches et surtout par des troupes solides et aguerries. En jetant un coup d'œil sur les états et les situations, on trouve, il est vrai, qu'il y avait à ce moment à la gauche du duc de Raguse la division de jeune garde du général Decouz, en formation à Thionville ; à sa droite, les troupes que Ney avait réunies à Nancy ; puis, enfin, plus à droite encore, celles avec lesquelles Victor se repliait devant les IV⁰ et V⁰ corps de l'armée de Bohême. Mais en réalité pour avoir une chance, même faible, de résister sur la Moselle, il fallait, avant tout, opérer avec Ney et Victor une jonction qui ne résultait pas directement des ins-

---

[1] Blücher avait laissé devant Sarrelouis 4 bataillons et 4 escadrons.

tructions de l'Empereur, et qui ne tarda pas, d'ailleurs, à devenir impossible. Enfin, la désertion avait pris, pendant la retraite du Rhin sur la Sarre et surtout pendant le mouvement de la Sarre vers la Moselle, de telles proportions que l'on ne peut s'empêcher de partager et de comprendre les inquiétudes et les préoccupations de Marmont.

Dès le 7 janvier, le duc de Raguse avait signalé, dans une lettre adressée à Berthier, de nombreux cas de désertion qui s'étaient manifestés, surtout parmi les soldats tirés des départements du Mont-Tonnerre et de Rhin-et-Moselle. De tout un régiment de hussards hollandais, il ne lui restait plus que 50 hommes, qu'il avait dû désarmer et démonter pour les empêcher de déserter avec armes et bagages. Arrivé sur les bords de la Sarre, il n'avait plus autour de lui que 11,000 hommes[1], et, le 13 au matin, le lendemain de son arrivée à Metz, ses 48 bataillons comptaient à peine 6,000 hommes. Aussi, tout en ayant le droit de regretter que la jonction des trois maréchaux Marmont, Ney et Victor n'ait pu s'effectuer, il serait d'autant plus injuste d'en vouloir faire retomber toute la responsabilité sur Marmont, que la précipitation avec laquelle Ney évacua Nancy et la direction prise par le maréchal Victor à la suite de cette évacuation et à l'instigation du prince de La Moskowa, allaient rendre sa position plus difficile et plus critique encore, et l'obliger, deux jours plus tard, le 15 janvier, à se replier lentement sur Verdun.

13 janvier. — Mouvements de la cavalerie de Sacken et d'York vers la Moselle. — En attendant, comme au quartier général de l'armée de Silésie on s'était rendu compte de la situation de l'ennemi, et comme la retraite de Marmont sur Metz était désormais constatée, on employa judicieusement la journée du 13 à faire tâter par la cavalerie du corps Sacken les positions occupées par les troupes adverses sur la Moselle et à pousser des partis vers Nancy.

Afin de faciliter à cette cavalerie l'accomplissement de sa mission, York poussa dès l'aube son avant-garde et sa cavalerie de réserve vers Metz, leur fit prendre position entre Colombey et Courcelles, et plaça la cavalerie de réserve sous les ordres du

---

[1] MARMONT, *Mémoires*, VI, 12.

prince Guillaume, qui devait, d'une part, se relier à l'avant-garde de Sacken et, de l'autre, investir Metz avec sa cavalerie.

Cavalerie du prince Guillaume devant Metz. — Le prince Guillaume avait à cet effet divisé le terrain autour de Metz en trois secteurs. Le lieutenant-colonel von Stössel, avec la cavalerie de l'avant-garde (8 escadrons), soutenue par un bataillon d'infanterie et une demi-batterie à cheval, devait former la droite de la ligne des avant-postes et s'étendre de Mey jusqu'à la Moselle. Pour se rendre sur les positions indiquées, ce détachement, qui avait à passer par Villers-l'Orme, y trouva les Français solidement établis (1000 hommes d'infanterie et de cavalerie), et dut se replier. Le lieutenant-colonel, avec trois de ses escadrons, essaya alors de prendre par Mey et Borny ; mais, comme les Français occupaient le premier de ces villages, et comme le second aurait été intenable à cause de sa trop grande proximité de la place, on dut se contenter de faire surveiller le secteur jusqu'à la Moselle par des vedettes et des patrouilles qui réussirent, d'ailleurs, à faire quelques prisonniers.

Au centre de la ligne formée par les avant-postes, se trouvait le lieutenant-colonel von Stutterheim. Venant avec 2 bataillons, 2 compagnies de chasseurs, 4 escadrons et une demi-batterie à cheval par la grande route de Saint-Avold, il occupa à droite et à gauche de cette route, en arrière de Montoy et de Colombey, Coincy, Maizery et Silly-sur-Nied. Enfin, à gauche, le major von Woïsky s'établissait à Ars-Laquénexy, Mercy-les-Metz et La Grange-aux-Bois. Derrière lui, le général von Jürgass prenait position, avec le reste de ses 8 escadrons de dragons et sa demi-batterie à cheval, à Courcelles-sur-Nied, Laquénexy, Mécleuves et Frontigny, pendant que le gros de l'avant-garde (4 bataillons, 4 escadrons, 1 compagnie de pionniers et une batterie montée) se tenait à Courcelles-les-Chaussy, Pont-à-Chaussy, Chevillon, Maizeroy et Pange, afin de pouvoir, en cas d'un retour offensif de l'ennemi, défendre le passage de la Nied française et recueillir les avant-postes.

Du côté de Thionville, il ne s'était rien passé de nouveau ; seulement, les avant-postes de cavalerie avaient informé York, dont l'infanterie avait fait halte à Longeville, qu'une forte colonne française, sortie de Metz, se dirigeait sur Verdun.

Prise des ponts de Frouard par la cavalerie russe. —
La cavalerie de Sacken, sous les ordres du général Wassiltchikoff, avait continué sa marche vers Pont-à-Mousson. Elle avait détaché plus à gauche des partis de cavalerie légère qui, débouchant sur les rives de la Moselle, aux environs de son confluent avec la Meurthe, s'étaient emparé des ponts de Bouxières et de Frouard.

Les maréchaux Ney et Victor, bien que la pointe de la cavalerie alliée ne fut plus qu'à une journée de marche en arrière d'eux, avaient négligé de les détruire en se retirant. Wassiltchikoff profita de cette faute inexplicable pour pousser aussitôt des coureurs, d'une part, vers Pont-à-Mousson, de l'autre, vers Commercy et Saint-Mihiel.

Marche de Biron sur Nancy. — Biron, quittant le 13, à 9 heures du matin, Habourdange, où il ne laissa qu'un poste volant de correspondance, arriva à midi à Château-Salins, qu'il occupa sans coup férir et poussa, dans le courant de la journée, jusqu'à Neuvelotte, où il s'arrêta pour passer la nuit. Il avait, dans l'après-midi, envoyé des coureurs, tant dans la direction de Nancy que du côté de Lunéville, dans l'espoir de se relier avec la cavalerie de Wittgenstein, ou tout au moins de se procurer quelques renseignements sur sa position. Mais les cosaques envoyés à la recherche du VIe corps rentrèrent pendant la nuit sans avoir pu rien découvrir.

Mouvement du corps de Kleist. — Le corps de Kleist (IIe corps prussien) arrivait le 13 à Marburg; sa cavalerie de réserve, sous les ordres du général von Röder, qui était, depuis le 9, à Ehrenbreitstein, retenue sur la rive droite par les glaçons charriés par le Rhin, passa ce jour-là aussi sur la rive gauche.

Le 13 janvier, comme la cavalerie prussienne l'avait signalé à York, Marmont avait bien fait partir de Metz, non pas pour Verdun, mais pour Pont-à-Mousson, la division Ricard [1] qui, arrivée le 13 au soir seulement à Novéant, ne put, par suite, atteindre Pont-à-Mousson que dans la matinée du 14.

---

[1] Marmont au général Ricard, Metz, 12 janvier, 11 heures du soir. (*Archives de la Guerre.*)

14 janvier. — Mouvement sur Thionville. — York, de son côté, prenait ses dispositions pour résister à une offensive éventuelle des Français en avant de Metz, où, du reste, la journée se passait sans incident.

Ce même jour, Blücher envoyait sur Thionville la brigade du général von Pirch II (1re brigade prussienne), qui devait relever devant cette place le général von Horn, dirigé sur Sierck, pour y passer la Moselle et opérer de concert avec Henckel contre Luxembourg. Malgré les renseignements envoyés le 13 par cet officier, et d'après lesquels cette place aurait renfermé de 4,000 à 5,000 hommes, le feld-maréchal espérait parvenir à l'enlever, soit d'assaut, soit avec la connivence des habitants [1].

Il s'était, d'ailleurs, produit dans le cours de cette journée, du côté du corps Sacken, des événements qui allaient décider Blücher à imprimer aux opérations d'une partie de son armée l'énergique impulsion qui leur avait manqué jusque-là, et une activité plus en rapport avec les goûts et le caractère du feld-maréchal.

La cavalerie de Lanskoï occupe Pont-à-Mousson. — L'apparition de la cavalerie du général Lanskoï en vue de Pont-à-Mousson avait, en effet, suffi pour amener le général Ricard [2] à évacuer cette ville et à se retirer par Thiaucourt sur Verdun.

---

[1] Il est juste d'ajouter que Blücher avait été induit en erreur par les rapports par trop optimistes du lieutenant de Chevallerie, lui affirmant que Luxembourg n'avait qu'une faible garnison, et que ses habitants étaient disposés à ouvrir leurs portes aux Alliés. (Ordre de Blücher à Henckel, de Saint-Avold, le 14 janvier, à midi.)

[2] Marmont, Metz, 14 janvier, 10 h. 1/4, matin, au général Ricard :

« Puisque l'ennemi s'est montré à Pont-à-Mousson et comme des bruits fâcheux ont couru hier sur Nancy, j'ai fait partir cette nuit pour vous rejoindre la brigade de cavalerie du général van Merlen ; elle servira à vous éclairer sur Nancy et sur Toul, à surveiller la rivière et à me donner des nouvelles. Si l'ennemi est à Nancy, et qu'il n'y ait rien de nouveau dans la journée dans la Basse-Moselle, il est probable que demain je me mettrai en marche pour vous appuyer avec le reste de mes troupes. »

Marmont au major général, Metz, le 14 janvier, 10 heures du soir :

« Le corps prussien a pris position à une lieue de la rive droite de la Moselle, entre Thionville et Metz. Le corps de Sacken est devant moi à quelque distance.

« J'ai fait choix du général Durutte comme commandant supérieur de Metz. » (*Archives de la Guerre*.)

Dans sa retraite, cet officier général n'avait même pas songé à couper derrière lui le pont de la Moselle.

Entrée de Biron à Nancy. — Presque au même moment, malgré la gelée et la neige, Biron, qui avait eu le soin de faire ferrer à glace les chevaux de son corps volant, était arrivé le 13, à 4 heures, devant Nancy. Après avoir essuyé quelques coups de fusil, il avait occupé la capitale de la Lorraine, qui se rendit à un escadron de hussards et à une centaine de cosaques [1].

15 janvier. — **Premiers ordres de Blücher pour le 16.** — Blücher avait eu d'abord (ses premiers ordres donnés le 15 au matin pour la journée du 16 en fournissent la preuve) l'intention d'investir sérieusement Metz, de poursuivre l'ennemi dans la

---

[1] *Kurzgefasste Darstellung der Kriegsbegebenheiten der Schlesischen Armee im Jahre 1814.* (*K. K. Kriegs Archiv.*, I, 31.)
Victor à Grouchy. Nancy, 14 janvier 1814 :
« Ordre. — Le mouvement sera continué sur Toul : la 1re division d'infanterie ouvre la marche ; la 2e suit la 1re ; les 2 divisions de dragons marchent ensemble derrière la 2e d'infanterie.
« Les gardes d'honneur et la cavalerie légère font l'arrière-garde. Le général Defrance fera occuper jusqu'à la nuit la sortie de Château-Salins, de Flavigny, de Saint-Vincent, pour observer l'ennemi. Il tiendra le gros de sa cavalerie sur la route de Toul jusqu'à la nuit et se repliera avec tout son monde dans la direction de Toul jusqu'à Gondreville, où il attendra les ordres. »
Grouchy à Milhaud, 14/1 :
« ... L'ennemi étant entré à Nancy peu d'instants après celui où j'en suis sorti, je vous prie de donner à vos cantonnements l'ordre d'une extrême surveillance. Il faudra aussi pousser des reconnaissances sur les routes de Vézelise et de Vaucouleurs, et aller aux nouvelles dans l'une et l'autre de ces directions. »
Victor au major général. Toul, 14 janvier, 6 heures soir :
« Les troupes de mon commandement ont couché la nuit dernière à Lunéville et Saint-Nicolas. Je croyais pouvoir les y laisser aujourd'hui, pour prendre le repos dont elles avaient besoin, mais sur l'avis que j'ai reçu du maréchal prince de La Moskowa qu'une colonne des Alliés s'approchait de Nancy, par Château-Salins, et que celle qui a débouché par Epinal manœuvrait dans la direction de Neufchâteau, j'ai dû continuer mon mouvement pour arriver à Toul avec l'infanterie et l'artillerie. J'ai échelonné la cavalerie depuis Gondreville jusqu'à Nancy. Je tiendrai cette position jusqu'à ce que j'aie reçu de nouveaux renseignements. Si j'apprenais que l'ennemi marchait par Neufchâteau sur Joinville, comme on me l'assure, je marcherai sur Vitry. Le prince de La Moskowa va occuper Pagny-sur-Meuse et Void. Les chevaux souffrent beaucoup et perdent beaucoup, faute d'argent pour entretenir le ferrage. » (*Archives de la Guerre.*)

direction de Verdun, d'attaquer Luxembourg, de tâter Longwy et de passer à cet effet la Moselle sur trois points : à Sierck, près Thionville et à Ancy.

Dans cette conjoncture, le corps York devait rester dans ses cantonnements et se contenter de faire reconnaître si les chemins venant de Fouligny à Pont-à-Mousson étaient praticables pour l'artillerie légère ; le corps russe de Langeron devait venir le 16 à Sarrebrück, le 17 entre Saint-Avold et Forbach ; Sacken devait occuper, avec son infanterie, Château-Salins et Morhange, Vic-sur-Seille, Moyenvic et Marsal, afin d'être absolument maître de la route de Sarreguemines à Moyenvic, par Puttelange et Dieuze. Il avait ordre de faire soutenir par sa cavalerie les coureurs qui étaient entrés à Nancy, et cette cavalerie devait, en outre, occuper Nancy et Pont-à-Mousson et poursuivre, enfin, l'ennemi sur la rive gauche de la Moselle, dans le cas où il aurait évacué cette dernière ville.

Il est bien évident qu'au moment où il envoyait cet ordre, Blücher ne savait pas encore que Pont-à-Mousson était depuis la veille occupée par des cavaliers de la division de Wassiltchikoff, qu'il n'avait pas davantage connaissance de la retraite de Ney et de Victor sur Toul. Ce fut donc à la nouvelle de l'abandon des ponts de Frouard, de Bouxières et de Pont-à-Mousson, lorsqu'on l'informa de la prise de possession des deux débouchés conduisant vers la Meuse, lorsqu'il apprit que les Français se trouvaient désormais hors d'état de lui résister et de lui disputer sérieusement le pays compris entre la Moselle et la Meuse, qu'il prit la résolution de faire par sa gauche un mouvement qui allait lui permettre de devancer la grande armée de Bohême, et peut-être même d'arriver sur la Meuse avant l'un des trois corps français en retraite devant lui.

Blücher prend le parti de se porter en avant. — Toutefois, n'osant pas exécuter avec toute son armée ce mouvement qui ne manquait pas de hardiesse, il l'entreprend seulement avec le corps de Sacken et la division Olsufiew du corps Langeron. Pour nous servir des termes mêmes employés par Clausewitz, dans son *Aperçu de la campagne de* 1814, il se dirige à la tête de 28,000 hommes sur Nancy, afin de rejoindre l'armée de Schwarzenberg, qu'il va en réalité précéder. En même temps, il charge York du soin de surveiller les places de la Moselle, de masquer la direction qu'il a prise, de lui assurer la possession des routes par lesquelles vont lui arriver les renforts que lui amènent d'abord Langeron, puis Kleist. En confiant cette mission à York, le feld-maréchal espérait, en outre, que le commandant du Ier corps réussirait à enlever de vive force l'une de ces forteresses et à donner un point d'appui solide à la ligne d'opérations de l'armée de Silésie[1].

Ordres à York. — Le 15 janvier, à 8 heures du soir, York, dont le quartier général était à Longeville, recevait, avec les ordres du feld-maréchal, la dépêche suivante que Blücher lui envoyait de Saint-Avold :

« Votre Excellence recevra ci-joint les ordres que je donne après avoir reçu la nouvelle de l'abandon complet de la Moselle par l'ennemi.

« Le prince Biron est entré hier à 4 heures à Nancy et suit l'ennemi sur Toul. Le maréchal Victor, qui s'est replié sur cette place, craint d'être coupé par Wrède.

« Votre Excellence maintiendra pendant la journée du 17 l'investissement de Metz, Thionville, Luxembourg et Sarrelouis ; je

---

[1] Il est bon de remarquer que, si cette résolution a été inspirée à Blücher par Gneisenau, le feld-maréchal a eu le mérite de modérer l'ardeur exagérée de son chef d'état-major. Gneisenau, en effet, n'était pas encore parvenu à se consoler du rejet du plan qu'il avait proposé en novembre, et qui consistait à poursuivre les opérations contre Napoléon immédiatement après Leipzig. Il suffit pour s'en convaincre de rappeler ici la lettre que le chef d'état-major de l'armée de Silésie adressait précisément ce jour-là à Radetzky, et dans laquelle, en lui annonçant la prise de Nancy, il lui disait : « Pourquoi laisser des troupes sur le Rhin? Pour surveiller Mayence et Strasbourg! Mais nous sommes à 14 étapes de Paris, et 18 jours nous suffisent pour franchir la distance qui nous sépare de la capitale, livrer une bataille et imposer à l'ennemi nos volontés. » Et il ajoutait : « Pourquoi ne pas faire converger sur Paris tout ce que nous avons encore sur le Rhin. Dans notre situation, une seule bataille doit nous donner une victoire décisive qui nous permettra de dicter la paix telle que nous la voulons... Laissez-nous donc nous porter en avant, disait-il encore en finissant, et faire venir à nous tout ce qui pourra nous rallier. Il y a près de Moret, entre Montereau et Nemours, une position d'où l'on peut, sans effusion de sang, forcer Paris à se soumettre dans le cas où l'on n'aurait pas pu y parvenir plus rapidement par une bataille. Cette position se trouve en aval du confluent de l'Yonne, de l'Aube, de l'Armançon, du canal de Briarre et de la Seine, par laquelle on amène à Paris les subsistances qui font vivre la capitale. » (BERNHARDI, *Denkwürdigkeiten aus dem Leben des Grafen von Toll*, IV, 211-213.)

n'ai toutefois pas l'intention de vous immobiliser sur ces points pendant fort longtemps. Voici, au contraire, quels sont mes projets :

« Votre Excellence se rend évidemment compte de tous les avantages que nous assurerait la possession d'une quelconque de ces forteresses qui deviendrait pour nous une place d'armes. S'il est possible de s'emparer d'une de ces places (dans lesquelles il n'y a, d'ailleurs, que des conscrits), soit grâce à la connivence des habitants, soit d'assaut, il importe de tenter cette entreprise, dussions-nous sacrifier pour cela un millier d'hommes et même davantage. Partout où une entreprise de ce genre serait impossible, il sera utile d'alarmer de nuit la garnison pour arriver à connaître ce qu'elle vaut. Il suffit, à cet effet, de quelques vieux soldats d'infanterie.

« Si l'on ne peut pas parvenir à prendre Metz, Thionville et Luxembourg, si les commandants de ces places sont décidés à faire bonne contenance, il conviendra, en attendant l'arrivée du général von Kleist, de charger le général von Röder de bloquer avec sa cavalerie Luxembourg et Thionville, de confier la même mission devant Metz à la cavalerie de Langeron. Votre Excellence marchera alors avec son corps d'armée droit par Saint-Mihiel vers la Meuse, après avoir fait préalablement tâter Longwy.

« J'ignore ce que vous possédez en fait de munitions pour les obus de 10 livres ; toutefois si, en bombardant une de ces places avec ces pièces, vous pensiez amener une capitulation, vous auriez assurément à recourir à ce moyen, tout en ménageant cependant vos munitions, dont vous aurez besoin quand nous livrerons bataille.

« Je me rends à Nancy, pour me tenir en communication avec la grande armée, et laisse Votre Excellence libre de donner, conformément aux présentes instructions, des ordres à son corps d'armée.

« Si vous jugiez à propos d'affecter encore pendant quelque temps des troupes d'infanterie au blocus de l'une des places, vous pourriez parfaitement le faire et ne vous porter dans ce cas sur Saint-Mihiel qu'avec une partie de votre corps.

« Prière de me faire connaître l'époque de votre arrivée à Saint-Mihiel et la situation d'effectif des troupes qui marcheront avec vous. J'envoie à Votre Excellence des ordres destinés au général von Röder et au général russe Borosdin, afin que vous puissiez en faire éventuellement usage.

« Au quartier général de Saint-Avold, 15 janvier 1814. »

A cette dépêche étaient joints les ordres auxquels le feld-maréchal vient, à plusieurs reprises, de faire allusion et qui réglaient dans leur ensemble les mouvements du Ier corps pour les journées des 16, 17 et 18 janvier.

Mouvements des corps de l'armée de Silésie le 18 janvier. — En attendant l'exécution de ces nouveaux ordres reçus le 15 au soir, on n'avait fait pendant la journée du 15 qu'une reconnaissance sommaire de Metz, et comme la brigade Pirch était arrivée, dans le cours de cette journée, devant Thionville, la brigade Horn avait pu commencer son mouvement sur Sierck.

Quant à Henckel, qui, au moment de quitter Trèves pour marcher sur Thionville, avait reçu de Blücher l'ordre formel de coopérer à l'entreprise que le général von Horn allait tenter contre Luxembourg, il était déjà, le 15 au soir, à Grewemachern.

Le corps d'armée de Kleist continuait à marcher vers le Rhin, en deux colonnes, l'une par Giessen, Wetzlar, Weilburg et Leinburg, l'autre par Herborn, Hadamar et Ehrenbreitstein, tandis que sa cavalerie, sous les ordres du général von Röder, arrivait le 17 à Trèves.

Retraite de Marmont sur Mars-la-Tour. — Ce fut également le 15 janvier qu'une brigade de cavalerie du corps Sacken vint rejoindre Biron à Nancy, et que Marmont dut, à la suite de la retraite précipitée de Ney et de Victor, se résoudre à quitter avec la cavalerie de Doumerc et les divisions Lagrange et Decouz, Metz, où il laissa le général Durutte avec deux des régiments de sa division et les conscrits qu'on avait rassemblés dans cette place. Il se replia sur Mars-la-Tour, sans être, d'ailleurs, le moins du monde inquiété par la cavalerie prussienne.

C'est en réalité pour cacher la faute du général Ricard que le duc de Raguse, dans la dépêche qu'il écrivit de Metz le 15 janvier à 11 heures 1/2 du soir au major général, cherche à rejeter sur Ney et Victor la responsabilité de son mouvement rétrograde. Il est, en effet, obligé de reconnaître dans cette même dépêche que le général Ricard, informé de l'entrée de l'ennemi à Nancy, a cru devoir, à la nouvelle de sa marche sur Thiaucourt, abandonner Pont-à-Mousson. Il ajoute que Ricard a dû se replier, par suite du mouvement rétrograde des autres corps sur Toul et que ces mouvements le forcent à quitter lui-même la Moselle le 16 pour se rapprocher de la Meuse. Mais ce n'était là qu'une excuse peu plausible, qu'une preuve de plus de la mésintelligence qui régnait entre les trois maréchaux, puisque le 16 à 8 heures du matin le maréchal faisait écrire par son chef d'état-major, le général Meynadier, au général Ricard : « Le maréchal trouve votre mouvement de Pont-à-Mousson sur Thiaucourt bien précipité. Son Excellence aurait voulu que vous gardassiez ce point, et au moins qu'en le quittant, vous en eussiez fait sauter le pont. » Enfin, dans une autre dépêche, il lui donne l'ordre de s'arrêter, *« parce que lui-même s'arrêtera à Gravelotte, et qu'il serait resté à Metz si Ricard n'avait pas évacué Pont-à-Mousson. »*

Ney et Victor ont assurément commis une lourde faute en laissant subsister les ponts de Frouard et de Bouxières-aux-Dames. Mais la destruction du pont de Pont-à-Mousson était d'autant plus nécessaire que Pont-à-Mousson était précisément le point qui permettait à Blücher de se déployer sans retard sur le plateau et de manœuvrer par la rive gauche de la Moselle sur la Haute-Marne.

Considérations sur les opérations de Blücher. — Si l'on ne peut qu'approuver la résolution prise par Blücher, dès qu'il eût connaissance de la retraite des maréchaux et de l'abandon de la ligne de la Moselle, si l'on comprend que, se mettant en route pour prendre vigoureusement l'offensive avec le gros de ses forces, il ait tenu à s'assurer ses derrières et à couvrir sa droite en chargeant York de masquer momentanément les places de la Moselle, on ne parvient pas en revanche à découvrir les raisons pour lesquelles il détacha du Ier corps prussien deux brigades d'infanterie et la colonne de Henckel pour les envoyer vers Thionville et plus à droite encore, vers Luxembourg. Blücher savait cependant fort bien que la cavalerie de Röder allait arriver le 17 à Trèves et pourrait de là surveiller Luxembourg. Il aurait pu, en outre, faire rabattre de ce côté Saint-Priest, qui, avec le 8e corps, avait pris, d'Andernach et de Remagen, sa direction sur Malmédy et Givet. Enfin, la cavalerie de Langeron, sous le général Borosdin, suivie de près par une bonne partie de l'infanterie de ce corps, devait être, du 17 au 18 au plus tard, devant Metz. Ces détachements, ces expéditions excentriques sont d'autant plus inexplicables que Blücher ne cherchait pas des avantages partiels, des succès insignifiants, qu'il était obsédé par l'idée fixe de joindre l'ennemi au plus vite et avec le plus de monde possible. C'était donc de sa part commettre une double faute [1] que d'obliger York à envoyer près de la moitié de son corps aussi loin de la ligne qu'il aurait à suivre pour rejoindre le gros de l'armée; c'était lui imposer volontairement des retards inutiles et le mettre presque dans l'impossibilité de concentrer son corps et de marcher avec toutes ses forces réunies dès qu'il aurait été relevé sous Metz par les renforts qui s'approchaient. L'entêtement mis par Blücher à vouloir se rendre, presque sans coup férir, maître des places de Lorraine ne peut s'expliquer que d'une seule façon : le feld-maréchal espérait que les commandants de ces forteresses se laisseraient intimider, ouvriraient à York les portes des villes fortes qu'ils étaient chargés de défendre et suivraient le déplorable exemple donné tout récemment par les officiers auxquels l'Empereur avait confié les places de Hollande et qui, presque tous, avaient capitulé à la première sommation de Bülow et de ses lieutenants.

Malgré le mécontentement, assez naturel d'ailleurs, qu'il éprouva à la réception d'un ordre qui le chargeait d'une mission aussi ingrate que difficile, York prit immédiatement les mesures nécessaires pour se conformer aux dispositions nouvelles que

---

[1] Clausewitz, dans sa *Critique stratégique de la campagne de 1814*, a lui-même condamné cette opération en disant : « Comme le plan entier de la campagne consistait à amener le plus rapidement possible une grande bataille décisive, la prise de quelques forteresses ne pouvait constituer en tous cas qu'un objectif absolument secondaire, dont on devait s'occuper seulement après avoir porté ce coup, ou bien dans le cas, improbable d'ailleurs, où la guerre aurait pris un caractère traînant. Il importait donc d'employer le moins de troupes possible pour paralyser l'action des places occupées par les Français. Il suffisait, par suite, surtout dans le principe et jusqu'à l'arrivée des réserves, de s'occuper uniquement de celles qui étaient situées sur les routes même ou à proximité des routes par lesquelles on marchait, d'observer simplement celles d'entre elles qui étaient peu importantes et de n'investir que celles qui avaient une valeur réelle.

« On pouvait ranger parmi les premières, Erfurt, Würzburg, les places d'Alsace et Strasbourg ; parmi les deuxièmes, Mayence, Landau, Sarrelouis, Thionville, Metz, Luxembourg, Longwy et éventuellement Verdun, et 65,000 hommes suffisaient amplement à cet effet. »

Blücher avait arrêtées le 15 au soir. Aux termes de ces dispositions, une des brigades d'infanterie du Ier corps devait investir Metz, de Colombey par Magny-sur-Seille jusqu'à Montigny-les-Metz. La cavalerie de l'avant-garde devait fournir les troupes d'investissement de Saint-Julien à Montigny ; l'autre brigade restait en soutien, et la cavalerie de réserve était destinée à suivre le mouvement de retraite de l'ennemi sur Verdun.

Le 17, la brigade d'infanterie, gardée jusque-là en soutien, avait ordre de passer la Moselle à Ancy et de compléter l'investissement de Metz. Le blocus de Thionville et de Luxembourg devait être également chose faite à la date du 17, jour où le corps Sacken, dont les quartiers s'étendaient de Château-Salins à Nancy, ferait occuper cette dernière ville par une brigade d'infanterie et aurait à pousser de l'infanterie à Pont-à-Mousson et à faire suivre l'ennemi par sa cavalerie tant dans la direction de Commercy que dans celle de Bar-le-Duc. Blücher insistait, en outre, sur les mouvements de la cavalerie de Borosdin et de l'infanterie d'Olsufiew, dont la division, déjà arrivée à Sarrebrück, devait atteindre le 19 la ligne Château-Salins—Nancy.

16 janvier. — Mouvement des troupes d'York autour de Metz. — York transféra par suite son quartier général le 16 de Longeville à Boulay pendant que ses troupes exécutaient autour de Metz les mouvements prescrits. Toutefois la cavalerie de réserve du général von Jürgass ne réussit pas à passer la Moselle, en face d'Ancy, à Jouy-aux-Arches : le dégel, survenu depuis la veille au soir, avait grossi la rivière, qui charriait de gros glaçons, et le général, manquant absolument de moyens pour exécuter son passage au point indiqué, obligé de remonter la Moselle jusqu'à Pont-à-Mousson, ne put arriver que jusqu'à Champey. Il en fut de même pour la brigade Pirch, qui ne put passer à Thionville, et pour le général von Horn, qui, ne voulant pas remonter jusqu'à Trèves pour reprendre le chemin de Luxembourg, se vit pour la même raison obligé de rester à Sierck. Henckel, il est vrai, était arrivé à Betzdorf, et un de ses partis, sous les ordres du capitaine von Osten, avec un escadron, battait l'estrade au nord de Luxembourg, entre Mersch et Arlon.

Henckel envoie des partis sur Arlon. — Henckel profita de la présence auprès du général von Horn du colonel von Valentini, chef d'état-major du Ier corps, pour insister sur l'impossibilité presque absolue de se rendre maître de Luxembourg par un coup de main. « Le feld-maréchal, écrivait-il au général von Horn, a été induit en erreur par les rapports et les propositions d'un jeune officier, ardent, désireux de trouver l'occasion de se distinguer, mais qui n'a pas pu et n'a pas su se rendre compte de la valeur et de l'étendue des ressources dont nous disposons. »

D'ailleurs, en admettant même qu'Henckel eût de son côté exagéré la force de la garnison de Luxembourg, il est d'autre part hors de doute que cette garnison, tenue en éveil par la présence aux environs de nombreux partis de cavalerie, faisait bonne garde et que la place, bien armée, ne pouvait être enlevée par surprise. Le général von Horn n'eut pas grand' peine à convaincre Valentini, qui écrivait le jour même à Henckel : « Le général von Horn ne peut manquer de recevoir avant peu, ainsi que vous, l'ordre de revenir plus à gauche. » Mais comme nous le verrons, Valentini se trompait au moins de quelques jours, puisque ce fut le 21 seulement que Blücher renonça enfin à son idée sur Luxembourg.

Sacken à Nancy. — Les maréchaux continuent leur retraite. — La journée se passa, du reste, assez tranquillement. Sacken était venu installer son quartier général à Nancy; Blücher avait le sien à Château-Salins, et les communications étaient désormais établies entre les armées de Silésie et de Bohême [1].

Pendant ce temps, les maréchaux français continuaient leur retraite : Ney était à ce moment à Bar-le-Duc, avec la division Meunier; à l'approche des Russes, Victor avait quitté Toul, où il n'avait laissé que 300 hommes, pour rétrograder jusqu'à Commercy; mais il avait eu au moins l'idée de faire réoccuper par les dragons du général Briche, soutenus par une petite troupe d'infanterie, le pont de Commercy, pendant que, sur l'ordre de Marmont, le général Decouz marchait pour reprendre possession du pont de Saint-Mihiel [2].

---

[1] *K. K. Kriegs Archiv.*, I, 30.

[2] Il est utile de rappeler en passant que le général Ricard, en évacuant Pont-à-Mousson, avait négligé d'en détruire le pont et, comme le montrent les

Si nous avons insisté au chapitre II sur les dissentiments des généraux alliés, si nous avons essayé de mettre en lumière les tiraillements et les conflits d'attribution qui se produisaient à tout instant dans les différents quartiers généraux de l'armée de Bohême, il nous est impossible de passer sous silence les mésintelligences fatales des trois maréchaux qui auraient dû plus que jamais combiner leurs mouvements et leurs opérations, afin de retarder les progrès de l'invasion.

Nous avons déjà eu occasion de reproduire à ce propos une lettre de Grouchy au major général, de citer un extrait d'une des dépêches de Belliard à Berthier. Mais ce fut surtout au moment de l'évacuation de Nancy, de la perte de la ligne de la Moselle, lorsque se produisirent les négligences inexcusables qui livrèrent aux Alliés les ponts de Frouard, de Bouxières-aux-Dames et de Pont-à-Mousson, qui faillirent leur donner ceux de Saint-Mihiel et de Commercy, que les récriminations, les plaintes des maréchaux l'un contre l'autre prirent des proportions inquiétantes. Le maréchal Victor est, de tous, celui qui paraît le plus irrité, le plus mécontent, probablement parce qu'il est de tous celui qui a encouru les plus sévères reproches de la part de l'Empereur.

Avant d'évacuer Toul, il écrit, en effet, au major général, le 16 au soir, pour lui faire ressortir les inconvénients du partage du commandement ; mais au lieu de se déclarer prêt à servir sous les ordres de celui d'entre eux auquel l'Empereur confiera la direction supérieure, il sollicite dans ce cas la faveur d'être employé ailleurs : « Il est probable, écrit le duc de Bellune, que si Sa Majesté ne réunit pas sous un seul commandement le 2e corps, celui du prince de La Moskowa et celui du duc de Tarente, les

---

Mémoires de Grouchy, n'avait même pas jugé à propos de donner avis de sa retraite aux troupes sous les ordres de Ney et de Victor.

Le général Meynadier, chef d'état-major de Marmont, avait, en effet, ordonné le 17, à 10 heures du matin, au général Ricard, de faire partir immédiatement 150 hommes d'infanterie et 100 chevaux, avec un officier de choix, pour Saint-Mihiel, où ce détachement devait garder les ponts, les défendre et les couper si l'ennemi se présentait en force avant l'arrivée de la 2e division de jeune garde du général Decouz. Quelques heures plus tard, le maréchal, informé de l'occupation de Saint-Mihiel par les coureurs alliés, prescrivait à Ricard de rallier sa division à Fresne et d'être en bataille le 18, à 3 heures du matin, à Manheulles, où le maréchal se réservait de lui envoyer des ordres.

ennemis iront aussi loin qu'ils le voudront sans obstacles. Le duc de Raguse a quitté pendant la nuit dernière la position de Pont-à-Mousson sans que j'en fusse prévenu. Je ne l'ai appris qu'indirectement. Les troupes du prince de La Moskowa, qui étaient à Void s'en sont allées je ne sais où, et je n'en ai été instruit que de la même manière. De pareilles dispositions ne peuvent être que nuisibles au bien du service, et il en arriverait, si l'on n'y apportait remède, que des troupes découvertes, comme le sont les miennes aujourd'hui, seraient compromises. Je suis persuadé que les trois corps, réunis sous le commandement d'un seul maréchal, seraient en état d'arrêter les progrès de l'ennemi, tandis que divisés comme ils le sont, leur service est absolument nul. Je prie donc Votre Altesse de solliciter cette réunion de Sa Majesté. Si l'Empereur y consent *et que Sa Majesté ait jeté les yeux sur un autre que moi, comme je dois le croire, pour lui confier le commandement, je la prierai alors de m'appeler à une armée où mes services puissent être utiles.* »

Quelques heures plus tard, Ney écrivait dans le même sens de Bar-le-Duc, le 17 au matin, à Berthier : « Un détachement de cavalerie ennemie est entré à Saint-Mihiel et pousse des pointes sur Commercy. On affirme qu'une autre colonne avec de l'infanterie est arrivée à Neufchâteau. Ce sont sans doute ces démonstrations sur les flancs du 2ᵉ corps qui ont déterminé la retraite du duc de Bellune. Le maréchal a dû sans doute donner à Votre Altesse des renseignements plus étendus; *mais comme il me laisse ignorer et ce qu'il a fait et ce qu'il veut faire, comme je n'ai de ses nouvelles que quand ses troupes refluent sur les miennes,* je me borne à recueillir auprès des autorités civiles les rapports qui leur parviennent. J'ai fait partir un de mes aides de camp pour savoir où se trouve le quartier général du 2ᵉ corps, afin d'avoir avec le duc de Bellune une entrevue que je crois nécessaire au bien du service. »

Pour ce qui est de Marmont, nous avons déjà eu lieu de parler de ses dépêches du 15 janvier, des récriminations qu'elles contenaient à propos des mouvements du prince de La Moskowa et du duc de Bellune; mais le duc de Raguse, lui non plus, ne s'en tint pas là. Dans son rapport du 16 au major général, il va presque jusqu'à rendre le maréchal Ney responsable de la faute commise par Ricard à Pont-à-Mousson. « Il est fâcheux, écrit-il, que le prince de La Moskowa n'ait pas ordonné de couper le pont sur la Moselle à Frouard, à l'instant où il a évacué Nancy. Le général Ricard aurait alors également fait couper celui de Pont-à-Mousson, et j'aurais pu alors rester sur la Moselle, me porter en masse sur Pont-à-Mousson... » Et il ajoute : « Maintenant que l'ennemi est maître du défilé de Pont-à-Mousson et du pont de Frouard, une opération de ce genre sur la rive gauche de la Moselle serait impraticable quand même l'inondation viendrait à disparaître. »

Le lendemain 17, il revient avec encore plus de violence sur ce sujet, dans sa dépêche datée d'Harville, 9 heures du soir : « J'avais envoyé hier, écrit-il au major général, des officiers en poste pour préparer la défense de la Meuse et faire sauter les ponts depuis Saint-Mihiel; mais la fatale imprévoyance du prince de La Moskowa qui, en évacuant Nancy, n'a pas fait sauter le pont de Frouard, a donné à l'ennemi les moyens d'arriver sur la Meuse avant moi et a empêché mes dispositions d'avoir leur effet. L'officier que j'avais envoyé à Saint-Mihiel m'annonce que l'ennemi y est entré en force... Ainsi, la conservation du pont de Frouard nous a privés à la fois de la défense de la Moselle et de celle de la Meuse. S'il eût été coupé, il est probable que nous eussions défendu la Moselle quatre à cinq jours, et la défense de la Meuse ayant été préparée, elle aurait arrêté l'ennemi au moins autant de temps. » Toutes ces récriminations étaient évidemment fondées, et les plaintes de chacun des maréchaux parfaitement légitimes en elles-mêmes. On comprend, par suite, quelles relations pouvaient exister entre des chefs qui, au lieu de s'entendre et de se concerter, ne cherchaient qu'à s'accuser mutuellement et à rejeter les uns sur les autres tout le poids des fautes qu'eux et leurs lieutenants avaient commises. Il en était, d'ailleurs, de même en Belgique, où le général Roguet, n'obéissant qu'à regret à Maison, réclamait auprès du duc de Plaisance et de Drouot, aide-major de la garde, contre les ordres qu'il recevait de son général en chef.

17 janvier. — Marche de Biron sur Toul. — Cavalerie du général von Jürgass en avant de Pont-à-Mousson. — Le 17 au matin, Biron, suivi par une partie de l'infanterie russe de Sacken, se dirigeait de Nancy vers Toul et arrêtait le gros de son corps à Gondreville, d'où, escorté par quelques cavaliers, il se porta en avant pour reconnaître les abords de la place. Son corps volant se cantonnait tant bien que mal à Gondreville et servait de pointe d'avant-garde à la cavalerie de Wassiltchikoff, pendant que le général von Jürgass, avec la cavalerie de réserve du Ier corps, passait la Moselle à Pont-à-Mousson et poussait jusqu'à Thiaucourt son avant-garde, forte de deux escadrons, sous les ordres du major von Woïsky. L'arrière-garde française était à ce moment en position près de Saint-Benoit en Wœvre.

Plus au nord, le général-major von Horn avait, non sans peine, réussi à passer la Moselle à Remich, et l'infanterie de la 2e brigade ayant relevé la cavalerie devant Metz, le lieutenant-colonel von Stutterheim se porta avec quelques escadrons sur la route de Pont-à-Mousson jusqu'à Corny.

Mouvements de Sacken, d'une partie du corps de Langeron et de la cavalerie de Kleist. — Les troupes de Sacken étaient toujours entre Château-Salins et Nancy; mais la cavalerie du général Borosdin (dragons de Mittau et de la Nouvelle-Russie, 2e et 4e régiments de cosaques de l'Ukraine) était arrivée à Saint-Avold, précédant la division d'infanterie d'Olsufiew, en marche de Forbach sur Saint-Avold. Le général von Röder, avec la cavalerie du IIe corps (Kleist) occupait Trèves dès le 7 au soir, comme nous l'avons dit.

Observations d'York en réponse aux ordres de Blücher. — Enfin, York, après s'être conformé aux ordres de Blücher, adressait ce jour-là au feld-maréchal, en réponse aux instructions du 15, quelques observations, dans lesquelles il lui exposait les difficultés inséparables d'opérations aussi complexes que celles qui, dans l'esprit du feld-maréchal devaient assurer à l'armée de Silésie la possession de Sarrelouis, Metz, Thionville et Luxembourg. Une semblable entreprise était d'autant plus difficile que, comme l'écrivait le commandant du Ier corps, il n'avait à sa disposition ni équipage de pont, ni artillerie de siège, et que l'effectif total du corps d'armée, auquel les marches exécutées depuis le passage du Rhin avaient déjà coûté plus de 3,000 hommes, était tombé à ce moment au-dessous de 17,000 hommes. York terminait sa lettre en disant au feld-maréchal qu'il allait en personne se rendre devant les places de la Moselle, les reconnaître, afin de voir si une pareille entreprise pouvait ou non être tentée avec quelque chance de succès.

18 janvier. — Marche de la division Liewen sur Toul. — Le 18 au matin, Biron et Wassiltchikoff avaient reconnu de nouveau Toul, dont le commandant et le maire refusèrent de capituler. Convaincus, dès lors, qu'on ne pouvait s'emparer de la place sans infanterie, et surtout sans artillerie, ils firent aussitôt partir de Gondreville pour Nancy un officier qui rendit compte de la situation à Blücher en personne. A ce moment, du reste, la division d'infanterie du général Liewen, du corps Sacken, était déjà en marche sur Toul[1].

Rôle de la cavalerie française. — De leur côté, les cavaliers français avaient su conserver le contact avec l'ennemi et découvrir à l'aide de renseignements fournis par les gens du pays les principaux mouvements de leur adversaire. C'est ainsi que le 18, à deux heures de l'après-midi, Grouchy[2] pouvait écrire au major général : « Les cosaques sont établis entre Neufchâteau et Gondrecourt. Le corps York suit Marmont dans la direction de Metz à Verdun. Le corps Sacken, qui s'est dirigé sur Pont-à-Mousson et Nancy, est devant moi ; celui de Kleist[3] paraît s'être arrêté devant Thionville. » Sur la foi de ses renseignements, il avait, dès le matin, envoyé à sa 1re division, stationnée à Sorcy, l'ordre de rejoindre la division Briche, à Commercy, pour en défendre le pont jusqu'à la dernière extrémité, et de se replier ensuite, si elle y était contrainte, sur Saint-Aubin, où elle se mettrait en bataille[4].

Mouvements des corps Langeron et York. — Quant aux troupes d'infanterie du corps Langeron, qui venaient renforcer

---

[1] *K. K. Kriegs Archiv.*, I, 31.

[2] GROUCHY, *Mémoires*.

[3] Grouchy ne commet d'erreur qu'en ce qui touche Kleist, dont l'infanterie commençait ce jour-là à passer le Rhin à Coblence. La cavalerie sous Röder était arrivée la veille seulement à Trèves. Il n'y avait à ce moment devant Thionville que la brigade du général von Pirch, du 1er corps.

[4] GROUCHY, *Mémoires*.

Sacken, elles étaient arrivées à hauteur de Château-Salins et de Faulquemont. Le général Borosdin, qui les avait précédées avec sa cavalerie, recevait l'ordre d'en pousser une partie sur Pont-à-Mousson, afin d'être désormais en mesure de coopérer de ce côté à l'investissement de Metz.

York avait, dès le 17 au soir, envoyé à ses généraux des ordres déterminant la nature des opérations à entreprendre contre les places de la Sarre et de la Moselle, et fixant d'une manière précise le temps qu'ils devaient y consacrer et l'étendue des efforts qu'ils avaient à faire à cet effet.

Dès le 18, il dirigeait le prince Guillaume, avec le gros de son avant-garde, sur Pont-à-Mousson ; le lieutenant-colonel von Stutterheim, avec la pointe de cette avant-garde, allait à Vandières et envoyait des patrouilles vers Metz et Gravelotte. Le colonel von Warburg, avec sa brigade, et le lieutenant-colonel von Stössel restaient dans leurs anciennes positions devant Metz. Le général von Jürgass, avec sa brigade de dragons et une batterie à cheval, venait à Thiaucourt et portait son avant-garde à Saint-Benoit sur la route de Pont-à-Monsson à Verdun.

Ce même jour, Marmont arrivait à Verdun et le général Ricard s'était replié dans la même direction, couvert par une arrière-garde, qui, à l'approche de la cavalerie prussienne, se retira en passant par Fresnes-en-Wœvre.

Affaire de Saint-Mihiel. — Marmont, il importe de le reconnaître, avait été induit en erreur par la fausse nouvelle d'un mouvement sérieux des Prussiens sur Saint-Mihiel et par l'annonce de l'entrée de leur avant-garde dans cette ville. Le fait même que ce renseignement lui avait été fourni par l'un des officiers qu'il employait habituellement à courir le pays était de nature à le convaincre de l'exactitude d'une nouvelle, d'autant plus probable que l'armée de Silésie possédait, depuis le 14, le pont de Frouard, et qu'il n'y a en somme que 2 ou 3 marches au plus de Nancy à Saint-Mihiel. La retraite inopinée et précipitée du général Ricard, qui s'était retiré de Pont-à-Mousson si vivement qu'il n'avait pas cru pouvoir s'arrêter à Thiaucourt, d'où il aurait su à quoi s'en tenir sur les prétendus mouvements du Ier corps prussien, contribuait encore à donner plus de vraisemblance à cette nouvelle. Mais dès que le maréchal put présumer par les rapports qu'il reçut le 18 au matin, que les Prussiens n'étaient pas en force à Saint-Mihiel, il se hâta d'y envoyer un détachement d'infanterie et de cavalerie qui, sous les ordres de son aide de camp, le colonel Fabvier, y surprit et en chassa les cosaques. Le colonel réoccupa donc Saint-Mihiel et prit aussitôt toutes les mesures nécessaires pour rompre le pont si l'on était contraint d'abandonner de nouveau la ville. A ce moment donc, Marmont, dont les troupes étaient à Verdun, dont l'arrière-garde était encore à Haudiomont avec des partis à Manheulles, était en situation de défendre la Meuse aussi longtemps que le corps du maréchal Victor se maintiendrait sur les rives de ce fleuve.

Affaire de cavalerie à Hollerich. — A l'extrême droite de l'armée de Silésie, Henckel, qui avait reçu l'ordre de se diriger, le 23, sur Longwy et d'être le 26 à Saint-Mihiel, avait contourné Luxembourg et était venu s'établir à Bertrange, pendant que Horn restait sur les positions qu'il occupait déjà la veille.

Pendant cette marche, un de ses escadrons, conduit par le capitaine von Altenstein, avait eu une affaire avec un détachement d'infanterie qui, sorti de la place, tenta infructueusement de l'empêcher d'entrer dans le village d'Hollerich, et fut, après une charge de cavalerie, obligé de se retirer sur Luxembourg.

Mouvements et positions du corps de Saint-Priest. — Raid du corps volant du major von Falkenhausen. — Le général de Saint-Priest s'était, de son côté, porté par Andernach et Remagen sur Malmédy, Dinant et Givet, formant ainsi l'extrême droite de Blücher. On avait, en outre, fait partir pour Arlon une colonne volante qui, sous les ordres du major von Falkenhausen, devait empêcher la conscription et la levée dans le département de Sambre-et-Meuse[1].

Positions de l'armée de Silésie. — Il suffit, il nous semble, de jeter un coup d'œil sur les positions des différentes fractions de l'armée de Silésie, pendant les journées du 15 au 18 janvier, pour voir que les Français auraient pu aisément profiter de leur

---

[1] Rapport du major von Falkenhausen sur l'occupation du département de Sambre-et-Meuse. (*K. K. Kriegs Archiv.*, I, *ad.* 699.)

éparpillement sur un front qui s'étendait depuis Luxembourg jusqu'au-dessus de Pont-à-Mousson, et même jusque vers Toul. Jusqu'au 18 au matin, n'ayant devant eux que de la cavalerie précédant à une assez grande distance quelques petits groupes d'infanterie, ils pouvaient se masser sur un point quelconque de cette longue ligne, forcer, ce qui n'eût pas été bien difficile, le passage de la Moselle et tomber, par exemple, sur la droite du Ier corps de l'armée de Silésie, au nord de Metz, et se rabattre de là sur ses derrières. Un mouvement de ce genre, que les trois maréchaux Ney, Victor et Marmont pouvaient tenter d'autant plus aisément qu'ils auraient eu sur York l'avantage du nombre, aurait assurément eu des conséquences considérables. Il ne leur fallait pour cela qu'un peu de confiance en eux-mêmes et en leurs troupes. Mais une pareille entreprise, d'autant moins dangereuse que Macdonald couvrait, du côté de la basse Meuse, la gauche des Français, n'eût été possible que si l'Empereur avait préalablement confié le commandement supérieur à l'un de ses lieutenants. Investi de l'autorité nécessaire pour remédier au déplorable décousu des opérations, le général en chef aurait en tous cas imprimé une direction unique à la retraite, que chacun des maréchaux exécuta pour son propre compte, sans se soucier des corps voisins, sans même les informer de mouvements rétrogrades effectués avec une rapidité et une précipitation que rien ne motivait.

Faute de cette direction unique et énergique, on laissa échapper le moment où il était encore possible de réparer les inexcusables négligences commises à Frouard, Bouxières et Pont-à-Mousson; on perdit l'occasion de reprendre pied sur la rive droite de la Moselle, de jeter le désordre et la confusion dans les colonnes éparses, dans les petits paquets de l'armée de Silésie, de l'obliger sinon à se replier sur la Sarre, du moins à s'arrêter pour se concentrer. Quelles n'eussent pas été les conséquences, sinon d'un échec sérieux infligé à cette armée, du moins d'un temps d'arrêt passager, d'un accroc transitoire, d'un mouvement rétrograde de quelques marches qui, en découvrant momentanément l'aile droite de l'armée de Bohême, aurait certainement porté le trouble dans l'esprit naturellement inquiet du généralissime? Un pareil événement eût vraisemblablement suffi pour que Schwarzenberg, épouvanté de la responsabilité écrasante qu'il ne se sentait pas de force à porter, et qui hésitait déjà à dépasser le plateau de Langres, se décidât à s'y arrêter avec le gros de ses forces et à détourner de leurs directions les Wurtembergeois du prince Royal et les Austro-Bavarois de Wrède [1].

19 janvier. — Ordres de l'Empereur. — C'était d'ailleurs bien là ce que l'Empereur reconnut, tardivement, il est vrai, et c'est pour cette raison qu'il écrivait de Paris, le 19 janvier, au major général :

« Mon cousin, on ne peut plus rien concevoir à la conduite du duc de Bellune. Arrivez aux avant-postes avant demain matin 20. Assurez la défense de la Meuse, donnez le commandement au meilleur général. Joignez-y la division de jeune garde. Renvoyez le duc de Bellune; donnez le commandement de tout au duc de Raguse et restez jusqu'à ce que le duc de Raguse ait pris toutes les mesures pour la défense de la Meuse et pour se battre. »

Le même jour encore, complétant sa pensée et jugeant de loin la situation aussi nettement que s'il avait été sur les lieux, il adressait à ses maréchaux les instructions contenues dans la pièce qu'on va lire :

« Paris, 19 janvier 1814. — L'ennemi n'a passé la Meuse qu'avec de la cavalerie; il faut l'attaquer et reprendre cette ligne.

---

[1] Il nous paraît utile de reproduire ici une partie des instructions générales que l'Empereur, après avoir reconnu, le 13 janvier, que l'ennemi opérait en trois masses, adressait au corps d'Anvers, aux ducs de Tarente, de Raguse, de Bellune, de Trévise et au prince de La Moskowa, et d'en extraire ce qui a trait à la marche de Blücher :

« Il se porte, disait-il, sur la Sarre, et, dès lors, il a à masquer Sarrelouis. S'il passe la Sarre et qu'il se porte sur la Moselle, il devra masquer Luxembourg, Thionville, Marsal et Metz. Son corps sera à peine suffisant pour ces opérations. Le duc de Raguse doit l'observer, le contenir, manœuvrer entre ces places et si, par une chance qui n'est pas présumable, ce maréchal était obligé de repasser la Moselle, il jetterait la division Durutte dans Metz et préviendrait toujours l'ennemi sur le grand chemin de Paris. Dans cette supposition, le duc de Tarente, qui réunit un corps sur la Meuse, observerait le flanc droit de l'ennemi, défendrait Liège et la Meuse, et suivrait toujours le flanc droit de l'ennemi, de manière à ne pas cesser de couvrir les débouchés de Paris. Si, au contraire, Blücher après avoir tâté la Sarre se porte sur la basse Meuse pour menacer la Belgique, le duc de Tarente défendra la Meuse, et le duc de Raguse suivra le flanc gauche de l'ennemi pour observer ses mouvements, le contenir, le retarder et lui faire le plus de mal possible. » (*Correspondance de Napoléon*, 21091.)

Si cela n'était pas possible et que l'on dût se reployer, le duc de Raguse défendrait l'arrivée de l'ennemi sur Châlons en lui disputant la route de Verdun à Châlons.

« Le duc de Bellune et le prince de La Moskowa prendraient la position de Vitry-le-François, où ils se battraient.

« Dans cette position, le duc de Raguse formerait la gauche, le duc de Bellune et le prince de La Moskowa le centre, le duc de Trévise la droite.

« Le général Dufour est à Arcis-sur-Aube avec quatre bataillons et 16 canons. Le duc de Trévise est à Chaumont avec les deux divisions de vieille garde et la brigade du général Bourmont, composée de trois bataillons du 113e; deux bataillons, aux ordres du général Curial, sont à Châlons; trois bataillons couchent le 15 à Meaux, se dirigeant sur Châlons.

« La division de jeune garde du général Rottembourg est également en marche, se dirigeant sur Châlons..... Le général de La Hamelinaye est à Troyes. »

Mouvements du corps Sacken vers Toul, des cosaques vers Vaucouleurs, d'Olsufiew vers Nancy. — Mais au moment où l'Empereur donnait ces ordres, il était déjà trop tard pour réparer les fautes commises par les maréchaux.

La division Liewen, du corps Sacken, s'approchait de Toul et devait arriver le 20 au matin sous les murs de cette place, que Biron et Wassiltchikoff continuaient à observer avec leur cavalerie : « J'envoie de Colombey-les-Belles de la cavalerie sur Toul, où l'on entend le canon, » écrivait à cette date Frimont [1].

Les cosaques de la cavalerie de Sacken avaient poussé vers Vaucouleurs et y rejoignaient le petit corps volant de Stscherbatoff [2], tandis que l'infanterie du général Olsufiew arrivait aux environs de Nancy.

Mouvements autour de Metz. — Du côté de Metz, la crue de la Moselle avait immobilisé le prince Guillaume, qui, posté depuis la veille à Pont-à-Mousson, recevait du feld-maréchal l'ordre de rester sur ce point jusqu'au moment où la route de Pont-à-

---

[1] *Tagesbegebenheiten...* (*K. K. Kriegs Archiv.*, I, 30.)
[2] Stscherbatoff à Schwarzenberg. (*K. K. Kriegs Archiv.*, I, 445.)

Mousson redeviendrait praticable et lui permettrait de compléter l'investissement de la place par la rive gauche. En attendant, le lieutenant-colonel von Stutterheim s'était établi à Gorze; ses avant-postes occupaient Ars-sur-Moselle, Gravelotte et Vaux pendant que, d'autre part, la cavalerie russe du général Borosdin relevait, dans la journée du 19, les postes fournis devant Metz par le lieutenant-colonel von Stössel.

Combat de cavalerie de Manheulles. — Dans la nuit du 18 au 19, le général-major von Jürgass avait fait suivre l'arrière-garde française par les deux escadrons du major von Woïssky, qui atteignit l'ennemi près du village de Manheulles, à la croisée même des routes qui mènent de Pont-à-Mousson et de Metz à Verdun. Les Français avaient posté leur infanterie dans le village, dont ils avaient fait couvrir les abords par leur cavalerie (10ᵉ régiment de hussards)[1]. Le major von Woïssky les attaqua le 19 au matin et fit aussitôt prévenir le général, qui se porta immédiatement en avant avec les dragons de la Prusse-Occidentale et deux pièces d'artillerie à cheval, pendant qu'il dirigeait par Fresnes les dragons de Lithuanie et le reste de son artillerie. Appuyée par les tirailleurs d'infanterie postés dans les maisons et les jardins du village, la cavalerie française repousse tout d'abord les charges des dragons prussiens. Mais les feux de l'artillerie prussienne l'obligent à se replier, et le général von Jürgass poursuit les Français jusqu'à l'entrée du défilé d'Haudiomont. Recueillis sur ce point par un détachement d'infanterie soutenue par quelques bouches à feu, ils réussirent à se maintenir jusque dans la matinée du 20 et se retirèrent sur Verdun sans être inquiétés. Le général von Jürgass n'osant pas, à l'approche de la nuit, attaquer une position naturellement forte et solidement occupée par des troupes d'infanterie, s'établit à Manheulles et à Fresnes avec ses cavaliers, et se borna à faire surveiller Haudiomont par ses grand'gardes et ses vedettes[2].

---

[1] Général von Jürgass, relation du combat de Manheulles et rapport d'York à Blücher, de Pange, 28 janvier.

[2] D'après Koch, qui estime d'ailleurs à 1200 chevaux l'effectif des deux régiments du général von Jürgass, le général Picquet aurait, au contraire, réussi à se maintenir à Manheulles, et Jürgass, poursuivi par le 10ᵉ hussards, aurait été obligé de se replier. Nous croyons que Koch commet là une légère erreur

Tournée d'York devant les places. — Ainsi qu'il l'avait annoncé, York était allé se rendre compte par lui-même de la situation des troupes chargées d'investir et d'enlever les places, et des chances qu'elles avaient de réussir dans leurs entreprises.

Sarrelouis avait été bombardé sans succès. Horn et Henckel, qui allaient recevoir le lendemain la visite du commandant du Ier corps, avaient investi Luxembourg : Horn du côté de l'est, Henckel à l'ouest; le général von Röder, avec la cavalerie du IIe corps (Kleist), arrivait ce jour-là à Grewemachern.

Raid de Falkenhausen en Sambre-et-Meuse. — **Affaire de Neufchâteau.** — Le major de Falkenhausen, qui s'était porté le 18 sur Arlon, où on lui avait signalé la présence de 800 lanciers polonais, avait continué le 19 son mouvement dans la direction de Bastogne. Il devait chercher à empêcher la levée dans le département de Sambre-et-Meuse, en chasser les partisans français, établir, si faire se pouvait, une communication entre l'armée de Silésie et celle du Nord, et se procurer des renseignements précis sur la force du corps du général Sébastiani. « Je m'attendais, dit-il dans son rapport, à rencontrer une certaine résistance à Neufchâteau, mais le lieutenant von Schöning réussit à surprendre le poste ennemi et à lui prendre 18 hommes appartenant aux troupes stationnées à Sedan, pendant que, d'autre part, le lieutenant Spitzer surprenait Bastogne, où l'on m'a reçu avec enthousiasme, » et « où, ajoute le major, j'ai appris qu'une colonne mobile française, forte de 120 chevaux, était établie aux environs de Marche[1]. »

Rapport de Blücher à Schwarzenberg. — Comme nous avons eu lieu de le signaler en relatant les opérations de l'armée de Bohème, Blücher avait adressé le 19, de Nancy, à Schwarzen-

---

et veut dire que Jürgass n'a pas pu, le 19, forcer le défilé d'Haudiomont. Le rapport du général von Jürgass est, d'ailleurs, confirmé, si ce n'est dans ses détails, du moins dans son ensemble, par la version même du général Curély, alors colonel du 10e hussards. (Voir, à cet effet : Général Thoumas, *Le général Curély*, pages 371 à 375.)

Quant à Marmont, il se contente de dire au major général que son avant-garde a été attaquée à Manheulles par un millier de chevaux prussiens, et que le général Decouz occupe Saint-Mihiel.

[1] Rapport du major von Falkenhausen. (*K. K. Kriegs Archiv.*, I, ad. 699.)

berg, un rapport dans lequel, résumant les conseils qu'il avait donnés à Wrède, il lui communiquait les ordres envoyés à York, qui devait être rendu à Saint-Mihiel le 26, et lui faisait part du mouvement qu'il se proposait d'exécuter, de manière à être le 30, époque à laquelle Kleist arriverait avec son infanterie sous Metz, avec le gros de son armée entre Vitry et Arcis. A ce rapport était joint un mémoire dans lequel le feld-maréchal exposait en détail les motifs qui militaient en faveur de ces opérations[1] et dans lequel il demandait à Schwarzenberg de vouloir bien donner son approbation aux projets en question.

20 janvier. — Capitulation de Toul. — Le 20 au matin, Wassiltchikoff, passant par Dommartin et contournant Toul par le sud, venait se poster sur la rive gauche de la Moselle, pendant que Biron s'avançait par la route de Gondreville et que le général Liewen, dont l'artillerie avait pris position sur les hauteurs qui dominent la ville du côté du nord, formait son infanterie en colonne entre les routes de Pont-à-Mousson et de Void.

Entouré de tous côtés, menacé d'une attaque à laquelle il lui était impossible de résister, le commandant de la place se vit forcé de capituler et d'ouvrir aux Alliés les portes d'une ville qui avait une réelle importance pour eux, parce que, maîtres de Toul, ils pouvaient désormais utiliser la grande route de Nancy à Bar-le-Duc.

Renseignements fournis par Sacken. — Sacken informait immédiatement Blücher de la reddition de Toul[2]. Par un rapport daté du 20, à deux heures de l'après-midi, il lui faisait connaître qu'on y avait trouvé 2 drapeaux (qui semblent, dit-il, être *portugais*), 3 canons de bronze, 1 canon de fer, 800 fusils, 2,000 projectiles pouvant servir à l'artillerie des Alliés, beaucoup de poudre, des vivres, des fourrages et 400 hommes, et qu'il faisait poursuivre l'ennemi. Il avait, en effet, poussé jusqu'à Foug, sur la route de Void et de Ligny, le corps volant de Biron, dont les vedettes surveillaient Lay.

---

[1] *K. K. Kriegs Archiv.*, 1, 492 a, et I, 492 b.

[2] Je crois utile de relever en passant l'erreur commise par Plotho, III, p. 84, qui prétend que le général Liewen prit Toul à l'assaut et à la baïonnette. Le général Sacken n'aurait pas manqué d'enregistrer ce fait d'armes et n'aurait pas dans ce cas annoncé à Blücher la *reddition* de Toul.

Sacken complétait son rapport en disant à Blücher qu'un voiturier qui avait conduit un officier à Châlons et qui en était reparti le 18 pour revenir à Toul, assurait que les Français étaient massés à Châlons et se disposaient à marcher sur Langres; qu'on parlait à Châlons de l'établissement prochain d'un grand camp à Valmy. Il terminait son rapport en disant : « Les habitants sont las de la guerre. Les conscrits se sauvent et les hommes de 20 à 40 ans refusent de participer à la levée en masse[1]. »

Le général russe ne devait pas tarder à changer d'avis et à s'apercevoir que si les *Marie-Louise* étaient capables de tenir victorieusement tête à ses troupes, les paysans s'armaient, eux aussi, et de leur plein gré, pour résister à l'invasion.

Le major autrichien Mareschal, que Schwarzenberg avait envoyé au quartier général de Blücher et qui suivit pendant toute la campagne les opérations de l'armée de Silésie, confirmait de Nancy cette nouvelle et communiquait, en outre, au généralissime des bruits d'après lesquels « le maréchal Ney serait à Bar-le-Duc avec son corps d'armée[2]. »

Ces deux rapports, ainsi que la dépêche adressée de Nancy le 20 janvier par Blücher à Schwarzenberg, et dans laquelle il lui exposait la situation générale à cette époque, en lui confirmant ses précédents rapports, parvinrent au généralissime le 22[3].

Positions et mouvements le 20. — Le corps de Sacken était donc le 20 entre Toul et Nancy, où se trouvait le quartier général de Blücher. Le général Lanskoï, avec sa cavalerie, était à

---

[1] Sacken à Blücher. Toul, 20 janvier, 2 heures après-midi. (*K. K. Kriegs Archiv.*, I, 466 a.)

[2] Major Mareschal à Schwarzenberg. (*K. K. Kriegs Archiv.*, I, 466 b, et *ibidem*, I, 30 et 31.)

[3] Il ressort de cette dernière pièce (Blücher à Schwarzenberg, Nancy, 20 janvier, *K. K. Kriegs Archiv.*, I, 466), que Damitz (I, p. 314) commet, lui aussi, une erreur, lorsqu'il prétend qu'on forma, avec le général Sotomayor et les prisonniers espagnols trouvés à Nancy, un bataillon à 4 compagnies qui vint, après la reddition, tenir garnison à Toul. Blücher annonce, au contraire, à Schwarzenberg que le général Sotomayor et les officiers rentrent en Espagne, qu'il a armé les soldats espagnols qui ont préféré rester et qu'il les emploiera pour escorter les convois. Ce ne fut que plus tard qu'on les répartit dans les places.

Rambucourt, et le général Borosdin (du corps Langeron, dont l'infanterie sous Olsufiew s'avançait de Château-Salins vers Nancy), envoyait deux de ses quatre régiments (dragons de Mittau et 4e de cosaques de l'Ukraine) sur la rive gauche de la Moselle, à Gorze.

Le prince Guillaume se préparait à compléter l'investissement de Metz, que la hauteur anormale des eaux de la Moselle allait encore retarder. Bien qu'il ait, dans le principe, espéré pouvoir tenter dans la nuit du 20 au 21 un coup de main contre cette place, le prince était encore obligé de rester à Pont-à-Mousson, et seul, le lieutenant-colonel von Stutterheim put s'approcher de Metz et venir s'établir à Lorry.

Marche de la cavalerie de Jürgass vers Verdun. — Après la retraite de l'arrière-garde française, le général von Jürgass avait fait occuper Haudiomont[1] par ses deux escadrons de pointe dont les coureurs et les patrouilles s'étendirent dans la direction de Verdun. Lui-même resta jusqu'au 26 avec le gros de sa brigade à Fresnes, et posta à Manheulles deux escadrons qui établirent leurs grand'gardes du côté d'Étain, tandis qu'un troisième escadron, posté plus en arrière à Pintheville, observait la route de Metz à Verdun. Jürgass chercha en vain, pendant les six jours qu'il passa dans ces cantonnements, à entamer des négociations avec le commandant de place de Verdun et à l'amener à capituler.

Affaire de la cavalerie de Henckel à Ettelbrück. — York[2], arrivé de sa personne aux environs de Luxembourg dans la nuit du 19 au 20, avait conféré à Rödt avec les généraux von Horn et Röder. Henckel, qui aurait dû se rendre à ce conseil, n'avait pu quitter ses troupes établies à Strassen, parce qu'elles étaient

---

[1] Le général Picquet quitta Haudiomont, par ordre de Marmont, deux heures avant le jour, et vint à Haudainville, et le général Ricard reçut le 20, du duc de Raguse, l'ordre de laisser une de ses brigades à Verdun et d'aller se cantonner avec l'autre à Sivry-la-Perche, sur la route de Clermont. Le 20 au matin, les divisions Lagrange et Ricard s'étaient formées en avant de Verdun, pour soutenir éventuellement la cavalerie du général Picquet.

[2] Rapport d'York à Blücher, en date de Pange, 23 janvier.

tenues constamment en alerte par les sorties continuelles de la garnison. En revanche, le colonel avait réussi à faire enlever, près d'Ettelbrück, un convoi de munitions qui se rendait de Liège à Metz, pendant que ses partis, sous les ordres du capitaine von Osten et du lieutenant de Chevallerie, prenaient à quatre lieues au delà d'Arlon un transport chargé d'équipements militaires, de 400 fusils et de 8 ballots de draps destinés à la garnison de Luxembourg et venant également de Liège.

York, tout en s'étant parfaitement rendu compte de l'impossibilité presque absolue d'enlever par un coup de main une forteresse aussi respectable que Luxembourg et dont la garnison faisait bonne garde, crut cependant devoir se conformer jusqu'au bout aux ordres du feld-maréchal. Avant de prendre une résolution définitive et de modifier le caractère de l'investissement en rappelant à lui les troupes qu'il avait été forcé de détacher de ce côté, il prescrivit à la brigade Horn d'entreprendre, le lendemain 21, une reconnaissance sérieuse de la place.

Raid de Falkenhausen vers Marche. — Renseignements sur la marche de Macdonald et de Sébastiani. — Continuant ses opérations, le major von Falkenhausen s'était, le 20 dès l'aube, dirigé sur Marche, précédé par une patrouille qui avait ordre de passer plus à droite, par La Roche. « Je comptais, dit-il dans son rapport[1], parvenir à cacher ma marche à l'ennemi, mais pour célébrer notre arrivée, on se mit à sonner la cloche de tous côtés et des paysans montés me précédèrent à Marche. L'ennemi eut ainsi le temps de seller ses chevaux et s'échappa en partie. Cependant, le capitaine von Kalinowsky réussit encore à s'emparer de 37 chevaux et rejeta les Français dans les bois où un bon nombre d'entre eux furent assommés par les paysans. »

Falkenhausen, après ce récit quelque peu fantaisiste, faisait savoir que, d'après les renseignements recueillis, le maréchal Macdonald s'était replié de Maëstricht sur Namur, et le général Sébastiani de Cologne sur Liège. Enfin, dans la nuit du 20 au 21, il avait, pour contrôler ces renseignements, expédié dans la direction de Namur un officier et 16 uhlans qui, montés sur des chevaux réquisitionnés aux paysans, vinrent donner à 2 lieues

---

[1] Rapport du major von Falkenhausen. (*K. K. Kriegs Archiv.*, I, ad., 699.)

environ de Namur contre 300 cavaliers français couvrant la retraite de Macdonald, et furent obligés de revenir rapidement en arrière.

21 janvier. — Ordres de mouvement de Blücher vers la Marne. — Le 21 janvier allait être une journée des plus importantes pour l'armée de Silésie, non pas tant à cause des opérations mêmes de cette journée, que parce que Blücher, décidé à partir de ce moment à presser la marche des événements, va se porter résolument en avant. Le commandant de l'armée de Silésie ne put se résigner à attendre la réponse de Schwarzenberg, qui lui écrivit cependant le lendemain même du jour où le feld-maréchal lui avait envoyé le mémoire dont nous avons parlé, en approuvant la marche par Arcis, mais en lui conseillant d'opérer au préalable, ou en même temps, par Vitry-le-François sur Châlons[1]. Donnant libre jeu à la décision, à l'énergie indomptable qui faisaient le fond de son caractère, à une ardeur que ni l'âge ni les fatigues n'étaient parvenus à calmer, il avait pris la résolution de porter vivement en avant le gros de ses forces, dès qu'il eut acquis la conviction que les maréchaux se disposaient à se retirer sur Châlons, et qu'il eut appris que Macdonald abandonnait les Pays-Bas et la Belgique pour se porter lui aussi sur cette ville. Convaincu par les arguments de Gneisenau, certain que Châlons allait devenir le point de concentration générale des troupes françaises, pensant, non sans raison, que les maréchaux se maintenaient derrière la Meuse uniquement pour donner à cette concentration le temps de s'effectuer et pour couvrir les mouvements qu'elle rendait nécessaires, sentant qu'il était urgent de prévenir l'offensive que les Français ne pouvaient tarder à vouloir prendre, Blücher, informé de la présence de la grande armée de Bohême du côté de Chaumont, de l'arrivée du V° corps (Wrède) à Neufchâteau, se porta en avant sur trois colonnes. La première, celle de droite, constituée par l'avant-garde, sous les ordres du général-lieutenant prince Stscherbatoff[2], de la cava-

---

[1] Schwarzenberg à Blücher, Langres, 21 janvier. (*K. K. Kriegs Archiv.*, I, 492.)

[2] Il importe de ne pas confondre cet officier général avec le général-major du même nom, qui commandait un corps de partisans opérant en ce moment sur la Meuse et qui précédait l'armée de Bohême.

leric du général Wassiltchikoff et de la première colonne du corps de Sacken, avait ordre de se diriger par Ligny et Bar-le-Duc sur Saint-Dizier. La deuxième colonne, formée de l'autre partie du corps Sacken et suivie à une journée de marche par la troisième, composée du IXe corps russe d'Olsufiew, appartenant au corps Langeron, devait, en passant par Vaucouleurs et Gondrecourt, prendre à gauche de la première Joinville pour objectif.

Blücher[1] se proposait de repousser l'aile droite du corps de Victor de Ligny vers la Marne, de faire croire à l'ennemi qu'il voulait atteindre Châlons, tandis que, masqué par son avant-garde qui ferait face au maréchal et se tiendrait devant lui vers Vitry-le-François, il déborderait, sans être aperçu, son aile droite et atteindrait avec ses trois colonnes l'Aube du côté d'Arcis, en passant par Brienne.

Quant à York, il devait, d'après les projets de Blücher, rester encore quelques jours devant les places de la Sarre et de la Moselle, jusqu'à l'arrivée des troupes de Kleist et de la cavalerie de Langeron destinées à le relever, puis arriver à Bar-le-Duc le 27, et gagner de là Vitry[2], où il devait être rendu le 30.

La cavalerie passe la Meuse à Vaucouleurs. — Dans la nuit du 20 au 21, l'avant-garde de la colonne de gauche, se dirigeant sur Joinville, avait passé la Meuse sans rencontrer de résistance au pont de Vaucouleurs[3], que les Français n'avaient pas détruit, parce que l'inondation les en avait empêchés. C'est du moins l'explication, ou pour mieux dire l'excuse, qu'on a cherché à donner de cet inconcevable oubli. Mais, précisément à cause de l'inondation, la possession de ce pont était d'autant plus précieuse

---

[1] Blücher à Wrède, 21 janvier, 9 heures du matin. (*K. K. Kriegs Archiv.*, I, 511.)

[2] On verra plus loin que les ordres de marche d'York durent être modifiés. Au lieu d'être à Vitry le 30, il était ce jour-là à Saint-Dizier.

[3] Nous avons déjà eu occasion de parler des affaires qui avaient eu lieu le 18 janvier, à Vaucouleurs, entre les cosaques du général-major prince Stscherbatoff et l'arrière-garde de la cavalerie française, lorsque nous avons exposé au chapitre précédent les opérations de l'armée de Bohême. Voir entre autres le rapport du général-major Stscherbatoff à Schwarzenberg, de Saussure, 19 janvier. (*K. K. Kriegs Archiv.*, I, 445.)

pour les Alliés qu'elle leur permettait de continuer sans perte de temps leurs opérations sur la rive gauche de la Meuse. L'abandon du pont de Vaucouleurs obligea Victor à se replier sur Ligny[1], en évacuant Void et Vaucouleurs ; Marmont, à ne laisser qu'une division à Verdun, à faire quitter Saint-Mihiel à la division Decouz, qui, après avoir fait sauter le pont, vint s'établir à Naives ; la division Lagrange dut venir à Chaumont-sur-Aire[1].

Inconvénients de la position de Victor à Ligny. — La position occupée par Victor à Ligny n'était pas sûre, et malgré les ordres formels de l'Empereur, qui voulait qu'on tînt bon sur l'Ornain, Victor aurait très probablement cédé aux conseils de ses généraux de cavalerie qui, insistant sur les graves inconvénients de cette position, le pressaient d'aller s'établir en arrière de Ligny, à l'entrée du défilé de Saint-Dizier[2].

---

[1] Victor avait prescrit, le 20 au soir, de se replier le 21, à 1 heure du matin, promptement et en bon ordre, par Void et Saint-Aubin sur Ligny, de prendre position derrière Ligny, sur la route de Bar-le-Duc. La 2ᵉ division (général Forestier) devait suivre la division Dubesme et s'établir derrière elle en 2ᵉ ligne ; la 1ʳᵉ division avait ordre de partir de Commercy à 4 heures du matin, allant sur Ligny par Saint-Aubin, et de venir derrière Ligny en 3ᵉ ligne. Le général Piré, chargé de faire sauter le pont de Pagny-sur-Meuse, après le passage de la division Dubesme, avait à se porter de là sur Void, à attendre à Void le général de France, qui devait partir également à 4 heures de Vaucouleurs, allant à Void, pour se replier ensuite avec Piré sur Ligny ; enfin, le général Briche, partant à 6 heures de Commercy, se portant également sur Ligny.

[2] Belliard, écrivant le 21 janvier à Macdonald, lui résumait ainsi les positions des corps de Marmont et de Victor et lui donnait certaines indications à peu près exactes sur la position des Alliés :

« Le duc de Raguse occupe avec son corps d'armée Verdun, Saint-Mihiel, et s'étend par sa gauche du côté de Stenay. Il a son avant-garde à trois lieues en avant de Verdun, sur la route de Metz. Le duc de Bellune occupe Commercy, Void, où est son quartier général, Vaucouleurs et Gondrecourt. Le prince de La Moskowa est à Bar-le-Duc, occupant Ligny et Saint-Dizier. Le maréchal duc de Trévise doit être à Chaumont.

« P. S. — Le corps *du duc d'York* (sic) marche sur Verdun, celui de Sacken sur Saint-Mihiel. Blücher est devant le duc de Bellune. Platoff est à Neufchâteau avec 10 régiments de cosaques. » (Belliard, *Dépôt de la Guerre*.)

Belliard fait marcher le corps d'York plus vite qu'il ne marcha en réalité, puisque, le 21 janvier, le 1ᵉʳ corps prussien était encore devant Metz.

[3] L'arrivée de Berthier et les ordres catégoriques qu'il envoya le 20 de Châlons et le 21 de Bar-le-Duc, à Victor, avant de se rendre auprès de lui, empêchèrent seuls le maréchal de quitter sa position.

Dès le 21 au matin, Grouchy écrivait à cet effet au général Milhaud : « Mon cher général, il est très fâcheux que toute notre cavalerie soit forcée d'être ce soir dans Ligny ; c'est avoir l'ennemi sous son nez, et demain matin il fera tel hurrah qu'il voudra, non seulement sur Ligny, mais aussi sur la division Briche, sur le flanc de laquelle il peut arriver en passant l'Ornain, qui a des ponts.

« Prévenez le général Briche à ce sujet. Donnez ordre à la division Lhéritier d'être à cheval demain avant le jour en avant de Ligny, sur la route de Saint-Aubin, ayant devant elle la division Piré, soutenue par l'infanterie que fera sortir le maréchal.

« Que la division Briche pousse dès 4 heures des reconnaissances sur Demange-aux-Eaux, afin de s'assurer si une colonne ennemie ne s'avance pas de ce côté; mais que les reconnaissances marchent bien éclairées, puisque l'ennemi est à Gondrecourt [1]. »

Le général Piré [2], écrivant à Grouchy le soir du même jour, à 9 heures, est tout aussi préoccupé que son chef et se rend, lui aussi, un compte exact de la gravité de la situation, des dangers auxquels on s'expose fatalement en restant à Ligny.

« Tous les renseignements, toutes les reconnaissances, écrit-il de Nançois-le-Petit, démontrent que le corps de M. le maréchal duc de Bellune est compromis en continuant à occuper Ligny, qui est une mauvaise position et un véritable entonnoir. Si la brigade évacue Nançois-le-Petit, l'ennemi, arrivant par Nançois-le-Grand et Willéroncourt, coupera la route de Bar par le très beau pont de pierre de Velaine, ou par celui de Nançois-le-Petit, à côté duquel il y a un gué praticable. D'un autre côté, M. le général Briche, qui garde la route de Gondrecourt, n'est pas en état de résister à la colonne ennemie, qu'on sait avoir débouché par Vaucouleurs et par Maxey. Si elle n'attaque pas le général Briche, il est évident qu'elle marche sur Saint-Dizier, par Joinville, et le corps d'observation qu'on a envoyé à Joinville ne peut s'opposer à la marche d'un nombre aussi supérieur. »

Les événements du lendemain ne devaient que trop complètement justifier les prévisions des généraux de Grouchy et Piré.

---

[1] Grouchy à Milhaud. (*Archives de la Guerre.*)
[2] Piré à Grouchy, Petit-Nançois, 21 janvier. (*Archives de la Guerre.*)

Marche de Biron sur Void. — Mouvements autour de Metz. — Biron avait reçu à Foug, le 21, à 8 heures du matin, l'ordre de se porter sur Void. Ramassant en passant ses grand'-gardes, établies en avant de Lay-Saint-Remy, le prince s'arrêta le soir à Pagny-sur-Meuse, disposa ses avant-postes sur la rive gauche de la rivière et envoya des patrouilles dans la direction de Void.

Du côté de Metz il ne s'était rien passé d'important. Toutefois, comme la Moselle continuait à baisser, le prince Guillaume avait pris la résolution de resserrer, le lendemain, l'investissement de la place. Des deux régiments de cavalerie du général Borosdin qui étaient arrivés à Gorze, l'un, le régiment de dragons de Mittau, avait reçu l'ordre de rester devant Metz, tout en envoyant des patrouilles vers Verdun, tandis que le 4e régiment de cosaques de l'Ukraine devait partir le 23 pour assurer le blocus de Mézières.

Le colonel Henckel avait été relevé, le 21 au matin, devant Luxembourg, par le lieutenant-colonel Wrangel et quatre escadrons du régiment de cuirassiers grand-duc Constantin. Se conformant aux ordres qui lui étaient arrivés le 17, il devait, après avoir rallié tout son monde, se porter le lendemain sur Aubange, pour voir s'il n'était pas possible de tenter un coup de force contre Longwy. Mais avant de se mettre en mouvement, il avait reçu d'York [1] l'ordre de régler ses marches ultérieures de façon à être à Saint-Mihiel le 27 et à y opérer sa jonction avec la brigade Horn, qui, après avoir paru devant Thionville le 23, devait, elle aussi, défiler par Saint-Mihiel le 27.

Affaires devant Luxembourg. — York avait cependant tenu à tâter encore une fois, dans la journée du 21, Luxembourg avec la brigade Horn et la colonne du colonel Henckel. Il poussa avec elles, par les deux rives de l'Alzette, une forte reconnaissance, à la suite de laquelle il put se convaincre qu'on ne viendrait pas facilement à bout de la place. Sa première intention avait été de diriger de suite Horn sur Frisange, de façon à lui permettre d'arriver devant Thionville dans la matinée du 22. Mais, à la

---

[1] Ordre d'York à Henckel, de Strapig, 21 janvier.

nouvelle qu'une partie des habitants de Luxembourg paraissaient disposés à ouvrir l'une des portes de la ville le lendemain, il donna à Horn l'ordre de tenir sa brigade rassemblée le 22 jusqu'à 10 heures du matin à Itzig, parce que, de cette façon, le général pouvait encore arriver à Thionville dans le courant de l'après-midi.

Mouvement de Falkenhausen vers Namur. — Quant au major von Falkenhausen, il avait quitté Marche en y laissant un poste de 30 cavaliers, et, se portant en avant avec le reste de son monde, il avait envoyé des partis vers Givet et Sedan. Mais, ayant appris dans la nuit du 21 au 22 que la route de Marche à Namur était libre, il mit aussitôt en route un escadron en prescrivant à son chef d'atteindre Namur au plus vite, afin d'établir dans le plus bref délai possible la communication avec le général Winzingerode[1].

22 janvier. — Rapport de Blücher à Schwarzenberg. — Combat de cavalerie de Saint-Aubin. — « Le 22 au matin, dit Blücher dans le rapport[2] que, de Gondrecourt, il adressait à Schwarzenberg, le prince de Neuchâtel[3] est venu de Paris à Ligny. Après y avoir conféré pendant quatre heures avec les maréchaux Ney et Victor, il en est reparti ensuite pour Paris.

---

[1] Rapport du major von Falkenhausen. (*K. K. Kriegs Archiv.*, I, ad., 699.)

[2] Blücher à Schwarzenberg, de Gondrecourt, 24 janvier. (*K. K. Kriegs Archiv.*, I, 550.)

[3] Belliard rend compte à l'Empereur des positions occupées par l'armée le 22, à midi :

« Belliard (*Correspondance*) à l'Empereur, le 23 janvier.

« Sire, la position de l'armée était hier, à midi, ainsi qu'il suit :

« Le duc de Raguse en arrière de Verdun, sa cavalerie sur Senoncourt.

« Le duc de Bellune à Ligny, occupant Stainville.

« Le prince de La Moskowa à Bar-le-Duc, ayant une brigade à Saint-Dizier.

« Le duc de Trévise à Bar-sur-Aube, d'après sa lettre du 21.

« Le duc de Bellune a l'ordre de tenir jusqu'à ce qu'il soit forcé. Le prince appelle le duc de Raguse près de lui, pour lui donner le commandement des deux corps.

« Si tous les corps sont forcés de revenir sur Châlons, comment les troupes doivent-elles être placées? Et si l'ennemi prenait Châlons, un corps doit-il se retirer sur Reims ?

« Des lettres du prince, parties hier au soir à 11 heures, donnent à Votre Majesté les mêmes nouvelles. » (*Archives de la Guerre*, Belliard, *Correspondance*.)

— 246 —

Les habitants prétendent que, dans cette conférence, on a décidé que Victor tiendrait à Ligny [1] et Bar-le-Duc jusqu'au 26, jour de l'arrivée de la jeune garde venant d'Anvers. »

En effet, sur l'ordre formel de Berthier, la cavalerie française dut se reporter en avant de Ligny et se diriger sur Saint-Aubin : « L'ennemi, dit Blücher [2], occupait le 22 Ligny, et deux brigades de cavalerie, sous les ordres du général Wassiltchikoff [3], avaient poussé jusqu'à Saint-Aubin. Dans l'après-midi, l'ennemi sortit de Ligny avec environ 2,000 chevaux, repoussa nos avant-postes, se déploya devant Saint-Aubin, lorsque notre cavalerie, se portant en avant, le fit canonner par une batterie à cheval jusqu'au soir, où il se retira sur Ligny [4]. » Victor ne laissa, d'ailleurs, qu'une arrière-garde à Ligny [5].

De leur côté, les hussards russes s'établirent en avant de Void,

---

[1] Ce renseignement, parfaitement exact, sauf en ce qui concerne le retour du major général à Paris, est confirmé en tous points par Grouchy, qui dit à ce sujet dans ses *Mémoires* : « Le 22, Victor est prêt à prolonger la retraite sur Saint-Dizier pour n'être pas débordé, lorsqu'il reçoit l'ordre de tenir sur l'Ornain. Milhaud (5ᵉ corps de cavalerie) a à Saint-Aubin un engagement avec les Russes et se replie sur Ligny. »

[2] Rapport de Blücher (*K. K. Kriegs Archiv.*, I, 550). Le feld-maréchal ne parle pas des charges de la cavalerie russe mentionnées par Plotho et Damitz, et qui n'eurent pas lieu.

[3] Le général Wassiltchikoff faisait partie de la colonne du général-lieutenant prince Stscherbatoff, dont le *Journal d'opérations* nous fournit les renseignements suivants :
« Le prince Stscherbatoff a reçu communication des tableaux de marche qui donnent à son corps une direction spéciale. Le général Lanskoï, avec une brigade de hussards (régiments de hussards d'Aktyrka et de Mariopol) et une batterie à cheval, 3 régiments de cosaques sous les ordres du général-major Karpoff et le détachement prussien du général prince Biron sont mis à sa disposition et forment son avant-garde. Le corps se porte aujourd'hui sur Void, son avant-garde est ce soir à Saint-Aubin, d'où l'on a chassé l'ennemi. »

[4] Blücher ajoute dans son rapport que des voyageurs qui étaient à Paris le 12, jour de la revue, disent qu'il y avait là, non pas 30,000 hommes, mais au plus 18,000. « Ils n'ont vu entre Paris et Châlons que 2 bataillons de vétérans de la garde. »

[5] Le 2ᵉ corps et le 5ᵉ de cavalerie occupèrent, le 22, les positions suivantes : Piré, soutenu par la division Duhesme, vers Saint-Aubin ; 400 dragons de Briche, soutenus par la 1ʳᵉ division d'infanterie, éclairaient vers Gondrecourt, occupant Givrauval, Longeaux, Nantois, avec une avant-garde à Saint-Amand. Le reste de la division Briche était en arrière de Ligny, sur la route de Bar à Tronville, Guerpont et Tannois. La division Lhéritier, à Stainville ; le général de France, avec les gardes d'honneur, à Ancerville. Un bataillon d'infanterie de la 2ᵉ division, en soutien de Lhéritier, à Stainville. (*Archives de la Guerre.*)

et Biron occupa la ferme de Riéval avec des avant-postes fournis par les cosaques à Ménil-la-Horgne.

La colonne de droite de l'armée de Silésie arrivait à Void, celle de gauche à Vaucouleurs. Olsufiew était à Toul avec le quartier général de Blücher; l'avant-garde de Palhen (VIe corps de l'armée de Bohême), à Vézelise.

Du côté des Français, Ney était encore pour peu de temps à Bar-le-Duc; Marmont, afin de rester lié aux deux autres maréchaux, avait commencé son mouvement de retraite de Verdun sur Bar et Saint-Dizier, où il arriva le 24 après avoir laissé la division Ricard du côté de Clermont en Argonne pour garder le défilé des Islettes et couvrir la route de Verdun à Châlons.

Positions du prince Guillaume de Prusse sous Metz. — Le prince Guillaume de Prusse s'était dirigé de Pont-à-Mousson vers Metz par Pagny-sur-Moselle et établi à Sainte-Ruffine, après avoir fait occuper Vaux, Jussy, Lessy et Plappeville, d'où il pouvait apercevoir l'ensemble des défenses de la place. Par suite du séjour forcé qu'il avait dû faire à Pont-à-Mousson et comme il avait ordre de commencer son mouvement vers Bar-le-Duc le 26, le prince ne disposait plus que de trois jours pour essayer de se rendre maître de Metz. Le général von Jürgass était resté aux environs de Fresnes, le colonel von Warburg à Marly et le lieutenant-colonel von Stutterheim à Lorry.

Mouvements de Horn vers Thionville et de Henckel sur Longwy. — De Luxembourg, dont les portes étaient toujours closes, Horn s'était dirigé le 22, par ordre d'York, sur Thionville où il devait rejoindre la brigade du général von Pirch et avait fait halte le 22 au soir à Roussy. Il avait préalablement confié le soin de surveiller Luxembourg au général von Röder (cavalerie du corps Kleist), qui devait, en outre, masquer Thionville, dans le cas où l'entreprise projetée contre cette place n'amènerait aucun résultat.

Arrivé par Aubange sur Longwy, Henckel avait reconnu la place. Ayant constaté l'impossibilité de tenter un coup de main, il l'avait contournée pour se rendre à Longuion et s'était contenté de laisser quelques petits postes en observation devant les débouchés de Longwy.

York était allé, par Remich et Sierck, inspecter la brigade

postée devant Thionville, dont la garnison avait tenté le matin même une sortie, que Pirch n'avait réussi à rejeter dans la place qu'après un combat assez vif et en engageant plusieurs bataillons. Toutefois, comme la brigade Horn devait, dans son mouvement vers la Meuse, passer sous Thionville, il voulut essayer d'enlever la forteresse avec ces deux brigades. York, en agissant de la sorte, ne faisait que se conformer strictement aux ordres que Blücher lui avait fait parvenir avant de quitter Nancy le 21, et par lesquels, tout en insistant sur l'intérêt qu'il y aurait à s'emparer d'une des places, il invitait cependant York à hâter ses opérations et à tout préparer pour le rejoindre au plus vite.

Il est important de faire remarquer en passant que l'empereur de Russie venait d'arriver le 22 janvier au quartier général de Langres. C'est, en effet, à sa présence seule qu'est due la reprise du mouvement en avant de l'armée de Bohême, immobilisée depuis quelques jours entre Chaumont et Langres. Hardenberg et Knesebeck, dont l'opinion avait prédominé jusqu'alors et avec eux tous les diplomates qui suivaient la grande armée, ne pouvaient se décider à dépasser le plateau de Langres que Knesebeck comparait, c'est là l'expression textuelle dont il se servait, au Rubicon.

23 janvier. — Combat de Ligny. — Le 23 au matin, Wassiltchikoff et Biron, précédant l'infanterie du général-lieutenant Stscherbatoff, avaient repris leur mouvement en avant dans la direction de Ligny. Avant de se mettre en route, ils avaient appris par une reconnaissance d'officiers, envoyée de Rieval vers Commercy, que le général Lanskoï, venant de Rambucourt avec ses hussards, approchait de Commercy et ne tarderait pas à les rejoindre. Pendant ce temps, la cavalerie française se retirait lentement sur Ligny, qu'occupait une arrière-garde d'infanterie avec quelques bouches à feu. Afin d'éviter des pertes inutiles, Biron et Wassiltchikoff, après avoir repoussé de concert une charge de la cavalerie française, crurent d'autant plus prudent de se dérober aux vues de l'artillerie ennemie que l'infanterie du général-lieutenant Stscherbatoff entrait en ligne à ce moment. « Stscherbatoff, dit Blücher [1], se porta sur Ligny, où il devait se

---

[1] Blücher à Schwarzenberg (*K. K. Kriegs Archiv.*, I, 650) et *Kurzgefasste*

cantonner, et, l'ennemi n'évacuant pas ce point, il l'attaqua et le rejeta après un combat assez vif, qui coûta 200 hommes aux Russes et dont Stscherbatoff[1] rend compte en ces termes :

« L'arrière-garde du duc de Bellune est postée à Ligny. Elle tient le défilé et les hauteurs en avant de la ville. Le général Stscherbatoff qui devait, d'après les ordres, occuper ce jour-là Ligny, fait attaquer l'ennemi. La cavalerie ennemie, avec une partie de l'infanterie et quelques canons, avait pris position en avant de la ville et s'était portée en tête du défilé. Le prince Stscherbatoff, remarquant que des colonnes ennemies s'approchaient rapidement de la ville, en conclut que l'ennemi n'a pas encore rassemblé toutes ses forces et ordonne aux 11e et 36e régiments de chasseurs d'attaquer la ville par la droite, pendant que les régiments de Pskoff et de Sofia donnaient l'assaut du côté de la grande route. Notre artillerie, en batterie sur une excellente position, inflige des pertes sanglantes à l'ennemi, qui se replie en courant sur la ville.

« Le régiment de Pskoff, soutenu par celui de Sofia, pénètre dans Ligny, rencontre sur la place du marché une colonne ennemie, l'attaque à la baïonnette et la disperse. Le combat dans la ville dure quelque temps, mais l'ennemi finit par en être complètement chassé et concentre ses troupes sur les hauteurs situées en arrière, près de l'entrée d'un défilé, au débouché duquel il avait mis quelques pièces en batterie. Il réussit ainsi à se maintenir quelque temps sur les hauteurs et se replia pendant la nuit par la route de Saint-Dizier. »

Les Français, d'après le rapport de Blücher, profitèrent de la nuit pour se retirer, d'une part, sur Bar-le-Duc, de l'autre, par Stainville sur Saint-Dizier[2].

Darstellung der Kriegsbegebenheiten der Schlesischen Armee (K. K. *Kriegs Archiv.*, I, 31).

[1] Journal d'opérations du général-lieutenant prince Stscherbatoff.

[2] Il est certain que, sans l'ordre formel donné par Berthier, on n'aurait pas cherché à tenir sur la position de Saint-Aubin et moins encore sur celle de Ligny. Victor, en effet, reconnaissait que cette position ne pouvait guère être défendue que par l'infanterie et fort peu d'artillerie, que la cavalerie ne pouvait y servir que pour éclairer ou arrêter la cavalerie alliée venant de Saint-Aubin. « Le plateau au-dessus de Ligny, écrivait Victor au major général, ne peut être considéré ni comme une position défensive, ni comme une position de

« J'envoie ces nouvelles en toute hâte, disait Blücher en terminant, et je continue ma marche conformément aux ordres de Votre Altesse. »

Mouvements de Sacken et d'Olsufiew. — Rapport d'York à Blücher sur les places. — Ce même jour, la deuxième colonne de Sacken, celle de gauche, arrivait à Gondrecourt, et le corps d'Olsufiew, avec lequel marchait le quartier général de Blücher, à Vaucouleurs.

York, qui avait terminé son inspection des corps détachés devant les places de la Sarre et de la Moselle, était à peine de retour à Pange qu'il adressait à Blücher un rapport détaillé sur la situation de ces places. Concluant à l'impossibilité de la réussite d'un coup de main, il conseillait néanmoins de faire investir sérieusement Metz, afin d'empêcher la garnison de se porter sur les lignes de communication de l'armée de Silésie.

« J'attends maintenant de Votre Excellence, disait York, des ordres précis relatifs à la marche de mon corps depuis les places jusqu'à Saint-Mihiel, et des instructions relatives au rappel des 4 bataillons employés devant Sarrelouis. Je fais remarquer, en

---

combat, parce qu'il y a du côté de la ville un défilé extrêmement rapide et que c'est là la seule communication qu'il présente. J'ai choisi, pour défendre la position opposée, l'entrée du défilé de Saint-Dizier, dont je couronne les hauteurs par l'infanterie. Quelques canons sont en batterie sur la chaussée. » Voici maintenant comment Victor rend compte du combat même : « Mon avant-garde était établie sur les coteaux. Prévenu de l'approche de l'ennemi, j'ai été le reconnaître. Ses lignes étaient déjà formées. Il s'est mis en mouvement vers une heure de l'après-midi. Mon avant-garde se défendant par échelons, se replia en bon ordre sur Ligny. Plusieurs bataillons étaient placés dans les jardins pour protéger sa retraite, et, pendant ce mouvement, j'ordonnai à la cavalerie de passer le défilé de Saint-Dizier parce qu'elle ne pouvait me servir sur ce terrain étroit et coupé de ravins. L'infanterie se mit en bataille sur la hauteur de ce défilé. Nous avons attendu l'ennemi, qui s'est d'abord porté avec une colonne de 2,000 à 3.000 hommes sur Ligny. Les bataillons du général Duhesme, placés dans les jardins, l'arrêtèrent jusqu'à ce que la ville fût évacuée, défendant opiniâtrement l'entrée de la ville et se retirant ensuite en bon ordre. L'ennemi a tenté plus tard une attaque sur nos lignes ; mais repoussé, il s'est borné à nous inquiéter par un feu de tirailleurs et une canonnade assez vive..... Vers 10 heures du soir, nos avant-postes ont remarqué que les feux de bivouac de l'ennemi s'éteignaient et ont rendu compte qu'on entendait un bruit de voitures sur la route de Gondrecourt. L'ennemi marchait par cette direction, laissant peu de monde à Ligny. Les choses étaient en cet état lorsqu'à 2 heures du matin je reçus l'ordre de me replier sur Saint-Dizier. » (*Archives de la Guerre.*)

outre, que c'est seulement le 27 ou le 28 que mon corps pourra être concentré à Saint-Mihiel. »

L'observation qu'York faisait là au feld-maréchal est intéressante à consigner. Il importe de remarquer que, la crue de la Moselle ayant retenu le Ier corps devant les places plus longtemps qu'on ne l'avait pensé, York se trouvait dans l'impossibilité d'être le 26 à Saint-Mihiel, comme il l'avait écrit à Blücher à la date du 17, et, par conséquent, d'arriver à Bar-le-Duc le 27 et à Saint-Dizier le 28, comme l'avait marqué le feld-maréchal dans sa dépêche à Schwarzenberg, en date du 19, dans sa disposition, ainsi que dans ses ordres de marche du 22.

Sauf une sortie exécutée par la garnison de Metz, dans la direction de Lorry et de Plappeville, la journée se passa sans incident devant les places. Horn et Pirch étaient restés devant Thionville en attendant l'arrivée du général von Röder, et la cavalerie du général von Jürgass était toujours en observation aux environs de Verdun; Henckel seul avait fait un peu de chemin, et passant par Spincourt, il était arrivé à Étain, où il resta pendant toute la journée du 24.

Escarmouche du côté de Givet. — Quant au major von Falkenhausen, il annonçait que l'escadron, qu'il avait détaché en avant pour se relier à Winzingerode, avait découvert l'arrière-garde française du côté de Givet, avait eu avec elle un engagement, à la suite duquel cette arrière-garde avait dû se replier sur cette ville. Il communiquait, en outre, la nouvelle reçue par lui le 23 au soir de l'arrivée des Russes à Liège, et il ajoutait en terminant [1] :

Rapport de Falkenhausen. — « J'envoie un officier à Liège pour faire savoir qu'il n'y a plus de troupes ennemies sur la Meuse.

« Après m'être concerté avec le général Winzingerode, je compte me diriger sur Montmédy. Voici, d'ailleurs, en résumé le résultat de mes opérations :

« Évacuation par l'ennemi de tout le département de Sambre-et-Meuse ;

---

[1] Rapport du major prussien v. Falkenhausen. (*K. K. Kriegs Archiv.*, I, ad. 699.)

« Destruction d'un corps de partisans ennemis ;
« Mise en liberté de 1800 conscrits ;
« Prise de magasins considérables ;
« Ouverture et établissement de communications entre l'armée de Silésie et l'armée du Nord ;
« Découverte des mouvements de l'ennemi. »

24 janvier. — Mouvement de Stscherbatoff. — Le 24, l'armée de Silésie continua son mouvement. La disposition [1] prescrivait à Stscherbatoff de marcher ce jour-là sur Bar-le-Duc et d'être le 25 à Saint-Dizier. Ayant appris en route que le maréchal Ney était encore le 24 au matin près de Bar-le-Duc avec 8,000 hommes, le général russe crut devoir rester à Ligny avec le gros de ses troupes, tandis qu'il poussait le général Lanskoï avec l'avant-garde sur la route de Saint-Dizier, avec ordre de poursuivre le corps du maréchal Victor. Lanskoï s'avança jusqu'à Stainville et se fit couvrir en avant par le général Karpoff, dont les cosaques s'arrêtèrent à Ancerville, à moins de deux lieues de Saint-Dizier. Un régiment de cosaques, envoyé en observation du côté de Bar-le-Duc, annonça vers le soir que l'ennemi avait entièrement évacué la ville. Les trois maréchaux s'étaient, en effet, réunis le 24 au soir à Saint-Dizier.

Le prince Stscherbatoff, en restant à Ligny, avait jugé inutile d'y laisser la colonne volante du prince Biron, qu'il envoya se poster en deuxième ligne, en soutien des généraux Lanskoï et Karpoff, à Nant-le-Petit.

Renseignements envoyés par Jürgass. — Marche de Horn. — Blücher était arrivé à Gondrecourt avec Olsufiew, et le général von Jürgass, toujours en observation du côté de Verdun, faisait savoir au feld-maréchal que l'ennemi avait abandonné Haudainville et Belrupt, s'était replié sur la place, et qu'il n'y avait plus dans ces parages sur la rive droite de la Meuse que quelques faibles détachements. Jürgass ajoutait qu'il avait fait partir un petit détachement de cavalerie pour Saint-Mihiel, dont le pont était détruit et que les cosaques avaient quitté [2].

---

[1] Journal d'opérations du général-lieutenant prince Stscherbatoff.
[2] Le général Ricard avait, en effet, reçu l'ordre d'envoyer 200 chevaux et

Horn, avec la 7ᵉ brigade d'infanterie, était arrivé à Briey ; la 1ʳᵉ brigade, avec le général von Pirch, était encore à Distroff devant Thionville.

Étant données les positions du Iᵉʳ corps, c'était tout au plus si la tête seule de l'avant-garde atteindrait, le 28, Bar-le-Duc, et si le gros du Iᵉʳ corps parviendrait à se réunir, à la même époque, aux environs de Saint-Mihiel, à trois bonnes journées de marche de Vitry.

Il importe encore de considérer qu'au moment où les ordres de Blücher parvinrent au quartier général d'York à Pange, le 25 au matin, les différentes fractions du Iᵉʳ corps étaient forcément disséminées, les unes à une certaine distance en arrière de la rive droite de la Moselle, les autres plus loin encore vers la Sarre, et qu'il leur fallait pour le moins deux jours de marche pour atteindre la Moselle du côté de Pont-à-Mousson.

25 janvier. — Remarques sur les ordres de Blücher à York. — L'ordre de mouvement que Blücher adressait, le 24 au soir de Vaucouleurs, à York, et qui lui parvint le 25 au matin, ne tenait cependant aucun compte de la situation toute spéciale du Iᵉʳ corps. Le feld-maréchal ignorait d'autant moins cette situation, qu'il avait entre les mains le rapport d'York sur les opérations tentées infructueusement, pendant les derniers jours, contre les places de la Sarre et de la Moselle par les troupes sous ses ordres. York lui avait d'ailleurs, pour plus de sûreté, fait porter ce rapport par l'un des officiers de son état-major dans lequel il avait le plus de confiance.

Blücher, en lui donnant communication du tableau de marche des corps qu'il avait déjà mis en mouvement et avec lesquels il comptait être à Brienne le 28, lui prescrivait néanmoins d'être à Bar-le-Duc le 27, à Saint-Dizier le 28, à Vitry le 30. Il ajoutait, dans la dépêche qui accompagnait ce tableau, que Schwarzenberg

---

150 hommes d'infanterie pour observer le pont de Saint-Mihiel et occuper solidement le passage des Islettes, dont il importait d'autant plus de s'assurer la possession que les cosaques avaient paru à Villotte. Marmont, en rendant compte de la présence des cosaques à Villotte, annonçait au major général qu'il envoyait 200 hommes et 300 chevaux pour les en chasser ; que le 6ᵉ corps marchait sur Vitry, que la division Lagrange occupait Chaumont-sur-Aire, et la division Decouz, Naives, le 24 au matin.

arriverait à Troyes le 29 et recommandait à York, dans le cas où l'ennemi, pour retarder la marche de l'armée de Silésie, prendrait l'offensive contre son aile droite, de refuser tout engagement sérieux. York devait, dans cette éventualité, se dérober en se dirigeant vers l'Aube et attacher d'autant moins d'importance à la perte momentanée des communications avec Kleist et Langeron, que lui, Blücher, pourrait toujours correspondre avec eux par l'intermédiaire de la grande armée. Lui confirmant l'arrivée de Kleist à Saint-Mihiel pour le 2 février, il l'invitait à remettre au général von Röder le blocus de Luxembourg et de Thionville ; au général Borosdin, celui de Metz, et à surveiller la marche de Macdonald [1], qui, ayant quitté Namur du 18 au 20, devait vraisemblablement se diriger sur Châlons, où il pouvait être du 29 au 30. Il le chargeait, en outre, de faire savoir, par le major von Falkenhausen, au général Tchernitcheff, qui avait suivi le maréchal jusqu'au delà de Namur, que l'ennemi semblait vouloir se concentrer à Châlons et que toutes les forces des Alliés seraient réunies, le 30, entre l'Aube et la Seine, dans les environs de Troyes. Il terminait, enfin, cette dépêche par ces mots :

« L'ennemi ne pouvant, en présence de nos mouvements, rester sur sa position de Châlons, il serait bon que Tchernitcheff se portât aussitôt sur Reims. »

Positions et état du corps York. — La réception d'un ordre, dans lequel le commandant en chef de l'armée de Silésie croyait superflu de prendre en considération la situation que ses instructions avaient faite aux troupes du Ier corps, devait causer un embarras réel à York et à son état-major.

Le Ier corps était encore échelonné de Verdun à Metz et Sarrelouis, et cependant Blücher, entraîné par le mouvement même qu'il avait fait exécuter à Sacken et à Olsufiew, allait se trouver à Brienne, à plus de 100 kilomètres en avant du Ier corps, dont le gros se réunissait en ce moment à Saint-Mihiel. Si, comme tout permettait de le supposer, l'Empereur était arrivé à Châlons, on devait s'attendre à le voir se jeter immédiatement entre les

---

[1] Macdonald était, le 24, à Mézières, où il resta jusqu'au 26, jour où la division Brayer était avec son infanterie à Rethel, avec sa cavalerie au Chêne-Populeux et à Vouziers.

deux grosses fractions de l'armée de Silésie, couper leurs lignes de communication, qui passaient alors à moins de 50 kilomètres de Châlons, et écraser l'une des colonnes, de préférence l'aile droite, de cette armée. Il fallait donc à tout prix chercher à rejoindre Blücher au plus vite et imposer, à cet effet, des marches forcées à des troupes déjà très éprouvées par des mouvements incessants, par les alertes et les exigences du service qu'on leur avait inutilement imposées devant les places, par les nuits passées au bivouac. Il s'agissait de demander de nouveaux efforts à un corps d'armée qui, rien que par les fatigues, avait perdu 2,446 hommes du 18 au 25 janvier.

Malgré l'arrivée de renforts s'élevant à 3,246 hommes, le Ier corps ne comptait, le 25, que 17,486 présents sous les drapeaux, et, sans avoir eu une seule affaire véritablement sérieuse, il avait vu disparaître, du 1er au 25 janvier, 5,805 hommes, soit le quart de son effectif total[1].

Ordres donnés par York. — Premiers mouvements de son corps. — Quoi qu'il en soit, et bien qu'il ne se dissimulât pas la grandeur de l'effort qu'on lui demandait, York n'hésita pas un seul instant. Il prit aussitôt des mesures grâce auxquelles il espérait arriver, le 29, avec son avant-garde à Saint-Dizier, avec le gros à Bar-le-Duc, amener ces deux échelons le 30 et le 31 à Vitry, et réduire ainsi à 24 ou 36 heures au plus un retard qu'il ne dépendait plus de lui de supprimer. Pour obtenir ce résultat, York prescrivit à toutes les fractions du Ier corps, qui se trouvaient déjà sur la rive gauche de la Moselle (au détachement du colonel Henckel, posté depuis le 23 à Étain, et appelé désormais[2] à servir de pointe à l'avant-garde du prince Guillaume de Prusse, à la cavalerie de réserve du général von Jürgass établie aux environs de Verdun, à la brigade du prince Guillaume (8e brigade) à ce moment encore devant Metz du côté de Plappeville, à

---

[1] Droysen, *Das Leben des Feld-Marschalls Grafen York von Wartenburg*, I, 277.

Des 20,045 hommes qui avaient passé le Rhin le 1er janvier, il n'en restait plus que 14,240 présents à leurs corps le 25; l'effectif total s'élevait cependant, grâce à l'arrivée des renforts, à 17,486 combattants.

[2] Dépêche du prince Guillaume de Prusse à Henckel, de Sainte-Rufine, le 25 janvier.

la 7ᵉ brigade (général von Horn), arrivée à Briey le 24), de se diriger sur Saint-Mihiel, où ces troupes devaient être rendues le 27. Toutes celles, au contraire, qui étaient encore sur la rive droite de la Moselle (la 1ʳᵉ brigade (général von Pirch) devant Thionville, la 2ᵉ brigade (colonel von Warburg) devant Metz, l'artillerie de réserve à Saint-Avold et les 4 bataillons laissés devant Sarrelouis), avaient ordre de passer par Pont-à-Mousson : les 2 brigades les 26 et 27, les quatre bataillons de Sarrelouis le 29, et de suivre par Saint-Mihiel la direction prise par les autres troupes du Iᵉʳ corps.

Blücher, tout en approuvant les dispositions adoptées par York pendant sa tournée devant les places, n'avait pas moins jugé à propos d'insister à nouveau, par une lettre écrite de Gondrecourt dans la matinée du 25, sur l'urgence de la marche immédiate du Iᵉʳ corps vers Saint-Mihiel. « Il est d'autant plus nécessaire, disait le feld-maréchal, de combiner et de relier nos mouvements, que l'ennemi s'efforce de contrarier notre marche en avant. » Il prévenait, en outre, York de l'arrivée d'une division du Xᵉ corps russe (de Kapsewitch), qui, faisant partie du corps de Langeron, devait être à Nancy le 3 février; il lui recommandait de prescrire au général Borosdin de prendre, aussitôt après le passage du IIᵉ corps (Kleist), Nancy et Toul pour bases de ses opérations, tout en continuant d'observer Verdun et Thionville. Il lui annonçait, enfin, que le reste du Xᵉ corps russe serait à Nancy le 14 février, que Langeron y viendrait vers la fin de février, et, enfin, que le IVᵉ corps fédéral se rassemblerait à Trèves et se chargerait par là suite du blocus des places.

Mais comme, en dépit de toute l'activité qu'il déploya, malgré tout le zèle de ses collaborateurs, York ne put expédier ses ordres de mouvement que le 26 vers 2 heures de l'après-midi, le Iᵉʳ corps ne bougea guère dans le cours de cette journée. Les troupes postées devant Metz restèrent sur leurs positions; Henckel, après une marche assez laborieuse, parvint jusqu'à Troyon. Son détachement avait défilé, en venant d'Étain, par les points occupés par la cavalerie de réserve du général von Jürgass, du côté de Fresne-en-Wœvre. Le général von Horn avait atteint, le 25 au soir, Ville-sur-Yron, et le général von Pirch II, Vigy, sur la rive droite de la Moselle.

Mouvements du corps Kleist. — Plus en arrière, Kleist, qui avait employé les journées du 20 au 24 à faire traverser, sur des barques, le Rhin à Coblentz et à Neuwied par son corps d'armée, s'était décidé, pour répondre aux sollicitations pressantes de Blücher, à ne pas attendre la réunion de tout son corps sur la rive gauche. Afin de rejoindre au plus vite l'armée de Silésie avec une partie au moins de ses troupes, il mit en route, le 25, les 10e, 11e et 12e brigades, qu'il forma en 2 colonnes et qu'il fit marcher sur Trèves. Les 10e et 11e brigades (généraux von Zieten et von Pirch Ier) filèrent par la rive gauche de la Moselle; la 12e brigade (prince Auguste de Prusse), par la rive droite. Ces troupes, d'un effectif total de 10,000 hommes environ, arrivèrent le 25 au soir, la colonne de la rive gauche à Polch, celle de la rive droite à Kirchberg. La cavalerie, composée des cuirassiers de Silésie et du 8e régiment de cavalerie de landwehr de Silésie avec 2 batteries, le tout sous les ordres du colonel von Hacke, devait, aussitôt après avoir franchi le Rhin, rejoindre à marches forcées les trois brigades. La 9e brigade (général von Klüx) avait l'ordre de se diriger de Trèves sur Luxembourg. Ce n'est qu'après avoir été relevée devant cette place par le IVe corps fédéral, qu'elle devait rejoindre, avec le général von Röder, le gros du IIe corps, en passant par Saint-Mihiel.

Pendant que Kleist et York réglaient de cette façon la marche de leurs troupes, le reste de l'armée de Silésie avait continué son mouvement offensif et ses opérations sur la Marne.

Les maréchaux continuent leur retraite. — Les trois maréchaux, après avoir opéré, le 24, leur jonction à Saint-Dizier, se croyant menacés sur leur droite par le mouvement que l'une des colonnes de Blücher dessinait du côté de Joinville, étaient venus se poster le 25 : Marmont[1] à Vitry-le-François, Ney à Vitry-le-Brûlé et Victor à Perthes. Le duc de Bellune avait toutefois laissé comme arrière-garde, à Saint-Dizier, une brigade de la division Duhesme[2]. Rien ne motivait de la part des maréchaux un pareil

---

[1] Marmont avait à Vitry la division Decouz et une brigade de cuirassiers. La division Lagrange était à Vitry-le-Brûlé, la cavalerie légère à Outrepont et Changy, la division Ricard aux Islettes, couverte en avant à Clermont-en-Argonne par une avant-garde sous les ordres du général Piquet.

[2] La 1re division du 2e corps était partie de Saint-Dizier pour Vitry à

mouvement. Ils savaient, on ne peut en douter, qu'ils avaient seulement devant eux une faible partie de l'armée de Silésie et que le gros de l'armée de Bohême était tout entier devant Mortier.

Combat de Saint-Dizier. — Réunis comme ils l'étaient, ils pouvaient sans rien compromettre, et ils devaient bousculer cette avant-garde, surtout si, comme on pourrait l'avancer pour les disculper, ils avaient deviné que la marche de Stscherbatoff sur Saint-Dizier était uniquement destinée à servir de masque et de pivot à un grand mouvement de l'armée de Silésie contre Châlons.

« Le corps, dit Stscherbatoff[1], se mit en marche sur Saint-

---

6 heures du matin, le 25, suivie par le reste du corps et par le 5ᵉ corps de cavalerie, qui formait l'arrière-garde. Victor n'avait laissé à Saint-Dizier que le général Duhesme avec 2,600 hommes d'infanterie, 600 chevaux et 2 batteries.

[1] Journal d'opérations de Stscherbatoff. — Blücher, dans le Journal sommaire de l'armée de Silésie (*K. K. Kriegs Archiv.*, I, 31.), rend compte de l'affaire de Saint-Dizier en ces termes : « Stscherbatoff chasse l'arrière-garde de Victor de Saint-Dizier et la poursuit sur la route de Vitry. » Le lendemain, il adressait à Schwarzenberg, de Joinville, le rapport suivant, que nous reproduisons surtout à cause des nouvelles que le feld-maréchal crut devoir communiquer au généralissime :

« Joinville, 26 janvier 1814.

« L'ennemi occupait hier Saint-Dizier avec une arrière-garde de 4,000 hommes d'infanterie, 1 régiment de dragons et 4 canons.

« Stscherbatoff l'a attaqué et a pris la ville après un combat assez vif. L'ennemi s'est maintenu à proximité de la ville, sur la lisière d'un bois, attendant probablement la nuit pour continuer sa retraite.

« Les nouvelles que je reçois sont les suivantes :

« Les maréchaux Berthier et Ney et le général Grouchy *y avaient été le 29* (*le feld-maréchal a voulu écrire : le 25*).

« Le général *Perré* (?) a été relevé du commandement de l'arrière-garde parce qu'il n'a pas défendu Ancerville, et est remplacé par le général Duhesme.

« L'Empereur a annoncé qu'il avait fait la paix avec l'Espagne, mais personne n'y croit.

« 200 canons venant de Metz sont à Châlons. Un négociant qui a quitté Châlons il y a 2 jours, dit que les habitants se sauvent.

« Des officiers français prétendent qu'on défendra Vitry. »

(*K. K. Kriegs Archiv.*, I, 590.)

L'Empereur avait éprouvé un vif mécontentement de l'affaire de Saint-Dizier, et à peine arrivé à Châlons il écrivait, le 26 janvier, à 9 heures du matin, à Berthier : « Mon cousin, il est fâcheux que le duc de Bellune ait évacué Saint-

Dizier le 25 au matin ; l'ennemi obligea notre pointe de cosaques à évacuer Ancerville, qu'il quitta lui-même peu de temps après. Dès que le corps fut arrivé à hauteur d'Ancerville, le général Lanskoï se porta en avant pour attaquer Saint-Dizier. Il n'y avait en avant de la ville que quelques piquets ennemis : 3,000 hommes d'infanterie, avec 4 bouches à feu, et un régiment de dragons occupaient la ville.

« Le 11ᵉ régiment de chasseurs, soutenu par le 36ᵉ et 4 pièces d'artillerie à cheval, attaqua vivement la ville, que la cavalerie tourna, et l'ennemi, malgré sa résistance opiniâtre, fut complètement chassé de la ville à 4 h. 1/2, et poursuivi pendant plus de 3 verstes, jusque dans les bois, où il prit position en attendant la nuit. »

Mouvements de la cavalerie de Biron et de Lanskoï. — Pendant ce temps, la colonne volante du prince Biron avait reçu l'ordre de quitter les bords de la Saulx, où elle avait passé la nuit, pour se porter sur Saint-Dizier, de traverser la ville dès qu'on aurait réussi à s'en emparer et de poursuivre l'ennemi de concert avec le général Lanskoï, dans la direction de Vitry.

Ces deux généraux avaient poussé avec leur cavalerie jusque vers Perthes, lorsqu'ils reçurent l'ordre de s'arrêter. Biron, rappelé par Stscherbatoff, fut aussitôt dirigé sur Éclaron, entre la rive droite de la Blaise et la rive gauche de la Marne, pour couvrir et éclairer la marche des colonnes dirigées de Joinville sur Vassy. Quant à Lanskoï, on le chargea de garder Saint-Dizier, de surveiller la route de Châlons et d'attendre sur ce point l'arrivée du corps du général York. Les deux autres colonnes de l'armée de Silésie étaient : celle de Sacken, à Dommartin ; celle d'Olsufiew, à Joinville, avec le quartier général de Blücher. A leur gauche, à un peu plus de 8 kilomètres au-dessus de Joinville, Pahlen bordait la Marne à Donjeux avec la cavalerie du VIᵉ corps (Wittgenstein).

Dizier ; s'il y avait été de sa personne avec son corps d'armée réuni, il nous aurait conservé ce point important. J'avais donné de Paris l'ordre de garder ce point ; or, ce n'est pas avec une arrière-garde qui est prête à partir qu'on garde une position. » (*Correspondance*, nº 21,135.)

Positions des Français le soir. — Quant aux Français, ils occupaient le 25 au soir les positions suivantes, sur lesquelles ils allaient rester jusqu'à l'arrivée de l'Empereur : La division Duhesme était avec 600 chevaux et 2 batteries à Hallignicourt, surveillant Saint-Dizier et la route de Bar-le-Duc avec une grand'garde d'infanterie à l'entrée du village, une grand'garde de cavalerie sur la route de Saint-Dizier et une autre à Hœricourt. La 1re division à Thiéblemont, la 2e à Larsicourt et Faremont, le 5e corps de cavalerie à Saint-Eulien, Saint-Vrain, Scrupt, Faremont, Orconte, Matignicourt. Marmont avait une division d'infanterie et une brigade de cavalerie à Vitry-le-François, la division Lagrange à Vitry-le-Brûlé ; sa cavalerie légère était à Changy et Outrepont, avec un poste à Heiltz-l'Évêque ; la division Ricard, avec un régiment de gardes d'honneur et le 10e hussards, occupait les Islettes. Elle ne devait pas tarder à être rappelée et remplacée sur ce point par une des divisions de Macdonald. Enfin, Ney était également à Vitry avec la division Meunier (Jeune Garde).

Ordres de Blücher. — Ce fut, d'ailleurs, parce qu'il redoutait une concentration des forces françaises, un mouvement des maréchaux contre ses colonnes encore éparses, que Blücher crut devoir prendre les mesures qui lui paraissaient les plus propres à conjurer ce danger, et qu'il laissa Lanskoï à Saint-Dizier, pendant qu'avec les corps de Sacken et d'Olsufiew il se portait sur Brienne.

Ce mouvement avait l'inconvénient d'augmenter la distance qui le séparait d'York. Aussi, modifiant ses ordres antérieurs, il lui prescrivit de ne se diriger sur Saint-Dizier et Vitry que s'il pouvait le faire sans s'engager avec l'ennemi, et d'obliquer, au contraire, à gauche vers l'Aube pour opérer de ce côté sa jonction avec l'armée de Silésie et la grande armée de Bohême, dans le cas où l'ennemi chercherait à s'opposer sérieusement à sa marche. Il y a donc lieu de penser que, si York avait dû prendre sa direction vers l'Aube, Blücher aurait alors formé son armée en deux grosses colonnes, marchant toutes deux parallèlement à l'Aube, l'une par Vitry et Fère-Champenoise, l'autre par Arcis-sur-Aube et Plancy, et qu'il espérait arriver, malgré le voisinage de l'armée française, malgré la rapidité avec laquelle Napoléon avait l'habitude d'opérer, à exécuter son mouvement de flanc, à déborder et à tourner l'aile droite ennemie. Les événements ne tardèrent pas à lui prouver que l'Empereur avait deviné ses projets; mais la fortune devait cette fois encore favoriser son audace et réparer ses imprudences; la prise d'un officier français, porteur de dépêches, en lui révélant à temps les projets de l'Empereur, allait lui permettre d'échapper sans trop de mal à l'étreinte de son redoutable adversaire.

Remarques sur les opérations de Blücher depuis l'ouverture de la campagne. — Si, pendant la période que nous venons d'étudier, Blücher a commis quelques fautes, on ne saurait cependant lui refuser les éloges auxquels il a droit. On ne peut s'empêcher de reconnaître que, si l'ardeur même de son tempérament fut la cause déterminante de quelques erreurs, de quelques imprudences qu'un général plus calme et plus méthodique aurait évitées, ce fut uniquement grâce à cette ardeur, grâce à cette activité étonnante chez un vieillard, à cette persévérance que rien ne lassait, grâce à son patriotisme ardent, qu'il parvint à faire exécuter à l'armée de Silésie la marche qui l'avait conduite, malgré la rigueur d'un hiver exceptionnellement rude, en dépit des obstacles naturels qu'elle eut à franchir, en un peu plus de trois semaines, des rives du Rhin jusqu'aux bords de la Marne.

En jetant un coup d'œil rapide sur les opérations de l'armée de Silésie pendant cette première période, en laissant de côté les critiques de détail, on doit cependant constater que Blücher n'avait pas de motifs sérieux pour détacher York, l'immobiliser, même momentanément, devant les places et se priver ainsi du concours de 20,000 hommes au moment où il se portait au devant de l'ennemi. Cette division de l'armée de Silésie en deux grands tronçons eût pu coûter cher au feld-maréchal, si les maréchaux français, moins démoralisés, avaient combiné leurs opérations et si, réunissant leurs forces, se conformant aux grands principes tant de fois et si victorieusement appliqués par l'Empereur, ils n'avaient pas hésité à se jeter successivement contre chacune des colonnes isolées de l'armée de Silésie et à tirer parti des avantages que ne pouvait manquer de leur assurer leur supériorité numérique momentanée. C'est donc moins par l'habileté de ses manœuvres que grâce à la timidité, au découragement et aux fautes de ses adversaires, que Blücher parvint à opérer sa jonction avec l'armée de Bohême. Du reste, par la force des choses et par la façon même dont cette jonction s'est accomplie, on est amené malgré soi à laisser de côté l'examen des causes qui l'ont motivée ou facilitée pour comparer entre elles les opérations et les marches des deux armées alliées depuis l'ouverture des hostilités. L'une, n'ayant à proprement parler rien devant elle, traversant un grand fleuve comme le Rhin dans un pays neutre, ou plutôt dans un pays dont elle viole la neutralité pour s'assurer le passage des ponts de Bâle, ne rencontrant sur son chemin que des forteresses d'importance tout à fait secondaire, mal armées, mal approvisionnées, telles que Huningue, Neuf-Brisach, Schlestadt et Belfort, arrêtée et ralentie à tout instant par les hésitations et les inquiétudes de son chef, met plus d'un mois pour arriver de Bâle jusqu'à l'Aube. L'autre, au contraire, obligée de passer un grand fleuve comme le Rhin sans pont et sous les yeux mêmes de l'ennemi, de défiler par le Hundsrück et les Vosges, de franchir la Sarre, la Moselle et la Meuse, retardée en chemin à plusieurs reprises et pendant plusieurs jours, tantôt par des inondations et par des crues insolites à cette époque de l'année, tantôt par les glaçons charriés par ces rivières, contrainte de se glisser entre des places comme Luxembourg, Sarrelouis, Thionville et Metz, de détacher du monde pour les masquer et les observer, de pousser devant elle d'abord deux, puis trois corps ennemis, réussit, grâce à la volonté et à l'énergie de son chef, à arracher à ses adversaires les territoires qui s'étendent entre le Rhin et la Meuse, à déboucher dans les plaines de Champagne après avoir parcouru, en un peu plus de trois semaines, les 350 kilomètres qui séparent le Rhin de la Marne.

Il serait, croyons-nous, difficile de trouver une preuve plus complète de l'influence qu'exerce sur les troupes la personnalité du chef.

En insistant sur les faits que nous venons seulement d'indiquer, on arriverait forcément à un parallèle entre Schwarzenberg et Blücher qui serait prématuré. Il n'en est pas moins permis d'appeler dès à présent l'attention sur les différences essentielles qui, résultant du tempérament, de l'origine, de l'éducation de ces deux généraux, deviendront plus apparentes, plus tangibles, plus saisissables à mesure que les événements se précipiteront et prendront, dès les derniers jours de janvier, pour le conserver pendant tout le reste de la campagne, un caractère de gravité et une importance qu'elles n'avaient pu avoir jusque-là et qui va être la conséquence immédiate de l'arrivée de l'Empereur à Châlons.

Enfin, pour clore ce chapitre, voici comment, dans sa *Critique stratégique de la Campagne de* 1814, Clausewitz, toujours réservé dans ses jugements quand il s'agit de Blücher, résume et apprécie cette première période des opérations de l'armée de Silésie :
« Après le passage du Rhin, on laissa environ 24,000 hommes sous Langeron devant Mayence. Blücher passe la Sarre avec 50,000 hommes, en détache 20,000 sous York pour investir Sarrelouis, Metz, Thionville et Luxembourg et tenter des coups de main contre ces places. Il ne lui reste donc que 30,000 de ses 74,000 hommes, avec lesquels il se porte d'abord sur Nancy, puis, après un repos de quelques jours, sur l'Aube.

« De ces détachements, ceux d'York et de Langeron étaient indispensables. *Toutefois, on aurait dû rappeler York au bout de huit jours et le faire marcher sur Châlons et Vitry.* Ce détachement d'York fut rendu nécessaire par la direction sur l'Aube imposée à Blücher, tandis qu'on savait cependant que l'armée française se concentrait à Châlons. Il aurait donc mieux valu surveiller simplement les places, pousser contre Vitry un corps qui aurait couvert la droite de Blücher et de Schwarzenberg. De plus, ce fut à ce moment que la cavalerie de Langeron et de Kleist arriva à hauteur des places de Lorraine, et York aurait pu se mettre en route avec toutes ses forces. »

Malgré tout le respect qu'on doit à l'opinion de Clausewitz, il est impossible de conclure avec lui en disant que les troupes de Blücher ont été bien employées ; au contraire, après avoir lu ces lignes, on est frappé par les contradictions qu'elles contiennent et obligé de constater que le grand écrivain militaire n'a trouvé ni arguments, ni preuves pour expliquer et justifier les fautes commises par Blücher et de reconnaître que seule son admiration quelque peu aveugle l'empêche sinon de les apercevoir, du moins de les faire ressortir.

CHAPITRE IV.

MOUVEMENTS DES CORPS DE BULOW ET DE WINZINGERODE. — OPÉRATIONS MILITAIRES DANS LES PAYS-BAS, JUSQU'AU 26 JANVIER.

Situation vers la fin de décembre 1813. — Dans les dernières pages de notre travail : *La Cavalerie des armées alliées pendant la campagne de* 1813, nous avons exposé sommairement les premières opérations de Bülow, les mouvements des colonnes volantes envoyées par Winzingerode de Brême sur la Hollande, et les coups de main exécutés par les partisans du major von Colomb jusqu'à la date du 23 décembre. A l'approche des Anglais et des Prussiens, qui avaient opéré leur jonction à Rozendaal, le général Lefebvre-Desnoettes avait levé le siège de Bréda pour se rapprocher d'Anvers, et était venu prendre position à Hoogstraëten, Minderhout, Braschaët et Malines ; le général Maison s'était mis en route pour remplacer à la tête des troupes françaises le général Decaen, auquel l'Empereur n'avait pu pardonner l'évacuation précipitée des places de Bréda et de Willemstadt, dès l'apparition des cosaques de Benkendorf.

Du côté des Alliés, Bülow, loin de se laisser éblouir par les faciles succès qu'il venait de remporter, employait les derniers jours de l'année 1813 à mettre sa conquête à l'abri d'un coup de main ou d'un revers de fortune, quelque improbable qu'il fût, en prenant solidement pied sur la rive gauche du Whaal et de la Meuse.

Toutefois, avant de reprendre l'exposé des événements qui se déroulèrent pendant le mois de janvier sur cette partie du théâtre de la guerre, il est d'autant plus indispensable de jeter un coup d'œil sur la situation respective des adversaires, qu'en dehors des Prussiens de Bülow, des Anglais de Graham et des Hollandais du prince d'Orange, les Russes de Winzingerode ne tarderont guère à se montrer sur le Rhin et en Belgique, et que Maison doit, par ordre de l'Empereur, combiner ses opérations avec celles de Macdonald.

Positions et effectifs du III⁰ corps prussien. — Bülow, dont le quartier général, encore installé à Bommel vers la fin de décembre, allait être transféré peu après à Bréda, avait concentré son corps de manière à protéger la Hollande contre un retour offensif des Français, tout en se préparant à attaquer Anvers de concert avec les Anglais. Ceux-ci, après avoir débarqué 8,000 hommes sous le général Graham, à Willemstadt, bloquaient Bergen-op-Zoom et couvraient ainsi, sur la droite, les positions du IIIe corps prussien.

Ce corps, comme tous les autres corps prussiens, était composé de 4 brigades d'infanterie (3e brigade, général von Zielinsky; 4e brigade, général von Thümen; 5e brigade, général von Borstell; 6e brigade, général von Krafft), de la cavalerie de réserve du général von Oppen, d'une brigade d'artillerie de réserve de 6 batteries (dont 1 à cheval) et de 2 compagnies de pionniers. Il comprenait, outre le corps volant du lieutenant-colonel von Lützow[1] (4 escadrons, 3 bataillons, avec 9 bouches à feu), le bataillon de chasseurs volontaires du major von Reiche, le corps de partisans du major von Colomb[2] et divers petits détachements. En tout : 45 bataillons, dont 33 1/2 de landwehr, 50 escadrons, dont 16 de landwehr, 12 batteries et 2 compagnies de pionniers, formant un effectif total d'environ 30,000 hommes, avec 96 bouches à feu.

Le IIIe corps prussien qui faisait partie de l'armée du Nord, sous les ordres du prince royal de Suède, rejoignit seulement dans les premiers jours de mars[3] l'armée de Silésie, lors de la marche de Blücher vers l'Aisne, et comme Bülow avait dû laisser des troupes en Belgique, il n'amena guère au feld-maréchal qu'un renfort de 16,000 hommes.

---

[1] Le gros du corps de Lützow ne rejoignit que plus tard. Deux escadrons, venant du Holstein avec Lützow, arrivèrent à Liège le 24 janvier et y prirent part au combat de cavalerie livré ce jour-là par le général Tchernitcheff; ils se dirigèrent de là vers la Meuse, puis vers Epernay. L'infanterie du corps de Lützow, les deux autres escadrons et son artillerie ne quittèrent le Holstein qu'après la signature de la paix de Kiel avec le Danemark; ils furent employés, sous les ordres du major von Helmenstreit, au blocus de Juliers du 17 février au 18 mars et ne prirent, par suite, aucune part aux opérations actives de la campagne de France.

[2] Le corps volant de Colomb ne resta lui aussi que peu de temps en Belgique et opéra en France de concert avec les deux escadrons de Lützow à partir des premiers jours de février.

[3] Bülow n'arriva que le 24 février, à Laon.

1ᵉʳ janvier 1814. — Concentration du IIIᵉ corps à Bréda.
— Après la retraite des Français de Bréda sur Hoogstraeten, Bülow s'était borné dans les derniers jours de décembre, à pousser des reconnaissances : à droite, vers Anvers, pour se rendre un compte aussi exact que possible des forces dont ses adversaires disposaient autour de cette place; à gauche, vers Grave et Nimègue, afin de s'éclairer de ce côté et, surtout, de couper les communications entre les troupes de Macdonald et celles dont Maison allait prendre le commandement.

Il était, d'ailleurs, décidé à ne rien entreprendre contre Anvers avant d'avoir été rejoint par la 5ᵉ brigade (Borstell), que l'avant-garde de Winzingerode devait relever le 28 décembre seulement sous Wesel.

De plus, comme il croyait utile de laisser la 3ᵉ brigade à cheval sur les deux rives du Whaal, pour surveiller Gorcum ; comme, en outre, il faisait bloquer Bois-le-Duc par 6 bataillons et 2 escadrons sous les ordres du colonel von Hobe, il ne lui restait plus guère que 12,000 hommes disponibles pour des opérations actives, lorsqu'il concentra, le 1ᵉʳ janvier, autour de Bréda, les brigades Borstell, Thümen et Krafft. Mais bien que les glaces charriées par les fleuves eussent contraint Bülow à rester immobile et l'eussent obligé à faire lever les ponts de bateaux établis sur le Whaal et sur la Meuse, bien que, par suite, il se fût trouvé pendant quelque temps dans l'impossibilité de recevoir les renforts qu'il attendait ou de se replier en cas d'attaque, la concentration du IIIᵉ corps prussien n'en décida pas moins Macdonald à renoncer à la position de Nimègue et à venir s'établir sur la Meuse, à Venloo, ainsi que nous le verrons plus tard.

Dans la deuxième quinzaine de décembre et avant l'arrivée sous Wesel du général Orurk, le général von Borstell avait tenté en vain d'enlever cette place par surprise.

Positions et effectifs du corps Winzingerode. — Comme le IIIᵉ corps prussien, le corps russe du général Winzingerode appartenait à l'armée du Nord. Destiné comme lui à prendre part aux opérations actives et à rallier plus tard l'armée de Silésie, il s'était déjà, dans le courant de novembre, fait précéder en Hollande par une bonne partie de ses cosaques, sous les ordres de Tchernitcheff, Narischkine, Benkendorf et Stahl. Son infanterie, restée inactive, par ordre du prince royal de Suède, du côté ne Brème et sur le bas Weser, commença seulement dans les derniers jours de décembre son mouvement de Münster vers le Rhin.

Au moment où l'on donna l'ordre à Benkendorf de se porter sur Düsseldorf et au général Orurk, qui formait la tête de colonne du gros du corps, d'aller relever Borstell devant Wesel et d'y arriver le 26 décembre, ce corps ne présentait plus qu'un effectif disponible de 8,000 hommes d'infanterie et de 5,000 chevaux.

Mais les corps de Woronzoff et de Strogonoff[1], que le prince royal de Suède avait momentanément gardés sur le bas Elbe, étaient désignés pour opérer, par la suite, sous les ordres de Winzingerode. Après avoir été rejoint par Woronzoff, Strogonoff et les différents détachements momentanément employés dans le duché d'Oldenbourg, sur le Rhin et dans les Pays-Bas, le corps de Winzingerode devait comprendre la cavalerie du général Orurk (3e division de hussards et 2e de dragons), la cavalerie irrégulière (cosaques et baschkyrs) du général Tchernitcheff, le 3e corps d'infanterie du général Woronzoff, le corps d'infanterie du général Strogonoff et 14 batteries d'artillerie, soit en tout, d'après Plotho : 35 bataillons, 30 escadrons, 19 régiments cosaques et 162 bouches à feu, représentant un effectif total de 30,850 hommes; d'après Bogdanovitch, il comprenait 40 bataillons, 47 escadrons, 19 régiments cosaques et 12 batteries (132 bouches à feu), formant un total de 36,000 hommes.

Renforts destinés à remplacer les corps de Bulow et de Winzingerode. — Ces deux corps d'armée devaient être remplacés en Belgique, dans les premiers jours de février, par le IIIe corps fédéral (duc de Saxe-Weimar), comprenant : 2 brigades d'infanterie saxonne (généraux Lecoq, Gablenz et Ryssel) et 14 escadrons de cavalerie; la brigade de Thuringe et d'Anhalt du prince Paul de Wurtemberg (8 bataillons et demi et 1 escadron) et les 4 régiments de landwehr saxonne, qui, avec un escadron de cava-

---

[1] Le corps de Woronzoff faisait, d'après l'ordre de bataille, partie du corps de Winzingerode; celui de Strogonoff, de l'armée de Pologne, sous les ordres de Benningsen; ce dernier corps fut, dès le commencement de 1814, détaché de cette armée et placé sous le commandement de Winzingerode.

lerie et les régiments cosaques Bihaloff I et Rebrejeff, étaient placés sous les ordres du général von Thielmann; enfin, 5 batteries et demie d'artillerie; soit, en tout : 32 bataillons, 15 escadrons, 2 régiments cosaques et 56 bouches à feu : au total, 23,350 hommes.

Le duc de Saxe-Weimar, avec un premier échelon fort de 12 bataillons, 9 escadrons, 1 compagnie de sapeurs et 4 batteries, en tout 11,000 hommes environ, 1,600 chevaux et 28 canons, quitta Querfurt, le 2 janvier, pour arriver à Bréda, le 7 février.

Presque en même temps que le III° corps fédéral, le corps du général-lieutenant comte Wallmoden-Gimborn recevait, lui aussi, l'ordre de venir prendre part aux opérations dans les Pays-Bas. Ce corps se composait de la cavalerie cosaque du général Tettenborn [1], de la brigade mixte formée par la légion russo-allemande et de la brigade mixte hanovrienne; en tout : 13 bataillons, 16 escadrons et 4 régiments cosaques; soit environ 15,000 hommes avec 32 bouches à feu.

Positions et effectifs des corps français sous les ordres de Macdonald. — Les forces que les Français pouvaient opposer, dans les derniers jours de décembre 1813 et les premiers jours de janvier 1814, aux deux corps de Bülow et de Winzingerode étaient loin de présenter un pareil effectif.

D'après les situations en date du 1er janvier, Macdonald, dont le quartier général restera à Clèves jusqu'au 5 janvier, a sous ses ordres directs le 4° corps, que nous citerons ici pour mémoire seulement, puisqu'il s'enfermera avec le général Morand à Mayence, les 5° et 11° corps d'infanterie et les 2° et 3° de cavalerie.

Le 11° corps d'infanterie, réparti entre Nimègue, Clèves et Wesel, où il laissera par la suite la 35° division avec le général Lauberdière, se compose, à ce moment, des 31° et 35° divisions, et compte en tout, en y comprenant même les 1,750 hommes de la division Molitor postés à Venloo, 8,085 hommes, 1,255 chevaux et 18 canons.

---

[1] Les cosaques de Tettenborn prirent seuls part aux opérations de la campagne de France. Arrivé du Schleswig-Holstein le 11 février à Cologne, Tettenborn partit le 19 de Trèves et rejoignit Winzingerode à Reims le 25.

A sa droite, se trouve le long du Rhin, de Neuss jusqu'à Cologne, le 5ᵉ corps (Sébastiani), d'une force totale de 3,734 hommes et 794 chevaux avec 14 bouches à feu.

Le 2ᵉ corps de cavalerie a 3 brigades, formées par les 2ᵉ et 4ᵉ divisions de cavalerie légère et la 2ᵉ division de cuirassiers. En y comprenant 313 hommes du régiment de hussards Jérôme-Napoléon, il compte en tout 2,484 hommes, 3,046 chevaux avec 4 bouches à feu. Une de ses brigades est à Clèves et à Calcar, une autre à Cranenburg et à Nimègue; sa 3ᵉ brigade, celle du général Dommanget, est tout entière à Maëstricht, s'éclairant sur Bruxelles.

Le 3ᵉ corps de cavalerie ne pouvait mettre en ligne, fin décembre, que 2,178 hommes avec 2,745 chevaux et 6 canons. Il surveillait le Rhin depuis Andernach jusqu'à Neuss et Crefeld.

Il est bon de remarquer que si l'effectif total des troupes placées sous les ordres du duc de Tarente s'élevait, à ce moment, à près de 17,000 hommes, il ne pouvait guère disposer, en réalité, pour des opérations actives, que de 9,000 à 10,000 hommes au plus. Le reste des troupes était immobilisé, et formait les garnisons de Grave, Wesel, Venloo, Juliers et Maëstricht[1].

---

[1] Macdonald s'était rendu un compte exact des dangers de la situation. Dans la dépêche que de Clèves il adressa au major général le 1ᵉʳ janvier, il demandait à se replier sans laisser de monde dans les forteresses. Mais, tout en le rappelant à lui par sa lettre du 10 janvier et par sa note du 12 sur la situation de la France, l'Empereur ne put se résoudre à sacrifier les places et à renoncer aux pays qu'il avait conquis.

« Macdonald au major général. — Clèves, 1ᵉʳ janvier.

« ..... L'ennemi file sans interruption vers Gorcum et Bréda. Soyez assuré, Monseigneur, que tout à l'heure ou dans quelques jours, il y aura irruption en Belgique. Les Alliés manœuvrent par leurs ailes et nous amusent au centre. Les rassemblements de Düsseldorf, Mühlheim, Deutz et à l'embouchure de la Sieg n'ont d'autre objet que d'attendre cette irruption pour intercepter les routes de Coblentz et de Luxembourg, tandis que de la Campine l'ennemi barrera le chemin de Bruxelles et de Namur.

« Je répète à Votre Altesse que des troupes aussi disséminées n'ont aucune force, que prise en écharpe et en tête, cette immense ligne sera détraquée sans utilité pour la défense générale. Les places mêmes ne seront d'aucun secours. Le complément des approvisionnements est encore loin de son terme. Le 5ᵉ corps et le 11ᵉ, en supposant qu'ils puissent se jeter dans les places sans être entamés, n'ont ensemble que de 8,000 à 10,000 hommes, y compris les baïonnettes de Wesel, deux ou trois de plus à Grave, Venloo, Maëstricht, Juliers. Pour les cinq places, il en faut plus du double et, dans tous les cas, il ne resterait plus de corps d'armée en campagne. »

Au moment où Winzingerode se présenta entre Cologne et Neuss, le maréchal aurait pu, au maximum, lui opposer de 6,000 à 7,000 hommes appartenant, pour la plupart, au 5e corps et au 3e corps de cavalerie, et, dans ce cas, il ne lui serait resté que bien peu de choses pour se couvrir sur sa gauche contre les opérations de Bülow.

Effectifs des troupes placées, en Belgique, sous les ordres de Maison. — En Belgique, Maison n'avait encore qu'une vingtaine de dépôts renfermant des soldats blessés, les deux divisions Roguet et Barrois et la brigade de cavalerie du général Castex, soit, tout au plus, une quinzaine de mille hommes [1].

« *Nous touchons à une grande crise : ne serait-il pas aussi sage que prudent de prendre une grande résolution ?* Que font, dans cette circonstance, des places si éloignées ; dépourvues en partie, faibles de garnison, elles succomberont bientôt et sans fruit pour l'Etat... *Dans la crise actuelle, dans le moment où l'ancienne France est entamée, ne serait-il pas sage d'abandonner la nouvelle en ralliant tous les détachements épars, les grossissant des conscrits en marche et des hommes que l'honneur national et le sang français feront arriver sous les aigles de l'Empereur...*

« Que fait maintenant à l'Empereur ce coin de l'empire isolé, lorsque les barrières du Rhin et de la Meuse sont franchies. *Je ne dois pas le dissimuler, tous les Français murmurent ; chacun veut défendre sa patrie, qu'il ne trouve pas ici, ou succomber avec honneur sous les ruines de la France !* »

Quelques jours plus tard dans une dépêche, dans laquelle il envoyait le 7 janvier, à Maison, la traduction d'une proclamation de Blücher, il ajoutait : « Blücher ne cache pas les projets des Alliés et nous restons isolés, disséminés. En jetant dans des places mal armées, mal approvisionnées, ce qui nous serait si utile pour défendre notre patrie, on nous ensevelira sous ses ruines ! »

(*Archives de la guerre.*)

[1] A la date du 1er janvier et d'après une dépêche de Maison au maréchal Macdonald, les troupes françaises disponibles pour des opérations actives étaient réparties comme suit :

La division Roguet et la cavalerie de la garde (1000 chevaux sous Lefebvre-Desnoëttes) occupaient Turnhout avec 1 bataillon, 6 escadrons et 2 pièces ; Hoogstraeten et les villages voisins avec 8 bataillons, 10 escadrons et 10 bouches à feu ; Ezenthout avec 2 bataillons et 2 escadrons, Braschaët avec 2 bataillons, 2 escadrons et 2 pièces.

Le général Maison écrivait à cette date, au duc de Tarente, pour lui dire qu'il se voyait forcé de renoncer à marcher sur Bois-le-Duc, parce qu'il lui faudrait, dans ce cas, dégarnir Anvers et qu'il était contraint, par suite, de se contenter de faire, le 3 ou le 4, une reconnaissance sur Tilburg. (*Archives de la guerre. Correspondance du général comte Maison.*)

Il est bon de remarquer que les régiments de Roguet manquaient de sous-officiers et que ce général n'avait en tout, pour servir 6 pièces, que 27 canonniers.

Les divisions des généraux Ambert, Carra-Saint-Cyr et Ledru des Essarts commençaient seulement à se former, et c'était avec des forces aussi insignifiantes que Maison devait couvrir Anvers et la Belgique, assurer la défense de Bergen-op-Zoom et de la ligne de l'Escaut, et résister sur son front à Bülow, sur sa gauche aux Anglais, et, sur sa droite, aux Russes de l'avant-garde de Winzingerode.

Suppléant à l'insuffisance de ses forces par une infatigable activité, Maison commença par approvisionner les places qu'il lui fallait occuper. Il résolut ensuite de tenir la campagne avec ce qui lui resterait, de refuser tout engagement trop sérieux et d'inquiéter sans cesse l'ennemi en essayant de lui donner le change sur ses projets. Vers le 1er janvier, il avait posté la division Roguet à Hoogstraëten et Turnhout, la cavalerie de Desnoettes entre Turnhout et Brecht. La division Barrois était, en deuxième ligne, à Bruxelles avec quelques escadrons du général Castex. Le général Ambert, avec 4 bataillons, 2 ou 3 escadrons et quelques bouches à feu, avait pris position à Braschaët et à Donk, au nord d'Anvers.

Le général Maison, en couvrant Anvers, cherchait ainsi à maintenir ses communications avec Bergen-op-Zoom et à surveiller les mouvements des Anglais, postés à Rozendaal, et ceux des Prussiens, établis à Bréda [1].

Malgré le faible effectif des troupes françaises qui lui étaient opposées, Bülow allait néanmoins se trouver dans une situation assez difficile jusqu'à l'arrivée sur le Rhin du gros du corps de Winzingerode.

Aussi se concentra-t-il aux environs de Bréda pour parer à un mouvement offensif de Macdonald qui, s'appuyant sur Grave et sur Nimègue, aurait pu descendre le cours du Whaal et de la

---

[1] C'est pour cela que le 3 janvier il avait poussé trois reconnaissances dans la direction de Bréda ; la première d'Hoogstraeten sur Meerle, la deuxième sur Meer et Meersel et la troisième de Loënhout sur Grootzundert. Mais en même temps qu'il réunissait la division Roguet à Hoogstraëten, Maison prévenait le major-général de l'impossibilité pour lui de se porter sur Gorcum sans découvrir absolument Anvers et risquer, d'autre part, d'exposer les troupes qu'il dirigerait sur Gorcum à être complètement coupées de cette place. Il ajoutait qu'en attendant un ordre de l'Empereur lui enjoignant à nouveau d'agir vers Gorcum, il dirigerait un détachement de cavalerie et d'infanterie sur Chaam et de là sur Tilburg, afin de se renseigner sur les forces de l'ennemi.

Meuse et bousculer les troupes du III⁰ corps prussien pendant que les forces françaises réunies à Anvers se seraient dirigées sur cette place. Du reste, l'arrivée de la 5⁰ brigade venant de Wesel, le passage du Rhin par Saint-Priest et la présence de Tchernitcheff à Düsseldorf suffirent pour le rassurer et pour lui rendre toute sa liberté de mouvement.

4 janvier. — Positions de Sébastiani entre Cologne et Neuss. — Macdonald à Venloo. — En effet Sébastiani, qui gardait avec une poignée d'hommes la ligne du Rhin, depuis Bonn jusque vers Wesel, s'était justement préoccupé de l'apparition à Andernach de la brigade Pillar, du corps de Saint-Priest. Ne pouvant prévoir les difficultés que Saint-Priest rencontrerait au passage du Rhin, il avait commencé par diriger sur Bonn, par Oberwinter et Mehlen, une reconnaissance qui, habilement conduite par les généraux Albert et Jacquinot, bouscula la cavalerie russe. Puis, en même temps qu'il signalait à Macdonald la présence de l'ennemi sur sa droite, il sollicitait et obtenait du maréchal l'autorisation de resserrer ses cantonnements démesurément étendus et de rassembler son monde entre Cologne et Neuss [1].

La vigilance de Sébastiani avait déjoué une tentative faite, le 3 janvier, par le corps volant russo-prussien du major von Boltenstern (des chasseurs de la garde), qui avait essayé de passer en barque le Rhin à Mühlheim et d'atterrir près de Cologne. A peine les partisans eurent-ils pris pied sur la rive gauche qu'ils furent découverts et attaqués par les troupes françaises. Ils n'eurent que

---

[1] Le maréchal avait, en effet, écrit de Gueldres, le 7 janvier à 3 heures de l'après-midi, au général Sébastiani : « Je reçois votre lettre du 3. Sans doute que nous devrions nous resserrer, nous réunir, tel est mon projet depuis longtemps : mais j'ai le cœur navré de m'éloigner de places mal armées, mal approvisionnées et faibles de garnison. J'avais proposé d'évacuer toutes les places, d'en retirer les garnisons, d'en former un bon noyau, de nous réunir au 1ᵉʳ corps, ce qui formerait 30,000 hommes, dont 6,000 de cavalerie. Mais je ne reçois pas de réponse et pas un mot sur les événements présents et futurs. Si dans les vingt-quatre heures il ne me parvient rien et que les circonstances nous en donnent le temps, je vous écrirai pour nos mouvements ultérieurs. Mais si elles commandent, notre première ligne devra être la Roër, ensuite la Meuse ; les points de jonction, Juliers et Ruremonde, Maëstricht, Aix-la-Chapelle et Liège. Voilà les données... C'est une fatalité que cette situation où rien n'est prévu, ni ordonné. »

le temps de se rejeter en toute hâte dans leurs barques, dont quelques-unes, trop chargées par suite du départ précipité des canots dans lesquels s'étaient jetés les premiers fuyards, n'atteignirent qu'à grand'peine la rive opposée. Cette tentative coûta la vie au major von Boltenstern qui, resté le dernier sur la rive gauche, sauta à cheval dans le Rhin et périt sous les balles des soldats de Sébastiani.

Comme, de son côté, Macdonald pouvait craindre à la fois d'être coupé de sa ligne de retraite par les brigades prussiennes désormais réunies autour de Bréda et d'être attaqué par les troupes de Winzingerode, il crut plus sage de quitter Nimègue et Clèves le 4 janvier et de se replier sur Gueldres et Venloo, après avoir préalablement informé Maison de sa résolution.

Marche de Winzingerode sur Düsseldorf. — Winzingerode continuait lentement et méthodiquement sa marche sur Düsseldorf à la tête des 17,000 hommes qui lui restaient[1] et avec lesquels il aurait certainement pu, sans rien risquer, passer immédiatement le Rhin. Il poussait même la prudence jusqu'à arrêter Tchernitcheff.

Tchernitcheff demande en vain à passer de suite le Rhin. — Ce général, arrivé à Düsseldorf avec son avant-garde, avait aussitôt pris toutes les mesures nécessaires pour traverser le fleuve. Le 1er janvier, il était prêt à tenter ce passage, lorsqu'il reçut l'ordre de ne rien entreprendre tant que le Rhin charrierait. Tchernitcheff insista en vain auprès de son chef; il eut beau s'attacher à lui représenter l'intérêt majeur qu'il y avait à arriver

---

[1] Le détachement de Benkendorf se composait du régiment d'infanterie de Toula et d'un bataillon du 2e régiment de chasseurs, du régiment de hussards de Pavlograd et de 5 régiments cosaques avec 4 pièces d'artillerie à cheval; en tout : 3,500 hommes qui vinrent vers le 6 janvier de Bréda à Emmerich. Le détachement de Narischkine, posté sur la basse Meuse, se composait d'un millier de cosaques. Celui du général Orurk, devant Wesel, des régiments d'infanterie de Smolensk, Narva, Alexiopol et Nouvelle Ingrie, du régiment de uhlans de Wolhynie, de 3 régiments cosaques et de 2 batteries (24 pièces), en tout : 5,100 hommes (Journal d'opérations de Winzingerode et rapport à l'empereur, de Düsseldorf, 26 décembre 1813/7 janvier 1814).

Le général Orurk, rejoint à Wesel par Benkendorf qui n'avait pu franchir le Rhin à Emmerich, ne laissa devant Wesel qu'un millier d'hommes et rallia le gros du corps en marchant sur Düsseldorf, par Duisburg.

le plus tôt possible à hauteur des positions occupées par les autres corps de l'armée alliée ; il chercha inutilement à lui démontrer que son avant-garde, forte à elle seule de près de 4,000 hommes [1], allait être rejointe par le détachement de Benkendorff, d'un effectif à peu près égal et revenu, sur l'ordre de Winzingerode, de Bréda par Arnheim et Emmerich, sur la rive droite du Rhin. Rien ne put parvenir à triompher des idées préconçues de cet officier général. Aussi, pendant qu'on retenait Tchernitcheff à Düsseldorf et que Bülow se concentrait à tout événement autour de Bréda, Maison, qui ne perdait pas une minute, mettait à profit le répit que ses adversaires lui laissaient, pour compléter l'approvisionnement de Flessingue et de Bergen-op-Zoom, renforcer la garnison de cette dernière place et organiser celle d'Anvers, et Macdonald put se replier sans encombre sur Gueldres et Venloo, après avoir jeté un millier d'hommes dans Grave.

6 janvier. — Ordres de Bulow au corps volant de Colomb. — Mouvements et opérations de cet officier du 7 au 9 janvier. — Ce fut seulement le 6 au soir [2] que Bülow, s'apercevant de la retraite de Macdonald [3] et de l'évacuation de Clèves et de

---

[1] Situation du corps Winzingerode, 8 janvier 1814. — Rapport à l'empereur de Russie.

[2] Colomb, *Tagebuch*, pages 159 et 160.

[3] Macdonald écrivait à ce moment de Gueldres au major général pour lui annoncer que, d'après les rapports de Sébastiani, les Alliés avaient un millier d'hommes et 500 chevaux à Andernach ; que Saint-Priest, après avoir laissé 2,000 hommes à Coblentz, remontait en deux colonnes le Rhin et la Moselle, et que le 6 au matin, des troupes s'étaient fait voir vis-à-vis d'Orsoy, de Homberg et à l'embouchure de la Ruhr. (*Archives de la guerre.*)
Dans deux lettres qu'il écrivait de Gueldres, l'une à Marmont, l'autre à Belliard, le maréchal se plaignait encore de la dispersion de ses forces et signalait l'imminence de mouvements sérieux de la part des Alliés. Au duc de Raguse, il disait entre autres : « Quand nous aurons laissé des garnisons dans les places, le général Sébastiani et moi, nous nous retirerons, si nous le pouvons, avec quelques pelotons de cavalerie. Les Prussiens et les Anglais se rassemblent entre Bois-le-Duc et Bréda. Nous ne tarderons pas à avoir une irruption sur Anvers et Louvain. *C'est une fatalité de vouloir tout garder et de se disséminer.* »
Il revenait encore sur ce sujet dans sa lettre à Belliard en lui faisant part de la situation critique dans laquelle il se trouvait : « Je ne sais pas, disait-il, ce qui se passe au delà d'Andernach qu'occupe l'ennemi. Depuis les affaires de Mühlheim, j'ignore quelles seront les entreprises ultérieures du général de Saint-Priest qui est ou qui était, dit-on, à Coblentz le 31 avec 12,000 hommes. Nous sommes de nouveau menacés entre Cologne et Bonn, mais bien davan-

Nimègue, donna au major von Colomb l'ordre de pousser rapidement avec son corps franc vers la Meuse.

Colomb, arrivé à Tilburg le 7, n'y trouva pas trace de l'ennemi. Il y apprit cependant que la cavalerie française, après avoir passé la Meuse à Kuik, s'était dirigée vers Venloo, et il se porta avec ses cavaliers sur Eyndhoven. Là, il trouva un ancien officier prussien qui l'informa que Macdonald, arrivé sur la rive gauche de la Meuse, avait échelonné sa cavalerie sur une longue ligne afin de rester relié avec Anvers. Il sut de la sorte qu'un de ces escadrons, établi au village de Meyel, dans le marais de la Peel, sortait tous les matins à 4 heures pour rentrer vers 9 heures dans son cantonnement, lorsque ses patrouilles et ses reconnaissances annonçaient qu'elles n'avaient découvert rien de suspect aux environs. Colomb, espérant surprendre cet escadron, quitta Eyndhoven le 8 à la tombée de la nuit et poussa jusqu'à Heese, où il resta jusqu'au lendemain 9. Il se mit alors en marche de façon à arriver devant Meyel vers 10 heures du matin. Pour enlever l'escadron posté dans ce village, il fallait procéder avec d'autant plus d'énergie qu'il était impossible de tourner Meyel.

L'entreprise de Colomb [1] ne réussit que grâce au froid glacial : il fut possible de sabrer une vedette engourdie avant qu'elle ait pu faire usage de ses armes et donner l'alarme à la grand'garde, qui n'eut pas le temps de remonter à cheval et dont les hommes, courant à pied vers le village, y arrivèrent trop tard pour prévenir l'escadron. Les cavaliers ne s'en défendirent pas moins très énergiquement dans les maisons, et Colomb, après avoir pris à Meyel 72 hommes sur les 75 qui étaient postés sur ce point [2], revint le soir à Heese pour se diriger le lendemain sur Saint-Oedenrode.

---

tage par le Brabant... *Il faut tout garder, c'est notre manie... J'ai tissé une longue toile d'araignée pour contenir l'ennemi, soutenir Sébastiani ou recueillir ses troupes ; je me suis entêté à garder la ligne du Whaal, quoique l'ennemi fût sur les deux rives de la Meuse, autour de Bois-le-Duc et au-dessous de Grave.*

« Donnez-moi, je vous prie, des nouvelles de la Moselle : j'ai envoyé à Luxembourg, mais rien ne revient. » (*Archives de la guerre.*)

[1] *Feldzeitung*, n. 64 (*K. K. Kriegs Archiv.*, ad III, 113), et Rapport du prince royal de Suède.

[2] Macdonald à Maison. (*Archives de la guerre.*)

7 janvier. — Pointes de cavalerie vers Venloo et Turnhout. — Bülow avait encore lancé à la même époque, différents partis de cavalerie légère vers Venloo et Ruremonde, et poussé le corps volant du major Hellwig sur Turnhout. Chassé de Groot-Zundert, le 7, par la cavalerie française, Hellwig y reprit position le 9.

Informé par ses émissaires, des préparatifs que faisait le général Maison[1], sachant que la division Roguet tenait Wuest-Wesel avec 2 bataillons, Hoogstraëten avec le gros de ses forces, que la brigade Aymard occupait Turnhout, que les réserves françaises s'étaient établies à Braschaët et à Lierre, et que Macdonald était toujours sur son flanc gauche[2], Bülow pouvait craindre de voir les Français profiter de la rupture des ponts du Whaal et de la Meuse, de l'éloignement du corps de Winzingerode et de la diffi-

---

[1] C'est à ce moment que Maison écrivait au général Barrois pour lui dire que, Bülow s'étant concentré sur la Meuse entre Bois-le-Duc et Grave, il s'attendait à le voir marcher sur Maëstricht et Liège par la chaussée d'Eyndhoven ou par la route qui passe entre la Meuse et le marais de Peel. « Si ce mouvement s'effectue, continuait Maison, Liège, Huy et Namur tombent au pouvoir de l'ennemi. Je ne sais comment le duc de Tarente, qui est encore entre Venloo et Wesel, s'en tirera. Mandez-moi si vos instructions particulières ne s'opposent pas à ce que vous vous portiez sur Diest et de là, suivant les événements, sur Tongres ou sur Eyndhoven ; enfin, que vous entriez en opérations, ne fût-ce que pour venir à Anvers, car alors j'enverrai le général Roguet sur le Demer ou sur la Iaar (ou Iére). »
Voir plus loin les dispositions de Maison contenues dans sa lettre du 9 au ministre de la guerre. (*Archives de la guerre.*)

[2] Le 8 janvier, le duc de Tarente, annonçant au major général que Bülow avait passé la Meuse avec le gros de ses troupes et s'attendant à voir Winzingerode suivre de près les Prussiens, écrivait : « Ce n'est donc pas sans raison que j'ai fait connaître qu'il y aurait bientôt irruption en Belgique. Me voyant ainsi tourné, je vais mettre provisoirement ma cavalerie à cheval sur la Meuse et mon peu d'infanterie sur la Roër afin de gagner encore deux marches, quoiqu'il serait encore plus sage, dans les circonstances présentes, de se réunir au général Maison pour tomber ensemble sur l'un des corps ennemis. »
Le maréchal avait en même temps envoyé ses ordres à Sébastiani en motivant comme suit les mouvements qu'il lui prescrivait d'exécuter : « L'ennemi, écrivait-il le 8 janvier à Sébastiani et à Maison, se concentrant sur la gauche de la Meuse, le Rhin, de Wesel au Whaal et à la Meuse, est dégarni de troupes. Il y aura donc bientôt des événements graves ; pour être en mesure de les combattre avec mes faibles moyens, je vais d'abord les réunir dans ce but.
« La deuxième ligne du 11ᵉ corps et du 2ᵉ corps de cavalerie fera demain 9, ou au plus tard après-demain 10, une ou deux marches pour se placer sur la Roër, tandis que deux tiers de la cavalerie occuperont Hasselt et Hechtel et fourniront un cordon qui ira jusqu'au confluent de la Roër. La première ligne se maintiendra provisoirement du Rhin à la Meuse vers Xanten, pour couvrir jusqu'au dernier moment la communication avec Wesel. »

culté qu'il aurait rencontrée à repasser le Whaal, pour tenter d'opérer leur jonction et de l'acculer au fleuve. Il résolut donc de les prévenir en chargeant sa cavalerie légère de couper les communications entre la brigade Aymard, postée à l'extrême droite des troupes de Maison, et Macdonald, dont les avant-postes couvraient la rive gauche de la Meuse, de Venloo jusqu'à Maëstricht.

10 janvier. — Ordres de Bülow. — Il se dispose à attaquer Maison. — Le gros du IIIe corps devait en même temps se porter contre les lignes françaises de Turnhout à Hoogstraëten. Bülow espérait de la sorte couper d'Anvers les troupes qui occupaient les positions en avant de la place, forcer par cela même Macdonald à continuer sa retraite et prendre lui-même une position défensive sur laquelle il lui serait facile d'attendre, sans danger, l'arrivée du corps de Winzingerode.

Maison ne s'illusionnait, d'ailleurs, pas sur la valeur militaire de la position d'Hoogstraëten. Dans une lettre adressée, le 7, à Macdonald, il reconnaissait que cette position ne valait rien pour combattre, parce qu'elle n'avait derrière elle qu'une seule communication, et encore fort mauvaise. Mais il était obligé d'y rester, d'abord parce qu'il parvenait de cette façon à faire vivre ses troupes, ensuite parce qu'il lui fallait assurer la rentrée des approvisionnements nécessaires à Anvers. Enfin, en postant, comme il l'avait fait, quelques bataillons et quelques escadrons à Turnhout, d'où ils semblaient menacer Bois-le-Duc, en laissant à Loënhort et à Hoogstraëten le gros des troupes de Roguet, en établissant en échelons, quelques bataillons de la garnison d'Anvers et un escadron de cavalerie à Braschaët, sur la route de Bréda à Anvers, il espérait pouvoir attendre le développement des projets de son adversaire.

Du reste, bien que le général Maison ne comptât pas à voir Bülow pousser sur son front, parce qu'en opérant de la sorte le général prussien se serait mis dans une position désavantageuse pour lui, les mouvements exécutés par la cavalerie prussienne paraissent avoir inspiré au commandant du 1er corps quelques inquiétudes pour son aile droite. En conséquence, il donna l'ordre à une partie des troupes postées à Bruxelles de se porter sur Lierre. Il avait, d'ailleurs, exposé sa situation et ses projets dans la dépêche qu'il adressait¹ au Ministre de la guerre, à la veille presque du jour où Bülow se préparait à marcher contre lui.

« Monsieur le maréchal duc de Tarente m'avait annoncé, écrivait-il, que Bülow se concentrait sur sa gauche, vers Bommel, par conséquent devant ma droite. Les cosaques qui étaient devant Bréda, étant retournés sur le Whaal joindre le corps de Winzingerode, et n'entendant rien dire de l'arrivée de Bülow, je pensais qu'il allait marcher sur Maëstricht, par Eyndhoven ; mais maintenant tous mes rapports sont qu'il arrive à Bréda avec 10,000 hommes ; il doit y être de sa personne aujourd'hui. Un certain major Hellwig qui commande, soi-disant, l'avant-garde de ce corps, est venu s'établir à Groot-Zundert avec 400 chevaux et 300 hommes d'infanterie. Je l'ai fait chasser de là le 7, et repousser jusque sous Bréda ; il est revenu hier 8. S'il n'était pas soutenu, il n'oserait le faire. Les Anglais qui ont reçu, le 4, 1000 hommes de renfort débarqués à Tholen et 2,000 par Willemstadt, se sont postés à Rozendaal ; ils peuvent avoir actuellement sur ce dernier point 2,000 hommes. J'ai appris que l'ennemi avait jeté 4 ponts sur le Whaal ; il me semble, d'après ces données, que Bülow va entrer en opérations dans le Brabant : il annonce hardiment qu'il va s'emparer de la Belgique où il paraît que, déjà, il a des intelligences.

« Je concentre la division Roguet sur Westmalle. Je fais garder par la cavalerie, soutenue cependant d'un peu d'infanterie, Hoogstraëten, Loënhout et Wuest-Wesel, comme tête ; je place 2 bataillons de ce qu'on appelle le 1ᵉʳ corps, à Braschaët et à Donk ; il en reste 3 à Anvers pour toute garnison. J'établis 10 escadrons, 2 bataillons et 2 pièces d'artillerie à Turnhout, avec ordre de se retirer sur Herenthals en cas de mouvement offensif de l'ennemi. Si aujourd'hui je suis confirmé dans l'opinion que j'ai sur ses projets, je prierai le général Barrois de marcher sur Lierre. Cette division et les 2 bataillons que j'ai à Turnhout avec 1000 chevaux, formeraient ma droite.....

« En ne défendant pas le Demer et les Nèthes, la Belgique est conquise : nous n'avons plus que cette ligne à prendre, et de là, il faut aller à nos places de l'ancienne frontière. Si mon corps eût

---

¹ Général Maison au Ministre de la guerre. Anvers, 9 janvier. (*Archives de la guerre.*)

été formé aussi vite que je le croyais, j'aurais peut-être pu empêcher cette invasion. Mais je ne l'espère pas avec ce que j'ai, que je dois resserrer sur Anvers ; car il faut que je reste toujours en mesure de laisser une garnison dans cette place..... Je ne pense pas qu'en groupant tout ce qu'il y a de troupes ici, sous Anvers, l'on empêche l'ennemi de se porter en avant. D'un autre côté, si on ne laisse pas de quoi garder les dehors de cette ville, l'ennemi, par un bombardement, la brûlera avec la flotte et les chantiers. Je vous prie de me faire connaître l'intention de S. M. sur le nombre de troupes à laisser à Anvers et la direction à prendre avec le reste. Pour moi je compte, à moins d'ordres contraires, lorsque j'y serai forcé, remonter l'Escaut et gagner Lille. Je sais que c'est renoncer à la Belgique, découvrir Liège, Namur et Huy, mais les forces que j'ai ne me permettent pas de penser à faire autre chose. »

La position de Maison était à ce moment d'autant plus difficile que c'était par Hasselt seulement, occupé par les quelques troupes du général Dommanget et une brigade du corps de Macdonald, qu'il pouvait se conformer aux instructions de l'Empereur, couvrir Anvers et rester en communication avec le duc de Tarente. En effet, si les Alliés parvenaient, en délogeant Dommanget de Hasselt, à s'établir aux sources du Demer, rien ne leur était plus facile ensuite que de déboucher de la Campine par la grande communication de Liège. Ils pouvaient alors se placer de manière à couper le duc de Tarente, à empêcher sa jonction avec le 1er corps, faire tomber successivement Liège, Huy et Namur, et pousser leurs postes jusque sur Bruxelles. Maison s'était rendu un compte exact de la gravité des événements qui se préparaient : le 11, au matin, au moment même où Bülow commençait son mouvement, il écrivait à Roguet : « *Sans cette ville d'Anvers, il ne faudrait pas hésiter à marcher avec tous nos moyens sur l'ennemi qui fait un mouvement de flanc devant nous.* »

11 janvier. — Combat de Hoogstraëten. — Bülow, après avoir combiné avec le général Graham l'opération qu'il projetait pour le 11, résolut de se porter en trois colonnes contre la position française. Il se dirigea avec le gros de ses forces de Bréda vers Hoogstraëten, tandis que Graham allait de Rozendaal sur Merxhem.

La colonne de gauche, sous les ordres du général von Borstell, composée de la 5⁰ brigade, renforcée par le détachement du colonel von Sydow (1 bataillon, 10 escadrons et 16 bouches à feu), marchait par la route de Bréda sur Hoogstraëten et devait crever le centre de la ligne française. La colonne du centre (4⁰ brigade, général von Thümen), passant par Groot-Zundert, avait pour objectifs Wuest-Wesel et Loënhout; enfin, la 3⁰ colonne, commandée par le général von Oppen (6⁰ brigade, du général von Krafft, et cavalerie de réserve), était destinée, après avoir dépassé Groot-Zundert, à déborder la gauche des Français et à leur couper la retraite sur Anvers. Les Anglais de Graham formaient l'extrême droite de l'attaque.

L'idée de Bülow était rationnelle; mais le général avait toutefois par trop négligé, quand il régla la marche de ses colonnes, de tenir compte et du terrain et de la saison. Il en résulta que es obstacles naturels joints à la résistance acharnée de la division Roguet, l'empêchèrent d'atteindre le but qu'il s'était proposé; car s'il obligea les troupes françaises à se retirer devant lui, il lui fut, en revanche, impossible de leur couper la retraite.

Le 11, à 8 heures du matin, Borstell, avec la colonne de gauche, commençait l'attaque du poste de Hoogstraëten, au moment où le général Roguet, dont la vigilance avait été alarmée par le grand nombre et la hardiesse des partis cosaques, se préparait à pousser une reconnaissance avec la brigade Flamand. Le général Roguet, voyant dès le début que son adversaire cherchait à l'envelopper, fit occuper solidement par un bataillon le village et le cimetière de Minderhout, situé sur son front; il posta 2 bataillons avec 4 pièces sur la route de Bréda, 2 autres en arrière sur celle d'Oostmalle, 1 bataillon sur la route de Meer, rappela à lui 2 bataillons établis sur la route de Loënhout et ordonna au général Aymard de quitter Turnhout pour se replier sur Anvers. Grâce à ces dispositions, ce fut à midi seulement, après quatre heures d'un combat acharné, que Borstell qui, dans ce terrain mamelonné, n'avait pu se servir ni de ses 10 escadrons, ni même de son artillerie, parvint à enlever Minderhout, à déboucher par le pont de Wortel et à s'établir à Hoogstraëten.

L'apparition opportune de la deuxième colonne (général von Thümen), qui se déploya entre Wuest-Wesel et Loënhout, pendant que le général Borstell renouvelait ses tentatives contre Minderhout, aida puissamment ce général dans l'accomplissement de sa mission.

Le général Roguet se décida alors à se mettre en retraite et à se replier sur Oostmalle, et de là sur Westmalle, où il pensait trouver le régiment posté dans le principe à Turnhout. Il avait cependant d'autant moins de motifs pour agir de la sorte que le général Borstell, auquel la prise d'Hoogstraëten n'avait pas coûté moins de 16 officiers et près de 500 hommes, s'arrêta pendant une heure et demie avant de pousser sur Oostmalle, et comme il ne voulait reprendre sa marche que lorsque les deux autres colonnes seraient arrivées à sa hauteur et auraient dessiné leur mouvement débordant, il resta le 11 au soir sur ses positions.

Pendant ce temps, le général von Thümen avait réussi à débusquer sans trop de peine, des villages de Loënhout et de Wuest-Wesel, les troupes françaises qui, se repliant d'abord sur Brecht, abandonnèrent ensuite ce point aux cavaliers du major Hellwig pour se reporter plus en arrière sur Westmalle.

Sur ces entrefaites, le général von Thümen donnait contre la brigade du général Aymard qui, ayant reçu à 2 heures seulement à Turnhout l'ordre du général Roguet, ne commença à se replier qu'après avoir été rejoint par les reconnaissances envoyées sur la route de Tilburg. Trouvant le chemin barré par les Prussiens, en marche sur Westmalle, Aymard se rejeta sur Lierre, où il prit position le 12, par ordre de Maison [1].

La cavalerie arrive trop tard pour prendre part au combat. — La cavalerie qui marchait à la droite des Prussiens et devait se rassembler le 11, à 3 heures du matin, à Rukven, avait ordre de se porter par Nieuvmoor sur Wuest-Wesel. Mais,

---

[1] Le général Maison avait, le 11 au matin, écrit d'Anvers au général Barrois pour l'inviter à presser son mouvement de manière à être le 11 à Malines et le 12 à Anvers. Il lui faisait savoir que le général Roguet était vivement attaqué et l'invitait à marcher sur Anvers sans s'arrêter. Enfin, un peu plus tard, le 11 au soir, il lui mandait que le général Roguet attaqué sur tous les points s'était bien battu : « Arrêtez-vous, lui disait-il, à Waelhem, ou à Contich, si vous avez déjà dépassé Waelhem. » (*Archives de la guerre*.)

Le général Barrois laissa à Bruxelles 1 régiment et 2 pièces de canon.

en présence de l'impossibilité absolue de la faire passer par des chemins rendus complètement impraticables par les gelées, le général von Oppen, qui commandait cette colonne, s'était vu contraint de prendre par Rozendaal, Esschen et Calmpthout, et d'allonger sa marche de cinq heures au moins. Aussi, bien qu'il se fût mis en route à minuit, il ne put arriver à Wuest-Wesel qu'après 5 heures du soir, après la prise de cet endroit par la colonne du général von Thümen. Il lui était désormais impossible d'exécuter le mouvement que Bülow lui avait indiqué dans son ordre.

On lui prescrivit, par suite, de laisser son infanterie à Wuest-Wesel, d'envoyer 100 à 200 hommes vers Braschaët, pour se relier aux Anglais, et de diriger un gros détachement de cavalerie sur Westmalle. Le colonel von Treskow, avec 2 régiments de dragons (dragons de la Reine et régiment de la Prusse occidentale), était chargé de s'établir à Westmalle. Bien qu'il eût franchi au trot les quatre lieues qui le séparaient de Westmalle, il y arriva seulement de nuit et trop tard pour empêcher le gros des troupes françaises, qui avaient été engagées à Hoogstraëten et Minderhout, d'effectuer leur retraite par Oostmalle et Westmalle sur Wyneghem.

Affaire de Westmalle. — Les cavaliers prussiens occupèrent Westmalle un peu après 8 heures [1] ; mais, se gardant mal à cause du froid, ils y furent surpris par les Français qui, après les en avoir chassés momentanément, se replièrent par la route de Wyneghem, sur Anvers.

Deux bataillons français occupèrent Wyneghem pendant la nuit du 11 au 12 ; la brigade Flamand s'établit à Deurne et les troupes du général Ambert se postèrent en arrière de Merxhem [2].

Le général Roguet avait ainsi sa droite à Wyneghem et sa gauche se reliait à Deurne avec les troupes d'Anvers ; la division

---

[1] Un détachement de 150 chevaux qui formait l'arrière-garde du général Aymard perdit la colonne, s'égara pendant la nuit, tomba à l'improviste dans le village de Wlimmern où il y avait 500 Prussiens et 2 canons, mit cette cavalerie en déroute et lui prit 50 chevaux. (Rapport du général Roguet au général comte Drouot, *Archives de la guerre*.)

[2] Rapport du général Roguet au général Drouot.

Les deux affaires de Hoogstraëten et de Wyneghem coûtèrent à la division Roguet 132 tués et 615 blessés.

Barrois et la cavalerie du général Meuziau étaient à Lierre. Maison, croyant avoir assez de monde à Wyneghem et à Merxhem pour contenir les Prussiens, comptait, le 13, tomber à Diest sur leur flanc gauche en portant contre eux les troupes de Lierre. renforcées par un ecolonne qu'il allait amener lui-même d'Anvers.

De son côté, Bülow avait poussé, le 12, la brigade de Borstell à Saint-Antoine, sur la route de Turnhout à Anvers, la brigade Thümen à Braschaët, à Donk et vers Merxhem sur celle de Bréda, et porté la brigade Oppen au centre, à Saint-Gravenwesel.

Le général Graham, avec 4,000 Anglais, était à l'extême droite de la ligne sur la route de Bergen-op-Zoom à Anvers, aux environs d'Eeckeren.

12 janvier. — Ordres de l'Empereur. — Pendant que Maison prenait, le jour même des affaires de Merxhem et de Wyneghem, les mesures que nous venons d'indiquer, l'Empereur disait dans son Instruction générale, datée du 13 janvier :

« Il ne paraît pas que la masse ennemie qui déboucherait par Bréda, celle que commande Bülow, puisse opérer avec plus de 9,000 à 10,000 hommes. Le général Maison est en mesure de la contenir et de la battre. »

La nouvelle de l'échec éprouvé par le général Roguet à Hoogstraëten, en démontrant à l'Empereur que la situation en Belgique était loin d'être aussi favorable qu'il affectait de le croire, lui causa une vive irritation dont on trouve les traces manifestes dans la lettre que, quelques jours plus tard, à la date du 20 janvier, il faisait écrire par Bertrand à Maison, alors à Louvain :

« ... Sa Majesté a vu avec peine la belle occasion que vous avez manquée de remporter une victoire importante sur l'ennemi, de débloquer Gorcum et d'attirer à vous les 4,500 hommes qui sont dans cette place et qui désormais seront inutiles. Vous avez disséminé vos troupes. Si le général Roguet s'était trouvé, le 11, à Hoogstraëten avec la brigade Aymard et toute sa division réunie, il n'est pas douteux qu'il eût battu complètement l'ennemi, et depuis, si, lorsque vous avez attiré à vous la division Barrois, le 14, vous aviez continué à poursuivre l'ennemi, vous l'auriez complètement battu et obligé de se replier sur Bréda.

« Sa Majesté n'approuve pas le projet d'une ligne de 20 lieues ;

cela est bon pour la contrebande ; mais ce système de guerre n'a jamais réussi. Le projet de vous retirer sur Lille et d'abandonner toute la Belgique est d'autant plus funeste que les bataillons qui devaient composer votre armée ont été retenus dans cette place.

« Vous n'avez donc d'autre parti pour défendre Anvers et la Belgique que de réunir vos troupes sur Anvers, comme Sa Majesté vous l'avait fait dire, en tenant de fortes avant-gardes. l'une sur la route de Turnhout (Lierre est trop en arrière) et l'autre sur la route de Hoogstraëten.

« Dans cette situation, la Belgique ne court aucun danger et vos troupes seront toujours réunies. Jamais l'ennemi ne se jettera sur la Belgique tant que vous pourrez vous placer entre lui et Bréda, et que pourrez marcher sur Gorcum...

« ... Cette position, en avant d'Anvers, en occupant par des avant-gardes des postes à 4 ou 5 lieues en avant, est la seule qui assure la Belgique contre toutes les troupes qui viendraient par la ligne d'opérations de Willemstadt, Bréda et Bois-le-Duc.

« L'intention de Sa Majesté est que vous rectifiiez sur-le-champ votre plan de bataille, que vous choisissiez à 1 ou 2 lieues d'Anvers une bonne position sûr laquelle vous puissiez replier vos avant-gardes et vos corps isolés et livrer bataille.

« Pour compléter ce projet, vous devez tenir des corps mobiles, infanterie et cavalerie, lancés fort loin sur votre droite qui empêchent les partisans de pénétrer en Belgique, mais ces postes doivent être en observation et ne jamais passer la nuit où ils ont vu coucher le soleil [1]. »

Lorsque Maison reçut cette dépêche, la situation avait complètement changé d'aspect. Au risque d'encourir une fois de plus les reproches de l'Empereur, au lieu de s'exposer à être enfermé dans Anvers, il préféra, comme nous le verrons, prendre ses mesures pour tenir la campagne aussi longtemps que possible, défendre la Belgique pied à pied, se replier à la dernière extrémité sur Lille et couvrir la Flandre française en manœuvrant avec ce qui lui restait de troupes [2].

La veille même des affaires du 11, en avant d'Anvers, l'Empe-

---

[1] *Correspondance de Napoléon*, N° 21,120.
[2] Maison au major général et au général Barrois, 12 janvier. — Pontécoulant à Clarke, 12 janvier. (*Archives de la guerre.*)

reur avait expédié à Macdonald l'ordre de laisser des garnisons dans toutes les places, de se faire rejoindre par le général Sébastiani et par la cavalerie, et de se porter sur la Meuse en manœuvrant sur Maëstricht et Namur contre le flanc droit de Blücher. En donnant ces ordres au duc de Tarente, l'Empereur agissait sous l'influence des préoccupations naturelles que lui causait la marche de Blücher et de l'armée de Silésie. Persistant à croire que les opérations en Belgique ne pouvaient présenter aucun caractère de gravité, il pensait que Maison était, avec ses seules forces et sans le concours de Macdonald, dont il avait besoin sur un autre théâtre de guerre, en mesure d'arrêter Bülow et de lui conserver la Belgique.

De toute façon, le passage du Rhin par Winzingerode aurait obligé Macdonald, qui avait déjà commencé son mouvement rétrograde, à modifier quelques jours après sa position et celle des généraux sous ses ordres.

Mais avant d'examiner les opérations qui ont accompagné et suivi le passage du Rhin par Winzingerode, il est indispensable de parler des événements qui marquèrent la journée du 13, du côté d'Anvers, et de rechercher quelles furent les conséquences immédiates des affaires d'Hoogstraëten, de Merxhem et de Wyneghem.

13 janvier. — Maison s'etablit à Lierre. — Combats de Merxhem et de Wyneghem. — Pendant que la cavalerie prussienne continuait à se montrer sur la droite de la position française et à escadronner en avant d'Herenthals, le général Maison, qui paraissait croire que le mouvement effectué par Bülow dans la direction d'Anvers pendant la journée du 11 n'était qu'une démonstration destinée à détourner son attention et à faciliter une opération plus grave et plus sérieuse contre sa droite, rejoignait le 13 au matin, à Lierre, avec un millier d'hommes et trois batteries, les généraux Castex et Barrois, venus de Bruxelles, et la brigade Aymard qui, le 11 au soir, avait dû se replier sur cette petite ville. Le poste de Lierre était, d'ailleurs, heureusement choisi, parce que, tant que Maison ou un corps de troupes d'un effectif respectable occupait ce point, l'ennemi était hors d'état de couper, sans se compromettre, les communications entre Anvers et Malines.

La position de Lierre donnait, en outre, au 1er corps la possibilité de manœuvrer le long du Demer et de la grande Nethe pour protéger la Belgique et de combiner ses opérations avec celles de Macdonald, chargé de couvrir Maëstricht et Liège.

Bülow, pressé d'améliorer sa situation et comptant voir à son approche la population d'Anvers s'insurger contre les Français, se décida, le 13 janvier, à attaquer les postes de Wyneghem et de Merxhem. Il espérait, en les rejetant sur la place, en les suivant pas à pas jusque sous les murs d'Anvers, parvenir jusqu'aux ouvrages du corps de place et peut-être même réussir à y pénétrer à leur suite.

Son opération avait, d'ailleurs, un autre but, plus sérieux et moins aléatoire. Elle devait lui permettre de s'établir sur une position d'où, avec l'aide des Anglais, il pourrait, en attendant l'arrivée à sa hauteur du corps russe de Winzingerode, détruire l'escadre française de l'Escaut.

A cet effet, Bülow forma ses troupes en deux colonnes soutenues par une brigade gardée en réserve et flanquées sur leur droite par les Anglais de Graham.

A l'aile droite des Prussiens, le général von Thümen vint donner, à huit heures du matin, contre 5 bataillons français chargés, sous les ordres du général Avy, de défendre Merxhem. Quoique attaquées de front par le gros de la colonne de Thümen, et sur leur gauche par les Anglais du général Gibbs, renforcés de 2 bataillons prussiens, les troupes françaises, presque entièrement composées de conscrits allant au feu pour la première fois, réussirent à se maintenir dans le village jusqu'au moment où privées de leur chef, tué à leur tête, elles durent renoncer à la lutte. En se retirant en désordre jusqu'à Damme [1], les bataillons qui ve-

---

[1] Général Ambert au duc de Plaisance. — « Damme, 14 janvier 1814.

« L'ennemi a attaqué notre poste de la barrière en avant de Merxhem, hier à 10 heures du matin. A 10 heures 1/2 le feu était devenu très vif. En même temps la fusillade s'engagea avec le demi-bataillon du 25e que j'avais établi derrière des abatis à un château en avant de Merxhem. Nos troupes de la barrière furent ramenées jusqu'à une demi-portée de fusil de la tête du village de Merxhem. Je fis marcher une partie de ma réserve pour soutenir ces troupes. L'ennemi fut vigoureusement repoussé et nous nous rétablîmes au poste de la barrière. L'ennemi tira alors à mitraille sur ce poste avec 4 pièces d'artillerie. Nos jeunes soldats en furent un peu intimidés et il en résulta quelque désordre ; mais leurs officiers les ramenèrent à leur poste. Il était alors midi : le feu

naient d'évacuer Merxhem entraînèrent dans leur déroute le bataillon de renfort envoyé par le duc de Plaisance. Thümen les poursuivit vivement jusqu'à 800 pas des murs d'Anvers et fit aussitôt prendre position sur ce point à son artillerie. Une batterie de campagne devait chasser des glacis les troupes qui essayaient de s'y déployer, tandis qu'une batterie d'obusiers ouvrait le feu contre le port et contre l'escadre.

À l'aile gauche des Prussiens, le général von Oppen avait lancé

était toujours très vif sur notre gauche, je fis renforcer ce point par 3 compagnies du 58ᵉ et j'ordonnai au commandant du demi-bataillon du 25ᵉ de suivre le mouvement de l'ennemi et de couvrir la gauche du village. Nos troupes se soutinrent jusqu'à 1 heure contre un feu très vif et à portée de pistolet.

« Instruit que l'ennemi se renforçait de plus en plus sur notre gauche, je venais d'envoyer l'ordre de se retirer de la barrière sur Merxhem. Ce mouvement était heureusement à exécuter lorsque je donnai l'ordre à 25 ouvriers de la marine de se porter à la gauche, en tirailleurs. Ils n'eurent pas fait dix pas qu'ils furent tués. Nos jeunes soldats qui étaient en avant d'eux se crurent tournés et se retirèrent en désordre. Les ouvriers militaires, postés à la tête du village avec l'artillerie derrière les abatis, se jetèrent pêle-mêle dans la rue du village et il fut impossible de les arrêter. Je fis tout de suite retirer l'artillerie qui se trouva abandonnée par une grande partie des canonniers et conducteurs.

« En même temps, un bataillon d'Écossais déboucha sur la tête du village où je me trouvais avec le général Avy et une cinquantaine d'hommes rentrèrent également en désordre dans le village malgré tous nos efforts. Toutes les issues donnant sur la grand'route se trouvèrent garnies de tirailleurs ennemis. Je priai alors le général Avy de se porter au débouché du village pour y arrêter la colonne et la reformer, lui disant qu'il y trouverait le détachement des lanciers de la garde. À l'instant il fut frappé d'une balle à la tête et tomba mort à mon côté... Je me portai à la digue Ferdinand après avoir rallié deux pelotons d'infanterie pour arrêter l'ennemi qui n'avait pu s'apercevoir que le désordre de nos troupes avait continué un moment en arrière de Merxhem.

« La coupure de cette digue était attaquée par 2 bataillons anglais ayant 200 hommes de cavalerie à leur droite et 4 canons sur leur front qui tirèrent à mitraille... Les deux bataillons anglais ne firent aucun mouvement en avant sur la digue.

« Le chef de bataillon Canet arriva cependant avec la majeure partie de son bataillon formé en sections au moment où l'ennemi débouchait de Merxhem avec une colonne de 700 à 800 hommes et 4 canons. Il arrêta la marche et réduisit l'attaque de l'ennemi à un feu d'artillerie et de tirailleurs qui se prolongea jusqu'à 3 heures.

« L'ennemi s'est retiré après minuit en grand silence et avec précaution ; les Anglais sur Rozendaal, les Prussiens par la route de Brecht, ainsi que le corps qui a combattu contre le général Roguet. J'ai établi un bataillon sur Merxhem avec 20 lanciers qui fournissent les vedettes. Un autre bataillon occupe la digue Ferdinand et Damme. Les troupes sont établies de manière à opposer une bonne résistance malgré la gelée qui rend praticable tout le pays entre l'Escaut et Merxhem. Pertes de la division Ambert : 81 tués, 165 blessés, 45 prisonniers. » (*Archives de la guerre.*)

contre Wyneghem une colonne sous les ordres du colonel von Zastrow, composée de 2 bataillons d'infanterie, 3 escadrons et une demi-batterie.

Une autre colonne, conduite par le major von Zglinitzki (2 bataillons et 1 escadron) prenait, plus à droite, Deurne pour objectif; 1 bataillon et 2 escadrons postés à Schooten reliaient les troupes de la colonne de gauche avec celles du général von Thümen et le gros de la colonne restait en réserve avec le général von Krafft, à Saint-Gravenwesel. Les troupes du général von Borstell servaient de réserve générale aux deux colonnes.

Wyneghem fut pris et repris deux fois par les Français et par les Prussiens. Pendant le combat, les Français avaient été renforcés par la brigade Flamand, postée à Damme, et les Prussiens par des troupes fraîches envoyées par le général von Oppen. Les Prussiens étaient enfin sur le point de rester maîtres de Wyneghem et de pousser vers Deurne, lorsqu'une petite troupe, forte d'environ 200 hommes d'infanterie française et d'une centaine de cavaliers, pénétra dans Wyneghem par la route de Lierre et menaçant la gauche des Prussiens, leur enleva tout espoir de parvenir à déboucher sur Deurne.

Oppen, manquant absolument de cavalerie[1], n'avait pu, d'après les auteurs allemands, opposer que quelques cavaliers d'escorte aux lanciers français, dont l'apparition à Wyneghem avait arrêté les progrès de ses troupes; et cette poignée d'hommes, qui, par son entrée en ligne, avait permis aux Français de s'établir solidement à Deurne, puis d'en organiser la défense, parvint à se replier sur ce village en bon ordre et sans perdre trop de monde, en faisant, il est vrai, un détour.

La nuit était arrivée; Oppen rassembla toutes ses troupes à

---

[1] La version donnée par Crusius nous paraît plus vraisemblable et d'autant plus admissible que le général von Oppen ne manquait pas de cavalerie puisqu'il avait avec lui, à Wyneghem, un escadron des dragons de la reine et 2 escadrons du 2e dragons de la Prusse occidentale.

D'après Crusius, les troupes françaises apparurent tout à coup dans les rues du village et tombèrent à l'improviste et de nuit sur les dragons prussiens qui avaient mis pied à terre. Leurs chevaux, en s'échappant, causèrent une panique qui empêcha, dans le principe, de prendre les mesures nécessaires. Ce fut seulement au bout d'un certain temps que le général von Oppen réussit à rallier un peu de monde et à obliger les lanciers qui venaient de faire ce coup de main à se replier sur Deurne.

Saint-Gravenwesel, ne laissant à Schooten et vers Deurne que des postes d'observation et une arrière-garde de 2 bataillons et 1 escadron à Wyneghem [1].

Les affaires des 11 et 13 janvier avaient coûté, au IIIe corps prussien, de 600 à 700 hommes, et un millier d'hommes aux Français.

Il semble au premier abord que Bülow avait atteint le but qu'il s'était proposé, puisqu'il avait réussi à s'approcher suffisamment d'Anvers pour bombarder la place, le port et l'escadre. Il ne parvint cependant pas à tirer de son entreprise tout le parti qu'il espérait. Il avait pu, en effet, constater par l'affaire du 13, qu'il y avait à Anvers une garnison décidée à faire son devoir, que les remparts de la place étaient en bon état et suffisamment garnis d'artillerie de gros calibre ; mais il manquait du matériel nécessaire pour entreprendre le siège d'Anvers ; d'autre part, il ne lui était guère possible, dans sa situation actuelle, de prononcer un mouvement vers l'intérieur de la Belgique.

14 janvier.—Bülow retourne à Bréda.—Préoccupé, en outre, par la présence des troupes rassemblées par Maison en avant de Lierre et en position derrière la Nethe, par l'envoi à Anvers de la brigade Aymard [2], craignant d'être débordé sur sa gauche et

---

[1] Le rapport que le général Roguet adressa, après l'affaire du 13, de Borgerhout au duc de Plaisance, confirme les faits relatés par les rapports des généraux prussiens. L'ennemi, y dit-il, a fait des efforts inouïs devant Wyneghem pour faire déboucher ses colonnes, mais sans succès ; ses tirailleurs sont venus jusque sur le flanc gauche de Deurne et ont été repoussés. Enfin voyant ses efforts inutiles, il a cessé le feu à 3 heures après midi. (Voir rapport du général Roguet sur l'affaire du 13 janvier. — *Archives de la Guerre.*)

[2] Le soir même des combats de Wyneghem et de Merxhem, Maison écrivait, de Lierre, au ministre de la guerre : « Cet événement me décide à envoyer le général Aymard avec ses 3,000 hommes à Anvers. » Ne pouvant prévoir la retraite immédiate de Bülow, il proposait au duc de Plaisance d'attaquer, le 14 au matin, Merxhem et d'en chasser l'ennemi à tout prix, et disait ensuite à Clarke : « Je reste en campagne avec 1500 hommes de la division Barrois et 700 à 800 chevaux. Quand l'ennemi se présentera, je m'en irai laissant Anvers à ses propres forces. J'ai deux partis à prendre n'étant pas en état de combattre, celui de me retirer vers les places de l'ancienne France, ou de marcher par Louvain sur Namur et Liège pour donner la main au duc de Tarente et opérer ensuite de concert avec lui sur la Meuse ou la Sambre. Je prie Votre Excellence de me dire lequel de ces deux partis est le plus convenable ».

En même temps, il écrivait à Anvers, au duc de Plaisance pour lui dire que

peut-être même tourné par des forces respectables, Bülow crut plus sage de reprendre, le 14, avec le gros de son corps, sa position concentrée de Bréda. Il laissa toutefois le général Borstell à Hoogstraëten, Wuest-Wesel et Loënhout, et envoya la brigade Thümen à Rysbergen, Groot et Klein-Zundert, pour se relier aux Anglais qui, tout en se retirant sur Oudenbosch, continuèrent à investir Bergen-op-Zoom et tinrent leurs avant-postes à Rozendaal et Steinbergen.

Le III⁰ corps allait, sauf les quelques incidents que nous signalerons plus loin, rester dans ces positions jusque vers la fin de janvier, couvrant ainsi le siège de Gorcum, bloqué par la 3⁰ brigade, et l'investissement de Bois-le-Duc, assuré par 6 bataillons et 2 régiments de cavalerie sous le colonel von Hobe, et surveillant, d'assez loin il est vrai, les corps de Macdonald et de Maison.

En somme, les combats d'Hoogstraëten, de Merxhem et de Wyneghem n'avaient eu d'autre résultat, pour Bülow, que de lui assurer la possession d'Hoogstraëten, Wuëst-Wesel et Loënhout, points situés à environ une journée de marche en avant de ses anciennes positions, de lui permettre de s'étendre quelque peu sur la rive gauche de la Meuse et de s'y établir un peu plus solidement.

18 janvier. — Ordres de l'Empereur à Maison. — C'était, en somme, et en comparaison des efforts tentés et des espérances conçues par Bülow, un assez maigre résultat.

Quoi qu'il en soit, l'Empereur continuait à se montrer mécontent et des opérations de Maison, et des mesures qu'il avait prises, et des mouvements qu'il se proposait d'exécuter.

---

si le général Roguet ne s'était pas maintenu à Deurne, il fallait à tout prix l'y rétablir. (Correspondance de Maison, *Archives de la Guerre*.)

Dans un deuxième rapport daté du 15, le général Maison ajoute : qu'après avoir enlevé les postes de Merxhem et de Wyneghem, l'ennemi était établi assez près de la place pour y jeter des fusées incendiaires, qu'il avait pris toutes ses dispositions pour l'attaquer afin de l'obliger à s'éloigner. Il avait formé à cet effet, une petite colonne formée de 400 chevaux et de 2 régiments du général Barrois qui, partant de Lierre, se portèrent par Wommelghem sur Wyneghem, pour prendre l'ennemi en flanc et à dos : mais l'ennemi, se retirant pendant la nuit, n'avait laissé que des postes qui se replièrent à son approche. Le général Maison en conclut que l'ennemi a seulement voulu connaître ce qu'il avait à Anvers et tenter en même temps, d'y entrer par un coup de main, mais que le rassemblement de Lierre lui en a imposé. (*Archives de la guerre*.)

C'est évidemment sous l'impression de ces sentiments qu'il écrivait à Clarke et lui prescrivait, à la date du 18, de faire savoir à Maison que, ne comprenant rien à sa correspondance, il l'invitait à fournir un rapport circonstancié sur les affaires des 11, 12 et 13. Il ajoutait : « *Dites-lui que rien ne porte à penser qu'il y ait là des forces considérables; s'il avait réuni ses moyens sur Anvers, il aurait chassé l'ennemi au delà de Bréda; au lieu de cela, il alarme la Belgique et enhardit l'ennemi par sa contenance timide* [1]. »

12 janvier. — Positions de Macdonald et de Sébastiani. —

Mais le temps avait marché pendant les cinq jours qui s'étaient écoulés entre les combats de Wyneghem et de Merxhem, et l'envoi de cette lettre. Les événements qui s'étaient produits sur le Rhin, de Cologne à Düsseldorf, allaient désormais rendre impossible tout mouvement en avant vers la basse Meuse et le Whaal.

Macdonald [2], destiné par les ordres de l'Empereur à manœu-

---

[1] *Correspondance de Napoléon*, n° 21,110.

[2] Il suffit de consulter les rapports et les dépêches de Macdonald pour voir dans quelle incertitude le maréchal se débattit jusqu'au moment où le major général lui écrivit, le 10 janvier, pour lui prescrire de laisser des garnisons dans toutes les places, de rappeler à lui le général Sébastiani et toute sa cavalerie et de se porter sur la Meuse en manœuvrant sur Maëstricht et Namur et sur le flanc droit de Blücher.

Le duc de Tarente, ne sachant pas s'il avait des pouvoirs suffisants, avait en effet, pendant tout ce temps, hésité à donner à la garnison de Wesel (voir *Archives du Dépôt de la guerre*, les dépêches du maréchal du 9 janvier) l'ordre d'évacuer la place et de se replier sur Maëstricht. Le 10, Macdonald avait fait savoir au major général que le général Exelmans l'informait de la marche de 10,000 hommes de toutes armes filant sur la Campine, pour se porter sur Maëstricht et Liège. Il en avait prévenu le général Maison en lui demandant d'opérer une diversion que ce général eût fait de son propre mouvement si on ne l'avait pas attaché plus spécialement à la défense d'Anvers. Le maréchal annonçait qu'il marcherait le 10 sur la Roër, envoyant une partie de sa cavalerie sur Maëstricht, que le général Sébastiani se concentrerait provisoirement à Juliers ou Aix-la-Chapelle, suivant les événements et qu'une fois réuni à lui, il pourrait entreprendre quelque chose...

Le lendemain 11, à 4 heures de l'après-midi, il déclarait au major général, qu'en présence du mouvement des Prussiens sur Eyndhoven, il se repliait sur Hasselt, qu'Exelmans serait le 12 à Maëstricht, le duc de Padoue et Sébastiani le 12 à Venloo et Crefeld, le 13 à Ruremonde et Erkelens.

A la même date, Sébastiani, encore établi à Cologne qu'il allait évacuer le lendemain, mandait au major général que l'ennemi occupait Blanckenheim et la croisée des routes conduisant à Bonn, Cologne, Juliers, Aix-la-Chapelle et Liège où il avait envoyé un parti pour se renseigner. Mais ce point

vrer entre Maëstricht et Namur, devait, d'après la note sur la situation de la France, se porter sur Liège et Charlemont, menacer le flanc droit de Blücher, en gardant la Meuse, et disposer pour ces opérations, après avoir rappelé à lui Sébastiani, de 10,000 hommes avec 40 canons. Dès le 5 janvier, il avait, comme nous l'avons dit, concentré vers la Meuse, de Gueldres à Venloo, les troupes du 11ᵉ corps et du 2ᵉ de cavalerie, fait passer le fleuve, du 7 au 8 janvier, aux généraux Bigarré et Exelmans, et transféré ensuite, le 12, son quartier général à Ruremonde[1].

A la même époque, Sébastiani et le duc de Padoue, après avoir concentré leurs corps de Cologne à Neuss, alarmés sans doute par la nouvelle de l'approche d'un assez gros parti de cavalerie russe qui, sous les ordres du général Ilowaïsky, poussait en avant sur l'extrême gauche de l'avant-garde et paraissait se diriger vers Cologne, avaient évacué cette ville, le 12, pour se replier par Juliers, où ils allaient arriver le 15 et laisser 2,000 hommes, vers Aix-la-Chapelle et Liège[2].

était à 14 lieues de ses positions, l'ennemi pouvait avoir fait entre temps des mouvements importants. Il ajoutait : « L'occupation de Trèves par l'ennemi me met dans une position critique, ayant l'ennemi sur mon front et sur mes deux flancs qui sont débordés. J'ai envoyé à Bergheim 200 hommes et 4 pièces pour défendre le défilé et les ponts de l'Erfft et me faire un échelon. Le général Albert vient de m'informer que l'ennemi est sur la route de Malmédy à Spa. Je crois que ce sont des coureurs. »

L'Empereur, après avoir donné directement, le 10 janvier, au duc de Tarente les ordres dont nous avons parlé, lui fit encore écrire le 12, par Berthier, la lettre suivante qu'il reçut le 14 :

« Le major général au duc de Tarente. — Paris, le 12 janvier 1814.

« J'ai mis sous les yeux de l'Empereur votre lettre du 9 relative à Wesel. Sa Majesté ne veut pas qu'on abandonne les places. Elle attache, au contraire, la plus grande importance à les conserver. Indépendamment de l'intérêt des négociations dont on espère une bonne issue, l'abandon des places serait un grand mal. L'ennemi s'y établirait, assurerait sa ligne d'opérations et tirerait plus facilement des ressources du pays qui se croirait abandonné. L'ennemi n'est pas dans le cas de faire aucun siège. Les conscrits et les gardes nationales laissés dans les places s'y organisent... L'avantage d'occuper les places est d'obliger l'ennemi à laisser devant elles plus de monde qu'il n'y en a dans la place... » (*Archives de la guerre.*)

[1] Macdonald écrivant le 12, à Maison, de Ruremonde, lui disait : « Le Rhin et la Meuse sont pris. Je serai le 13 à Maëstricht, ma cavalerie y sera le 14. Molitor sera ce soir à Venloo ; l'arrière-garde (général Thiry) est à Straelen. » (*Archives de la guerre.*)

[2] Macdonald au major général : « Maëstricht, 14 janvier.

« Je reçois par estafette extraordinaire la lettre de Votre Altesse du 10. Les ordres qu'elle contient seront exécutés. Déjà le 11ᵉ corps d'infanterie et le 2ᵉ

13 janvier. — Tchernitcheff passe le Rhin. — Affaire à Ober-Cassel. — A peu près au même moment, Tchernitcheff arrachait, enfin, à Winzingerode l'autorisation, vainement sollicitée par lui depuis douze jours, de traverser le Rhin ; mais si Winzingerode crut devoir rendre enfin à Tchernitcheff sa liberté d'action, il lui fit en même temps savoir que, en cas d'insuccès, la responsabilité retomberait tout entière sur lui.

Tchernitcheff ne se laissa pas arrêter par ces considérations. Afin de tromper l'ennemi sur le point véritable de son passage, dans la nuit du 12 au 13 il fit traverser le Rhin, entre Duisburg et Kaiserswerth, à deux ou trois cents cosaques, qui réussirent à s'emparer d'une redoute armée de cinq canons, élevée en face de l'embouchure de la Ruhr, et chassèrent devant eux les quelques postes d'observation établis sur la rive gauche du Rhin.

Quelques heures plus tard, l'avant-garde de Tchernitcheff (700 hommes, chasseurs et cosaques), sous les ordres de Benkendorff, passait en barque le Rhin, près de Düsseldorff. Cette opération était protégée par 36 pièces, que Tchernitcheff avait mises en batterie sur la rive droite pour écraser de leurs feux, si le besoin s'en faisait sentir, les deux redoutes élevées par les Français sur la rive gauche. Comme les Français n'avaient laissé le long du Rhin que quelques vedettes et quelques faibles postes d'observation, cette avant-garde rencontra à peine un semblant de résistance.

Les Français, abandonnant les deux redoutes, se replièrent immédiatement et furent suivis par Benkendorf jusqu'à Ober-Cassel et Heerdt. Renforcés sur ces points par un bataillon et deux escadrons, ils obligèrent, à leur tour, Benkendorf[1] à se

---

de cavalerie seront réunis demain entre Maëstricht et Hasselt. Le 5e d'infanterie et le 3e de cavalerie devront être sous peu de jours à Aix-la-Chapelle : ils marcheront de là pour rejoindre. Pendant ce mouvement le général Exelmans manœuvrera dans la Campine sur le flanc de l'ennemi. »

Macdonald à Sébastiani et Padoue : « Maëstricht, 14 janvier.

« Vous ne direz mot à personne de ce que vous exécuterez avant Aix-la-Chapelle, afin que l'ennemi ne puisse être instruit que vous vous portez sur la Meuse. Ne séjournez point à Juliers ni à Aix-la-Chapelle, et continuez votre marche sur Liège où je vous donnerai de nouveaux ordres. »

[1] « Le 13 janvier 1814, chargé par le général Winzingerode d'ouvrir sa marche pour le passage du Rhin avec 100 chasseurs de la brigade du général Gleboff et 50 cosaques, j'arrivai dans la nuit, après une fusillade assez vive,

replier sur Ober-Cassel. Rejoint d'abord par le reste de son avant-garde, puis par Tchernitcheff en personne, Benkendorf se reporta en avant avec tout son monde et ramena les Français sur Neuss.

Il est évident que si les Français, quoique surpris par l'apparition des Russes, avaient pu se rendre compte de la force réelle de cette faible avant-garde, ils l'auraient évidemment jetée dans le fleuve. Mais ce qui est moins explicable, c'est que le lendemain 14, ils évacuèrent Neuss, où Benkendorff et Tchernitcheff entrèrent aussitôt après leur départ.

14 janvier. — Tchernitcheff à Neuss. — Bien que son avant-garde eût ainsi réussi à prendre pied sur la rive gauche, Winzingerode, n'osant rien entreprendre à cause des glaçons que le Rhin continuait à charrier, n'opéra son passage entre Düsseldorf et Cologne que les jours suivants, pendant que Benkendorf, après être entré à Neuss, continuait à pousser sur la route de Juliers.

15 janvier. — Ilowaïsky à Cologne. — 16 janvier. — Tchernitcheff à Aix-la-Chapelle. — Le 15 janvier, Ilowaïsky arrivait avec ses cosaques à Cologne, que Sébastiani et le duc de Padoue

---

aux environs de Neuss et le lendemain devant Juliers avec ma brigade, 2 escadrons des hussards de Pavlograd et 2 pièces d'artillerie légère.

« Un village très étendu, celui de Mernich, nous séparait d'à peu près une demi-lieue de la forteresse. La garnison avait fait une sortie d'environ 300 hommes. J'avais placé à couvert la plus grande partie de mon monde, afin de le mettre hors d'atteinte du canon de la place. Après être resté quelque temps dans cette position, ennuyé d'une tiraillerie sans objet, j'ordonnai à la fois une attaque générale au grand galop, mes hussards, au centre, sur la route ayant le régiment de Giroff à droite et celui de Sisoieff à gauche. Je n'ai jamais vu le spectacle d'une plus belle émulation : tout partit avec la rapidité de l'éclair. L'ennemi, étonné de notre nombre, se retira en désordre en combattant, mais la totalité de mon corps l'atteignit sur les glacis. Le régiment de Sisoieff qui le serrait de plus près lui coupa la retraite à 30 mètres du pont et tout fut pris ou sabré. (BENKENDORFF, *Des Cosaques*, p. 50.)

Bien que le fait soit parfaitement exact, Benkendorff nous semble avoir commis une erreur de date. Ce n'est pas le 14, mais bien le 19 janvier qu'eurent lieu la sortie de la garnison de Juliers et l'escarmouche de cavalerie en question, comme nous l'indiquerons, d'ailleurs, un peu plus loin. L'investissement de Juliers est bien du 15, mais on ne trouve nulle part trace de cette affaire à cette époque. Cette erreur de date s'explique par le fait que Benkendorf a écrit son livre sur les cosaques deux ans après la campagne de 1814.

avaient quitté depuis le 12. Tchernitcheff, qui s'était rendu de sa personne à Neuss, pressant aussitôt le mouvement de sa cavalerie vers Aix-la-Chapelle, faisait investir Juliers et poussait, le 16, jusqu'à Aix-la-Chapelle.

Macdonald était toujours à Maëstricht. Il n'avait encore sur son flanc, du côté d'Aix-la-Chapelle, que l'avant-garde russe, puisque le gros du corps Winzingerode commençait seulement son mouvement en avant de Neuss. Il n'en prescrivit pas moins à Sébastiani, avec le 5ᵉ corps, et au duc de Padoue, avec le 3ᵉ corps de cavalerie, de prendre position, le 17, à Herve, et, le 18, devant Liège, sur la rive droite de la Meuse. Le 3ᵉ corps de cavalerie devait s'échelonner à partir d'Herve, éclairer à droite de la Meuse dans un rayon de quatre à cinq lieues et, plus spécialement, dans la direction de Maëstricht. Exelmans avait pour mission de couvrir la position depuis la rive gauche de la Meuse jusqu'à Diest. L'infanterie du général Brayer se rendait d'Huy à Namur ; celle de Molitor se tenait à Liège.

18 janvier. — Macdonald à Liège. — Le duc de Tarente, n'ayant pu arracher à l'Empereur l'autorisation d'abandonner des places fortes destinées fatalement à tomber entre les mains de l'ennemi, résolut de manœuvrer sur la Meuse, de Maëstricht à Namur, et choisit Namur comme point de rendez-vous général. Mais il envisageait la situation sans se faire d'illusions, et, en annonçant à Maison qu'il allait établir, le 17, son quartier général à Liège, il lui écrivait : « Je souhaite que l'on dise vrai sur vos forces. Nous sommes dans une position à ne plus compter celles de l'ennemi. *Vaincre ou périr doit être maintenant notre cri de ralliement.* »

Le maréchal avait, à ce moment, l'intention d'opérer pendant quelque temps, de concert avec Maison, du côté de Diest, où il envoyait, le 18, la cavalerie du général Dommanget. Exelmans devait réunir le reste de sa cavalerie à Saint-Trond et à Tirlemont avant de se porter de là, en deux marches, sur Namur, où Molitor allait le précéder, pendant que la cavalerie du général Brayer quitterait Namur pour éclairer la route de Luxembourg. Mais, le 19 janvier, Macdonald, arrivé lui-même à Namur, y recevait une dépêche datée de Paris, le 17, par laquelle le major général le prévenait de son départ pour Châlons, où l'Empereur se proposait de porter son quartier général. Berthier lui prescrivait de manœuvrer pour se rapprocher de lui, de l'informer de la marche qu'il se proposait de faire jour par jour, et de chercher à se tenir au courant des mouvements de Marmont. Le maréchal, se conformant aux ordres qu'il venait de recevoir, commença aussitôt son mouvement vers Châlons, après avoir avisé Maison de la nouvelle direction que ses troupes allaient suivre.

Le retrait de la cavalerie de Macdonald de la Campine, son mouvement sur Namur n'étaient guère faits pour faciliter la tâche déjà si difficile de Maison. Il s'en plaignit à Macdonald qui, lié par des ordres formels, se contenta de transmettre les réclamations du commandant du 1er corps au major général, auquel il annonçait, le 18, qu'il allait transférer le lendemain son quartier général de Liège à Namur. Dans cette dépêche, où il expose le mouvement par échelons que vont exécuter sur Namur le 11e corps, puis le 2e de cavalerie, le 5e corps d'infanterie et le 3e de cavalerie, le duc de Tarente ajoutait, en effet : « Je rappelle ma cavalerie de la Campine sur Namur, bien que le général Maison me mande que, si je suis le plan général d'opérations, il ne pourra tenir à Louvain et se portera sur Anvers. Mais cette cavalerie m'est trop utile pour l'exécution de ce plan, autrement les Ardennes seraient ouvertes. »

19 janvier. — Macdonald quitte la Belgique et se dirige sur Châlons. — Le duc de Tarente, dont les effectifs étaient, d'ailleurs, singulièrement diminués par les garnisons qu'il avait dû laisser dans les places et par les progrès effrayants de la désertion, ne disposait guère, à la date du 20 janvier, que d'un peu plus de 5,500 hommes. Le 5e corps était réduit à 800 hommes présents ; le 11e en avait de 1400 à 1500 ; le 2e corps de cavalerie ne comptait que 1800 à 1900 chevaux, et le 3e ne pouvait en mettre en ligne que 1200. Se conformant aux ordres de l'Empereur, Macdonald commença le 20 son mouvement par échelons de Namur vers la haute Meuse. Son arrière-garde, sous les ordres du général Sébastiani et du duc de Padoue[1], quitta Liège le 21 au

---

[1] Une des reconnaissances du duc de Padoue avait eu, le 19 au matin, une petite escarmouche avec la cavalerie russe du côté d'Herve.

soir. Cette cavalerie était à Huy le 22, à Namur le 23, à Dinant le 24, à Givet le 25, à Rocroy le 26, et le 27 à Mézières, où le premier échelon de la colonne (la division Brayer) était arrivé deux jours plus tôt [1].

Position des cosaques de Tchernitcheff. — Du côté des Russes, Tchernitcheff, sans s'occuper de la distance considérable qui séparait sa cavalerie du gros du corps de Winzingerode, continuait à pousser ses cosaques en avant. La garnison de Juliers avait tenté, le 19, de rompre le blocus et de percer hors de la place. La cavalerie française avait même, au début de l'affaire, réussi à bousculer la cavalerie russe; mais celle-ci, renforcée à temps, la rejeta sur l'infanterie qui la suivait, l'entoura et lui enleva une centaine d'hommes. La garnison se replia sur Juliers, dont l'investissement fut confié au général Ilowaïsky.

23 janvier. — **Winzingerode à Aix-la-Chapelle.** — Par suite du mouvement vers la haute Meuse, que l'Empereur fit opérer, à partir du 20 janvier, aux troupes du duc de Tarente, Winzingerode ne trouva, en réalité, plus rien devant lui au moment où, après une marche d'une lenteur inexplicable, il établit, le 23, son quartier général à Aix-La-Chapelle [2]. En outre, son corps ayant mis plusieurs jours à défiler par cette ville, il se borna à pousser jusqu'à Herve l'avant-garde sous les ordres de Tchernitcheff et à envoyer des partis sur Liège.

16 janvier. — **Maison à Louvain.** — Dès que Maison eut reçu la nouvelle du passage du Rhin par les Alliés et du mouvement

---

[1] Macdonald, en écrivant à Maison une dernière fois le 21 janvier de Namur, ne peut s'empêcher de donner libre cours aux tristes pensées qui obsèdent son esprit : « Quelle affreuse situation, lui écrit-il, et quelle est la providence qui nous sauvera! On dit que l'esprit de la capitale est affreux, ainsi que celui de la plupart des grandes villes. Qu'est donc devenue cette énergie des Français? Chacun courbe la tête, bien qu'il y ait tant de moyens encore. C'est qu'on ne sait pas les mettre en pratique. J'ai le cœur navré et l'âme déchirée. » (*Archives de la guerre.*)

[2] Winzingerode y reçut l'ordre par lequel Schwarzenberg lui enjoignait de Langres, le 19 janvier, de se porter de Düsseldorf sur Reims. (*K. K. Kriegs Archiv.*, I, 552.)

rétrograde de Macdonald sur les Ardennes, il avait chargé les généraux Ambert et Roguet de couvrir les abords d'Anvers, désormais en état de soutenir un siège et de répondre à un bombardement. Il avait fait occuper Malines et Bruxelles et était venu s'établir, le 16, à Louvain, avec la division Barrois et la cavalerie de Castex. Ainsi posté à la croisée des routes aboutissant à Bruxelles, de celles d'Anvers par Malines, d'Herenthals à Turnhout et Aerschot, d'Hasselt, de Diest et de Maëstricht à Bruxelles, de Tirlemont à Saint-Trond, Tongres et Liège, de Tirlemont à Huy et Namur, et de Namur par Hamme à Wavre et Gembloux, il pouvait à son choix et malgré le peu de troupes dont il disposait, couvrir Bruxelles, se porter au secours des divisions chargées de la défense extérieure d'Anvers. Manœuvrant le long du Demer, il pouvait donner la main à Macdonald, qui était encore en marche de Maëstricht sur Liège, surveiller cette ville après le départ du duc de Tarente, menacer le point de réunion des armées alliées, enfin se retirer, s'il y était contraint, soit sur Condé par Nivelles et Mons, soit sur Lille par Ath et Tournay.

La position était, on ne saurait le contester, on ne peut plus heureusement choisie.

Maison, en effet, tout en ne désespérant pas encore de la situation, ne se dissimulait pas la gravité exceptionnelle des circonstances, et c'est ainsi qu'il écrivait le 15, de Lierre, au duc de Plaisance à Anvers : « La tête de l'ennemi est sur Diest aujourd'hui. Je ne partage pas l'avis de ceux qui croient qu'on ne peut pas l'arrêter. Il convient au moins de le tenter et je n'ai, moi, aucune arrière-pensée personnelle. Je ne veux que ce qui est le mieux pour le service de Sa Majesté

« Vous voudrez bien faire partir aussi vite que possible pour coucher à Malines, à quelque heure que ce fût, un régiment de la garde… indépendamment du régiment qui devrait déjà être ici. Il est clair que l'ennemi va marcher à la conquête de la Belgique, que Bülow va opérer de manière à se joindre à l'avant-garde de Blücher, qui est arrivé à Malmédy et a déjà poussé des partis vers Spa. Le duc de Tarente et moi devons nous y opposer. Je vous recommande encore de tenir la campagne en avant de Wyneghem vers Saint-Antoine et Schilde, de même que sur Braschaët, et de faire occuper Lierre par quelque cavalerie et infanterie, à moins que l'ennemi ne soit en force à Santhoven. Encore, tant que vous tiendrez à Schilde, l'ennemi n'osera pas venir avec des forces à Lierre [1]. »

Le 16 janvier, il arrivait à Louvain avec la division Barrois et 400 chevaux de la garde, alors que la tête de sa cavalerie était déjà depuis la veille à Aerschot. Il ignorait ce qu'avait fait Macdonald depuis quelques jours. Il attendait de ses nouvelles, puisqu'il comptait envoyer le lendemain sa cavalerie sur la grande Nèthe, à Westmeerbeek et Westerloo et, croyant encore que l'armée de Blücher marchait sur Liège par Malmédy et Spa, il écrivait au duc de Plaisance pour lui dire ce qu'il pensait du mouvement rétrograde de Bülow. Si Maison se trompait en attribuant la cause de ce mouvement à l'approche de Blücher, il avait raison d'affirmer que Bülow n'opérait qu'un changement de position, puisque le général prussien cherchait en réalité à donner la main à Winzingerode. Le commandant du 1er corps ajoutait en effet : « Je ne saurais me persuader qu'il a eu assez peur de nous pour le faire seulement par cette considération. »

Mais à peine avait-il pris ces mesures qu'il reçut, par l'intermédiaire de Clarke et de Berthier, communication des reproches de l'Empereur. Comme à ce moment Macdonald, après avoir évacué Hasselt et Liège, avait déjà dépassé Namur, il lui était difficile de se conformer à l'ordre de l'Empereur lui prescrivant de se concentrer en avant d'Anvers. Se portant avec la division Barrois par Malines sur Anvers et Merxhem, où cette division devait être rendue le 22, il donna aux 12 bataillons du général Roguet l'ordre de se réunir à Wyneghem et Schilde.

23 janvier. — Envoi de la cavalerie de Castex sur Liége. — En même temps il envoyait le général Castex avec 3 escadrons de chasseurs, 3 de lanciers, 2 bataillons du 12e voltigeurs et 4 pièces, à Tirlemont. Il avait eu soin de lui prescrire de poster une avant-garde à Saint-Trond, d'éclairer les mouvements de l'ennemi sur Liège et sur Hasselt, et de ne se retirer sur Louvain que s'il y était forcé par des forces supérieures. Deux bataillons du 72e forts de 900 hommes, allaient, à partir du 21, prendre position à Louvain et servir de soutien à Castex. Le général Meuziau,

---

[1] Maison au duc de Plaisance. Lierre, 15 janvier. (*Archives de la guerre.*)

dirigé sur Hasselt avec 1 bataillon, 400 chevaux et 2 canons, avait pour mission de flanquer le mouvement de Castex, de protéger ses derrières et de couvrir sa retraite sur Saint-Trond.

Pour se conformer aux ordres antérieurs du major général, Maison prenait, bien qu'à regret, les mesures que nous venons d'indiquer et prescrivait, pour le 22, un mouvement d'Anvers sur Westmalle, Brecht et Wuest-Wesel. Le commandant du 1er corps adressa toutefois, de Louvain, au major général des observations qui prouvent qu'il s'était rendu un compte exact de la situation, qu'il avait prévu tout ce qui allait se produire pendant les mois de février et de mars, et préparé en conséquence tout son plan de campagne :

« Conformément à l'instruction de Votre Altesse, le duc de Tarente se porte sur Namur et Huy; il laisse encore quelque chose pour couvrir Liège, mais je prévois que bientôt il quittera cette position et découvrira la grande communication de cette ville à Bruxelles, qui est mon point de retraite.

« Comme je ne saurais, avec le peu de troupes que j'ai, empêcher l'ennemi de déboucher sur Saint-Trond et Tirlemont et de tourner la ligne du Demer et des deux Nèthes, je serai obligé d'abandonner Anvers à ses propres forces et de me retirer sur les anciennes places de Flandre..... Il ne me restera que la division Barrois (2,600 hommes), 1 régiment de tirailleurs (900 hommes) et 8 escadrons de cavalerie..... Je pourrai arriver à Lille avec un peu plus de 3,000 hommes, mais je n'ai rien pour Condé, Valenciennes et les autres places. Si je pouvais calculer qu'elles peuvent se suffire à elles-mêmes, il conviendrait peut-être que je me jette sur Gand et Courtrai ; je me tiendrais ainsi plus longtemps en communication avec Anvers par la rive gauche de l'Escaut et, par une marche de flanc, je pourrais arriver sur Lille. Si l'ennemi n'a pas un grand corps opérant par Liège sur Valenciennes, ce mouvement peut retarder beaucoup sa marche sur les anciennes places en lui faisant craindre que je ne me porte sur ses derrières pour couper ses communications ; mais s'il n'y a aucun moyen de résistance à Lille, il faudra que je me retire par Ath et Tournay [1]. »

---

[1] Maison au major général, de Louvain, 21 janvier. (*Archives de la guerre.*)

Maison, on le voit, avait compris dès le 21 janvier tous les dangers qu'il courait en s'enfermant dans une place, toute l'inutilité des manœuvres qu'il pourrait entreprendre autour d'Anvers, et en terminant, il ajoutait une fois encore :

« Je ne pourrai, je le répète, que couvrir Lille et jeter 600 hommes à Condé et Valenciennes. En agissant de concert avec le duc de Tarente entre la Meuse et l'Escaut, nous pourrons peut-être encore parvenir à empêcher l'ennemi de pénétrer en Belgique ; mais si l'on fait opérer le maréchal sur la droite de Blücher, on n'arrêtera pas l'ennemi et *je serai forcé d'évacuer la Belgique.* »

Les événements ne devaient que trop justifier les craintes et la manière de voir de Maison ; mais d'autre part, il faut reconnaître qu'étant donnée la situation générale, il était impossible de laisser plus longtemps Macdonald en Belgique. Le mouvement, que le duc de Tarente allait faire à partir du 22 vers la haute Meuse, découvrait la route de Tirlemont, et ce fut pour remplacer l'arrière-garde de Macdonald, que Maison envoya, le 23, dans la direction de Liège, le général Castex, avec 1800 hommes d'infanterie, 800 chevaux et 2 bouches à feu. Il cherchait ainsi à couvrir sa droite et à conserver, le plus longtemps possible, les ponts de la Meuse. Il avait eu, d'ailleurs, le soin de recommander à Castex de se contenter d'une simple reconnaissance et d'éviter tout engagement sérieux.

24 janvier. — Combat de cavalerie de Saint-Trond. — De son côté, Tchernitcheff était entré le 24 à Liège avec le gros de l'avant-garde de Winzingerode, et sa pointe, sous Benkendorf, avait aussitôt poussé en avant dans la direction de Saint-Trond. Elle vint donner à quelques kilomètres en avant de Liège contre la colonne du général Castex qui, n'ayant jusque-là rien trouvé devant lui, avait espéré pouvoir arriver à Liège avant les Russes. Benkendorf, obligé de reculer devant les Français, s'arrêta en avant des faubourgs de la ville et prévint Tchernitcheff de l'approche de l'ennemi. Comprenant toute l'importance qu'il y avait à rester maître des ponts de la Meuse, il n'hésita pas, en attendant l'arrivée des renforts, à soutenir avec ses cosaques[1] un

---

[1] A l'affaire de Liège, le 24 janvier 1814, une colonne ennemie d'environ

combat des plus inégaux et des plus meurtriers, pendant lequel ses régiments tinrent bon sous un feu violent de mousqueterie et sous le tir à mitraille et à boulets de l'artillerie de Castex. Benkendorf ne réussit, d'ailleurs, à faire bonne contenance, jusqu'à l'entrée en ligne des renforts, que grâce aux mesures intelligentes qu'il sut prendre. Ne laissant sur son front qu'une chaîne strictement suffisante pour observer les mouvements de l'ennemi, il posta la plus grande partie de ses cosaques sur ses deux ailes à l'abri du feu et hors des vues des Français. Afin de retarder les progrès des cavaliers de Castex, il fit charger les cosaques toutes les fois que son adversaire dessina un mouvement offensif.

Avant même d'avoir reçu l'avis envoyé par Benkendorf, Tchernitcheff avait, dès les premiers coups de canon, prescrit à son gros de se diriger vers le lieu du combat, sur lequel il se rendit immédiatement avec 2 escadrons de hussards et 2 bouches à feu. Au moment où il rejoignit Benkendorf qui, contraint de céder au nombre, se repliait lentement et en bon ordre, les Français étaient sur le point d'atteindre les premières maisons des faubourgs de Liège. En attendant le retour du colonel Lapoukhine, qu'il avait fait partir pour Namur un peu avant le commencement de l'affaire et auquel il avait envoyé l'ordre de se rabattre sur Liège, Tchernitcheff avait chargé son artillerie d'arrêter les progrès de l'ennemi. Il avait, en outre, appelé à lui Lützow[1] qui,

---

2,000 hommes d'infanterie, 400 chevaux et 5 pièces de canon, sous les ordres du général de division Castex et faisant partie du corps du général Maison, s'était avancée de Saint-Trond jusqu'à une lieue de la Meuse. Les régiments cosaques de Giroff et de Sisoïeff soutinrent pendant trois heures le feu non interrompu de la mousqueterie et de la mitraille des Français. Tout le régiment de Pavlograd, qui arriva ensuite comme soutien en présence du général Tchernitcheff, et le prince Lapoukhine avec ses cosaques de Diatchkin peuvent témoigner de ce fait. L'ennemi ayant été battu, grâce à l'intrépidité du capitaine d'artillerie Gorskoï, fut rejeté sur Saint-Trond dans le plus grand désordre et nous fîmes, près de Liège, 126 prisonniers. (BENKENDORF, *Des Cosaques*, p. 32.)

[1] On trouve dans un rapport manuscrit et inédit de Lützow sur 1814 et et reproduit en partie dans la brochure : *Lützow's Freikorps in den Jahren 1813-14*, p. 72, quelques détails curieux sur cette affaire de cavalerie:

« Tchernitcheff me fit appeler et me dit : « J'apprends que l'ennemi s'avance « pour reprendre Liège, je vous demande votre concours pour le repousser. » Tchernitcheff ajouta toutefois que, le combat fini, il n'y aurait pas de fourrages pour moi à Liège. Je répondis en me mettant à la disposition du général et en me portant immédiatement au secours des cosaques à ce moment en pleine retraite. Tchernitcheff me suivit. L'artillerie s'avança par la chaussée,

après avoir traversé le Rhin à Bonn le 17, avait passé par Düren, Eschweiler, Cornelimunster et Eupen, et venait d'arriver le 24 à Liège avec 2 escadrons de uhlans. Tchernitcheff lui ordonna de se déployer à droite de la chaussée de Saint-Trond. Le général russe en fit autant sur la gauche, où il ne tarda pas à être rejoint par les cosaques du colonel Lapoukhine et par ceux de Barnekoff. Attaquée de front par Benkendorf, sur sa gauche par Lützow, sur sa droite par la cavalerie régulière et les cosaques de Tchernitcheff, menacée sur ses derrières, la cavalerie française se replia derrière son infanterie qui, faisant bonne contenance, couvrit la retraite dans la direction de Saint-Trond.

Le verglas d'une part et les obstacles naturels que présentait le terrain empêchèrent, d'ailleurs, la cavalerie russe de tirer complètement parti de l'avantage qu'elle venait de remporter et ne lui permirent pas de poursuivre au delà d'Oreye. Le général Castex [1],

---

les hussards rouges se déployèrent à gauche, et moi à droite de la route. Le général *Maison* (Lützow paraît ignorer que c'était le général Castex qui commandait les troupes françaises) se retira quand il vit que des troupes régulières venaient soutenir les Cosaques. La cavalerie s'abrita derrière l'infanterie qui manœuvra d'autant plus facilement en bon ordre, que le tir de l'artillerie russe ne lui fit aucun mal. La cavalerie russe n'essaya pas d'enfoncer les carrés : je crus prudent de ne pas tenter l'entreprise parce qu'à cause du verglas et du terrain extrêmement accidenté, on ne pouvait même pas se porter en avant au trot. »

Lützow ajoute : « Le mouvement des Français me prouva qu'il m'était impossible de rien tenter pour le moment sur Bruxelles. Ne pouvant rester à Liège, je pris par suite à gauche par Huy et Rochefort, et j'arrivai à Carignan, le 3 février. »

Les deux escadrons du corps franc de Lützow se portèrent du 25 au 31 janvier, par Huy, Marche et Rochefort, sur Recogne. Le corps volant de Colomb opérait à la même époque dans ces parages.

[1] Général Castex à général Maison. — Saint-Trond, 24 janvier, 10 heures du soir.

« J'ai eu l'honneur de vous informer hier que je marcherais aujourd'hui sur Liège. L'ennemi m'est venu au-devant. Il m'a présenté 300 chevaux dans un terrain difficile et 2,000 avec 2 canons quand j'ai été en plaine et à une lieue de Liège. J'ai voulu malgré cela forcer le passage ; alors il m'a débordé. Les lanciers ont exécuté deux charges de flanc qui n'ont pas réussi. L'infanterie a formé deux carrés à hauteur des pièces. N'ayant presque plus de cavalerie, je me suis retiré dans cet ordre à Oreye où ma troupe a pris position. Demain elle se retirera sur Saint-Trond et j'y fais venir le général Meuziau. Si je suis forcé à la retraite, je me dirigerai sur Tirlemont et Louvain. Je ralentirai, autant que possible, la marche de l'ennemi. L'infanterie a perdu une cinquantaine d'hommes ; mais les lanciers ont au moins 120 hommes tués ou pris. J'ai eu aussi mon paquet. Un coup de mitraille m'a frisé le côté : j'ai une forte contusion dont je souffre beaucoup. Si je peux monter à cheval, je resterai avec le général Meuziau. » (*Archives de la guerre.*)

blessé dans le combat, trouva sur ce point, mais trop tard pour lui, l'ordre formel de Maison de se concentrer à Saint-Trond et de ne pas dépasser cette ville.

Les cosaques à Namur. — Le même jour et bien que Tchernitcheff eût dû rappeler à lui les cosaques du colonel Lapoukhine, le capitaine russe Schilling entrait avec un petit parti à Namur, que l'arrière-garde de Sébastiani avait déjà évacué, et montrait ses coureurs sur la route de Bruxelles.

Maison, de son côté, avait exécuté, pendant la journée du 24, plusieurs reconnaissances en avant d'Anvers. Du côté de Turnhout, il avait poussé jusqu'à Oostmalle; du côté de Bois-le-Duc et de Bréda, jusqu'au-dessus de Saint-Job-ent-Goor et près de Brecht; sur la route d'Anvers à Bréda, jusqu'au delà de Braschaët. Il avait encore relevé la présence à Wuest-Wesel et Hoogstraëten des avant-postes prussiens, reliés entre eux par un poste établi à Loënhout.

A ce moment déjà, et avant même qu'on ait eu connaissance de l'échec éprouvé par les 800 chevaux de Castex à Liège, Maison constatait que l'évacuation de Liège et de Namur par les troupes de Macdonald avait jeté l'alarme dans toute la Belgique, et que l'on s'agitait à Bruxelles et à Mons. Aussi dès qu'il eût reçu le premier avis de l'affaire malheureuse de Castex, il résolut de renoncer aux opérations qu'il venait de commencer en avant d'Anvers et de marcher avec la division Barrois au secours du général Castex. Il prescrivit au duc de Plaisance de faire prendre position aux troupes de la division Roguet à Wyneghem, à Deurne et à Borgerouth. Enfin, Castex n'avait pu tenir ni à Saint-Trond, ni à Tirlemont. Se voyant menacé sur sa gauche par une colonne venant de Venloo sur Diest, ce général avait cru d'autant plus indispensable de se replier sur Louvain, que la cavalerie russe cherchait à déborder sa droite. Par suite, Maison se mit en route le 26, avec la division Barrois, afin d'opérer sa jonction avec sa cavalerie et d'empêcher l'évacuation de Louvain.

Il y avait, d'ailleurs, d'autant plus d'urgence à conserver Louvain que l'occupation de cette ville par les Alliés aurait entraîné la perte immédiate de Bruxelles, et que, coupé de ses communications avec les places de l'ancienne frontière de la France, le général Maison aurait été obligé dès lors de s'enfermer dans Anvers.

Lenteur de Winzingerode. — L'échec éprouvé par le général Castex, en le rassurant complètement sur sa droite, aurait dû décider Winzingerode à accélérer une marche qu'il pouvait désormais exécuter sans courir aucun risque et sans être exposé au moindre danger ; mais, loin de prendre ce parti, il mit six jours pour aller, rien qu'avec ses têtes de colonne, de Liège à Namur.

Winzingerode ne transporta même son quartier général de Liège à Namur que le 2 février, lorsqu'il eut appris, par un parti envoyé à Tirlemont, que Bülow était arrivé à sa hauteur.

Malgré les ordres de Schwarzenberg, malgré la retraite des forces françaises, Winzingerode persistait à se croire trop faible pour prendre la direction de Reims et s'engager entre la Sambre et la Meuse avant d'être maître de Philippeville, de Givet et de Maubeuge, et surtout avant d'avoir été rejoint par la partie de son corps qui était encore avec le prince royal de Suède. C'est pour cette raison, d'ailleurs, qu'il se décida seulement à continuer sa marche lorsque Bülow put entrer en France avec lui après avoir été relevé par le corps fédéral du duc de Weimar.

Nous n'aurons par suite à nous occuper que plus tard des mouvements ultérieurs du corps de Winzingerode, qui ne joua plus aucun rôle en Belgique et ne prit aucune part aux quelques opérations des derniers jours de janvier.

En résumé et bien qu'en dehors des glaçons charriés par le Rhin et des deux affaires de Neuss et de Liège, sa marche n'eût rencontré aucune difficulté, Winzingerode avait trouvé moyen de s'avancer encore plus lentement que l'armée de Bohême. Il avait mis plus de trois semaines pour se porter de Düsseldorf et de Cologne jusqu'aux environs de Liège et de Namur. Il est d'autant plus impossible de découvrir la raison de ces lenteurs évidemment calculées, que l'on ne trouve aucune trace de reproches motivés par cet excès de prudence. Arrivé à Namur, Winzingerode eut l'habileté de subordonner son mouvement en avant à la coopération qu'il sollicitait de Bülow, certain que ce général ne pouvait la lui accorder immédiatement. De tout cela il est permis de conclure qu'en attendant un moment favorable pour passer le Rhin, qu'en marchant ensuite avec une circonspection que rien ne motivait et qui pouvait même compromettre le sort du IIIe corps, en exposant Bülow à soutenir à lui seul, pendant les quinze premiers jours de janvier, l'effort d'un mouvement offensif de Macdonald et de

Maison, le général russe se conformait aux intentions du généralissime ou tout au moins de son général en chef, et servait les intérêts cachés, les projets ambitieux du prince royal de Suède. Il avait de toute façon réussi à couvrir sa propre responsabilité, et il attendit, pour reprendre son mouvement vers l'intérieur de la France, un ordre formel de son souverain.

19-23 janvier. — Entreprises du corps volant de Colomb du côté de Maëstricht. — Si, après les affaires d'Hoogstraëten, de Merxhem et de Wyneghem, Bülow avait cru devoir se replier sur Bréda, il s'était en revanche bien gardé de rester inactif pendant ce temps. C'est ainsi que le corps volant de Colomb s'était, sur son ordre, porté le 15 janvier sur Zeeland, et avait de là sommé en vain, il est vrai, le commandant de Grave de lui ouvrir les portes de la place [1]. Il s'était ensuite dirigé vers Maëstricht, où il arriva le 19, en passant par Venray et Baexem. Grâce aux renseignements fournis par les habitants, il s'empara le lendemain, à Stockem, d'un bateau chargé d'effets d'équipements militaires qui, arrêté par les glaces, n'avait pu atteindre Maëstricht. Malgré la proximité de cette place, située à environ 18 kilomètres en amont, Colomb avait réussi à décharger le bateau et s'était replié, le 21, sur Neer-Oeteren, puis il était entré, le 23, à Maaseyck, d'où il se porta à petites journées sur Asch et Bilsen. Il trouva à son arrivée dans ce dernier endroit une dépêche de Bülow du 19, contenant l'ordre du général Kleist, au corps duquel il avait été attaché dans le principe, d'avoir à le rejoindre immédiatement et à établir, en se reliant avec l'un des détachements qu'il avait envoyés sur sa droite, une communication entre son corps d'armée et les corps opérant dans les Pays-Bas [2].

---

[1] Colomb avait, en sa qualité de commandant de l'avant-garde du général von Oppen, sommé Grave de se rendre, et Clarke écrivait à Maison, le 16, en disant : « Il est certain que Colomb et Helwig sont très entreprenants et le second est homme à faire 20 lieues par jour pour surprendre un poste. » (*Archives de la Guerre.*)

[2] Colomb arrivé à Bilsen, le 27 janvier, y trouva l'ordre en question ; il se dirigea alors par Tongres et Japrelle sur Huy, y passa la Meuse, se porta de là sur Marche et Saint-Hubert où il fit sa jonction avec les deux escadrons du major von Lützow et franchit la frontière française entre Chiny et Carignan. (COLOMB, *Aus dem Tagebuche des Rittmeisters von Colomb.*)

26 janvier. — Prise de Bois-le-Duc. — Bülow avait, en outre, préparé et organisé une entreprise autrement importante par ses conséquences que les coups de main plus ou moins heureux de quelques petits partis de cavalerie, et que l'enlèvement de quelques convois. Profitant de l'effet produit par la nouvelle du passage du Rhin par Winzingerode et des intelligences qu'il avait su se créer parmi les habitants de Bois-le-Duc, Bülow [1] avait résolu de se rendre maître par surprise de cette place, dans la nuit du 25 au 26. Le coup projeté réussit et la petite garnison française, qui s'était enfermée dans la citadelle, dut capituler, faute de vivres, dans l'après-midi du 26 janvier [2].

La perte de Bois-le-Duc et les reconnaissances incessantes poussées par les Prussiens du côté de Louvain, la retraite de Macdonald [3] et la nouvelle de l'arrivée prochaine du IIIe corps fédéral, enfin la présence du corps russe de Winzingerode en avant de Liège, exposaient désormais Maison, qui s'était pendant tout ce temps maintenu derrière la Dyle et la Nèthe sur une position défensive s'étendant de Louvain jusqu'à Lierre, par Malines, au danger d'être débordé sur ses flancs et attaqué à revers. Aussi, peu de jours plus tard, il prenait un parti définitif. Au lieu de se replier sur Anvers, où il n'aurait pas tardé à être enfermé, le général préféra encourir les reproches et les réprimandes de son souverain, dont il enfreignait les ordres. Après avoir assuré de

---

[1] Clausewitz, dans sa *Critique stratégique*, s'exprime en ces termes quand il en vient à faire connaître son avis sur l'emploi fait de Bülow et Winzingerode pendant cette partie de la campagne :

« L'envoi des généraux Bülow et Winzingerode sur le Bas-Weser et de là en Hollande prouve qu'on n'avait pas une idée bien nette de la situation, d'autant plus qu'on leur fit faire ce mouvement à un moment où l'on ne savait pas encore si l'on n'entrerait pas immédiatement en France et si, par suite, on n'aurait pas, dès les premiers jours, besoin de leurs troupes. Les événements ultérieurs ont, il est vrai, justifié le détachement de Bülow, mais en revanche on peut se demander à quoi a servi celui de Winzingerode. Depuis Leipzig jusqu'aux combats livrés en février sur la Marne, ses troupes n'ont rien fait que des marches absolument inutiles. »

[2] Rapport journalier de Schwarzenberg à l'empereur, 7 février 1814. (K. K. *Kriegs Archiv.*, II, 176.)

[3] Clausewitz reproche à l'Empereur d'avoir laissé Macdonald sur le Rhin jusqu'après le passage de Winzingerode, parce qu'il lui était, de la sorte, impossible d'arriver à Châlons avant Blücher, et qu'en présence de la supériorité numérique des Alliés, il lui fallait, avant tout, réunir toutes les forces dont il disposait. (CLAUSEWITZ, *Critique stratégique*, chap. VIII.)

son mieux la défense d'Anvers, dont Carnot allait se charger, nous le verrons, sans hésiter, abandonner cette place à elle-même, pour continuer à tenir la campagne avec les quelques troupes qu'il emmena avec lui, et réussir à couvrir avec une poignée d'hommes les frontières dégarnies et les places mal armées de l'ancienne France [1].

---

[1] Nous récapitulons ici, pour mémoire, les positions des Alliés le 25 au soir : Schwarzenberg est entre Langres et Chaumont. Blücher vers Joinville. York commence son mouvement vers la Marne. Bülow est à Bréda ; Winzingerode à Liège ; Saint-Priest à Mouzon, en marche vers les places des Ardennes et de la Moselle, avec sa cavalerie près de Sedan ; enfin, à l'extrême gauche, Bubna, en avant de Genève, avec des troupes en Savoie et en Bresse.

CHAPITRE V.

OPÉRATIONS DANS LE MIDI DE LA FRANCE DEPUIS LA PRISE DE GENÈVE JUSQU'AU 31 JANVIER.

Opinion de Clausewitz sur l'opération contre Genève. —
« L'envoi de Bubna à Genève avec 12,000 hommes avait une raison d'être : du moment où la Suisse devait faire partie de la base d'opération, il convenait d'être maître de cette grande ville, de ce point important, et de plus il n'y avait aucun inconvénient à détacher 12,000 hommes d'une masse aussi considérable que celle présentée par les armées alliées. On ne saurait, par suite, critiquer l'idée de mettre ce corps à même de tirer le plus grand parti possible des événements, et de pénétrer dans la vallée du Rhône. Mais, dès qu'on se décidait à faire ce détachement, il fallait lui laisser une entière liberté d'action. On pouvait de la sorte empêcher les levées dans les provinces du sud-est de la France et y provoquer des mouvements royalistes. Ce n'était donc pas commettre une faute que de détacher un petit corps quand on avait pour soi des perspectives de succès aussi favorables. »

Tel est le jugement que dans sa *Critique stratégique* Clausewitz porte sur l'envoi de Bubna à Genève. En conclure que Clausewitz approuvait complètement la violation de la neutralité Suisse, ce serait évidemment aller trop loin, et le grand écrivain militaire allemand a, d'ailleurs, eu le soin de condamner cette mesure. Il serait donc inutile et oiseux de revenir sur ce point, et si nous avons reproduit ici les lignes qui précèdent, c'est uniquement parce qu'elles contiennent en quelques mots la critique des opérations dont nous allons nous occuper, parce qu'elles condamnent ce qui a été fait, parce qu'elles indiquent en peu de mots ce qu'on aurait pu et dû faire. Après cette citation, il nous restera tout au plus à rechercher à qui incombe la responsabilité du mouvement excentrique vers Lons-le-Saunier, Poligny et Dôle, la responsabilité du temps perdu du 30 décembre au 5 janvier, la responsabilité de cette marche inexplicable à travers le Jura vers le Doubs et la Saône. Pour obtenir les résultats indiqués par Clausewitz, il aurait fallu se porter sans retard vers le Rhône et couronner l'œuvre, commencée par l'entrée à Genève, par une opération plus facile encore et bien autrement importante, l'occupation immédiate de Lyon.

Situation militaire dans le midi de la France. — La prise de possession par les Alliés, dès l'ouverture des hostilités, de la deuxième ville de France, alors entièrement dégarnie de troupes et incapable de se défendre, n'aurait pas manqué de produire un effet moral dont l'impression aurait été ressentie dans tout l'empire. Cette opération les aurait rendus immédiatement maîtres incontestés d'un théâtre de guerre qui allait absorber, pendant toute la durée de la campagne, une armée dont la présence sur les bords de l'Aube ou de la Seine aurait épargné à Schwarzenberg plus d'un embarras, plus d'un mouvement rétrograde et même plus d'un échec.

Au moment où Genève ouvrait ses portes à Bubna, le sud-est de la France était entièrement à la merci des Alliés. C'est seulement le 3 janvier que l'Empereur signa l'ordre enjoignant au général Musnier de se rendre à Lyon, d'y ramasser tout ce qu'il y trouverait de troupes et d'en former une division de réserve avec laquelle il devait se porter sur Genève. Pour le cas où il lui serait impossible de pousser jusqu'à Genève, l'Empereur lui prescrivait de couvrir Lyon en prenant position entre ces deux villes, d'occuper le fort l'Écluse et de tenir les défilés du Jura et les passages du Rhône.

Mais ce fut à peine si le général Musnier réussit à rassembler 1,500 hommes à Lyon, 300 hommes à Nantua et 500 à Bourg.

En somme, il n'y avait donc dans toute cette partie de la France, le long de la frontière de la Suisse, que 4,000 hommes de troupes d'une solidité douteuse, y compris les 1,700 hommes que le général de La Roche réunissait à Chambéry.

Bubna s'arrête sans raison à Genève. — Bubna entra à Genève le 30 décembre, et, bien que ses troupes n'eussent eu ni combat à livrer, ni marches pénibles à exécuter, il crut néanmoins devoir leur accorder un jour de repos le 31. Peut-être espérait-il recevoir pendant ce temps des instructions précises ; ce qu'il y a de certain, c'est qu'il employa cette journée à constituer l'administration civile de la ville et du canton, et à en organiser la défense, dont il chargea le général Zechmeister avec 4 bataillons et 1 escadron et demi. Il faisait occuper les passages de l'Arve par des avant-postes, qui observaient de loin la direction suivie par les Français dans leur retraite sur Rumilly et Annecy. Le colonel Simbschen, qu'il avait déjà détaché de Lausanne, était arrivé le 28 décembre à Saint-Maurice et s'avançait avec ses 800 hommes dans le Valais, afin de couper les communications de l'armée française d'Italie par le Simplon et le Saint-Bernard.

Le 1er janvier 1814, Bubna, comptant franchir le Jura le 3 et se diriger sur Dôle, prenait les dispositions nécessaires pour commencer son mouvement.

2 janvier. — Premiers mouvements de Bubna. — Les troupes s'ébranlèrent le 2 au matin. Le colonel comte Zichy, avec l'avant-garde, forte de 4 compagnies, 4 escadrons du régiment de hussards Liechtenstein et 1 batterie à cheval, se dirigea, par Gex, sur Saint-Claude; la première colonne sous le colonel Benczek avec 3 bataillons, 1 compagnie et 1 batterie, marcha sur Saint-Laurent; la deuxième colonne, commandée par le général Klopstein et comprenant 6 bataillons et 1 batterie, s'avança sur Saint-Cergues; le détachement du colonel Wieland, composé de 4 escadrons et 1 batterie, sur Lyon. Le général Zechmeister poussait une partie de son monde contre le fort l'Écluse.

Le 3, l'avant-garde occupait Orgelet, et le gros de la division arrivait : la première colonne à Champagnole, la deuxième à Saint-Laurent. Le colonel Simbschen, occupant la route du Saint-Bernard et rendant impraticable celle du Simplon, organisait un bataillon de volontaires dans le Valais, et le général Zechmeister, après avoir ouvert la route de Lyon par la capitulation du fort de l'Écluse, poussait ses avant-postes jusque sur les rives de l'Usses [1].

4 janvier. — Marche sur Lons-le-Saunier et Poligny. — Le 4, toujours d'après le journal d'opérations de Schwarzenberg, l'avant-garde de Bubna entre à Lons-le-Saunier [2]. La première colonne est à Poligny; la deuxième avec le quartier général de Bubna, à Champagnole.

---

[1] Stärke, Eintheilung und Tagesbegebenheiten der Haupt-Armee im Monate Januar. (*K. K. Kriegs Archiv.*, I, 30.)

[2] *Ibidem* et *Archives du Dépôt de la Guerre*. Général Poncet à Guerre.

« On sait, a soin d'ajouter l'officier chargé de tenir le journal en question, que le midi de la France est dégarni de troupes et qu'on s'occupe seulement d'organiser des forces à Lyon et à Grenoble. »

Et cependant, au lieu de marcher droit sur Lyon, on fait venir Bubna jusqu'à Poligny, où il sera le lendemain 5 et d'où il devra se diriger sur Dijon, pour se tenir à hauteur de la grande armée allant sur Vesoul et Langres, et couvrir son aile gauche.

Ordre à Bubna de marcher sur Lyon. — C'est seulement le 6 janvier [1], après lui avoir fait ou laissé perdre un temps précieux et irréparable, après l'avoir détourné de sa véritable direction, que Schwarzenberg fait parvenir à Bubna l'ordre de prendre de Poligny à gauche pour marcher sur Lyon. Ce général a désormais pour mission, soit de se borner à une simple démonstration ayant pour objet de retarder, peut-être même d'empêcher les nouvelles formations et de disperser les troupes déjà organisées, soit encore, mais seulement si les circonstances sont exceptionnellement favorables, de s'emparer vivement de cette ville.

5 janvier. — Prise du pont de Dôle. — Mais Bubna, dont la division était tout entière le 5 à Poligny et qui s'était fait couvrir sur sa gauche par son avant-garde, avait envoyé sur sa droite, à Salins, une partie de la première colonne avec le colonel Benczek, pour essayer d'enlever le fort Saint-André, et il avait dirigé sur Dôle un escadron du régiment de hussards Empereur Ferdinand, avec ordre d'en chasser l'ennemi et de s'emparer du pont du Doubs.

Il avait, d'ailleurs, reçu, pendant les journées du 4 et du 5, du colonel Zichy comme du général Zechmeister, des renseignements qui devaient forcément appeler son attention sur ce qui se passait du côté de Lyon, et lui faire vivement regretter le mouvement qui l'avait amené de l'autre côté du Jura. Le colonel Zichy lui avait, en effet, fait savoir, dès le 4 au soir, qu'il avait reçu à Lons-le-Saunier l'avis de la présence du général Musnier avec 1,500 hommes à Bourg. Il lui mandait encore que le général

---

[1] STÄRKE, Eintheilung und Tagesbegebenheiten der Haupt-Armee im Monate Januar. (*K. K. Kriegs Archiv.*, I, 30.)

Legrand surveillait avec une poignée d'hommes le pont de Chalon-sur-Saône, que ces deux généraux s'efforçaient d'armer les populations et de les soulever, mais qu'il n'avait rien pu apprendre sur ce qui se passait à Lyon.

Mouvements de la colonne du général Zechmeister. — D'autre part, toujours à la date du 4 janvier, le général Zechmeister[1] avisait son chef de l'arrivée à Grenoble de 5,000 hommes venant de l'armée de Suchet et se dirigeant sur Chambéry, où il avait envoyé un émissaire pour le renseigner exactement. Il faisait savoir, en outre, à Bubna que les Français avaient 800 hommes d'infanterie et 80 chevaux sur les deux routes de Rumilly et d'Alby à Chambéry, que les escadrons qu'il avait poussés, d'un côté vers Annecy et de l'autre vers Seyssel, avaient dû se replier sur Frangy et Cruseilles. Un autre de ses partis, envoyé sur la route de Nantua à Lyon, avait rencontré un poste de 20 gendarmes et 300 hommes d'infanterie, avait commencé par rejeter les gendarmes sur l'infanterie, mais avait dû ensuite se replier. Zechmeister terminait cette dépêche en disant : « J'ai trop peu de cavalerie pour pouvoir pousser mes reconnaissances aussi loin que je le voudrais. »

Affaire de Châtillon. — Les nouvelles, que Zechmeister fit parvenir à Bubna et dans lesquelles il lui rendait compte de l'affaire de Châtillon[2], revêtaient déjà un caractère plus inquiétant et

---

[1] Zechmeister à Bubna, Genève, 4 janvier. (*K. K. Kriegs Archiv.*, I, 178, *f.*)

[2] Le général Zechmeister au comte Bubna. (*K. K. Kriegs Archiv.*, I, 178 *c.*)

« Genève, 5 janvier 1814. — L'ennemi s'est renforcé à Rumilly, Alby et Aix où il a 3,000 hommes avec le général Dessaix. A Chambéry il y a, comme je vous l'ai déjà fait savoir, 2,000 hommes.

« Cette nuit j'ai fait attaquer Châtillon par un corps volant (celui du lieutenant Karaizay). La cavalerie a enlevé le village, l'a traversé, a chargé la cavalerie française qui s'était postée à sa sortie, l'a culbutée, lui a pris 3 chevaux et l'a chaudement poursuivie. Pendant ce temps, l'infanterie française avait gagné Châtillon par la montagne, avait occupé le village que notre parti dut traverser. Nos cavaliers y parvinrent cependant malgré le feu des Français, mais ils vinrent donner à peu de distance du village contre un autre groupe d'infanterie française qui les rejeta de nouveau dans Châtillon qu'ils durent traverser au galop et pour la deuxième fois sous le feu de l'ennemi. Le lieutenant a perdu 12 hommes dans cette affaire et s'est retiré sur Seyssel.

« J'ai employé le peu de cavalerie dont je dispose du côté d'Annecy et de Rumilly afin d'être averti de suite de tout mouvement de l'ennemi. »

montraient manifestement que, malgré la faiblesse de leurs forces, les Français ne perdaient pas leur temps du côté de Lyon et en Savoie. Il importait de prendre des mesures énergiques et immédiates pour renforcer les troupes laissées à Genève, de leur donner de l'air en détournant l'attention de l'ennemi et en entreprenant quelque chose contre Lyon. Bubna venait de recevoir ces nouvelles lorsqu'un aide de camp de Schwarzenberg lui apporta le 6[1], à Poligny, l'ordre de marcher sur Lyon, par Bourg.

Le général avait appris, entre temps, que l'escadron de hussards, qu'il avait dirigé la veille sur Dôle, s'était rendu maître du pont du Doubs et avait, après un combat de près de deux heures, contraint le général Lambert à se replier sur Auxonne[2].

Il envoya aussitôt à ses différents détachements de droite l'ordre de venir le rejoindre à Poligny, d'où il comptait partir le lendemain matin. Cependant, comme il importait de ne pas perdre les avantages résultant de l'affaire de Dôle qui, en livrant passage au prince Aloïs Liechtenstein sur la rive droite du Doubs, allait lui permettre de mettre le siège devant Auxonne et de compléter l'investissement de Besançon, il prescrivit à l'escadron de hussards de rester à Dôle et de garder le pont du Doubs jusqu'au moment où il serait relevé[3].

Napoléon décrète la formation de l'armée de Lyon. — Pendant que Schwarzenberg ordonnait à Bubna de reprendre sa direction sur Lyon, Napoléon, à la nouvelle de l'abandon de Genève, avait décrété, le 5 janvier, la formation de l'armée de Lyon qui devait se composer, sur le papier il est vrai, de 17 bataillons de la division Musnier forte, en réalité, de 1500 hommes, conscrits pour la plupart, de 36 bataillons de garde nationale formant 2 divisions et plus tard seulement des renforts tirés de Catalogne. C'était avec ces forces, dont l'existence était encore absolument fictive, qu'Augereau, appelé au commandement de l'armée

---

[1] STÄRKE, Eintheilung und Tagesbegebenheiten der Haupt-Armee im Monate Januar (*Ibid.*, I, 30).

[2] Schwarzenberg à l'empereur d'Autriche, de Montbéliard, 8 janvier. (*K. K. Kriegs Archiv.*, I, 155) et Armee Nachrichten (*Ibid.*, I, 329).

[3] Cet escadron ne fut relevé que le 11 et assura à lui seul pendant 5 jours le passage du Doubs. (BAUMANN), Geschichte des K. K. Husaren Regiments N° 1 Kaiser Ferdinand, nach den Quellen der K. K. Kriegs Archivs.

de Lyon, devait couvrir cette ville, reprendre Genève et tomber ensuite sur les lignes d'opérations des Alliés s'étendant depuis Bâle jusqu'au plateau de Langres.

6 janvier. — Nouveaux ordres de Schwarzenberg. — Bubna, se conformant aux ordres du généralissime, s'était concentré à Poligny [1] pour se porter, avec tout son monde, par Bourg, sur Lyon. Il n'avait laissé, sur leurs positions antérieures, que Zechmeister à Genève et au fort l'Écluse, et Simbschen dans le Valais. Il avait fait revenir le colonel Benczek de Salins sur Arbois et le colonel Wieland de Poligny sur Arlay. Entre temps, Schwarzenberg, ajoutant foi à des renseignements d'après lesquels Napoléon rassemblait 80,000 hommes à Langres, avait de nouveau changé d'idées, repris les instructions rédigées le 4 et parvenues à Bubna le 6, et envoyé à ce général l'ordre de se diriger, non plus sur Lyon, mais sur Auxonne et Dijon et d'occuper ces deux points.

7 janvier. — Renseignements fournis par Bubna. — Marche sur Bourg. — Avant de se mettre en route pour Lons-le-Saunier, Bubna avait, de Poligny, fait savoir au généralissime [2] que, d'après les renseignements qu'il avait recueillis, il n'y avait, à Chalon-sur-Saône, que 1800 conscrits sans armes, qu'il en était de même à Dijon et à Auxonne, et qu'on dirigeait sur Metz tout ce qui était disponible.

Il ajoutait dans la même dépêche : « Je compte me porter sur Bourg-en-Bresse et me relier de là, par Nantua, avec le général Zechmeister. Je ferai tous mes efforts pour envoyer de la cavalerie sur Chalon-sur-Saône et Mâcon et pour inquiéter l'ennemi sur la rive droite de la Saône. En même temps, je pousserai vers Lyon et chercherai à me rendre maître de la route de Chambéry. » Il terminait en priant Schwarzenberg d'assurer, à l'aide de postes de correspondance, ses communications avec le grand quartier général, parce que, disait-il : « N'ayant en tout que 12 faibles escadrons, il m'est impossible d'envoyer des partis de cavalerie au delà de Chalon. »

---

[1] Stärke, Eintheilung und Tagesbegebenheiten der Haupt-Armee im Monate Januar (*K. K. Kriegs Archiv.*, I, 30.)
[2] Bubna à Schwarzenberg, Poligny, 7 janvier (*Ibid*).

8 janvier. — Bubna à Lons-le-Saunier. — Bubna, auquel les nouveaux ordres n'étaient pas encore parvenus, avait continué son mouvement le 8 et était arrivé avec le gros de ses forces à Lons-le-Saunier. L'avant-garde du colonel Zichy, qu'il avait renforcée du 6e bataillon de chasseurs et d'un bataillon du régiment d'infanterie de Kaunitz, avait poussé de Lons-le-Saunier jusqu'à Cousance, et le colonel Wieland, avec ses 4 escadrons de hussards de Blankenstein, 1 bataillon d'infanterie du régiment Vogelsang et 1 batterie à cheval, avait marché en flanc-garde sur sa droite, d'Arlay, par Bletterans, vers Chalon-sur-Saône.

9 janvier. — Le lendemain 9, l'avant-garde, après avoir passé par Cuiseaux, occupa Saint-Amour ; la colonne du colonel Benczek atteignit Cousance. Le gros de la division était encore à Lons-le-Saunier, et la cavalerie, rappelée des bords du Doubs, s'approchait des rives de la Saône.

10 janvier. — Affaire de Saint-Étienne-au-Bois. — Le 10, Bubna, dont l'avant-garde après avoir dépassé Villemotier avait chassé la veille les avant-postes français de Saint-Étienne-du-Bois [1], arrivait avec le gros de ses forces à Saint-Amour.

---

[1] D'après les documents des *Archives de la guerre*, 80 habitants armés de Bourg et 450 artilleurs de la marine auraient surpris le 10 janvier à Saint-Etienne-du-Bois 150 hussards Liechtenstein et leur auraient pris 6 hommes et 13 chevaux.

Le baron Rivet, préfet de l'Ain, confirme ces faits dans le rapport qu'il adressa au ministre sur l'envahissement de son département. « Une centaine de cavaliers autrichiens venus le 8 de Lons-le-Saunier à Saint-Amour, occupaient le village de Saint-Etienne-du-Bois à 2 lieues de Bourg. 80 habitants de Bourg (anciens militaires en retraite) offrent de tourner le village, pendant que l'ennemi sera rejeté sur eux par la troupe de ligne composée de 40 hussards et gardes d'honneur envoyés de Lyon, de quelques gendarmes et d'un détachement de 400 artilleurs de marine du 2e régiment arrivant d'Ambérieux. L'expédition réussit. Les hussards autrichiens poussés vivement par les canonniers de la marine se précipitèrent au galop dans l'embuscade tendue par les habitants de Bourg, qui en tuèrent et blessèrent plusieurs et prirent 6 hommes et 12 chevaux. » Le préfet, dans ce même rapport, relate une petite affaire à laquelle prirent part, dans la nuit du 8 au 9, un détachement du 24e de ligne et les volontaires de Nantua qui, partis de cette ville, surprirent aux environs de Thoirette un parti de hussards autrichiens venus pour remettre à flot un bac que les Français avaient coulé après l'avoir chargé de pierres. Les hussards eurent dans cette escarmouche 4 hommes tués et laissèrent 18 hommes et 15 chevaux entre les mains des Français.

Raisons qui empêchent Bubna de se conformer aux ordres du généralissime. — Il y fut rejoint par l'ordre du 7, dans lequel Schwarzenberg lui prescrivait de revenir sur ses pas. Mais à ce moment il était dans l'impossibilité de se conformer aux instructions du généralissime, du moins immédiatement. Comme sa division et surtout son artillerie n'auraient pas pu se tirer des mauvais chemins de traverse qui conduisent de la Bresse vers Dôle, Auxonne et Dijon, il lui fallait forcément enlever Bourg, afin de disposer de la grande route qui mène du chef-lieu du département de l'Ain à Mâcon et à Chalon-sur-Saône. D'autre part, les populations du département de l'Ain, encouragées et soutenues par les quelques troupes postées à Nantua, couraient aux armes. Il importait donc avant tout d'en finir avec cette levée, en occupant Bourg et en poussant des partis de cavalerie sur les routes, qui de Pont-d'Ain conduisent d'un côté à Nantua et de l'autre à Lyon. En se conformant aux ordres du généralissime et en se dirigeant sur Dijon, Bubna se serait non seulement exposé à être pris à revers, mais il aurait, en outre, compromis la situation de Zechmeister.

11 janvier. — Retraite du général Musnier sur Lyon. — Bubna à Bourg. — Il continua, pour ces raisons, son mouvement sur Bourg-en-Bresse, et pendant que le général Legrand arrêtait du côté de Chalon les partis de cavalerie envoyés vers la Saône, le général Musnier, ne se croyant pas suffisamment fort pour tenir en avant de Lyon, se repliait sur cette ville, laissant à la garde nationale de Bourg le soin de se défendre. Bubna n'éprouva par suite que peu de difficulté à enlever Bourg [1], et fit poursuivre les gardes nationaux par l'avant-garde du colonel comte Zichy d'un côté, jusqu'à Tossiat, sur la route de Pont-d'Ain, de l'autre jusqu'à Lent sur la route de Meximieux. Il se faisait en même temps couvrir sur sa gauche dans la direction de Nantua par le colonel Benczek. Cet officier, relevé depuis quelques jours déjà devant le fort Saint-André par la brigade du prince Gustave de Hesse-Hombourg, avait reçu de Bubna l'ordre d'assurer, avec 1 bataillon de Warasdiner Kreuzer et 1 escadron

---

[1] Stärke, Eintheilung und Tagesbegebenheiten der Haupt-Armee im Monate Januar. (*K. K. Kriegs Archiv.*, I, 30.)

de hussards Liechtenstein, ses communications avec Genève et le fort l'Écluse. Il vint donc se poster à Ceyzériat, pendant qu'un autre détachement, fort d'un bataillon et d'un escadron, sous les ordres du major Wratzfeld, prenait à droite le chemin de Villars.

12 et 13 janvier. — Inaction de Bubna. — Prise du pont de Mâcon. — Le lendemain, soit qu'il ait attendu des nouvelles de Genève et du Valais, soit qu'il ait craint de continuer son mouvement avant d'y avoir été autorisé par Schwarzenberg, soit qu'il ait été rendu plus timide à la pensée de la responsabilité que lui faisait encourir l'initiative prise en persistant à suivre une direction contraire à celle indiquée par les derniers ordres du généralissime, soit, enfin, qu'il ait voulu avant tout assurer solidement ses communications avec le général Zechmeister, Bubna se contenta de pousser son avant-garde sur Pont-d'Ain et d'envoyer à Chalamont un parti qui se relia, à droite, au détachement du major Wratzfeld, arrivé à ce moment à Villars.

La journée du 13 apporta peu de changements aux positions occupées par Bubna, qui persista à maintenir le gros de sa division à Bourg; mais le major comte Saint-Quentin [1], pointe d'avant-garde du détachement du colonel Wieland, occupa ce jour-là Mâcon, tandis qu'à l'extrême-gauche de Bubna, le colonel Benczek entrait à Nantua, de sorte que ce fut seulement le 14, au moment même où Augereau, parti de Paris le 11, arrivait à Lyon, que l'avant-garde de Bubna entra à Meximieux et établit sa pointe et ses avant-postes à Montluel, évacué par les Français [2].

15 janvier. — Augereau, laissant le général Musnier à Lyon, se rend à Valence. — Si Clarke avait annoncé à Augereau la présence à Lyon de 6,000 hommes, il ne lui avait pas fait

---

[1] Stärke, Eintheilung und Tagesbegebenheiten der Haupt-Armee im Monate Januar. (*K. K. Kriegs Archiv.*, I, 30.)
Les Nouvelles des armées (de Paris, 14-18 janvier) (*Ibid.*, I, 529) rendent compte de ce fait en ces termes : « De Bourg-en-Bresse, le comte Bubna a envoyé des troupes dans toutes les directions. 15 hussards se sont présentés devant Mâcon que des troupes françaises et des gardes nationales avaient l'intention de défendre ; mais le maire de Mâcon et celui de Saint-Laurent trahissant la confiance publique ont laissé occuper le pont de la Saône par 50 hommes des troupes ennemies. »

[2] *Id. in ibid.*

connaître, lors de son départ, les progrès incessants de l'ennemi. Aussi dès qu'on l'eut mis au courant de la situation, le duc de Castiglione pensa que, pour sauver cette ville, dans laquelle le général Musnier avait en tout 1,200 hommes, dont 200 à 300 vieux soldats, il fallait avant tout accélérer la formation de l'armée et la marche des renforts. Leur arrivée immédiate était d'autant plus nécessaire que l'état des esprits de la population lyonnaise n'avait rien de rassurant. Le maréchal ne croyant pas sa présence indispensable à Lyon, se décida à prescrire au général Musnier, qui venait d'être rejoint par 500 conscrits, de tenir bon avec ces 1,700 hommes. Lui-même se dirigea le 15 vers Valence, d'où il comptait envoyer à ce général des troupes au fur et à mesure de leur arrivée ou de leur formation.

Bubna aurait donc eu beau jeu pour enlever la ville dans la journée du 15 et réparer d'un seul coup les lenteurs et les retards résultant d'une part de son envoi sur Dôle, de l'autre de la halte qu'il avait cru devoir faire à Bourg depuis le 11. Mais bien qu'il eût eu le soin d'exposer à Schwarzenberg les raisons pour lesquelles il lui avait fallu, au lieu de revenir sur Dijon et Auxonne, continuer sa marche sur Bourg, il se préoccupa surtout des rassemblements de troupes qui se faisaient, on le lui affirmait du moins, en Savoie.

Mouvement des avant-gardes de Bubna. — Immobilité de son gros. — Inquiet de ne pas avoir reçu de nouvelles sur ce qui se passait dans le Valais, ignorant peut-être aussi la faiblesse des troupes chargées de défendre Lyon, il laissa une fois de plus passer le moment où il aurait pu, presque sans coup férir, se rendre maître de cette grande ville dont la prise aurait eu, alors surtout, une importance capitale pour les Alliés et aurait exercé une influence considérable sur la suite de leurs opérations. C'est ainsi qu'au lieu de se porter résolument, le 15, en avant de Bourg et de Genève, il resta pour ainsi dire immobile, quoique les troupes françaises eussent évacué Miribel pour venir prendre position sur les hauteurs de la Croix-Rousse. Tous ses mouvements se réduisirent à l'envoi à Grange-Blanche et au pont d'Oullins, de quelques partis chargés de surveiller les routes de Chalon et de Tarare. En fait d'ordres, il se borna à prescrire au colonel Wieland de se porter par Cuisery sur Mâcon, dont son avant-garde avait déjà enlevé et occupé le pont deux jours auparavant.

La faute commise par Bubna est d'autant plus inexplicable qu'il paraît difficile d'admettre qu'il ait absolument ignoré la situation des esprits de la ville de Lyon et la faiblesse de sa garnison. « Lyon, écrivait Chaptal, comte de Chanteloup, au duc de Feltre [1], est presque désert. Tout le monde s'est enfui dans les montagnes, toutes les fortunes sont parties, les boutiques sont fermées, les écriteaux et les enseignes enlevés et les caisses publiques complètement vides. Le maréchal Augereau pense, comme le général Musnier, comme moi, *que le poste de Lyon n'est plus tenable.* »

Augereau, de son côté, n'avait guère été plus rassurant dans la dépêche qu'il écrivait le 15, le lendemain de son arrivée, au major-général : « L'ennemi, disait-il, est depuis avant-hier, 13, à Montluel, à 3 lieues de Lyon. Il pousse des reconnaissances sur Miribel....., il est maître du passage des Rousses, du fort l'Écluse, du pont de Seyssel, du château de Belley; il se présente sur Lyon par les deux rives du Rhône et la rive droite de la Saône..... Il en résulte que Lyon est dans le plus grand danger. Il est même à penser qu'il sera attaqué demain. La force que nous avons, disponible en troupes de ligne, ne présente pas plus de 1100 combattants, si toutefois on appelle combattants des hommes qui, pour la plupart, ont reçu hier des armes dont ils ne connaissent pas l'usage. La consternation est peinte sur tous les visages..... *Que Votre Altesse regarde Lyon comme pris,* et, si les 1000 à 1,200 hommes, qui couvrent une partie des abords de la ville, sont poussés, il est à craindre qu'ils soient enlevés et la route de Saint-Étienne à découvert..... Je ferai ce que je pourrai; je quitte Lyon, laissant le général Musnier pour le défendre, et je vais dans la 7ᵉ division militaire chercher à réunir les troupes de Chambéry et de Grenoble, les généraux se les enlevant les uns aux autres; enfin, faire, pour la défense du pays, ce qui sera possible et y relever l'esprit public, s'il se peut, car il est abattu d'une manière désolante [2]. »

C'était cette occasion unique que Bubna avait laissé échapper.

---

[1] Chaptal au Ministre de la Guerre. (*Archives de la guerre.*)

[2] Augereau au major-général. (Correspondance d'Augereau.— *Archives de la guerre.*)

On peut comprendre, à la rigueur, qu'il ait eu, pendant les jours qui précédèrent l'occupation de Bourg, quelque hésitation, quelques craintes, et qu'il ait redouté de tenter, avec les troupes relativement peu nombreuses dont il disposait, un coup de main sur une grande ville comme Lyon. Mais sa cavalerie seule eût dû suffire pour lui procurer les renseignements dont il avait besoin. Des reconnaissances bien faites l'auraient complètement édifié sur la situation des Français et l'auraient mis en mesure d'accentuer son mouvement dès le 15 et de brusquer son attaque. Ne sachant rien ou presque rien, il continua à tâter prudemment le terrain et s'approcha de Lyon avec une lenteur et une circonspection que rien ne motivait. On est donc autorisé à dire que, si le général autrichien avait su faire de sa cavalerie un emploi rationnel et judicieux, s'il l'avait poussée vigoureusement en avant, il aurait sans peine culbuté les faibles avant-postes qui faisaient mine de couvrir les abords de la ville et qu'il aurait suffi de l'apparition de ses coureurs aux Brotteaux et à la Croix-Rousse pour que Lyon partageât le sort de Nancy et de Mâcon et fût enlevé par un peloton de hussards. Mais, au lieu d'agir de la sorte et de tenter au moins une entreprise qui ne pouvait avoir, en aucun cas, de conséquences fâcheuses, ce fut seulement le 16 janvier que, rassuré sur le sort de Simbschen qui a occupé Thonon, certain de conserver ses communications avec sa gauche, sachant, enfin, qu'il n'y avait aucune trace de rassemblement sérieux de troupes ennemies en Savoie, il se décida à continuer sa marche interrompue depuis le 11. Ce fut à cette époque seulement qu'il résolut de venir avec le gros de ses forces de Bourg jusqu'à Pont-d'Ain et qu'afin de faciliter les opérations qu'il allait entreprendre contre Lyon il donna à Zechmeister l'ordre d'entrer avec 5 bataillons 1/2, 2 escadrons et 1 batterie en Savoie, où les Français n'avaient que peu de monde, de les chasser de Rumilly et des rives du Fier et de les pousser sur Chambéry[1].

Apparition des coureurs de Bubna devant Lyon. — Les coureurs de Bubna se montrèrent, pour la première fois, le 16 janvier à quelques kilomètres de Lyon, sur les routes d'Ambé-

---

[1] Stärke, Eintheilung und Tagesbegebenheiten der Haupt-Armee im Monate Januar. (*K. K. Kriegs Archiv.*, I, 30.)

rieux et des Dombes. Quelques-uns d'entre eux, poussant par la route de Trévoux et le faubourg de Saint-Clair jusqu'aux abords de la ville, échangèrent des coups de fusil avec les avant-postes français. Mais toutes ces lenteurs avaient permis aux habitants du département de l'Ain de rompre les digues des étangs, d'inonder la route de Meximieux, et le général autrichien, lorsqu'il voulut se porter en avant de Pont-d'Ain, fut obligé de revenir sur ses pas pour reprendre le 17, la route qui mène à Lyon, par Ambérieux.

17 janvier. — Le général Musnier se replie sur la rive droite de la Saône. — Le 17 au matin, le général Musnier, n'ayant pas assez de monde pour défendre Lyon en prenant position en avant de la Guillotière, dans la plaine qui s'étend sur la rive gauche du Rhône, jugea avec raison qu'il lui était impossible de tenir dans la partie de la ville, située entre le Rhône et la Saône, complètement dominée par les hauteurs de Fourvières et de Vaise. Repassant la Saône, il vint s'établir à la croisée des routes de Chalon, de Moulins et de Clermont-Ferrand, ne laissant que des postes d'observation en avant de lui, dans la presqu'île formée par le confluent des deux cours d'eau [1].

Quelques partis de cavalerie, appartenant à l'avant-garde de Bubna, s'étaient montrés sur la rive droite de la Saône et avaient occupé Neuville. Voici, d'ailleurs, en quels termes Bubna rend compte à Schwarzenberg des opérations qu'il tenta contre Lyon, opérations que sa prudence, poussée jusqu'à la timidité, rendit infructueuses [2].

Rapport de Bubna sur ses opérations devant Lyon. — « Afin de me poster sur la communication directe avec Genève, j'ai quitté Bourg-en-Bresse le 17 et me suis établi avec mon gros à Pont-d'Ain ; mes avant-postes sont à Meximieux. Dans la nuit du

---

[1] « J'ai pris position à l'extrémité du faubourg de Vaise où j'ai réuni quelques petits détachements et beaucoup d'isolés. Les troupes avancées de l'ennemi sont à Montluel et à Miribel. Il a quelques centaines d'hommes à Mâcon, et comme il lui est facile d'y faire filer de Bourg autant de monde qu'il voudra et de se porter de là, par Villefranche, sur mes derrières, ses mouvements sur ce point doivent attirer mon attention autant que ceux qu'il fait devant moi. » (Musnier au Ministre. *Archives de la guerre.*)

[2] Le feldzeugmeister comte Bubna au prince de Schwarzenberg, Pont-d'Ain, 21 janvier 1814. (*K. K. Kriegs Archiv.*, I, 488.)

17 au 18 janvier, j'ai été informé par mes avant-postes de la retraite de l'ennemi qui, après un petit engagement avec le corps volant du capitaine Belrup (du régiment de hussards Liechtenstein), avait quitté la Pape en avant de Lyon.

« Un autre rapport, arrivé un peu plus tard, m'apprit que l'ennemi avait évacué toute la partie de la ville de Lyon, située sur la rive gauche de la Saône, que tout était tranquille à Lyon et qu'on semblait y attendre notre venue. Un officier, que j'ai envoyé en parlementaire à Lyon, me confirma ces nouvelles. Le maire lui avait, toutefois, fait dire que, si je comptais occuper Lyon, je ne devais le faire qu'avec des forces respectables [2].

« Malgré tout mon désir de m'emparer de cette ville, je crus sage de ne pas accéder à la légère à cette demande. Je poussai donc, le 18, mes avant-postes jusqu'à Miribel et la Pape, afin de reconnaître Lyon le lendemain et peut-être même d'y entrer.

« Mais, pendant la nuit, j'appris que l'ennemi avait coupé la route sur plusieurs points. Il paraissait maintenant décidé à défendre la ville qu'il avait, en effet, réoccupée dans la nuit du 17 au 18 janvier et où le peuple prenait les armes pour participer à la défense.

« Il est évident pour moi qu'il y a, à Lyon, deux partis, dont l'un, qui nous est manifestement hostile, ne peut se maintenir qu'avec l'aide et l'appui des troupes. On m'affirme même qu'on aurait mis en pièces et tué un de nos parlementaires sans l'intervention d'un officier de gendarmerie. L'ennemi est, du reste, sorti de Lyon et tiraille encore pour le moment avec mes avant-postes.

« Comme je ne dispose que de peu d'infanterie, comme j'ai beaucoup de malades, comme, de plus, mes 5 bataillons comptent à peine 2,000 hommes d'effectif disponible et utilisable, il m'a semblé d'autant plus risqué de tenter un coup de main sur Lyon que le terrain m'était défavorable et n'offrait aucune position avantageuse pour mon artillerie. Je me bornai à laisser devant la ville mes avant-postes et les chargeai d'observer tout ce qui s'y passerait.....

---

[2] D'après les rapports du général Musnier, Bubna chercha à s'aboucher avec les autorités municipales de Lyon ; mais les lettres de Bubna furent remises au général par le maire, et ce fut le général Musnier qui fit lui-même les réponses. (*Archives de la guerre.*)

« Toutefois, afin d'être en mesure d'entreprendre quelque chose d'utile et parce que j'étais trop faible pour occuper la ville, j'ai trouvé dangereux de laisser mes avant-postes devant Lyon. Ils n'auraient pas manqué d'avoir des engagements insignifiants, mais presque continuels, et comme ces engagements auraient avant peu fini par accoutumer les Lyonnais à ces tirailleries, je me suis retiré, hier 20, sur Meximieux et aujourd'hui sur Pont-d'Ain, d'où je puis me porter aisément dans toutes les directions.

« Si je n'ai pas cru devoir, dans les circonstances actuelles, essayer d'enlever Lyon, j'ai du moins réussi à attirer sur ce point l'attention de l'ennemi, à y fixer et à y immobiliser ses forces et à l'empêcher de faire de là un mouvement contre la grande armée.

« Le maréchal Augereau était le 15 à Lyon. Très étonné de n'y pas trouver d'armée, il s'est rendu à Valence pour en ramener du monde.

« Il m'est extrêmement difficile de me procurer des renseignements. Aucun des émissaires que j'ai envoyés à Lyon n'est revenu jusqu'à présent. »

Le rapport que nous venons de reproduire prouve, il nous semble, que Bubna perdit toute la journée du 18 à négocier, à parlementer, à reconnaître la ville et à chercher à y nouer des intelligences. On n'y trouve aucune indication sur l'effectif des troupes françaises de Lyon et la nature des opérations qu'un corps de moins de 2,000 hommes aurait pu entreprendre. Bubna omet aussi de faire connaître au généralissime qu'un petit détachement, guidé par des ouvriers gagnés à la cause des Alliés, avait poussé dans la nuit du 18 au 19 jusqu'au quai Saint-Clair, et que le 19 il s'était déjà fait un revirement complet dans l'esprit de la population. Il trouve inutile de lui exposer les causes de la retraite momentanée des Français sur la rive droite de la Saône. Il devait pourtant savoir par ses émissaires que le général Musnier attendait l'arrivée de 700 hommes de renfort, qui, envoyés en poste de Valence, rejoignirent le 19, pour attaquer les Autrichiens pendant la nuit du 19 au 20, les déloger de leurs positions aux portes mêmes de Lyon et les rejeter sur le hameau de Vernay, à un quart de lieu de la Croix-Rousse. Il passe également sous silence les petits combats d'arrière-garde qui avaient accompagné, dans la nuit du 19 au 20, l'évacuation de la Pape. Il se garde encore plus soigneusement de dire que cette arrière-garde, sous les ordres du colonel Jünger (du régiment Kaiser Huszaren), fut vivement poussée par les Français jusqu'à Montluel, qu'elle se replia même [1] le 21 jusqu'à Meximieux, où se trouvait le gros de ses troupes, et retourna seulement à Montluel lorsque les Français eurent évacué ce point pour établir leurs avant-postes à Miribel.

Marche de Wieland vers Mâcon. — Obligé par sa faute à quitter les environs de Lyon et à battre en retraite devant des troupes inférieures en nombre à celles dont il disposait et composées presque exclusivement de conscrits, Bubna donnait au colonel Wieland qui, sur sa droite, avait dû se rapprocher de Mâcon, l'ordre d'y laisser le plus longtemps possible le détachement du major comte Saint-Quentin, afin d'être à même de surveiller avec le reste de son monde les routes allant sur Lyon par Châtillon-les-Dombes et Villars. Le colonel devait venir se poster à cet effet à Bourg, et, pour lui faciliter sa tâche, on le renforçait d'un bataillon de Gradiskaner, qui alla occuper Villars.

D'autre part, Zechmeister avait reçu, le 16 janvier, l'ordre de Bubna d'entrer en Savoie. A la tête de cinq bataillons et demi à effectif réduit, de deux escadrons et d'une batterie, il devait opérer contre les Français qui, postés sur le Fier, occupaient les ponts d'Annecy et Rumilly et avaient, en outre, quelques troupes en réserve à Alby et Albens.

18 janvier. — Combat de Rumilly. — Le 18 janvier, alors que Bubna, déjà sur le point de se retirer des abords de Lyon, n'osait pas s'engager avec les quelques troupes françaises qui s'y trouvaient, son lieutenant, moins timoré [2], attaquait les positions françaises, forçait le passage du Fier et du Chéran, poursuivait les Français jusqu'au delà d'Albens et adressait, le 18 au soir, de Rumilly, un rapport dans lequel, après avoir rendu

---

[1] Il n'y avait encore à ce moment à Lyon que 2,500 hommes de troupes. (*Archives de la guerre.*)

[2] Stärke, Eintheilung und Tagesbegebenheiten der Haupt-Armee im Monate Januar. (*K. K. Kriegs Archiv.*, I, 30.)

compte à Bubna de ses opérations, il lui faisait part de ses projets pour la journée du 19 [1] :

« Je me suis porté aujourd'hui sur trois colonnes contre Rumilly et Annecy. L'une de ces colonnes, sous les ordres du lieutenant-colonel Waller, passant par Cruseilles et Brogny, a occupé Annecy à trois heures.

« La colonne principale, marchant par Frangy sur la grande route et la troisième colonne, sous les ordres du colonel Benczek, passant par Seyssel et la montagne, se dirigeaient sur Rumilly.

« Pendant la marche, j'appris que l'ennemi cherchait à détruire le pont de pierre sur le Fier, et, pour l'empêcher de mettre son projet à exécution, je fis aussitôt prendre les devants à un escadron de hussards. L'ennemi fit mine de vouloir défendre la ville, tirailla assez vivement avec mon avant-garde ; mais, craignant d'être coupé de sa ligne de retraite par ma troisième colonne, il se décida peu après à la retraite.

« Je fis avancer rapidement mon artillerie, qui canonna les masses ennemies en retraite. L'infanterie ennemie se jeta à droite dans la montagne, et sa cavalerie, peu nombreuse d'ailleurs, ne tarda pas à disparaître complètement.

« La rapidité, avec laquelle s'étaient effectués nos mouvements, me permit de couper une colonne française venant d'Alby et qui voulait suivre la grande route d'Albens à Aix. Elle fut obligée de se jeter dans la montagne. Mes avant-postes ont poussé jusqu'à la Biolle. Le gros de mes forces est ici. Le lieutenant-colonel Waller avec 1 escadron, 1 bataillon et 2 canons, est près d'Alby. 2 compagnies couvrent ma gauche à Annecy, 2 autres ma droite à Seyssel, et fournissent un poste à Serrières.

« L'ennemi avait 500 hommes à Rumilly, 600 hommes à Annecy, 400 hommes à Alby, 500 hommes à Albens ; mais toutes ces troupes ne renfermaient guère dans leurs rangs que des conscrits et des douaniers.

« Le général Marchand était aujourd'hui à Rumilly.

« Demain je réunis mes troupes à Albens et je compte de là me porter sur Aix et en déloger l'ennemi qui y aurait, dit-on, près de 2,000 hommes.

---

[1] Zechmeister à Bubna, Rumilly, 18 janvier, 11 h. 1/2 du soir. (*K. K. Kriegs Archiv.*, I, 488, a.)

« Il m'est impossible de dire actuellement si je pourrai tenter après-demain quelque chose contre Chambéry, où il y a trois dépôts de régiments et où l'ennemi, s'il réussit à y rallier tout son monde, pourra m'opposer 3,000 hommes, qui ne seront à la vérité que des douaniers et des conscrits.

« Le peuple m'a reçu partout aux cris de : « Vive le roi de « Sardaigne. »

19 janvier. — Zechmeister occupe Aix-les-Bains. — Le 19 il continue sa marche, et d'Aix il fait parvenir à Bubna le rapport ci-après, qui permet de se faire une idée exacte tant de la façon dont s'exerçait le commandement que des modifications incessantes qu'on apportait à tout propos à la composition des corps :

« Après avoir opéré à Albens ma jonction avec la colonne venue d'Annecy par Alby, je me suis porté sur Aix.

« L'ennemi a évacué la ville à l'approche de mon avant-garde et a pris position avec 1,600 hommes, 2 canons et 1 obusier, en arrière de Rages.

« Je voulais l'y attaquer encore aujourd'hui et le pousser vers Chambéry, mais la nuit m'a empêché de donner suite à mon projet. De plus mes troupes étaient très fatiguées, et enfin les pluies continuelles avaient momentanément mis mes fusils hors d'état de servir.

« Mes avant-postes sont au Viviers, où je concentrerai tout mon monde demain matin à huit heures, pour marcher sur Chambéry, que mes colonnes de flanc prendront à revers. Je pense y être vers midi.

« J'ai l'honneur de proposer à Votre Excellence de ne pas poster mon gros à Chambéry. Je voudrais y laisser seulement six compagnies et un demi-escadron, garder le gros à Aix et continuer à occuper Annecy et Seyssel, Alby et Rumilly. J'attendrai sur ces positions les ordres de Votre Excellence.

« Si Votre Excellence rappelle à elle une partie des renforts qu'Elle m'a envoyés, je ne pourrai laisser à Aix qu'un corps volant qui occupera péniblement Chambéry. Je porterai alors le gros de mes troupes derrière le Fier, entre Annecy et Rumilly.

« Une partie des troupes ennemies, mise en fuite, s'est portée dans la direction de Culoz. Le régiment de dragons de Würzburg est en marche et sera le 18 à Carouge ; le 19 il fera halte, le 20 il sera à Seyssel, le 21 à Nantua, le 22 à Cerdon et le 23 à Pont-d'Ain, où il prendra les ordres de Votre Excellence [1]. »

Ce fut, d'ailleurs, à l'aide de ces rapports que Bubna réussit à se faire pardonner l'impardonnable insuccès de son expédition sur Lyon, et c'est pour cela qu'il avait eu le soin, en adressant le 21 janvier, de Pont-d'Ain à Schwarzenberg, le rapport que nous avons cité en partie quelques pages plus haut, de le commencer en ces termes [2] :

« Votre Altesse verra par les rapports du général Zechmeister que cet officier général a chassé l'ennemi de Rumilly et d'Aix et doit, à l'heure présente, être maître de Chambéry. Le but que je m'étais proposé par l'envoi en Savoie de ce détachement, but qui qui avait été approuvé par Votre Altesse, est donc atteint. Comme nous avons un intérêt majeur à occuper la capitale de la Savoie, à encourager et à soutenir le soulèvement des Savoisiens, je compte prescrire au général Zechmeister : 1º de fournir aux populations les moyens de prendre les armes ; 2º de laisser le gros de ses troupes à Chambéry parce que, pour le moment, il n'y a rien à craindre pour Genève et parce que je tiens à pouvoir couper ainsi les communications de l'ennemi avec l'Italie par le Mont-Cenis. »

Mais il est bon de faire remarquer qu'en rédigeant dans ces termes le rapport qu'il adressait à Schwarzenberg, Bubna n'avait pas seulement l'intention de disposer en sa faveur le généralissime à qui l'insuccès de Lyon avait dû évidemment causer une impression désagréable ; il voulait aussi provoquer de la part du généralissime une réponse relative à l'emploi des troupes de Zechmeister, se décharger sur lui d'une responsabilité qu'il n'osait pas assumer, en l'obligeant à approuver ou à rejeter directement les propositions que son lieutenant lui faisait à propos de l'effectif des troupes à laisser à Chambéry. Aussi, pour peu que l'on examine les choses de près, loin de s'étonner de la lenteur avec laquelle les opérations de la grande armée ont été conduites, on en arrive, au contraire, à se demander comment il était possible, avec une organisation semblable, de parvenir à se mouvoir et à entreprendre

---

[1] Zechmeister à Bubna, Aix, 19 janvier. (*K. K. Kriegs Archiv.*, I, 488 *b*.)
[2] Bubna à Schwarzenberg, Pont-d'Ain, 21 janvier. (*Ibid.*, I, 488.)

des opérations rationnelles, sérieuses et surtout opportunes. N'est-il pas tout au moins singulier de voir le commandant d'un corps indépendant en référer au général en chef lorsqu'il est simplement question de poster momentanément 2,000 hommes à Chambéry ou à Aix? Il semble, du reste, qu'un mot d'ordre venu d'en haut ait été donné à cet effet et que les lieutenants, en cherchant à dissimuler au généralissime leurs insuccès et leur véritable position, n'aient fait que se conformer à la manière de faire adoptée par le généralissime lui-même dans les rapports qu'il adressait de son côté à son souverain. Pour en donner la preuve, nous nous contenterons d'extraire les lignes suivantes du rapport que Schwarzenberg[1] envoyait de Langres à la date du 24 janvier, à l'empereur d'Autriche : « Bubna (armée du Sud), est-il dit dans cette pièce, a repoussé l'ennemi jusqu'aux portes de Lyon. Il se trouve trop faible pour y entrer et pour cette raison il a posté le gros de son corps à Pont-d'Ain. Il a envoyé Zechmeister contre Chambéry. Ce général a rejeté l'ennemi sur Aix-les-Bains, et ses avant-postes étaient, le 19 au soir, devant Chambéry. »

Un pareil rapport n'était guère de nature à fixer les idées de l'empereur d'Autriche, et l'on a le droit de se demander quelle explication plausible le prince de Schwarzenberg aurait pu fournir à son souverain s'il était venu à l'esprit de l'empereur de lui demander comment, après avoir été assez fort pour pousser l'ennemi jusqu'aux portes de Lyon, Bubna s'était tout à coup trouvé trop faible pour entrer dans cette ville ouverte.

20 janvier. — Occupation de Chambéry par Zechmeister.

— Cette digression nous a forcément entraîné loin des événements dont la Savoie était le théâtre, de ces événements qui, malgré son vif désir de se décharger de toute responsabilité, allaient néanmoins forcer Bubna à prendre une résolution. Le général Zechmeister avait, en effet, occupé Chambéry le 20 janvier et fait poursuivre, sur la route de Montmélian, l'ennemi qui, poussé vivement par la cavalerie autrichienne, ne s'arrêta, d'un côté, qu'à Pontcharra, sous la protection des canons du fort Barraux et, de l'autre, se replia sur Les Échelles. Bubna se vit, par

---

[1] Schwarzenberg à l'empereur, Langres, 24 janvier. (*K. K. Kriegs Archiv.*, I, 567.)

suite, dans l'obligation de prescrire à Zechmeister de faire occuper Chambéry par le gros de ses forces[1] sans plus insister sur sa propre situation à Pont-d'Ain[2]. Bubna ajoutait seulement, dans son rapport à Schwarzenberg, qu'il faisait surveiller les routes de Lyon et de Grenoble par Les Échelles et que, sur la gauche du général Zechmeister, on observait Conflans, Montmélian et le pont de l'Isère.

En fait de renseignements intéressants, il apprenait au généralissime qu'il y avait, paraît-il, 100 gendarmes à Chalon-sur-Saône, qu'on avait illuminé à Lyon, le 20, pour célébrer l'arrivée de 800 hommes de troupes de ligne qui avaient porté l'effectif des vieilles troupes présentes sur ce point à 3,000 hommes. Il est vrai qu'en terminant il induisait, involontairement assurément, le généralissime en erreur en lui disant (rapport du 22 janvier) : « Le maréchal Augereau n'est pas encore de retour », alors, qu'au contraire, le duc de Castiglione était précisément arrivé à Lyon depuis 24 heures, avec quelques escadrons.

21 janvier. — Retraite de Bubna sur Pont-d'Ain. — Le lendemain 21, Bubna, dont les avant-postes allaient jusqu'en avant de Miribel et qui s'était encore tenu la veille avec son gros à Meximieux, jugea à propos, nous disent les *Tagesbegebenheiten*[3], de ramener son gros à Pont-d'Ain et son avant-garde à Meximieux « parce qu'il avait reçu la nouvelle de la présence....., à Tournus, du général Legrand à la tête d'un gros (?) corps de troupes françaises. »

Combat de Chapareillan et prise du pont de Montmélian. — Heureusement pour Bubna, les affaires des Alliés continuaient à suivre un cours favorable en Savoie. Le même jour, en effet, le général Zechmeister avait fait une démonstration sur Grenoble et trouvé les Français en position en avant du fort Barraux, près de

---

[1] Bubna à Schwarzenberg, Pont-d'Ain, 22 janvier. (*K. K. Kriegs Archiv.*, I, 509.)

[2] Il est permis de se demander comment, de Pont-d'Ain, Bubna pouvait surveiller ce qui se passait sur la rive gauche du Rhône et du côté de la vallée de l'Isère.

[3] Starke, Eintheilung und Tagesbegebenheiten der Haupt-Armee im Monate Januar. (*K. K. Kriegs Archiv.*, I, 30.)

Chapareillan, où ils avaient à ce moment 600 hommes et 15 canons. Mais il avait forcé, d'un autre côté, le général Dessaix à repasser sur la rive gauche de l'Isère à Montmélian et à évacuer ce point important dont le général français n'avait pas eu le temps de détruire le pont. Malgré tous les efforts des Français, Zechmeister avait réussi à rester maître de ce pont qui, gardé par 3 compagnies sous les ordres du colonel Benczek, lui assurait un passage sur l'Isère et lui ouvrait la route du Mont-Cenis.

Enfin, poussant le même jour un détachement dans le massif des Bauges, par le col de Tamines, il avait occupé en amont les points principaux de la vallée de l'Isère jusqu'à Conflans [1] pour se couvrir sur sa gauche.

A la suite de son échec et des mouvements de Zechmeister, le général Dessaix avait pris position à la Chavanne, dans la vallée de l'Arc et vis-à-vis de Montmélian, sur la rive gauche de l'Isère, et paraissait vouloir s'y retrancher pendant que le général Marchand, qui avait remplacé le général de La Roche malade et manquant de l'énergie et de l'activité nécessaires dans des circonstances aussi critiques, occupait, sur la rive droite de l'Isère, la fameuse position du maréchal de Berwick à Fort-Barraux, appuyant sa gauche à Belle-Combette sur le massif montagneux, sa droite à l'Isère avec un poste à Pontcharra, destiné à assurer et à couvrir ses communications avec le général Dessaix, qui renouvela ses tentatives de reprise du pont de Montmélian, le lendemain 22, mais sans plus de succès que la veille.

22-23 janvier. — Tentatives des Français contre le pont de Montmélian. — Le 23, bien que Zechmeister eût renforcé les troupes qui gardaient le pont de Montmélian [2], les Français essayèrent une fois de plus de le reprendre ; le gros de Zechmeister alla à Chambéry, moins 2 compagnies et 2 pelotons qu'on envoya à Saint-Thibaud-de-Couz sur la route de Lyon [3].

---

[1] Journal d'opération du général Zechmeister et rapport de Bubna à Schwarzenberg. Genève, 26 janvier. (*K. K. Kriegs Archiv.*, I, 594.)

[2] *K. K. Kriegs Archiv.*, I, 594.

[3] Il y avait à ce moment 800 hommes et 10 canons sur la rive gauche de l'Isère à Pontcharra ; 400 hommes et 2 canons à Goncelin. Les Autrichiens n'avaient pas encore essayé de pénétrer en Maurienne. Leur avant-garde se tenait à Saint-Jeoire, près de l'embranchement de la route d'Italie avec celle de

Pendant ce temps, malgré tous les dangers de la position de Chambéry, malgré les inconvénients que Bubna lui-même ne peut s'empêcher de reconnaître dans le rapport à Schwarzenberg, auquel nous avons fait allusion, Zechmeister avait néanmoins reçu l'ordre d'y rester jusqu'à l'approche de grosses forces françaises. Pour démontrer au généralissime que cette occupation n'avait pas été inutile, Bubna s'empressa de lui annoncer que, grâce à cette mesure, on avait pu rendre la liberté à plusieurs officiers espagnols prisonniers qui y étaient internés, parmi lesquels il citait le lieutenant général Renavales et le brigadier Manoël Versarjon [1].

L'apparition de Bubna devant Lyon avait eu pour conséquence, en somme, heureuse pour les Français, de faire de cette ville le point de concentration unique et général de toutes les forces en formation dans le Midi et restées éparses jusque-là dans les différents dépôts. Le général autrichien se flattait, il est vrai, d'avoir empêché par sa marche une diversion contre l'extrême gauche de la grande armée, diversion que les Français ne pouvaient songer à tenter à ce moment par la simple raison que, comme nous l'avons vu, ils n'avaient personne dans ces parages. Au contraire, non content d'avoir, en jetant l'alarme, montré aux Français toute l'étendue du danger auquel sa timidité seule leur avait permis d'échapper, il allait commettre une faute bien plus grave encore et donner à Augereau le temps et la possibilité d'organiser au moins en partie les forces avec lesquelles le duc de Castiglione était appelé à tenir la campagne, forces avec lesquelles, s'il eût encore eu son ancienne énergie, il aurait pu glorieusement contribuer à sauver la France.

24 janvier. — Mouvements rétrogrades de Bubna. — En effet, après avoir hésité longtemps, depuis qu'il s'était cru contraint de quitter les environs immédiats de Lyon, Bubna, n'arrivant pas à trouver du côté de Pont-d'Ain une position qui lui

---

Grenoble à Chambéry, à peu de distance de Montmélian. Du côté des Echelles, les avant-postes autrichiens étaient à Saint-Thibaud-de-Couz à une bonne lieue de la Grotte, que le général de Barral occupait avec 350 hommes.

[1] Bubna à Schwarzenberg, Genève, 26 janvier. (*K. K. Kriegs Archiv.*, I, 594.)

permit à la fois d'avoir l'œil sur Lyon et de couvrir Chambéry et Genève, avait pris une grave résolution. Dans les journées des 22 et 23 janvier, il avait prescrit au colonel comte Zichy de se porter avec 6 escadrons et 1 bataillon de chasseurs à Meximieux, afin de surveiller de là ce qui se passait du côté de Lyon ; au colonel Wieland, de se tenir à Bourg avec 2 bataillons, 6 escadrons et 1 batterie à cheval avec mission d'observer également Lyon, de maintenir l'ordre dans les départements de l'Ain et du Jura, et de chercher à se relier par Dôle et Lons-le-Saulnier avec la gauche de la grande armée et plus particulièrement avec la brigade du général Scheither. De faibles renforts allèrent rejoindre Zechmeister en Savoie, et Bubna lui-même reporta son quartier général à Genève [1].

Les Français reprennent le pont de Mâcon. — Pendant que Bubna envoyait ces instructions au colonel Wieland, le major comte Saint-Quentin [2] qui, après avoir réussi à s'emparer du pont de Mâcon, avait été chargé de le garder avec un escadron et demi de hussards, soutenus par 2 compagnies, avait dû, après un combat assez vif, se retirer le 23, à 5 heures du soir, devant les troupes du général Legrand, et avait été poursuivi jusqu'à la tombée de la nuit. Le général Legrand s'était alors arrêté et replié sur le pont de Mâcon qu'il avait solidement occupé. Le colonel Wieland, informé par le major Saint-Quentin de l'échec qu'il venait d'essuyer et qui avait coûté pas mal de monde à son petit détachement, attaqua à son tour le général Legrand, le lendemain 24, et chercha à lui reprendre le pont. « Mais il ne put y parvenir, écrit Bubna à Schwarzenberg, à cause du peu d'infanterie dont il disposait. »

---

[1] STÄRKE, Eintheilung und Tagesbegebenheiten der Haupt-Armee im Monate Januar. (*K. K. Kriegs Archiv.*, 1, 30.)
Bubna, en fait de renforts, n'avait envoyé à Zechmeister que 3 compagnies qui se portèrent sur la gauche de Zechmeister à Faverges. « Un bataillon et un escadron, écrit il, vont demain (il s'agit du 27, puisque le rapport auquel nous empruntons ces renseignements est daté du 26 (*K. K. Kriegs Archiv.*, I, 594) en renforts à Rumilly. C'est tout ce que j'ai actuellement de forces disponibles, ajoute Bubna. »

[2] Bubna à Schwarzenberg, Genève, 26 janvier. (*K. K. Kriegs Archiv.*, I, 594.)

Première affaire de la Grotte. — En Savoie, le général Dessaix se borna à tenir les Autrichiens en éveil au pont de Montmélian. Le lieutenant-colonel Waller (du régiment de hussards Liechtenstein), détaché avec 3 compagnies et un escadron de hussards pour attaquer le défilé de la Grotte près des Échelles, afin de s'ouvrir de ce côté la grande route de Lyon, échoua complètement dans son entreprise. Il parvint néanmoins à se replier sur Saint-Thibaud-de-Couz, sans être inquiété dans sa retraite [1].

25 janvier. — Position du général Dessaix. — Le 25, le général Dessaix continua à manœuvrer sur la gauche de Zechmeister. Il avait placé 4 canons et 1500 hommes à la Chavanne, dans les redoutes élevées au débouché du pont de Montmélian, renforcé sur la rive gauche de l'Isère ses postes d'amont jusqu'à hauteur de Conflans et envoyé à Sainte-Hélène-des-Millières un parti de cavalerie qui reconnut et sonda les gués de la rivière. Les Français avaient de plus renforcé le poste de la Grotte et occupé Pont-de-Beauvoisin, dont les troupes fournirent un avant-poste à la Bridoire [2].

Quant à Bubna, il continuait à annoncer à Schwarzenberg qu'il n'y avait à Lyon que 3,000 hommes de troupes ; mais, au lieu de faire soutenir Zechmeister par tout son monde, ce qui eût été logique et eût peut-être permis à ce général de percer sur Grenoble, il avait envoyé à Dôle le lieutenant-colonel Meninger et un escadron de hussards de Würzburg, avec ordre de rejoindre le général Scheither qui paraissait avoir besoin de cavalerie. Bubna avait, en outre, maintenu le général Klopstein à Pont-d'Ain pour l'employer de là en raison des circonstances.

26 janvier. — Affaire des Marches. — Le 26, les Français continuèrent à renforcer les postes de la Grotte et de Pont-de-Beauvoisin, et pendant que le général Dessaix attaquait de front le pont de Montmélian, le général Marchand, venant du fort Barraux par les Marches, se mettait en route pour prendre à revers les Autrichiens postés à Montmélian. Mais il vint donner contre

---

[1] Tagebuch du général Zechmeister et rapport de Bubna à Schwarzenberg du 24 janvier. (*K. K. Kriegs Archiv.*, I, 594.)

[2] *Id. in ibid.*

une colonne de 6 compagnies, 1 escadron et 2 canons, avec laquelle le général Zechmeister, parti de Saint-Jeoire, se disposait à reconnaître Fort-Barraux. Zechmeister attaqua le général Marchand au moment où celui-ci venait de culbuter les avant-postes autrichiens, le chassa des Marches et l'obligea à se replier sur Chapareillan. La tentative contre le pont de Montmélian avait échoué à la suite de l'échec éprouvé par Marchand aux Marches; mais ce succès avait coûté pas mal de monde aux troupes de Zechmeister, qui fit néanmoins occuper ce jour-là Moutiers dans la Tarentaise, et qui reçut à Chambéry un faible renfort de 3 escadrons de hussards Liechtenstein avec 2 obusiers [1].

Rapport de Bubna à Schwarzenberg. — Pendant que Zechmeister se maintenait ainsi en Savoie contre tous les efforts des généraux Dessaix et Marchand, Bubna, se préoccupant surtout des moyens de rester en communication avec la grande armée, écrivait à Schwarzenberg pour lui demander l'autorisation d'appuyer ses lignes non plus à Mâcon, mais à Chalon-sur-Saône. Il faisait valoir, entre autres raisons, la difficulté d'établir une tête de pont à Mâcon, l'avantage qu'il y aurait pour lui, comme pour le général Scheither, à combiner leurs opérations sur Châlon; mais en réalité Bubna [2], qui avait ramené ses troupes sur Meximieux et Pont-d'Ain, cherchait, surtout depuis que le pont de Mâcon avait été repris par les Français, à rétablir et à assurer

---

[1] Tagebuch du général Zechmeister et Bubna à Schwarzenberg, Genève, 27 janvier. (*K. K. Kriegs Archiv.*, I, 618); STÄRKE, Eintheilung und Tagesbegebenheiten der Haupt-Armee im Monate Januar (*Ibid.*, I, 30.)

[2] Bubna arriva au résultat qu'il s'était proposé, et la preuve de ces faits ressort de la dépêche ci-contre, adressée par Scheither à Schwarzenberg :

« Dôle, 30 janvier 1814. — Je profite du passage d'un courrier pour envoyer des nouvelles de mon corps à Votre Altesse.

« J'ai été relevé hier du blocus d'Auxonne par le feld-maréchal-lieutenant baron Wimpfen. Un bataillon d'infanterie quitte Salins le 30 et sera le 1er février à Dôle où j'aurai le 2 février toute ma brigade (5 bataillons de chasseurs, bataillon de Brodi, chevau-légers de Vincent et 6 pelotons de hussards). De là, je compte me porter sur Chalon-sur-Saône.

« Ma brigade étant trop faible pour prendre Chalon qui est fortement occupé par l'ennemi, puisque le général Legrand y est avec 4,000 hommes, le général Wimpfen me donne un bataillon d'infanterie.....

« ..... Je me relierai avec le détachement du colonel Wieland. » (*K. K. Kriegs Archiv.*, I, 682.)

ses communications et à se relier de plus en plus avec l'armée du prince héritier de Hesse-Hombourg. Il avait, d'ailleurs, encore une autre raison pour insister sur cette question : il aimait en effet beaucoup mieux avoir à soutenir Scheither dans son opération contre Chalon-sur-Saône qu'à opérer pour son propre compte et avec ses seules forces contre Mâcon. Les renseignements qu'il adressait à cette date au généralissime, relatifs à Lyon, étaient en somme peu exacts. C'est ainsi qu'il estimait, le 27, à 6,000 hommes les troupes régulières d'Augereau à Lyon, alors que la veille encore il avait signalé à Schwarzenberg la présence de 3,000 hommes seulement dans cette ville [1].

29 janvier. — Affaire d'Aiguebellette. — L'arrivée à Chambéry de quelques renforts, quoique peu considérables, permit à Zechmeister, qui sentait bien maintenant qu'il lui serait difficile de déboucher sur Grenoble et de s'emparer de cette ville, de continuer du moins ses opérations et de s'établir un peu plus solidement entre le Fier, l'Isère et le Rhône.

Après avoir, le 29, chassé sans peine le petit poste français d'Aiguebellette, Zechmeister résolut d'enlever les positions de La Tour-du-Pin et de Pont-de-Beauvoisin, et de s'emparer surtout des Échelles. Il voulait de la sorte se ménager la possibilité d'envoyer des partis dans la vallée de l'Isère, couvrir la droite de la position de Chambéry et s'ouvrir la route de Chambéry à Lyon. Pour atteindre le but qu'il se proposait, il lui fallait chasser d'abord les partis français de Lépin, puis masquer Pont-de-Beauvoisin et se porter ensuite contre les Échelles.

Le 29 janvier, le major Mylius, avec 4 compagnies et un peloton de hussards, poussa par Bissy jusqu'au pied des montagnes.

30 janvier. — Affaires de la Grotte et des Échelles. — Le 30, au matin, passant par le col de Novalaise, laissant à gauche le lac d'Aiguebellette, il se porta par Saint-Albin sur Lépin, afin de prendre l'ennemi à revers. Pendant ce temps, une compagnie postée à Aiguebellette devait occuper de front les troupes ennemies établies à Lépin, puis, à l'arrivée du major Mylius, marcher

---

[1] Bubna à Schwarzenberg, Genève, 27 janvier. (*K. K. Kriegs Archiv.*, I, 648.)

de façon à couper aux Français leur ligne de retraite dans la direction d'Attignat-Oncin. Quant à Mylius, il avait l'ordre, dès qu'il aurait exécuté cette partie de son opération, d'envoyer sur la Bridoire un parti chargé de masquer complètement Pont-de-Beauvoisin, et de couvrir par un poste la route de Pont-de-Beauvoisin à Chambéry par Lépin et Aiguebellette; le reste de son détachement devait, d'Attignat-Oncin, pousser avec lui par la Bauche sur Saint-Pierre-de-Genebroz et se porter de là avec la colonne venant par Saint-Thibaud-de-Couz sur le Villard, afin de coopérer à l'attaque de la Grotte et des Échelles. Le gros destiné à l'opération contre la Grotte se composait de 2 bataillons, un escadron de hussards et une demi batterie. Il se forma le 30, un peu après-midi, à Saint-Thibaud-de-Couz. 2 1/2 compagnies de ce gros, prenant par la haute montagne, par la Bauche et chargées de côtoyer la marche du gros, avaient pour mission de se porter avec le major Mylius sur le Villard et d'attaquer la Grotte à revers en débouchant par Saint-Christophe. Enfin, une compagnie et demie était encore chargée de flanquer le gros par Saint-Jean-de-Couz, de descendre dans la vallée du Guier, lorsque ce gros aurait enlevé la position de la Grotte, d'occuper le pont de Saint-Martin et d'attaquer Saint-Christophe par la droite. L'attaque de front sur la Grotte devait commencer à 3 heures.

Le major Mylius bouscula et dispersa presque complètement les quelques troupes ennemies postées à Lépin; le parti envoyé à la Bridoire poussa les Français jusqu'à Pont-de-Beauvoisin, et le major, avec le gros de son petit détachement, se dirigea alors sur Saint-Pierre-de-Genebroz.

A 3 heures, Zechmeister faisait attaquer de front la position de la Grotte pour attirer sur lui l'attention de l'ennemi. Les troupes françaises tinrent bon jusqu'au moment où elles furent prises à revers par le feu de quelques tirailleurs[1] qui avaient réussi à prendre pied sur les crêtes dominant la Grotte. Au même moment, la colonne de gauche attaquait le pont de Saint-Martin, et Zech-

---

[1] Les tirailleurs avaient été guidés par les habitants. (Voir le rapport du sénateur Chaptal, comte de Chanteloup, au Ministre de la Guerre, Lyon, 2 février. — *Archives de la guerre.*)

meister, profitant de l'hésitation marquée par les Français, enleva la Grotte et poursuivit ses défenseurs jusque vers les Échelles.

La nuit était venue sur ces entrefaites ; déjà Zechmeister, sans nouvelles de la marche de ses colonnes de flanc que la neige avait retardées, commençait à s'inquiéter, lorsqu'il entendit la mousqueterie du côté de Saint-Pierre-de-Genebroz. Il ne tarda pas à apprendre que sa colonne, ayant eu connaissance de la prise du poste de la Grotte, s'était portée droit sur les Échelles [1] et en avait chassé l'ennemi.

---

[1] « Le poste des Echelles, dit le général Marchand dans sa dépêche au duc de Feltre, Grenoble, 2 février, vient d'être enlevé par quelques centaines d'Autrichiens, quoique la route fût coupée au-dessous de la Grotte de manière à être entièrement impraticable. Nos soldats ont à peine tiré quelques coups de fusil, et une centaine ont jeté leurs armes et leurs sacs pour se sauver. Cependant je regardais le poste comme imprenable. Grenoble est beaucoup plus aisé à enlever en ce moment (2 février) que ne l'était le poste des Echelles, et il est impossible d'en répondre avec de pareils soldats. » (*Archives de la guerre.*)

Le général de Barral, écrivant le 31 janvier, à 8 heures du soir, de Saint-Etienne-de-Crossey au Ministre de la Guerre, lui donnait encore plus de détails sur l'affaire de la Grotte et des Echelles :

« J'ai de bien fâcheuses nouvelles à vous annoncer : l'avant-poste de la Grotte a été attaqué à 1 h. 1/2 après-midi. La fusillade a commencé assez vivement et je m'en félicitais parce que mon poste paraissait inattaquable. J'y voyais un moyen d'aguerrir mes jeunes soldats. Mais bientôt le combat s'est engagé vivement, et le poste de la Grotte s'est vu tourné et attaqué de cinq côtés à la fois. Bientôt j'ai aperçu sur les montagnes à la faveur de la neige, 3 colonnes dont l'une descendait pour tourner la Grotte ; une autre se dirigeait par la crête de la montagne qui domine les Echelles à portée de fusil ; la 3ᵉ m'a paru avoir pour objet de tourner mon poste d'Aiguebellette, et en effet j'ai vu qu'il était attaqué de plusieurs côtés et qu'il se repliait avec perte. Ainsi les Echelles ont été investies du côté de la route qui mène à Pont-de-Beauvoisin par la hauteur de la Commanderie qui les domine et par la route de la Grotte, ce qui me séparait du principal poste que j'avais sur ce point. J'ai alors fait retirer une des 2 pièces pour défendre le passage du pont des Echelles avec 60 hommes que j'avais à ma disposition dans cette partie.

« Mais ces précautions ont été vaines. Vers 5 heures du soir l'ennemi est entré dans les Echelles par trois côtés malgré la fusillade. Mais le nombre de mes troupes se trouvant réduit infiniment par le nombre des tués, des blessés et surtout des fuyards, ce qui restait a été poursuivi à coups de fusil jusqu'à 200 pas au delà du Guier, et la nuit a mis fin au combat.

« Me trouvant séparé des troupes de la Grotte et sachant que beaucoup de soldats avaient filé par le chemin de Miribel, j'ai couru après espérant les rallier pour défendre le passage du Crossey. J'en ai rassemblé une trentaine qui se sont échappés à la faveur de la nuit..... J'apprends à l'instant que mes 2 pièces sont à Saint-Laurent-du-Pont et j'ai ordonné qu'on les dirige sur

31 janvier. Positions de Zechmeister. — Le lendemain 31, Zechmeister faisait occuper par des postes Corbel, Saint-Pierre-d'Entremont et Entremont-le-Vieux, et ses partis, descendant au sud vers l'Isère, poussaient du côté du nord jusque vers La Tour-du-Pin [1].

Enfin le 1ᵉʳ février, un de ses partis occupait sur la route de Lyon Pont-de-Beauvoisin, tandis qu'un autre, poussant en avant des Échelles, passait par Voiron et battait le pays du côté de Voreppe sur la grande route de Grenoble [2].

Zechmeister était donc à la fin de janvier maître de toute la vallée du Guier, depuis sa source jusqu'à son confluent dans le Rhône, et ce fut précisément à ce moment qu'il reçut de Bubna l'ordre de rester sur les positions qu'il occupait et d'arrêter tout mouvement en avant [3].

Inaction de Bubna jusqu'au 4 février. — Nous avons dit au chapitre II que Schwarzenberg, après avoir modifié la composition des forces employées sur sa gauche et dans le midi de la France, avait confié au prince héritier de Hesse-Hombourg le commandement de ce rassemblement considérable qui allait prendre le nom d'armée du Sud. Il avait même jugé nécessaire de venir en personne le 24 janvier, à Dijon, s'assurer de l'exécution des mesures qu'il avait prescrites, et ce fut à la suite de cette tournée du généralissime que le 31 janvier Bubna avait cru devoir de son côté arrêter Zechmeister [4] qui se préparait à poursuivre le général Dessaix alors en pleine retraite sur Grenoble.

Voreppe par Pommiers. J'ignore le sort des restes du poste de la Grotte et je doute qu'il me reste assez de monde pour défendre les passages de Saint-Etienne-de-Crossey qui mènent à Voiron et le col de la Placette qui mène à Voreppe. »

Augereau et Saint-Vallier n'étaient, d'ailleurs, guère plus rassurants ; le premier disait : « Tous les passages qui couvrent Grenoble et Lyon sont pris, et l'ennemi s'est renforcé sur Montmélian. » Le second écrivait : « Nos troupes se sont retirées à Saint-Etienne-de-Crossey et au col de la Placette, positions qui couvriraient Voiron et la route de Grenoble si nos soldats inspiraient plus de confiance à leurs chefs. »

[1] Tagebuch du général Zechmeister, et STÄRKE, Eintheilung und Tagesbegebenheiten der Haupt-Armee im Monate Januar. (*K. K. Kriegs Archiv.*, I, 30.)

[2] STÄRKE, Eintheilung und Tagesbegebenheiten der Haupt-Armee im Monate Januar. (*Ibid.*, II, 1.)

[3] Bubna à Schwarzenberg, Genève, 4 février. (*Ibid.*, II, 82.)

[4] Bien que Bubna n'ait à ce moment remporté des avantages qu'en Savoie,

Quoique d'une durée assez courte, ce temps d'arrêt, aussi imprévu qu'inexpliqué, s'était produit fort à propos pour le maréchal Augereau. Rappelé à Lyon par la marche de Bubna sur cette ville, il y était arrivé le 21 janvier avec les quelques troupes qu'il avait, avec grand peine, réussi à ramasser à Valence et sur sa route.

Il lui était malheureusement encore impossible de se conformer aux ordres de l'Empereur, de couvrir Lyon en se portant en avant sur les routes de Mâcon et de Tarare, pendant que sur sa droite il aurait fait solidement occuper Chambéry, qui était déjà aux mains des Alliés, Grenoble et Vienne. A la date du 25 janvier la division Musnier ne comptait, en effet, que 2,761 hommes, et les troupes employées en Savoie et du côté de Grenoble ne s'élevaient elles-mêmes, avant les affaires dont nous venons de parler, qu'à 5,361 hommes. Aussi, bien que les renforts en marche ne fussent pas encore sur le point d'arriver, tout au moins en ce qui concerne les vieilles troupes, bien que la tête de colonne de la division, venant de l'armée de Catalogne ne dût le rejoindre que vers le milieu de février, cette inconcevable interruption des opérations des Alliés n'en fut pas moins essentiellement favorable à Augereau. Le temps seul pouvait lui permettre de compléter l'organisation de ses troupes, d'achever la formation de ses bataillons mobilisés de gardes nationales, de hâter la création de quelques corps de partisans et d'un certain nombre de compagnies franches. Il ne sut malheureusement pas profiter de cette fortune inespérée.

En l'appelant au commandement de l'armée de Lyon, l'Empereur avait généreusement oublié les défaillances passées du maréchal, son insuffisance pendant les derniers jours de la campagne de 1813, pour ne se souvenir que du brillant soldat de Lodi, de Castiglione et d'Arcole. Organisateur médiocre, Augereau ne possédait plus aucune de ses anciennes qualités. Mécontent et

---

où il n'avait que fort peu de monde, il n'en est pas moins certain que la dispersion de ses forces faillit lui être funeste, lorsque, obligé de se renfermer dans Genève, devant l'offensive momentanée d'Augereau, il fut un instant sérieusement menacé. On doit, par suite, reconnaître que Clausewitz a raison lorsqu'il condamne dans sa *Critique stratégique*, toutes les opérations secondaires de Schwarzenberg et en particulier le détachement de troupes en Savoie.

découragé, indécis et raisonneur, le maréchal, loin de répondre à la confiance de celui qui, en devenant son souverain, n'avait jamais cessé d'être son ami, n'osera même pas se conformer à des instructions d'une incomparable netteté. Bien que sa responsabilité fût couverte par des ordres formels, il ne donnera pas une seule fois, pendant toute la durée de cette campagne qui eût pu immortaliser son nom, la moindre preuve de cette énergie instinctive qui avait fait sa gloire, de cet élan irrésistible qu'il avait su imprimer jadis aux soldats de sa division, de cette confiance aveugle dans le succès final qu'il avait eu un jour la gloire de faire partager et d'inspirer à Bonaparte.

CHAPITRE VI.

BRIENNE ET LA ROTHIÈRE (26 JANVIER. — 3 FÉVRIER).

26 janvier. — **Situation générale de la France et de l'Empereur.** — Au moment où l'empereur Napoléon et Blücher arrivent presque simultanément sur la Marne, l'état matériel et moral des armées françaises et coalisées présente des particularités tellement exceptionnelles, qu'on ne saurait entreprendre l'exposé des opérations avant d'avoir jeté un coup d'œil, d'une part sur la situation qu'un concours de circonstances, plus fâcheuses les unes que les autres, avait faite à l'Empereur, de l'autre sur l'intensité des différents courants politiques qui, ballottant le quartier général des souverains, modifiaient tour à tour, et dans les directions les plus diverses, la nature et le caractère des opérations des armées alliées.

Jamais général en chef n'avait été plus insuffisamment secondé, jamais souverain n'avait été plus mal servi que Napoléon pendant les quelques semaines qui s'étaient écoulées depuis la reprise des hostilités et cependant, malgré les symptômes significatifs qui avaient dû frapper un esprit aussi observateur que le sien, il ne pouvait encore se résigner à admettre que l'ingratitude, produite par le découragement et la satiété, eût jeté de si profondes racines dans le cœur de ceux qu'il croyait s'être attachés à tout jamais par d'incessants bienfaits. Il se refusait à croire que les soldats de fortune qu'il avait, en récompense de leurs services, couverts d'honneurs, comblés de dignités, enrichis par des donations, qu'il avait faits maréchaux d'Empire, ducs et princes, qui lui devaient tout, jusqu'à leur gloire, lassés de combattre, resteraient froids et indifférents en présence du péril qui menaçait le pays. Il ne voulait pas se faire à l'idée que, croyant avoir suffisamment payé leur dette à leur bienfaiteur et à la France et semblables aux courtisans arrivés au faîte des grandeurs, ils n'aspiraient plus, pour la plupart, qu'à un repos leur permettant de jouir en paix d'un bien-être et de richesses qu'ils devaient à sa générosité. Leur zèle s'était refroidi, leur dévouement s'était affaibli depuis le moment où ils avaient constaté que l'astre du grand capitaine déclinait. Les neiges et les glaces de l'hiver de 1812 avaient éteint dans leur cœur les dernières lueurs des belles et grandes ardeurs de 1806, 1807 et 1809. La retraite de Russie et le désastre de Leipzig avaient ébranlé la foi, jusque-là aveugle, des maréchaux dans la fortune, dans le génie et dans l'invincibilité du plus illustre des hommes de guerre.

Mécontents et découragés, ils déployaient une mollesse inusitée dans l'exercice du commandement ; ils apportaient une négligence condamnable et une mauvaise volonté presque criminelle dans l'exécution des ordres grâce auxquels l'Empereur espérait parvenir à sauvegarder l'intégrité du territoire national. Convaincus de la stérilité de la lutte que Napoléon était décidé à soutenir et de l'impossibilité de sauver le pays, ils préparaient, inconsciemment sans aucun doute, sa perte, en renseignant incomplètement l'Empereur et en désespérant d'une situation assurément grave, mais qu'ils croyaient superflu d'examiner et d'approfondir.

Motifs de l'envoi de Berthier aux avant-postes. — État d'esprit des maréchaux. — C'est pour cela même que, guidé par son merveilleux instinct des choses de la guerre, l'Empereur, retenu à Paris par la tâche complexe qu'il avait à remplir, par la solution de questions urgentes et par les difficultés de toutes sortes qu'il lui fallait aplanir et surmonter avant de rejoindre l'armée, avait fait partir Berthier le 20 janvier pour les avant-postes. C'est pour cela aussi que le major général avait essayé de reporter les maréchaux en avant et obligé Victor à livrer, quoique sur une position défavorable, les combats de Saint-Aubin et de Ligny. Napoléon espérait, et par ses reproches et par les instructions qu'il avait chargé le major général de leur transmettre, réveiller le zèle de ses lieutenants, qui depuis l'entrée des Alliés en France s'étaient complus dans une impardonnable mollesse, s'étaient renfermés, pour la première fois, dans un formalisme nouveau chez eux, étaient retombés dans des errements surannés contraires aux préceptes que Napoléon pensait à bon droit leur avoir inculqués, et aux principes qu'il n'avait cessé d'appliquer victorieusement depuis près de 20 ans. Ils s'endormaient dans l'inaction et la routine au moment même où, pour employer une des expressions de Clausewitz, « il eût fallu s'élever au-dessus des règles habituelles et remplacer la guerre méthodique par la plus extrême audace. » Malgré l'insuffisance des moyens mis à leur disposition et la faiblesse de leurs troupes, les maréchaux, à l'exception du duc de Trévise, auraient pu, nous l'avons signalé, tirer parti des obstacles naturels qui séparent la vallée du Rhin des plaines de Champagne. Et cependant ils avaient abandonné, presque sans combat, le Hunsrück et les Vosges, le Jura et les Ardennes, la Sarre et la Moselle, la Meuse et la forêt de l'Argonne. Ils n'avaient pas une seule fois essayé de profiter des fautes, si nombreuses pourtant, des lenteurs inespérées de leurs adversaires et du morcellement si fréquent de leurs troupes. Ils n'avaient même pas une seule fois fait mine de s'arrêter. Perdant complètement de vue le but final, ils n'avaient pas su, pas voulu régler leurs mouvements, non seulement sur ceux de l'ennemi, mais même sur ceux de leurs collègues. Ils avaient, à maintes reprises, laissé échapper l'occasion d'infliger un échec partiel à l'ennemi, de contrarier ses projets en arrêtant ou tout au moins en ralentissant sa marche et de procurer à leur chef, à leur souverain, le temps dont il avait besoin pour parvenir à s'opposer avec quelques chances de succès, et à la tête de forces à peu près suffisantes, aux opérations des Alliés. S'il leur était impossible, nous n'hésitons pas à le reconnaître, de se conformer strictement au programme tracé par l'Empereur et de parvenir à *tenir l'ennemi loin de la Marne jusqu'au 12 février*, comme Napoléon l'avait prescrit à Victor[1], rien en revanche ne leur était plus aisé que de porter fréquemment le trouble dans les colonnes qu'ils avaient devant eux, et de leur faire perdre les huit à dix jours qui auraient complètement changé la face des choses et empêché la situation de revêtir le caractère d'extrême gravité qu'elle avait au moment où Napoléon arriva à Châlons.

Conséquences de la retraite précipitée des maréchaux. — C'est en cela surtout que consiste la faute, commise par Victor, Marmont et Ney, dans leur retraite précipitée et égoïste vers la Marne. On a, non sans raison, fait remarquer que l'Empereur était arrivé trop tard à Châlons, et que sa présence à l'armée aurait amené de tout autres résultats, s'il avait pris en personne

---

[1] MARMONT, *Mémoires*.

la direction des opérations dès le 20 janvier. « Il est à regretter, ainsi s'exprime A. G., l'ancien élève de l'Ecole polytechnique auquel nous devons les remarquables travaux sur les Maximes de Napoléon, qu'il ne soit pas venu prendre le commandement de ses troupes huit jours plus tôt. Il eût pu alors, négligeant complètement le gros de l'armée de Bohême, rallier entre Toul et Nancy Victor et Marmont, les renforcer des troupes de Ney et de Mortier, et reprendre, avec près de 40,000 hommes, l'offensive contre Blücher, le rejeter au delà de la Moselle et jusque sur la Sarre, malgré l'aide que le feld-maréchal aurait pu recevoir de l'aile droite de l'armée de Bohême. Puis, débarrassé de Blücher, Napoléon, ralliant alors Macdonald et ses nouvelles formations entre Bar-le-Duc et Châlons, se serait retourné contre Schwarzenberg, dont la position aurait été d'autant plus périlleuse qu'il aurait pénétré plus avant dans les bassins de la Seine et de la Marne. A la tête de 60,000 hommes, il l'aurait forcé à reculer ou, tout au moins, empêché d'avancer[1]. »

Il est incontestable que ce plan, qui est, d'ailleurs, à peu de chose près celui que Napoléon allait adopter quelques jours après La Rothière, eût produit à ce moment, du 20 au 25 janvier, les résultats qu'enregistre A. G., résultats infiniment plus considérables que ceux que la belle marche de l'Empereur contre Blücher allait amener quinze jours environ plus tard. Mais il nous semble qu'on doit moins reprocher à Napoléon d'être resté à Paris, où sa présence jusqu'au dernier moment était indispensable pour pourvoir à tous les besoins et achever les nouvelles formations, qu'à Marmont, à Ney et surtout à Victor d'avoir brusqué leur retraite au point d'avoir, dans leur précipitation, négligé de détruire les ponts de Frouard, de Bouxières et de Pont-à-Mousson, et de s'être repliés sans donner une direction rationnelle et uniforme à leurs mouvements, sans avoir fixé à l'avance un point de ralliement général et sans avoir tenté le moindre retour offensif. Il nous semble, en effet, que s'ils avaient seulement songé à se concerter entre eux et à concentrer sur un point donné leurs efforts et leurs troupes, ces maréchaux auraient pu au moins retarder suffisamment la marche des Alliés pour qu'en arrivant à Châlons le 26 au matin, l'Empereur pût, en

---

[1] A. G., *Maximes de Napoléon*, page 11.

raison même des positions occupées par des adversaires rendus naturellement plus hésitants et plus circonspects par la résistance qu'ils auraient trouvée en chemin, diriger ses premiers coups contre Blücher, encore séparé de l'armée de Bohême. Il avait alors de grandes chances de lui infliger une défaite dont l'effet immédiat et les conséquences ultérieures eussent été d'autant plus considérables que cet échec aurait servi, aux détracteurs et aux ennemis du feld-maréchal, d'argument irréfutable pour anéantir à jamais son influence et pour imposer silence pendant tout le reste de la campagne aux voix qui, dans les conseils des souverains alliés, ne cessèrent de défendre et firent, en fin compte, triompher la cause de l'offensive. »

Observations sur le choix de Châlons comme point de concentration. — On a d'autre part critiqué, mais à tort, d'après nous, le choix fait par l'Empereur de Châlons comme point de réunion générale des troupes qu'il rassemblait. On a prétendu, avec Clausewitz, qu'au lieu de se décider à combattre les Alliés entre la Marne et l'Aube, Napoléon aurait dû choisir dès le début de la campagne une position au sud-est de Paris et se concentrer dans le bassin de la haute Seine sur une position défensive, en arrière du canal de Bourgogne, près de Dijon, appuyée sur Auxonne et Besançon et couvrant la route de Paris à Lyon. Mais en admettant, même pour un moment, que Napoléon eût pris en personne le commandement des forces massées sur ce point, il n'aurait pu y amener et y réunir qu'une armée bien inférieure en nombre à celle de Schwarzenberg. De plus, au moment même où des considérations de toute nature lui imposaient le devoir de couvrir sa capitale, il aurait, en venant se poster sur ce point excentrique, ouvert à Blücher la route de Metz à Paris, abandonné sans défense la grande ville où grondait déjà sourdement un orage auquel lui seul était capable de tenir tête et fourni un argument sans réplique aux menées occultes des agents royalistes, aux intelligences que les émissaires des Alliés et des Bourbons y entretenaient, à l'agitation qu'ils y fomentaient et à l'opposition de plus en plus accentuée qu'ils avaient su y créer. Prendre position vers Dijon, s'éloigner de Paris au point de ne pouvoir, après avoir battu Schwarzenberg, revenir sur Blücher avant l'apparition des colonnes de l'armée de Silésie en vue de Paris, c'eût été fournir à la coalition des armes dont elle n'eût pas manqué de se servir. Sans même essayer de reconstituer ce qui aurait pu se passer alors dans les conseils des souverains, il est permis d'affirmer que Blücher, cette incarnation vivante de l'offensive dans les armées alliées, aurait d'autant moins hésité à laisser Schwarzenberg supporter à lui seul tout le poids des efforts de l'Empereur, que dès le mois de novembre 1813, le feld-maréchal prussien et ses collaborateurs les plus intimes étaient déjà intimement persuadés qu'il n'y avait qu'un seul moyen d'en finir sûrement et rapidement avec Napoléon, et s'étaient infructueusement efforcés de convaincre les souverains de la nécessité, de la réussite certaine et de l'infaillibilité d'une marche immédiate sur Paris. En dépit des ordres les plus formels, malgré les échecs qu'aurait pu éprouver l'armée de Bohême, au risque de s'exposer en fin de compte, s'il eût été abandonné à ses propres forces, à une catastrophe et à un anéantissement complet, Blücher n'aurait pas manqué de profiter d'une circonstance qu'il appelait de tous ses vœux. Libre de toute entrave, prenant un élan nouveau, il ne se serait pas laissé détourner de la route directe et aurait poussé à marches forcées sur Paris qu'il aurait trouvé dégarni de troupes et livré sans défense à ses coups.

Erreur de l'Empereur relative à l'effectif des armées alliées. — Il faut toutefois reconnaître que l'Empereur a commis une erreur de calcul et que, malgré la difficulté des temps et l'épuisement du pays, il se berçait d'illusions, lorsque à son retour à Paris, en novembre 1813, et plus tard, même en dépit de la résistance qu'il rencontra de la part du Corps législatif, il persistait à croire qu'il parviendrait, en soulevant le pays entier, à réunir en quelques mois une grosse armée à la tête de laquelle il lui serait possible de tenir tête aux masses des Alliés et de défendre victorieusement sur les champs de bataille les destinées de sa dynastie et l'intégrité du territoire national.

Ce n'est pas, comme l'a avancé Clausewitz, parce que ses conquêtes et ses triomphes passés l'avaient rendu aveugle et présomptueux et parce qu'il professait pour la valeur d'un adversaire qu'il connaissait de longue date, un souverain mépris, qu'il ne rappela pas de Catalogne l'armée de Suchet; qu'au lieu de faire revenir le prince Eugène d'Italie, il lui prescrivit, au contraire, de chercher à prendre l'offensive contre Bellegarde ; qu'il laissa Maison tenir la campagne en Belgique et qu'il envoya même des troupes en Savoie, du côté de Lyon et sur l'Yonne. La politique a des exigences qu'un chef d'État ne saurait fouler aux pieds. N'ayant pas renoncé à l'espoir d'arriver, après une victoire, à une entente par la voie diplomatique, l'Empereur tenait à signer une paix honorable. Le grand homme de guerre qui avait promené à travers l'Europe ses aigles victorieuses, celui qui naguère encore tenait entre ses mains les destinées du monde civilisé, ne pouvait apposer son nom au bas d'un traité qui aurait avili la France et l'aurait humiliée en la réduisant au rang de puissance de deuxième ordre. Enfin, l'empereur Napoléon ne pouvait se résoudre à des concessions aussi dures qu'inutiles et se résigner à des sacrifices aussi pénibles que stériles ; car, laissant même de côté la question dynastique, l'abaissement de la France, en détruisant l'équilibre européen, loin d'assurer la paix au monde, aurait donné naissance à de nouvelles complications et amené à courte échéance de nouveaux désastres et de nouvelles guerres. L'empereur Napoléon, dans la situation que deux campagnes malheureuses, suivies de l'entrée en France des Alliés, lui avaient faite, ne pouvait plus que chercher à rassembler les forces strictement suffisantes pour livrer le plus tôt possible aux Alliés une bataille offensive, par cela même qu'il lui fallait avant tout provoquer un résultat décisif.

Les fautes commises par les maréchaux et l'obligation dans laquelle il s'était trouvé de masser ses troupes à Châlons, à cause de la disposition des esprits à Paris, ne lui laissaient plus d'ailleurs, du moment où ses adversaires étaient arrivés sur les bords de la Marne, la possibilité de retarder une bataille qu'il avait au contraire intérêt à livrer dans le plus bref délai possible. Il importait, en effet, de prévenir une concentration générale des Alliés et de les empêcher de se faire rejoindre par les corps poussés sur Saint-Dizier, Vassy et Joinville, par ceux qui venaient de Chaumont et des environs de Troyes, et par ceux qui, comme Wittgenstein et York, arrivaient de la Sarre et de la Moselle ou qui auraient pu être rappelés de Dijon, comme ceux placés sous les ordres du prince héritier de Hesse-Hombourg.

Motifs de la marche de l'Empereur sur Saint-Dizier. —

A son arrivée à Châlons, Napoléon trouve l'armée alliée en train de se masser sur l'Aube. Il prend aussitôt le seul parti rationnel et logique : celui de se porter de suite contre les troupes les plus rapprochées de lui. Il espère parvenir encore à réparer les fautes de ses lieutenants en tombant sur les corps alliés avant qu'ils aient pu achever leur concentration. Il veut écraser ce qu'il rencontrera à Saint-Dizier et se porter immédiatement contre Blücher, encore seul à Brienne.

Il nous semble, en effet, que si l'Empereur a commencé par marcher sur Saint-Dizier, c'est évidemment parce qu'il se ménageait, de cette façon, une dernière chance de tomber sur les colonnes ennemies échelonnées le long de la Marne, vers Chaumont et Langres. Avec ce coup d'œil qui lui permet d'apercevoir ce qui échappait à tout autre, avec cette rapidité de conception qui est le propre de son génie, avec cette décision immédiate, mais raisonnée cependant, à laquelle il a dû tant de victoires, nous le verrons changer ses ordres dès le moment où il aura connaissance de la marche de Blücher vers l'Aube, que le feld-maréchal se propose de passer à Lesmont, et, sans perdre une minute, il lui courra sus par la route directe de Montier-en-Der.

Ce sont là autant de mesures qu'il est obligé de prendre séance tenante, parce que, jusqu'au moment même de son arrivée à Châlons (la correspondance est là pour le prouver), aucun des maréchaux n'a songé à chercher à découvrir les intentions et les mouvements de l'ennemi. Et cependant on a reproché à l'Empereur une irritabilité nerveuse et des emportements bien naturels et bien explicables en présence de l'apathie et de la mollesse de ses lieutenants, en présence de la gravité de la situation, en présence des soucis dynastiques et des préoccupations militaires sous le poids desquels tout autre que lui aurait succombé.

Pour prendre un parti définitif, il n'avait manqué à l'Empereur que la connaissance exacte de la situation et que des renseignements qu'il va se procurer en personne. Sa présence va réveiller le patriotisme des populations, rendre au soldat la confiance dans ses chefs et imprimer aux opérations cette direction forte, énergique et unique dont elles avaient été privées par les rivalités et les dissentiments des maréchaux.

Situation au quartier général des Alliés. — Arrivée de l'empereur de Russie. — Si l'arrivée de Napoléon à l'armée allait mettre un terme aux incertitudes, aux timidités et aux hésitations, la présence à Langres de l'empereur de Russie, où il était depuis le 22, ne devait pas suffire pour assurer aux opérations des Alliés une cohésion et un ensemble qu'il est toujours difficile d'obtenir dans une armée composée d'éléments aussi multiples, pour faire taire les compétitions de toute nature, pour réfréner les courants divers qui, se manifestant à tout moment jusque dans l'entourage immédiat des souverains, influaient fatalement sur leurs déterminations, et surtout pour investir le généralissime d'un pouvoir réel, au lieu de l'autorité purement nominale qu'il avait exercée jusque-là. Alexandre Ier n'était pas le seul qui fût arrivé à Langres. Le roi de Prusse l'y avait rejoint le 25 janvier, et l'empereur d'Autriche lui-même avait suivi ce dernier à vingt-quatre heures d'intervalle. Tous ces princes traînaient avec eux un innombrable état-major de militaires et de diplomates, le prince Wolkonsky, Knesebeck, Nesselrode, Metternich, Stein, Hardenberg, Pozzo di Borgo et jusqu'aux représentants de l'Angleterre, lord Castelreagh, lord Aberdeen et sir Charles Stewart. On ne doit donc pas s'étonner si les moindres résolutions donnaient lieu à des discussions sans fin, si les moindres projets présentés à cet aéropage, aussi nombreux qu'hétérogène, demandaient de longues délibérations, et si les partisans de l'offensive, Blücher et son état-major, récriminaient à tout instant contre les lenteurs du quartier général, contre le caractère vague et terne d'instructions qui leur parvenaient la plupart du temps trop tardivement. Depuis l'arrivée des souverains, d'abord à Langres, puis à Chaumont, les hésitations s'étaient encore accrues et les divergences d'opinion s'étaient d'autant plus accentuées que le plan primordial d'opérations, qui seul avait été soumis aux souverains et qui seul avait reçu leur approbation, n'avait pas prévu la continuation des opérations au delà du plateau de Langres. Aussi, bien que nous ayons, au chapitre II, consacré quelques pages aux singulières relations des généraux alliés; bien que nous ayons, dans ce chapitre comme dans le suivant, indiqué sommairement les divergences d'opinion qui séparaient Blücher et Schwarzenberg, il importe, au point où nous en sommes, d'insister davantage sur cette question et de chercher à se rendre compte de ce qui se passait, dans les derniers jours de janvier, au quartier général des Alliés.

Dissentiments entre Blücher et Schwarzenberg. — Les quelques emprunts que nous avons faits à la correspondance de Gneisenau et de Knesebeck, les passages que nous avons extraits de la lettre adressée par le chef d'état-major de l'armée de Silésie à Radetzky, alors chef d'état-major général de Schwarzenberg, ont pu suffire pour révéler l'existence des divergences d'opinion entre les deux généraux. Mais ils n'ont mis en lumière qu'un coin du tableau et n'ont montré qu'incomplètement la grandeur des rivalités et l'intensité des dissentiments des généraux et des gouvernements.

Ce fut, comme nous l'avons dit, surtout à partir du moment où la grande armée fut arrivée à hauteur de Langres et de Chaumont que les dissensions causées par les intérêts essentiellement différents des coalisés prirent des proportions telles qu'il aurait pu facilement en résulter une véritable crise. Les arguments de Gneisenau n'avaient pas fait changer d'avis à Metternich. Il avait, au contraire, à force d'habileté, réussi à faire accepter ses idées pacifiques aux représentants de l'Angleterre, bien que le parti tory, alors à la tête des affaires et auquel ils appartenaient, allât encore plus loin dans ses désirs que l'empereur Alexandre lui-même et parût au fond décidé à ne pas cesser les hostilités avant d'avoir réussi à replacer les Bourbons sur le trône de France, ou, tout au moins, à amener la chute de l'Empereur.

Quant à Schwarzenberg, la lettre que, de Langres, il écrivit, le 26, à sa femme, bien que Radetzky lui eût vraisemblablement déjà communiqué à ce moment le réquisitoire de Gneisenau, donne une idée bien nette de la situation d'esprit dans laquelle il se trouvait : « Nous devrions faire la paix ici. Tel est mon avis. Tout mouvement en avant vers Paris est une faute contre les règles de l'art militaire. Notre empereur, Stadion, Metternich et même lord Castlereagh sont de cet avis; mais l'empereur Alexandre! Nous sommes arrivés au moment où il s'agit de prendre la plus grave des résolutions. Que Dieu nous protège dans cette crise..... »

Knesebeck, lui aussi, continuait à plaider la cause de la paix et se prononçait tout au moins en faveur des négociations et du *statu quo ;* mais, en revanche, Gneisenau et Blücher restaient inébranlables dans leurs idées d'offensive à outrance. Ils avaient gagné à leur cause Müffling, qui tenta, lui aussi, de convaincre le général Knesebeck de la nécessité et de l'urgence d'une marche immédiate sur Paris.

Mais ni Blücher ni Gneisenau ne se faisaient d'illusions sur les résultats que pouvaient produire leurs mémoires et leurs lettres. C'était par leurs actes qu'ils comptaient imprimer un peu plus de décision et d'activité à l'ensemble des opérations des armées. Ils s'étaient d'autant moins trompés dans leurs prévisions que, lors des innombrables conseils tenus à Langres, Knesebeck ne cessa de combattre leurs idées et essaya même de réfuter leurs arguments dans un mémoire, approuvé par le roi de Prusse, qu'il présenta, le 27 janvier, aux souverains, aux diplomates et aux généraux, et dans lequel il chercha surtout à contrebalancer l'effet qu'avait dû produire sur l'esprit de l'empereur de Russie une nouvelle lettre du chef d'état-major de l'armée de Silésie.

Rôle de l'empereur de Russie pendant les conseils de guerre. — Malgré tout l'intérêt que présentent des pièces qui, comme le mémoire de Knesebeck, concluaient à l'arrêt pur et simple sur la magnifique position de Langres, quelque curieuses que puissent être les indications contenues dans l'exposé de la situation rédigé par Schwarzenberg et présenté par le général Langenau, quartier-maître général de l'armée de Bohème, au conseil tenu à Langres, force nous est de renoncer à en donner l'analyse. Quelque courte qu'elle puisse être, elle nous entraînerait forcément trop loin et serait d'autant plus inutile que l'empereur Alexandre, confirmé dans des idées auxquelles il n'avait, d'ailleurs, jamais définitivement renoncé, par les nouvelles de Paris que venait de lui apporter son ancien précepteur Laharpe, encouragé et stimulé par Stein et Pozzo di Borgo, devait, après d'orageuses discussions dont nous retrouverons la trace, obtenir enfin du conseil la continuation des opérations. C'est bien là ce qui ressort de la lettre que Schwarzenberg écrivait le 27 à la princesse : « Les circonstances sont tellement graves ! Ce n'est pas la raison, mais bien l'inconséquence et la légèreté qui guident les pas d'Alexandre. Ce qu'il recherche, c'est l'éclat, c'est le monde avec ses préjugés. L'intelligence ne sert à rien ici. Je crois que nous irons jusque vers Paris, peut-être même jusqu'à Paris. Mais y trouverons-nous la paix ou bien nous précipiterons-nous dans un abîme? Pour ma part, j'opine pour le chaos. »

L'empereur Alexandre, de son côté, avait cependant été contraint de faire à Metternich, Castelreagh et Schwarzenberg, au roi de Prusse lui-même, qui ne savait pas encore s'il devait se rallier à l'avis d'Alexandre ou suivre les conseils d'Hardenberg et de Knesebeck, une concession qui dut lui coûter cher. Il lui avait fallu consentir à l'ouverture des négociations et à la réunion du congrès de Châtillon, pour obtenir en revanche la promesse que l'armée de Bohême reprendrait enfin sa marche interrompue et se porterait sur Troyes. L'idée bien arrêtée au quartier général consistait, d'ailleurs, à exécuter ces mouvements avec une méthode et une prudence telles que, tout en s'avançant, on n'en aurait pas moins gardé la facilité de pouvoir revenir à tout instant sur Chaumont et Langres. La marche de Blücher allait, nous l'avons indiqué en passant au chapitre III, se charger de réduire à néant les élucubrations prudentes et ingénieuses qu'on avait si soigneusement échafaudées à Langres. Quant aux dissentiments, ils n'en continuaient pas moins, et si l'empereur Alexandre était très irrité contre Schwarzenberg, le généralissime (et ce sont là les dernières pièces sur lesquelles nous nous appuierons avant de reprendre la suite de notre travail) n'avait pas renoncé, malgré le semblant de concessions qui lui avait été arraché, à son idée de rester à Langres et à Chaumont. C'est ainsi que le 28, écrivant à l'empereur d'Autriche, il lui exposait sommairement les opérations des derniers jours, lui expliquait les motifs pour lesquels il n'avait pas cru devoir marcher plus vite, et lui demandait des ordres formels l'autorisant à se porter en avant au delà de Chaumont [1].

Lettre de l'empereur d'Autriche au prince de Schwarzenberg. — La réponse de l'Empereur ne se fit pas attendre. Dès le lendemain, il adressait au prince de Schwarzenberg la dépêche qu'on va lire et qui nous paraît caractériser, mieux que

---

[1] Schwarzenberg à l'empereur d'Autriche, Langres, 28 janvier. (*K. K. Kriegs Archiv.*, I, 540.)

ne pourrait le faire tout autre document, la nature des relations existant entre Schwarzenberg et l'empereur Alexandre, et définir bien nettement la situation des esprits au grand quartier général :

« Chaumont, 29 janvier 1814. — « Même après avoir repris Joinville et lorsqu'on aura rejeté l'ennemi sur Vitry, on ne devra pas, tant que l'ennemi sera à Châlons, aller de Bar-sur-Aube à Troyes. On ne doit pas oublier que l'ennemi peut, du sud de la France, se porter contre la gauche, où les Alliés ont peu de monde, et qu'il est de toute nécessité de tenir fortement la route qui, en cas d'échec, servirait à la retraite.

« Il est donc indispensable, et de ne pas s'avancer, et de prendre toutes les mesures éventuelles pour un mouvement rétrograde.

« *Si, en dépit du sens commun, l'empereur de Russie se prononçait en faveur de la marche en avant, vous insisterez sur la réunion préalable d'un conseil de guerre, et vous pouvez être certain que j'appuierai vos idées* [1]. »

Pour terminer, par des faits, cet examen de la situation intérieure du grand quartier général, il suffira d'abord de se reporter aux ordres de marche donnés par Schwarzenberg à l'armée de Bohême et à la dépêche [2] par laquelle il invitait Blücher, qu'il informait de son arrivée probable à Troyes du 2 au 6 février, à couvrir ses derrières et ses communications en dirigeant le gros de l'armée de Silésie sur Vitry-le-François. Il conviendra de rechercher les motifs de la mission confidentielle auprès de Blücher, dont Schwarzenberg chargea le colonel baron Steigentesch, envoyé le 27 janvier au quartier général du feld-maréchal. Le colonel avait ordre d'exposer de vive voix à Blücher les motifs qui empêchaient la grande armée d'atteindre Troyes avant le 6 février, de le décider à ralentir en conséquence ses mouvements et d'obtenir de lui qu'il ne dépasserait pas Vitry. Il faudrait ensuite comparer ces pièces avec les mouvements vers l'Aube, exécutés par le feld-maréchal, et avec les instructions qu'il avait laissées à York. On verrait alors apparaître dans toute

---

[1] Empereur d'Autriche à Schwarzenberg, Chaumont, 29 janvier. (*Ibid.*, 1, *ad.* 672.)

[2] Schwarzenberg à Blücher, Langres, 21 janvier. (*K. K. Kriegs Archiv.*, I, 492.)

leur importance et leur étendue les idées si essentiellement différentes des chefs des deux grandes masses alliées; il serait alors aisé de comprendre que la haine, la passion et l'énergie de Blücher devaient, par la force même des choses et malgré la lettre de l'empereur d'Autriche, triompher des lenteurs calculées des arrière-pensées politiques, de la prudence raisonnée de Schwarzenberg, provoquer les événements que le généralissime voulait éviter et amener les premières grandes batailles, qu'il se souciait d'autant moins de livrer à ce moment qu'il redoutait un désastre.

D'ailleurs, et ce sont les derniers mots que nous dirons à ce sujet, si Blücher persistait envers et contre tous dans ses projets, le prince de Schwarzenberg ne se laissait pas non plus convertir, et voici ce qu'il écrivait dans une lettre confidentielle aux siens, le 29, lors du retour du colonel baron Steigentesch et après avoir pris connaissance d'un long mémoire de Gneisenau rapporté par cet officier : « Blücher et plus encore que lui Gneisenau, — car le bon vieux en est réduit à prêter son nom — poussent avec une rage tellement enfantine vers Paris, qu'ils foulent aux pieds toutes les règles de l'art de la guerre. Sans daigner faire couvrir par un corps d'effectif respectable la grande route de Châlons à Nancy, ils courent comme des fous jusqu'à Brienne. Sans se préoccuper de leurs flancs et de leurs derrières, ils ne font que projeter des *parties fines* au Palais-Royal. N'est-ce pas chose chose déplorable dans un moment aussi grave? »

Telle était la disposition des esprits au quartier général des Alliés à Chaumont et en particulier celle du généralissime pendant les jours qui précédèrent et suivirent l'arrivée de l'Empereur à Châlons, pendant les quelques jours qui lui suffirent et pour modifier complètement ses idées dès qu'il se fut rendu compte de la situation, et pour battre Lanskoï à Saint-Dizier et Blücher à Brienne. Et cependant, les difficultés pas plus que les déceptions n'allaient manquer à l'Empereur à Châlons.

Opinion de l'Empereur sur la situation. — Lettre à Belliard. — Qu'on parcoure la lettre qu'il adressait de Paris à Belliard, 36 heures au plus avant de se mettre en route, et l'on verra qu'il allait trouver une situation toute différente de celle sur laquelle il croyait pouvoir compter :

« Paris, 23 janvier 1814[1]. — .... Envoyez à la rencontre du général Lefebvre pour qu'il fasse dire à la cavalerie qui vient derrière lui d'activer sa marche. Mon intention est de partir demain soir et d'être le 25 à midi à Vitry où le général Lefebvre-Desnoëttes arrivera en même temps.... Je compte prendre l'offensive le 26. Je suppose que le duc de Bellune se sera maintenu à Ligny ou à Saint-Dizier, que le prince de La Moskowa avec les 1re et 2e divisions de jeune garde sera aux environs et que le général Gérard est à Brienne et le duc de Trevise à Bar-sur-Aube. Je réunirai toutes ces forces et tomberai sur le premier corps ennemi qui sera à portée. Tâchez qu'à mon arrivée à Châlons et Vitry, je trouve des renseignements qui me fassent connaître où il y a de l'infanterie ennemie, afin que je puisse combiner mon mouvement et lui tomber dessus. En général, le duc de Raguse doit se tenir prêt à remonter la Meuse..... Tenez secrète la nouvelle de mon arrivée..... Tâchez qu'à mon arrivée vous puissiez me dire ce qui se passe à Soissons et s'il y est déjà arrivé quelques bataillons et des canons..... »

Mais Mortier avait dû se replier sur Troyes, et Victor avait depuis longtemps déjà quitté Ligny et venait de perdre Saint-Dizier par sa faute. Quant aux effectifs mêmes, ils étaient loin d'être aussi considérables que ceux dont l'Empereur pensait pouvoir disposer d'après sa dépêche du 23 janvier au major général[2], dans laquelle il évaluait la force totale des troupes postées de la Marne à l'Aube à 80,000 hommes avec 300 bouches à feu. En réalité il n'allait pouvoir utiliser que les corps postés du côté de Vitry, savoir : le 2e corps (Victor) environ 10,000 hommes, le 6e (Marmont) 9,000, la garde (sous les ordres de Ney et Oudinot), un peu plus de 14,000 hommes, le 1er corps de cavalerie (Doumerc) 3,000 chevaux, le 5e corps de cavalerie (Milhaud) près de 5,000 chevaux, soit, en tout, de 41,000 à 42,000 hommes[3]. Il est, en

---

[1] *Correspondance*, n° 21,131.

[2] *Ibid.*, n° 21,127.

[3] A peine arrivé, Napoléon fit subir quelques modifications à cet ordre de bataille. Il plaça le général Gérard à la tête de la division Dufour (1re division de la réserve de Paris, qui était avec Mortier), de la brigade de cavalerie du général Piquet et de la division Ricard, que les troupes de Macdonald devaient remplacer aux Islettes. Il confia au maréchal Ney les divisions de jeune garde Decouz et Meunier, qui formèrent la réserve de la garde ; au maréchal Oudinot,

effet, impossible de faire figurer parmi les troupes à la disposition de l'Empereur, les 20,000 hommes que Mortier avait avec lui du côté de Troyes à Vendeuvre depuis l'arrivée des renforts venus de Paris. Il en est de même pour les 10,000 hommes avec lesquels Macdonald était encore en marche de Namur sur Châlons et avec lesquels il était à peine arrivé à hauteur de Verdun, et les 2,800 hommes confiés au général Allix, chargé d'opérer du côté de Sens et d'Auxerre.

Au moment où il arriva à Châlons, l'Empereur avait devant lui l'armée de Silésie, ou pour mieux dire, Olsufieff à Joinville, Lanskoï à Saint-Dizier et Sacken vers Vitry, soit de 27,000 à 28,000 hommes auxquels il pouvait opposer immédiatement Victor, Marmont et Ney, c'est-à-dire un nombre d'hommes à peu près égal. En effet, la disposition de Blücher pour les marches du 22 au 30 janvier, en admettant que rien ne vînt en entraver l'exécution, tendait à avoir le 30 son aile gauche, c'est-à-dire le gros de son armée, à Arcis-sur-Aube. Le feld-maréchal tenait à devancer la grande armée qu'il s'attendait à voir arriver à Troyes à cette époque. Son aile droite sous York devait, dans son esprit et d'après ses calculs être ce jour-là à hauteur de Saint-Dizier. Mais l'Empereur avait sur Blücher l'avantage de pouvoir réunir rapidement ses trois corps à Vitry et se porter avec eux sur Saint-Dizier d'où il espérait encore déboucher à temps pour parvenir — c'était là du moins le plan qu'il méditait avant de quitter Paris — à tomber sur les colonnes de Schwarzenberg échelonnées jusqu'à Langres.

Si l'on se reporte aux pages que nous venons de consacrer à l'examen de la situation des esprits au quartier général des Alliés, on ne pourra s'empêcher de reconnaître qu'il s'en fallut de bien peu pour que le plan de l'Empereur réussît. Et si Napoléon s'est vu forcé de modifier le plan auquel il avait donné la préférence, il faut au moins convenir qu'il a apporté dans l'exécution

---

la division Rottembourg et la cavalerie de Lefebvre-Desnoëttes. Le général Gérard, parti de Lesmont le 26 dans l'après-midi, dut, pour se rendre à Vitry, prendre par Arcis parce que la route directe par Rosnay était impraticable pour l'artillerie. Il est bon de rappeler que, le 25, 150 Cosaques avaient occupé Brienne et avaient, le 26, reconnu les positions de Gérard à Lesmont. Gérard arriva le 28 à Vitry et fut dirigé de là, le 30, sur Dienville, afin de s'assurer la possession du pont.

une rapidité comparable à celle qui, 18 ans plus tôt, lui avait valu ses premières victoires.

Projets de Napoléon aussitôt après son arrivée à Châlons. — Ordres de mouvement sur Saint-Dizier. — A peine arrivé à Châlons, après avoir écouté les communications du major général et comme il lui est encore impossible de démêler la vérité, il se décide, à 9 heures du matin, à masser ses trois corps à Vitry et à attaquer, le 27, Saint-Dizier. « Mon intention, écrit-il à Berthier[1], est d'attaquer demain (27). En conséquence, j'ai fait donner l'ordre[2] au général Ricard de se porter sur Vitry. Recommandez

---

[1] Napoléon à Berthier, Châlons, 26 janvier, 9 heures du matin. (*Correspondance*, n° 21.135.)

[2] « Ordre. — Châlons-sur-Marne, 26 janvier 1814, 9 heures 3/4 du matin.

« L'Empereur ordonne que le duc de Bellune prenne, sur-le-champ, position le plus près possible de Saint-Dizier, à cheval sur la route de Saint-Dizier à Vitry, appuyant sa droite à la Marne, près des postes. Le duc de Raguse prendra position une demi-lieue ou une lieue en arrière du duc de Bellune, à cheval sur le grand chemin. Le prince de La Moskowa, avec la 1re et la 2e division, de jeune garde, prendra position une demi-lieue ou une lieue en arrière du duc de Raguse, à cheval sur la route. Le général Lefebvre, avec sa cavalerie et la division du général Rottembourg, prendront position en avant de Vitry et derrière le prince de La Moskowa, à cheval sur la route. Le quartier général impérial sera ce soir à un village derrière le duc de Bellune...

« Tous les bagages inutiles doivent être renvoyés entre Vitry et Châlons... L'artillerie doit parquer avec les brigades en manœuvre de guerre... On travaillera à mettre en état la position de Vitry... On fera reconnaître la rivière de l'Ornain ; on s'assurera du pont de la route, du pont de Vitry-le-Brûlé, et on en fera construire un troisième, cette position devant être la position de retraite. » (*Correspondance de Napoléon*, n° 21.136.)

Macdonald avait, de son côté, reçu l'ordre de marcher de Verdun sur Châlons et d'avoir à occuper les Islettes. Enfin, l'Empereur avait, en outre, fait envoyer, dès la veille, 26 janvier, l'ordre suivant par Belliard au général Ricard, à ce moment encore à Sainte-Menehould :

« L'Empereur ordonne que vous vous rapprochiez de Vitry avec votre division. En conséquence, vous devez partir des Islettes à la réception de ma lettre et vous porter sur Bussy-le-Repos et La Motte-Hériton, tenant les embranchements des routes de Bar-le-Duc à Reims et Châlons, et de Vitry à Sainte-Menehould, ayant bien soin d'éclairer votre droite et de pousser des partis sur Bar-le-Duc et Revigny, ainsi que sur Sermaize. Je vous prie, général, de faire connaître votre départ de Sainte-Menehould et d'envoyer un officier au quartier général à Vitry aussitôt votre arrivée à votre nouvelle position. » (*Correspondance de Belliard. — Dépôt de la guerre.*)

Le général Ricard arriva à Bassuet le 27, après une marche des plus pénibles, en passant par Sainte-Menehould, Elize, Dampierre-le-Château, Dommartin-sur-Yèvre. De Bassuet, il dirigea 4 bataillons avec la cavalerie à Lisse, Saint-Quentin et Saint-Lumier. Ney envoya le même jour les divisions Decouz et Meunier prendre position, la 1re à Orcomte et, la 2e, à Faremont et Thiéblemont, en deuxième ligne de Marmont posté à Heiltz-le-Huttier.

au duc de Raguse de presser l'exécution de ce mouvement. J'ai donné l'ordre au général Lefebvre et à la division Ricard de se mettre aujourd'hui en route pour Vitry...... Allez reconnaître le terrain et prenez une position militaire en avant de Vitry, la plus rapprochée possible qu'il sera de Saint-Dizier, de manière que nous puissions toujours à volonté rétrograder sur Châlons ou passer la Marne à Vitry...

« ..... J'ai donné ordre au duc de Trévise et au général Gérard de se porter sur Vitry.

« Il faut avoir des renseignements sur ce que les ennemis ont à Saint-Dizier, qui les commande, et dans quel nombre ils sont. S'il n'y a que 25,000 à 30,000 hommes, nous pourrons les battre, et, si nous réussissons dans cette opération, cela changera tout l'état des affaires. Si, au contraire, on les laissait se concentrer, nous n'aurions plus de chances pour nous. Donnez l'ordre au duc de Bellune de se porter avec tout son corps à la position militaire la plus rapprochée possible de Saint-Dizier, et que l'on se pelotonne tout de suite derrière lui, afin d'attaquer demain matin. »

Ces ordres donnés, l'Empereur n'ayant plus rien à faire à Châlons où il laissait le duc de Valmy avec quelques douaniers et les quelques détachements nécessaires pour garder le parc de l'armée, se rend de suite à Vitry où il établit son quartier général, le 26 au matin, et où il pense qu'il sera plus à même de recueillir les renseignements et les informations dont il a besoin pour compléter les ordres qu'il vient de donner et que les maréchaux sont déjà en train d'exécuter.

Blücher continue sa marche vers l'Aube. — Positions de l'armée de Silésie. — Au moment où l'Empereur, arrêtant la retraite de ses maréchaux, reportait vigoureusement en avant ses colonnes, Blücher, informé vaguement de l'arrivée de Napoléon à l'armée, avait, d'autre part, eu connaissance de la retraite de Mortier de Bar-sur-Aube vers Troyes. Le feld-maréchal connaissant exactement les positions occupées la veille par les corps français autour de Vitry, persuadé que les maréchaux ne parviendraient pas à se rejoindre, avait persisté dans sa résolution et décidé de continuer sa marche vers l'Aube. Il espérait, de concert avec la grande armée de Bohême, bousculer les corps ennemis qui lui barraient la route de Paris, s'emparer de cette ville, et mettre en peu de temps fin à la guerre. Quittant à cet effet les positions qu'il occupait le 25, de Saint-Dizier à Joinville, il avait transporté son quartier général à Dommartin et envoyé le corps d'Olsufieff à Doulevant et à Dommartin, la division Liewen (du corps Sacken) à Soulaines et le corps du prince Stscherbatoff à Giffaumont. Ce dernier corps quitta, pour exécuter ce mouvement, la grande route de Vitry et prit à gauche par un chemin de traverse. La cavalerie de Biron était restée pendant la journée à la disposition du prince Stscherbatoff; mais le 26 au soir cette cavalerie fut replacée par ordre du général-lieutenant Wassiltchikoff sous le commandement du général Lanskoï, et Stscherbatoff reçut en échange le régiment de hussards de la Russie-Blanche, qui forma son avant-garde à partir du 27[1]. Quant à Lanskoï, il était resté à Saint-Dizier avec les troupes qu'il avait eues sous ses ordres pendant toute la marche vers la Marne, tant pour surveiller de là la route de Châlons par Vitry, que pour attendre sur ce point York, dont Blücher comptait toujours voir apparaître l'avant-garde le 28.

Mais York[2] ne reçut que le 26 au soir, à Pont-à-Mousson, la lettre que Blücher lui avait écrite le 25 de Gondrecourt et dont nous avons parlé au chapitre III. Ses troupes occupaient le 26 au soir les positions suivantes : l'avant-garde, sous le prince Guillaume de Prusse, était postée de Moulins jusqu'à Thiaucourt, et le colonel comte Henckel[3], qui formait la pointe d'avant-garde du Ier corps, dont le gros n'alla ce jour-là que jusqu'à Troyon, attei-

---

[1] Journal d'opérations du général-lieutenant prince Stscherbatoff :
C'est à tort que Damitz et Plotho attribuent une certaine part au général-lieutenant Wassiltchikoff dans les opérations du 23 au 26 janvier. Cet officier général ne marchait ni avec l'avant-garde du général Lanskoï, ni avec la première colonne de Sacken, celle du général-lieutenant prince Stscherbatoff, mais bien avec la deuxième.

[2] Il est impossible de ne pas signaler en passant la conduite du général von York qui, indigné des atrocités commises par les Cosaques de Platoff, rendit, par un ordre du jour qu'il rédigea au moment même où son corps commença son mouvement, ses généraux de brigade et ses officiers responsables des violences auxquelles se livreraient leurs soldats. Il chargeait, dans cet ordre, les officiers de faire comprendre à leurs hommes que c'était par leur discipline qu'ils parviendraient à gagner les populations à la bonne cause qu'ils défendaient, et interdisait d'une façon absolue les réquisitions de toute espèce. (Droysen, *Das Leben des Feldmarschalls Grafen York von Wartenburg*, t. II, p. 278.)

[3] Henckel von Donnersmarck, *Erinnerungen aus meinem Leben*, p. 261.

gnit encore le 26, très avant dans la soirée, il est vrai, et rien qu'avec sa patrouille de tête, Rupt-devant-Saint-Mihiel. La cavalerie de réserve du général von Jürgass était, au contraire, restée à Frêsne, tandis que la 1re brigade (Pirch II) venait à Marly, et la 2e (von Warburg), à Pont-à-Mousson[1]. Il lui était donc presque impossible de passer la Meuse à Saint-Mihiel avant le 28, jour où Blücher comptait être à Brienne.

Positions de l'armée de Bohême. — L'armée de Bohême[2], grâce à la lenteur savante et calculée avec laquelle les 117,000 hommes, dont se composaient les troupes en marche vers l'Aube, s'étaient portés en avant, était encore fort en arrière des positions occupées par Blücher. A l'extrême droite, la cavalerie de Pahlen (VIe corps) était seule à hauteur de la tête des colonnes de Blücher, et arrivait le 26 de Donjeux à Cirey-le-Château (aujourd'hui Cirey-sur-Blaise). Wittgenstein était de sa personne à Nancy, et, comme ses colonnes, après avoir défilé lentement pendant ces derniers jours par Nancy et par Toul, n'avaient atteint que les environs de Vaucouleurs, ce fut de Nancy que le commandant du VIe corps adressa, le 26, au généralissime le rapport suivant[3]. Il ressort de cette pièce que si Wittgenstein était à peu près au courant des mouvements de Blücher, il n'était guère renseigné sur ceux de Wrède, son voisin immédiat. Se conformant, du reste, aux ordres du généralissime, il jugeait aussi inutile de se porter en avant de sa personne que de presser la marche

---

[1] Le major von Biberstein bloquait à ce moment Sarrelouis avec 4 escadrons de landwehr. Le général-major von Röder investissait, avec la cavalerie du IIe corps (Kleist), Luxembourg et Thionville. L'avant-garde du IIe corps, avec le général-lieutenant von Zieten, était à Wittlich ; la 10e brigade (général von Pirch I), à Kaisersesch ; la 12e brigade (prince Auguste de Prusse) était arrivée à moitié chemin entre Kirchberg et Thalfang. Le général Borosdin (corps Langeron et corps de cavalerie du général-lieutenant baron Korff), qui devait être sous peu renforcé par le général Jussefovitch avec 2 bataillons, 5 escadrons et 1 régiment de Cosaques, surveillait Metz avec ses 14 escadrons, et le général Kapsewitch, avec le 10e corps russe (du corps Langeron, encore retenu devant Mayence), avait quitté le 17 janvier les bords du Rhin, se dirigeant sur Nancy.

[2] VIe corps (Wittgenstein) ; Ve corps (Wrède) ; IVe corps (prince royal de Wurtemberg) ; IIIe corps (Gyulay) ; Ier corps (colonne du comte Colloredo) ; réserves russes et prussiennes.

[3] Wittgenstein à Schwarzenberg, Nancy, 26 janvier. (*K. K. Kriegs Archiv.*, I, 592.)

de celles de ses troupes qui, sous les ordres du prince Gortchakoff, étaient restées en arrière depuis le moment où il avait passé le Rhin.

« Le général comte Wittgenstein au prince de Schwarzenberg. — Nancy, 26 janvier 1814. — « D'après une nouvelle qui me parvient à l'instant, le feld-maréchal Blücher, au lieu de rester sur sa position entre Commercy et Vaucouleurs, a continué sa marche par Joinville, Dommartin et Brienne sur Arcis, où il pense être le 30.

« J'ai par suite prescrit au général comte Pahlen de rester en communication avec lui et de se diriger sur Troyes par Vignory et Bar. Si cet officier général rencontre de ce côté la cavalerie du général comte Wrède, il a ordre de se porter plus à droite.

« Je serai demain à Toul, le 28 à Houdelaincourt, le 29 à Joinville, le 30 à Romilly et le 31 à Brienne, où je prendrai des dispositions en me conformant aux circonstances, si Votre Altesse ne m'a pas d'ici là envoyé de nouveaux ordres.

« Le prince Gortchakoff, qui est à Brumath avec les réserves, arrivera le 10 février à Brienne. »

A gauche de Wittgenstein, Wrède, avec ses Austro-Bavarois, restait encore le long du Rognon et s'échelonnait depuis Andelot jusque vers Clefmont.

Au centre, Gyulay, avec le IIIe corps, était toujours à Bar-sur-Aube. Il avait fait pousser par son corps volant, établi à Bar-sur-Seine, une reconnaissance qui, se dirigeant vers Troyes, trouva les avant-postes français établis à Saint-Parres-les-Vaudes. Les avant-postes de Gyulay, sur la route de Vendeuvre, étaient en vue de Le Magny, couverts par un ruisseau débordé et songeaient d'autant moins à réparer le pont que les Français avaient coupé en se retirant, que les petits postes français qui occupaient encore le 25 Le Magny, venaient d'être renforcés le 26 par l'arrivée de troupes d'infanterie et de cavalerie. La journée, de ce côté, se passa en manœuvres, et les têtes de colonne du IIIe corps se contentèrent de se montrer à La Maison-des-Champs pendant que les Cosaques se dirigeaient vers Bar-sur-Seine en passant par Beurey.

En fait de renseignements, Gyulay[1] annonçait seulement au

---

[1] Gyulay à Schwarzenberg, Bar-sur-Aube, le 26 janvier. (*K. K. Kriegs Archiv.*, I, 587.)

généralissime que le quartier général de Mortier était encore dans la nuit du 25 au 26 à Vendeuvre, que 1,500 hommes de troupes françaises s'étaient repliés de Brienne sur Troyes, enfin que Napoléon, parti le 20 (?) de Paris pour Châlons, comptait se jeter sur Blücher avec 30,000 hommes. Il signalait une fois de plus à Schwarzenberg l'immobilité de Platoff: « L'ataman comte Platoff [1] est toujours ici (à Bar-sur-Aube). Il doit, paraît-il, aller à Bar-sur-Seine, que mes troupes occupent depuis quatre jours. »

Derrière le IIIe corps, le prince royal de Wurtemberg était en deuxième ligne à Colombey-les-Deux-Églises, précédant les réserves russes et prussiennes de Barclay de Tolly, qui continuaient à se tenir échelonnées entre Chaumont et Langres.

Le feldzeugmeister Colloredo avec son Ier corps, composé désormais, depuis qu'il avait dû laisser la division Wimpfen devant Auxonne, de la division légère d'Ignace Hardegg, des divisions Bianchi et Wied-Runkel, de la division de grenadiers Hohenlohe-Bartenstein, de la division de cuirassiers du comte Nostitz et de la 2e division légère (prince Maurice Liechtenstein), formait une colonne spéciale dont la mission consistait à couvrir la gauche de la grande armée et à assurer les communications avec l'armée du prince héritier de Hesse-Hombourg, posté à Dijon et chargé de la direction des opérations militaires dans les vallées de la Saône et du Rhône.

Les troupes de Colloredo étaient encore assez loin en arrière, puisque leur tête de colonne seule avait atteint Châtillon et que sa queue était encore entre Saint-Seine et Dijon. Colloredo lui-même était à peu près à moitié chemin entre Châtillon et Saint-Seine, à Baigneux. Il se faisait flanquer sur sa gauche par le comte Ignace Hardegg, qui devait le lendemain se porter d'Alise-Sainte-Reine sur Montbard, où se trouvait le général de Vaux. Celui-ci, n'ayant avec lui que 400 hommes, avait quitté le 25 Flavigny, à l'approche des troupes autrichiennes [2]. Voyant qu'il

---

[1] Platoff et ses gens commettaient de telles atrocités que Müffling ne pouvait s'empêcher d'écrire, à la date du 25 janvier : « Les gens de Platoff se conduisent d'une façon scandaleuse et compromettent nos affaires. »

[2] Hardegg, dans son rapport de Sainte-Reine, 26 janvier 1814 (*K. K. Kriegs Archiv.*, I, 607, a.), demandait à Colloredo de lui faire parvenir de l'argent dont il avait besoin pour assurer le service des renseignements. Il informait en

n'y avait pour ainsi dire personne devant le comte Hardegg, Colloredo [1] prescrivit à la brigade Salms, qu'il avait postée à Lucenay-le-Duc et Bussy-le-Grand pour le cas où Hardegg aurait eu besoin de soutien, de reprendre le 27 la grande route de Châtillon.

La division légère du prince Maurice Liechtenstein [2] était à Ampilly, précédée par le corps volant du lieutenant-colonel comte Thurn, qui avait poussé, depuis le 24, jusqu'à Bar-sur-Seine, et par le parti du major prince Auersperg, qui était entré, le 26, avec deux escadrons de chevau-légers de Rosenberg à Mussy-l'Évêque (aujourd'hui Mussy-sur-Seine). Bien que Liechtenstein annonçât qu'il n'y avait pas trace de troupes ennemies du côté de Châtillon et communiquât à Colloredo des renseignements d'après lesquels les Français n'auraient eu que peu de monde à Troyes, et bien que Bar-sur-Seine fût déjà entre les mains de Thurn, Colloredo n'en crut pas moins nécessaire de porter une brigade d'infanterie et sa division de cuirassiers en soutien de la division légère. Aussi ne doit-on pas s'étonner si, bien qu'arrivé à Baigneux le 26, il mande à Schwarzenberg qu'il sera le 29 seulement à cheval sur la route près de Châtillon avec sa principale colonne prête à se porter en avant. Colloredo, qui se fera côtoyer pendant cette marche par Hardegg dans la direction de Tonnerre, mettra donc deux grands jours pour parcourir un peu plus de 30 kilomètres.

---

outre le feldzeugmeister que le chemin de traverse indiqué sur la carte et menant de Sainte-Reine à Montbard, était très mauvais jusqu'à Montbard, à peine praticable pour l'artillerie légère et ne devait être utilisé qu'en cas d'extrême urgence. Il annonçait, en outre, qu'il n'y avait à ce moment à Auxerre que 200 conscrits et 200 cavaliers.

[1] Colloredo à Schwarzenberg, Baigneux 26 et 27 janvier (*K. K. Kriegs Archiv.*, I, 586, et I, 607), et prince Maurice Liechtenstein à Colloredo, Ampilly, 26 janvier. (*Ibid.*, I, 586, *a*.)

[2] Liechtenstein termine sa dépêche d'Ampilly en disant à Colloredo : « Conformément aux ordres que j'ai reçus, je dois, de Châtillon, me relier aux troupes du prince royal de Wurtemberg, dont j'ignore absolument la position. Je ne pense pas que le IV⁰ corps soit à Joinville. Si Votre Excellence savait quelque chose à ce sujet, je lui serais bien reconnaissant de vouloir bien m'en informer. » N'est-il pas curieux de voir que, bien qu'il ne se fût produit aucun grand événement de ce côté, et bien que le IV⁰ corps n'eût fait à ce moment aucun mouvement, on n'ait pas jugé à propos d'indiquer à un général, chargé de se relier à ce corps, la direction au moins approximative dans laquelle il avait quelque chance de communiquer avec lui.

27 janvier. — **Combat de Saint-Dizier**. — Le 27 janvier, l'armée de Silésie tout entière, à l'exception du corps d'York, était arrivée sur l'Aube. En effet, si Lanskoï, qui avait servi jusque-là d'avant-garde à cette armée, avait été laissé à Saint-Dizier et s'était porté avec sa cavalerie en avant de cette ville jusqu'à Longchamp, pour être plus à même de surveiller les environs de Vitry, Blücher, avec Sacken et Olsufieff, avait, aux termes mêmes de la Relation sommaire des opérations de l'armée de Silésie[1], dépassé Brienne et poussé jusque entre Lesmont et Pougy[2]. Mais, dès le 27 au matin, l'Empereur avait fait partir de Vitry la cavalerie de Milhaud, suivie du 2ᵉ corps, soutenu lui-même par le 6ᵉ, par les divisions de la jeune garde et le 1ᵉʳ corps de cavalerie. Vivement attaquée et surprise à la pointe du jour par les cavaliers de Milhaud, la cavalerie du général Lanskoï fut ramenée d'abord sur Saint-Dizier. Son infanterie ne tarda pas elle-même à en être chassée par la division d'infanterie du général Duhesme, qui ne laissa pas à la cavalerie russe, renforcée cependant le matin par la brigade volante du prince Biron, le temps de faire sauter le pont. Chaudement poursuivi jusqu'à Eurville[3] par la cavalerie française, Lanskoï, dans l'impossibilité de se replier sur Vassy, d'où il aurait pu prendre par Montier-en-Der la route la plus directe menant à Brienne, se vit réduit à se diriger sur Joinville, pour y gagner la route de Brienne par Doulevant et Soulaines. Il s'arrêta le soir à Doulevant, tandis que la cavalerie française, qui avait poussé en avant par la route de Joinville et par celle d'Eclaron, atteignait Vassy[4].

---

[1] Kurzgefasste Darstellung der Kriegsbegebenheiten der schlesischen Armee im Jahre 1814. (*K. K. Kriegs Archiv.*, I, 31.)

[2] Positions des corps de l'armée de Silésie sur l'Aube le 27 au soir : Stscherbatoff, à Pougy ; Liewen, à Lesmont ; quartiers généraux de Sacken et de Blücher à Brienne ; Olsufieff à Tremilly (Journal d'opérations du général-lieutenant prince Stscherbatoff). Remarquons à ce propos que ce fut le 27 que Kleist reçut à Wittlich l'ordre par lequel on lui prescrivait d'être le 2 février à Saint-Mihiel et de faire marcher, par la route de Saint-Wendel, Hombourg et Sarreguemines, les troupes qui le suivraient pour se rendre de Trèves à Toul et Nancy. Les troupes de Kleist étaient, à la date du 27 : l'avant-garde, à Trèves ; la brigade Pirch I, à Hetzerath, et la brigade du prince Auguste, à Thalfang.

[3] Kurzgefasste Darstellung der Kriegsbegebenheiten der schlesischen Armee im Jahre 1814. (*K. K. Kriegs Archiv.*, I, 31.)

[4] Victor arriva à 5 heures du soir à Vassy avec le 5ᵉ corps de cavalerie et le 2ᵉ corps d'infanterie, moins la division Duhesme, qui prit position à mi-

Positions des Français après la prise de Saint-Dizier. — L'Empereur, avec le gros de ses forces, était arrivé en personne, à 9 heures du matin, à Saint-Dizier, où il avait été reçu avec un enthousiasme dont il est d'autant moins possible de contester la grandeur et la vivacité, que l'on en retrouve la mention jusque dans les rapports des généraux alliés. Marmont, Ney et Oudinot, avec la cavalerie de Doumerc, avaient pris position, dans l'après-midi du 27, en avant de Saint-Dizier. A l'extrême droite des Français, Mortier se repliait, par la route de Vendeuvre, sur Troyes, où il recevait, dans la matinée du 27, l'ordre de rester dans cette ville et d'y tenir tête à l'ennemi. Le général Bordesoulle occupait Arcis-sur-Aube. La division Dufour, qui avait été à Brienne le 24, mais qui, soit faute de sapeurs, soit par manque de temps ou par incurie, avait négligé d'en détruire le pont, avait passé par Arcis et était arrivée, le 27, à Vitry, où elle allait être rejointe, le même jour, par la division Ricard, venant des Islettes par le chemin de traverse d'Élize. Cette division devait être remplacée dans les défilés de l'Argonne par la division Brayer (du corps de Macdonald). Celle-ci, après avoir donné, le 26, à peu de distance de Sedan, contre la cavalerie du général Jussefovitch arrivée à hauteur de Mouzon et envoyée dans ces parages par Saint-Priest, avait perdu un temps précieux en se rejetant à droite sur Launoy et Rethel et n'avait repris que plus tard la direction de Vouziers et d'Autry, qu'elle atteignit le 29 seulement.

Cette inconcevable timidité de Macdonald, qui était le 27 à Mézières, lui avait fait perdre trois jours. Elle peut être à bon droit considérée comme la cause première de l'échec qu'il éprouva à La Chaussée, échec qui eut pour conséquence ultérieure la perte de Châlons.

---

chemin de Saint-Dizier, à Joinville. La cavalerie légère de Piré était, le 27 au soir, à Voillecomte, sur la route de Montier-en-Der; une des divisions de dragons, à Vaux-sur-Blaise, s'éclairant sur les routes de Doulevant et de Joinville; une autre division de dragons était en réserve à Attancourt; les gardes d'honneur à Humbécourt, poussant des partis sur Eclaron. Marmont couvrait la route de Saint-Dizier à Bar-le-Duc et occupait, avec des troupes des trois armes, Saudrup, à mi-chemin de Saint-Dizier à Bar, ainsi que Stainville sur celle de Saint-Dizier à Ligny. Ney était sur la rive gauche de la Marne, avec une de ses divisions sur la route de Saint-Dizier à Ligny. Oudinot et Lefebvre-Desnoëttes étaient, le 27 au soir, à Saint-Dizier même.

D'autre part, le détour que le maréchal avait cru prudent de faire et le retard qu'il n'avait pas hésité à se laisser imposer par quelques cavaliers, obligèrent l'Empereur à modifier la direction primitivement donnée à son corps et, comme le duc de Tarente n'arriva à Châlons que du 31 janvier au 1er février, il enleva à Napoléon toute possibilité de l'appeler à lui au moment où il livra la bataille de La Rothière.

En opérant avec cette décision et cette rapidité qu'il n'avait amais cessé de mettre en pratique et dont il avait tiré tant de fois un si grand parti, Napoléon avait réussi une fois de plus à surprendre ses adversaires et à se jeter entre les deux grandes portions de l'armée de Silésie, entre York et Blücher. Sachant désormais, par les renseignements fournis par les habitants de Saint-Dizier et par l'interrogatoire des prisonniers, que les corps de l'armée de Silésie étaient encore échelonnés de la Meuse à l'Aube, renonçant pour le moment à tomber par Chaumont sur la droite de la grande armée, il résolut immédiatement de continuer son mouvement contre Blücher et de chercher à le prendre à revers à Brienne [1].

Positions et ordres d'York. — Bien qu'York ignorât forcément à ce moment les événements de Saint-Dizier, il n'en avait pas moins reconnu déjà toute la gravité de sa situation. Il savait déjà que Macdonald se dirigeait de Namur vers l'Argonne et Châlons. La nouvelle, envoyée par Henckel, de la présence de troupes françaises à Bar-le-Duc, lui prouvait, en outre, que les Français, pour avoir réoccupé ce point par lequel Blücher venait de passer quelques jours auparavant, avaient dû arrêter leur mouvement de retraite, recevoir des renforts, s'être concentrés à Châlons, comme l'affirmaient, d'ailleurs, les émissaires qu'il avait

---

[1] Au général Clarke, duc de Feltre, ministre de la guerre, à Paris :
« Saint-Dizier, 28 janvier 1814. — Dans la journée du 28, je suis arrivé à Vitry. Le 27, je me suis porté sur Saint-Dizier, que l'ennemi occupait ; je l'en ai chassé. On lui a pris quelques pièces de canon, tué quelques hommes et fait quelques prisonniers. J'ai appris ici que Blücher, avec 25,000 hommes, s'était porté sur Brienne, où il arrive aujourd'hui. J'ai coupé la ligne d'opération et fait occuper Bar et je pars aujourd'hui pour me porter en queue de Blücher. S'il tient, il serait possible qu'il y eût une affaire demain à Brienne. Le duc de Trévise doit être sur Arcis-sur-Aube. » (*Correspondance*, n° 21.141.)

pu se procurer, et paraissaient disposés à contrarier sa marche sur Saint-Dizier. Déjà préoccupé sur le sort de son flanc droit exposé aux coups de Macdonald, il avait, en arrivant le 27 à Saint-Mihiel constaté qu'il était impossible de remettre en état le pont détruit par les Français. Il avait par conséquent dû se résigner à exécuter son passage plus en amont à Han-sur-Meuse, où il fit aussitôt jeter un pont à peu de distance d'un gué, parfaitement praticable d'ailleurs. La lenteur forcée du passage sur un pont volant, sur une simple passerelle par des temps de gelée et de verglas, allait encore retarder sa marche et augmenter les difficultés de sa situation.

Affaire de Bar-le-Duc. — Il chargea le corps volant du colonel Henckel et la cavalerie de réserve du général von Jürgass de couvrir sa droite et recommanda à ces officiers de marcher concentrés en prescrivant de plus à Henckel de se porter sans perdre un moment sur Bar-le-Duc où il espérait trouver encore des troupes russes du corps de Sacken. Afin de se procurer les renseignements que York tenait à avoir sur Bar-le-Duc, Henckel s'était fait précéder d'assez loin par le capitaine von Osten, avec 50 chevaux de la cavalerie de landwehr[1]. Cet officier arrivé à Bar-le-Duc à la nuit tombante vers 5 heures, poussa sans encombre jusqu'à la grande place et y aperçut, sans pouvoir distinguer les uniformes, un groupe de cavaliers tenant des chevaux devant la mairie. Convaincu qu'il avait devant lui des troupes russes en train de demander leurs billets de logement, il mit, lui aussi, pied à terre et pénétra dans la mairie où il ne fut pas peu surpris de se trouver au milieu d'officiers français. Sans perdre un seul instant son calme et son sang-froid, il sortit aussitôt de la salle et remonta à cheval pour se retirer; mais à peine avait-il rejoint ses hommes et leur avait-il donné l'ordre de remonter à cheval, qu'il vit arriver sur lui un détachement de cavalerie conduit par un officier qui avait fini par le reconnaître. Le capitaine von Osten chargea ces cavaliers et les poursuivit jusqu'au moment où ils furent recueillis par une grosse colonne de cavalerie. Il fit alors faire demi-tour à ses hommes. Mais ce ne fut plus qu'à

---

[1] 2 escadrons, d'après HENCKEL, *Erinnerungen aus meinem Leben*, p. 261.

grand'peine qu'il parvint à percer à travers une troupe d'infanterie qui essayait de lui barrer la route et à sortir de Bar-le-Duc. Cette échauffourée avait coûté 17 hommes au petit parti du capitaine von Osten. Lui-même ne s'en tira qu'avec une blessure assez sérieuse.

La cavalerie de réserve du général von Jürgass était venue le 27 à La Croix-sur-Meuse, et le prince Guillaume de Prusse jusqu'à Saint-Mihiel.

Positions et mouvements de l'armée de Bohême. — L'armée de Bohême n'avait guère fait plus de chemin le 27 que le 26.

Wittgenstein était encore aux environs de Toul, et Pahlen avait marché seul avec sa cavalerie de Cirey-le-Château (Cirey-sur-Blaise) jusque vers Eclance.

Quant à Wrède, il venait de se mettre en mouvement de Neufchâteau sur Chaumont, lorsqu'il reçut, le 27, au soir l'ordre de Schwarzenberg de prendre de Bourmont la direction de Vignory. Il établit par suite son quartier général à Clefmont, pendant que Frimont se cantonnait à Bourmont.

Les Wurtembergeois du IVe corps étaient toujours immobiles à Colombey-les-Deux-Eglises, derrière le IIIe corps. Suivant le mouvement rétrograde de Mortier qui avait pris position derrière la Barse au pont de La Guillotière[1] pour se porter éventuellement de Troyes vers Châlons par Arcis-sur-Aube, Gyulay avait fait observer de loin la marche du duc de Trévise jusqu'à Vendeuvre par la brigade du général Hecht, et l'avait fait surveiller jusqu'à Villeneuve-Mesgrigny (aujourd'hui La Villeneuve-aux-Chênes) par quelques escadrons de son avant-garde. Son gros était encore entre Le Magny-Fouchard et Bar-sur-Aube où il avait son quartier général.

Quant à Platoff, on était parvenu à le faire sortir de son immobilité. On l'avait fait partir de Bar-sur-Aube et, après avoir passé par Bar-sur-Seine, l'ataman s'était enfin décidé à se diriger sur Auxon, d'où il avait l'ordre de continuer avec ses Cosaques sur Moret et Fontainebleau.

---

[1] STÄRKE, Eintheilung und Tagesbegebenheiten der Haupt-Armee in Monate Januar (*K. K. Kriegs Archiv.*, 1, 30.)

Les corps volants du lieutenant-colonel comte Thurn [1] et du major von Selby étaient à Chaource aux sources de l'Armance et avaient informé le prince Maurice Liechtenstein de leur présence sur ce point.

La colonne de Colloredo presque tout entière avait fait repos dans les cantonnements qu'elle occupait déjà la veille. Liechtenstein, qui était toujours à Châtillon, avait signalé à son chef la retraite des Français sur Troyes [2] et lui avait transmis les renseignements que le lieutenant-colonel Thurn lui avait communiqués et qu'il avait fait parvenir, comme nous l'avons vu, au feldzeugmeister Gyulay. Seule la division légère du comte Ignace Hardegg avait poussé sur l'extrême gauche de Colloredo de Sainte-Reine à Montbard. Hardegg avait eu à Montbard la confirmation de l'évacuation d'Auxerre. Il avait appris également que 1,800 hommes de cavalerie et d'infanterie françaises avait pris le 24 la

---

[1] Le lieutenant-colonel comte Thurn au prince de Schwarzenberg :

« Chaource, 27 janvier 1814. — L'ennemi s'est posté hier sur la route de Vendeuvre à Troyes, à Villeneuve-Mesgrigny (La Villeneuve-aux-Chênes). Il tenait ses avant-postes à Briel et ses patrouilles poussaient jusqu'à Marolles (Marolles-les-Bailly).

« Aujourd'hui, on voit ses troupes se replier sur Troyes. Dimanche, les généraux présents à Troyes y ont tenu un conseil de guerre auquel ont assisté le préfet Caffarelli et le nouveau commandant de la place, le général Dulong. Il s'agissait de décider s'il convenait de défendre Troyes. Malgré l'opposition énergique faite par le général Dulong, on a pris la résolution d'évacuer la ville à l'approche des Alliés pour se replier sur la position de Nogent.

« Un de mes agents, parti de Paris le 23, me rapporte qu'il n'y avait à cette date que 10,000 hommes dans la capitale. Il n'a pas rencontré de troupes entre Paris et Troyes et il a remarqué des symptômes manifestes de découragement dans la population. Dans la nuit du 22 au 23, on avait écrit sur une foule d'endroits, dans presque toutes les rues de Paris, sur les murs des maisons, ces mots : « *La paix ou la mort du Tyran* ».

« L'Impératrice avait quitté Paris. On y disait, en outre, que les Anglais avaient débarqué à Dieppe. On prétendait avant-hier, à Troyes, qu'ils avaient déjà occupé Rouen.

« Enfin, j'ai appris que Caulaincourt aurait dit à Troyes, à une dame de ma connaissance, qu'il avait ordre de signer la paix, quelque dures que puissent être les conditions qu'on lui ferait.

« J'ai, avec le détachement du major von Selby, occupé aujourd'hui Chaource et informé de ce fait le feld-maréchal-lieutenant prince Moritz Liechtenstein, entré hier à Châtillon.

« Le comte Platoff est parti hier pour Auxon. » (*K. K. Kriegs Archiv.*, I, 615.)

[2] Moritz Liechtenstein à Colloredo, Châtillon, 27 janvier. (*Ibid.*, I, 607, b.)

route de Tonnerre à Paris, mais il lui avait été impossible de découvrir s'ils avaient continué sur Paris où s'ils s'étaient arrêtés à Troyes. Hardegg ajoutait encore [1] : « On ne voit, on ne sait, on n'entend rien de l'ennemi de ce côté. » Il demandait, en outre, à Colloredo ce qu'il devait faire des chevaux hors d'état de continuer à marcher. Bien que sa division n'eût pas eu de grosses fatigues à supporter, il prévenait Colloredo que, sa cavalerie ayant beaucoup souffert de la marche qu'elle venait de faire par des chemins impraticables, son artillerie ayant 3 pièces dont les affûts étaient brisés et nombre de caissons hors de service, il allait être obligé de faire, le 28, séjour à Montbard.

Motifs du mouvement de l'empereur Napoléon sur Brienne. — On a souvent reproché à l'Empereur la résolution qu'il prit après avoir chassé Lanskoï de Saint-Dizier, et critiqué la marche de flanc sur Brienne qu'il exécuta presque en vue ou tout au moins à peu de distance de l'armée de Schwarzenberg. Si l'on peut, jusqu'à un certain point, condamner l'espèce d'entêtement qui l'amena quelques jours plus tard à livrer, malgré lui, il est vrai, mais aussi en dépit de l'inégalité écrasante des forces, la bataille de La Rothière, on ne saurait en revanche rien trouver à redire au mouvement sur Brienne. La surprise de Lanskoï avait suffi pour rendre aux populations des espérances qu'elles avaient trop promptement perdues, et l'opération sur Brienne devait, dans l'esprit de l'Empereur, servir à prouver aux maréchaux qu'il fallait reprendre courage, qu'on n'était pas à bout de ressources et

---

[1] Hardegg à Colloredo, Châtillon, 27 janvier. (*K. K. Kriegs Archiv.*, I, 628, *b.*)

A ce rapport étaient joints les ordres suivants qu'Hardegg avait donnés à ses partis :

« Ordres pour le 27 janvier :

« Le détachement du major von Thurn reste à Semur avec un poste à Epoisses envoyant des patrouilles vers Savigny-en-Terre-Pleine, un poste à Millery avec patrouilles de Viserny à Saint-Just, un poste à Courcelles-Frémois avec patrouilles par Bierre, sur la route d'Auxerre. »

« Ordres pour le 28 janvier :

« Le détachement du major von Thurn marche sur Noyers et couvre le flanc gauche du corps.

« Le parti volant du lieutenant Hardegg va par Annay et Molay à Collan, sur la route d'Auxerre à Tonnerre, et envoie des patrouilles à gauche vers Châblis, à droite vers Tonnerre. S'il rencontre l'ennemi et se trouve trop faible pour lui résister, il se repliera sur Noyers. »

que, avec du jugement et de la résolution, on pouvait encore rétablir les affaires. C'est pour cela que, sans perdre une minute, il va employer la journée du 28 à marcher sur Brienne. Il espère y tomber sur les derrières de Blücher, le battre et le détruire avant sa jonction avec Schwarzenberg. Peu s'en est fallu que ce plan, si hardiment conçu et si résolument exécuté, ne fût couronné de succès puisque, pendant toute la journée du 28 et jusqu'à ce qu'un hasard providentiel lui eût révélé le danger qu'il courait, Blücher croyait qu'il s'agissait simplement d'une reconnaissance offensive absolument sans conséquence, et pensait que les Français avaient uniquement cherché à savoir si l'armée de Silésie se dirigeait sur Châlons ou sur Paris, en un mot, que les Français avait seulement voulu le tâter[1].

Comme nous l'avons dit, Napoléon pouvait à ce moment : ou continuer sa route vers la Lorraine pour arrêter York et se réunir à Macdonald, ou pousser sur Chaumont et Langres pour tenir tête à Schwarzenberg, ou redescendre vers l'Aube pour suivre et atteindre Blücher. « Napoléon, écrit à ce propos le baron Fain[2], s'arrête à ce dernier parti, qui doit prévenir la jonction des Prussiens avec l'armée autrichienne, qui peut sauver Troyes et qui, dans tous les cas, va faire tomber ses premiers coups sur son ennemi le plus acharné. »

C'est pour cela aussi que Napoléon choisit le chemin le plus court de Saint-Dizier à Troyes, par la forêt du Der, bien que ce soit un chemin de traverse difficile, mais parce que c'est aussi par là qu'on s'attendra le moins à le voir déboucher. D'ailleurs, quand il s'arrête à cette résolution, le temps est à la gelée, son armée est pleine d'enthousiasme, son artillerie est bien attelée, et par cette route de la forêt, il peut être en deux marches à Brienne. Il importe, d'ailleurs, de remarquer, qu'au moment où il prenait le parti de se jeter sur Blücher, Napoléon avait d'autant plus de motifs pour le faire, qu'il devait croire que le général Dufour avait détruit le pont de Lesmont, que le rétablissement de ce passage arrêterait Blücher, et que de plus, en opérant de

---

[1] Voir Kurzgefasste Darstellung der Kriegsbegebenheiten der schlesischen Armee (*K. K. Kriegs Archiv.*, I, 31) et Blücher à Schwarzenberg, de Brienne, 28 janvie· (*Ibid.*, I, 632).

[2] Fain, *Manuscrit de 1814*.

la sorte, il se rapprochait de son aile droite et comptait pouvoir manœuvrer de concert avec Mortier. A ceux qui lui reprochent de n'avoir pas préféré se porter vers Chaumont, il suffira d'observer qu'en manœuvrant de la sorte, il n'aurait réussi tout au plus qu'à séparer du reste de la grande armée Wrède, qui aurait pu continuer à filer sans encombre par Bar-sur-Aube ou par Vassy et Montier-en-Der, pour rejoindre Blücher.

On a encore critiqué la résolution qu'il avait prise en se portant par Montier-en-Der sur Brienne, et prétendu qu'il aurait mieux fait, ou de se diriger par Doulevant contre Gyulay et le prince royal de Wurtemberg, postés à Bar-sur-Aube et Colombey-les-Deux-Églises, ou de marcher de Vassy par Sommevoire sur Dienville [1], afin de couper les communications de Blücher avec Schwarzenberg. Cette dernière critique seule a une certaine valeur; mais il faut constater qu'en se portant sur Dienville, il était obligé de défiler presque en vue des troupes du IIIe corps, et que de plus, il sacrifiait complètement le facteur le plus important : le temps. Or, Napoléon sentait parfaitement qu'il n'avait pas une minute à perdre pour conserver quelque chance d'écraser Blücher, et pouvoir, après l'avoir rejeté vers la Meuse ou la Moselle, se retourner par Joinville contre Schwarzenberg qui, à la première nouvelle de la défaite complète de Blücher, n'aurait pas manqué de s'arrêter et de prendre une position défensive.

Enfin, il y avait encore une considération d'ordre moral qui devait décider Napoléon à essayer d'en finir avec celui de ses adversaires, qu'il considérait, à juste titre, comme le plus redoutable et le plus acharné, à cause de la haine qu'il portait à la France et de l'activité que, malgré son grand âge, il mettait au service de sa passion. Il était d'autant plus nécessaire de frapper un grand coup contre Blücher que, et ce sont les auteurs allemands eux-mêmes qui le signalent, l'arrivée de l'Empereur à l'armée avait suffi pour changer en peu d'heures l'attitude et l'esprit des populations. Droysen, dans sa *Vie du feld-maréchal*

---

[1] Le prince de Taxis (aide de camp de Wrède), entre autres, ne comprend pas, dans son *Tagebuch*, pourquoi Napoléon fait une marche de flanc de Montier-en-Der sur Lesmont par des chemins difficiles, et croit qu'il avait mieux à faire en attaquant directement, et de front, le VIe corps (Wittgenstein) du côté de Vassy, où ce corps arriva le 29 janvier. (*Tagebuch* du major prince Thurn et Taxis. — *K. K. Kriegs Archiv.*, XIII, 32.)

York, s'exprime à ce sujet de la façon suivante : « Il était évident qu'on était à la veille de grands événements, et les dispositions des populations s'étaient en un instant modifiées du tout au tout. L'arrivée de Napoléon et ses proclamations avaient réveillé leur patriotisme. La nouvelle que l'Empereur, avait pris l'offensive, avait ranimé les courages et les espérances. La levée en masse elle-même prenait un caractère grave et sérieux. Les villages se vidèrent ; les habitants, avec leurs bestiaux et leurs provisions, se réfugièrent dans les bois, y épiant les traînards et les petites patrouilles, leur tendant des embuscades, les désarmant et les massacrant. Dans les cantonnements, les crimes et les tentatives d'assassinat se multiplièrent. Il était impossible, désormais, de se faire un instant de plus illusion sur l'esprit du peuple : la véritable guerre allait commencer [1]. »

C'était là ce que Napoléon avait reconnu à Saint-Dizier, ce qu'il sentait, ce qu'il voulait, et, pour permettre à ce réveil de l'esprit national, à cette manifestation, peut-être un peu tardive, d'un patriotisme un moment assoupi, de se généraliser et de s'étendre, il lui fallait une victoire décisive. C'était cette victoire qu'il espérait trouver à Brienne.

Quant à Blücher, il est évident qu'il ne se rendait pas encore un compte exact des dangers de sa situation. Ses panégyristes ont beau dire qu'à la réception du rapport dans lequel Lanskoï lui faisait part des événements de Saint-Dizier, il avait sagement agi en ne rappelant pas immédiatement à lui la cavalerie qu'il avait détachée ; ils ont beau prétendre qu'en attendant en formation de combat l'attaque de l'ennemi pendant les journées des 28 et 29 janvier, il ne faisait que se conformer à ce grand principe en vertu duquel on doit obliger d'abord l'ennemi à se déployer, lui cacher soigneusement ses propres projets et ne prendre une résolution définitive, un parti décisif, que lorsqu'on est complètement fixé sur les intentions de son adversaire ; il n'en est pas moins incontestable qu'il crut d'abord à une simple reconnaissance offensive des Français, lorsqu'il reçut, le 28 janvier, à 6 heures du matin, la nouvelle que l'ennemi avait chassé Lanskoï de Saint-Dizier et l'avait poursuivi jusqu'au delà d'Eurville. Ce

---

[1] Droysen, *Das Leben des Feldsmarschalls Grafen York von Wartenburg*, t. II, p. 279 et 280.

fut seulement le soir que Lanskoï réussit à lui démontrer que l'ennemi cherchait à se jeter avec toutes ses forces entre lui et York et à couper ses communications avec Nancy [1].

28 janvier. — Mesures prises par Blücher. — S'il reste d'ailleurs les moindres doutes à ce sujet, le rapport même, que Blücher [2] adressa à Schwarzenberg, est de nature à les dissiper :

« Brienne, 28 janvier 1814. — « J'apprends ce matin à 6 heures que l'ennemi, probablement le corps de Victor renforcé, s'est avancé hier de Vitry à Saint-Dizier contre mon avant-garde qui, postée sur la route de Joinville à Saint-Dizier, s'est retirée jusqu'à Eurville.

« Les Cosaques disent que l'ennemi a occupé hier Vassy. J'ai donné l'ordre de s'en assurer. *Je crois qu'il s'agit simplement d'une forte reconnaissance faite pour savoir si nous allons sur Paris ou sur Châlons. Peut-être l'ennemi veut-il aussi nous tâter.*

« Les troupes russes de l'armée de Silésie sont sur la route de Joinville à Arcis, entre Brienne et Pougy. L'avant-garde de Wittgenstein, sous les ordres du comte Pahlen, se trouve à deux lieues au sud de cette route.

« Le corps du général York devait être hier à Bar-le-Duc, si l'ennemi ne l'a pas retardé par quelque démonstration, et aujourd'hui à Saint-Dizier.

« L'avant-garde, sous Lanskoï, était hier à Eurville. »

Il semble, d'ailleurs, pour des raisons toutes particulières, pour des motifs qui ressortiront de la suite de cette lettre, sur laquelle nous aurons occasion de revenir, que Blücher ne tenait pas à dire la vérité tout entière à Schwarzenberg, parce qu'il voulait avant tout éviter l'envoi d'un ordre formel le rappelant en arrière, et que, plus que jamais, il croyait au succès final de la marche sur Paris. Du reste, il faut bien le dire, la tranquillité de Blücher était plus apparente que réelle. Il est évident, en effet, que le feld-maréchal attachait déjà à la nouvelle de l'affaire de Saint-Dizier, si ce n'est toute la considération qu'elle méritait, du moins plus d'importance qu'à une simple reconnaissance offensive.

Jusqu'à ce moment, en effet, il avait pu admettre que l'Empe-

---

[1] Kurzgefasste Darstellung der Kriegsbegebenheiten der schlesischen Armee. (*K. K. Kriegs Archiv.*, I, 34.)

[2] Blücher à Schwarzenberg, Brienne, 28 janvier. (*Ibid.*, I, 632.)

reur, en prenant l'offensive, avait pour but unique de se rapprocher de Mortier que l'armée de Bohême observait. Croyant ainsi sa gauche et ses derrières parfaitement couverts, le feld-maréchal pensait pouvoir continuer à se porter sur Arcis, afin d'être de là à même, soit de déborder les positions des Français sur la Marne, soit de se réunir à l'armée de Bohême qu'il croyait, il est vrai, en marche et sur le point d'arriver à sa hauteur, tandis qu'au contraire, elle était restée pour ainsi dire immobile sur ses positions depuis plus de quatre jours. Aussi, lorsqu'il reçut, le 28 au matin, la nouvelle de l'échec éprouvé par Lanskoï, il renonça à son mouvement sur Arcis, et, comme ce général lui faisait part de son intention de se replier de Joinville par Doulevant et Soulaines sur Brienne, il crut prudent de maintenir le gros de ses troupes entre Brienne et Lesmont, tout en laissant continuer encore leur mouvement aux généraux Pantchoulitcheff[1] et Wassiltchikoff II, qu'il avait dirigés avec leur cavalerie, le premier vers Arcis-sur-Aube, le deuxième, sur la route de Ramerupt à Troyes. Mais il rappela à lui les partisans de Stscherbatoff, la cavalerie de Pahlen et la brigade volante du prince Biron. Stscherbatoff, qui avait jusqu'à ce moment battu l'estrade en avant de l'armée de Bohême (il s'agit ici du général-major de ce nom), rend compte en ces termes à Schwarzenberg, du mouvement qu'il a été obligé de faire pour se conformer aux instructions du feld-maréchal et de la nouvelle destination qu'il vient de recevoir[2] :

---

[1] Le lieutenant-général Wassiltchikoff au général-major Pantchoulitcheff :
« Brienne, 15/27 janvier 1814. — Le général-major Pantchoulitcheff ira de Coclois à Arcis-sur-Aube. S'il y trouve l'ennemi, il cherchera à le repousser et à s'emparer de cette ville et du pont. Si l'ennemi occupe ce point avec de l'infanterie en nombre supérieur, le général Pantchoulitcheff se retirera avec précaution et me fera connaître son mouvement. Si le général Pantchoulitcheff prend Arcis, il enverra des coureurs sur le chemin de Nogent et fera occuper par les Cosaques Méry-sur-Seine et Plancy-sur-Aube. Il laissera du monde à Aubeterre pour éclairer la route de Troyes. Le colonel Davidoff ira à Charmont avec le régiment de hussards de la Russie-Blanche et aura des postes à Luyères et à Bouy ; ces postes enverront des éclaireurs sur la route de Troyes. Le général-major Wassiltchikoff ira, sur la rive droite de l'Aube, jusqu'à Ramerupt et Arcis, et fera des partis sur Brébant et Mailly (route de Châlons à Ramerupt et de Châlons à Arcis). »
L'entreprise tentée contre Arcis, le 28, échoua parce que le général Bordesoulle avait eu le soin de faire barricader solidement le pont.

[2] Le général-major prince Stscherbatoff au prince de Schwarzenberg, Maizières, 28 janvier. (Original en français. — *K. K. Kriegs Archiv.*, I, 631.)

« Ce matin, étant sorti du village de Donnement pour aller à Arcis, le général-major Wassiltchikoff me communiqua l'ordre qu'il reçut du lieutenant-général Wassiltchikoff de marcher au plus vite sur Lesmont, de découvrir en même temps mon détachement et de me faire savoir que je dois me joindre à lui.

« En arrivant à Lesmont, je reçois un ordre du lieutenant-général Wassiltchikoff pour me mettre sur le chemin qui va de Giffaumont à Lesmont. En conséquence de quoi, je suis venu à Maizières d'où j'ai envoyé des partis à Montier-en-Der et à Donnement.

« Les partis que j'ai envoyés ce matin à Vitry et Arcis ne sont pas encore de retour, mais le premier a découvert qu'il y a à Vitry beaucoup de troupes ennemies.

« Les nouvelles, que j'ai eues des habitants, sont qu'il y a là près de 50,000 hommes, qu'il y a à Arcis 6,000 hommes ennemis et que les troupes alliées sont aux portes de la ville. En arrivant ici, un déserteur français s'est présenté chez moi. Il dit avoir vu lui-même, hier, Napoléon arriver avec 10,000 hommes de cavalerie et que le chemin de Châlons à Vitry est couvert de troupes.

« Le détachement du général-major prince Biron passant par ici, m'a dit que l'Empereur était à Vassy et à Joinville, et que ce détachement allait couvrir le flanc droit du corps du lieutenant-général Lanskoï. »

La brigade volante de Biron, dont un des escadrons surveillait des environs de Longeville, la route qui mène de Sommevoire à Brienne, avait poussé sur l'ordre qu'elle en avait reçu, jusqu'à Hampigny où elle arriva fort avant dans la soirée du 28 et d'où elle établit ses vedettes jusque vers Brillecourt.

En même temps, les généraux Pantchoulitcheff et Wassiltchikoff II avaient été avisés dans le courant de la journée d'avoir à se replier sur le gros du corps en ne laissant du côté d'Arcis et de Troyes que des postes d'observation. Olsufieff prenait des cantonnements resserrés dans Brienne même et aux environs de la ville. Sacken avait ordre d'en faire autant du côté de Lesmont et devait, en cas d'alerte ou d'attaque, poster une partie de son corps à Pougy et l'autre partie à Lesmont même.

Pour compléter ces mesures qu'il croyait nécessaire de prendre et en dépit de la tranquillité dont il faisait montre vis-à-vis du généralissime, Blücher avait encore, nous l'avons déjà dit, fait serrer sur lui la cavalerie du VI⁰ corps sous les ordres de Pahlen qui prévint de cette nouvelle destination le feldzeugmeister Gyulay. Des termes mêmes de cette lettre [1], il ressort manifestement que Blücher était loin d'être aussi satisfait de sa situation qu'il le prétendait dans ses dépêches à Schwarzenberg :

« J'ai eu l'honneur d'annoncer hier à Votre Excellence que je comptais être aujourd'hui à Piney, parce qu'une partie de l'armée du feld-maréchal Blücher devait arriver à Coclois. Mais le feld-maréchal Blücher m'informe que l'ennemi fait des mouvements sur sa droite et que le général Lanskoï, qui était à mi-chemin de Saint-Dizier à Vitry, ayant été chassé hier 27 de Saint-Dizier, s'est rejeté sur Joinville d'où il est parti ce matin pour aller à Doulevant. »

« Aujourd'hui l'ennemi a occupé Vassy et s'est montré à Giffaumont et à Chavanges. Jusqu'à présent, il est difficile de prévoir et de dire quelles sont ses intentions.

« Le général York devait venir aujourd'hui de Saint-Mihiel à Saint-Dizier, se poster sur le flanc droit du feld-maréchal Blücher. Peut-être l'ennemi cherche-t-il à contrarier cette jonction? Peut-être aussi veut-il se porter de Châlons par Arcis sur Troyes et veut-il par ce mouvement en avant nous dérober ses véritables projets? Enfin, il pourrait se faire qu'il voulût prendre l'offensive contre notre droite.

« Pour attendre le résultat et le développement des mouvements de l'ennemi, le feld-maréchal Blücher a fait aujourd'hui halte à Brienne et m'a invité à en faire autant de mon côté.

« J'ai été sur le point de m'arrêter à Éclance ; mais en raison des mouvements que l'ennemi a faits cette après-midi du côté de Chavanges, le feld-maréchal qui a employé du côté d'Arcis toute sa cavalerie sous les ordres du général Lanskoï [2], m'a prié de me poster derrière la Voire et de couvrir pour le moment sa droite. Je me porte par conséquent sur Lassicourt. La cavalerie du général Wassiltchikoff surveille et couvre le flanc gauche du feld-

---

[1] Pahlen au feldzeugmeister comte Gyulay, Brienne, 28 janvier, 4 heures après-midi. (*K. K. Kriegs Archiv.*, I, ad. 625.)

[2] Pahlen commet là une erreur. C'est le général Pantchoulitcheff et non le général Lanskoï, qui avait été envoyé du côté d'Arcis.

maréchal du côté de Troyes, et l'avant-garde de Votre Excellence pourra aisément se relier à cette cavalerie.

« J'aurai l'honneur de tenir Votre Excellence au courant des événements ultérieurs. »

Quant au général Lanskoï, il avait pu arriver vers le soir, le 28, à Doulevant et devait donc, selon toute probabilité, être à même de rallier Blücher le lendemain.

Mouvement de l'armée française sur Montier-en-Der. — Pendant ce temps, l'Empereur, laissant à Saint-Dizier la division Lagrange (du 6ᵉ corps) et le 1ᵉʳ corps de cavalerie (Doumerc) pour couvrir et cacher la marche des autres corps, avait continué, dès le point du jour, son mouvement sur Montier-en-Der. Sa petite armée marchait sur deux colonnes. Victor, avec le 2ᵉ corps (moins la division Duhesme, qui resta en position toute la journée et ne fila que le soir sur Vassy) et avec le 5ᵉ corps de cavalerie (Milhaud), reçut l'ordre de suivre la route de Joinville jusqu'à Rachecourt, puis, à partir de ce point, de se porter par la traverse sur Vassy et Montier-en-Der. La cavalerie et l'infanterie de la garde avaient pris droit sur Montier-en-Der par Éclaron, et plus à droite encore le général Gérard quittait Vitry avec les divisions Dufour et Ricard et la brigade de cavalerie du général Piquet, flanquant ainsi la droite de l'armée en marchant sur la route de Vitry à Brienne.

Le 5ᵉ corps de cavalerie (Milhaud) arriva à onze heures du soir à Longeville. Le général Milhaud fit occuper Boulancourt, à une demi-lieue de Longeville, par une brigade de cavalerie légère et trois compagnies d'infanterie légère. La division de dragons Lhéritier fut postée un peu en arrière de Longeville avec une de ses brigades à Louze.

Mais à la gelée du 27 avaient succédé la pluie et le dégel, et l'artillerie de Victor ne parvint qu'à grand peine à se tirer des fondrières des chemins de traverse par lesquels elle avait à passer à partir de Rachecourt.

Malgré les difficultés inouïes qu'elles eurent à surmonter, les troupes arrivèrent cependant le 28 au soir à Montier-en-Der[1],

---

[1] Grouchy (*Mémoires*) indique comme positions, le 28 au soir, Maizières pour l'avant-garde du 2ᵉ corps, soutenue par deux divisions de dragons, et

Marmont, après avoir attendu à Saint-Dizier le retour des reconnaissances envoyées sur Bar-le-Duc et sur Ligny, où ses cavaliers n'avaient pas trouvé trace des troupes alliées, puisque celles-ci n'arrivèrent que quelques heures plus tard à Bar-le-Duc, se portait à quatre heures de l'après-midi avec 1200 hommes d'infanterie (une brigade de la division Lagrange) et le 1er corps de cavalerie sur Éclaron pour continuer le lendemain sa marche sur Vassy. Il ne restait plus, dès lors, à Saint-Dizier, que le général van Merlen avec 800 fantassins, 400 chevaux et 4 bouches à feu.

Le général Gérard prit position, avec la division Ricard, en avant d'Arzillières ; la division Dufour restait en arrière de Braux-le-Comte[1]. Quant à la cavalerie du général Piquet, bien qu'elle eût reçu l'ordre de pousser encore, le 28 au soir, jusqu'à Montier-en-Der, elle ne put y arriver que le 29 au matin. Enfin, en présence du mouvement de Blücher sur Brienne, le major-général, sur l'ordre de l'Empereur, avait prescrit à Macdonald le 28 au soir, par une dépêche que le maréchal reçut à Rethel le 29 au matin, de se concentrer au plus vite à Châlons et de se diriger vivement sur ce point, au lieu d'aller, comme le voulaient les lordres précédents, sur Sainte-Menehould.

Pour ne pas interrompre la suite des opérations et des mouvements entre l'Aube et la Marne, nous indiquerons plus loin les particularités de la marche du duc de Tarente de Namur sur Châlons et Vitry.

Prise par les Cosaques de Stscherbatoff du lieutenant-colonel Bénard.

— Ce fut à ce moment aussi que les caprices de la fortune vinrent servir et sauver Blücher. Dès le 27 au soir, l'Empereur avait de Saint-Dizier fait partir pour Arcis-sur-Aube et Troyes des officiers porteurs d'ordres enjoignant à Mortier de se rapprocher de lui de façon à pouvoir former, à partir du 29, la

---

fait venir le reste de l'infanterie du 2e corps jusqu'à Longeville. Il y a là évidemment une erreur, puisqu'il est constant que Stscherbatoff occupait Maizières et y resta jusqu'au 29, et que le 2e corps n'arriva que fort tard, le 28 au soir, à Montier-en-Der.

[1] Koch commet une erreur en disant que Dufour occupa, le 28, Braux-le-Comte, puisque les avant-postes de Pahlen poussèrent vers le soir des pointes de ce côté sans rien rencontrer. — Voir Lützow, *Beiträge zur Kriegsgeschichte 1813-1814*, p. 173.

droite de l'armée. Un hasard heureux dessilla complètement les yeux de Blücher et lui permit de prendre encore, en temps opportun, les mesures nécessaires pour pouvoir faire face à un danger qu'il redoutait, mais qu'il ne croyait ni aussi sérieux, ni aussi imminent.

Avant de parler ici des différentes dépêches interceptées et dont les originaux existent aux Archives de la guerre à Vienne, il semble utile de reproduire les termes mêmes dans lesquels la prise du lieutenant-colonel Bénard est rapportée dans les *Tagesbegebenheiten der Haupt-Armee im Monat Januar*[1] à la date du 28 janvier : « Stscherbatoff prend, sur la route d'Arcis, un officier français envoyé par Berthier à Mortier à Troyes et porteur d'ordres enjoignant au maréchal de rallier, LE *29*, l'aile droite de Napoléon. Cette dépêche, interceptée, sauve l'armée de Silésie en révélant aux *Alliés* les projets de l'Empereur et en immobilisant la garde du côté de Troyes ».

La *Kurzgefasste Darstellung der Kriegsbegebenheiten der schlesischen Armee* attache naturellement beaucoup moins d'importance à ce fait qui se serait passé, d'après elle et d'après les auteurs allemands, le 29. Elle se contente de dire : « Les coureurs de Blücher ont pris le lieutenant-colonel Bénard qui portait à Mortier l'ordre de quitter Troyes avec la vieille garde et de rejoindre la droite de l'Empereur. Le général Colbert devait exécuter un mouvement analogue. Blücher est, dès lors, rassuré sur le sort de sa gauche et se décide à rester à Brienne. Il croit, en effet, que Napoléon se trouve, *sans s'en douter*, au milieu même des forces des Alliés. »

Des papiers et des dépêches trouvés sur le lieutenant-colonel Bénard, au moment où il se laissa prendre par les Cosaques du général prince Stscherbatoff, il ressort manifestement que cet officier avait rempli, sans encombre, une première mission, celle dont il avait été chargé le 24 à Châlons, par l'ordre de Belliard, puisque le général Dufour avait exécuté, depuis lors, les mouvements qui lui étaient indiqués dans la dépêche dont il est question au post-scriptum de cet ordre[2]. Bénard devait être moins

---

[1] *K. K. Kriegs Archiv*, 1, 30.

[2] « Ordre du général Belliard au lieutenant-colonel Bénard. — Châlons, le

heureux quatre jours plus tard, et il suffit de parcourir les trois dépêches dont il était porteur, et surtout celle adressée au général Bordesoulle, pour se rendre un compte exact de l'importance qu'allait avoir pour Blücher une capture qui le mettait d'une façon complète au courant de la situation et lui révélait, d'une manière absolument authentique et dans tout leur ensemble, les projets de l'Empereur :

« Ordre de Berthier au lieutenant-colonel Bénard [1]. — Saint-Dizier, le 27 janvier 1814.

« Il est ordonné à Monsieur Bénard, officier d'état-major, de partir de suite pour se rendre en poste en passant par Arcis-sur-Aube porteur *d'ordres très pressés* auprès de M. le général Bordesoulle à Arcis-sur-Aube, de M. le maréchal duc de Trévise à Troyes, et de M. le général Colbert à Nogent-sur-Seine. »

« Berthier au maréchal Mortier, duc de Trévise [2] — Berthier au général Colbert [3]. — Saint-Dizier, 27 janvier 1814, 7 heures du soir.

« Monsieur le maréchal duc de Trévise,

« Monsieur le général Colbert,

« Nous avons battu l'ennemi à Saint-Dizier; nous occupons Joinville, Bar-sur-Ornain, et nous sommes sur la ligne d'opérations de l'ennemi.

« Notre avant-garde est ce soir à Vassy, se dirigeant sur les derrières de l'ennemi. Manœuvrez pour rejoindre notre droite le plus tôt possible, afin qu'une bataille ayant lieu, vous soyez réuni à nous. Vitry est le pivot de toutes les opérations. »

---

24 janvier 1814. — « Il est ordonné à Monsieur Bénard, officier d'état-major, de partir de suite en poste pour se rendre à Bar-sur-Aube, en passant par Arcis-sur-Aube et Brienne-le-Château, porteur *d'ordres très pressés* destinés à M. le maréchal duc de Trévise. Sa mission remplie, il prendra les dépêches de M. le maréchal et rétrograde a sur le quartier général. »

« P. S. — En passant à Brienne-le-Château, cet officier remettra la dépêche à l'adresse du général Dufour. » (*K. K. Kriegs Archiv.*, I, 657, d.)

Le colonel Bénard, rentré de cette première mission, avait rendu compte à l'Empereur de ce qu'il avait vu, et Napoléon écrivant à Victor, de Vitry, le 26 à 4 heures de l'après-midi, lui disait entre autres : « Le colonel *Bernard*, mon aide de camp, qui a traversé tout le corps de Blücher, l'a estimé n'être pas plus de 20,000 à 25,000 hommes. » (*Correspondance*, n° 21.138).

[1] *K. K. Kriegs Archiv.*, I. 167, f.

[2] *Ibid.*, I, 657, c.

[3] *Ibid.*, 1, 657, d.

Les dépêches qu'on vient de lire contenaient déjà à elles seules des renseignements d'une inappréciable valeur pour Blücher. Elles lui indiquaient, en effet, les principaux points occupés par l'armée de l'Empereur le 27 au soir, ainsi que la direction dans laquelle il se proposait de marcher les jours suivants. Elles lui faisaient connaître, en outre, les mouvements qu'il comptait faire exécuter à Mortier et à Colbert et, en admettant même que, vu leur importance, ces ordres aient été envoyés en duplicata [1] et par une autre voie, Blücher pouvait aisément arriver à déterminer par un calcul des plus simples, le moment où ces forces seraient à même de rejoindre l'Empereur. Mais la fatalité, qui semblait s'acharner contre Napoléon, avait livré à Blücher un document plus circonstancié, plus complet et plus précieux encore : la dépêche de Berthier à Bordesoulle, dépêche qui allait élucider les points un peu obscurs des deux ordres précédents et mettre Blücher absolument au courant de la situation, des ressources, des intentions de Napoléon, des mouvements ordonnés à Gérard, à Colbert, à Pajol même, enfin des instructions précises que l'on croyait nécessaire de faire tenir au commandant de la place de Troyes.

« Le prince vice-connétable [2] (Berthier) au général Bordesoulle. — Saint-Dizier, 27 janvier 1814, 7 heures du soir.

« Monsieur le général Bordesoulle,

« Nous avons attaqué, aujourd'hui à 10 heures du matin, Saint-Dizier ; nous avons culbuté l'ennemi, fait des prisonniers et tué du monde. Notre attaque a été si brusque et si prompte, que l'ennemi n'a pas eu le temps de faire sauter le pont.

« Il paraît que le prince Cherbatoff (*sic*) sera dirigé, avec 7,000 à 8,000 hommes de toutes armes, de Saint-Dizier sur Montier-en-Der. Il a dû y arriver le 26 ; il pourrait donc être, aujourd'hui 27, entre Montier-en-Der et Brienne. Vraisemblablement, il appuiera les cosaques de Platoff, qui arrivent depuis quelques jours dans cette direction. Faites passer la nouvelle de notre avantage

---

[1] Le 28, à 10 heures du matin, on avait, en effet, expédié de nouveau à Mortier, par un officier du 38ᵉ régiment, l'ordre de rejoindre l'armée. Du 28 au 30 au soir, on ne trouve plus aucune trace d'ordres envoyés au duc de Trévise.

[2] *K. K. Kriegs Archiv.*, I, 623.

sur Saint-Dizier au général Pajol à Nogent-sur-Seine, et vous lui écrirez de la faire passer à Paris.

« Écrivez de même au commandant de Troyes. Ajoutez que nous apprenons qu'une grande partie de l'artillerie ennemie est embourbée dans une forêt, ayant voulu prendre la route directe de Saint-Dizier à Montier-en-Der.

« Sa Majesté suppose que le général Gérard est actuellement près de Vitry. Elle ignore où se trouve le duc de Trévise : on le croit à Vendeuvre. Ce maréchal n'a pas un moment à perdre pour se porter dans la direction de Vitry et former notre droite.

« L'Empereur se trouve ainsi sur les derrières de l'ennemi, que nous avons coupé et chassé par là Nancy, et notre avant-garde est ce soir, le 27, sur Vassy. Nous continuerons à marcher sur les derrières de l'ennemi avec une belle et bonne armée. Il reste à voir le parti que prendra l'ennemi après le nouvel état de choses. Vous et le général Pajol manœuvrerez en conséquence.

« L'Empereur désire beaucoup que le duc de Trévise ne s'expose pas et qu'il vienne rejoindre sa droite; que le général Colbert, qui n'a pas d'artillerie, traverse tout droit, prenant des informations dans le pays, sur les chemins, et vienne nous rejoindre.

« Nous marcherons certainement sur les derrières de l'ennemi. Comme il est probable qu'il se retournera contre nous, il est important que le maréchal duc de Trévise, les généraux Gérard et Colbert nous rejoignent.

« Le commandant de Troyes doit tenir le plus de temps possible, car il est probable que la direction prise par notre armée donnera à penser à l'ennemi. Si le commandant de Troyes croyait devoir se replier, il devrait le faire sur Nogent.

« Dans le cas où l'ennemi reviendrait sur nous et que le général Pajol ne fût pas occupé, vous et lui battrez le pays entre l'Aube et la Marne pour empêcher les partis de filer entre l'Aube et Châlons. Tâchez de faire connaître à chacun ce qui le concerne dans la lettre que je vous écris. »

Aussi Blücher pouvait-il, en expédiant de Brienne à Schwarzenberg, le 29 au matin[1], ces dépêches qui lui avaient été remises

---

[1] Blücher à Schwarzenberg, Brienne, 29 janvier. (*K. K. Kriegs Archiv*, I, 657.)

le 28 au soir ou au plus tard dans la nuit du 28 au 29, lui dire, sans risquer de se compromettre :

« Il résulte des pièces prises par mes cavaliers entre l'Aube et la Marne, du côté d'Arcis[1], que l'on n'a rien à craindre du côté de Troyes et d'Arcis, l'ennemi tirant toutes ses forces de là pour les porter sur Vitry. » Et il ajoutait : « Comme le général York doit se trouver probablement sur la grande route de Toul pour se relier aux généraux Wittgenstein et Kleist, et que notre ligne serait par trop longue si je la poussais d'Arcis par Brienne à Bar-sur-Aube, je m'approcherai de Bar-sur-Aube avec mon gros.

« Si l'ennemi venait avec son gros par Joinville sur Votre Altesse, je prendrais l'offensive, par Brienne et Bar-sur-Aube, sur son flanc droit, pendant que Votre Altesse le ferait attaquer dans la vallée de la Marne. » Il terminait enfin en disant : « Prière de donner à York et à Kleist des ordres leur permettant d'agir de concert avec nous.

« J'attends les ordres de Votre Altesse.

« *Le mouvement de l'ennemi ne me déplait pas, et il est très heureux que nous ayons intercepté ces dépêches.* »

Nous avons jugé opportun, bien que nous n'en soyons encore qu'aux événements du 28, de reproduire ici cette dépêche de Blücher, parce qu'elle complète l'exposé des faits relatifs à la prise du colonel Bénard, et parce qu'il était nécessaire d'être exactement fixé sur la date et le moment de la capture de cet officier. Il est, en effet, impossible, comme le prétendent les auteurs allemands, et d'après eux les auteurs français, que, porteur d'ordres très pressés, le colonel Bénard, parti de Saint-Dizier le 27 janvier à 7 heures du soir, ait été pris *le 29 à midi*, entre Arcis

---

[1] Le capitaine von Hardenberg, pris à Brienne au moment de la surprise du château, confirme, dans son rapport sur lequel nous aurons lieu de revenir un peu plus loin, notre opinion au sujet de la prise du colonel Bénard. Blücher avait expédié sa dépêche dès qu'il eut reçu les pièces trouvées sur le colonel, et n'avait pas attendu pour cela qu'on lui amenât l'officier français. Le rapport d'Hardenberg commence, en effet, par ces mots : « Le quartier général du feld-maréchal Blücher était établi à Brienne le 29 janvier. Vers midi, on nous amena le colonel Bénard qu'on avait fait prisonnier, et, quelques minutes après, on apprit que les Français attaquaient nos avant-postes. Le général remonta aussitôt à cheval avec les officiers de son état-major et de son quartier général, et se porta vers le point où l'artillerie était en batterie... » (Rapport du comte von Hardenberg, *Kriegsgeschichtliche Einzelschriften*, 1884, T. 5.)

et Vitry, par les coureurs de Stscherbatoff et ait mis 40 heures pour parcourir à franc étrier ou en poste une distance de 50 à 60 kilomètres. Il y a encore lieu de remarquer que le Journal de la grande armée de Bohême fait mention de ces faits à la date du 28, que le 29, Stscherbatoff, qui était déjà le 28 dans l'après-midi à Maizières, avait affaire avec la cavalerie de Milhaud. Le colonel a donc été pris vers Arcis-sur-Aube dans la matinée du 28. Autrement Blücher n'aurait pu expédier au généralissime les pièces en question que dans l'après-midi du 29, à un moment où, se trouvant déjà aux prises avec l'Empereur, il aurait sans aucun doute informé Schwarzenberg du combat qu'il avait à soutenir.

Bénard lui-même a, d'ailleurs, consigné dans son rapport l'heure précise de sa capture. Son rapport établit d'une façon irréfutable le fait essentiel et permet d'affirmer que, grâce à cette capture, Blücher savait, dès le début du combat de Brienne, à qui et à quelles forces il allait avoir affaire [1].

---

[1] Rapport du chef d'escadron Bénard à S. A. S. le prince de Neuchâtel, major général, etc. :

« Monseigneur, conformément à l'ordre du 27 janvier de Votre Altesse, je suis *partis* (sic) de Saint-Dizier porteur de dépêches pour le général *Bordesoul* (Bordesoulle) à *Arsi* (Arcis), pour le duc de Trévise à *Troies* (Troyes), et pour le général Colbert à Nogent-sur-Seine. Ayant éprouvé des retards à la porte de Vitry-le-François, je ne suis arrivé devant Arcis-sur-Aube que LE 28 A 10 HEURES DU MATIN. *J'ai été pris par les Cosaques et conduit à un quart de lieue sur la route de* Lémon (Lesmont), *au chef de* 400 *chevaux. Nous avons couché à* Lémon (Lesmont), *de bonheur. Le 29, j'ai été conduit au prince XXX,* commandant les partisans de *Pinay* (Piney), lequel, après avoir pris connaissance de mes dépêches, m'a envoyé à Brienne chez le maréchal *Blucker* (Blücher) qui, pendant l'attaque, me fit partir pour Bar-sur-Aube, où étaient les généraux *Julet* (Guylay) et le prince de *Villemberg* (Wurtemberg) avec son corps. Je pense que les divisions autrichiennes *Frenel* (Fresnel) et *Grainville* (Crenneville) étaient tant dans le Val-Perdu qu'à Vendeuvre. Le même jour au soir et pendant toute la nuit, les troupes prussiennes et russes, qui s'étaient battues à Brienne, se sont retirées en grande hâte sur Chaumont. Le 30, dans la journée et dans la nuit, elles sont revenues.

« Le 31, je me suis rendu à Nayseran. Près de Vendeuvre, par le Val-Perdu, j'ai remarqué des mouvements de troupes depuis Vendeuvre jusqu'au Pont-Neuf. Le 1er février, après l'affaire, les troupes ennemies sont venues se loger dans les villages circonvoisins de Vendeuvre ; il en a été de même pendant la journée du 2. Mais, au lieu des troupes de ligne, c'était la garde de l'empereur de Russie, ce qui m'a décidé à me rendre à Vendeuvre le 3 pour trouver près de M. de La *Vilneuve* des renseignements. Il m'a dit avoir *apris* du prince Colloredo que nous avions été *battu* et perdu 40 pièces de canon,

Il nous a semblé, en outre, qu'en présence des dissentiments de plus en plus profonds qui séparaient Blücher et Schwarzenberg, du courant d'idées qui dominait toujours au quartier général à Chaumont et dont nous aurons encore à nous occuper, la reproduction de cette dépêche servirait mieux que toute dissertation à mettre en lumière la transformation que le précieux avertissement qu'elle contenait, opéra dans le ton et dans l'attitude du feld-maréchal. Sa joie est d'autant plus grande, sa confiance en l'avenir d'autant plus illimitée et inébranlable qu'il est, désormais, sûr d'échapper à un désastre presque inévitable sans ce concours heureux de circonstances. Ainsi mis encore à temps au courant des intentions de Napoléon, Blücher sait, désormais, qu'il aura la possibilité de prendre ses mesures en conséquence, tandis que Schwarzenberg, ne trouvant plus de moyens dilatoires à opposer aux arguments de Gneisenau, va se voir contraint par l'Empereur de Russie à reprendre l'offensive et à renoncer à cette immobilité dont, malgré ses efforts, ses plaintes et ses objurgations, le maréchal *Vorwärts* n'avait pû parvenir à le faire sortir.

Mouvement du corps d'York. — Si l'Empereur, en prévision des événements qu'il allait provoquer, cherchait à rallier autour de lui ses différents corps, Blücher, de son côté, n'avait pas négligé de rappeler à lui York et se préoccupait — ses dépêches en font foi — des mouvements et de la marche du Ier corps. York avait, sur ces entrefaites, reçu simultanément, le 28 au matin, la nou-

---

qu'on allait poursuivre les succès en attaquant, à midi, l'Empereur sur *Troies*. A la vérité, j'ai vu passer à Vendeuvre, et se diriger sur *Troies*, des colonnes venant de Brienne et de Bar-sur-Seine. L'empereur de Russie et le roi de Prusse sont à Vendeuvre, ainsi que le prince *Scharsenberck* (Schwarzenberg).

« J'ai rejoint le quartier général en passant par la forêt d'Orient, le moulin de la Tombelle, où l'ennemi raccommodait le pont ; Villevoque, où il y avait un poste de 50 Russes (infanterie) ; *Ongon* (Onjon), Charmont et Troyes. Au commencement de la nuit, il a passé à Piney, sur la route de Troyes, 400 chevaux et un bataillon d'infanterie. »

Nous avons intentionnellement reproduit cette dépêche en la copiant textuellement. Nous avons cependant cru devoir rectifier quelques-unes des nombreuses fautes d'orthographe de l'officier dont la capture devait nous être si néfaste. C'est ainsi qu'il écrit Lémon au lieu de Lesmont, Blucker au lieu de Blücher, Julet pour Gyulay, Vittemberg pour Wurtemberg, Frenel pour Fresnel, Grainville pour Crenneville, Scharsenberck pour Schwarzenberg, Ongon pour Onjon, etc.

velle de l'affaire du capitaine von Osten à Bar-le-Duc, de la marche des Français sur Saint-Dizier et de la présence à Clermont-en-Argonne d'une grosse colonne française qui lui était signalée par une patrouille d'Henckel envoyée du côté de Beauzée. Mais comme le gué de Han-sur-Meuse était devenu impraticable pour l'artillerie par suite de la gelée qui en avait rendu la rampe d'accès par trop glissante, York se vit obligé de modifier ses ordres, tant pour assurer la sécurité de ses troupes que pour tenir un point de passage un peu moins précaire. Le 28 au matin il avait, de Saint-Mihiel[1], recommandé à Henckel de rester devant Bar-le-Duc et d'y entrer dès que l'ennemi se retirerait. Il avait prescrit au général Katzler, qui avait repris ce jour-là le commandement de l'avant-garde[2], de suivre, s'il y avait lieu, le mouvement du colonel Henckel ou de s'arrêter à Ville devant Belrain, si les Français restaient à Bar-le-Duc, en se maintenant en communication constante avec Henckel. Il avait envoyé au général von Jürgass l'ordre de passer avec la cavalerie de réserve le pont et le gué de Han-sur-Meuse, de prendre à gauche de la route de Bar-le-Duc par Courcelles-aux-Bois, Ménil-aux-Bois et Grimaucourt, de se relier à droite avec le général Katzler, à gauche avec l'avant-garde du prince Guillaume de Prusse, et de pousser ses patrouilles vers Bar-le-Duc. Le reste du Ier corps, avec l'artillerie du général von Jürgass, devait se diriger sur Commercy : l'avant-garde du prince Guillaume de Prusse, défilant par Commercy, devait pousser jusqu'à Saint-Aubin et de là vers Ligny ; la 2e brigade se postait à Commercy ; la 7e venait vers Commercy par Pont-sur-Meuse et Boncourt, et la 1re brigade marchait de Pont-à-Mousson par Gironville vers Commercy où s'installerait également le quartier général.

York avait, d'ailleurs, complété ces dispositions générales par des instructions particulières, qu'arrivé à Commercy, dans la

---

[1] York, Disposition pour le 28 janvier, de Saint-Mihiel, 28 janvier, 5 heures du matin.

[2] Composition de l'avant-garde de Katzler : 1 bataillon du 12e régiment d'infanterie de réserve, le bataillon de fusiliers de Brandebourg, 2 compagnies de chasseurs, 5 escadrons du 2e régiment de hussards du corps, 1 escadron du régiment de hussards de Brandebourg, 1 escadron du régiment de hussards de Mecklembourg, 1 escadron du régiment de cavalerie nationale de la Prusse orientale, et une batterie à cheval.

journée du 28, il fit tenir au prince Guillaume de Prusse. Après avoir exposé au prince ses idées, tant pour le cas où les Français évacueraient Bar-le-Duc que pour celui où Henckel et Katzler seraient obligés d'enlever cette ville, York, sans nouvelles de Blücher depuis que l'Empereur, en chassant Lanskoï de Saint-Dizier, s'était jeté entre les deux grandes fractions de l'armée de Silésie, appelait l'attention du prince sur le fait que, les troupes de Sacken ayant dû passer par Saint-Dizier le 23, il était de la plus haute importance : 1° de savoir si les Français occupaient ou non Saint-Dizier ; 2° de connaître la direction prise par Sacken au delà de ce point. Il lui faisait remarquer qu'il était, par suite, indispensable de charger Henckel et Katzler de chasser l'ennemi devant eux, de lui envoyer, dans le plus bref délai, des nouvelles précises sur la position et les intentions de l'ennemi à Bar-le-Duc, nouvelles dont il avait absolument besoin pour régler les marches ultérieures de son corps. Il prescrivait, en outre, au prince de faire partir de Ligny pour Saint-Dizier un officier et quelques cavaliers chargés de se renseigner, à Saint-Dizier, sur la présence de l'ennemi dans cette ville, mais en évitant la grande route de Bar-le-Duc à Saint-Dizier. Il recommandait, de plus, comme les chevaux de la pointe d'avant-garde devaient être fatigués, de se servir, en cas de besoin, de chevaux du pays et d'en changer aussi souvent qu'on le jugerait nécessaire pour assurer la transmission rapide des nouvelles. Il le prévenait, enfin, de la présence probable de troupes russes à Ligny [1].

Occupation de Bar-le-Duc. — Mais, dans l'après-midi du 28, les Français évacuèrent Bar-le-Duc que le colonel Henckel occupa immédiatement après leur départ, tandis que le général Katzler s'établissait à Érize-Saint-Dizier.

York avait, entre temps, reçu la confirmation formelle du combat de Saint-Dizier et de la présence de l'armée française entre Blücher et lui.

Le général von Jürgass était arrivé à Ménil-aux-Bois. L'un de ses deux régiments, le 1er dragons de la Prusse occidentale, était établi à Grimaucourt ; il avait envoyé un parti de 30 hommes, sous les ordres d'un officier, dans la direction de Clermont et des

---

[1] York, Instructions au prince Guillaume de Prusse, Commercy, 28 janvier.

patrouilles vers Bar-le-Duc, tandis que l'autre régiment (dragons de Lithuanie) s'étendait depuis Ménil-aux-Bois jusque vers Lignières.

Quant au prince Guillaume de Prusse, après avoir réparé le pont de bois de Pont-sur-Meuse, il était arrivé vers 2 heures à Commercy et le soir à Saulx-en-Barrois : sa pointe d'avant-garde (1 bataillon et 2 escadrons de uhlans, sous les ordres du major von Schiestädt) occupait Ligny et s'était reliée de ce côté aux troupes du VIe corps (Wittgenstein). En somme, la situation d'York n'était rien moins que critique. Le général prussien savait que Napoléon venait de rejoindre son armée. On avait entendu le canon du côté de Saint-Dizier et l'on connaissait le résultat du combat. Le seul avantage que le commandant du Ier corps avait retiré de la continuation de sa marche en avant, consistait dans l'occupation de Bar-le-Duc par les cavaliers de Henckel. Il s'était, il est vrai, relié avec l'avant-garde de Wittgenstein; mais ces légers avantages étaient plus que compensés par l'effet résultant de l'arrivée de l'Empereur à l'armée et par les conséquences morales du succès remporté par les Français à Saint-Dizier.

Aussi, avant de s'engager sur le chemin de Joinville, York abandonné à lui-même, sans nouvelles de Blücher, prit la résolution de se porter sur Saint-Dizier. En agissant offensivement de ce côté, York, une fois la reconnaissance faite, se réservait la possibilité ou de remonter la Marne pour rejoindre Wittgenstein, ou de se replier par la haute Meuse, s'il y était contraint par des forces supérieures en nombre.

Positions du corps Kleist. — Dans ce dernier cas il aurait été recueilli par Kleist, qui, après avoir atteint avec son avant-garde Consarbrück, avec la 10e brigade Wittlich, avec la 12e Ruwer et Wassereich, avait résolu de continuer sa marche sur la rive gauche de la Moselle par Grevenmachern et de passer devant Thionville et Metz. Kleist se proposait de reprendre ensuite la route de Pont-à-Mousson à Saint-Mihiel, pendant que le général Jussefowitch, avec 3,000 hommes, se porterait par la rive droite de la Meuse, sur Saint-Mihiel.

Mouvements des Ve et VIe corps de l'armée de Bohême. — Du côté de l'armée de Bohême, en passant en revue les événements survenus sur l'Aube, nous avons déjà eu occasion de mentionner le mouvement de Pahlen vers la Voire et la position qu'il avait prise aux environs de Lassicourt. Il nous restera à dire à propos du VI⁰ corps que Wittgenstein, continuant sans hâte sa marche vers Joinville, était arrivé à Houdelaincourt, et qu'Ilowaïsky XII, qui devait avec ses Cosaques rejoindre Pahlen, reçut dans le courant de la journée l'ordre de s'arrêter et resta à Vignory [1].

Le V⁰ corps avait quitté Bourmont. Frimont, bien qu'il eût eu une marche des plus pénibles à faire par des chemins de traverse défoncés par le dégel, était arrivé cependant avec l'avant-garde jusque sur les bords de la Marne à Vignory. Mais comme l'artillerie et les voitures n'auraient pas pu se tirer de ces espèces de fondrières, on se décida à les faire passer par Chaumont, avec ordre de rejoindre à Vignory deux jours plus tard, en suivant la route de Chaumont à Joinville et à Saint-Dizier. Wrède était resté de sa personne à Andelot, et son corps d'armée s'étendait en arrière depuis les environs de Juzennecourt et de Vignory jusqu'à Reynel.

Schwarzenberg prescrivit aux V⁰ et VI⁰ corps de se diriger tous deux sur Joinville, pour s'opposer à la marche de l'ennemi et lui fermer la route de Nancy [2].

Mouvements du IV⁰ corps sur Bar-sur-Aube. — Il ordonna en même temps au prince royal de Wurtemberg de porter sa cavalerie, le 29, sur Maisons et Fresnay, pour couvrir la droite de l'armée de Silésie et la route de Doulevant à Bar-sur-Aube, et de venir avec le gros de son corps entre Ailleville et Trannes [3].

---

[1] Stänke, Eintheilung und Tagesbegebenheiten der Haupt-Armee im Monate Januar (*K. K. Kriegs Archiv.*, I, 30.)

[2] Id. in ibid.

[3] « Le prince royal de Wurtemberg au prince de Schwarzenberg. — Colombey, le 28 janvier 1814.

« J'envoie le lieutenant-colonel von Rohrig avec 2 escadrons, de Baussancourt par Vauchonvilliers, le long de la lisière de la forêt d'Orient, pour se porter à hauteur de l'avant-garde du III⁰ corps et établir une communication entre ce corps et mon avant-garde qui enverra aujourd'hui des partis de Dienville par Piney vers Troyes.

« Comme la route de Dienville par Piney à Troyes est une chaussée, elle devrait être attribuée à mon corps, d'autant mieux que les colonnes du feld-maréchal Blücher sont établies à même hauteur et que je me trouverai, de la sorte, relié à cette armée en marche sur Arcis.

Pendant que Schwarzenberg prenait ces dispositions, comme le IIIe corps (Gyulay) lui avait fait de la place à Bar-sur-Aube, en passant sur la rive gauche de la rivière, le prince royal avait commencé le 28 au matin son mouvement sur Bar. Ignorant encore complètement à ce moment, les événements qui s'étaient passés depuis deux jours du côté de l'armée de Silésie qu'il croyait toujours en marche sur Arcis, il écrivait à Schwarzenberg avant de quitter Colombey pour l'informer de quelques petits mouvements et demander qu'on lui attribuât la route de Dienville par Piney à Troyes.

Le prince royal, exécutant les ordres du généralissime, cantonna son corps à Ailleville, à Arsonval et dans les localités environnantes. Son avant-garde arriva même par la rive droite de l'Aube, jusque vers Unienville, Dienville, La Rothière et Brienne-la-Vieille, tandis qu'un parti volant de cavalerie passant sur la rive gauche de l'Aube, se dirigeait vers Piney pour se procurer des nouvelles sur la position et les mouvements des Français.

Le prince royal de Wurtemberg informé par ses avants-postes de la présence de Blücher à Brienne. — Entrevue avec Blücher. — Le prince royal ne fut pas peu surpris lorsqu'il visita la ligne de ses avant-postes et lorsqu'il arriva à Dienville, d'apprendre que Blücher était à Brienne-le-Château avec une partie de son armée. Le prince se rendit sur-le-champ auprès du feld-maréchal avec lequel il eut un entretien dont il se garda bien de communiquer les détails au prince de Schwarzenberg. Il paraît cependant que, sans en rien dire au généralissime, il

---

« Je demande, à cet effet, des ordres à Votre Altesse, et lui envoie un paquet de lettres qu'on a trouvées ici à la poste.

« Mon quartier général sera aujourd'hui à Bar-sur-Aube. » (*K. K. Kriegs Archiv.*, I, 629.)

A ce rapport était jointe, entre autres, une lettre du général Pajol, adressée par lui, le 30 décembre, à son beau-frère le comte Charles Oudinot, lettre de laquelle nous avons déjà extrait un des passages ayant trait à notre sujet, et l'ordre ci-dessous du Ministre de la Guerre :

« Le général duc de Feltre au général Chabert, commandant la levée en masse dans le département de la Haute-Marne. — « Paris, le 15 janvier 1814. — Ordre d'employer les douaniers, les gardes forestiers, les gardes champêtres, les gendarmes et militaires réformés ou pensionnés qui se trouvent sur le territoire du département. » (Lettre trouvée à Colombey le 28 janvier (1814) par le IVe corps, *K. K. Kriegs Archiv.*, I, 629, *f*.)

s'engagea, afin de pouvoir soutenir le feld-maréchal, à rester à Bar-sur-Aube, tant que de son côté Blücher se maintiendrait avec l'armée de Silésie aux environs de sa position actuelle près de Brienne et de Lesmont.

Voici, du reste, le singulier compte rendu que, de retour à Dienville, le prince royal adressa à Schwarzenberg après la conférence qu'il venait d'avoir avec Blücher [1] :

Dienville (?) 28 janvier 1814. — « J'ai appris par le feld-maréchal Blücher que l'ennemi marchait de Vitry par Saint-Dizier sur Joinville et qu'il avait coupé les communications du général York avec Blücher.

« Lanskoï a été chassé de Saint-Dizier et rejeté sur Joinville et Doulevant. L'ennemi me semble vouloir chercher à empêcher Blücher d'opérer sa jonction avec la grande armée. Le général Pahlen est arrivé aujourd'hui par hasard à Brienne. Le maréchal Blücher va l'employer sur sa droite.

« Je vais pour cela pousser mon avant-garde demain à Piney, que surveille Stscherbatoff.

« J'irai demain à Fresnay et Maisons, surveillant la route de Brienne à Bar-sur-Aube, qui est, à l'heure qu'il est, la seule communication dont je dispose pour correspondre avec le feld-maréchal Blücher. »

Positions du III⁰ corps. — Gyulay avait, le 28 au matin, cédé aux Wurtembergeois ses cantonnements de Bar-sur-Aube, où il n'avait conservé que son quartier général. Son avant-garde était à Villeneuve-Mesgrigny (La Villeneuve-au-Chêne), et c'est de Bar qu'il écrivait le jour même à Schwarzenberg pour lui donner sur sa position, sur celle des avant-postes français du côté de La Guillotière et sur l'état des esprits à Paris, les renseignements contenus dans la dépêche que nous reproduisons en note [2].

---

[1] Prince royal de Wurtemberg à Schwarzenberg, Dienville, 28 janvier. (*K. K. Kriegs Archiv.*, I, 633.)

[2] Le feldzeugmeister comte Gyulay au prince de Schwarzenberg (*K. K. Kriegs Archiv.*, I, 625) : — « Bar-sur-Aube, 28 janvier 1814. — « J'ai l'honneur d'annoncer à V. A. que, d'après les rapports des avant-postes, l'ennemi a son dernier poste avancé à Courteranges. Il y a solidement barricadé le pont de la Barse qu'il occupe, ainsi que les hauteurs sur lesquelles il tient des troupes d'infanterie et de cavalerie.

Position de Colloredo. — A l'extrême gauche, Colloredo, dont le quartier général était à Aisey-le-Duc (Aisey-sur-Seine), avait confié, en le chargeant de la direction de cette colonne, le commandement de la division de grenadiers et de celle de cuirassiers au comte Nostitz. La division Hardegg couvrait sa gauche et occupait Montbard. Sur la droite de Colloredo, l'avant-garde de la division légère du prince Moritz Liechtenstein était entrée à Bar-sur-Seine [1]; le reste de sa division était échelonné depuis Mussy-l'Évêque (Mussy-sur-Seine) jusqu'à Châtillon-sur-Seine; le gros du corps de Colloredo était cantonné à Cerilly et Bagneux,

---

« Entre Châtillon et Troyes, la route est complètement défoncée, coupée et barricadée à une demi-lieue de Maisons-Blanches. On a également coupé et barricadé le chemin qui mène de là au ruisseau l'Hozain. Sur la route de Troyes à Chaource, l'ennemi tient ses premières vedettes près de la Roche, mais ce ne doit être là qu'un petit poste fourni par les troupes qui occupent Maisons-Blanches. Ces troupes fournissent également le poste établi dans le château et les jardins de Villebertin. Il y aurait, à Maisons-Blanches, 600 hommes d'infanterie et de cavalerie. Malgré cela, et en dépit de l'effort qu'il faudra faire, il serait très important et très avantageux de chasser l'ennemi de Maisons-Blanches et de s'y installer.

« Je sais, par des renseignements parfaitement sûrs venus de Troyes, que l'empereur Napoléon a envoyé dans cette ville, en qualité de commandant de place, le général *Dillon* (sic), qu'il y a été tenu une conférence à laquelle a assisté le préfet, qu'on y a décidé d'évacuer Troyes à notre approche pour aller prendre une forte position près de Nogent. Malgré cela, l'ennemi détruit les routes du côté de Maisons-Blanches et de Vendeuvre; on élève des redoutes, on travaille encore à d'autres ouvrages, on palissade la ville.

« Le préfet a, il est vrai, quitté Troyes. Plusieurs officiers supérieurs et d'état-major, venus de Paris, ont reçu l'ordre de se rendre au camp de Nogent, où il devait y avoir 50,000 hommes, mais ils n'ont trouvé à Nogent ni camp ni armée.

« A Troyes, il n'y avait, hier 27, que 4,000 hommes, qui ont été renforcés par 400 hommes et 50 artilleurs venus de Paris. Ces derniers doivent assurer le service des bouches à feu en batterie à Troyes. A Paris, les affaires vont mal pour l'Empereur. On a bien organisé la garde nationale, mais on croit généralement qu'elle refusera de se battre. Il règne à Paris une consternation générale; beaucoup de gens quittent la capitale et s'enfuient en province. On a pu lire il y a huit jours, ces mots peints sur tous les murs de Paris :

« La paix ou la mort au tyran ! » (a).

« J'adresse à V. A. le rapport ci-contre du général comte Pahlen (b), qui a transféré son quartier général de Colombey à Dienville.

« Je joins à ce rapport les derniers numéros du *Journal de l'Empire*. »

(a) Ces renseignements se trouvent en partie déjà consignés dans le rapport de Thurn à Schwarzenberg, de Chaource le 27 janvier.
(b) Il s'agit là du rapport reproduit plus haut (*K. K. Kriegs Archiv.*, I, ad 625).

[1] Liechtenstein avait envoyé à Bar-sur-Seine 4 escadrons de chevau-légers O'Reilly et 2 compagnies de chasseurs. (Liechtenstein au comte Colloredo, 28 janvier; *K. K. Kriegs Archiv.*, I, 628, a.)

et Thurn, avec son corps volant, se tenait au sud-ouest de Bar-sur-Seine, à Villemorien, surveillant de là les routes de Troyes à Chaource et de Troyes à Bar-sur-Seine[1].

Platoff à Auxon. — Quant à Platoff, il continuait à inventer et à accumuler des prétextes pour justifier aux yeux du commandement son inconcevable mollesse. Il était, enfin, arrivé de Bar-sur-Aube par Bar-sur-Seine à Auxon ; mais, trouvant plus prudent de ne pas pousser immédiatement en avant, il s'empressait aussitôt de préparer Schwarzenberg à de nouvelles lenteurs. Voici, du reste, le curieux rapport que ce singulier chef de partisans expédiait aussitôt après son arrivée à Auxon[2] :

« Auxon, 28 janvier 1814.

« Après avoir adressé à Votre Altesse mon rapport du 27, je me suis porté de Bar-sur-Aube à Bar-sur-Seine, en exécution des ordres qui m'avaient été donnés, et je suis arrivé hier à Auxon, envoyant quelques partis en avant à Sens, d'autres à droite sur Troyes, et d'autres enfin sur ma gauche.

« Sur la droite, vers Troyes, on a découvert l'ennemi, auquel on a enlevé une dizaine d'hommes ; mais en avant et à gauche, on n'a absolument rien rencontré. Mon avant-garde, en arrivant à Auxon, y a pris 100 conscrits, 1 capitaine de la garde et 30 soldats que j'expédie encore aujourd'hui en arrière.

« Comme j'ai marché par des chemins de traverse presque impraticables pour l'artillerie, j'ai dû laisser en arrière les chevaux fatigués. Je me remettrai demain en route, me dirigeant vers Sens et le village d'Arcis. J'ai envoyé de tous côtés des partis : sur la route de Troyes à Sens un parti allant sur Villemaur, un autre sur le village de Saint-Liébaut et un troisième sur Villeneuve-l'Archevêque. Le lieutenant-colonel Kostin, avec mon avant-garde, est devant moi, à Villeneuve-au-Chemin, couvrant mon front et ma gauche. »

Lettre de Schwarzenberg à Barclay de Tolly relativement

---

[1] Colloredo à Schwarzenberg, Aisey, 28 janvier. (*K. K. Kriegs Archiv.*, I, 628).

[2] Platoff à Schwarzenberg, Auxon, 28 janvier (original en russe). (*Ibid.*, I, 611.)

à Platoff. — Il faut croire cependant que Schwarzenberg commençait à ce moment à voir clair dans le jeu de l'ataman et était décidé à en finir avec les éternelles excuses que Platoff inventait ou tout au moins invoquait pour expliquer son inaction ; car, au milieu des grandes discussions et des graves préoccupations qu'allait lui apporter la journée du 28, le généralissime trouvait encore le temps d'écrire à deux reprises à Barclay de Tolly au sujet de Platoff. Dans la première de ces lettres, il disait à Barclay que l'avant-garde de Gyulay occupant Bar-sur-Seine, il était indispensable de prescrire à Platoff (qui relevait de Barclay) d'avoir à se porter le plus loin et le plus vite possible en avant des troupes du comte Gyulay, de pousser vers Paris, de faire le plus de mal qu'il pourrait à l'ennemi, et surtout d'attirer sur lui son attention [1].

Dans sa seconde dépêche du même jour, il profitait de l'occasion que lui offraient certaines modifications demandées par l'empereur de Russie et relatives à la marche des cuirassiers russes et de la division des grenadiers russes pour ajouter : « L'ataman Platoff est toujours, au grand détriment des troupes et sans aucune utilité pour nous, dans Bar-sur-Aube et aux environs de cette ville, entre les IIIe et IVe corps. Veuillez lui ordonner d'urgence de prendre, enfin, à gauche la route de Sens et de Fontainebleau [2]. »

Surprise causée au grand quartier général à la nouvelle de l'arrivée de Blücher à Brienne. — Si le prince royal de Wurtemberg avait été quelque peu surpris en recevant à Dienville la nouvelle de la présence de Blücher à Brienne, l'étonnement qu'on éprouva à Chaumont, lorsqu'on apprit que Blücher avait précédé la grande armée sur l'Aube, revêtit un tout autre caractère et inspira des craintes sérieuses à la plupart des conseillers de Schwarzenberg. C'était à peine quelques heures après avoir arrêté et expédié aux différents commandants de corps le tableau des marches du 28 au 31, au moment où l'on avait décidé

---

[1] Schwarzenberg à Barclay de Tolly, Chaumont, 28 janvier. (*K. K. Kriegs Archiv.*, I, 642.)

[2] Schwarzenberg à Barclay de Tolly, Chaumont, 28 janvier. (*Ibid.*, I, 644 d.)

le mouvement en trois colonnes [1] convergeant sur Troyes, au moment où l'on venait de prescrire à Wittgenstein et à Wrède de revenir, le premier, par Joinville à Brienne, le deuxième, par Colombey à Dienville et de se porter ensuite par Pincy, sur Troyes, qu'on avait tout à coup connaissance d'un mouvement que Blücher avait entrepris sous sa propre responsabilité. On peut se faire une idée de la stupeur produite par ces nouvelles au quartier général de Chaumont surtout, lorsque quelques heures plus tard, Schwarzenberg reçut la lettre par laquelle Blücher l'informait de l'affaire de Saint-Dizier et, bien plus encore, lorsque le généralissime et ses collaborateurs eurent pris connaissance des termes dans lesquels Blücher appréciait sa propre situation. Le feld-maréchal, dans cette lettre que nous avons reproduite en partie et qu'il écrivait de Brienne le 28 au matin, ajoutait que : « En raison même du peu de tenue des troupes françaises, l'Empereur était hors d'état de prendre l'offensive et de se porter sur ses communications ; que rien, du reste, ne pourrait être plus avantageux pour la cause des Alliés qu'une pareille opération, puisqu'elle leur livrerait Paris sans coup férir, mais que, malheureusement, l'Empereur ne prendrait pas le parti d'ouvrir la route de sa capitale ; enfin que, d'ailleurs, quoi qu'il arrivât, l'avant-garde de l'armée de Silésie (le corps du général-lieutenant Stscherbatoff) n'étant plus qu'à six jours de marche de Paris, il n'y avait donc qu'à continuer la marche sur cette ville et à aller occuper la position que Gneisenau avait indiquée dans son Mémoire et d'où l'on affamerait Paris. »

Les événements semblaient justifier les craintes émises par l'entourage de Schwarzenberg depuis qu'on avait dépassé Langres et Chaumont. Plus que jamais on se croyait en droit de reprocher à Blücher d'avoir causé la perte de la route de Nancy et de la grande route du Rhin et d'avoir fourni à Napoléon la possibilité de tomber sur la droite, peut-être même sur les derrières de la grande armée.

---

[1] D'après ce tableau de marche, le centre (Giulay, le prince royal et Barclay) marchait par Vendeuvre et Lusigny sur Troyes ; les grenadiers russes et les deux divisons (2e et 3e) de cuirassiers russes par Arc-en-Barrois, Richebourg, La Ferté-sur-Aube et Clairvaux ; Colloredo par Châtillon-sur-Seine, Mussy-l'Évêque et Bar-sur-Seine, puis par la rive gauche de la Seine jusqu'à Troyes.

Ordres pour le 29 donnés par Schwarzenberg le 28 janvier à 11 heures du soir. — Il fallait toutefois aviser. Aussi Schwarzenberg, modifiant les ordres qu'il venait de donner, prescrivit, le 28 janvier à 11 heures du soir, à Wrède, de se porter, non plus sur Colombey, mais sur Joinville et d'y opérer sa jonction avec Wittgenstein chargé de se relier par Bar-le-Duc avec les troupes d'York qu'on croyait arrivées sur ce point. Wrède et Wittgenstein devaient, à eux deux, assurer à l'armée de Bohême la possession de Joinville. Le prince royal de Wurtemberg reçut l'ordre de prendre position en avant de Bar-sur-Aube et ordonna, le soir même, à une avant-garde de 4 bataillons, 4 escadrons et 1 batterie à cheval de se poster, le 29 au matin, entre Dienville et Le Petit-Mesnil pour servir de soutien au feld-maréchal. Un régiment de cavalerie dut s'établir avec 1 bataillon et 1 batterie et demie à Fresnay pour tenir la route d'Arsonval à Montier-en-Der et Vassy; enfin, un détachement de même force eut à occuper Maisons sur la route de Bar-sur-Aube à Doulevant et Joinville. Le général Jett fut chargé du commandement de ces trois colonnes. Le prince lui prescrivit, en outre, d'envoyer des partis vers Doulevant et Sommevoire, de chercher à se renseigner sur la position du général Lanskoï et sur les mouvements des Français, d'éclairer la droite de Blücher, d'observer et de tenir les routes menant tant de Brienne que de Doulevant vers Bar-sur-Aube. Le prince royal comptait établir le gros de son corps entre Ailleville et Trannes.

Schwarzenberg avait prescrit au IIIe corps de se tenir prêt à quitter, au premier avis, les environs de Bar-sur-Aube ; il avait de plus chargé Gyulay de la défense de la route venant de Brienne. Il se proposait, en outre, de masser le reste de son armée entre Bar-sur-Aube et Chaumont. Enfin, toujours obsédé par l'idée fixe d'un mouvement de l'ennemi contre Dijon, il enjoignit à Colloredo de faire halte sur les positions qu'il occupait aux environs de Châtillon.

Les souverains consentent à la réunion du congrès de Châtillon. — Instructions données aux plénipotentiaires. — La journée du 28 avait été encore marquée par un autre événement d'une véritable importance. Metternich et lord Castelreagh, Knesebeck et Hardenberg avaient fini par arracher à l'empereur Alexandre l'autorisation de réunir le congrès à Châtillon, tout en continuant les opérations militaires. Les conditions que les plénipotentiaires des puissances alliées allaient communiquer à Caulaincourt avaient été également fixées dans la journée du 28. « La France rentrerait dans les limites qu'elle avait avant la Révolution, renoncerait à toute influence directe ou indirecte en dehors de ces limites. Elle reconnaîtrait formellement la reconstitution de l'Allemagne formée par une confédération d'États indépendants; de l'Italie divisée en États indépendants placés entre la France et les provinces autrichiennes en Italie, de la Hollande, dont le territoire serait accru et qui serait gouvernée par un prince de la maison d'Orange, de la Suisse qui reprendrait ses anciennes frontières et dont l'indépendance serait garantie par toutes les puissances représentées au Congrès, de l'Espagne sous la domination de Ferdinand VII. Les puissances alliées auraient seules le droit de régler les limites et les rapports des pays cédés par la France et de leurs États entre eux. En revanche, l'Angleterre rétrocéderait à la France les conquêtes coloniales qu'elle avait faites dans les Indes occidentales, en Afrique et en Amérique, à l'exception de l'île Maurice et de Bourbon. La France devrait remettre aussitôt après la ratification du traité préliminaire, dans des délais variables mais tous extrêmement courts, puisqu'ils ne devaient pas excéder 15 jours, Mayence, Hambourg, Anvers, Berg-op-Zoom, Mantoue, Palma-Nuova, Venise, Peschiera, les places de l'Oder et de l'Elbe, etc., etc. Elle devait, en outre, s'engager à remettre aux Alliés, quatre jours après la signature des préliminaires, Besançon, Belfort et Huningue, destinées à rester en dépôt entre leurs mains jusqu'à la signature du traité définitif. »

29 janvier. — Marche de l'armée française sur Brienne. — Pendant que Blücher, au lieu de profiter du temps qui lui restait pour manœuvrer et se diriger par la rive gauche de l'Aube, soit sur Vendeuvre, soit sur Bar-sur-Aube et se relier ainsi avec les IIIᵉ et IVᵉ corps de la grande armée, se décidait à attendre sur les positions de Brienne et de Lesmont une attaque dont il lui était désormais impossible de douter, on paraissait encore admettre, au quartier général de Chaumont, la possibilité d'un mouvement de Napoléon de Saint-Dizier sur Joinville et Chaumont. L'Empereur, de son côté, croyant toujours le pont de Lesmont détruit, ignorant la prise de l'officier envoyé le 27 au soir à

Arcis, à Troyes et à Nogent-sur-Seine, s'attendant, par suite, à être rejoint, au plus tard le 29 au soir, par Bordesoulle, par Colbert et surtout par le maréchal Mortier, avait continué en une seule colonne son mouvement sur Brienne[1] par la route de Montier-en-Der à Longeville et Maizières.

Le 5ᵉ corps de cavalerie (Milhaud) marchait en tête, précédant le 2ᵉ corps (Victor) que suivaient trois divisions de la garde sous les ordres de Ney. Marmont, avec le 6ᵉ corps et la division Duhesme, du 2ᵉ corps, se portait pendant ce temps de Saint-Dizier sur Vassy, et Duhesme continuait de Vassy sur Doulevant et Soulaines, couvert en avant par les dragons de Briche, postés entre Sommevoire et Doulevant[2].

---

[1] L'Empereur, ou tout au moins Berthier, avait dû recevoir le renseignement suivant adressé au major-général par Grouchy :

« Grouchy au major général. — Dienville-sur-Aube, 28 janvier 1814. — Monseigneur, j'ai l'honneur de vous rendre compte que la cavalerie du général Milhau doccupe Dienville, La Rothière et Le Petit-Mesnil ; la division du général Guyot est à Brienne-la-Vieille.

« J'ai eu devant moi aujourd'hui environ 4,000 chevaux et 2 polks de cosaques qui se sont retirés lentement et sans s'engager. La nuit qui nous a pris en arrivant à La Rothière n'a pas permis de les pousser plus loin.

« Mon opinion, dont je vous prie de faire part à Sa Majesté, est que le corps de Blücher ou tout au moins une forte partie de ce corps, est à très peu de distance d'ici. Des lignes de feux considérables couvrent toute la route de Bar-sur-Aube, et il est aisé de reconnaître que ce ne sont pas des bivouacs de cavalerie, mais que des masses d'infanterie sont échelonnées de distance en distance sur cette route. » (*Archives de la guerre.*)

Grouchy termine en annonçant qu'il n'a plus que 8 canons au lieu de 12. Une pièce est démontée ; les trois autres manquent de canonniers, et son artillerie est à court de munitions.

Les 4,000 chevaux dont parle Grouchy sont ceux de Pahlen que Blücher rappela à lui dans la journée du 28.

[2] « Au général comte Duhesme commandant la 3ᵉ division d'infanterie (2ᵉ corps), à Vassy. — Montier-en-Der, 29 janvier 1814. — Monsieur le général Duhesme, j'ai donné ordre à la division Briche (dragons) de partir à 6 heures du matin, pour se rendre entre Sommevoire et Doulevant pour intercepter la route de Joinville à Bar-sur-Aube et de Joinville à Brienne. Je suppose qu'elle doit y être déjà. Envoyez votre cavalerie et deux ou trois pièces, si vous en avez, pour appuyer cette division et communiquer avec elle. Portez-vous sur Doulevant pour appuyer cette reconnaissance et emparez-vous entièrement de la route de Joinville à Bar et de Joinville à Brienne. Je donne ordre au duc de Raguse de se rendre à Vassy avec son corps. Je ne suppose pas qu'il y soit avant midi. Vous serez sous ses ordres. Comme il a 2,000 hommes de bonne cavalerie, il vous soutiendra..... Je serai à 10 heures à Maizières. Faites prévenir le duc de Raguse de tous vos mouvements et envoyez-moi des nouvelles. Si j'ai besoin de vous, je vous enverrai des ordres du côté de Soulaines. Occupez en

Ordres donnés par Blücher. — Vers 8 heures du matin, la cavalerie légère du général Piré rencontrait, au delà de Boulancourt, un polk de 300 cosaques qui, après avoir essayé de tenir à l'entrée du défilé, fut chargé par le 3ᵉ régiment de hussards et rejeté avec perte dans le défilé [1].

Blücher, informé de l'apparition des Français sur la route de Montier-en-Der à Brienne et de l'occupation de Boulancourt, prescrivait à Sacken, qui était encore vers Lesmont, de se porter sur Brienne; à Olsufieff d'y prendre position; à Pahlen de se déployer en avant de Brienne, dans la grande plaine qui s'étend entre Maizières et les bois par lesquels passe la route de Lesmont à Brienne-le-Château. Stscherbatoff occupait Maizières avec ses quatre régiments de cosaques qui allaient bientôt être renforcés par le régiment de uhlans de Tchougouïeff et quatre pièces d'artillerie à cheval, surveillant la route de Montier-en-Der à Brienne et Lesmont. Lanskoï se dirigeait de Soulaines par Chaumesnil vers Brienne. Enfin, le feldzeugmeister Guylay mandait en même temps qu'une de ses brigades gardait le pont de Dolancourt et qu'une autre se portait à Spoy en soutien de son avant-garde, établie à Vendeuvre.

Combat de Brienne. — **La cavalerie française engage le combat**. — Pahlen, encore en train de se déployer, venait à peine de faire partir, pour soutenir Stscherbatoff, les uhlans de Tchougouïeff, lorsqu'on apprit que les Français, après avoir occupé Boulancourt, avaient passé la Voire avec de l'infanterie et

---

force, s'il n'y a pas d'inconvénient, les postes entre Brienne et Soulaines, afin que les communications soient faciles. » (*Correspondance*, n° 21143.)

« Au maréchal Marmont, commandant le 6ᵉ corps, à Saint-Dizier. — Montier-en-Der, 29 janvier 1814, 8 heures du matin. — Je vous ai fait donner l'ordre de vous poster à Vassy d'où vous surveillerez votre arrière-garde qui est à Saint-Dizier..... Le général Duhesme reçoit l'ordre de se porter sur Doulevant. Il sera sous vos ordres pendant tout le temps qu'il sera ainsi détaché. Vous pourrez le placer ce soir à Doulevant ou un peu plus près de Soulaines, afin de le rapprocher de Brienne et d'observer Bar-sur-Aube. Je pense que devez jeter toute votre cavalerie, avec celle du général Duhesme, sur Bar-sur-Aube, Joinville et Brienne..... Ne quittez ni Saint-Dizier ni Doulevant sans ordre. » (*Correspondance*, n° 21144.)

[1] PETIET, *Journal de la division de cavalerie légère du 5ᵉ corps*; major Mareschal à Schwarzenberg, Ailleville, 29 janvier. (*K. K. Kriegs Archiv.*, I, 652.)

de la cavalerie et en avaient chassé les cosaques. La cavalerie française, arrivée à Maizières, continuait à pousser devant elle les postes établis en avant du défilé et, vers midi, elle obligeait Stscherbatoff à se retirer sur Perthes-en-Rothière par la grande route de Brienne. Pahlen, dirigeant aussitôt sur Brienne et sur la route de Brienne à Lassicourt les 4e et 34e régiments de chasseurs, vint s'établir avec toute sa cavalerie dans la plaine, au sud et à l'est de Perthes.

De son côté, le colonel-général comte Grouchy, qui commandait la cavalerie, et auquel l'Empereur avait recommandé de marcher avec prudence, après avoir passé le village de Juzanvigny, découvrit, à la sortie du bois d'Ajou, du côté de Brienne, la cavalerie de Sacken déployée en avant de cette ville. L'attitude de cette troupe lui faisant supposer qu'elle devait être soutenue par des troupes d'infanterie, Grouchy ne se crut pas assez fort pour attaquer de suite cette cavalerie. Il résolut d'attendre l'arrivée en ligne des divisions Lefebvre-Desnoëttes et Krasinsky, et ordonna à son artillerie de couvrir le déploiement de ses escadrons[1]. Presque à la même heure, des troupes françaises se montraient en avant de Soulaines, du côté de Chaumesnil, qu'occupait Lanskoï; leur avant-garde ne tardait pas à atteindre et à garnir la lisière du bois de Chaumesnil[2].

Bien que l'infanterie française se trouvât encore à ce moment assez loin en arrière, bien que Grouchy se fût conformé aux ordres qu'il avait reçus, bien qu'il dût s'attendre à trouver les troupes de Blücher établies en soutien des escadrons de Pahlen, il est néanmoins regrettable que le commandant de la cavalerie française n'ait pas cru devoir tenter une attaque qui, exécutée à ce moment, aurait été d'autant plus vraisemblablement couronnée de succès, que Sacken n'était pas encore arrivé à Brienne et que Pahlen cherchait uniquement à gagner du temps. Comme le montre la dépêche ci-dessous adressée à Schwarzenberg par un de ses officiers de confiance, par l'officier que, dans toutes les

---

[1] Rapport de Victor; *Mémoires de Grouchy*; PETIET, *Journal d'opérations de la division de cavalerie légère du 5e corps*; Kurzgefasste Darstellung der Kriegsbegebenheiten der schlesischen Armee. (*K. K. Kriegs Archiv.*, I, 34.)

[2] Rapport du général-major von Walsleben, commandant l'avant-garde du prince royal de Wurtemberg, au prince de Schwarzenberg, de Dienville, 29 janvier 1814, 3 heures après-midi. (*K. K. Kriegs Archiv.*, I, 657-a.)

circonstances critiques, il chargea de le renseigner sur ce qui se passait au quartier général de Blücher, les forces qu'on aurait pu opposer à ce moment à Grouchy n'auraient guère été à même de résister sérieusement, et, comme il le fit un peu plus tard, Pahlen se serait retiré sur Brienne en se contentant d'essayer de faire bonne contenance :

« Major Mareschal au prince de Schwarzenberg. — Ailleville, 29 janvier 1814, 3 heures de l'après-midi [1].

« Ce matin, l'ennemi s'est montré sur la route de Montier-en-Der à Brienne, a occupé Boulancourt, a passé la Voire avec de l'infanterie et de la cavalerie et a repoussé les cosaques de Stscherbatoff de Maizières.

« Il s'est également montré sur la route de Joinville. Le général Lanskoï occupe Chaumesnil avec de l'infanterie et une demi-batterie. Il a ordre de s'y maintenir coûte que coûte.

« A Brienne, il y a deux régiments d'infanterie et une batterie de 12. Le reste du corps est encore à Lesmont avec ordre de venir à Brienne et pourra y arriver avant l'attaque de l'ennemi.

« L'avant-garde du prince royal de Wurtemberg est à Vallières [2] et à Dienville. Le reste du IVe corps est encore près de Bar-sur-Aube.

« L'ennemi a fait aussi un mouvement en avant de Maizières par le bois de Soulaines ; ce mouvement me fait supposer que l'ennemi n'attaquera pas le corps posté à Brienne et qu'il préférera le couper de la route de Bar-sur-Aube, point qu'il peut atteindre avant nous par Doulevant.

« Je prie Votre Altesse de vouloir bien m'envoyer un officier pour m'aider. Pendant que j'écris ce rapport à Ailleville, chez le général Franquemont, on entend une violente canonnade à gauche.

---

[1] *K. K. Kriegs Archiv.*, I, 652.

[2] Le major Mareschal commet ici une erreur. Le IVe corps (prince royal de Wurtemberg) n'avait personne à Vallières, petit village qui se trouve au sud-ouest de Bar-sur-Seine, du côté de Chaource. Il n'y avait à ce moment de ce côté que le corps volant du lieutenant-colonel comte Thurn. Le major veut probablement parler de Vallières-Larrivour, au nord de Lusigny; mais les avant-postes du IIIe corps qui opérait de ce côté, n'allèrent pas au delà de La Villeneuve-au-Chêne et n'avaient, par conséquent, pas pu passer la Barse le 29.

Ce doit être l'ennemi qui attaque Chaumesnil. Je me rends de ce côté pour en rendre, ce soir, compte à Votre Altesse. »

En attendant l'entrée en ligne du gros du 5ᵉ corps de cavalerie et l'approche des têtes de colonne de Victor, dont la marche avait été retardée par le mauvais état des routes, pendant que le général Olsufieff se préparait à tenir à Brienne, la cavalerie de l'avant-garde française se bornait à échanger des coups de canon avec l'artillerie de Pahlen et à chercher, en filant à droite de Maizières et en gagnant les hauteurs de Perthes, à déborder la gauche de la cavalerie russe. Enfin, au bout de deux grandes heures, entre deux et trois heures de l'après-midi, Grouchy, après avoir disposé à sa droite la cavalerie légère des généraux Krasinsky et Lefebvre-Desnoëttes, au centre les dragons du général Lhéritier avec une batterie, et, à gauche, la cavalerie légère de Piré avec une batterie, se porta en avant pour charger Pahlen. Celui-ci, considérant sa mission comme terminée, ne crut pas devoir, en présence de la supériorité numérique de la cavalerie française, attendre son attaque. Il se replia [1], sans trop se hâter, sur Brienne, qu'il traversa pour se former ensuite de l'autre côté de la ville, sur la route de Bar-sur-Aube. Cependant, Grouchy, saisissant une occasion qui lui paraissait opportune, avait lancé sur les derniers régiments russes les dragons des généraux Lhéritier et Briche. Mais, après avoir enfoncé ces régiments, les dragons vinrent donner contre trois bataillons d'infanterie russe, qui avaient eu le temps de se former en carrés et dont le feu meurtrier et bien dirigé les obligea à se replier, et permit aux uhlans de Tchougouïeff de les ramener en désordre jusqu'en arrière des positions occupées par l'artillerie française, qui perdit trois pièces.

On avait ainsi laissé aux troupes de Sacken le temps d'atteindre Brienne et de se former à cheval sur la route de Bar-sur-Aube. Quant à Olsufieff, il occupait solidement la ville même au moment où l'Empereur, arrivé sur le champ de bataille, prescrivait à son artillerie de canonner la route de Lesmont et la ville de Brienne, et se disposait à dessiner son attaque par sa droite [1].

---

[1] Rapport du duc de Bellune sur le combat de Brienne; Brienne, 30 janvier.
[1] STÄRKE, Eintheilung und Tagesbegebenheiten der Haupt-Armee in Monate Januar. (*K. K. Kriegs Archiv.*, I, 30.)

Entrée en ligne de l'infanterie française. — L'infanterie du 2ᵉ corps venait d'entrer en ligne, et, sous la protection du feu violent de son artillerie, l'Empereur lança aussitôt contre Brienne la division Duhesme, qui, débouchant du bois d'Ajou, chassa les tirailleurs russes des fossés de la route de Bar-sur-Aube, des jardins en avant de la ville et de leurs abris, le long de la route qui mène à Morvilliers et Doulevant. Débusquant leurs soutiens des maisons qu'ils occupaient plus en arrière, elle parvint même momentanément à s'emparer d'une partie de la ville de Brienne. Mais des renforts envoyés de ce côté par Olsufieff et l'entrée en ligne des 4ᵉ et 34ᵉ régiments de chasseurs obligèrent le général Duhesme à abandonner les positions qu'il venait de conquérir, ainsi que les deux pièces que ses troupes avaient prises aux Russes.

Attaque de Brienne. — Pendant que l'Empereur, décidé à enlever Brienne, prenait ses dispositions pour accentuer son attaque par sa droite, il pressait la marche des divisions de Ney. Trois colonnes furent chargées de l'opération contre Brienne. L'une, celle du centre, forte de six bataillons de la division Decouz, de la jeune garde, et conduite par Ney, devait se porter sur la ville par la route de Maizières. L'autre, celle de gauche, devait renouveler sa première attaque, qui n'avait pas eu les résultats désirés. La 3ᵉ enfin, sous les ordres du général Châtaux, était destinée à prendre tout à fait à droite, à se porter par la route de Lesmont sur les derrières du château de Brienne et à s'en emparer. A ce moment, les dernières troupes de Sacken, après avoir un instant couru le danger d'être coupées du reste de l'armée de Silésie, défilaient par Brienne, que la cavalerie achevait également de traverser. Pahlen formait ainsi l'extrême droite de Blücher avec toute sa cavalerie, renforcée par celle de Lanskoï, de Pantchoulitcheff, de Wassiltchikoff, et par les corps volants de Stscherbatoff et de Biron, alors que, au contraire, toute la cavalerie française était déployée à la droite des lignes françaises dans l'espace compris entre la route de Lesmont à Brienne et celle de Maizières à Brienne.

Charge de la cavalerie de Pahlen. — Les trois colonnes d'infanterie française se mirent en mouvement entre cinq et six heures; mais Blücher avait remarqué la faute que les Français avaient commise en envoyant toute leur cavalerie à leur droite. Laissant les deux colonnes de Châtaux et de Decouz essayer de pénétrer dans Brienne, sans s'inquiéter de ce que les dragons français avaient enlevé deux pièces et avaient été sur le point de faire Sacken lui-même prisonnier, il se jeta avec quarante à cinquante escadrons sur la division Duhesme, qu'il ramena en désordre et à laquelle il prit huit canons. Cette charge brillante, qui, à cause de l'obscurité, ne put ni être poussée plus loin, ni avoir les conséquences qu'elle aurait eues de jour, arrêta néanmoins les progrès de la colonne Decouz. En présence de l'échec que la cavalerie de Pahlen venait d'infliger à la division Duhesme, Decouz se vit contraint à se reporter en arrière, alors qu'il allait s'établir dans la ville[1].

---

[1] Le feld-maréchal Blücher au prince de Schwarzenberg. — « Arsonval, 30 janvier 1814, 8 heures du matin. — J'avais à peine expédié hier à Votre Altesse le lieutenant Pantchoulitcheff, que l'ennemi se porta droit sur Brienne qu'occupaient déjà 5,000 hommes avec 24 canons.

« Le général-lieutenant comte Pahlen avait couvert avec sa cavalerie la marche, de Lesmont sur Brienne, du corps du général von Sacken, et l'ennemi se vit forcé de porter toute sa cavalerie sur sa droite afin de l'opposer à celle de Pahlen. Cette masse de cavalerie était considérable et supérieure à celle du comte Pahlen.

« Lorsque l'ennemi se fut rapproché davantage de la ville, le général Pahlen dont la mission était terminée à ce moment, se retira et, passant par Brienne, il vint se former sur mon aile droite, pendant que l'ennemi, au contraire, maintenait sa cavalerie entre la chaussée de Lesmont à Brienne et celle de Maizières à Brienne.

« Je profitai de cette faute et pendant que la droite ennemie attaquait la ville de Brienne, je me jetai avec toute la cavalerie du général comte Pahlen sur son aile gauche et j'enlevai les deux batteries qu'il avait de ce côté (a). Mais j'ignore le nombre de pièces qu'il a été possible de ramener, parce que je manquais absolument des moyens nécessaires pour emmener ces bouches à feu.

« Les prisonniers que nous fîmes de ce côté et qui appartenaient tous à la garde, dirent que l'Empereur en personne commande l'armée qui a attaqué Brienne. Cette armée se composerait de 50,000 hommes parmi lesquels se trouveraient les troupes que l'Empereur a passées en revue à Paris le 13, le 2e corps et la garde impériale venant de Saint-Dizier. L'armée française serait,

(a) Les Kriegsbegebenheiten (*K. K. Kriegs Arch.*, I, 30) ne sont pas aussi catégoriques au sujet de la prise des canons et disent seulement à ce sujet : « Le soir, Blücher avec sa cavalerie tente une attaque contre la gauche française et *s'empare un moment de quelques canons*. Napoléon continue sur Brienne son attaque par la droite. »

La Kurzgefasste Darstellung der Kriegsbegebenheiten der schlesischen Armee (*Ibid.*, I, 31) confirme à peu de chose près le récit des Tagesbegebenheiten. Voici en quels termes elle rend compte de ces faits : « Blücher se décide à défendre Brienne jusqu'à la nuit et se retire ensuite sur Trannes. Il porte, à cet effet, sa cavalerie sur sa droite, attaque vivement la gauche française, qui n'a pas de cavalerie, et enlève quelques pièces. Mais Ney continue à presser la gauche de l'armée de Silésie à Brienne, qui est en feu, et dont il s'empare vers minuit. Blücher ordonne la retraite. »

Blücher sur le point d'être pris au château de Brienne. — Blücher, croyant que le combat allait prendre fin et que les Français avaient renoncé à leur projet d'enlever Brienne, était retourné à son quartier général établi au château, d'où il voulait essayer de jeter un dernier coup d'œil sur le champ de bataille et sur les positions des Français avant de prendre une résolution définitive et avant que les ténèbres ne fussent devenues plus profondes. Mais le général Châtaux, qui avait réussi à dérober la marche de sa colonne en prenant un chemin que les Russes, le croyant impraticable, n'avaient pas fait garder, parvint à pénétrer dans le château, qu'il occupa sans être aperçu et sans tirer un coup de fusil. Ce fut grâce à un hasard providentiel et non sans peine que Blücher et Gneisenau, entendant quelque bruit dans les fossés et les souterrains du château, réussirent à gagner la première cour au moment même où la tête de colonne du général Châtaux y arrivait de son côté et débouchait des caves et des terrasses. Blücher et Gneisenau n'eurent que le temps de s'enfuir en toute hâte par le chemin qui descend vers la ville. Si les Français avaient tardé une ou deux minutes de plus avant de commencer le feu, les deux adversaires les plus acharnés de l'Empereur, les deux ennemis les plus irréconciliables de la France tombaient fatalement entre les mains des tirailleurs du général Châtaux, qui firent prisonniers le commandant de l'escorte, le capitaine von Heyden (grièvement blessé), et le com-

---

d'après eux, formée en trois colonnes, l'une allant sur Joinville, l'autre se dirigeant plus à gauche, et enfin la 3ᵉ, celle de l'Empereur, qui serait la plus forte.

« La droite des Français, pendant que la cavalerie de Pahlen chargeait leur gauche, s'était portée contre les vignes du château de Brienne et avait réussi à s'emparer d'une partie de la ville que je fis attaquer et reprendre à 11 heures du soir.

« Mais m'en tenant aux dispositions que j'avais arrêtées antérieurement, je me suis ensuite rapproché de Bar-sur-Aube.

« Mon infanterie est établie de Trannes à Arsonval; ma cavalerie est à Brienne et dans la plaine de Trannes.

« Je crois que l'ennemi a replié hier sa gauche au moins jusqu'à Maizières et que, s'il se décide à se reporter en avant aujourd'hui, il n'arrivera en ligne que fort tard et n'atteindra pas mon infanterie.

« Votre Altesse peut être certaine que le gros des forces ennemies est aujourd'hui entre Brienne et Saint-Dizier.....

« P.-S. — Je tiendrai en tout cas, et coûte que coûte, le défilé de Trannes. »
(*K. K. Kriegs Archiv.*, I, 675.)

mandant du quartier général de Blücher, le capitaine comte Hardenberg[1]. Le général Châtaux, après avoir établi 400 hommes des 37e et 56e régiments au château de Brienne, s'était immédiatement porté sur la ville. Surprenant les Russes par son apparition et par une attaque qu'ils croyaient impossible de ce côté, il les avait forcés à l'abandonner.

---

[1] L'Empereur écrivant au roi Joseph, le 31 janvier, de Brienne, lui dit au sujet du combat de Brienne et de la prise du château : « L'affaire de Brienne a été fort chaude. J'y ai perdu 3.000 hommes. L'ennemi y a perdu 4,000 à 5,000 hommes. J'ai poursuivi l'ennemi à mi-chemin de Bar-sur-Aube..... Encore un moment et Blücher et tout son état-major eussent été pris. Le neveu du chancelier de Hardenberg a été pris à côté. Ils étaient à pied et ne savaient pas que j'étais à l'armée..... » (*Correspondance*, n° 21160.)

Le comte Nostitz a, dans son *Tagebuch*, consacré quelques pages à l'épisode du château de Brienne : « Le combat semblait terminé, écrit-il ; le feu ayant presque complètement cessé, le feld-maréchal retourna au château et chargea la plupart de ses officiers de rentrer en ville et de diriger les travaux nécessaires pour circonscrire l'incendie. Accompagné par le général von Gneisenau, il monta aux étages supérieurs du château, afin de jeter un dernier coup d'œil sur les positions de l'ennemi. Il avait même donné ordre de mettre les chevaux à l'écurie. Sachant que mes remarques auraient été certainement mal accueillies, tenant d'autre part à parer à l'éventualité d'un danger aussi terrible, je pris sur moi de faire conduire les chevaux derrière l'une des ailes du château, de façon à les avoir sous la main. Le général comte Goltz, le colonel comte Schwerin et moi, nous restâmes sur le plateau en avant du château, les yeux fixés sur la ville qui brûlait à nos pieds.

« Quelques minutes s'étaient à peine écoulées qu'une balle sifflait à nos oreilles. Aucun de nous ne s'en occupa. Mais bientôt après, les sifflements devinrent plus fréquents. Le comte de Goltz courut au château pour en faire sortir le feld-maréchal. Quant à moi, je fis avancer les chevaux. Au moment où Blücher se mettait en selle, une de ses ordonnances était atteinte par une balle à quelques pas de nous. Les balles venaient des vignes ou du château même. Force nous était donc de nous diriger vers la ville.

« Un sous-officier cosaque, Antonoff, ouvrait la marche. Puis venait le général comte Goltz, que je suivais avec une ordonnance. Le colonel comte Schwerin, qui avait renvoyé son cheval, était à pied et marchait à côté de l'ordonnance. Le feld-maréchal, le général von Gneisenau et quelques ordonnances fermaient la marche.

« L'incendie de la ville éclairait le chemin que nous suivions. Tout le reste du champ de bataille était plongé dans les ténèbres.

« Nous avions à peine fait quelques pas, lorsque Antonoff, qui avait pris les devants, revint et nous jeta en mauvais allemand ces mots qui nous consternèrent : « *Nicht Rousky, alles Franzousky* » (pas de Russes, tous Français). A ce moment, on apercevait déjà une troupe de cavalerie à peu de distance de nous. Notre situation était des plus critiques. Derrière nous, le château occupé vraisemblablement par l'ennemi; devant nous, la cavalerie ennemie arrivant de la ville et se dirigeant vers nous. Pour toute ressource un chemin étroit, encaissé entre les maisons et aboutissant à la campagne. Il aurait fallu se hâter et, malgré nos supplications, le feld-maréchal continuait à marcher au

Charge infructueuse de la cavalerie de Lefebvre-Desnoëttes. — Mais la fortune, qui devait toujours rétablir les affaires des Alliés, au moment même où elles paraissaient les plus compromises, allait presque aussitôt priver le général Châtaux du brillant avantage que, grâce à sa hardiesse et à son habileté, il avait remporté presque sans coup férir.

Alors que le général Châtaux se croyait déjà maître de la ville, au moment même où Blücher et Gneisenau s'enfuyaient au milieu de l'incendie et allaient rejoindre leurs troupes, ils faillirent de nouveau être enlevés, ainsi que le général Sacken, par la cavalerie de Lefebvre-Desnoëttes, qui venait de pénétrer dans la ville par la route de Lesmont. Prévenus par un cosaque, Blücher et Gneisenau eurent le temps de filer avant d'être rejoints [1]. Sacken [2],

---

pas : « S'il me faut courir, nous répondait-il, il est bon au moins que je voie celui qui m'oblige à le faire. » Ce fut alors que Gneisenau eut l'idée de lui demander s'il avait l'intention de se faire voir comme prisonnier aux Parisiens. Le général avait touché juste. Quelques minutes après nous étions dans les champs et nous ne tardions pas à rejoindre les troupes de Sacken. »

Le feld-maréchal, ajoute encore Nostitz, était tellement furieux d'avoir dû s'enfuir, sans pouvoir distribuer quelques coups de sabre que, se refusant à croire à la présence des Français à Brienne, il chargea Nostitz de réoccuper le château. Cette tentative échoua comme celle d'Olsufieff.

Le comte Nostitz a, en outre, eu le soin de joindre à son journal la pièce dans laquelle le comte Hardenberg rend compte de la façon dont il a été enlevé par les Français. Envoyé par Blücher pour surveiller les travaux d'extinction de l'incendie, il remontait vers le château pour rendre compte de sa mission, lorsqu'il fut arrêté par six cavaliers. Hardenberg qui, dans l'obscurité, n'a pas remarqué leurs uniformes, répond par les mots de : « *Preussischer Offizier* ». Il est sommé de se rendre. Toute résistance étant impossible, Hardenberg demande quel est le général qui commande et demande à être conduit à lui. Amené au général Lefebvre-Desnoëttes, il eut la présence d'esprit de lui dire que Blücher était avec ses troupes aux portes de la ville. Hardenberg fut presque aussitôt conduit à l'état-major général de l'Empereur.

Tagebuch des Generals der Kavallerie Grafen von Nostitz. (*Kriegsgeschichtliche Einzelschriften*, 1884, Heft V, pages 76 à 81.)

[1] On sait que l'Empereur avait, dans le courant de l'après-midi, au moment où il débouchait vers trois heures du bois de Vallentigny sur le chemin de Maizières, failli être enlevé avec son escorte par les Cosaques qui auraient assurément réussi leur hourrah, s'ils n'avaient été arrêtés à propos par les troupes de la division Meunier.

[2] La présence d'esprit du colonel Benançon, chef d'état-major de Sacken, sauva seule le général russe. Au moment où il allait sortir de Brienne, Sacken et Benançon sont entourés par les cavaliers français. Le colonel Benançon, Français au service de la Russie, s'écrie alors : « Faites place, nous sommes des vôtres. » Les rangs des Français s'ouvrent un moment : le général et le

emporté par le flot des cavaliers français, et plus heureux que son quartier-maître général, le colonel comte de Rochechouart, qui trouva la mort dans cette mêlée, réussit à se jeter dans une rue latérale.

Charge de la cavalerie russe. — Mais l'alarme était donnée ; la cavalerie russe rejeta la cavalerie de Lefebvre-Desnoëttes sur la division Duhesme qu'elle entraina dans sa déroute, et le général Châtaux, attaqué par des forces supérieures, contraint à sortir à son tour de la ville, dut se borner à occuper fortement le château et quelques maisons de Brienne.

La présence des troupes françaises au château et dans Brienne n'en constituait pas moins un véritable danger pour le parc de l'armée de Silésie, qui se dirigeait à ce moment de Lesmont sur Dienville. Blücher résolut donc, vers 10 heures du soir, de charger Olsufieff d'enlever le château, et Sacken d'arracher aux Français la partie de la ville qui restait encore entre leurs mains.

Blücher fait attaquer de nuit la ville et le château de Brienne. — Les colonnes d'Olsufieff tentèrent vainement à deux reprises de pénétrer par escalade dans le château ; chaque fois elles furent repoussées après une lutte des plus vives, et finalement obligées de se replier sur la ville. Enfin, après un combat acharné, dans lequel on se disputa la possession de chaque maison et dans lequel l'un des brigadiers du général Decouz, le contre-amiral Baste, fut tué, le général Decouz mortellement blessé et Berthier légèrement atteint, les troupes de Sacken réussirent à reprendre presque entièrement la ville de Brienne aux Français[1]. Vers minuit seulement, les adversaires, harassés par cette lutte qui avait duré près de neuf heures, épuisés de fatigue par les corps à corps presque incessants qu'ils avaient eu à soutenir depuis la tombée de la nuit, se décidèrent à cesser le

---

colonel Benançon réussirent à passer avant que les cavaliers n'eussent reconnu leur méprise. Une partie de l'escorte de Sacken fut néanmoins atteinte, sabrée et prise. C'est à ce moment que le colonel de Rochechouart fut tué. Tagebuch des Generals der Kavallerie Grafen von Nostitz. (*Kriegsgeschichtliche Einzelschriften*, 1885, Heft V, pages 81-82).

[1] Le général Lefebvre-Desnoëttes était également au nombre des blessés.

feu. Le combat de Brienne avait coûté à chacune des deux armées environ 3,000 hommes.

Les Français restaient maîtres du château et de quelques maisons seulement de la ville. Le quartier général impérial s'établit à Perthes, et le gros de l'infanterie française prit position à droite et à gauche de la route de Maizières.

Blücher ramène son infanterie en arrière pendant la nuit. — Dès qu'il fut rassuré sur le sort de son parc, Blücher donna, de son quartier général d'Arsonval, les ordres suivants : aux troupes d'Olsufieff de filer sans bruit après minuit, par la route de Bar-sur-Aube jusqu'à Arsonval et de s'établir au bivouac en arrière de ce village; au corps Sacken d'exécuter le même mouvement par la même route à 2 heures du matin, et de bivouaquer ensuite à Bossancourt. La cavalerie seule avait ordre de rester jusqu'au matin en vue de Brienne et de tenir quelques postes dans la ville même après le départ de l'infanterie. Elle devait, si l'ennemi venait à l'attaquer à l'aube du jour, se replier sur Trannes, où elle trouverait l'infanterie en position. Les blessés et les canons pris aux Français étaient dirigés sur Bar-sur-Aube.

Cette retraite nocturne s'effectua en silence et sans être inquiétée par les Français qui, épuisés par les fatigues de la marche et par les efforts qu'ils avaient dû faire dans le combat, n'entrèrent dans Brienne qu'à 4 heures du matin. Le corps Sacken prit position vers le matin sur les hauteurs de Trannes, sa gauche à Trannes même, sa droite à Éclance, couvert en avant par les Cosaques qui, battant l'estrade sur les derrières des Français, y enlevèrent quelques équipages appartenant à l'Empereur.

Positions de l'armée de Bohême. — **Positions des Ve et VIe corps.** — Si le 29 au matin, l'armée de Silésie, sans parler du Ier corps qui se trouvait encore entre la Meuse et l'Ornain, était loin d'être concentrée, puisque Sacken était à Pougy et Lesmont, alors que Blücher et Olsufieff occupaient à Brienne, il en était à peu près de même pour l'armée de Schwarzenberg, qui formait à ce moment deux groupes absolument distincts, séparés entre eux par près de deux bonnes journées de marche.

L'un de ces groupes, les Ve et VIe corps, se tenait aux environs de Joinville et sur les bords de la Marne, en amont de cette ville, tandis que l'autre (les III⁰ et IV⁰ corps) était établi du côté de Bar-sur-Aube, Dienville et Vendeuvre.

Derrière chacun de ces groupes, et à une distance à peu près égale de chacun d'eux, les gardes et réserves étaient échelonnées de Chaumont à La Ferté-sur-Aube. Schwarzenberg à qui l'occupation de Saint-Dizier et de Joinville et les mauvaises nouvelles reçues de Blücher, avaient fait redouter la possibilité d'une attaque des Français contre sa droite, s'était justement ému de la dispersion dangereuse de ces corps qu'un adversaire aussi énergique et aussi résolu que Napoléon pouvait parvenir à battre les uns après les autres. Pour parer dans la limite du possible au danger qu'il redoutait, il avait donc envoyé dans la nuit du 28 au 29 à ses commandants de corps les ordres que nous avons analysés plus haut.

Escarmouches de cavalerie du côté de Vassy et de Dommartin. — Le VI⁰ corps qui devait, de concert avec Wrède, attaquer et enlever Joinville pour couvrir la droite de l'armée de Bohème et donner la main à York, complètement coupé de Blücher par la marche des Français et la prise de Saint-Dizier, occupa dans la journée du 29 Joinville que l'ennemi avait évacué. Ce fut dans cette ville seulement que Wittgenstein apprit de la bouche de Wrède les événements des derniers jours et eut connaissance du mouvement que le général Lanskoï avait opéré sur Doulevant, mouvement qui découvrait complètement la route de Void et de Toul. Il envoya aussitôt de la cavalerie à Ligny avec ordre de pousser vers Bar-le-Duc des partis chargés de le relier à l'avant-garde d'York [1]. Il avait dirigé en même temps une brigade d'infanterie et un millier de chevaux vers Vassy où cette colonne vint donner contre les troupes avancées de Marmont, avec lesquelles elle tirailla pendant toute l'après-midi du 29, aux environs de Nomécourt [2].

Pendant cette journée du 29, le général Ilowaïsky XII avait occupé, avec un régiment de cosaques, Dommartin d'où la cava-

---

[1] Stärke, Eintheilung und Tagesbegebenheiten der Haupt Armee im Monate Januar (*K. K. Kriegs Archiv.*, I, 30.)

[2] Tagebuch du major prince Taxis. (*Ibid.*, XIII, 32.)

lerie française venant de Doulevant tenta vainement et à plusieurs reprises de le déloger[1].

Wrède était également arrivé le 29 à Joinville. Lui et Frimont établirent leur quartier général à Saint-Urbain ; leurs troupes se cantonnèrent au sud de Joinville, et les reconnaissances firent savoir qu'elles avaient trouvé Doulevant et Vassy fortement occupés par Marmont qui, formant l'aile gauche de Napoléon, marchait de Montier-en-Der sur Brienne[2]. Bien que les Austro-Bavarois n'eussent pas eu un seul combat à soutenir depuis les affaires de Saint-Dié, les privations, les fatigues des marches et les rigueurs de la température avaient singulièrement éprouvé le Ve corps. Les hommes et les chevaux n'en pouvaient plus. On avait peine à faire arriver l'artillerie et à faire suivre les convois. L'état sanitaire des troupes était tellement mauvais que la plupart des régiments comptaient autant de malades que de présents et que Wrède se voyait dans le cas d'écrire le 29 au soir à Schwarzenberg : « Force me sera de laisser reposer le Ve corps, le 30. J'enverrai cependant de fortes reconnaissances sur Vassy et Dommartin, afin de pouvoir en toute connaissance de cause, marcher à l'ennemi le 31[3]. »

Mouvement du IVe corps sur Ailleville. — Du côté de l'Aube, le prince royal de Wurtemberg avait achevé le mouvement que nous lui avons vu commencer dans la nuit du 28 au 29 et dans la matinée du 29. Tout son corps était venu prendre position entre Trannes et Ailleville[4], afin de servir de soutien aux avants-postes qu'il avait poussés, tant vers Dienville et le Petit-Mesnil que vers Fresnay et Maisons, de manière à pouvoir éven-

---

[1] Schwarzenberg à Blücher, Chaumont, 31 janvier. (*Ibid.*, I, 724.)

[2] STÄRKE, Eintheilung und Tagesbegebenheiten der Haupt Armee im Monate Januar. (*Ibid.*, XIII, 30.)

[3] Bien que dans sa monographie de Wrède, page 334, le général Heilmann prétende que Wrède n'ait eu connaissance de l'affaire de Brienne que le 30 au soir, son aide de camp et confident, le major prince de la Tour et Taxis, dit dans son journal, à la date du 29 janvier au soir : « On apprend alors que Blücher attaqué très vivement a dû abandonner le pont de Lesmont et Brienne et va se replier sur Trannes, en remontant le cours de l'Aube. » (Tagebuch du prince de Taxis. — *K. K. Kriegs Archiv.*, I, 32.)

[4] STÄRKE, Eintheilung und Tagesbegebenheiten der Haupt-Armee im Monate Januar (*K. K. Kriegs Archiv.*, I, 30).

tuellement recueillir Blücher. Le prince royal, convaincu que les bords de l'Aube ne pouvaient manquer d'être avant peu le théâtre grandes opérations et de graves événements, avait, en outre, de employé sa journée à reconnaître les hauteurs s'étendant de Trannes jusqu'à la vallée de l'Aube et tout le pays aux environs de Maizières et de Fresnay. Il avait trouvé là une excellente position qui aurait parfaitement convenu à Blücher s'il avait eu l'intention d'éviter une affaire à Brienne, et sur laquelle il pouvait facilement être rejoint par les corps de l'armée de Schwarzenberg. Le prince avait pu découvrir, sur la droite de cette position, quelques postes de cavalerie française établis du côté de Nully. Il avait, dans l'après-midi, entendu le canon dans la direction de Brienne et aperçu la lueur produite par l'incendie de cette ville ; mais le brouillard l'avait empêché de suivre, des hauteurs de Fresnay, les péripéties de la lutte et il était rentré à la tombée de la nuit à son quartier général de Bar-sur-Aube.

Position du IIIe corps, des gardes et réserves. — Gyulay était à Bar-sur-Aube[1]. Les troupes avancées du IIIe corps occupaient Vendeuvre et les extrêmes avant-postes étaient au delà de La Villeneuve-au-Chêne. Devant lui, les Français avaient solidement barricadé et fortement occupé les ponts de Courteranges et de La Guillotière sur la Barse et le pont de Maisons-Blanches sur l'Hozain. Ils paraissaient toujours décidés à se maintenir à Troyes, mais ils semblaient avoir renoncé à l'idée d'en déboucher.

En arrière de ces deux corps, les grenadiers russes marchaient sur Château-Villain, l'infanterie de la garde sur Luzy, la division de cavalerie légère de la garde sur Jonchery, la 1re division de cuirassiers russes et la cavalerie de la garde prussienne sur Rolampont, la 2e division de cuirassiers sur La Ferté-sur-Aube, la 3e sur Clairvaux, la brigade d'infanterie de la garde prussienne sur Marnay. Barclay de Tolly, l'empereur de Russie et le roi de Prusse venaient d'arriver à Chaumont.

Corps volant de Thurn à Chaource. — Colloredo reçoit

---

[1] Stärke, Eintheilung und Tagesbegebenheiten der Haupt-Armee im Monate Januar. (*K. K. Kriegs Archiv.*, I, 30.)

l'ordre de s'arrêter. — Quant au lieutenant-colonel Thurn, qui couvrait la gauche de Gyulay et qui précédait de loin le corps de Colloredo, il avait vu fondre ses effectifs et, comme Schwarzenberg ne pouvait pas lui envoyer des renforts, il se bornait à de petites opérations, à des reconnaissances et à quelques pointes. Il s'était porté le 29 de Villemorien sur Chaource, et ses patrouilles ayant trouvé les Bordes évacuées par l'ennemi, il comptait, le lendemain 30, obliquer plus à gauche et se diriger vers Troyes [1].

Si Schwarzenberg avait, le 29 de grand matin, prescrit à Wittgenstein et à Wrède de se réunir pour attaquer Joinville le 30, à Gyulay de s'arrêter entre Vendeuvre et Bar-sur-Aube et de se tenir prêt à marcher dans une direction qu'il se réservait de lui indiquer ultérieurement, au IVe corps d'achever son mouvement vers Trannes, Arsonval et Ailleville, malgré les craintes que lui donnait la situation de sa droite, il n'avait pas cessé de se préoccuper du sort de sa gauche. Redoutant toujours un mouvement de l'Empereur de Troyes sur Dijon, il avait enjoint à Colloredo de rester sur ses positions actuelles jusqu'à nouvel ordre. En le mettant en quelques mots au courant de la situation générale, telle qu'il la connaissait le 28 au soir, il avait eu soin, il est vrai, de lui recommander de faire reconnaître les routes menant à Bar-sur-Aube et à Chaumont [2]. Il est donc juste de reconnaître que, s'il eût assurément mieux valu laisser Colloredo continuer sa marche et dépasser Châtillon, Schwarzenberg n'a péché que par un excès de prudence. Mais il n'avait en réalité nullement renoncé à l'idée de se faire rejoindre sur sa gauche par cette colonne. Par suite Colloredo se cantonna, conformément aux ordres

---

[1] Thurn à Schwarzenberg, Chaource, 29 janvier, 6 heures du soir. (*K. K. Kriegs Archiv.*, I, 685.)

[2] Le prince de Schwarzenberg au comte de Colloredo : Chaumont, 29 janvier 1814. — « Le feld-maréchal Blücher est à Brienne, mais l'ennemi a chassé le 28 le général Lanskoï de Saint-Dizier et l'a poursuivi jusqu'à Dommartin. Une autre colonne ennemie a délogé les troupes légères du général comte Wittgenstein de Joinville et a occupé ce point.

« Les Ve et VIe corps attaqueront Joinville demain 30 janvier, et le prince de Schwarzenberg a décidé de suspendre tout mouvement de l'armée jusqu'à la reprise de Joinville.

« Le comte Colloredo restera donc sur ses positions actuelles jusqu'à nouvel ordre et fera reconnaître les routes de Bar-sur-Aube et Chaumont. » (*Ibid.*, I. 670.)

de Schwarzenberg, aux environs de Bar-sur-Seine[1]. Son avant-garde, la 2e division légère, sous les ordres du prince Maurice Liechtenstein, avait néanmoins continué sur Bar-sur-Seine et poussé ses avant-postes sur la route de Troyes jusque vers Saint-Parre les Vaudes, d'où ce général faisait savoir que les avant-postes ennemis étaient le 29 au matin vers Maisons-Blanches, qu'ils avaient pratiqué des coupures et des abatis sur les routes, mais qu'ils n'avaient pas envoyé de patrouilles de découverte en avant.

La division légère du comte Hardegg avait, à la même date, son gros à Tonnerre; ses avant-postes établis à Flogny, sur la route de Saint-Florentin, se reliaient sur leur droite au corps volant de Thurn et surveillaient toutes les routes menant à Tonnerre.

Marche du corps York sur Saint-Dizier. — Avant de jeter un rapide coup d'œil sur les conséquences de la journée du 29, avant de parler des différents incidents qui s'étaient produits au grand quartier général de Chaumont et du conseil de guerre qui

---

[1] Colloredo à Schwarzenberg, Châtillon, 29 janvier 1814. (*K. K. Kriegs Archiv.*, I, 656.)

A cette dépêche était jointes les pièces qu'on lira ci-dessous et qui prouveront que l'élan était donné partout et que, si le réveil de l'esprit national avait été long, le patriotisme avait partout repris le dessus.

Renseignements sur des habitants de Dijon hostiles aux Alliés (fournis par Colloredo) :

« 1° Le nommé Laguisse, bonnetier de profession et demeurant à Dijon, s'est offert pour lever une compagnie franche et aller sur les derrières de l'armée incendier nos parcs de réserve et autres établissements, attaquer nos convoi et en massacrer les escortes ;

« 2° Un autre habitant de la même ville, membre de la Légion d'honneur, qui a perdu la jambe droite, mais qui marche très bien sur une jambe de bois, demeurant dans la rue Chaplotte, dite de Voltaire, a cherché à ameuter le peuple à l'arrivée des troupes de Leurs Majestés et voulait marcher contre elles ;

« 3° Le propriétaire de la fabrique de Mulhouse-sur-Rhin, ayant l'air de servir les Alliés, a profité de la confiance qu'il a eu le talent d'inspirer pour rendre compte à l'ennemi de tout ce qu'il a vu ou entendu. »

Signalement d'un espion dangereux (Colloredo à Schwarzenberg) :

« Morel de Velmont, 36 ans, taille 5 pieds 4 pouces, cheveux châtains, front bas, yeux bleus, nez long et gros, grande bouche, menton long, figure longue, teint basané, traits fatigués, porte un vêtement gris assez court, des pantalons longs en drap commun, des chaussettes bleues, un gilet brun et noir de Manchester. » (*Ibid., ad* I, 656.)

s'y tint dans la nuit du 29 au 30, il importe de voir ce qui s'était passé pendant les dernières vingt-quatre heures du côté du 1er corps prussien que nous avons laissé le 28 entre Bar-le-Duc, où se trouvait son extrême avant-garde, et Commercy, où York était arrivé avec le gros de ses troupes.

D'après les instructions que Blücher avait fait parvenir à York, le général Lanskoï devait, on s'en souvient, se tenir à Vitry jusqu'au 30 et y attendre l'arrivée d'York, pendant que Blücher opérerait le 28, sur l'Aube du côté de Brienne, sa jonction avec la grande armée. C'était uniquement d'après ces indications que York devait régler sa marche et ses mouvements, puisque depuis quatre jours il était sans nouvelles du feld-maréchal. Sa situation était par suite assez difficile au moment où, le 29 janvier, à huit heures du matin, il résolut de se porter sur Saint-Dizier et envoya de son quartier général de Commercy, au prince Guillaume de Prusse, l'ordre suivant : « Si, écrivait York, l'Empereur est réellement à Saint-Dizier, il est plus que probable que nous rencontrerons l'ennemi sur la Saulx, à hauteur de Saudrupt et de Stainville. S'il ressort de la résistance de l'ennemi et des renseignements qui nous seront parvenus pendant notre marche que nous avons devant nous des forces supérieures aux nôtres, Votre Altesse aura à prendre position avec son gros derrière la Saulx, à Saudrupt, et à faire occuper Stainville par une flanc-garde. La deuxième brigade se porte, d'ailleurs, sur Stainville pour y servir de soutien.

« Le général von Katzler et le colonel comte Henckel (ce dernier officier est placé à cet effet sous les ordres de Votre Altesse) chercheront à passer la Saulx et à reconnaître les positions de l'ennemi. Il y a tout lieu d'espérer que les prisonniers nous fourniront des indications positives. Les 7e et 1re brigades (Horn et Pirch II) restent en réserve à Ligny, prêtes à se porter, d'après les circonstances, soit en avant sur Bar-le-Duc ou sur Stainville, s'il faut forcer le passage, soit à gauche sur Joinville, soit en arrière sur Vaucouleurs [1]. On devra donc faire reconnaître les

---

[1] Il ressort nettement de ces indications qu'York songeait à parer à toutes les éventualités et qu'ignorant ce qui s'était passé, il se préparait ou à marcher en avant, ou à obliquer à gauche, ou à couvrir, s'il y était contraint, sa retraite vers la Meuse

routes menant vers ces points, ou tout au moins se renseigner sur leur viabilité.

« Votre Altesse royale cherchera à se procurer des renseignements précis sur la marche du corps Wittgenstein et à se maintenir en communication avec lui.

« Si notre marche sur Saint-Dizier par Bar-le-Duc s'effectue sans difficulté, le colonel Henckel, conformément aux ordres donnés antérieurement, longera l'Ornain et couvrira le flanc droit du corps. Mais comme la cavalerie de réserve ne peut plus être détachée du gros du corps, il aura à fournir seul les découvertes à envoyer du côté de Châlons. *Il est essentiel d'atteindre Saint-Dizier le plus vite possible.* Le gros recevra à Ligny des ordres pour la continuation de sa marche. »

York avait, en effet, prescrit à son gros de se porter sur Saint-Aubin où il comptait réunir ses brigades, tandis que la cavalerie de réserve (général von Jürgass) devait être à Ligny à midi et y rester jusqu'à l'arrivée du gros du corps avec lequel elle devait continuer à marcher à partir de ce point. York avait eu soin d'ajouter à cet ordre général ces mots qui caractérisent bien la situation : « *Les troupes sont prévenues que les derrières ne sont pas sûrs ; les commandants des colonnes veilleront donc à ce qu'il n'y ait pas de traînards et à ce que les convois soient escortés* [1]. »

Le Ier corps prussien put, d'ailleurs, effectuer ses mouvements sans rencontrer la moindre résistance, puisque les Français avaient déjà évacué Bar-le-Duc, le 28 au matin. Les coureurs de

---

[1] Voici ce que, d'ailleurs, on trouve à cette date dans le *Journal de marche du 1er régiment de dragons prussiens de Lithuanie* qui, faisant partie de la cavalerie de réserve du 1er corps sous les ordres du général von Jürgass, arrivait le 28 janvier aux environs de Ligny :

« Jusqu'ici l'appel aux armes fait par Napoléon et la levée en masse n'avaient produit aucun effet ; mais il n'en fut plus de même à partir de notre arrivée ici. Nos troupes commencèrent dès lors à souffrir cruellement. Tous les villages étaient déserts ; les habitants s'étaient enfuis avec ce qu'ils avaient pu emporter dans les bois voisins, y attendaient et y épiaient le passage des traînards qu'ils massacraient et des petits détachements qu'ils attaquaient, armés de fourches et de faulx. Ils essayaient même dans les cantonnements d'assassiner les hommes qu'on les obligeait à loger ; un de nos chasseurs n'échappa aujourd'hui que providentiellement à la mort. Il en résulta que nous fûmes obligés de nous garder plus attentivement et qu'au lieu de nous cantonner, on nous fit bivouaquer. Il est juste d'ajouter que c'était là chose fort naturelle, puisque nous approchions maintenant du gros des forces ennemies. »

l'avant-garde poussèrent, sans rien trouver devant eux, jusqu'à deux petites lieues de Saint-Dizier, et l'avant-garde avec le prince Guillaume s'arrêta à Bar-le-Duc. Henckel avait cotoyé l'Ornain jusqu'en aval de Sermaize et la cavalerie de Katzler s'établit à hauteur de Chancenay, la 2ᵉ brigade à Stainville, les 1ʳᵉ et 7ᵉ aux environs de Ligny, où York reçut dans le courant de la journée des nouvelles qui allaient jeter un jour nouveau sur sa position et lui permettre d'agir et d'opérer désormais en pleine connaissance de cause.

Sa cavalerie, en effet, lui avait fait savoir qu'une colonne française, composée de troupes de toutes armes et forte d'environ 6,000 hommes, occupait encore Saint-Dizier. L'achèvement des travaux de réfection des ponts de Han-sur-Meuse, de Pont-sur-Meuse et de Commercy, qui étaient fortement gardés, lui assurait une ligne de retraite et de communications. Enfin, il avait été informé officiellement, d'abord par Wittgenstein de la présence de Blücher à Brienne, puis par Schwarzenberg de la concentration d'une partie de l'armée de Bohême à Bar-sur-Aube. La situation d'York avait donc changé du tout au tout en vingt-quatre heures. Son rôle était désormais nettement défini, la direction qu'il avait à suivre lui était imposée par les circonstances mêmes. C'est pour cela que, lorsque Wittgenstein lui fit demander de l'assister dans ses opérations, il crut pouvoir lui répondre que « les premiers coups de canon tirés par le Iᵉʳ corps contre Saint-Dizier serviraient de signal d'attaque pour le VIᵉ corps », et qu'il donna, le 29 au soir, les ordres dont nous aurons à parler en examinant les opérations et les mouvements du 30.

Particularités du combat de Brienne. — Pour ce qui est du combat même de Brienne[1], il présente certaines particularités sur

---

[1] Clausewitz critique assez vivement l'isolement dans lequel Blücher a été laissé à Brienne et en fait remonter la responsabilité à Schwarzenberg.

« Que Blücher, dit-il dans sa *Critique stratégique*, ait été un moment abandonné à lui-même et sur le point d'être écrasé à Brienne par les Français, c'est là une faute stratégique d'autant plus grave que le moment décisif était plus proche, ce qui augmentait encore le danger. Plus on s'approche de la crise, plus les mouvements doivent être serrés, plus les combinaisons doivent être calculées. »

Il nous semble toutefois qu'à vrai dire la critique de Clausewitz s'adresse bien plus à Blücher qu'au généralissime. Il est vrai que Schwarzenberg aurait

lesquelles il convient d'insister. Il est rare, en effet, de voir dans une seule et même affaire les deux généraux en chef sur le point d'être enlevés ou, tout au moins, sabrés par quelques cavaliers. L'un d'eux n'échappe même que par un hasard providentiel à l'ennemi, qui s'empare par surprise du château dans lequel il a installé son quartier général. Quant à l'acharnement que déployèrent et Blücher et Napoléon, acharnement qui faillit leur être fatal à tous deux, il était loin d'être produit par les mêmes causes Chez le feld-maréchal, à la haine qu'il portait à l'Empereur et à la France venait s'ajouter, ce jour-là, le sentiment des fautes que cet acharnement même lui avait fait commettre. Jusqu'au dernier moment, jusqu'à ce qu'il ait été forcé de se rendre à l'évidence en parcourant les dépêches trouvées sur le colonel Bénard, Blücher ne s'était pas rendu compte de la situation. Mais, plus franc que ses détracteurs et plus loyal que ses panégyristes, il reconnut lui-même, après les événements, la faute qu'il avait commise, et, dans le rapport qu'il adressa d'Arsonval, le 31 janvier à 10 heures du matin, à l'empereur d'Autriche, il avouait : « Qu'il avait pris les mouvements exécutés contre Lanskoï pour de simples démonstrations; qu'il avait fait venir, le 28, Olsufieff à Brienne, laissé Lanskoï sur la route de Brienne et posté Sacken à Lesmont[1]. » Il est donc évident, et il le reconnaît lui-même un peu plus loin, qu'il occupait un front démesurément étendu, et que, au lieu de s'entêter sur la position de Brienne, il eût été plus sage et plus raisonnable, après avoir amusé les Français au moment où ils parurent à Maizières, après les avoir occupés en déployant devant eux la cavalerie de Pahlen soutenue par quelques batteries, de faire filer, dès l'aube du jour, Sacken de Lesmont et d'opérer en bon ordre et par échelons sur Dienville et sur Trannes une retraite qui eût pu s'effectuer sans trop d'encombres et au

---

pu peut-être le faire soutenir en poussant vers lui les IIIe et IVe corps ; mais le généralissime ignorait encore de quelles forces disposait l'Empereur et craignait de se voir contraint de livrer contre son gré une bataille à laquelle il était loin d'être préparé. D'autre part, il est certain que Blücher seul, en s'affranchissant des ordres du généralissime, en contrevenant à ses instructions et en s'entêtant à précéder la grande armée au lieu de venir la rejoindre, était cause de ce qui se passait, et que, sans la prise du colonel Bénard, il aurait infailliblement été surpris par Napoléon et écrasé uniquement par sa faute.

[1] Blücher à l'empereur d'Autriche, Arsonval, 31 janvier. (*K. K. Kriegs Archiv.*, I, 726, b.)

prix d'un simple combat d'arrière-garde. Une pareille retraite lui eût permis de rejoindre plus rapidement, et sans s'exposer à de grosses pertes, les III⁰ et IV⁰ corps, auxquels il aurait ainsi donné la main dès le 29 au soir. Il se serait alors trouvé dans une situation semblable, à peu de choses près, à celle qui lui fut faite par les ordres de Schwarzenberg et des souverains alliés lorsqu'on le chargea de livrer, le 1ᵉʳ février, la bataille de La Rothière.

Au point de vue tactique, Blücher et Napoléon se virent tous deux forcés d'engager successivement leurs troupes au fur et à mesure de leur arrivée sur le terrain de la lutte; mais on ne saurait méconnaître que si la résistance énergique opposée par les Russes d'Olsufieff à la première attaque de Duhesme a permis à Blücher d'attendre sur sa position l'arrivée des troupes de Sacken, c'est surtout à son coup d'œil et à l'emploi judicieux qu'il sut faire de toute sa cavalerie, à la rapidité avec laquelle il profita de la faute que les Français avaient commise en envoyant toute la leur sur leur droite, qu'il dut de pouvoir se maintenir à Brienne jusque dans la nuit.

Pour ce qui est de l'Empereur, on s'est demandé pourquoi il avait attaqué si vivement le feld-maréchal qu'il avait espéré surprendre au moment où il aurait exécuté un passage de rivière, pourquoi il n'avait pas attendu l'arrivée de Gérard, et pourquoi, enfin, il n'avait porté contre Blücher que le tiers environ de son armée. Un examen attentif de la situation permet de répondre à ces critiques.

Napoléon a reconnu dès les premières heures de son arrivée à l'armée, qu'il est urgent d'agir et de battre Blücher avant qu'il ait pu opérer sa jonction avec Schwarzenberg. Il ignore quels sont au juste les corps que Blücher a emmenés avec lui dans son mouvement vers la Marne et vers l'Aube; mais il sait qu'il importe de ne pas perdre un instant et que c'est uniquement par la rapidité et la continuité de sa marche qu'il pourra peut-être encore parvenir à tomber sur les derrières de l'armée de Silésie. C'est pour cela aussi qu'il jette sur elle ses troupes au fur et à mesure de leur arrivée en ligne, qu'il attaque, bien que Gérard ne puisse le rallier avant le lendemain, bien qu'il ait détaché Marmont du côté de Vassy et bien que Mortier n'ait pu (il l'ignorait, il est vrai) exécuter son mouvement et venir le rejoindre. Il est évident que jusqu'au dernier moment il espère, en s'installant à Brienne, couper en deux l'armée de Blücher et triompher de cette résistance énergique et désespérée des Russes qui seule va permettre au feld-maréchal de sortir de la position critique dans laquelle il s'est placé et de se replier sur l'armée de Bohême. « *Tout cela est simple et naturel,* » dit Clausewitz à ce propos, parce qu'il considère évidemment que, dans la situation de l'Empereur, l'offensive seule pouvait lui apporter le salut.

Mécontentement de Schwarzenberg. — L'émotion, on peut le penser, avait été vive au grand quartier général des Alliés pendant toute la journée du 29, si vive même que, dans la matinée, alors qu'on n'avait encore connaissance que du rapport dans lequel Blücher rendait compte des premières opérations de l'Empereur contre Saint-Dizier, Schwarzenberg avait chargé Toll d'écrire au prince Wolkonsky pour le mettre au courant des dispositions qu'il avait prises et de se faire l'interprète de son mécontentement, mécontentement uniquement causé par les mouvements de Blücher.

« Ce qu'il y a de plus désagréable dans toute cette affaire, fait-il écrire, c'est que Blücher a appelé à lui Pahlen et que Wittgenstein se trouve manquer presque absolument de cavalerie. On aurait pu, d'ailleurs, prévoir ce mouvement de l'ennemi qui se concentrait à Châlons, et je m'étonne que Blücher, avant d'avoir même cherché à connaître la force de l'ennemi, se soit porté sur Brienne, point vers lequel il n'aurait, au reste, jamais dû se diriger puisque Brienne se trouvait dans le rayon d'action et la zone de marche de la grande armée.

« Mais il est d'autre part heureux que l'ennemi ait pris maintenant l'offensive. S'il avait commencé son mouvement dans quatre jours, la queue de nos colonnes se serait déjà trouvée à Troyes et l'ennemi en marchant de Châlons par Joinville sur Chaumont aurait, en prenant pour bases d'opérations Verdun et Metz, complètement coupé nos communications [1]. »

A Barclay de Tolly, Toll écrivit le 29 au matin : « Le prince de Schwarzenberg redoutant une tentative de l'ennemi contre nos

---

[1] Toll et Schwarzenberg redoutent toujours, on le voit, et dès le début de la campagne, le mouvement que l'Empereur ne devait entreprendre qu'après Arcis-sur-Aube, dans les derniers jours de mars.

lignes de communications, désire que vous donniez à vos troupes l'ordre de redoubler de vigilance dans les cantonnements. »

Il est, d'ailleurs, juste de reconnaître que, malgré l'émotion naturelle causée par les mauvaises nouvelles qu'on venait de recevoir, on se rendait au quartier général de Schwarzenberg un compte assez exact de la situation. Loin de désespérer et de se laisser décourager par l'éventualité probable d'un échec infligé à Blücher, on en augurait bien pour l'avenir. On croyait surtout que cette leçon servirait à discréditer complètement dans l'esprit de l'empereur de Russie et des partisans de la guerre à outrance, les auteurs des plans que Knesebeck et l'entourage de Schwarzenberg et de Metternich condamnaient à cause de leur audace et rejetaient à cause des risques qu'ils faisaient courir à la cause des Alliés et surtout à la cause de la paix.

L'inquiétude ne se calma guère, ni dans la journée, ni le soir, bien que l'on commençât à se tranquilliser sur les dangers que l'on avait redoutés pour la droite du côté de Joinville. Mais on venait d'apprendre de la bouche même d'un des officiers de Blücher, le lieutenant-colonel von Brünneck, parti du champ de bataille un peu après 3 heures, que les corps de Sacken et d'Olsufieff étaient sérieusement engagés avec l'Empereur, que les charges brillantes de la cavalerie de Pahlen avaient momentanément réussi à arrêter l'ennemi, et que le feld-maréchal espérait encore parvenir à se maintenir sur ses positions pendant la journée du 30 et pensait que l'ennemi se retirerait à la nuit.

Conseil de guerre de Chaumont. — Par une coïncidence bizarre, ce fut au moment où Blücher était attaqué à Brienne et obligé de se replier sur Trannes, au moment où l'empereur de Russie, inquiet de la tournure prise par les événements, se rendait avec le roi de Prusse de Langres à Chaumont pour y décider les opérations ultérieures, que Metternich écrivait à Caulaincourt, qui depuis trois semaines attendait vainement une réponse, pour lui annoncer que « les souverains avaient choisi Châtillon-sur-Seine comme le lieu des négociations avec la France et que les plénipotentiaires seraient rendus dans cette ville, le 3 février prochain [1]. » Metternich répondait en même temps à la lettre confi-

---

[1] Archives du ministère des affaires étrangères, n° 338.

dentielle que Caulaincourt lui avait écrite le 25, en lui déclarant que l'empereur d'Autriche ne pouvait se charger de proposer aux Alliés une suspension d'armes parce que « Sa Majesté était convaincue que la démarche proposée ne mènerait à rien ».

Rien ne pouvait être plus agréable à Schwarzenberg dans les circonstances actuelles que la présence à Chaumont de l'empereur de Russie, qui convoqua aussitôt et malgré l'heure tardive de son arrivée au quartier général, une espèce de conseil de guerre dans lequel on arrêta les dispositions pour la journée du 30.

30 janvier. — Ordres pour la journée du 30 janvier. — « Les IIIe et IVe corps, formant le centre de la grande armée, se concentreront à Bar-sur-Aube. L'aile droite (V^e et VIe corps) prendra position à Joinville, enverra des avant-gardes sur Vassy et se préparera à attaquer cette ville le 31. L'aile gauche (colonne de Colloredo) ira de Bar-sur-Seine à Vendeuvre où elle arrivera le 30, et au plus tard le 31. Colloredo est chargé de menacer la droite et les derrières des Français et d'empêcher Mortier de déboucher en avant de Troyes. Une partie des gardes et réserves sera le 30 à Colombey-les-Deux-Églises et on envoie à Kleist et à York l'ordre de presser leur marche. » Rédigés pendant la nuit du 29 au 30, ces ordres furent expédiés vers le matin et reçurent presque partout un commencement d'exécution dans l'après-midi.

Un examen, même superficiel, suffit pour démontrer qu'en somme ces ordres ne modifiaient que bien peu les positions des différents corps. Les IIIe et IVe corps restaient sur place, probablement afin d'empêcher leurs chefs de s'engager, contre le gré du généralissime, dans un combat que l'Empereur, on le croyait du moins, cherchait à livrer à l'armée de Silésie. Wrède et Wittgenstein restaient eux aussi à Joinville où ils étaient déjà depuis l'après-midi du 29. Seul Colloredo, qu'on avait arrêté en route, recevait l'ordre, impossible à exécuter, d'être le 30 à Vendeuvre.

On prévoyait, il est vrai, qu'il ne pourrait être rendu sur ce point que le 31.

En somme, il résultait de ces ordres que la plus grande partie de la grande armée arriverait le 31 seulement sur les positions d'où il lui serait possible de coopérer le lendemain à une entreprise sérieuse. Ces ordres ne changeaient donc rien à la situation ; ils étaient rédigés uniquement pour donner aux souverains une satisfaction apparente en leur faisant croire que ces résolutions étaient dues à leur initiative et à leur intervention. Mais il n'en fallait pas moins toujours deux grands jours à leurs armées pour se préparer à une attaque qui cependant aurait pu se produire immédiatement.

Les auteurs autrichiens, et Schels en particulier, ont prétendu que Blücher avait, le 30 au matin, l'intention d'abandonner la position que ses troupes venaient d'occuper entre Trannes et Arsonval et de continuer sa retraite sur Bar-sur-Aube. D'après eux il aurait été détourné de donner suite à ce projet par l'intervention du prince royal de Wurtemberg et de Gyulay qui, accompagnés par le colonel Baillet de Latour, chef d'état-major du IVᵉ corps, se seraient rendus dans la matinée au quartier général du feld-maréchal à Arsonval. Ces deux commandants de corps auraient réussi à lui faire reconnaître les inconvénients d'un mouvement rétrograde prolongé jusqu'à Bar et l'auraient décidé à rester sur place en lui offrant de venir avec le IVᵉ corps couvrir sa droite et occuper les hauteurs de Maisons.

En prêtant à Blücher pareille idée, en lui faisant déclarer qu'il était hors d'état d'attendre une attaque « *d'un ennemi qui lui était si supérieur en nombre* », ces auteurs ont évidemment oublié de relire la lettre que le feld-maréchal venait précisément d'écrire à Schwarzenberg, *à 8 heures du matin*. Blücher y annonçait au généralissime « qu'il avait pris position de Trannes à Arsonval ; qu'il croyait la gauche de l'ennemi à Maizières, et que, si les Français se décidaient à se reporter en avant, ils arriveraient trop tard pour atteindre son infanterie. » Enfin, il ajoutait en postscriptum cette phrase bien caractéristique, quand il s'agit d'un général aussi résolu et aussi décidé que Blücher : « *Je tiendrai, en tout cas, le défilé de Trannes*[1]. »

Les ordres qu'il avait donnés dans la nuit du 29 au 30, alors qu'il se décida à quitter Brienne, achèvent de réduire à néant l'assertion des écrivains militaires autrichiens qui ne peuvent ni fixer le moment précis où l'entrevue en question aurait eu lieu, ni indiquer les raisons ou les nouvelles qui auraient amené tout à

---

[1] Voir le rapport de Blücher à Schwarzenberg (*K. K. Kriegs Archiv.*, I. 675), cité plus haut.

coup un revirement aussi complet qu'inattendu dans les projets du feld-maréchal.

Ordres de l'Empereur dès qu'il a connaissance de la retraite de Blücher. — L'Empereur s'était installé à Maizières et, en envoyant, le 29 au soir à Marmont, l'ordre de se rabattre de Montier-en-Der et de Vassy sur Brienne, il lui avait fait dire par Berthier : « Il est probable que nous nous battrons encore demain. » Napoléon avait été agréablement surpris, lorsqu'à la pointe du jour on lui annonça que Blücher s'était retiré pendant la nuit et lui avait abandonné le champ de bataille si chaudement disputé la veille. Dès 7 heures du matin, il envoyait à la cavalerie de Milhaud l'ordre d'occuper les hauteurs de Perthes, pour protéger la route de Rosnay. Il laissait encore en position la cavalerie de Grouchy et celle du général Lefebvre-Desnoëttes, mais il prescrivait aux divisions Ricard et Dufour, placées sous les ordres du général Gérard, de se rendre à Rosnay et de s'y réunir à la cavalerie du général Piquet pour venir de là s'établir à Dienville. La cavalerie légère de Piré restait avec le duc de Reggio à l'entrée du bois, sur la route de Maizières à Brienne, pour éclairer la gauche.

Reconnaissance de cavalerie en avant de La Rothière. — Une heure plus tard, le major général écrivait à Grouchy : « L'intention de l'Empereur est, qu'avec votre cavalerie, vous vous mettiez de suite à la poursuite de l'ennemi.[1] »

A 9 heures, Grouchy, suivi par le 2e corps, débouchait, avec le 5e corps de cavalerie et la cavalerie de la garde, de Brienne-le-Château. Un brouillard épais, qui empêchait de voir à plus de 100 pas en avant, après avoir retardé sa marche, l'avait obligé à s'arrêter à peu de distance de La Rothière, lorsque, arrivé à la croisée des routes de Doulevant et de Bar-sur-Aube, il fut accueilli par le feu d'une batterie placée sur ce point et chargée de soutenir la cavalerie de Pahlen.

Position de l'armée de Silésie. — Sacken avait établi ses troupes entre Trannes et Eclance et couvert sa position par une

---

[1] Major-général à Grouchy, 30 janvier, 8 h. 1/2 du matin. (*Archives de la guerre.*)

batterie de 100 bouches à feu. Wassiltchikoff, d'abord détaché du côté de Troyes, l'avait rejoint en passant par le pont de Dienville, et le général-major Karpoff II était posté, avec ses Cosaques, à l'aile droite, où il occupait Soulaines, La Chaise et Chaumesnil. Le corps d'Olsufieff formait une deuxième ligne en arrière de Sacken, que masquait en avant la cavalerie de Pahlen. Ce général avait disposé sa cavalerie à gauche de la route de Bar-sur-Aube, mis 7 pièces d'artillerie à cheval — les seules dont il put se servir à cause du manque de munitions — en batterie sur la route et fait prendre position, à droite de cette route, à Wassiltchikoff, qui se reliait par sa droite aux Cosaques de Karpoff II. Un grand rideau de cavalerie s'étendait donc des bords de l'Aube jusqu'à Soulaines.

Dès que le brouillard se fut dissipé, l'artillerie de Grouchy riposta à la batterie de Pahlen, et la cavalerie française se déploya des deux côtés de la chaussée. Presque au même moment, l'infanterie débouchait en colonnes serrées en avant de Brienne, et la cavalerie du général de France se dirigeait sur Lesmont pour y réparer le pont que Sacken avait coupé en se retirant.

A 11 heures et demie, Grouchy recevait du major-général[1] une dépêche partie de Maizières à 8 heures et demie du matin. Berthier lui mandait que l'intention de l'Empereur était de le voir constater d'abord si les ponts de Brienne-la-Vieille et de Dienville étaient coupés. « Vous poursuivrez ensuite, lui disait-il, l'ennemi sur Bar-sur-Aube. » Il l'avertissait, en outre, de la marche du duc de Raguse et des généraux Duhesme et Briche par la route de Doulevant, et lui prescrivait, s'il entendait le canon de ce côté, d'en donner immédiatement avis « afin de faire diversion et d'attaquer de suite ».

Position des corps français. — Mais les pluies et le dégel avaient tellement défoncé le terrain, que ni la cavalerie française, ni celle des Alliés, ne parvinrent à se mouvoir autrement qu'avec la plus extrême lenteur. Par suite, tout se borna, pendant la plus grande partie de l'après-midi, à une canonnade, qui coûta pas mal de monde à la cavalerie alliée, et à l'occupation de Dienville par les troupes du général Gérard. Le général fit garder les ponts de

---

[1] Major-général à Grouchy. (*Archives de la guerre.*)

Dienville et de Lesmont et envoya des reconnaissances sur la rive gauche de l'Aube, dans la direction de Piney et de Vendeuvre. Ce fut seulement vers le soir que le 2ᵉ corps (Victor) occupa La Rothière[1], et que la cavalerie française chassa de Chaumesnil les Cosaques de Karpoff. A cette nouvelle Wassiltchikoff envoya la cavalerie du prince Biron sur la route de Chaumesnil à Eclance pour recueillir les Cosaques et couvrir l'extrême droite des Alliés. Pahlen et Wassiltchikoff se retirant lentement, s'établirent en avant de Trannes et tinrent leurs avants-postes en vue des lignes françaises dont le centre était à La Rothière, la droite à Dienville et la gauche à Chaumesnil[2]. Marmont n'était arrivé le

---

[1] Le 2ᵉ corps était arrivé trop tard pour essayer d'occuper le bois de Beaulieu. « Il aurait fallu, écrivait Victor au major-général, livrer un combat de nuit ; mes troupes étant très fatiguées, je les ai établies à La Rothière et aux environs. »

[2] Stärke, Eintheilung und Tagesbegebenheiten der Haupt-Armee im Monate Januar. (*K. K. Kriegs Archiv.*, I. 30.)
Kurzgefasste Darstellung der Kriegsbegebenheiten der schlesischen Armee (*Ibid.*, I, 31), et Blücher à Schwarzenberg, Arsonval, 31 janvier, 8 heures du matin (*Ibid*, I, 697).

Le feld-maréchal Blücher au prince de Schwarzenberg : — « Arsonval, 31 janvier 1814, 8 heures du matin. — » D'après les rapports que je reçois des généraux Pahlen et Wassiltchikoff, l'ennemi a employé la matinée d'hier jusqu'à 11 heures du matin, à faire défiler ses colonnes de Maizières à Brienne. A 11 heures, il s'est porté en avant avec de l'artillerie de gros calibre, de l'infanterie et de la cavalerie, et a débouché de Brienne.

« Le général comte Pahlen n'avait pour résister à cette puissante artillerie que sept pièces légères qu'il a postées si bien et si habilement que l'ennemi n'a pu arriver que le soir avec son centre à La Rothière, avec sa droite à Dienville, et sa gauche à Chaumesnil.

« L'ennemi s'est arrêté sur cette position. »

Blücher envoyait en même temps à Schwarzenberg le rapport que Sacken venait de lui adresser.

Nous ne reproduisons ce rapport que parce qu'il résulte de la lettre d'envoi qui l'accompagne, que, *deux jours après l'affaire de Brienne*, Blücher n'avait pas encore pu obtenir un rapport de Pahlen, peut-être parce que ce général faisait partie du VIᵉ corps (Wittgenstein) et n'en était que provisoirement détaché :

« Le feld-maréchal Blücher au prince de Schwarzenberg : — « Arsonval, 31 janvier 1814. — « J'ai l'honneur d'envoyer à Votre Altesse le rapport du général-lieutenant von Sacken sur l'affaire du 29, à Brienne.

« Je ne suis pas encore à même de fixer définitivement le nombre des canons qui ont été pris, parce que j'ignore ce qui s'est passé à ce propos chez Pahlen (du corps de Wittgenstein). » (*K. K. Kriegs Archiv.*, ad I, 698.)

« Le général von Sacken au feld-maréchal Blücher, de Bussancourt, le 30 janvier 1814 : — « Le violent combat d'hier est glorieux et *avantageux* (?) pour nos troupes, l'ennemi n'ayant pas atteint son but. Aujourd'hui, il n'en-

soir que jusqu'à Vassy. Une des divisions de son corps avait seule atteint Soulaines[1].

Marche d'York sur Saint-Dizier. — Affaire de Saint-Dizier. — York arrivé à Ligny, le 29, avait attendu seulement des nouvelles de son avant-garde pour envoyer à ses généraux ses ordres pour le 30, ordres qu'il eut le soin de communiquer à Wittgenstein, afin que cet officier général, mis au courant de sa situation, pût opérer contre Vassy dès qu'il entendrait du côté de Saint-Dizier le canon du Ier corps prussien.

Le 30, à 10 heures du matin, le corps York se porta sur Saint-Dizier en deux colonnes. L'une, à droite, partit de Saudrupt et se composait de l'avant-garde du prince Guillaume de Prusse précédée par la cavalerie du général von Katzler. Celle de gauche, composée des trois autres brigades et de la cavalerie de réserve du général von Jürgass, éclairée en avant de son front par une avant-garde de cavalerie sous les ordres du major von Schierstädt, sortit à la même heure de Stainville. Cette dernière colonne s'éclairait à gauche vers la Marne et se reliait par des patrouilles de cavalerie, avec la colonne du prince Guillaume.

---

treprend que des démonstrations et tend à gagner le pont de Dienville. D'après ce que j'apprends, sur les hauteurs entre Trannes et Eclance où j'ai massé mon corps, nous avons pris hier 1 drapeau et 3 canons de la levée en masse et 200 hommes environ de jeune et vieille garde, dont plusieurs officiers.

« Nous avons éprouvé des pertes fort sensibles. Le détachement de Stscherbatoff (a) et la cavalerie se sont particulièrement distingués.

« Ce qu'il y a surtout de remarquable dans cette affaire c'est que Napoléon a jeté 200 obus sur Brienne et a brûlé la ville et l'établissement où il a été élevé » (*K. K. Kriegs Archiv.* a d I, 698).

(a) Le commandement du petit corps de Stscherbatoff fut donné à partir du 30 au général major Seslavin qui fut chargé d'opérer en partisan avec ces quatre faibles régiments de cosaques.

[1] Le 30 janvier, à 4 heures du soir, le major-général avait, par ordre de l'Empereur, envoyé de Brienne les ordres suivants qui, pour des raisons diverses, ne furent pas exécutés :

A Drouot, il avait prescrit d'envoyer des partis de cavalerie du général Guyot sur la rive gauche de l'Aube ; à Duhesme, de rejoindre le duc de Bellune, de s'établir à La Chaise ou à Chaumesnil et de faire dire au général Briche de rallier Grouchy vers La Rothière ; au général Colbert, de venir à Lesmont ; au général Bordesoulle, de se porter sur Brienne ; au maréchal Marmont, d'être au plus tard le 31 à La Chaise ou à Chaumesnil ; au général Gérard, de faire passer au maréchal Mortier une dépêche l'informant de la présence de l'armée en avant de Brienne, et enfin, au général de France, d'occuper le 31 à la pointe du jour le pont de Lesmont avec ses gardes d'honneur et de se mettre en communication avec Arcis-sur-Aube et Troyes.

A 2 heures, le gros de la colonne de gauche défilait par Ancerville à une lieue environ de Saint-Dizier, pendant que la cavalerie de son avant-garde garnissait déjà la lisière du bois et avait poussé jusqu'à environ 1500 mètres de la ville. York voyant que les Français (la division Lagrange qui avait ordre de se diriger sur Brienne si elle était sérieusement attaquée par un ennemi supérieur en nombre) évacuaient la ville, résolut de ne pas attendre l'arrivée de l'autre colonne. Portant aussitôt sur sa gauche deux escadrons et deux bataillons de la 1re brigade, il dirigea la 2e brigade et le gros de la 1re par la chaussée même, sur Saint-Dizier. La 7e brigade et la cavalerie de réserve s'établirent en soutien à Ancerville. Le gros des troupes de Lagrange était déjà sorti de la ville : sa cavalerie avec quelques canons, garnissait les collines de la rive gauche de la Marne. L'arrière-garde française après avoir tiraillé un instant avec les Prussiens évacua d'abord le faubourg de Gigny, puis Saint-Dizier, et repassa finalement le pont de pierre de la Marne. La cavalerie française essaya bien de couvrir la retraite et de tenir assez longtemps pour faire sauter le pont ; mais le feu de l'infanterie prussienne et de l'artillerie à cheval l'obligea à se replier presque immédiatement devant les fusiliers prussiens qui lui enlevèrent un canon et quelques hommes, pendant que les hussards de Mecklembourg, la cavalerie de réserve et, un peu plus tard, le général von Katzler avec la cavalerie de la colonne de droite poursuivaient jusqu'à Éclaron les Français en retraite sur Montier-en-Der [1].

La rapidité, avec laquelle York avait dessiné et conduit l'attaque de Saint-Dizier, avait empêché le général Lagrange de détruire le pont de pierre. Mais la division française, bien qu'elle se fût

---

[1] Blücher à Schwarzenberg, Arsonval, 31 janvier, 7 heures du soir. (K. K. Kriegs Archiv., I, 699.)
« J'ai l'honneur d'informer Votre Altesse que le général York a occupé hier soir à 5 heures Saint-Dizier, sans y trouver grande résistance, y a pris un canon et a poursuivi l'ennemi jusqu'à Éclaron. Il espérait ainsi faciliter au comte Wittgenstein l'attaque de Vassy. »
(Voir aussi plus loin le rapport d'York à Schwarzenberg, d'Écriennes, 2 février, 11 heures du soir. — K. K. Kriegs Archiv , II, 29.)
La colonne de droite (l'avant-garde sous les ordres du prince Guillaume de Prusse) ne put arriver à temps pour prendre part au combat. Seule sa cavalerie rejoignit vers le soir, pendant la poursuite sur Éclaron, les hussards de Mecklembourg et la brigade de cavalerie du général von Jürgass.

conformée aux ordres de Marmont et qu'elle se fût bornée à n'opposer à York qu'un semblant de résistance, n'en aurait pas moins été exposée à de graves dangers et aurait probablement été coupée et détruite, si Wittgenstein, au lieu de rester immobile à Joinville, avait marché au canon et s'était dirigé sur Vassy.

Positions d'York le 30 au soir. — York établit le soir son quartier général à Saint-Dizier. Sa 1re brigade était à Perthes sur la route de Vitry. La 2e brigade (colonel von Warburg) avec 4 escadrons de uhlans de Brandebourg, 4 escadrons de hussards de Brandebourg et 1 escadron du régiment de cavalerie nationale de la Prusse orientale, le tout sous les ordres du général von Katzler, formant désormais l'avant-garde du Ier corps, releva la 3e brigade (celle du prince Guillaume), occupa Éclaron et Humbécourt et poussa ses avant-postes vers Vassy. Les 7e et 8e brigades avec la cavalerie de réserve se tinrent aux environs de Saint-Dizier.

Pour se relier complètement à Wittgenstein, York envoya trois escadrons de cavalerie sous le lieutenant-colonel von Stutterheim, sur la rive gauche de la Marne jusqu'à Eurville, un escadron sur la rive droite avec le comte Eulenburg jusqu'à Bienville. Sa droite était couverte par le colonel Henckel qui de Sermaize poussait des patrouilles vers Vitry et Châlons et apprenait ainsi, dans la nuit du 30 au 31, que les Français occupaient de ce côté Vitry-le-Brûlé et qu'un maréchal de France venait d'arriver à Vitry-le-François.

Immobilité du VIe corps. — A l'aile droite de la grande armée, Wittgenstein, malgré la réponse qu'York avait faite à sa proposition d'agir de concert contre Saint-Dizier, malgré les prières que le prince Eugène de Wurtemberg lui avait adressées le 29 dès l'arrivée à Joinville de son corps et de la cavalerie des généraux Rudiger et Ilowaïsky XII, avait cru plus sage de renoncer aux projets dont il avait fait part à York. Son avant-garde avait été attaquée le 30 à 9 heures du matin sur la route de Vassy ; mais comme la cavalerie française avait été repoussée après une escarmouche insignifiante, il n'avait plus aucun motif pour rester immobile à Joinville. La raison donnée par Schwarzenberg n'est guère de nature à expliquer l'inaction du VIe corps.

« Wittgenstein, dit Schwarzenberg [1], n'a pas osé attaquer Vassy où l'ennemi a montré beaucoup de monde, parce qu'il avait trop peu de cavalerie et parce qu'il craignait de ne pouvoir être soutenu par Wrède. »

Wittgenstein avait toutefois commencé le 30 au matin par faire prendre au IIe corps (prince Eugène de Wurtemberg) à droite de Joinville, la route de Saint-Dizier. Puis quelques heures plus tard, au reçu d'un ordre de Schwarzenberg lui enjoignant d'enlever le 31 Vassy de concert avec Wrède, il avait rappelé le prince pour le diriger sur Vassy que le IIe corps se trouvait dans l'impossibilité d'atteindre le même jour.

L'avant-garde du 2e corps russe (cavalerie de Rudiger et brigade d'infanterie Schilwinsky) parvint seule jusque dans les environs de Vassy. Quant aux cosaques d'Ilowaïsky XII [2] que Wittgenstein avait dirigés de Joinville sur Montier-en-Der, ils avaient eu une petite affaire avec la cavalerie française à Dommartin et leur chef avait fait savoir au généralissime que quatre régiments de cavalerie française qui étaient à Sommevoire avaient quitté cette position se reportant en arrière vers Montier-en-Der [3].

Comme il l'avait annoncé la veille à Schwarzenberg, Wrède avait donné le 30 un jour de repos à ses troupes et s'était mis d'accord avec Wittgenstein pour enlever avec lui Vassy le lendemain.

Leurs deux corps devaient à cet effet se trouver réunis le 31, à 9 heures du matin, aux environs de Nomécourt.

Tension des rapports entre les généraux alliés. — Quarante-huit heures après le combat de Brienne, Blücher n'ayant pas reçu le moindre rapport de Pahlen, avait cru pouvoir expliquer ce fait en rappelant, dans la lettre qu'il avait adressée à Schwarzenberg, que cette cavalerie faisait partie du VIe corps. Il suffit, d'ailleurs, de jeter de temps à autre un coup d'œil sur les

---

[1] Schwarzenberg à Blücher, Chaumont, 31 janvier. (*K. K. Kriegs Archiv.*, I, 724) et le même à l'empereur d'Autriche, même date. (*Ibid*, I, 726.)

[2] Schwarzenberg à l'empereur d'Autriche, 31 janvier. (*K. K. Kriegs Archiv.*, I, 726.)

[3] Schwarzenberg à Blücher, Chaumont, 31 janvier. (*K. K. Kriegs Archiv.*, I, 724.)

différents rapports des commandants de corps pour voir que, dès qu'ils étaient séparés les uns des autres ou quelque peu éloignés du grand quartier général, ils ignoraient absolument, à moins de renseignements dus au hasard, tout ce qui se passait tant à côté d'eux que devant eux.

C'était là, et ce fut pendant toute la durée de la campagne, le fait d'une organisation essentiellement défectueuse à laquelle on ne semble pas avoir cherché à porter remède. C'est ainsi que Wrède, venu le 29 à Joinville pour conférer avec Wittgenstein, ne fut pas peu surpris de voir que ce général avait ignoré jusque-là les mouvements et la position du Ve corps, et qu'il n'avait pas la moindre idée de ce qu'était devenue, dans ces derniers jours, l'armée de Silésie. Il est vrai de dire, et le rapport qu'on va lire en fournira la preuve manifeste, que Wrède ignorait, lui aussi, le 30 au soir, et bien que son quartier général fût à peine à 10 kilomètres de celui de Wittgenstein, que non seulement ce général n'avait pas enlevé, mais qu'il n'avait même pas attaqué Vassy dans la journée du 30.

Rapports de Wrède et de Frimont au prince de Schwarzenberg. — C'est pour cette raison et aussi parce que Wrède expose dans ce rapport ses mouvements et la situation de son corps, que nous reproduisons ce document et que nous le faisons suivre de celui de Frimont, qui contient quelques indications intéressantes.

« Le général de cavalerie comte Wrède au prince de Schwarzenberg [1]. — Saint-Urbain, 30 janvier 1814, 9 *heures du soir*.

« Votre Altesse m'ayant ordonné d'attaquer Vassy avec le comte Wittgenstein, j'ai renoncé au mouvement offensif que je projetais contre les postes de Sommevoire, Doulevant et Arnaucourt, que j'ai simplement fait reconnaître.

« J'adresse à Votre Altesse le rapport du général Frimont relatif à Doulevant. Il résulte de ce rapport que nous avons devant nous le corps du duc de Bellune.

« Le général Rechberg [2], qui avait ordre d'envoyer contre

---

[1] Wrède à Schwarzenberg, Saint-Urbain, 30 janvier, 9 heures du soir. (*K. K. Kriegs Archiv.*, I, 677.)

[2] Voir Schwarzenberg à Blücher, Chaumont, 31 janvier. (*Ibid.*, I, 724.)

Arnancourt un régiment de cavalerie, me fait savoir que l'ennemi y avait cinq escadrons qui se sont repliés aujourd'hui.

« Le comte Wittgenstein a attaqué aujourd'hui Vassy, mais je ne crois pas qu'il s'en soit emparé. Votre Altesse verra par les annexes ce que j'ai fait pour le soutenir.

« Le nombre de malades augmente sensiblement dans les régiments d'infanterie du général Frimont. Un de ses régiments a autant de malades que de présents. »

« Le général-lieutenant Frimont au comte Wrède [1]. — Brachay, 30 janvier 1814, 1 heure après-midi.

« J'ai fait occuper Charmes (Charmes-en-l'Angle ou Charmes-la-Grande) par la division légère du comte Hardegg. La division du général Spleny est entre Flamérécourt, Brachay, Blécourt et Ferrières. Ces localités sont trop petites pour pouvoir cantonner mes troupes. De plus, je suis très isolé, et si je devais me replier sur la vallée de la Marne, ma situation serait d'autant plus difficile que je me trouverais dans une espèce de cul-de-sac. J'aurais à traverser un défilé dans lequel il n'y a que de mauvaises routes et mes troupes mettraient au moins de trois à quatre heures pour le passer, arriver à Mussey ou Fronville et déboucher sur la route.

« Mes patrouilles m'annoncent que l'ennemi m'a enlevé à Doulevant une patrouille des hussards de Szeckler.

« Le major Mackey, du régiment de dragons de Knesevich, qui a poussé avec deux escadrons sur Vassy, a rencontré ce matin le général Rudiger à Nomécourt. Ce général avait l'ordre d'attaquer l'ennemi à Vassy. De 9 heures et demie à 11 heures, on a entendu une canonnade assez vive et une fusillade assez nourrie de ce côté. J'attends à tout instant des nouvelles relatives à cette affaire.

« J'envoie des patrouilles à Baudricourt et à Doulevant.

« Une patrouille de cavalerie a pris 5 hommes à l'ennemi. »

« *P.-S.* — Le major Droch, du régiment de hussards de Schwarzenberg, a trouvé à Rouvroy (Rouvroy-sur-Marne), 30 à 40 fusils chargés qu'il a brisés. Cela prouve que l'on se lève et s'organise dans les villages, et que partout il y a des armes. »

---

[1] Frimont à Wrède, Brachay, 30 janvier, 1 heure après-midi. (*K. K. Kriegs Archiv.*, I, 677.)

Positions des IV⁰ et III⁰ corps, des gardes et réserves. — Comme l'écrivait Schwarzenberg à l'empereur d'Autriche, le 31 au matin [1], le feld-maréchal Blücher avait cru prudent de se concentrer après le combat du 29. Il s'était massé à Trannes, en se faisant couvrir par sa cavalerie et par celle des généraux Stscherbatoff et Pahlen. Le prince royal de Wurtemberg, chargé de soutenir l'armée de Silésie, était avec son gros à Maisons et à Fresnay. Le général de Franquemont, qui commandait l'une des divisions du IV⁰ corps, avait ce jour-là son quartier général à Arrentières. L'avant-garde du IV⁰ corps occupait Ville-sur-Terre et Thil.

Derrière le prince royal, Gyulay était toujours, avec le gros du III⁰ corps, autour de Bar-sur-Aube; ses avant-postes étaient du côté de Vendeuvre. En arrière de ces deux corps, les gardes et réserves russes et prussiennes se rapprochaient peu à peu : les grenadiers russes étaient venus à Colombey-les-Deux-Églises, l'infanterie de la garde vers Blaisy, la garde prussienne à Jonchery, la division de cavalerie légère de la garde russe à Vignory, la 1ʳᵉ division de cuirassiers russes et la cavalerie de la garde prussienne à Luzy, la 2⁰ division de cuirassiers russes vers La Ferté-sur-Aube, et la 3⁰ en avant de Clairvaux. Le quartier général de Barclay de Tolly était resté à Chaumont.

Colloredo reçoit tardivement l'ordre de mouvement de Schwarzenberg. — A l'aile gauche, Colloredo, auquel l'ordre de Schwarzenberg [2], daté du 29, n'était parvenu que le 30 au matin, recevait, vers 2 heures de l'après-midi, de nouvelles instructions du généralissime, qui lui enjoignaient de se porter au plus vite à droite et d'arriver à Bar-sur-Aube le 31 au plus tard. Ce ne fut guère que vers 4 heures que Colloredo put envoyer ses ordres aux chefs de corps. D'ailleurs, ses cantonnements étaient tellement étendus que quelques-uns de ses régiments avaient près de douze heures de marche pour arriver des environs de Troyes, où ils

---

[1] Schwarzenberg à l'empereur d'Autriche, Chaumont, 31 janvier. (*K. K. Kriegs Archiv.*, I, 726.)

[2] Dans cet ordre du 29 (*K. K. Kriegs Archiv.* I. 670), Schwarzenberg arrêtait les mouvements de la colonne de Colloredo, lui enjoignait de rester sur ses positions et le prévenait de la présence, à Troyes, de 13,000 hommes sous les ordres de Mortier.

étaient déjà établis, à Bar-sur-Aube par Clairvaux. Colloredo dut donc se borner à prendre les dispositions nécessaires pour assurer la marche du lendemain, et prévint immédiatement le généralissime du retard et de ses causes.

A peine avait-il fait partir sa dépêche, que les rapports faits par les officiers chargés de reconnaître les routes menant vers la grande armée lui démontrèrent qu'il lui serait, même le lendemain, impossible de se conformer aux ordres de Schwarzenberg.

Le dégel et les pluies avaient rendu absolument impraticable le chemin de Châtillon par La Ferté-sur-Aube, à Bar-sur-Aube. Les rapports étaient unanimes pour déclarer que les troupes auraient grande peine à y passer et qu'il serait de toute impossibilité de s'en servir pour l'artillerie, qui s'y embourberait fatalement. Il ne restait à la disposition de la colonne de Colloredo que la route de Bar-sur-Seine, qui continue ensuite sur Bar-sur-Aube en passant par Vendeuvre.

Platoff à Cerisiers. — Le général Allix se jette dans Sens — Affaire de Sens. — Platoff, que nous avons laissé le 27 à Auxon [1], était le 29 avec son corps à Cerisiers, dans la forêt d'Othes, à 5 lieues environ de Sens. Mais comme le général Montbrun avait pu s'établir à Pont-sur-Yonne, comme les généraux Pajol et Pacthod occupaient, le premier Nogent-sur-Seine, et le deuxième Montereau, avec quelques corps encore en formation, le général Allix avait pu arriver à Sens avec 600 à 800 hommes, en même temps que Platoff parvenait en vue de la ville. L'ataman put occuper les faubourgs; mais le général Allix ayant eu le temps de faire barricader les portes, il fut impossible aux Cosaques de réussir à pénétrer dans la ville [2].

Positions des Alliés. — Le 30 au soir, les diverses fractions des armées alliées forment autour des corps de l'armée française une sorte de demi-cercle qui tend de plus en plus à se refermer sur eux. Tandis que Mortier occupe encore Troyes, sur l'extrême

---

[1] Voir au 28 janvier : Platoff à Schwarzenberg, Auxon, 28 janvier. (*K. K. Kriegs Archiv.*, I, 611).

[2] Rapport de Platoff, Villeneuve-le-Roi, 1er février (*K. K. Kriegs Archiv.* II, ad. 120), et général ALLIX, *Souvenirs militaires et politiques.*

droite des lignes françaises, et que Napoléon [1] masse son armée autour et en avant de Brienne, au centre même de l'arc de cercle formé par ses adversaires, les Alliés tiennent les positions suivantes : Blücher s'est concentré devant Napoléon, de Trannes à Éclance. Il est soutenu par Gyulay posté derrière lui à Bar et par le prince royal de Wurtemberg établi sur sa droite, à Maisons et Fresnay. En arrière du IVe corps on trouve la tête des réserves et des gardes arrivées à Colombey-les-Deux-Églises. Plus à droite et sur le point de se relier, par Fresnay, avec le IVe corps, les têtes de colonne de Wrède tendent déjà vers Doulevant. Wittgenstein est entre Joinville et Vassy, et York s'étend d'Éclaron jusque vers la Marne, pendant qu'à gauche, la colonne de Colloredo a son avant-garde à Bar-sur-Seine.

Enfin, pour compléter les emprunts que nous avons faits aux Archives impériales et royales, nous donnons en note [2] les rap-

---

[1] Ordres.   Brienne, 30 janvier, 9 h. 1/2 soir.

« ... Voici la substance de la lettre que le major-général écrira au duc de Trévise :

« Le quartier général est à Brienne : nous occupons les ponts de Dienville, « Brienne-la-Ville et de Lesmont. Nous avons hier 29 battu l'ennemi, nous lui « avons fait des prisonniers, nous l'avons chassé de Brienne et nous le pour-« suivons sur Bar-sur-Aube. Donnez-nous de vos nouvelles, nous n'en avons « pas depuis le 28. Poussez des partis pour communiquer avec nous, afin de « pouvoir agir ensemble et de concert..... »

« Le major-général écrira, en outre, au général Bordesoulle, à Arcis-sur-Aube, pour qu'il envoie à la rencontre du général Colbert et le fasse diriger sur Brienne. » (*Correspondance de Napoléon*).

[2] Schwarzenberg à l'empereur d'Autriche :
                                     « Chaumont, 31 janvier 1814.

« Renseignements fournis par les émissaires :

« 1° Emissaire parti le 20 de Langres, passant par Châtillon, Bar-sur-Seine, Troyes, Vitry, Châlons-sur-Marne et, de là, à Brienne et Bar-sur-Aube. Il a vu le 21, sur la route de Bar-sur-Seine à Troyes, le premier avant-poste français à Moussey (100 hommes du 122° régiment d'infanterie). A Troyes, il y avait 900 hommes du 122°, dont 500 conscrits, les dépôts des 3°, 6°, 9° et 11° chasseurs à cheval (400 hommes).

« Le 23, le général Dufour était à Arcis avec 6,000 hommes d'infanterie, pour la plupart des conscrits, 400 à 500 chasseurs à cheval, 20 à 26 canons et 80 caissons. On l'y a arrêté, mais il a réussi à s'échapper et à gagner Lesmont.

« Le 24, il a retrouvé le général Dufour sur l'Aube, entre Lesmont et Ramerupt, et s'est dirigé sur Vitry. Il y a vu 40 canons en batterie sur les remparts. La garnison se compose de 1,500 conscrits et de deux dépôts de cavalerie forts de 100 chevaux.

« Le 25, il était à Châlons ; il y a remarqué un parc de 50 bouches à feu

ports des différents émissaires expédiés par Schwarzenberg. Ces rapports étaient joints à sa dépêche à l'empereur d'Autriche (*K. K. Kriegs Archiv.*, I, 726) à laquelle nous avons fait de si nombreux emprunts, lorsque nous avons exposé les événements de la journée du 30 janvier.

31 janvier. — L'Empereur reste sur ses positions. — Mouvement de Marmont sur Soulaines. — On s'attendait, tant au quartier général de Blücher à Arsonval, qu'à celui de Schwarzenberg à Chaumont, à voir le 31 au matin l'Empereur sortir d'une inaction qu'on avait déjà trouvée surprenante la veille, mais qu'on s'était expliquée en partie par l'acharnement déployé de part et d'autre lors du combat de Brienne et par le fait que cette sanglante affaire avait cessé fort avant dans la nuit. On pensait généralement qu'après avoir donné un peu de repos à ses troupes, après s'être ravitaillé en munitions et avoir hâté la marche des renforts et des corps que la rapidité de son mouvement l'avait obligé à laisser en arrière, l'Empereur prendrait le 31 ou le parti d'attaquer Blücher sur sa position de Trannes [1],

---

de gros calibre et 150 caissons. 10,000 hommes d'infanterie marchaient à ce moment sur Saint-Dizier, et l'on attendait encore à Châlons l'arrivée de 10,000 hommes provenant de l'armée d'Espagne.

« En allant à Lesmont, il a rencontré un soldat de la jeune garde, a lié conversation avec lui et a appris qu'il y avait 5,000 à 6,000 hommes de la jeune garde à Bar-sur-Aube.

« Le 26, il était à Lesmont et s'est rendu de là à Brienne.

« 2° Un autre émissaire a été de Langres à Troyes, Sens, Montargis, Orléans et Beaugency.

« Il y avait le 19, à Orléans, 600 à 700 conscrits, et à Beaugency un dépôt du 7ᵉ régiment de chasseurs à cheval.

« 3° Un troisième émissaire, parti de Paris le 23, n'apporte que des renseignements peu importants sur les revues passées le 19 et le 20.

« 4° Un autre émissaire est parti de Vesoul, passant par Vaucouleurs, Commercy, Saint-Aubin, Ligny, Bar-le-Duc, Vitry. D'après lui, le corps de Victor compterait 15,000 hommes, dont 5,000 à 6,000 de cavalerie. Ney aurait avec lui 12,000 hommes, en grande partie d'infanterie.

« Le corps de Victor aurait ordre de rester sur la Marne jusqu'au 29. »
(*K. K. Kriegs Archiv. I.* 721 a.)

[1] Il est hors de doute que Blücher s'attendait à être attaqué dans la journée du 31, car il écrivait d'Arsonval, le 31 à dix heures du matin, à l'empereur d'Autriche : « Hier 30, l'ennemi a occupé Brienne, et, vers midi, il a pris position avec sa droite à Dienville, son centre à La Rothière et sa gauche à Chaumesnil.

« *Je l'attends sur ma position entre Eclance et Trannes.* » (*K. K. Kriegs Archiv.*, I, 726, b.)

ou la résolution de se retirer derrière la Voire, ou le parti de rejoindre Mortier à Troyes et d'y attendre ses adversaires.

Mais l'Empereur resta sur ses positions [1] entre l'Aube et les hauteurs de La Giberie. Sa lettre du 31 janvier au duc de Feltre [2] prouve que Napoléon était absolument décidé à ce moment à tenter le sort des armes en risquant la bataille [3] sur les positions qu'il avait fait occuper à son armée. De part et d'autre, on se préparait donc au combat. A une heure de l'après-midi, l'Empereur faisait envoyer au duc de Raguse l'ordre de se diriger sur Lesmont et de laisser une arrière-garde à Maizières. Le maréchal, après avoir quitté Vassy dès le matin, avait laissé à Montier-en-Der le général van Merlen avec 800 chevaux pour couvrir la marche du parc et des bagages du corps d'armée, et continuait son mouvement pour se rapprocher du reste de l'armée. Arrivé à Lesmont, il devait consolider le pont qu'on avait rétabli et jeter

---

[1] STARKE, Eintheilung und Tagesbegebenheiten der Haupt-Armee in Monate Januar (*K. K. Kriegs Archiv.*, I, 30) et Kurzgefasste Darstellung der Kriegsereignisse der schlesischen Armee (*Ibid.*, I, 31).

[2] « J'ai eu une affaire fort chaude, le 29, à Brienne. J'ai attaqué toute l'armée du feld-maréchal Blücher et du général Sacken, forte de 30,000 hommes d'infanterie et de beaucoup de cavalerie. Je les ai attaqués avec 10,000 hommes, au moment même où je venais de faire une forte marche. J'ai eu le bonheur de m'emparer, dès le commencement de l'action, du château qui domine tout. Comme l'attaque n'a commencé qu'une heure avant la nuit, on s'est battu toute la nuit. Blücher a été battu ; on lui a fait 500 à 600 prisonniers, tué ou blessé 3,000 à 4,000 hommes, et il a été obligé de rappeler tous ses partis qui s'avançaient du côté de Paris, pour se replier sur Bar-sur-Aube. Hier, je l'ai reconduit dans cette direction pendant deux heures, l'accompagnant par des salves de quarante pièces de canon. Notre perte est évaluée à 2,000 hommes.

« Si j'avais eu de vieilles troupes, il aurait été possible de mieux faire et d'enlever tous les parcs et bagages que j'ai vus défiler devant nous et que mon mouvement instantané a forcé Blücher de rappeler d'Arcis-sur-Aube. Si Brienne avait pu être occupé plus tôt, tout serait en notre pouvoir ; mais, dans les circonstances actuelles et avec l'espèce de troupes qu'il faut manier, il faut se tenir heureux de ce qui est arrivé.

« Nous avons pris position à deux lieues en avant de Brienne, la droite à l'Aube, la gauche au bois, nous maintenant entre l'Aube et la Marne ; le duc de Trévise à Troyes et le duc de Tarente sur la Marne. Je prends pour pivot Arcis-sur-Aube. Mon quartier général continuera, jusqu'à nouvelle circonstance, à rester à Brienne. » (*Correspondance*, n° 21150.)

[3] Le major-général recommandait à Victor de prendre, le 31 à sept heures du matin, une bonne position de bataille, lui permettant de recevoir l'ennemi, la droite à l'Aube, la gauche au bois ; de voir si la position de Trannes à Eclance pourrait lui convenir, puis, à onze heures, de s'emparer du pont d'Unienville.

de la cavalerie et de l'infanterie sur la rive gauche de l'Aube, en poussant une avant-garde sur Piney[1]. Le duc de Raguse avait, il est vrai, après avoir quitté Vassy, pris sa direction sur Montier-en-Der ; mais au lieu de se diriger de ce point droit sur Brienne, il avait cru, à cause de l'état des chemins, devoir se porter sur Soulaines parce qu'il n'avait, en faisant ce détour, qu'une lieue de mauvais chemins à parcourir. Arrivé aux environs de Soulaines, il en avait chassé quelques petits postes de cavalerie russe.

Un peu après midi, des positions de Blücher on avait remarqué un assez grand mouvement dans les lignes françaises. Le 5e corps de cavalerie française [2] s'était porté en avant de La Rothière vers Trannes sous les yeux mêmes de l'Empereur [3], qui était venu reconnaître le terrain et qui espérait peut-être, grâce à cette démonstration, obliger le feld-maréchal à s'engager. Comme les Alliés ne bougèrent pas, l'Empereur fit occuper vers le soir, par quelques troupes d'infanterie, le bois de Beaulieu qui, situé sur le front même des lignes de l'armée de Silésie, entre La Giberie et Éclance, au pied des hauteurs de Trannes, permettait aux troupes qui s'y établissaient de déboucher aisément et à couvert contre la position de Trannes.

Lettre de Blücher à Schwarzenberg sur sa position. —

---

[1] *Correspondance de Napoléon*, n° 21157.

[2] A ce moment, le général Colbert, qui était depuis le 27 janvier à Nogent-sur-Seine avec les grenadiers à cheval, dragons, chasseurs et éclaireurs de la garde, était parti pour rejoindre l'Empereur sur la rive droite de l'Aube, par Lesmont. Il s'était étendu, sur la rive gauche de l'Aube, jusqu'à Coclois, où se trouvait le général Maurin avec 500 chevaux, éclairant, par le pont de Dienville, Piney, la forêt de Vendeuvre, et poussant des partis sur Troyes. Le général Guyon, avec 400 chevaux, était à Vaupoisson et Ortillon. 100 chevaux étaient, en outre, postés à Voué, sur la route d'Arcis à Troyes. Le général Bordesoulle continuait à se tenir à Arcis.

[3] Victor à Grouchy : « Ordre de mouvement. — La Rothière, 31 janvier. — Les troupes du 2e corps d'infanterie et du 5e de cavalerie se mettront en marche aujourd'hui à une heure précise, pour se diriger sur Trannes à l'effet d'en chasser l'ennemi ; elles marcheront dans l'ordre suivant :

« La cavalerie légère du général de Piré prendra la droite de la route. Les deux divisions de dragons marcheront en bataille à la gauche. Six bouches à feu précéderont la division et marcheront sur la route (brigade du général Jamin). La division sous les ordres du général Jamin marchera en colonne sur la route, en arrière de sa batterie ; une autre batterie la suivra.

« La division Duhesme suivra l'artillerie de la 1re division. Elle aura la sienne derrière elle. L'artillerie du 5e corps suivra celle du général Duhesme. »

Blücher s'était lui aussi porté en avant jusque sur la ligne de ses avant-postes; il y était resté jusqu'à la nuit et avait assisté au déploiement et aux démonstrations de la cavalerie française, sans se laisser entraîner à prescrire le moindre mouvement. Rentré à 7 heures à son quartier général, il rendait compte à Schwarzenberg des événements de la journée, de la situation dans laquelle il se trouvait, et terminait son rapport par quelques considérations relatives aux mouvements exécutés par le corps du prince royal de Wurtemberg en vue des opérations ultérieures et d'une bataille à livrer le lendemain :

« Je suis resté jusqu'au soir sur la ligne même de mes avant-postes. L'ennemi a esquissé, vers 2 heures, avec 10,000 à 12,000 hommes un mouvement en avant; mais il s'est contenté d'occuper vers le soir et rien qu'avec 2,000 à 3,000 hommes en avant de mon front un bois (il s'agit ici du bois de Beaulieu) que je n'avais pu faire garnir de troupes, parce que je manquais à cet effet d'infanterie.

« Ma position est bonne, mais elle est trop étendue pour mes forces. J'ai mis 100 pièces en batterie; mais je ne peux, à cause de la nature du terrain, leur faire changer de position, et je manque d'infanterie pour défendre cette artillerie.

« La position occupée par le prince royal de Wurtemberg n'a, à mon sens, plus aucune signification depuis que le comte Wrède est arrivé à Doulevant. Le corps du prince royal est donc désormais disponible. Je viens d'écrire au prince et l'ai prié de me soutenir, si faire se peut, demain matin en envoyant son infanterie vers Éclance. Veuillez diriger sur ce point le corps du prince royal et alors je pourrai sans crainte voir venir l'ennemi.

« Je n'ai besoin ni d'artillerie ni de cavalerie.

« Si Votre Altesse ordonne pour demain un mouvement général en avant, ou si l'ennemi se retire cette nuit, le prince royal de Wurtemberg serait, dans l'un comme dans l'autre de ces cas, bien posté s'il allait à Éclance. Les gelées ont retardé la marche du général von Kleist [1] qui ne sera que le 4 février à Commercy.

---

[1] Kleist, venant de Trèves et évitant Luxembourg qu'il avait contourné dans sa marche, après avoir laissé devant cette place les uhlans de Silésie qu'il remplaça dans son corps par les cuirassiers de la Prusse orientale, était à ce moment en train de défiler sous Thionville, se dirigeant sur Pagny-sur-Moselle, que son avant-garde atteignit le 2 février.

Le pont de Saint-Mihiel est rompu, ce qui a forcé York à passer, lui aussi, par Commercy.....

« Tchernitcheff m'écrit le 23 de Liège que Winzingerode est à Aix-la-Chapelle. Je ne sais rien de positif par rapport au maréchal Macdonald [1], mais d'après les renseignements recueillis par le général York, il n'aurait avec lui que 9,000 à 10,000 hommes.

« *P. S.* — Je reçois à l'instant la lettre de Votre Altesse et ses ordres pour le 1er février ; je m'y conformerai [2]. »

La cavalerie de Pahlen reçoit l'ordre de quitter Blücher pour rejoindre le VIe corps. — Marmont évacue Soulaines. — Conséquences de ce mouvement. — Dès le 31 au matin, avant même d'avoir reçu à Chaumont les rapports des différents chefs de corps, rapports qu'il attendait pour envoyer ses ordres définitifs, Schwarzenberg avait prescrit à Blücher de rendre à Wittgenstein les troupes que, sous les ordres de Pahlen, il avait appelées à lui le 28 et dont le feld-maréchal n'avait plus besoin puisqu'il était désormais relié aux corps de la grande armée. Schwarzenberg motivait cette mesure par le fait que Wittgenstein manquait de cavalerie au point d'être forcé d'employer au service des patrouilles ses officiers d'ordonnance et sa propre escorte, et il invitait le feld-maréchal à renvoyer par le plus court chemin, la cavalerie et les troupes légères de Pahlen [3].

Pahlen reçut, par suite, l'ordre de prendre à droite pour rejoindre le VIe corps en passant par Eclance et Fuligny. Il arriva

---

[1] A peu près au moment où Blücher parlait de Macdonald à Schwarzenberg, l'Empereur faisait prescrire, le 31 au matin, au duc de Tarente de laisser le 5e corps avec le 3e de cavalerie à Sainte-Menehould pour protéger Châlons et Vitry et avoir l'œil sur tout ce qui passait sur les Ardennes et sur Reims, et de se porter, avec le 2e corps de cavalerie et le 11e corps, d'abord sur Châlons, où il recevrait des ordres pour sa direction ultérieure. Juste douze heures plus tard, le même jour à neuf heures du soir, l'Empereur ordonnait à Berthier de faire connaître à Macdonald que York avait débouché de Bar-le-Duc sur Vitry, Saint-Dizier et Châlons, et lui enjoignait de marcher contre York, de le battre et de protéger Châlons et Vitry. (*Correspondance*, n. 21154 et 21161.)
Nous aurons, d'ailleurs, à insister un peu plus loin sur ces mouvements du duc de Tarente et les opérations que York dirigea contre lui.

[2] Le feld-maréchal Blücher au prince de Schwarzenberg, Arsonval, 31 janvier 1814, sept heures du soir. (*K. K. Kriegs Archiv.*, I, 699.)

[3] Schwarzenberg à Blücher, Chaumont, 31 janvier. (*Ibid.*, I, 724.)

vers le soir en vue de Soulaines, que Marmont occupait solidement et où l'Empereur, comme le prouve une lettre à Clarke en date du 31 au soir, comptait le voir rester. Mais bien que Pahlen, qui n'avait avec lui que quelques troupes légères, ne fît pas mine de l'y attaquer et se fût contenté de faire observer Soulaines par des vedettes et des avant-postes, bien que ce général eût bivouaqué plus en arrière avec le gros de sa cavalerie et qu'une faible avant-garde du V⁰ corps eût seule poussé jusque-là, le maréchal Marmont crut devoir évacuer Soulaines le même soir. Il se porta en conséquence sur Morvilliers où il arriva à 1 heure du matin, après une marche des plus pénibles, par des chemins défoncés et au milieu d'un ouragan de neige. Cette inconcevable timidité et ce mouvement rétrograde que rien ne motivait, devaient avoir de graves conséquences le lendemain. L'évacuation de Soulaines permit à Wrède, qui eût été obligé à faire un long détour par Montier-en-Der, de passer avec le V⁰ corps par la forêt de Soulaines et de déboucher sur le champ de bataille encore à temps pour prendre part à la lutte et tomber sur l'aile gauche française.

Pahlen avait, du reste, établi aussitôt, par Doulevant, ses communications avec les V⁰ et VI⁰ corps, dès qu'il sut que les partis envoyés de ce côté, n'avaient rencontré aucune troupe ennemie.

Mouvement de la cavalerie d'Ilowaïsky. — Surprise du général van Merlen à Montier-en-Der. — Pendant que Pahlen se portait ainsi sur Soulaines et que le général Seslavin, appelé à remplacer Stscherbatoff à la tête de son corps franc, se rendait avec ses quatre régiments de cosaques sur la rive droite de la Voire, Schwarzenberg était informé par Wittgenstein qu'Ilowaïsky XII avait, pendant la nuit du 30 au 31, tourné Vassy, suivi le mouvement des Français de Vassy sur Montier-en-Der et était entré de son côté à Vassy[1].

---

[1] STÄRKE, Eintheilung und Tagesbegebenheiten der Haupt-Armee im Monate Januar (*K. K. Kriegs Archiv.*, I, 30), et rapport ci-après (*Ibid.*, I, 702) du général comte de Wittgenstein au prince de Schwarzenberg :

« Joinville, 31 janvier 1814.

« Le général Ilowaïsky XII a, sur mon ordre, tourné la position de l'ennemi à Vassy, s'est avancé en faisant grand bruit et l'a forcé à se retirer.

« J'occupe Vassy. Le général Ilowaïsky poursuit l'ennemi.

« Le général York occupe Saint-Dizier et se dirige sur Vitry.

Wittgenstein devait, conformément à ce qui avait été convenu la veille avec Wrède, se trouver le 31, à 9 heures du matin, à Nomécourt, d'où les V⁰ et VI⁰ corps réunis se seraient portés sur Vassy. Nous venons de voir que, grâce à la pointe poussée par les cosaques d'Ilowaïsky XII, il avait été possible d'occuper sans coup férir cette ville où le général von Katzler (du corps York) arriva de son côté entre 9 et 10 heures du matin, et d'où il fit partir immédiatement le major von Schierstädt avec quelques escadrons de cavalerie destinés à soutenir les cosaques et à prendre part à la poursuite déjà commencée par Ilowaïsky. A peu près à la même heure, Wrède, qui s'était mis en route à 5 heures du matin avec le V⁰ corps, arrivait à Nomécourt et y était informé de ce qui s'était passé du côté de Vassy. On lui faisait savoir, en outre, qu'il n'y avait plus le moindre détachement de troupes françaises aux environs de Saint-Dizier. Enfin, le prince Eugène de Wurtemberg (tête de colonne du VI⁰ corps) arrivait à Vassy avec le gros de ses troupes et se disposait déjà à se porter avec son infanterie sur Montier-en-Der, lorsqu'il reçut de Wittgenstein l'ordre de s'arrêter.

Le major von Schierstädt avait, entre temps, rejoint les cosaques d'Ilowaïsky XII et atteint avec eux à Montier-en-Der l'arrière-garde française du général van Merlen, qu'ils surprirent, mirent en complète déroute et poursuivirent vivement jusqu'à deux lieues au delà de cette ville. Le général van Merlen, grièvement blessé, plusieurs officiers et 150 hommes tombèrent aux mains des cosaques qui s'arrêtèrent à Boulancourt, tandis que les débris de l'arrière-garde française se retiraient sur Lesmont et Pougy[1].

« L'ennemi semble vouloir se concentrer pour combattre entre Vitry et Troyes.

« Mon quartier général sera aujourd'hui encore à Vassy, et je pousserai de là en avant avec Blücher et York.

« Je suppose que je dois, jusqu'à nouvel ordre, rester relié avec le général comte Wrède, et je combine mes mouvements avec lui.

« Macdonald, avec 18,000 hommes, marche de Namur vers Châlons. Il est encore à trois jours de marche de ce point (a). Il serait bon d'entreprendre quelque chose avant son arrivée. Je m'entendrai, à ce propos, avec le général York. Un officier du général Kleist m'annonce qu'il sera le 3 février à Saint-Mihiel. »

(a) Wittgenstein était loin d'être bien renseigné, puisque Macdonald arrivait précisément le 31 janvier à Châlons-sur-Marne.

[1] Wittgenstein à Schwarzenberg, Vassy, 31 janvier et 1ᵉʳ février. (K. K. Kriegs Archiv., I, 711, et II, 7.)

Il paraît impossible de trouver une explication quelque peu plausible aux fautes inconcevables que le duc de Raguse ne cessa de commettre dans cette journée du 31. Comme le lui écrivait le soir même le major-général, le petit corps du général van Merlen était assez fort tant qu'il s'agissait d'une véritable arrière-garde marchant à 2 kilomètres de la queue de son corps. Mais cette arrière-garde était évidemment insuffisante, dès que le maréchal en faisait un véritable détachement, d'autant plus insuffisante même que Marmont se savait entouré d'ennemis. Le maréchal avait, d'ailleurs, commis encore une autre faute. Malgré l'avis formel de l'Empereur qui avait eu le soin de lui mander que, la route par Montier-en-Der étant très mauvaise et presque impraticable, le parti le plus sage et le plus sûr était de prendre la chaussée de Brienne, Marmont avait cru pouvoir passer outre. Ce fut pour cela qu'une fois rendu à Morvilliers, il se vit obligé d'avouer qu'il espérait encore pouvoir y réunir son artillerie. Le maréchal lui-même ne peut expliquer pourquoi, arrivé à Soulaines à 4 heures, il a cru utile de faire une marche de nuit sur Morvilliers.

Voici, d'ailleurs, en quels termes il rend compte de ce mouvement : « Je suis arrivé sur Soulaines à 4 heures. L'ennemi a montré une grande quantité de cavalerie sur le plateau en face de Soulaines, et nous avons vu distinctement les fumées d'un camp qu'on dit être de 5,000 hommes d'infanterie, distant de 3/4 de lieue de Soulaines. Nous avons canonné l'ennemi pour l'éloigner et il nous a canonnés. Il occupait la route avec assez de forces pour qu'il fût difficile de l'en chasser.

« En même temps une tête de colonne s'est montrée sur la route de Doulevant et nous a canonnés, tandis que la colonne de cosaques qui avait tourné Montier-en-Der, s'est placée entre mon arrière-garde et moi et s'est montrée sur le village d'Anglus. Dans cette situation, il m'a paru urgent de hâter la marche de l'artillerie et de lui faire prendre le chemin de traverse de Morvilliers sur lequel, à cause des bois, l'ennemi ne peut avoir d'action. Par suite, les troupes sont arrivées ou arrivent ici, et l'artillerie qui est encore derrière m'aura rejoint avant le jour, malgré les mauvais chemins. »

Heureusement pour la réputation de Marmont, cette défaillance n'était que momentanée, et le maréchal devait, 36 heures plus tard, montrer dans le brillant combat qu'il allait livrer sur la Voire à Rosnay contre les Bavarois de Wrède, qu'il n'avait rien perdu de l'énergie et de l'habileté dont il avait donné tant de preuves.

Positions du VI⁰ corps. — Avant d'aborder des sujets plus importants, et pour en finir avec les quelques mouvements que les troupes avancées du VI⁰ corps exécutèrent dans le reste de la journée, il nous suffira de dire que vers le soir, on rappela sur Vassy la brigade d'infanterie du 2⁰ corps russe qui avait dépassé cette ville et que l'on dirigea sur Giffaumont la cavalerie du général Rüdinger chargée de surveiller le terrain entre la Voire et la Marne.

York de son côté, pour se conformer aux ordres qu'il avait reçus, s'était résigné à rappeler le major von Schierstädt et à faire revenir le major von Grävenitz, des hussards de Mecklembourg, qui, poursuivant l'ennemi depuis la veille, avait ramassé au delà d'Éclaron quelques fourgons de munitions et quelques voitures chargées de bagages et de vivres.

Wrède prend sur lui de se diriger de Nomécourt vers Soulaines. — « Arrivé à Nomécourt à 9 heures du matin (ainsi s'exprime le prince de La Tour et Taxis dans son Journal [1]), Wrède y apprend que l'avant-garde du VI⁰ corps a occupé Vassy et qu'il n'y a, pour ainsi dire, plus de troupes ennemies du côté de Saint-Dizier. » On savait donc désormais que Napoléon allait contre Blücher avec le gros de ses forces et l'on en conclut que pour aider le feld-maréchal, le mieux consistait pour le V⁰ corps à marcher dans la direction même suivie par les Français.

Wrède aurait voulu décider Wittgenstein à opérer de concert avec lui ; mais ce général s'entêtant à rester à Vassy, force fut à Wrède de se séparer du VI⁰ corps et de se diriger à gauche vers Dommartin-le-Saint-Père.

L'avant-garde bavaroise découvre l'ennemi au bivouac [2] près de Soulaines et l'oblige à rentrer dans le bois. Wrède s'installe à

---

[1] Journal du major prince de La Tour et Taxis (manuscrit). (*K. K. Kriegs Archiv.*, XIII, 32.)

[2] Il s'agit là des troupes de Marmont.

Doulevant et « c'est par hasard qu'il apprend, à une heure assez avancée de la soirée, par sa cavalerie qu'il a poussée en avant, qu'il se trouve relié et qu'il communique avec le IVe corps, prince royal de Wurtemberg[1]. »

Le récit du prince de Taxis résume parfaitement la situation. Mais la résolution prise par Wrède à ce moment est trop grave et elle exerça sur les événements du lendemain une trop grande influence pour qu'il soit possible de se contenter de ce résumé, quelque clair et quelque exact qu'il soit, sans examiner la situation en détail à l'aide des documents officiels qui existent aux Archives impériales et royales de la guerre à Vienne.

Instruit à l'école de Napoléon sous les ordres duquel il avait combattu, Wrède avait su profiter des leçons du maître. Il ne craignait pas la responsabilité et il joignait à un don naturel, le coup d'œil, deux qualités rares chez les généraux alliés, l'initiative et la décision. Les nouvelles qu'il avait reçues à Nomécourt avaient suffi pour lui prouver que Wittgenstein n'avait plus besoin de lui, qu'il n'y avait plus rien à faire du côté de Vassy pour deux corps d'armée soutenus, en outre, par celui d'York. Il en résulta que, alors qu'au quartier général on le croyait toujours entre Montier en-Der et Vassy, alors qu'on hésitait sur la destination qu'il convenait de lui donner, alors que Schwarzenberg se proposait, dans les dispositions qu'il rédigea dans l'après-midi du 31 et que Wrède n'avait pas encore pu recevoir, de le faire venir à Montier-en-Der, le général bavarois s'était déjà porté par le chemin le plus court vers l'aile gauche française. Arrivé à Doulevant, il écrivit le 31 dans l'après-midi à Schwarzenberg la lettre curieuse que l'on va lire [2] :

Lettre de Wrède à Schwarzenberg. — « Le général comte Wittgenstein m'a fait savoir aujourd'hui seulement à mon arrivée à Nomécourt, qu'il avait pris Vassy pendant la nuit.

« Il n'a donc plus besoin de moi.

« Je me suis par suite décidé à changer la direction que j'avais assignée à toutes mes colonnes, et c'est ainsi que le général de

---

[1] Tagebuch des Majors Fürsten Taxis. (*K. K. Kriegs Archiv.*, XIII, 32.)
[2] Le général de cavalerie comte Wrède au prince de Schwarzenberg, Doulevant, 31 janvier. (*Ibid.*, I, 799.)

cavalerie baron Frimont est avec le gros de son corps à Dommartin-le-Franc et Dommartin-le-Saint-Père, le feld-maréchal lieutenant comte Antoine Hardegg avec l'avant-garde de Frimont à Sommevoire, d'où il a envoyé de gros partis dans la direction de Montier-en-Der. Le général de division de Lamotte a une de ses brigades à Blumerey et l'autre à Nully : son avant-garde est à Tremilly poussant vers Soulaines, et pour couvrir sa gauche il a, en outre, fait occuper Thil. Le général de division comte Rechberg appuie la droite de sa division à Doulevant où j'ai mis mon quartier général ; sa gauche est à Beurville d'où il se reliera avec l'aile droite du IV⁰ corps.

« L'ennemi qui était hier ici, s'est porté par Blumerey, Nully et Soulaines vers Brienne où mène une excellente route très praticable pour l'artillerie. L'artillerie peut également suivre de Vassy par Voille-le-Comte une bonne route qui conduit à Montier-en-Der.

« Je crois que si Votre Altesse est décidée à attaquer l'ennemi à Brienne, je devrai marcher par Blumerey et Soulaines, et le comte Wittgenstein, de Vassy à Montier-en-Der. Tous deux nous aurons à accélérer notre marche. Quant au feld-maréchal Blücher, il ferait bien d'attendre pour pousser en avant de Dienville, que je sois arrivé aux environs de Dienville, tandis que le comte Wittgenstein hâterait son mouvement de façon à atteindre au même moment Maizières. Si le général York est arrivé aujourd'hui jusque vers Vassy, il sera à même d'inquiéter sérieusement, par Huiron, Corbeil et Donnement, la retraite de l'ennemi, bien qu'il ne lui soit, en aucun cas, possible d'amener sur ce point autre chose que son avant-garde.

« Si, comme cela me parait fort probable, l'ennemi passe l'Aube à Brienne ou à Lesmont pour se diriger sur Troyes, York pourrait, comme le feldzeugmeister Colloredo doit vraisemblablement être du côté de Vendeuvre, marcher sur Arcis, pendant que les autres colonnes de l'aile droite suivraient l'ennemi.

« Sans nous exposer à mourir de faim, il nous est impossible de demeurer sur nos positions actuelles. Je pense donc que nous devons chercher à gagner du terrain le plus vite possible et j'attends avec impatience les décisions de Votre Altesse.

« Si, ce qui est admissible, l'ennemi s'est borné hier à esquisser une simple démonstration devant le feld-maréchal Blücher et s'il a fait filer son gros par Lesmont sur Troyes, il ne nous restera qu'à accélérer plus encore notre mouvement. »

Quelques heures plus tard, pendant le temps qui s'écoula entre le départ de la réponse de Schwarzenberg et son arrivée au quartier général du Ve corps à Doulevant, Wrède plus convaincu que jamais de la gravité de la situation et de l'urgence de faire marcher ses troupes dans une direction qui leur permît de prendre part à la lutte prochaine, avait, à l'annonce de l'évacuation de Soulaines dans la soirée du 31, adressé à Schwarzenberg une deuxième dépêche dans laquelle il lui faisait savoir « qu'il se porterait droit sur Brienne pour attaquer l'ennemi partout où il le rencontrerait. »

Réponse et nouveaux ordres de Schwarzenberg. — Schwarzenberg répondit à la première des deux dépêches de Wrède avec une promptitude d'autant plus importante à signaler qu'elle constitue une exception à ses procédés ordinaires.

Cette réponse qui dut être expédiée de Chaumont dans la soirée du 31, puisque mention y est faite des renseignements envoyés par Blücher d'Arsonval dans la matinée, était conçue en ces termes :

« Quartier général de Chaumont. — 31 janvier 1814. — La dépêche que Votre Excellence m'a adressée de Doulevant en date du 31 de ce mois, m'a causé une joie d'autant plus vive que vous avez précisément devancé mes désirs[1].

« Le feld-maréchal Blücher m'a annoncé ce matin à 10 heures que l'ennemi se portait contre lui. Je reçois en cet instant la nouvelle qui, sans être officielle, paraît cependant digne de foi, d'après laquelle ce mouvement n'aurait été qu'une simple reconnaissance à la suite de laquelle l'ennemi s'est replié. Je vous répète toutefois que le renseignement en question n'est pas tout à fait officiel. Je maintiens donc pour cette raison la destination que je vous ai donnée, avec cette différence néanmoins que vous prendrez, en quittant vos positions actuelles, la route directe de Brienne par Blumerey et Soulaines et que vous vous bornerez à envoyer une colonne peu considérable par Montier-en-Der, vu

---

[1] Le généralissime oublie, évidemment avec intention, que les ordres qu'il avait lancés quelques heures auparavant, envoyaient Wrède à Montier-en-Der.

que le général Wittgenstein ne peut prendre ce chemin. Ce général continue, en effet, à être désigné pour opérer contre Vitry de concert avec le général York, avec lequel il se rejoindra à Saint-Dizier.

« J'invite Votre Excellence à me faire savoir demain à Bar-sur-Aube si et à quelle heure vos troupes pourront, sans leur imposer pour cela trop de fatigues, arriver à Brienne. »

De ce qui précède, il résulte donc bien clairement que c'est à Wrède seul qu'il convient d'attribuer le mérite d'un mouvement qui devait avoir de si précieux effets pour les Alliés. On se borna au quartier général à accepter le fait accompli et à en tirer parti, sans même juger convenable, dans la dépêche que nous venons de transcrire, d'indiquer au général commandant le Ve corps, ce qui était cependant essentiel, ce qu'il allait avoir à sa gauche et de lui faire connaître la direction donnée à son voisin, le IVe corps.

Mouvement d'York vers Vitry. — Nous avons vu la cavalerie d'avant-garde du Ier corps arriver avec le général Katzler à **Vassy** dès le matin du 31. Jusqu'à midi York attendit en vain un ordre qui, sans danger, vu la distance encore considérable à laquelle se trouvaient les troupes de Macdonald, lui aurait enjoint de pousser droit en avant de Vassy et de Montier-en-Der, que ses coureurs avaient déjà dépassé en compagnie des cosaques d'Ilowaïsky XII. Vers 2 heures de l'après-midi, n'ayant reçu aucune instruction, ni de Blücher, ni de Schwarzenberg, York, ne pouvant faire autrement que de se conformer aux dispositions qu'il avait en main, rappela la cavalerie qu'il avait poussée sur la route de Brienne. Il prescrivit en même temps [1] à Pirch II de

---

[1] « Le général-lieutenant von York au prince de Schwarzenberg :
  « Ecrienne, 2 février 1814, 11 heures du soir.
« ... D'après les ordres du feld-maréchal Blücher, je devais marcher, le 30 janvier, sur Saint-Dizier, et, le 31, sur Vitry. Je trouvai à Saint-Dizier l'arrière-garde du maréchal Marmont, sous les ordres du général Lagrange. Je l'attaquai, la chassai de Saint-Dizier, lui pris un canon et la poursuivis, par Vassy, jusqu'à Montier-en-Der.
« Le comte Wittgenstein arriva avec son corps à Vassy, le 31 au soir, et je lui laissai dès lors le soin de continuer la poursuite de l'ennemi, pour me conformer de suite aux ordres qui m'enjoignaient de marcher sur Vitry.
« La nouvelle de la concentration de l'armée alliée à Bar-sur-Aube et le fait

commencer le jour même avec le colonel Henckel qui devait lui servir d'avant-garde, le mouvement sur Vitry, que le gros du Ier corps devait exécuter le lendemain, afin d'assurer aux Alliés la possession d'une place forte, de priver Macdonald de ses communications directes avec l'armée française et d'enlever à l'Empereur un point d'appui « que, disait-il dans sa lettre du 31 janvier à Clarke, il est pour nous de la plus haute importance d'avoir et de conserver [1]. »

Le 31 janvier, à 9 heures du soir, la cavalerie du général Katzler n'avait pu, toutefois, arriver que jusqu'à Humbécourt, Éclaron et Valcourt, tandis que la brigade du général von Pirch II s'arrêtait vers 7 heures du soir à Thiéblemont, couverte en avant par le corps volant du colonel comte Henckel, établi à Faremont. L'inondation produite par la crue de la Saulx et le mauvais état des chemins avaient empêché cet officier de se porter en avant de Sermaize par les routes qui longent la Saulx et l'avaient contraint à se servir de la chaussée de Vitry. Les quelques partis qu'il avait poussés en avant de Vauclerc, avaient donné de ce côté sur quelques compagnies d'infanterie et quelques escadrons qui s'étaient presque aussitôt repliés sur Vitry, dont on évaluait, à ce moment, la garnison à 1500 hommes environ et dont les remparts n'étaient encore armés que de quelques pièces.

Henckel avait laissé au Buisson un escadron chargé de surveiller les passages de l'Ornain, près de Vitry-le-Brûlé [2].

Enfin, un petit détachement sous les ordres du major von Kracht, couvrait la gauche de la brigade Pirch, du côté de la Marne, à Norrois.

Les nouvelles, qu'York recevait depuis quelques jours des patrouilles envoyées du côté de Châlons et vers l'Argonne, lui avaient signalé l'hostilité de plus en plus vive des populations. Il

---

qu'elle se préparait à donner à l'ennemi une grande bataille, me firent penser que mon devoir consistait à me rapprocher de ce point avec mon corps. Je dirigeai donc sur Vitry une brigade de mon corps; cette brigade prit la route de Vitry le 31, et je me disposais à suivre le comte Wittgenstein pour aller par Vassy à Brienne, lorsque je reçus de Votre Altesse l'ordre d'attaquer Vitry avec le concours du VIe corps (général comte Wittgenstein). (*K. K. Kriegs Archiv.*, II, 29.)

[1] *Correspondance de Napoléon*, n° 21462.

[2] HENCKEL. *Erinnerungen aus meinem Leben.*

avait par suite lancé de Saint-Dizier une proclamation [1] dans laquelle il menaçait des peines les plus sévères quiconque serait pris les armes à la main, et prescrivait à ses officiers de redoubler de précaution et d'être d'autant plus vigilants qu'il avait, à ce moment déjà, connaissance de la marche de Macdonald et de l'arrivée imminente du maréchal à Châlons.

Nous avons dit plus haut que la division Brayer, du corps de Macdonald, avait, en débouchant de Sedan, donné près de Mouzon contre la cavalerie du général Jussefovitch qui précédait, de fort loin il est vrai, le corps du général comte de Saint-Priest en marche vers les Ardennes et les places de la Moselle. Le général Brayer, à la suite de cette rencontre, crut devoir se rejeter à droite, sur Launoy-sur-Vence, et de là sur Rethel. Macdonald lui envoya l'ordre de se porter par Vouziers et Autry sur Sainte-Menehould où cette division devait être rendue le 30 et occuper le poste des Islettes. Le général Molitor allait suivre le même itinéraire un peu plus tard. Enfin, Sébastiani et le duc de Padoue recevaient, le 29 au matin, l'ordre d'arriver à Sainte-Menehould le 31 au plus tard.

Quelques heures plus tard, dans la journée du 29, le duc de Tarente modifia ses ordres, après avoir reçu à Rethel, à 3 heures de l'après-midi, la dépêche du major-général partie de Saint-

---

[1] « Le général York aux Français :

« C'est avec bien du regret que je viens d'apprendre la mauvaise conduite de quelques paysans dans le voisinage de la ville de Saint-Dizier, qui, excités par de perfides conseils, se sont avisés de faire feu sur mes troupes. La nation française connaît trop bien les principes de l'honneur et de la probité pour ne pas être indignée d'une semblable trahison, qui ferait souffrir l'innocent avec le coupable. Je veux pardonner pour cette fois à des gens égarés, mais je préviens les habitants de toutes les villes ou villages où l'on commettra de semblables excès qu'ils seront forcés de me livrer les coupables et leurs instigateurs, sous peine de voir incendier leurs habitations, d'après les ordres reçus du général en chef, le prince de Schwarzenberg.

« Je préviens également que tout homme qui sera pris les armes à la main sans uniforme ou sans être enrégimenté, sera jugé et puni comme brigand.

« J'ai donné des ordres très sévères pour le maintien du bon ordre et de la discipline, et j'invite tous les habitants à rentrer avec confiance dans leurs maisons. Ils peuvent être persuadés que leurs personnes et leurs propriétés seront respectées, promettant de rendre justice à tous ceux qui me porteront des plaintes fondées.

« A Saint-Dizier, le 31 janvier 1814. »

Dizier, le 28 à 9 heures du matin[1], et prescrivit à ses différentes colonnes, à l'exception de celles de Sébastiani et du duc de Padoue, qui ne pouvaient arriver que le 1ᵉʳ février, d'être rendues à Châlons-sur-Marne le 31 janvier, en prenant de Vouziers par Suippes. Il n'en est pas moins permis de se demander pourquoi, au lieu de perdre trois jours après l'escarmouche de Mouzon, le duc de Tarente ne chercha pas à forcer le passage à Mouzon, à chasser devant lui la cavalerie russe, et ne profita pas de ce temps d'arrêt pour concentrer sa petite armée que rien ne l'obligeait à faire marcher par échelons.

Il semble, du reste, que la discipline s'était relâchée d'une manière déplorable pendant les marches continuelles que les troupes de Macdonald exécutaient depuis un mois. Les plaintes que le vieux maréchal Kellermann[2] adressait au sujet du pillage d'un convoi, donnent une idée assez triste de l'état dans lequel se trouvait cette petite armée.

Arrivé le 31 à Châlons, comme il l'avait annoncé au major-général, après avoir passé de sa personne par Reims, Macdonald poussa aussitôt la cavalerie d'Exelmans sur les routes de Vitry, de Bar-le-Duc et de Sainte-Menehould jusqu'à Saint-Germain-la-

---

[1] Major-général à Macdonald : « Saint-Dizier, 28 janvier, 9 heures du matin (reçu le 29/1 à Rethel). — L'Empereur, ayant appris que Blücher, avec 25,000 hommes, était sur Brienne, est parti aujourd'hui 28 de Saint-Dizier pour l'attaquer. Il est à désirer que vous vous concentriez le plus tôt possible à Châlons, et, aussitôt votre arrivée à Châlons, envoyez des partis sur Arcis et Brienne, afin de balayer le pays, pouvoir communiquer et recevoir des ordres, suivant les circonstances. » (Registres de Berthier.)

[2] Duc de Valmy au major-général : « Châlons, 29 janvier. — Un convoi considérable de vin, eau-de-vie, chemises, draps, charpie, pansements, toile et sacs envoyé de Mézières à Charlemont, a été enlevé et pillé par les troupes du duc de Tarente : les pièces de vin et d'eau-de-vie percées à coups de fusil, les voitures brisées, les paysans maltraités. C'est une perte irréparable, tant par sa valeur que par sa nature et l'impossibilité de la remplacer. Les troupes de ce corps se conduisent abominablement, et les malheureux habitants n'ont pas à craindre de plus mauvais traitements de la part de l'ennemi. Les voitures sont enlevées de force, ainsi que les chevaux ; les voituriers sont obligés de marcher quarante à cinquante lieues sans être relevés, sans autre salaire que des injures et des coups. Tout transport pour la nourriture même de l'armée va devenir impossible, et le peu d'esprit public qui reste va s'aliéner par de semblables excès, et disparaître. »

Dans un autre rapport, Kellermann demande, puisque Macdonald vient à Châlons, à être envoyé ailleurs ; il est plus ancien maréchal que lui, ne peut servir sous ses ordres et n'a, par suite, plus rien à faire à Châlons.

Ville, Vésigneul-sur-Marne, Marson et Notre-Dame-de-l'Épine, pour éclairer toute cette partie de la rive droite de la Marne. Il laissait momentanément les généraux Molitor et Brayer dans les cantonnements que leurs divisions venaient d'occuper.

Ces mouvements de cavalerie étaient, du reste, d'autant plus nécessaires que l'Empereur commençait à avoir des craintes sérieuses pour Vitry et qu'il avait, de Brienne, le 31 janvier, à 8 heures du matin, chargé le major-général de prescrire au maréchal de marcher au secours de Vitry, si cela était nécessaire.

Position des IIIe et IVe corps et de Barclay. — Mouvement de Colloredo sur Bar-sur-Seine. — Pendant toute la matinée du 31, les IIIe et IVe corps étaient restés presque immobiles. Les Wurtembergeois continuaient à occuper, en arrière de la droite de Sacken, Maisons et Fresnay. Gyulay s'était rapproché de la gauche de Blücher, en quittant Bar-sur-Aube pour venir à Arsonval et Bossancourt, tandis que Barclay de Tolly transférait son quartier général de Chaumont à Colombey-les-Deux-Églises et que les réserves et les gardes russes et prussiennes, placées sous ses ordres immédiats, se massaient entre Colombey et Bar-sur-Aube, où les 2e et 3e divisions de cuirassiers arrivaient encore dans le courant de la journée.

A gauche, Colloredo avait laissé la 2e division légère (prince Maurice Liechtenstein) à Fouchères, la division du comte Ignace Hardegg à Chaource, et était arrivé, avec une partie de sa colonne à Bar-sur-Seine. Ses grenadiers occupaient Ville-sur-Arce et Buxières. Bianchi était un peu plus en arrière à Polisy, Neuville-sur-Seine et Courteron ; mais Nostitz avec ses cuirassiers n'était encore qu'aux Riceys. Le feldzeugmeister occupait ces différents points lorsqu'il reçut le deuxième ordre du 31, par lequel Schwarzenberg lui prescrivait « de se porter immédiatement sur Vendeuvre, afin de pouvoir de là, agir contre la droite de l'ennemi. »

Thurn donne avis du départ de Mortier de Troyes pour Arcis. — Attaques infructueuses de Platoff sur Sens. — Enfin, avant d'examiner les dispositions que Schwarzenberg allait prendre en vue de la bataille du lendemain, il nous reste à parler du lieutenant-colonel Thurn, qui opérait à gauche de Colloredo.

Le lieutenant-colonel, se dirigeant à ce moment vers Sens, faisait savoir de Saint-Phal le 31, à 7 heures du soir, que Mortier avait quitté Troyes[1] le 30 avec la garde impériale, que le maréchal avait pris la route d'Arcis-sur-Aube et n'avait laissé à Troyes que quelques troupes d'infanterie, quelques escadrons de la garde et 24 canons[2].

Platoff avait renouvelé sans plus de succès que la veille ses attaques contre Sens. Il avait également fait le 31 une démonstration infructueuse contre Pont-sur-Yonne. Ses coureurs ayant poussé jusqu'à Sergines, sur la route de Sens à Bray, Pajol, craignant de voir les cosaques se jeter entre Nangis et Provins, avait ordonné au général du Coëtlosquet de venir, de Montereau, rejoindre le général Montbrun à Pont-sur-Yonne le 1er février, de manière à soutenir Sens et à couvrir les communications de Pont-sur-Yonne à Bray.

---

[1] Thurn ne pouvait pas savoir à ce moment que le maréchal Mortier était en route d'Arcis-sur-Aube à Troyes, où il allait rentrer avec tout son monde, le 31 au soir. Mortier se proposait alors, — sa dépêche de Troyes, du 31, au major général en fait foi, — de pousser le lendemain des reconnaissances, d'un côté sur Chaource, de l'autre sur Vendeuvre. Il comptait se porter, avec le gros de ses forces, sur ce dernier point, si l'Empereur entreprenait un mouvement sur Bar-sur-Aube.

[2] Thurn à Schwarzenberg, Saint-Phal, 31 janvier, 7 heures du soir. (*K. K. Kriegs Archiv.*, I, 705.)

S'il restait un doute sur l'ignorance dans laquelle Mortier demeura du 28 au 30 et sur l'importance qu'eut la prise du colonel Bénard, dont nous avons parlé en détail plus haut, il suffira de prendre connaissance de la dépêche que le duc de Trévise adressait au major-général, d'Arcis-sur-Aube, le 31 janvier à dix heures du matin :

« Monseigneur, j'ai l'honneur de vous adresser le duplicata de la lettre que je vous écrivis hier soir. N'ayant reçu de Votre Altesse Sérénissime aucunes nouvelles, je me trouve extrêmement embarrassé.

« Si, comme on l'assure, l'Empereur marche sur Bar-sur-Aube, il me semble indispensable que je me porte sur Vendeuvre. Votre Altesse peut juger combien, dans cette incertitude, ma position doit être embarrassante, et je la prie de vouloir bien me faire passer des instructions sur la marche que je dois tenir.

« *P. S.* — Il est probable que mes dépêches à Votre Altesse et celles que Votre Altesse me fit l'honneur de m'adresser ont été interceptées ; il n'est pas à présumer que, sans cette circonstance, je me trouverais sans ordres. » (*Archives de la guerre.*)

Il est bon de faire remarquer que Mortier ne connut vaguement les projets de l'Empereur que par une lettre que Bordesoulle lui écrivit, le 29 au soir, d'Arcis-sur-Aube. (Voir *Archives de la guerre*, Lettre de Bordesoulle au major-général.)

Disposition générale de Schwarzenberg pour le 1ᵉʳ février. — Le 31 janvier, Schwarzenberg, ayant arrêté ses dispositions pour la journée du lendemain, avait envoyé vers le soir, à ses lieutenants des ordres qui présentent plus d'une particularité :

« *Disposition générale pour le 1ᵉʳ février* 1814.

« Son Excellence le feld-maréchal Blücher marchera sur Brienne et attaquera ce point, d'après les dispositions qu'il jugera convenable de prendre, de concert avec les IIIᵉ et IVᵉ corps de la grande armée, placés sous ses ordres pour la journée du 1ᵉʳ février.

« Les grenadiers et les cuirassiers russes occuperont dès le matin les positions actuelles du feld-maréchal à Trannes.

« Une division de la garde russe s'établira en avant de Bar-sur-Aube, à Ailleville ; le reste de cette garde, à Fresnay, afin de pouvoir de là se porter, soit sur Brienne, pour appuyer le feld-maréchal, soit sur Montier-en-Der, pour soutenir les Vᵉ et VIᵉ corps.

« Le Vᵉ corps marchera sur Montier-en-Der; le VIᵉ sur Saint-Dizier d'où ce dernier corps devra, en tenant compte des événements, manœuvrer de concert avec le général-lieutenant von York contre Vitry.

« Le Iᵉʳ corps occupe Vendeuvre et enverra des reconnaissances dans la direction de Troyes.

« Tous les rapports devront m'être adressés demain à Bar-sur-Aube et, dans le cas où je n'y serais pas encore arrivé, à Colombey où sera mon quartier général.

« Le feld-maréchal Blücher est invité à m'y envoyer de ses nouvelles.

« Si l'attaque contre Brienne réussit, *l'armée du feld-maréchal von Blücher se dirigera vers Vitry*. Le IVᵉ corps occupera Brienne, et le IIIᵉ, Dienville.

« Au quartier général de Chaumont, 31 janvier 1814. »

Nous ne reviendrons pas ici sur la destination primitive donnée, comme on le voit, au Vᵉ corps et nous nous contenterons de rappeler que Schwarzenberg se rendant aux observations de Wrède, l'autorisa par un second ordre à se porter, par Soulaines, contre la gauche des Français. Mais il nous paraît impossible de ne pas relever certaines anomalies qui doivent frapper tous ceux qui liront quelque peu attentivement cet ordre.

C'est ainsi que, si les corps du prince royal de Wurtemberg et de Gyulay sont mis à la disposition de Blücher, auquel Schwarzenberg abandonne en somme complètement la direction des opérations pendant la journée du lendemain, les grenadiers et les cuirassiers russes, qu'on envoie le relever à Trannes et qui constituent par suite ses soutiens immédiats et ses réserves, semblent rester sous les ordres de Barclay de Tolly.

On doit également s'étonner de voir Schwarzenberg placer une division de la garde russe à Ailleville, d'où elle est hors d'état de pouvoir soit se porter en avant pour soutenir le IIIe corps du côté de Dienville, soit remplacer les réserves (grenadiers) postées à Trannes dans le cas où elles viendraient à être employées par Blücher. Mais ce qui est plus surprenant et plus caractéristique encore, c'est, qu'après avoir affecté spécialement et exclusivement les deux corps d'York et de Wittgenstein aux opérations contre Vitry, alors que Schwarzenberg savait que Macdonald n'était pas entré en ligne et que ce maréchal ne disposait guère de plus de 10,000 hommes, il ait jugé à propos d'immobiliser à Fresnay deux divisions des gardes russes, afin de pouvoir les porter de là soit sur Brienne, soit sur Montier-en-Der. Enfin, la dernière partie de l'ordre général, celle qui dirige après la bataille Blücher sur Vitry, mérite d'autant plus d'être signalée que l'on pourrait, peut-être bien sans se tromper, y découvrir la première trace, la première manifestation des tendances qui amèneront deux jours plus tard la séparation des deux armées alliées, cette séparation si justement critiquée, mais devenue nécessaire en raison même des divergences d'opinion de plus en plus profondes qui séparent les généraux en chef.

Ordre particulier de Barclay aux gardes et réserves. — Après avoir fait ressortir la bizarrerie des positions attribuées aux gardes et réserves, il faut encore ajouter que Barclay de Tolly, qui conservait même pendant la journée du 1er février la direction de ses troupes, avait jugé à propos de modifier l'ordre du généralissime. En effet, dans l'ordre particulier qu'il adressa de Colombey-les-Deux-Églises, le 31 au soir, à ses généraux, il postait à Ailleville, non pas une seule des divisions de la garde.

mais les deux divisions, avec les brigades d'infanterie et de cavalerie de la garde prussienne et la division de cavalerie légère de la garde russe, et leur prescrivait en même temps d'être rendues à quatre heures de l'après-midi sur la position de Trannes.

1ᵉʳ février. — Ordres de Blücher. — Enfin, et bien que l'ordre de Blücher soit daté de Trannes le *1ᵉʳ férrier*, il est impossible d'examiner la situation générale des deux armées avant la bataille sans se rendre préalablement compte des mesures prescrites par le feld-maréchal :

« A midi, le corps de Sacken, centre de l'armée alliée, se portera en deux colonnes contre La Rothière : la 1ʳᵉ colonne (Liewen) par la route qui mène de Trannes à La Rothière ; la 2ᵉ (Stscherbatoff) en prenant à droite de la 1ʳᵉ, aussitôt après avoir débouché de la position et en passant entre Trannes et la lisière du bois de Beaulieu. Le général Olsufieff suivra la 2ᵉ colonne à laquelle il servira de soutien, et la cavalerie de Wassiltchikoff dépassera l'infanterie, dès qu'on sera arrivé dans la plaine, pour couvrir et faciliter son déploiement.

« Le IIIᵉ corps (Gyulay), gauche de la ligne de bataille (de Blücher), appuyera le mouvement de la 1ʳᵉ colonne et se portera sur Dienville. Les deux divisions de grenadiers russes et les deux divisions de cuirassiers (2ᵉ et 3ᵉ divisions) se posteront en réserve entre le village et les hauteurs boisées de Trannes. Le IVᵉ corps, prince royal de Wurtemberg, aile droite (de Blücher), quittera Éclance à midi, laissant à sa gauche le bois de Beaulieu, en débusquera l'ennemi qui l'occupe, marchera sur Chaumesnil et cherchera à se relier à droite avec le corps de Wrède (extrême droite du front de combat). »

Blücher prévenait, en outre, ses généraux qu'il se tiendrait de sa personne sur les hauteurs de Trannes.

Résumé des positions des Alliés. — Effectifs des armées alliées et de l'armée française. — Pour résumer la situation du côté des alliés, Blücher[1] a ordre de se porter de Trannes contre La Rothière, centre des positions françaises. On lui a attri-

---

[1] Kurzgefasste Darstellung der Kriegsereignisse der schlesischen Armee. (*K. K. Kriegs Archiv.*, I, 31.)

bué à cet effet les IIIe et IVe corps. Le premier de ces deux corps doit couvrir sa gauche du côté de l'Aube et chasser la droite de l'Empereur de Dienville; le IVe corps se portera à droite sur La Giberie pour faciliter la prise de La Rothière et permettre à Wrède de déboucher des bois de Soulaines [1].

L'effectif total des troupes alliées s'élevait par conséquent entre 78,000 et 80,000 hommes [2] avec 200 bouches à feu, savoir : l'armée de Silésie 27,000, le IIIe corps 12,000, le IVe 14,000, le Ve 26,000, soutenus par les réserves russes et prussiennes qui auraient pu amener en ligne environ 34,000 hommes. Mais comme une faible partie seulement des réserves et des gardes (la 2e division de grenadiers) prit part au combat, on ne saurait être taxé d'exagération en évaluant à 85,000 hommes l'effectif total des troupes alliées qui donnèrent à La Rothière.

Aux masses des Alliés, dont la supériorité numérique eût pu être plus écrasante encore, si Schwarzenberg eût dirigé vers Brienne les 12,000 hommes du VIe corps (Wittgenstein) et disposé les réserves de façon que les 25,000 hommes qui assistèrent de loin à la lutte, eussent pu y prendre part; si, au lieu d'arrêter Colloredo, il lui eût prescrit de continuer sa marche avec ses 27,000 hommes, et si, d'autre part, on eût laissé York se rabattre sur Brienne avec les 15,000 hommes du 1er corps prussien, à ces masses déjà considérables, Napoléon allait pouvoir opposer en tout un peu plus d'une quarantaine de mille hommes. Ni Mortier ni Macdonald ne se trouvaient à ce moment à sa portée, et il ne disposait pour la journée du 1er février que des corps de Gérard (8,337 hommes), Victor (17,300 hommes), Marmont (8,200 hommes) et Ney (11,300 hommes), soit un total de 45.137 hommes, avec 128 bouches à feu [3].

---

[1] Lorsque le IIIe corps se porta sur Dienville dans le courant de la journée du 1er février, il se relia, par des cosaques et quelques escadrons de cavalerie autrichienne, à la colonne de gauche de Sacken, et, à droite de la deuxième colonne de Sacken, les cosaques de Karpoff II et le corps de Biron assurèrent la liaison entre cette colonne et les Wurtembergeois.

[2] 79,284 hommes d'après Schels et les situations des *K. K. Kriegs Archiv.*, avec 200 bouches à feu, dont 150 seulement purent, à cause de l'état du terrain, être mises en ligne.

[3] Situation le 1er février au matin. (*Archives de la guerre.*)

Position des Français. — Lettre de l'Empereur à Clarke.
— Quant à la position qu'occupait l'armée française[1], elle est exposée à grands traits dans la dépêche que l'Empereur adressait de Brienne, le 31 janvier au soir, au Ministre de la guerre[2] :

« Voici les dispositions de la journée. Le général de La Hamelinaye a 4,000 hommes à Troyes et 12 pièces de canon..... Le duc de Trévise est arrivé ce soir à 6 heures à Troyes. J'ai ordonné que le général de France, avec 1200 hommes des gardes d'honneur, et le général Maurin, avec 600 hommes de la division Bordesoulle et 4 pièces d'artillerie légère, se rendissent à Piney. Le duc de Trévise aura donc dans la main la vieille garde (15,000 hommes) et le général Gérard avec la division La Hamelinaye (12,000 hommes).

« ..... Je désire avoir une route d'Arcis-sur-Aube à Paris, laquelle ne passe pas l'Aube : or, la route de Nogent passe l'Aube. Je désire qu'il y en ait une qui d'Arcis aille à Sézanne et de là à La Ferté-sous-Jouarre par Château-Thierry. Faites reconnaître les routes par des ingénieurs géographes et envoyez des ingénieurs des ponts et chaussées préparer les ponts et améliorer cette route le plus qu'il sera possible.....

« Pour vous compléter la position de l'armée, je dois vous dire que la division Ricard occupe Dienville. Le duc de Bellune est en

---

[1] Le 31 janvier, à 7 heures du soir, Victor, dont le quartier général était à Petit-Mesnil et qui, en présence du déploiement de forces considérables entre Trannes et Eclance, avait, avec juste raison, cru imprudent de tenter dans l'après-midi une reconnaissance offensive contre le plateau de Trannes, s'était contenté de placer sa 1re division à une portée de canon des lignes des Alliés, sur la lisière des bois de Beaulieu et de La Rothière, au débouché du principal chemin qui menait d'Eclance à La Giberie. Sa 2e division s'était repliée à nuit close sur La Rothière avec la cavalerie légère. Les dragons occupaient La Giberie, s'éclairant sur Eclance et Trannes. La position du 2e corps n'était, en somme, pas mauvaise ; mais le maréchal informait toutefois le major-général que, à cause de l'humidité des terres, il aurait beaucoup de peine à y conduire du canon.

Quant à Ney, il devait, aux termes d'un ordre daté du 31 à neuf heures du soir, mettre en bataille, dès la pointe du jour, les divisions sous ses ordres avec leur artillerie en avant de Brienne, en potence sur la route de Maizières.

Un peu plus avant dans la soirée, lorsque l'Empereur eut appris, par un officier de la division Lagrange, la marche de Marmont de Soulaines sur Brienne, il avait envoyé au duc de Raguse l'ordre de venir s'établir entre Brienne et Soulaines, de se concerter avec le duc de Bellune, et, comme il lui était difficile de remuer la terre, d'améliorer sa position en la couvrant par des abatis.

[2] *Correspondance de Napoléon*, n° 21162.

avant du village de La Rothière. Le duc de Raguse est à Soulaines. J'ai mon avant-garde à Maizières et le reste de mes troupes est à Brienne. J'ai sur l'Aube le pont de Dienville, celui de Brienne-la-Vieille, celui de Lesmont et celui d'Arcis. Le duc de Tarente couvre Châlons et Vitry, dont la possession nous assure un bon pont sur la Marne et un point d'appui qu'il est de la plus haute importance d'avoir.

« Le général Pajol doit toujours rester à Nogent ou à Montereau pour s'occuper de la plus importante de ses fonctions qui est d'éclairer Paris contre toute espèce de partis. »

L'Empereur, on le voit, après avoir changé, depuis son arrivée à Brienne, sa ligne d'opérations, sans abandonner cependant complètement Châlons, et comme s'il avait prévu que Macdonald ne parviendrait pas à s'y tenir, donne cependant déjà le 31 l'ordre de n'y plus rien envoyer et de tout diriger sur Sézanne. Enfin, comme s'il avait eu également, dès le 31 janvier, le pressentiment de sa retraite sur Troyes et de sa marche ultérieure contre Blücher, il songe déjà à prendre plus tard sa ligne d'opérations par Nogent.

Causes de l'inaction de l'Empereur les 30 et 31 janvier. — Sans vouloir entrer ici dans le vif d'une question que nous aurons lieu d'examiner en détail lorsqu'il s'agira de déterminer exactement les conséquences de la bataille de La Rothière, il est cependant indispensable de chercher à découvrir les motifs pour lesquels l'Empereur, après être resté à peu près inactif pendant les journées des 30 et 31, paraît s'être décidé en fin de compte à soutenir le 1er février une lutte aussi disproportionnée.

Si l'on a justement reproché à l'Empereur d'avoir accepté la bataille de La Rothière dans des conditions si inégales, et bien qu'il soit possible de présenter des arguments et de fournir des preuves qui atténuent singulièrement une faute qu'on doit s'étonner de lui voir commettre, surtout parce qu'elle constitue une violation flagrante des principes qu'il avait toujours préconisés et appliqués, on peut, au contraire, trouver de nombreuses explications à son inaction pendant les journées des 30 et 31 janvier.

Napoléon ne s'était pas un seul instant abusé sur les conséquences du combat du 29. Si les considérations politiques, si les intérêts dynastiques le décidèrent à risquer des opérations qu'il eût vraisemblablement évitées sans cela, les espérances qu'il pouvait et devait avoir comme souverain n'avaient cependant pas porté atteinte à la clairvoyance du général.

Dans la nuit qui suivit le combat de Brienne il avait dicté à Berthier une lettre dans laquelle il disait à Marmont :

« Il est probable que nous nous battrons demain », et il croyait si bien à une attaque dirigée contre son armée dès le 30 par Blücher et par les renforts qu'il s'attendait à lui voir recevoir, qu'il prescrivait à ce maréchal de le rejoindre au plus vite.

Cependant, l'attitude passive et expectante de Blücher aurait dû donner à réfléchir à l'Empereur, et il est certain que l'immobilité du feld-maréchal pendant les journées des 30 et 31 lui inspira de la défiance. On ne saurait vouloir justifier l'inaction de Napoléon et expliquer sa persistance à maintenir sa petite armée entre Brienne et La Rothière à l'aide des arguments donnés par Fain et par Koch. L'un a prétendu qu'il ne dépendait pas de l'Empereur de refuser la bataille et de se replier sur Troyes parce qu'il lui fallait attendre que le pont de Lesmont fût réparé. Le second affirme que, croyant l'armée de Schwarzenberg sur la route d'Auxerre, Napoléon resta en présence de l'armée de Silésie dans l'espoir de l'entamer si elle venait à faire un mouvement, ou de la bien recevoir si elle prenait l'initiative de l'attaque. D'autres enfin, comme Clausewitz, ont essayé de trouver le motif de cette inaction dans le fait que l'Empereur attendait Marmont et ne voulait continuer l'offensive qu'après son arrivée. Aucune de ces raisons ne paraît ni concluante ni même vraisemblable. D'abord, parce qu'ayant battu Blücher le 29 sans le concours de Marmont, il devait se croire assez fort pour parachever sa défaite le lendemain rien qu'avec les troupes dont il disposait. Ensuite, parce que s'il l'avait voulu, il aurait pu, en attendant la réfection du pont de Lesmont, passer l'Aube au pont de Radonvilliers, à l'ouest de la ville, ou, à la rigueur, au pont de Dienville. Enfin, parce qu'en supposant même qu'il ait cru un moment, ce qui est loin d'être prouvé, Schwarzenberg avec le gros de ses forces sur la route d'Auxerre, il était trop clairvoyant pour ne pas s'apercevoir que l'immobilité de Blücher n'avait d'autre cause déterminante que la proximité des corps de la grande armée de Bohème. Il est évident, en revanche, que l'Empereur avait été déçu dans les calculs qui lui avaient fait espérer arriver à temps pour écraser Blücher avant sa jonction avec Schwarzenberg. Dès le 30, l'Empereur ne pouvait plus conserver de doutes à ce sujet : la jonction était faite et ne pouvait que lui devenir de plus en plus fatale s'il s'éternisait sur une de ces positions centrales qui, si elles lui avaient donné la victoire à Dresde, lui avaient valu le désastre de Leipzig. Napoléon connaissait mieux que personne les avantages comme les dangers des lignes intérieures. Mieux que personne, il savait qu'elles ne servent que grâce à la rapidité des mouvements, qu'elles sont, au contraire, dangereuses dès qu'on reste immobile, et que, comme l'a si justement dit l'ancien élève de l'École polytechnique A. G., elles sont des positions d'attente et d'observation et non des positions de combat.

C'est parce que cette position centrale lui permettait de se porter, soit sur Châlons, soit sur Troyes, soit sur la Voire, du côté de Rosnay, soit sur la Barse au pont de La Guillotière, que l'Empereur s'était décidé, en attendant les événements, à y rester pendant 48 heures, bien qu'il n'eût nullement l'intention d'y combattre avec moins de 50,000 hommes contre les 150,000 que les Alliés pouvaient jeter sur lui.

L'Empereur n'a pas voulu livrer la bataille de La Rothière. — Mais si l'Empereur avait de bonnes raisons pour essayer de tirer, jusqu'au dernier moment, parti des avantages inhérents aux lignes intérieures d'opérations, d'autres considérations d'un caractère tout différent, des considérations politiques l'empêchaient de se replier au lendemain de l'avantage, quelque léger qu'il ait pu être, qu'il venait de remporter contre Blücher. C'étaient ces nécessités politiques qui, au moins autant que l'ensemble de la situation militaire, l'avaient amené à prendre l'offensive dès le 27. C'était cette offensive qu'il avait poussée avec son énergie habituelle le 29 et qu'il aurait continué à pousser si, dès le 30, il ne s'était pas rendu compte des dangers de sa position, dangers que de nouveaux mouvements en avant n'auraient fait qu'aggraver. Dans l'impossibilité de reculer, au moins immédiatement, il se décida à rester sur sa position. De cette façon seulement il pouvait tenir en respect ses adversaires, ranimer le patriotisme des populations, faciliter la levée en masse, imposer silence aux menées criminelles des ennemis qu'il avait à l'intérieur. On ne saurait donc lui faire un reproche d'être resté deux jours devant la position de Blücher; car dès le 31 au soir, l'Empereur avait bien compris qu'il lui était désormais impossible de tomber sur Blücher. Il avait vu clair dans le jeu de ses adversaires et, comme il le fit sept semaines plus tard à Arcis-sur-Aube, il pensait déjà à se replier le lendemain, puisque le 31 à 9 heures du soir, il faisait écrire à Ney et à ses autres lieutenants : « On attendra sur cette position des nouvelles de l'ennemi et tout se tiendra prêt à *partir* dans la direction qui sera donnée [1]. »

Enfin, il est certain que si l'Empereur avait eu l'intention de combattre dans ces parages et surtout d'accepter la lutte, il aurait choisi un champ de bataille moins désavantageux au point de vue tactique et surtout plus en rapport avec l'effectif des forces dont il disposait.

Description du champ de bataille de La Rothière. — La plaine qui s'étend des hauteurs de Trannes jusque vers Rosnay et Blignicourt a dans sa plus grande longueur un peu plus de 16 kilomètres et dans la direction de l'ouest à l'est un peu moins de 5 kilomètres. Le terrain y est presque plat. Cette plaine est limitée de tous côtés par des obstacles naturels : au sud, elle est bornée par le plateau de Trannes qui s'étend jusqu'à l'Aube; à l'est, par le bois de Beaulieu situé au nord-est du village de Trannes; à l'ouest et en avant du plateau de Trannes, par l'Aube sur les bords de laquelle la plaine s'étend depuis le plateau de Trannes jusque vers Brienne. Cette plaine, basse dans la plus grande partie de son étendue, s'élève du côté de Perthes pour s'abaisser ensuite vers la route de Bar; elle se relève ensuite à partir du coude de l'Aube, en amont de Dienville, aux environs d'Unienville jusque vers Trannes. Dominée, du côté de l'ouest, dans toute son étendue par les hauteurs escarpées de la rive gauche de l'Aube, elle est limitée au nord-ouest par une ligne de hauteurs qui, partant du parc de Brienne, vont mourir sur les bords de la Voire. Le cours d'eau qui la borne au nord, l'inonde généralement en hiver. A l'est, elle a pour limites les bois marécageux et presque impraticables de

---

[1] Berthier à Ney, Marmont, Oudinot, Drouot et Victor, Brienne, 31 janvier, 9 heures du soir. (*Archives de la guerre.*)

Vallentigny, les bois d'Ajou et le revers du plateau de Morvilliers qui, couvert du côté de l'est, vers Soulaines, sur son front et sur ses flancs par des bois et des marécages et dominant toute la plaine, est la véritable clef de la position. C'est sur ce plateau de Morvilliers que sont situées, dans la partie sud et à peu de distance de la lisière nord du bois de Beaulieu, La Giberie, puis au centre Chaumesnil et enfin, plus au nord, Morvilliers.

La route de Bar-sur-Aube à Vitry-le-François traverse cette plaine dans toute sa longueur presque en ligne droite et passe par le village de La Rothière.

Ce champ de bataille était beaucoup trop étendu pour les forces dont disposait l'Empereur. Même en considérant La Giberie comme un poste avancé, les lignes françaises de Dienville par Petit-Mesnil, Chaumesnil et la ferme de Beauvoir jusqu'à Morvilliers, présentaient un développement total de près de 15 kilomètres. Ce développement obligea l'Empereur à employer la plus grande partie de sa cavalerie, sensiblement inférieure en nombre à celle des Alliés, à remplir les vastes espaces vides existant sur son front entre les différentes positions qu'il dut faire occuper à ses corps, lorsque, attaqué par Blücher, il accepta le combat dans des conditions si désavantageuses pour lui.

Napoléon se rend en personne à La Rothière. — Il envoie à Ney l'ordre de battre en retraite. — Pendant que les Alliés exécutaient leurs mouvements préparatoires en arrière de la position de Trannes et hors des vues des Français, pendant que la neige obscurcissait encore l'horizon, Napoléon, qui avait à son grand désappointement reçu pendant la nuit l'avis par lequel Marmont l'informait de l'évacuation de Soulaines et de sa marche de nuit sur Morvilliers, s'était dès le 1er février au matin porté à La Rothière. Alarmé par l'immobilité même des Alliés, pensant qu'on allait ou l'attaquer ou se décider à se replier devant lui, il avait tenu à se rendre compte par lui-même de l'état des choses.

L'impassibilité des troupes de Blücher ne tarda pas à lui prouver que ses espérances étaient déçues. Craignant dès lors que les renseignements lui annonçant la marche de la grande armée sur Brienne ne fussent erronés, il en vint à penser qu'on pouvait bien avoir chargé Blücher de tenir devant lui pour lui dissimuler les mouvements de Schwarzenberg et de former un rideau derrière lequel les colonnes de la grande armée auraient défilé à l'aise dans la direction de Troyes. Croyant qu'on avait voulu l'arrêter pour avoir le temps nécessaire de se jeter sur Mortier isolé à Troyes, il donna dans la matinée, au gros de son armée, l'ordre de se diriger par le pont de Lesmont sur cette ville. Il mit immédiatement en route pour Lesmont, sans parler des gardes d'honneur du général de France, déjà postés sur la route de Lesmont à Piney, les trois divisions de jeune garde des généraux Meunier, Decouz [1] et Rottembourg qui, sous les ordres du maréchal Ney, formaient sa réserve et occupaient le 31 au soir Brienne-la-Vieille [2].

Le Maréchal Victor et Grouchy signalent les premiers mouvements des Alliés. — Reconnaissance faite par l'Empereur. — Positions qu'il faut occuper. — Ney reçoit l'ordre de revenir sur ses pas. — Le prince de La Moskova avait déjà commencé son mouvement, lorsque vers midi, le général Grouchy et le maréchal Victor firent savoir à l'Empereur qu'on remarquait dans les lignes ennemies, sur les routes de Soulaines à Brienne, d'Eclance à La Giberie et de Trannes à La Rothière, des mouvements qui leur paraissaient révéler l'imminence d'une attaque. L'Empereur monta immédiatement à cheval pour jeter, une fois encore, un coup d'œil sur le terrain, et bien que l'ouragan de neige l'eût empêché d'apercevoir distinctement ce qui se passait sur la position des Alliés, il se rangea à l'opinion émise par Grouchy. Pendant qu'il envoyait à Ney l'ordre de revenir au plus vite sur ses pas et de faire entrer immédiatement en ligne la division Rottembourg, il établissait sa petite armée sur les positions suivantes : Gérard, à l'aile droite et s'appuyant à l'Aube, disposa ses deux divisions formées en bataillons en masse, la division Dufour en 1re ligne, la division Ricard en 2e ligne depuis l'Aube jusqu'à La Rothière. Ces deux lignes étaient couvertes en avant par les

---

[1] Le général Curial avait remplacé le général Decouz, grièvement blessé à Brienne et qui mourut des suites de ses blessures.

[2] Clausewitz, comme nous l'avons fait remarquer plus haut, dit à ce propos, dans son *Aperçu de la campagne de 1814* : « Bonaparte semble avoir voulu attendre Marmont, qui n'arriva que le 31. De plus, comme, même le 1er février, il attendit l'attaque de Blücher, il est permis de se demander si, à cette époque, il recherchait et désirait encore la bataille. »

huit escadrons de la brigade de cavalerie du général Picquet qui s'étaient déployés et couvraient l'intervalle existant entre la division Dufour et La Rothière.

A La Rothière même, où commençait le centre des lignes françaises, Victor avait posté une des brigades de la division Duhesme, tandis que l'autre brigade était massée en arrière du village, à cheval sur la route de Brienne à Trannes. Deux bataillons avaient été jetés dans chacun des villages de Petit-Mesnil et de Chaumesnil. Victor avait également fait occuper La Giberie par des troupes de sa 2e division (Forestier) qui avait posté, en outre, depuis la veille un bataillon dans le bois de Beaulieu. Quatre bataillons déployés en tirailleurs gardaient la partie des hauteurs situées en arrière de ce bois, dans toute leur étendue comprise entre La Vénerie, les étangs du même nom et les sources du ru de Froideau. Les divisions de cavalerie des généraux Piré, Briche et Lhéritier, sous les ordres directs de Grouchy, étaient déployées sur deux lignes entre Petit-Mesnil et Chaumesnil. Nansouty, avec les divisions de cavalerie de la garde des généraux Lefebvre-Desnoëttes, Colbert et Guyot, se formait en bataille, également sur deux lignes, à droite et en arrière de La Rothière, s'étendant jusqu'à Petit-Mesnil et faisait prendre position en avant de son front à son artillerie à cheval.

A l'aile gauche, Marmont avec la division Lagrange occupait Morvilliers et en avant de ce point le village de La Chaise, au débouché du bois de Soulaines. La cavalerie de Doumerc était déployée des deux côtés de la route de Brienne à Doulevant sur le plateau de Morvilliers, à la ferme de Beauvoir, face à La Chaise.

Des trois divisions de la jeune garde, l'une, la division Rottembourg, allait se déployer immédiatement en avant de Brienne-la-Vieille, et les deux autres étaient encore en marche, des environs de Lesmont, sur la ferme de Beugné (située à mi-chemin entre Brienne et Petit-Mesnil).

Le front de combat était manifestement, trop étendu : c'était à peine si l'infanterie suffisait pour occuper les villages, leurs abords et les points principaux de la ligne. La cavalerie tout entière servait à combler les vides de la ligne et de plus les réserves, peu considérables d'ailleurs, puisque les trois divisions de la jeune garde présentaient au plus un total de 10,000 combattants, n'étaient pas disponibles au moment où la lutte allait s'engager et devaient ensuite être à peine suffisantes pour soutenir les troupes postées à La Rothière et couvrir, en dernier lieu, la retraite.

Les Alliés commencent leur mouvement à midi. — La matinée tout entière du 1er février s'était écoulée sans incident. A midi, au moment où l'empereur Alexandre, le roi de Prusse accompagné de ses deux fils, le prince royal et le prince Guillaume de Prusse (celui qui devait être plus tard l'empereur Guillaume), et le prince de Schwarzenberg rejoignaient Blücher sur les hauteurs de Trannes, les différentes colonnes des armées alliées précédées par la cavalerie chargée de couvrir leur déploiement, venaient de s'ébranler dans les directions que leur avaient assignées, d'abord la disposition de Schwarzenberg, puis les ordres de Blücher et de Barclay de Tolly. Elles commençaient à descendre vers la plaine où leur marche allait être sensiblement retardée par la nature même du terrain gras et collant sur lequel elles devaient se mouvoir. Les pluies des dernières journées avaient détrempé les cultures; creusant dans les chemins de profondes ornières elles les avaient transformés en fondrières. Enfin, la gelée, survenue tout à coup dans la nuit du 31 janvier au 1er février, avait recouvert toute la plaine d'une légère croûte de glace qui rendait les mouvements d'autant plus lents et plus pénibles que cette plaine avait été sillonnée en tous sens par le passage des troupes, de l'artillerie et des convois, que le vent soufflait fort et que la neige n'avait cessé de tomber depuis le matin.

Il était près d'une heure, lorsque la cavalerie alliée qui avait, en s'avançant lentement, couvert jusqu'à ce moment le déploiement des colonnes de Gyulay et surtout de Sacken, passa tout entière en deuxième ligne, démasquant les têtes de colonne de l'infanterie et ne laissant devant elle que quelques éclaireurs. Mais l'état du terrain avait contrarié la marche des troupes et compromis sérieusement les mouvements de l'artillerie. Le corps Sacken se vit réduit à n'amener en ligne que la moitié de ses bouches à feu et à laisser 36 de ses pièces sur les hauteurs de Trannes. Encore le général Nikitin, qui commandait cette artillerie, avait-il dû pour cela faire doubler les attelages des pièces et des caissons. Suivant la chaussée qui mène à La Rothière, il poussa au trot jusqu'à portée de fusil des avant-postes français et vint se mettre en batterie à droite et à gauche de la route. L'artillerie russe qui avait dépassé dans ce mouvement les têtes de colonne de Sacken, se trouvait complètement en l'air et sans soutien ; mais le général en prenant ce parti quelque peu aventureux, n'avait pas agi à la légère. En raison même de l'état du terrain, il importait d'éviter autant que possible les changements de position et les mises en batterie successives, et, d'autre part, il fallait se porter résolument en avant afin de pouvoir renvoyer les attelages à Trannes et amener en ligne les pièces que l'on avait été contraint de laisser momentanément sur les hauteurs.

Charge de la cavalerie française contre les batteries russes. — Premiers engagements en avant de La Rothière. — La cavalerie française est rejetée en arrière de La Rothière. — Malgré les tourbillons de neige, la cavalerie française conduite par Nansouty avait pu se rendre compte de la position aventurée de l'artillerie russe que ses soutiens (les 11e et 36e régiments de chasseurs) n'étaient pas encore parvenus à rejoindre, et se porta sur elle.

Le général Nikitin, voyant les escadrons français se diriger vers ses batteries, donna immédiatement l'ordre de cesser le feu. Employant tout son monde à transporter près des bouches à feu les munitions dont il allait avoir besoin, il laissa arriver la cavalerie jusqu'à 500 pas de ses batteries. Il ouvrit alors un feu de mitraille tellement vif et tellement meurtrier que la charge dut s'arrêter à moins de 300 pas des pièces. Enlevés à plusieurs reprises par leurs généraux, les cavaliers français furent, en fin de compte, obligés de renoncer à leur entreprise. La neige tombait pendant ce temps avec une telle violence qu'on ne voyait pas à 10 pas devant soi[1].

L'infanterie de Sacken commençait à arriver en ligne, et comme l'ouragan de neige cessa à ce moment, force lui fut de se déployer sous le feu des batteries françaises de La Rothière et de l'infanterie postée en avant du village, dans les maisons et les jardins, pendant que la cavalerie sous les ordres de Nansouty

---

[1] Journal du général Nikitin.

(divisions Colbert, Guyot et Piré) qui venait de se reformer, débouchait entre La Rothière et Petit-Mesnil et se portait rapidement à la rencontre des bataillons russes. Le général-lieutenant Lanskoï essaya vainement d'arrêter avec sa division de hussards[1] la charge des cavaliers français qui le culbutèrent et étaient déjà sur le point de rompre les lignes de l'infanterie, lorsque le général-lieutenant Wassiltchikoff, qui commandait la cavalerie du corps Sacken, arriva au galop avec la division de dragons du général-major Pantchoulitcheff II[2]. Attaquant simultanément de front et de flanc les régiments français avant qu'ils aient eu le temps de se reformer, il les enfonça complètement, les mit en déroute et les poursuivit au delà de La Rothière, dans la direction de Brienne-la-Vieille, après avoir enlevé en route 24 bouches à feu. L'intervention de Wassiltchikoff avait été d'autant plus opportune que, sans parler même des conséquences qu'aurait pu avoir la rupture de l'infanterie de Sacken, la charge des dragons russes contraria l'entrée en ligne des renforts que la cavalerie française ne reçut que trop tard.

Au moment, en effet, où Nansouty amenait sa réserve, la division Lefebvre-Desnoëttes, à droite de La Rothière, alors que Grouchy se montrait à gauche de ce village avec les dragons de Briche, les divisions Colbert, Guyot et Piré[3] étaient déjà entamées

---

[1] Lanskoï commandait la 2ᵉ division de hussards, composée des régiments de hussards d'Akhtyr, de Mariopol, de la Russie blanche et d'Alexandria.

[2] Division du général-major Pantchoulitcheff : 3ᵉ division de dragons ; régiments de dragons de Courlande, de Smolensk, de Tver, de Kinburn.

[3] PETIET, dans son *Journal historique de la division de cavalerie légère* (Piré) *du 5ᵉ corps de cavalerie pendant la campagne de France en 1814*, donne une autre version de ce combat de cavalerie contre cavalerie, version qui nous paraît d'ailleurs moins admissible et moins vraisemblable que le rapport des généraux alliés. « Vers 4 heures, dit-il, l'ennemi voyant que ses efforts pour forcer notre extrême droite étaient inutiles et qu'ils ne parviendraient pas à renverser les nôtres de ce côté, se décida à un grand mouvement de cavalerie sur les dragons. l'ar des mouvements assez rapides, 6,000 chevaux, formés sur deux lignes, se lancent sur notre artillerie et, débordant La Rothière, par sa gauche, obligent les dragons à se replier en désordre. Heureusement, le général de Piré, s'apercevant de l'importance de cette attaque et des funestes résultats qu'elle peut avoir, n'hésite pas à quitter sa position où sa présence n'était pas alors indispensable. Sans attendre d'ordres, il met sa division en colonne par escadrons et tombe par une conversion à gauche sur le flanc de l'ennemi. Cette manœuvre est couronnée de succès ; les Russes s'arrêtent et pendant qu'ils obliquent à droite pour se rallier, les dragons ont le temps de se reformer. » Sans vouloir contester le dire de Petiet, qu'il nous soit permis de

et ramenées ; leur artillerie prise par Wassiltchikoff était gardée par les fantassins de Sacken, et, comme il n'y avait plus rien à faire, ces deux divisions se virent contraintes de retourner prendre position en arrière et à l'est de La Rothière. Quant aux divisions Colbert, Guyot et Piré, elles ne reparurent plus sur le champ de bataille que vers la fin de la journée.

Il était bien près de 4 heures, lorsque l'infanterie de Sacken s'avançant au milieu de la tourmente de neige vers La Rothière, sous la protection des 72 pièces amenées en position, s'engagea avec la division Duhesme, et lorsque Blücher arriva de sa personne en avant des hauteurs de Trannes.

Considérations sur les conséquences de ce combat de cavalerie. — Si la cavalerie de Wassiltchikoff avait été immédiatement soutenue par l'infanterie, s'il y avait eu à ce moment une éclaircie, si Sacken avait pu voir ce qui se passait en avant de lui et sur sa gauche, enfin si l'on avait fait appuyer les escadrons de Lanskoï et de Pantchoulitcheff par les cuirassiers et grenadiers russes qui venaient d'entrer en ligne, si l'on avait porté en avant les gardes pour servir de réserve au corps de Sacken et coopérer, en cas de besoin, à l'attaque de La Rothière, la bataille aurait pris probablement, dès le début, une toute autre tournure, et la droite française aurait couru grand risque d'être écrasée. Il est probable que sans un concours de circonstances tout à fait spéciales, Blücher n'aurait pas hésité à donner des ordres en conséquence, et que poussant résolument en avant, il aurait crevé les lignes françaises qui n'avaient à ce moment pour unique réserve que la division Rottembourg. Mais la tourmente de neige l'empêchait de découvrir le champ de bataille, de diriger le combat, et lorsque l'officier envoyé par Wassiltchikoff parvint à le trouver et put lui rendre compte des résultats de la

---

faire remarquer que l'intervention de Piré put tout au plus sauver les dragons ; car Petiet lui-même confirme quelques lignes plus loin les rapports des généraux russes, en disant : « Cependant, l'artillerie dépassée de bien loin par la charge des Alliés, fut en partie prise, et, dès ce moment, on put prévoir le résultat de la journée. » Il nous semble, en effet, que si la manœuvre, en tout cas très opportune, du général de Piré, avait été réellement couronnée de succès, elle aurait permis de ramener les dragons russes, de reprendre les pièces et de rétablir le combat.

charge, il était déjà trop tard pour pouvoir en tirer immédiatement un parti décisif. Quoi qu'il en soit, il est certain que l'enlèvement de 24 pièces et l'échec éprouvé par la cavalerie de Nansouty dès le début de l'affaire, ne contribuèrent pas peu à l'issue finale de la journée.

Sacken, dont les troupes étaient formées sur trois colonnes[1], avait entre temps continué son mouvement vers La Rothière, qu'écrasaient ses 72 pièces, et comme l'infanterie se trouvait dans l'impossibilité de faire feu, il résolut d'enlever le village à la baïonnette. La division Duhesme, déjà fort affaiblie par les pertes qu'elle avait éprouvées le 29, résista vaillamment; mais pliant sous le poids du nombre, elle dut céder du terrain et abandonner aux Russes le village jusqu'à l'église, après avoir perdu dans cette affaire 8 de ses pièces. La plus grande partie des troupes de Duhesme se replia en désordre jusqu'à Petit-Mesnil, tandis que le reste composé de quelques vieux soldats résolus à défendre le terrain pied à pied, se barricada dans les maisons.

Premiers mouvements de Gyulay sur les deux rives de l'Aube. — A la gauche des Alliés, les choses n'avaient pas pris dès le début de l'action et pendant toute la première phase de la bataille comprise entre 1 heure et 4 heures de l'après-midi, une tournure aussi favorable pour eux que du côté de La Rothière. Gyulay, après avoir laissé en position à Vendeuvre la division légère Crenneville[2], avait, conformément aux ordres du généralissime, marché le 1er février au matin avec le gros du IIIe corps, des environs de Bar-sur-Aube par Arsonval et Baussancourt sur Trannes. Une fois arrivé dans la plaine en avant de Trannes, le feldzeugmeister avait fait prendre à son corps la formation de combat en colonne de bataillon et suivi le mouvement des Russes de Sacken sur la chaussée de Brienne jusqu'à hauteur de Juvanzé. Le corps de Sacken était déjà très vivement engagé, et Gyulay crut avec raison qu'il était nécessaire de le faire soutenir par son artillerie qui appuya vigoureusement l'attaque des

---

[1] Colonnes du général-lieutenant Stacherbatoff, de Liewen et d'Olsufieff.

[2] Cette division avait ordre de rester sur cette position jusqu'à l'arrivée à Vendeuvre du corps Colloredo, qui ne put être rendu sur ce point que le 1er février au soir. (*K. K. Kriegs Archiv.*, II. 1.)

Russes sur La Rothière, pendant que les colonnes d'infanterie autrichienne arrivaient à hauteur du pont et du village d'Unienville, situé sur la rive gauche de l'Aube. Le feldzeugmeister remarqua à ce moment que quelques troupes de la droite des Français se préparaient à déboucher d'Unienville et que des colonnes d'un effectif respectable, se portant de Dienville sur Unienville, paraissaient vouloir, après avoir menacé sa gauche, se diriger contre le flanc gauche et les derrières des divisions russes engagées à La Rothière. Tout en continuant à faire soutenir Sacken par une partie de son artillerie qu'il avait établie sur une hauteur voisine de l'Aube, et à laquelle il laissa comme soutien une brigade de la division Hohenlohe-Bartenstein, il chargea le général-major Pflüger, avec 4 bataillons, 4 canons et 2 escadrons du régiment de chevau-légers de Klenau, d'enlever le pont d'Unienville, défendu seulement par un faible poste avancé, de s'emparer du village et de s'établir solidement au delà d'Unienville, sur la hauteur de la rive gauche. La brigade Pflüger enleva facilement le pont et le village et, débouchant d'Unienville, s'avança sur la rive gauche[1].

Le feldzeugmeister espérait, en accentuant son mouvement sur la rive gauche de l'Aube, prendre à revers le pont de Dienville et tourner la droite des lignes françaises.

Mais l'Empereur, qui avait eu le temps de pénétrer les intentions de Gyulay, avait aussitôt envoyé au général Gérard l'ordre de se maintenir à tout prix à Dienville. L'une des brigades de la division Ricard, la brigade Boudin, fut chargée de la défense du pont et des hauteurs qui en commandent les abords sur la rive gauche tandis que la brigade Pelleport s'établissait en arrière et à l'est de Dienville et que la division Dufour, se reliant avec la brigade de cavalerie du général Picquet, se déployait en deuxième ligne derrière cette brigade, entre Dienville et La Rothière.

Le feldzeugmeister avait dû forcément remarquer toutes ces dispositions; il n'y avait plus désormais pour lui la moindre chance de pouvoir enlever le pont de Dienville par surprise, et les deux régiments de la division Hohenlohe-Bartenstein, laissés par

---

[1] STÄRKE, Eintheilung und Tagesbegebenheiten der Haupt-Armee im Monate Februar, 1814 (*K. K. Kriegs Archiv.*, II, 1), et relation de Gyulay à Schwarzenberg, de Lesmont, 2 février. (*Ibid.*, II, 28.)

lui sur la rive droite à la garde de son artillerie, avaient déjà (il le reconnaît lui-même dans son rapport[1]) commencé à s'engager avec les Français du côté de La Rothière ; il ne crut pas néanmoins devoir renoncer à son entreprise. Au lieu de se borner à harceler et à inquiéter la droite française par quelques démonstrations exécutées sur la rive gauche de l'Aube, bien qu'il eût déjà pu se rendre compte des difficultés que présenterait sur l'autre rive l'attaque de Dienville, il n'en jugea pas moins utile de renforcer la brigade Pflüger par la brigade Czollich, 6 bouches à feu et quelques escadrons, et de charger le général-lieutenant Fresnel de la conduite des opérations sur la rive gauche. En même temps, il prenait en personne la direction du mouvement contre Dienville, qu'il se proposait d'attaquer avec le reste de son corps vers 5 heures de l'après-midi.

Pendant toute la première période de la bataille, Gyulay dut se borner à contrebattre le tir de l'artillerie française et, par cela même qu'il avait détaché une division entière sur la rive gauche de l'Aube, que son corps d'armée se trouvait ainsi à cheval sur une rivière, il se vit contraint, avant même de s'être engagé à fond du côté de Dienville, à faire entrer en ligne la dernière de ses brigades (brigade Grimmer), qu'il posta à sa droite pour se relier par là aux troupes de Sacken.

Quand au général Fresnel, il avait longé l'Aube, en avait chassé les quelques petits postes d'infanterie française, mais sans réussir, pendant toute cette première phase, à remporter le moindre avantage contre les troupes de Gérard, solidement établies à Dienville.

Le IV° corps se porte contre La Giberie. — La quatrième colonne des Alliés (le IV° corps), sous les ordres du prince royal de Wurtemberg, à laquelle on avait adjoint cinq escadrons du régiment de hussards autrichiens Archiduc-Ferdinand, avait, d'après la disposition générale, quitté avant le jour Maisons et Fresnay, pour venir prendre position sur les hauteurs d'Éclance. Ce IV° corps devait se porter d'Éclance contre Chaumesnil et se relier à droite avec le V° corps (Wrède). Sa gauche était cou-

---

[1] Rapport de Gyulay à Schwarzenberg, Lesmont, 2 février. (*K. K. Kriegs Archiv.*, II, 28.)

verte par les cosaques de Karpoff et le corps volant du général prince Biron de Courlande. Mais avant d'arriver sur Chaumesnil, le IV⁰ corps allait avoir de sérieuses difficultés à surmonter. Il lui fallait d'abord passer à travers le bois de Beaulieu, par des chemins presque impraticables pour l'artillerie, puis, avant d'aborder la hauteur de La Giberie, traverser un défilé marécageux battu et balayé par l'artillerie française. Le général-major von Stockmayer, formant avec sa brigade la tête de colonne du IV⁰ corps, ne tarda pas à donner, dans le bois de Beaulieu même, contre les premiers postes français qui se replièrent en combattant sur leurs soutiens. Après une lutte assez vive, ces troupes avancées se décidèrent à céder le bois de Beaulieu à l'avant-garde wurtembergeoise et à se mettre en retraite en bon ordre sur La Giberie. Un régiment de cavalerie wurtembergeoise (régiment de chasseurs n° 2 du duc Louis de Wurtemberg) ne parvint pas, malgré tous ses efforts, à déboucher assez rapidement du bois de Beaulieu pour atteindre le bataillon français qu'il rejoignit seulement à peu de distance de La Giberie et auquel il ne put enlever que quelques traînards [1].

Mais la marche de la brigade Stockmayer et du régiment de cavalerie Duc-Louis, quoique retardée par l'horrible état des chemins, avait déjà eu une conséquence assez favorable pour les Alliés, en obligeant les Français à évacuer, en même temps que le bois de Beaulieu, les hauteurs boisées situées à l'ouest de ce bois et d'où leur feu avait, jusqu'à ce moment, contrarié le déploiement et les progrès du corps russe d'Olsufieff.

Bien que le reste de sa cavalerie avec l'artillerie légère, com-

---

[1] STARKE, Eintheilung und Tagesbegebenheiten der Haupt-Armee im Monate Februar (*K. K. Kriegs Archiv.*, II, 1), et Journal des opérations du IV⁰ corps par le général comte Baillet de Latour, chef d'état-major. (*Ibid.*, XIII, 36.).
« L'ennemi avait occupé fortement les hauteurs en avant de La Giberie et y avait posté plusieurs régiments d'infanterie et de cavalerie. Le terrain, complètement défoncé, ne permettant pas d'amener assez vite du canon, je portai contre la hauteur le régiment de cavalerie Duc-Louis, que je fis soutenir par deux bataillons d'infanterie. La cavalerie ennemie se retira sans attendre l'attaque, et le colonel von Gaisberg, chargeant sans perdre une minute l'infanterie qui se retirait, lui prit une trentaine d'hommes, mais ne put songer à la poursuivre, ni bien loin, ni bien sérieusement, à cause de la trop grande proximité du village. Je fis alors attaquer La Giberie par le général Stockmayer. » (Prince royal de Wurtemberg au prince de Schwarzenberg, Petit-Mesnil, le 1ᵉʳ février 1814). (*K. K. Kriegs Archiv.*, II, 3.)

mençât seulement à déboucher du bois de Beaulieu et que le gros du corps fût encore assez loin en arrière, le prince royal de Wurtemberg, qui avait suivi le mouvement de son avant-garde, n'hésita pas, dans l'espoir de tirer plus amplement parti des premiers avantages qu'il venait de remporter, à lancer la brigade du général von Stockmayer contre La Giberie.

En thèse générale, on doit condamner les attaques successives, les efforts isolés et toute espèce d'entreprise dans laquelle on doit engager les troupes au fur et à mesure de leur arrivée; la manière de procéder du prince royal peut cependant se justifier au moins en partie. En effet, il avait pu reconnaître que son avant-garde se maintiendrait difficilement dans un ravin balayé par l'artillerie française et il devait chercher à brusquer l'attaque de La Giberie pour empêcher les Français de s'y renforcer. Enfin, il y avait pour lui un intérêt capital à gagner en avant assez de terrain pour permettre au gros de son corps de se déployer.

Malgré les avantages que la position de La Giberie assurait à la défense, la brigade Stockmayer parvint, après un combat des plus acharnés, à en chasser les trois bataillons qui l'occupaient et à s'assurer momentanément, grâce à une démonstration faite sur sa gauche par la cavalerie wurtembergeoise, la possession d'un point qui avait pour le IVe corps une importance capitale. Ce n'était, en effet, qu'à la condition d'être maître de La Giberie que le prince royal de Wurtemberg pouvait se servir en toute sécurité du défilé formé par le bois de Beaulieu, se relier à gauche avec Sacken, à droite avec Wrède, et crever ensuite les positions françaises dont le village de La Giberie était à la fois le saillant et en quelque sorte la clef.

Afin de couvrir la droite des troupes qu'il venait de lancer sur La Giberie, le prince royal ordonna à deux de ses régiments de cavalerie et à une batterie à cheval de se porter au plus vite contre la gauche du duc de Bellune.

« Ce ne fut pas sans peine, dit le prince royal dans son rapport au prince de Schwarzenberg[1], que ces deux régiments et la batterie réussirent à déboucher de ce défilé que mon infanterie

---

[1] Prince royal de Wurtemberg au prince de Schwarzenberg, rapport sommaire sur la bataille de La Rothière. (*K. K. Kriegs Archiv.*, II, 3.)

ne traversait que lentement à cause des difficultés qu'elle avait à surmonter à chaque pas. » Le gros du IVe corps n'avait, en effet, pas encore réussi à traverser le bois de Beaulieu.

Le maréchal Victor avait d'ailleurs, tout comme le prince royal, reconnu l'importance capitale de La Giberie, dont la perte l'aurait obligé à modifier complètement la position de son corps et l'aurait mis dans l'impossibilité d'essayer de contrarier les mouvements que les Alliés faisaient sur sa droite contre La Rothière, sur sa gauche vers Chaumesnil. A peine informé de ce qui venait de se passer à La Giberie, il lança de Petit-Mesnil contre ce hameau une colonne formée par toutes les troupes encore disponibles de la 2e division (division Forestier) de son corps et soutenue par deux batteries. Les bataillons français se précipitèrent au pas de charge sur La Giberie et arrachèrent la plus grande partie du hameau aux Wurtembergeois qui, bien qu'ayant été renforcés par un des régiments de la brigade du général Döring (régiment d'infanterie n° 2), par un bataillon du 10e régiment d'infanterie légère et une batterie, ne parvinrent à se maintenir que dans les dernières maisons. La position du prince royal, auquel le moindre renfort envoyé aux troupes françaises pouvait faire perdre définitivement La Giberie, était à ce moment assez critique pour que ce prince crût nécessaire de demander à Blücher, par l'intermédiaire même du général de Toll qui se trouvait précisément à ce moment sur le théâtre de la lutte, de le faire soutenir dans le plus bref délai possible.

Situation des trois corps de Sacken, Gyulay et prince royal de Wurtemberg. — Si l'on jette un coup d'œil d'ensemble sur la physionomie du combat et sur la position respective des deux adversaires telle qu'elle se présentait à 4 heures de l'après-midi, après trois heures de lutte, on reconnaîtra que les Alliés n'avaient fait de progrès sérieux qu'au centre où la cavalerie russe avait réussi à chasser devant elle les escadrons de Nansouty et à s'emparer d'une nombreuse artillerie. C'était, en effet, grâce aux charges heureuses de la cavalerie de Wassiltchikoff que Sacken avait pu venir à bout de la division Duhesme et s'installer dans la moitié du village de La Rothière. Les dispositions, d'ailleurs, très critiquables de Gyulay, n'avaient amené aucun résultat appréciable sur leur gauche où Gérard tenait vigoureusement tête aux Autrichiens du IIIe corps, en avant de Dienville. Enfin, sur la droite, le prince royal de Wurtemberg, dont le déploiement avait été retardé par les difficultés éprouvées au passage du bois de Beaulieu et du ravin en avant de ce bois, était sur le point d'être chassé des dernières maisons de La Giberie.

La situation générale était donc bien loin d'être aussi favorable qu'elle aurait pu l'être pour les Alliés, si, par des dispositions rationnelles, qu'on aurait pu prendre à l'aise et en toute sécurité, on avait profité des deux journées des 30 et 31 janvier pour amener à couvert et hors des vues des Français, à proximité de leurs positions de combat, les troupes destinées à prendre part à la bataille.

Marche du Ve corps. — Premiers engagements à l'extrême droite des Alliés. — A l'extrême droite des lignes alliées, Wrède avait marché, dès le matin, contre les troupes de Marmont qui, après avoir évacué Soulaines, malgré les ordres formels de l'Empereur, avait, par une marche de nuit, replié son corps d'armée sur Morvilliers et Chaumesnil. Il y occupait une position dont le front était encore hors de proportion avec l'effectif des troupes dont il disposait (5,000 hommes environ de la division Lagrange et 1500 chevaux de la division de cavalerie Doumerc).

A 10 heures du matin, le commandant du Ve corps avait concentré ses 27,000 hommes (dont près de 5,000 de cavalerie) entre Tremilly et Nully et, chargeant le général baron Frimont de la conduite de l'avant-garde, il s'était porté de Tremilly par Soulaines sur la route de Brienne.

Le Ve corps commença sa marche sur une seule colonne. Le régiment de uhlans de Schwarzenberg, soutenu par un bataillon de chasseurs autrichiens, fournissait la pointe d'avant-garde. La division Antoine Hardegg venait ensuite. Les divisions bavaroises La Motte et Rechberg, suivies par l'artillerie de corps, formaient le gros de la colonne et la division autrichienne Spleny fermait la marche. La pointe d'avant-garde avait à peine atteint la lisière du bois de Fuligny, lorsque ses éclaireurs vinrent donner contre les premiers avant-postes français qui se replièrent en tiraillant.

« Le bois qui s'étendait devant le Ve corps, dit le major prince de Thurn et Taxis, l'aide de camp de Wrède, dans son Journal des campagnes de 1812, 1813 et 1814[1], est assez grand. Il est traversé par une seule route fort étroite, et le mouvement du V⁰ corps à travers le bois, devait par suite prendre pas mal de temps[2]. Il était environ 2 heures de l'après-midi, lorsque la tête du régiment de uhlans de Schwarzenberg parvint à déboucher sur la lisière opposée (près de La Chaise), chassant devant elle les troupes françaises établies derrière des abatis, où elles avaient essayé de tenir bon. Pendant que la division Antoine Hardegg se déployait à la sortie du bois derrière la cavalerie d'avant-garde, le général Frimont prenait à gauche, avec les divisions La Motte et Rechberg, la direction de Chaumesnil[3]. Marmont, dont le faible corps occupait tout l'espace compris entre Morvilliers et Chaumesnil et qui venait de commencer le mouvement vers Chaumesnil prescrit par l'Empereur, se décida alors — mais il était déjà trop tard — à concentrer ses forces autour de la ferme de Beauvoir, sur le plateau en avant de Chaumesnil. Sa cavalerie couvrait ce mouvement qui, contrarié par le mauvais état des chemins, ne lui permit d'atteindre sans encombre la ferme de Beauvoir qu'avec la seule brigade Joubert, tandis que son autre brigade restait à Morvilliers.

« Wrède, qui s'était porté en soutien de son avant-garde, s'était immédiatement rendu compte des dangers auxquels cette marche de flanc exposait son adversaire, et envoya en conséquence à ses deux dernières divisions (Rechberg et Spleny) l'ordre d'accélérer leur mouvement. Le colonel von Mengen qui marchait en tête de l'avant-garde[4] avec deux escadrons de son régiment (uhlans de

---

[1] Taxis, Tagebuch. (*K. K. Kriegs Archiv.*, XIII, 32.)

[2] Ce mouvement fut encore retardé par la marche de la cavalerie de Pahlen qui s'était, pendant la nuit du 31 au 1ᵉʳ, relié avec la gauche de Wrède en arrière de Fuligny et qui, se mettant en route pour rejoindre Wittgenstein vers Montier-en-Der, croisa la colonne de Wrède pendant sa marche. (Wrède à Schwarzenberg. *Ibid.*, II, 4.)

[3] Wrède à Schwarzenberg. (*Ibid.* II, 87.)

[4] Tagebuch des Majors Fürsten v. Thurn und Taxis (*K. K. Kriegs Archiv.*, XIII, 32.)

L'historique du régiment de uhlans de Schwarzenberg fournit sur ce fait d'armes les détails suivants :

Le 13 janvier, le régiment avait franchi les Vosges, et le 1ᵉʳ février, lorsque le V⁰ corps d'armée se porta en avant, le régiment marchait en tête de

Schwarzenberg), aperçut une batterie française se disposant à prendre position sur une hauteur à droite de la route d'où elle aurait commandé et enfilé le débouché du bois. Il charge aussitôt cette batterie, ne lui laisse pas le temps d'ouvrir le feu, s'en empare en perdant très peu de monde et contraint à la retraite les troupes chargées de la soutenir. Cette charge brillante eut pour conséquence immédiate de permettre à l'infanterie de déboucher complètement du bois et de se déployer sans encombre sur une bonne position à cheval sur la route de Brienne. « Le temps, nous dit le major Taxis, est épouvantable; des tourbillons de neige obscurcissent l'horizon. »

La division Hardegg, qui avait achevé son déploiement, profita de ce premier avantage pour dépasser Petit-Morvilliers, pendant que la division bavaroise du général La Motte et la brigade de

---

la première colonne et le major comte Hadik conduisait l'avant-garde forte de deux escadrons. A peine les premiers pelotons de cette avant-garde eurent-ils atteint la lisière du bois de Chaumesnil qu'ils aperçurent l'ennemi qui essayait à ce moment d'amener une batterie à cheval de 4 canons et 2 obusiers sur un point d'où cette artillerie aurait pu empêcher notre colonne de déboucher du bois pendant au moins une heure. On porta aussitôt en avant un maréchal des logis chef avec un peloton, chargé de reconnaître plus complètement la position de l'ennemi. Pendant ce temps, le régiment se rapprochait lentement de son avant-garde. Lorsqu'on fut arrivé à un point d'où l'on découvre tout le terrain entre Chaumesnil et Morvilliers, lorsqu'on eut nettement connaissance des intentions de l'ennemi, le colonel baron Mengen exécuta avec ses uhlans une charge des plus brillantes. Il enleva la batterie sous les yeux mêmes d'un régiment de cuirassiers français de la garde qui débouchait à ce moment de Morvilliers et au devant duquel deux escadrons du régiment se portèrent au pas. Lorsque la cavalerie ennemie se disposa à reprendre par une charge la batterie qu'elle venait de perdre, le colonel baron Mengen la prévint et se jeta sur elle de front avec les deux escadrons qu'il avait portés en avant au pas, pendant que deux autres escadrons, sous les ordres du major baron Trach, la prenaient de flanc.

L'ennemi essaya de maintenir sa position naturellement avantageuse, surtout à droite, en se faisant soutenir par son artillerie et de repousser par un tir à mitraille deux autres escadrons qui s'étaient également portés contre lui.

Il chercha à déblayer suffisamment le terrain pour que sa cavalerie, qui arrivait en ligne, eût la place nécessaire pour se déployer. Mais ces deux escadrons réussirent néanmoins à tenir ferme.

A peine l'ennemi avait-il formé ses cuirassiers sur deux lignes que les uhlans parvinrent à culbuter par une charge des plus vives, non seulement la première, mais même la deuxième ligne et à les mettre en désordre. Ces charges obligèrent les cuirassiers à quitter le terrain. Les pertes éprouvées par la cavalerie française auraient été bien plus sensibles si le terrain coupé et le feu de l'infanterie qui occupait fortement le village de Morvilliers avaient permis de poursuivre les cuirassiers.

cavalerie du colonel von Diez se formaient à sa gauche et à la même hauteur. La division Rechberg, couverte par la cavalerie de Diez et par celle du général von Vieregg, se dirigeant vers la ferme de Beauvoir, l'enleva, après un combat des plus acharnés, à la brigade Joubert et la contraignit à se replier sur la ferme de Bouillenrupt[1]. Malgré les efforts de la cavalerie bavaroise qui lui enleva 3 canons, cette brigade réussit à y prendre position et à couvrir les abords de Chaumesnil.

Pendant que la division Rechberg enlevait la ferme de Beauvoir, Hardegg s'était avancé sur Morvilliers que la prise de Beauvoir rendait d'autant plus intenable pour les Français que la dernière division du Ve corps, la division Spleny, venait de se déployer en vue de ce village, sur la lisière même du bois et sur la rive gauche de la Bourbonne. Les troupes françaises de Morvilliers n'opposèrent qu'une assez faible résistance et se retirèrent sur le bois d'Ajou, couvertes par la cavalerie de Doumerc, dont les charges ne purent que ralentir, sans parvenir à les arrêter, les progrès de l'infanterie autrichienne.

Il était alors un peu moins de 4 heures, lorsqu'un aide de camp du prince royal de Wurtemberg vint demander à Wrède d'accentuer son mouvement en avant et de tenter une diversion, ou tout au moins une démonstration, assez sérieuse pour dégager le IVe corps fortement engagé et vigoureusement pressé par l'ennemi du côté de La Giberie[2].

Wrède prit aussitôt ses mesures pour faire exécuter à son corps une attaque générale contre Chaumesnil. Le général Frimont, avec une partie des divisions Hardegg et La Motte, reçut l'ordre de se porter contre Chaumesnil, en remontant le cours du rû de Froideau pour menacer la face nord du village, pendant que la division Rechberg, après avoir enlevé Bouillenrupt, se chargerait de l'attaque de front[3].

---

[1] La ferme de Bouillenrupt qui ne figure pas sur les cartes, était située au sud-ouest de Beauvoir, à peu près à égale distance entre Beauvoir et Chaumesnil.

[2] Tagebuch des Majors Fürsten Thurn und Taxis. (*K. K. Kriegs Archiv.*, XIII, 32.)

[3] Frimont à Wrède (*K. K. Kriegs Archiv.*, II, 47, a); Wrède à Schwarzenberg. (*Ibid.*, II, 47.)

Situation générale à 4 heures. — On ne saurait guère continuer l'exposé de la bataille de La Rothière sans faire ressortir l'influence que l'intervention du V⁰ corps et la résolution exclusivement due à l'initiative de Wrède, devaient exercer sur le résultat final de la journée.

Nous avons montré, en effet, par la situation respective des deux armées à 4 heures, qu'à Dienville comme à La Giberie, les Alliés n'avaient, pour ainsi dire, pas entamé les positions françaises. Même au centre, malgré l'échec de la cavalerie de Nansouty et bien que La Rothière ne fût plus défendue que par une poignée de vieux soldats décidés à vendre chèrement leur vie et à disputer le terrain pied à pied, il suffisait de l'entrée en ligne de quelques renforts, des divisions de Ney rappelées par l'Empereur, pour rétablir complètement le combat et réussir à tenir tête aux Russes qui, malgré tous leurs efforts, n'avaient pas réussi à enlever complètement ce village et qui, par suite, continuaient à être dans l'impossibilité d'en déboucher. La situation générale, sans être brillante, était donc loin d'être compromise jusqu'au moment où l'attaque de Wrède, facilitée, il est vrai, par les fautes de Marmont, — attaque secondaire, puisqu'elle n'avait pas été prévue par le plan primordial, — allait changer la face des choses. En s'accentuant davantage à la suite de l'appel fait par le prince royal de Wurtemberg, elle allait menacer la gauche française d'un mouvement débordant qui, s'il eût été poussé à fond, aurait pu priver l'armée entière de son unique ligne de retraite sur Lesmont. Aussi, au lieu de reprendre l'exposé des événements qui se passèrent après 4 heures, depuis La Giberie jusqu'à l'Aube, nous avons cru plus utile de suivre d'abord le V⁰ corps dans l'attaque qu'il va exécuter contre Chaumesnil, afin de dégager le prince royal de Wurtemberg, en faisant tomber le point d'appui de la gauche de l'armée française.

Attaque et prise de Chaumesnil. — Pendant que Marmont, après avoir été contraint d'abandonner Morvilliers, s'établissait sur la lisière est du bois d'Ajou, couvert sur son flanc par les escadrons de Doumerc séparés par le rû de Froideau des troupes autrichiennes[1] postées sur la rive droite de ce ruisseau, Frimont

---

[1] Wrède à Schwarzenberg, Brienne, 3 février. (*K. K. Kriegs Archiv.*, II, 47.)

faisait, sur l'ordre de Wrède, enlever à la baïonnette Chaumesnil par deux bataillons appartenant, l'un, au régiment autrichien de Szeckler, régiment des confins militaires, et l'autre, au régiment bavarois Löwenstein n° 7, soutenus par la brigade bavaroise Habermann (division du général de La Motte). Après un combat assez court, mais très acharné, ces bataillons réussirent à en déloger le général Joubert.

La possession de Chaumesnil était, pour les Alliés, d'une importance tellement essentielle que Wrède, prévoyant que les Français chercheraient à l'en débusquer, ne négligea rien pour s'y établir solidement. Sur son ordre, Frimont met aussitôt en batterie 12 pièces qui battront les abords du village qu'il fait couvrir et occuper par les divisions Hardegg et La Motte. La brigade de cavalerie du colonel von Diez, qui a suivi les premières troupes, traverse le village au galop, vient se déployer au débouché de Chaumesnil, et la division Rechberg (10 bataillons et 4 batteries) avec la brigade de cavalerie du général-major von Vieregg (14 escadrons), prend position en réserve en arrière de Chaumesnil et à la gauche des lignes du V° corps [1].

Dès qu'il avait été informé de la perte de Chaumesnil, l'Empereur avait reconnu qu'il était de toute nécessité d'arrêter de ce côté les progrès de ses adversaires. Craignant de voir Wrède déborder complètement sa gauche, se porter sur les derrières de son armée, s'installer sur la chaussée de Doulevant à Brienne et couper du pont de Lesmont les corps engagés à Petit-Mesnil et à La Rothière, il résolut de reprendre Chaumesnil et vint rejoindre Marmont avec la cavalerie de Guyot, une brigade de la division de jeune garde du général Meunier et une batterie. L'Empereur, après avoir mis 16 pièces en batterie à l'ouest de Chaumesnil, tenta vainement, à plusieurs reprises, d'arracher ce village aux Austro-Bavarois.

Charge de la cavalerie bavaroise contre les batteries françaises. — Vers 7 heures du soir, les deux batteries postées par Frimont aux abords de Chaumesnil parvinrent à faire taire l'artillerie française; Wrède en profita pour lancer contre cette artillerie, soutenue par la cavalerie française et protégée par

---

[1] Tagebuch des Majors Fürsten Thurn und Taxis. (*Ibid.*, XIII, 32.)

des carrés d'infanterie, la brigade de cavalerie bavaroise de Diez (4e et 5e régiments de chevau-légers, régiment du Roi et régiment de Leiningen), et le régiment de hussards autrichiens Archiduc-Joseph. Ces trois régiments de cavalerie passant dans les intervalles des carrés français, se précipitent sur les batteries, mettent en déroute les escadrons qui leur servent de soutien, sabrent les canonniers sur leurs pièces et réussissent à s'emparer de 21 bouches à feu [1].

Chaumesnil était définitivement perdu, et les troupes de Marmont et de Meunier, après avoir vainement tenté de rejeter la cavalerie de Wrède, se replièrent à la nuit vers Brienne. L'obscurité était, d'ailleurs, tellement profonde que les chevau-légers bavarois chargèrent quelques instants après des chasseurs à cheval wurtembergeois qui, après la prise de La Giberie, s'étaient portés en avant entre Chaumesnil et Petit-Mesnil, pendant que de leur côté les cavaliers de Biron s'étaient avancés plus à gauche et à égale hauteur entre Petit-Mesnil et La Rothière [2].

L'obscurité, le dégel et le chasse-neige, nous dit Schwarzenberg dans les *Tagesbegebenheiten*, empêchèrent la cavalerie de Wrède de poursuivre Marmont.

Pendant que le Ve corps s'emparait de Chaumesnil, d'où l'infanterie austro-bavaroise pouvait déboucher désormais sans difficulté, tandis que la cavalerie bavaroise du colonel von Diez enlevait les batteries françaises, la division autrichienne de Spleny sortant de Morvilliers et poussant vers le bois d'Ajou, obligeait, par sa présence, Marmont à en évacuer la lisière orientale et s'arrêtait en fin de compte à la lisière occidentale de ce bois, faisant front vers Brienne.

Les avantages remportés par Wrède à l'extrême droite des Alliés avaient singulièrement facilité les progrès que les corps

---

[1] Tagebuch des Majors Fürsten Thurn und Taxis (*K. K. Kriegs Archiv.*, XIII, 32), et Stärke, Eintheilung und Tagesbegebenheiten der Haupt-Armee im Monate Februar. (*Ibid.*, II, 1.)

[2] Stärke, Eintheilung und Tagesbegebenheiten der Haupt-Armee im Monate Februar. (*K. K. Kriegs Archiv.*, II, 1.)

Remarquons à ce propos que, tandis que Taxis parle dans son manuscrit de 21 bouches à feu, le général Frimont dans son rapport à Wrède (Chaumesnil, 1er février, *K. K. Kriegs Archiv.*, II, 47 a), annonce au général en chef la prise de 14 canons seulement. Le même chiffre se retrouve dans la biographie de Frimont (*Oestereichische Militair Zeitschrift*, 1843, II, page 131).

placés sous la conduite immédiate de Blücher avaient faits pendant cette deuxième phase de la bataille, entre 4 et 8 heures.

Le IV⁰ corps enlève La Giberie. — Le mouvement de Wrède contre Chaumesnil et Morvilliers, l'arrivée en ligne de la brigade Döring et d'une batterie à cheval avaient permis au prince royal de Wurtemberg de mettre un terme aux progrès des Français à La Giberie. Mais Victor, ayant de son côté renforcé et rapproché ses batteries, ce ne fut que vers 5 heures du soir, après la prise de Chaumesnil, que le prince royal, lançant contre La Giberie un régiment, régiment n° 7, qui venait de le rejoindre, parvint enfin après deux heures d'un deuxième combat aussi acharné que le premier [1], à s'emparer définitivement de La Giberie et à déboucher contre Petit-Mesnil. Bien que la plus grande partie de son artillerie fût encore engagée dans le défilé du bois de Beaulieu, le prince royal dirigea aussitôt les généraux Stockmayer et Döring contre les faces sud et est de Petit-Mesnil. Il lui importait de s'en rendre maître au plus vite, afin de se relier à droite avec le V⁰ corps qui, après l'occupation de Morvilliers et de Chaumesnil, se dirigeait vers le bois d'Ajou et la chaussée de Doulevant à Brienne, à gauche, avec le corps de Sacken qui cherchait à déboucher de La Rothière. Les deux brigades wurtembergeoises enlevèrent le Petit-Mesnil après une lutte des plus opiniâtres au moment où le général comte de Franquemont, après avoir enfin surmonté toutes les difficultés qui avaient ralenti sa marche à travers le bois de Beaulieu et le ravin marécageux, arrivait à La Giberie avec le gros du IV⁰ corps et une batterie montée.

L'apparition de ces renforts, à l'instant où les troupes françaises fléchissaient sur toute la ligne, permit au prince royal de pousser en avant, entre Petit-Mesnil et Chaumesnil, deux régiments de cavalerie nᵒˢ 3 et 4, sous les ordres du lieutenant-colonel von Bismarck, chef d'état-major de la cavalerie wurtembergeoise.

---

[1] « L'ennemi, — ainsi s'exprime le prince royal dans son rapport à Schwarzenberg, daté du Petit-Mesnil, le 1ᵉʳ février (*K. K. Kriegs Archiv.*, II, 3), — attaqua à son tour La Giberie où l'on se battit pendant quatre heures avec un acharnement inouï, jusqu'à ce qu'enfin, grâce à l'arrivée de troupes fraîches et au tir de ma batterie à cheval, je parvins à repousser les attaques des Français. »

Les deux régiments rejoignirent dans ces plaines, d'abord le 2ᵉ régiment de chasseurs à cheval wurtembergeois, Duc-Louis, qui avait passé au nord de La Giberie, puis, plus à droite, la cavalerie bavaroise. Menaçant la droite du corps de Marmont, ils exécutèrent un peu plus tard, de concert avec les escadrons de Wrède, la charge qui mit fin à la lutte sur la droite des Alliés.

Sacken enlève La Rothière. — Si le prince royal de Wurtemberg avait mis quatre heures à se rendre maître de La Giberie et s'il n'avait réussi à en déboucher et à s'emparer de Petit-Mesnil que grâce au concours, pour ainsi dire imprévu, de Wrède, Sacken avait eu pendant cette même période de temps à soutenir du côté de La Rothière une lutte encore plus meurtrière et plus sanglante.

Blücher, qui, dès le début de la bataille, avait résolu de concentrer ses efforts contre La Rothière, centre des lignes françaises, qu'il considérait comme la clef de la position, avait rejoint, un peu après 4 heures, avec le général von Gneisenau, son chef d'état-major, Sacken, au moment même où les Russes venaient d'enlever la plus grande partie du village de La Rothière. Le feld-maréchal, prévoyant que l'Empereur ne manquerait pas de tenter un retour offensif de ce côté et de jeter sur La Rothière les premières troupes dont il pourrait disposer, crut d'autant plus urgent d'appeler à lui les réserves postées sur les hauteurs de Trannes, que la cavalerie du général Colbert avait rompu celles des troupes de Sacken qui avaient essayé de se déployer en avant de La Rothière et qui furent recueillies par les régiments d'Olsufieff, en réserve en arrière de La Rothière. Au lieu de voir déboucher les grenadiers et les cuirassiers russes auxquels il avait envoyé l'ordre de le rejoindre au plus vite, Blücher ne fut pas peu surpris d'apprendre que le prince royal de Wurtemberg, ayant demandé des renforts, on avait dirigé sur La Giberie, non seulement la division de grenadiers, mais encore les deux divisions de cuirassiers. Dans l'intervalle, les progrès de Wrède avaient dégagé le IVᵉ corps ; mais par suite de cette mesure prise à l'insu du feld-maréchal, des quatre divisions dont se composaient les réserves, la 2ᵉ division de grenadiers russes, envoyée par Barclay de Tolly de Trannes sur La Rothière, put seule prendre part aux derniers épisodes de la lutte, tandis que les deux divid'un côté et son parasol dessinant sur le parquet, et vraiment Florence est beaucoup trop grande maintenant pour continuer à mener cette vie solitaire à laquelle elle s'est habituée. Elle est trop grande, incontestablement. Et j'aurais très-peu d'estime pour quiconque se permettrait de professer une opinion différente de la mienne à cet égard. Non, quelque désir que j'en eusse, je ne pourrais pas avoir d'estime pour ces gens-là. Que voulez-vous ? nous ne sommes pas maîtres de nos sentiments à ce point. »

Miss Tox ne dit pas non, quoiqu'elle ne fût pas trop au courant de l'affaire.

« Si c'est une fille bizarre, dit Mme Chick, et si mon frère ne se sent pas suffisamment à son aise avec elle, après tous les événements terribles qui sont survenus, que voulez-vous ? il faut absolument qu'il fasse un effort : c'est son devoir. Dans notre famille, nous sommes tous remarquables pour faire des efforts. Paul est le chef de la famille ; il ne reste plus que lui pour représenter les Dombey. Car, moi, que suis-je ? moins que rien.

— Oh ! ma tendre amie, que dites-vous là, » fit miss Tox d'un ton de reproche.

Mme Chick sécha ses larmes qui commençaient à couler bien fort, et continua :

« Il est donc obligé, plus que jamais, à faire un effort ; mais malgré tout, cet effort qu'il a fait et qu'il a dû faire m'a porté un coup.... j'ai une nature si susceptible, si nerveuse ! Je suis bien malheureuse d'être comme cela. Je voudrais que mon cœur fût de marbre ou de pierre....

— Oh ! ma bonne Louisa, fit miss Tox toujours avec le même ton de reproche.

— Enfin, c'est toujours un triomphe pour moi que de savoir qu'il est fidèle à lui-même et à son nom de Dombey. Je ne veux pas dire qu'il ne l'a pas toujours été.... Seulement, ajouta Mme Chick, après un instant de silence, j'espère qu'elle sera digne aussi de porter ce nom-là. »

Miss Tox était alors occupée à verser l'eau d'une cruche dans un arrosoir vert ; lorsqu'elle eut terminé son opération, elle leva par hasard les yeux, et en voyant l'expression du regard que Mme Chick fixait sur elle, elle éprouva un tel sentiment de surprise, que pour le moment elle déposa l'arrosoir sur la table et s'assit à côté.

« Ma chère Louisa, dit miss Tox, oserai-je, en réponse à

l'église en présence des Russes d'Olsufieff, ils dirigèrent contre eux un feu de salve mal dirigé, puis se pressèrent les uns contre les autres au point de ne pouvoir plus ni avancer ni reculer. L'officier russe crut, à cette vue, que les Français se préparaient à se rendre et s'avança seul vers le général Rottembourg, qui, de son côté, cherchait à enlever son monde par son exemple. Le général, pensant lui aussi que les Russes, coupés par la marche en avant de ses deux autres colonnes, voulaient déposer les armes, se porta au-devant de l'officier russe, qu'il chercha à faire prisonnier dès qu'il eut reconnu son erreur. Après une sorte de combat singulier entre le général et l'officier russe, le général rejoignit ses soldats, avec lesquels il se replia pas à pas, pendant que son adversaire retournait prendre le commandement de sa colonne, qu'il lança à nouveau contre les Français. Mais cet incident avait permis aux Français de se remettre de leur panique, de se reformer, et avait donné le temps de mettre en batterie, au débouché du village, les quatre pièces dont le tir à mitraille arrêta plus tard les soldats d'Olsufieff.

Pendant que ces événements se passaient près de l'église de La Rothière, un parti de cavalerie française avait réussi à se glisser dans le village et à pénétrer jusque dans la rue même où Sacken était en train de donner ses ordres. Là encore, comme trois jours avant dans les rues de Brienne, Sacken, rangeant son cheval contre les murs et restant complètement immobile, échappa miraculeusement aux cavaliers français, qui passèrent à côté de lui sans le remarquer.

Un peu plus tard, le duc de Reggio lançait en avant la 2e brigade de la division Rottembourg et parvenait, grâce à l'arrivée en ligne de ces troupes fraîches, à pénétrer une fois encore dans La Rothière, où le combat reprenait avec un nouvel acharnement. La nuit était arrivée ; l'incendie seul éclairait les combattants, qui continuaient à se disputer les ruines fumantes du village. Enfin, les renforts que Blücher avait appelés, la 2e division de grenadiers russes (général-lieutenant Paskiéwitch) et la brigade autrichienne du général von Grimmer (du IIIe corps, Gyulay), entrèrent en ligne. Les deux régiments d'Astrakhan et de la Petite-Russie, prenant la tête de la colonne, se précipitèrent à la baïonnette sur les troupes épuisées et réduites de la division Rottembourg, qu'ils parvinrent à chasser définitivement du village, mais que leurs chefs réussirent cependant à arrêter et à rallier à 500 ou 600 pas des dernières maisons.

Deuxième attaque du III⁰ corps contre Dienville. — A l'extrême gauche des Alliés, les jeunes troupes du général Gérard avaient continué à défendre Dienville et ses abords avec une vigueur qui, jusque fort avant dans la nuit, allait paralyser tous les efforts des Autrichiens de Gyulay.

Il était un peu plus de 5 heures lorsque Gyulay reçut à la fois, et de Blücher et de Schwarzenberg, l'ordre d'enlever Dienville. Il lança aussitôt contre le pont, dont il parvint momentanément à se rendre maître, les deux brigades de la division Fresnel. Mais bien qu'en raison de la configuration des lieux, Gérard n'ait pu se servir de son artillerie pour défendre le pont, le feu de son infanterie placée dans les maisons voisines et surtout dans le cimetière, ainsi que les retours offensifs des troupes de la division Dufour, obligèrent les Autrichiens à se retirer sur la rive gauche de l'Aube. Gyulay, en attendant l'arrivée en ligne de la division Hohenlohe-Bartenstein, dont il ne put disposer qu'après la prise de La Rothière, dut se borner à confier à son artillerie, en batterie sur les hauteurs de la rive gauche, le soin de rendre Dienville intenable et d'en chasser les conscrits de Gérard[1]. Une deuxième et une troisième attaques, tentées simultanément sur les deux rives de l'Aube, n'eurent pas plus de succès.

Mesures prises par l'Empereur pour couvrir la retraite. — L'Empereur avait achevé de prendre les mesures nécessaires pour contenir les Alliés pendant la retraite de ses différents corps. Complétant les dispositions auxquelles nous l'avons vu se résoudre au moment où il tentait, avec la division Rottembourg, d'arracher La Rothière à Sacken et où il dirigeait la cavalerie de Milhaud vers sa gauche, il donnait, vers 8 heures, à Drouot l'ordre de brûler La Rothière, afin de permettre à son infanterie, qui venait d'être débusquée définitivement du village, de se replier

---

[1] STÄRKE, Eintheilung und Tagesbegebenheiten der Haupt-Armee im Monate Februar (*K. K. Kriegs Archiv.*, II, 1), et rapport du feldzeugmeister comte Gyulay au prince de Schwarzenberg (*Ibid.*, II, 28), Lesmont, 2 février.

Gyulay commet, dans ce rapport, une erreur en disant que Napoléon avait confié la défense de Dienville à sa garde.

vers Brienne sous la protection de la cavalerie de la garde, et d'arrêter par le tir de son artillerie les progrès des Alliés sur sa gauche et sur son centre. Pendant que Drouot amenait ses pièces en position, que les divisions de Ney reprenaient la route de Lesmont et que les corps qui avaient soutenu pendant plus de huit heures une lutte inégale se repliaient en échelons dans un ordre d'autant plus remarquable qu'il s'agissait de faire exécuter à de jeunes troupes harassées de fatigue une marche rétrograde au milieu des ténèbres, à travers un terrain rendu plus difficile encore par les rigueurs de la température et par les tourbillons de neige, la cavalerie des Alliés cherchait à tirer parti de la victoire et à contrarier la retraite des Français.

La cavalerie wurtembergeoise débouche en avant de La Rothière et de Chaumesnil. — La cavalerie wurtembergeoise (régiments de chasseurs n°s 2 et 4 et régiment de dragons n° 3) venait d'opérer sa jonction à droite avec la cavalerie du V° corps, à gauche avec la cavalerie prussienne du général prince Biron de Courlande et les cosaques de Karpoff, et cette masse, débordant les escadrons de Milhaud, les contraignit à se retirer.

« Je poussai rapidement ma cavalerie en avant, dit à ce propos le prince royal de Wurtemberg dans son rapport à Schwarzenberg[1]. Le régiment de cavalerie prince Adam, sous les ordres du major von Reinhardt, se jeta sur l'aile gauche de l'ennemi et lui prit cinq canons. Le régiment de dragons n° 3 (régiment du Prince royal), que j'avais, sous les ordres du colonel von Wagner, envoyé sur ma droite pour me relier au général comte Wrède, fit, avec un régiment de chevau-légers bavarois, une charge brillante contre une batterie française postée au saillant sud-ouest du bois d'Ajou, vis-à-vis de Chaumesnil, et enleva six bouches à feu. »

Cette cavalerie, rejointe encore par le général-major von Jett avec le régiment de chasseurs à cheval wurtembergeois n° 5 et le régiment de hussards autrichiens Archiduc-Ferdinand, continua à suivre l'ennemi aussi loin que l'obscurité, l'état du terrain et l'épuisement de ses chevaux le lui permirent[2].

---

[1] Prince royal de Wurtemberg au prince de Schwarzenberg, Petit-Mesnil, 1er février. (*K. K. Kriegs Archiv.*, II, 3.)

[2] Journal des opérations du prince royal de Wurtemberg, par le généra

Au centre, la cavalerie russe du général Wassiltchikoff avait débouché de La Rothière malgré le tir de l'artillerie de Drouot et les efforts de la cavalerie de la garde qui dut, elle aussi, se replier sur Brienne, suivie jusqu'à hauteur de la ferme de Beugné par les cavaliers de Sacken.

Il était alors près de 9 heures : la neige continuait à tomber plus drue et plus serrée que jamais, et, comme le dit Taxis[1] dans son Journal, la poursuite était d'autant plus impossible qu'on entendait toujours le canon du côté de Dienville où Gyulay ne réussit à s'établir que vers minuit[2], lorsque Gérard eut reçu l'ordre d'abandonner la position que ses jeunes troupes avaient héroïquement défendue pendant plus de douze heures.

Dans la situation où se trouvait l'armée française pendant les dernières heures de la soirée du 1er février, il aurait suffi du moindre effort tenté par les Alliés pour changer du tout au tout les conditions dans lesquelles allait s'effectuer la retraite de la petite armée de l'Empereur. Si, vers 9 heures 1/2 du soir, au moment où Gérard se maintenait encore à Dienville, mais où Sacken, le prince royal de Wurtemberg et Wrède avaient enlevé les positions occupées par leurs adversaires, Blücher avait pu disposer de quelques troupes fraîches, leur apparition sur le champ de bataille, leur marche en bon ordre contre les points où les généraux français ralliaient leurs troupes ébranlées par une lutte sanglante et inégale, auraient, on ne saurait en douter, amené des résultats considérables.

On comprend cependant que le feld-maréchal ait renoncé, en présence de l'état du terrain, de l'obscurité profonde et de l'épuisement des chevaux, à se servir de sa cavalerie qui n'aurait d'ailleurs pu marcher qu'au pas et qui, contrainte d'autre part à suivre la grande route, serait tout au plus parvenue à causer une alerte. Mais il est incontestable, d'autre part, que si Blücher

---

comte Baillet de Latour, chef d'état-major du IVe corps. (*K. K. Kriegs Archiv.*, XIII, 56.)

Ce fut également vers cette heure qu'un des aides de camp de Berthier, le colonel Maussion, qui s'était égaré au milieu de l'ouragan de neige et des ténèbres, fut pris par les dragons de Knesevich (*K. K. Kriegs Archiv.*, II, 1, et Journal du major prince Taxis, *Ibid.*, XIII, 32.)

[1] Journal du major prince Taxis.
[2] Gyulay à Schwarzenberg, Lesmont, 2 février. (*Ibid.*, II, 28.)

avait pu, pendant les dernières heures de la lutte, se faire rejoindre par les réserves russes qu'on avait inutilement fait pivoter sur le champ de bataille, il aurait vraisemblablement réussi, par une attaque de nuit dirigée sur Brienne-la-Vieille et à l'est de cet endroit jusqu'à hauteur de la route de Brienne-le-Château à Doulevant, à rompre le dernier lien qui retenait encore des hommes harassés de fatigue et épuisés par des marches forcées suivies d'un combat de douze heures. Il aurait achevé de démoraliser de jeunes troupes qui venaient de recevoir seulement dans ces derniers jours le baptême du feu et changé une retraite en bon ordre en une véritable déroute.

N'ayant pas de troupes fraîches à sa disposition, le feld-maréchal se trouva dans l'impossibilité absolue de tenter le moindre effort, et les corps alliés, qui avaient été engagés pendant l'après-midi du 1er février, s'établirent au bivouac sur les positions mêmes qu'ils venaient de conquérir.

Positions de Sacken, des IVe, Ve et IIIe corps, à 10 heures du soir. — Les avant-gardes de Sacken, des IVe et Ve corps, bivouaquèrent sur les points mêmes où elles s'étaient arrêtées en avant de La Rothière, de Petit-Mesnil et de Chaumesnil.

Le IIIe corps, de Gyulay, resta à Dienville, les Russes de Sacken aux environs de La Rothière, le IVe corps entre La Giberie et Petit-Mesnil, et le Ve à Chaumesnil et au nord de ce village.

Quant aux grenadiers russes, ils avaient, à l'exception de la 2e division qui avait donné à La Rothière, passé leur journée à exécuter des marches et des contre-marches entre La Giberie et La Rothière, et bien qu'elles fussent en somme parfaitement fraîches, on ne songea même pas à leur donner l'ordre de se jeter au milieu des ténèbres sur les restes de l'armée française. Ces réserves campèrent : la 2e division de grenadiers auprès de La Rothière, la 1re division de grenadiers et les deux divisions de cuirassiers (2e et 3e) en arrière des bivouacs du IVe corps.

Les gardes et les réserves russes et prussiennes étaient venues dans l'après-midi jusqu'à Trannes.

La journée de La Rothière avait coûté aux Alliés environ 6,000 hommes, dont près de 4,000 au corps russe de Sacken[1].

---

[1] D'après Schels, les Alliés n'auraient perdu à La Rothière que 4,655 hommes.

La nuit et le mauvais temps, en empêchant les Alliés de poursuivre leurs avantages, avaient donné à l'Empereur la possibilité de faire mettre à exécution les ordres qu'à partir de 9 heures du soir, il avait envoyés à ses lieutenants.

Position de l'armée française. — Dès 9 heures en effet, il faisait prévenir le général Sorbier que tous les corps d'armée recevaient l'ordre de renvoyer en arrière de Brienne les caissons vides, l'artillerie et les bagages inutiles, de faire passer le pont de Lesmont aux parcs et aux batteries démontées.

Grouchy, ne gardant que l'artillerie strictement nécessaire, devait s'alléger le plus possible et renvoyer les chevaux de main et les hommes à pied. Une heure plus tard, le général de France recevait l'ordre de partir à 2 heures du matin avec les gardes d'honneur, de passer le pont de Lesmont et de jeter des partis sur la route de Piney et la rive gauche de l'Aube. Le général Sorbier devait faire filer le parc sur Lesmont, et le général Léry se préparer à brûler et à faire sauter les ponts lorsque l'Empereur en donnerait le signal[1].

Les commandants des corps français, qui avaient soutenu tout l'effort de la lutte, avaient gagné les points que l'Empereur leur avait désignés et sur lesquels ils devaient rallier leurs troupes. Marmont, couvert par la cavalerie de Doumerc, s'arrêtait au sortir du bois d'Ajou. Victor dépassait la ferme de Beugné et laissait devant les avant-postes russes un rideau formé par quelques escadrons de Milhaud. Oudinot et Ney massaient la cavalerie et l'infanterie de la garde sur la route de Lesmont, pendant que Gérard, qui avait reçu l'ordre d'abandonner Dienville, se repliait après minuit sur Brienne-la-Vieille.

L'armée française avait perdu dans cette sanglante journée près de 6,000 hommes tués, blessés ou prisonniers, et une soixantaine de bouches à feu[2].

Les troupes françaises ne devaient, d'ailleurs, prendre que quelques heures d'un semblant de repos en avant de Brienne-la-

---

[1] Belliard à Grouchy et major-général à Sorbier, de France et Léry. (*Archives de la guerre.*)

[2] 63 d'après Bogdanovith, 73 d'après Plotho et Beitzke, 83 d'après Schels, 73 aussi d'après le rapport de Schwarzenberg (*K. K. Kriegs Archiv.*, II, 34, b) et 54 seulement d'après Koch.

Vieille ; les ordres expédiés à 11 heures 1/2 de la nuit par l'Empereur, de Brienne-le-Château, allaient pour les dérober à l'étreinte des Alliés, les remettre en marche à 2 heures du matin.

Avant de discuter la bataille de La Rothière, et bien que pour cela il faille abandonner un instant les corps qui venaient de combattre à Dienville et à Morvilliers, il est nécessaire de nous occuper des mouvements exécutés par le Ier corps (Colloredo), à l'extrême gauche de l'armée de Bohême, par cela même que ces événements ont une certaine connexité avec les faits de guerre dont les rives de l'Aube avaient été le théâtre. Il faut également jeter un coup d'œil sur les opérations des partisans du lieutenant-colonel comte Thurn, sur les mesures prises le même jour par le duc de Trévise, sur la tentative des cosaques de Platoff contre Sens, sur la marche de Wittgenstein sur Saint-Dizier, et d'York vers Vitry, enfin sur les préparatifs de Macdonald qui cherche à déboucher de Châlons et à contrecarrer les projets des lieutenants de Blücher contre Châlons-sur-Marne.

Mouvement du Ier corps (Colloredo) sur Vendeuvre. — Affaire de La Vacherie. — Retraite du corps volant de Thurn. — A l'extrême gauche de l'armée de Bohême, le Ier corps d'armée avait quitté Bar-sur-Seine dès le matin et s'était porté en une seule colonne jusqu'à Magnant, puis à partir de ce point en deux colonnes, le gros par Thieffain, la division de grenadiers à droite, par Beurey, sur Vendeuvre, où le corps n'arriva que fort tard dans l'après-midi, par suite des difficultés de la marche encore augmentées par le dégel.

La division légère du prince Maurice Liechtenstein, chargée de couvrir sa marche, était restée sur la rive gauche de la Seine et avait été dirigée de Bar-sur-Seine sur Fouchères, afin d'occuper et de retenir les troupes de Mortier[1].

Dès 1 heure de l'après-midi, le général Hächt, posté avec une brigade du IIIe corps (division Crenneville) à Vendeuvre, avec ordre de surveiller les mouvements de l'ennemi du côté de Dienville et d'Unienville, avait informé le généralissime de l'appari-

---

[1] Starke, Eintheilung und Tagesbegebenheiten der Haupt-Armee im Monate Februar. (*K. K. Kriegs Archiv.*, II, 1.)

tion de partis français du côté de Villeneuve-au-Chêne (appelé alors Villeneuve-Mesgrigny), de l'occupation de Piney[1] par les troupes françaises et de l'arrivée à Vendeuvre de la tête de colonne de Colloredo.

Deux heures plus tard, vers 3 heures de l'après-midi, Colloredo annonçait au prince de Schwarzenberg qu'il ne disposait à Vendeuvre que de trois régiments de la division Wied-Runkel et de deux batteries, que la division de grenadiers et les cuirassiers du comte Nostitz n'y arriveraient qu'à 4 heures et qu'il attendait à Vendeuvre des ordres lui indiquant le rôle ultérieur que son corps était appelé à jouer. Mais il était déjà trop tard, et en supposant même qu'un ordre de marche émanant de Scharzenberg pût parvenir à 4 heures à Colloredo, la tête de colonne des trois divisions du Ier corps n'aurait pu, en aucun cas, arriver sur les hauteurs qui dominent le pont de Dienville avant 10 ou 11 heures du soir. Par suite, le généralissime se décida[2] à laisser le Ier corps à Vendeuvre où les trois divisions occupèrent des cantonnements resserrés. La brigade Geppert (de la division légère du prince Maurice Liechtenstein) formant l'avant-garde de Colloredo, occupa le soir Vauchonvilliers et se relia vers l'Aube avec la brigade Hächt du IIIe corps.

L'autre brigade de la division légère Maurice Liechtenstein, renforcée par un régiment de la division Wied-Runkel, posté en soutien à Virey, avait été laissée à Fouchères pour surveiller la route de Troyes.

A 9 heures du matin, un détachement français que le prince

---

[1] Les renseignements fournis par le général Hächt sont, on le voit, confirmés par la dépêche du général de France au major-général, de Lesmont, 1er février, 8 heures du matin :

« D'après mes rapports de cette nuit, le duc de Trévise fait occuper Creney, près de Troyes ; ses partis viennent vers Mesnil et Rouilly. Les chasseurs à cheval de la garde qui occupent Creney poussent jusqu'à Piney.

« Dans la direction d'Arcis, on éclaire Fontaines et Onjon. Coclois est occupé ainsi que Mesnil-la-Comtesse et Voué. Je ferai occuper Pougy, Pel et et Précy sur la rive gauche ; j'enverrai un fort parti à l'embranchement des routes de Lesmont par Montangon à droite et par Piney à gauche, allant à Troyes. » (*Archives de la guerre.*)

[2] Colloredo reçut, dans la nuit du 1er au 2 février, un ordre de Schwarzenberg lui prescrivant de se porter avec toute sa colonne sur Dienville et d'attaquer vigoureusement ce village ; mais Colloredo ayant eu connaissance quelques heures après de l'évacuation de Dienville, jugea inutile d'exécuter cet ordre, désormais sans objet.

Liechtenstein évalue dans son rapport [1] à 200 hommes et 500 chevaux, avait attaqué les avant-postes autrichiens et les avait rejetés jusque sur La Vacherie. L'entrée en ligne des troupes de piquet (un escadron de chevau-légers O'Reilly et une compagnie de chasseurs) permit aux avant-postes autrichiens de tenir bon, de résister à une deuxième attaque et d'attendre l'arrivée de renforts qui, après une heure de combat, obligèrent la reconnaissance française à se retirer et à rentrer sur sa position des Maisons-Blanches.

La division du feld-maréchal-lieutenant Ignace Hardegg, appartenant également au Ier corps, se tint pendant toute la journée du 1er février à Chaource, point vers lequel devait se diriger la reconnaissance qui avait donné contre les avant-postes de Liechtenstein à La Petite-Vacherie.

La maréchal Mortier avait en même temps fait partir, sous les ordres du général de Bourmont, une reconnaissance qui réussit à surprendre quelques cosaques du corps de Platoff, à Auxon. Cette reconnaissance devait également chercher à couper et à prendre le corps volant du lieutenant-colonel comte Thurn. Mais cet officier, prévenu à temps, s'empressa de filer vers Ervy [2].

---

[1] Prince Maurice Liechtenstein au comte Colloredo, Fouchères, 1er février. (*K. K. Kriegs Archiv.*, II, ad 23.)
Liechtenstein terminait ce rapport en envoyant au feldzeugmeister les renseignements suivants sur les mouvements de Mortier :
« Je dois également informer Votre Excellence que le comte Thurn me fait dire à l'instant que le maréchal Mortier a quitté hier Troyes avec la garde impériale et a pris la route d'Arcis, laissant à Troyes une assez grande quantité de troupes de toutes armes avec 28 canons.
« D'autres rapports du major von Ellsbach et du général-major Hächt me font savoir que les villages de Lusigny et de Courteranges, sur la route de Vendeuvre, ont été évacués par l'ennemi. »

[2] Le lieutenant-colonel comte Thurn au prince de Schwarzenberg :
« Chamoy, 4 février 1814, 6 heures du soir.
« Après avoir adressé à Votre Altesse mon rapport en date du 31 janvier, j'ai pendant toute cette journée, battu le pays du côté de Bouilly, sur la route de Troyes à Sens.
« Le 1er février, à 10 heures du matin, un de mes émissaires est revenu et m'a annoncé que Napoléon avait rejoint le 27 au soir l'armée à Vitry, qu'il comptait attaquer Votre Altesse le 28 à Bar-sur-Aube avec 80,000 hommes et 100 canons, et que le général Dulong devait, ces jours-ci, enlever Auxon par un coup de main.
« J'ai fait part de ces nouvelles à Votre Altesse et les ai communiquées au comte Colloredo, auquel je les fis porter par un piquet d'un sous-officier et de

Mouvement de Platoff vers Sens. — Quant à Platoff, son avant-garde continuait à tâter Sens, mais sans menacer bien sérieusement la ville que le général Allix occupait avec les dépôts de la 18e division militaire.

Platoff, toujours habile à présenter les faits de la manière qui lui convenait le mieux, préparait déjà le généralissime au mouvement qu'il allait entreprendre pour se faire pardonner l'insuccès de sa tentative contre Sens, insuccès dû uniquement à ses lenteurs, à ses hésitations, à son peu d'empressement à marcher de l'avant et à s'éloigner du gros de la grande armée. « Trop faible pour chasser l'ennemi de Sens, écrivait-il le 1er février au soir, de Villeneuve-le-Roy (Villeneuve-sur-Yonne), au prince de Schwarzenberg [1], je poursuivrai ma destination en me dirigeant par Courtenay sur Fontainebleau. Nous avons du reste pris un officier et 32 soldats de la garde et délivré 1 officier et 10 soldats espagnols, ainsi que 4 soldats autrichiens. » Il ajoutait encore pour prévenir les reproches du généralissime et pour se donner l'air d'avoir entrepris quelque chose : « J'ai détaché le colonel Sperberg avec 500 cosaques et 2 canons à Joigny pour découvrir

---

6 hommes. Mais ce sous-officier tourné et coupé par l'ennemi dans la forêt d'Aumont, ne m'a rejoint qu'hier soir, me rapportant ma dépêche.

« Les événements m'ont forcé à quitter encore le 1er février Saint-Phal et à me porter du côté d'Ervy. L'ennemi est, en effet, arrivé le 1er février à Auxon et Saint-Phal, et après avoir enlevé 4 caissons et 4 hommes aux cosaques qu'il surprit en train de piller Auxon, il se dirigea par Bouilly, sur Troyes. » (*K. K. Kriegs Archiv.*, II, 81.)

Mortier, de son côté, avait rendu compte de ces petites escarmouches dans la dépêche ci-dessous qui concorde, sauf en ce qui a trait à l'infanterie bavaroise qui ne parut pas du côté de La Vacherie, avec les rapports des officiers autrichiens :

« Mortier au major-général. — Troyes, le 1er février, 7 heures 1/2, soir.

« L'expédition du général de Bourmont sur Auxon a parfaitement réussi. Une compagnie du 4e bataillon du 82e régiment s'est emparée de la ville, de 6 caissons de munitions. 4 cosaques, dont 1 officier, ont été tués, 4 pris, un grand nombre blessés. Le général de Bourmont s'établit ce soir à Saint-Phal ou à Chamoy et rentrera demain à Troyes.

« La reconnaissance sur Chaource a rencontré l'ennemi à La Vacherie au nombre de quelques centaines de chevaux et 300 hommes. Il y a eu une escarmouche assez vive. On a vu de l'infanterie bavaroise. La reconnaissance sur Vendeuvre a été jusqu'à Montiéramey où il n'y avait que des piquets. Fresnay et Clerey sont occupés par l'ennemi. Ses coureurs se montrent vers Arcis-sur-Aube et Troyes. » (*Archives de la Guerre.*)

[1] L'ataman Platoff au prince de Schwarzenberg, Villeneuve-le-Roy, 1er février. (*K. K. Kriegs Archiv.*, II, ad, 120.)

et punir les gens de ce pays qui avaient voulu assommer un de mes courriers, pendant qu'il passait par cette ville. Je lui ai ordonné de fusiller les coupables et de désarmer la garde nationale que je soupçonne d'avoir participé à ce guet-apens.

« En attendant, je me suis arrêté ici.

« Je crois de mon devoir de prévenir Votre Altesse qu'il me sera difficile d'envoyer des courriers au quartier général, tant que je ne serai pas suivi par quelque autre troupe, parce que force m'est de détacher d'assez gros partis pour les faire escorter. »

Le général du Coëtlosquet appelé par le général Allix[1] arriva à Sens le 1er février à 11 heures du soir, et le général Pajol, posté à Montereau, envoya le général Delort avec 300 chevaux à Fleurigny pour protéger ce mouvement. Ses partis, qui avaient poussé le matin jusqu'à Villeneuve-l'Archevêque, lui faisaient savoir qu'ils y avaient rencontré quelques cosaques se dirigeant du côté de Sens. Le général Pajol terminait sa dépêche en donnant un renseignement d'une remarquable exactitude[2]. « L'ennemi, disait-il, veut se porter sur Paris par Fontainebleau en laissant Montereau à sa droite; comme il me faut renforcer Pont-sur-Yonne et Moret, j'écris au général Pacthod de veiller sur ces deux points, et je fais couper une arche du pont de Bray. »

Mouvement du VIe corps et de la cavalerie de Pahlen sur Vitry. — A l'extrême droite des Alliés, le VIe corps (Wittgenstein), au lieu de se rapprocher du champ de bataille de La Rothière, avait reçu, au contraire, du généralissime l'ordre de se porter de Vassy sur Saint-Dizier pour marcher de là, de concert avec York, sur Vitry[3].

Pendant que Wittgenstein exécutait ce mouvement peu rationnel, sa cavalerie, sous le comte Pahlen, était aux environs de Soulaines, et son avant-garde avait même déjà poussé vers La

---

[1] Général Allix au Ministre et au général du Coëtlosquet. (*Archives de la Guerre.*)

[2] Général Pajol au Ministre de la guerre, Nogent-sur-Seine, 1er février, heures soir. (*Archives de la Guerre.*)

[3] Wittgenstein à Schwarzenberg, 1er février (*K. K. Kriegs Archiv.*, II, 7), et STÄRKE, Eintheilung und Tagesbegebenheiten der Haupt Armee im Monate Februar. (*Ibid.*, II, 1.)

Chaise, lorsque son chef reçut communication des instructions qui, loin de le laisser continuer sur Brienne, lui prescrivaient de rallier le VI⁰ corps. Pahlen, revenant sur ses pas et croisant, comme nous l'avons dit plus haut, les colonnes de Wrède, se dirigea de Soulaines sur Longeville et de là sur Chavanges, tandis que le général Ilowaïsky XII continuait à rester avec ses cosaques en observation devant Boulancourt.

Chose singulière et qui mérite d'être signalée : Pahlen, en raison même de l'état de l'atmosphère, ne perçut, pendant toute la première partie de sa marche et bien qu'il fût à proximité du champ de bataille, que très faiblement et à des intervalles très éloignés le bruit du canon.

Quant à la cavalerie du général Rüdinger, que Wittgenstein avait détachée sur la rive gauche de la Marne pour se relier avec Pahlen, elle s'était, pendant la journée du 1ᵉʳ février, portée de Montier-en-Der par Giffaumont jusque vers Gigny-aux-Bois et Bussy-aux-Bois.

Les marches et les contre-marches qu'on avait fait exécuter pendant les dernières journées à Wittgenstein, en l'appelant vers l'Aube pour le reporter ensuite vers la Marne, eurent pour conséquence d'annihiler complètement l'action de son corps, en le faisant arriver partout trop tard.

Mouvements du Iᵉʳ corps prussien. — Opérations sur Vitry. — Les ordres et les contre-ordres devaient également, le 1ᵉʳ février, retarder et contrarier les opérations du Iᵉʳ corps prussien. York, dans les instructions qu'il avait envoyées le 31 janvier au soir à ses généraux, avait prescrit au gros de son corps de quitter les environs de Saint-Dizier, entre 6 et 7 heures du matin, pour se porter contre Vitry. Il comptait se faire précéder, à environ trois lieues, par la 1ʳᵉ brigade, Pirch II, et par le corps volant du colonel comte Henckel, placé, pour cette opération, sous les ordres directs du général von Pirch. Au moment où le gros du corps allait s'ébranler dans la direction de Vitry, le général York reçut du général-major von Knesebeck, aide de camp du roi de Prusse, une lettre, datée de Chaumont 30 janvier au soir, par laquelle on lui faisait part du projet de Schwarzenberg de concentrer toutes les forces des Alliés entre Bar-sur-Aube et Colombey, afin d'y attendre les attaques des Français. Knesebeck pensait que, par suite, il y avait lieu de resserrer le cercle et que, dans le cas où York n'aurait pas reçu des ordres contraires, il devait, ainsi que Wittgenstein, chercher à se rapprocher des positions de l'armée de Schwarzenberg. York, qui n'avait jusqu'à ce moment reçu aucun ordre et qui n'avait agi que d'après ses propres idées, se vit donc contraint de contremander le mouvement du gros de son corps. Il se proposait, en effet, de rester en place à Saint-Dizier et de faire observer Vitry par la brigade Pirch et le détachement de Henckel, lorsqu'on lui remit, vers 9 heures, la disposition générale qui le destinait, au contraire, à manœuvrer contre Vitry de concert avec Wittgenstein, qu'on envoyait à Saint-Dizier. Tous ces contre-ordres avaient coûté un temps précieux, et, bien qu'York eût, dès 10 heures, envoyé à ses corps l'ordre de reprendre le mouvement interrompu le matin, ce fut seulement entre midi et une heure que les différentes fractions de son corps d'armée se remirent en marche.

Le maréchal Macdonald était arrivé à Châlons le 31[1]; mais il n'y avait guère à Vitry avec le général Montmarie que 700 à 800 hommes au moment où la brigade Pirch et le détachement du colonel Henckel se mettaient de leur côté en marche pour attaquer cette place. La cavalerie polonaise du général Pac en était sortie le matin deux heures avant l'attaque, se rendant vers Brienne et, bien que ce général eût entendu le canon, il ne crut pas opportun d'y rentrer, quoique la canonnade fût devenue très vive, « parce que, dit-il dans sa dépêche au major-général, je savais que le général Montmarie attendait un corps de 6,000 hommes[2]. » Le vieux maréchal Lefebvre avait heureusement reconnu tous les dangers de la situation et mieux compris toute l'importance de Vitry. Il avait lui aussi, comme le général Pac, quitté Vitry le 1er au matin et passé la Marne avec un escadron de cavalerie et un régiment d'infanterie, dans l'intention de rejoindre l'armée; mais, dès qu'il eut reconnu la direction suivie par l'avant-garde d'York, il n'avait pas hésité à se replier sur Vitry, où il rentra quelque temps avant le commencement de l'attaque.

---

[1] Les 5e et 11e corps d'armée, sous les ordres du maréchal, qui ont à peine ensemble 8,000 combattants, sont formés de 29 bataillons qui ne peuvent guère être considérés aujourd'hui que comme des cadres. (Général Grundler au Ministre, Châlons, 1er février. — *Archives de la Guerre.*)

[2] *Archives de la Guerre.*

La brigade Pirch et le détachement de Henckel, arrivés dans la matinée devant la place, avaient d'abord fait sommer le général Montmarie de se rendre. Sur le refus de cet officier général, ils firent bombarder la ville pendant quelques heures par la batterie de la 1re brigade et la demi-batterie du colonel Henckel, sans obtenir aucun résultat. Au bout de quelques heures, le feu cessa. Mais, pendant ce temps et grâce au brouillard, un gros convoi de quarante-deux bouches à feu, escorté par 400 hommes, avait réussi à pénétrer dans la place vers 2 heures, après s'être arrêté au pont de Vaux sur la Saulx, à un quart de lieue de la ville [1]. Le colonel d'artillerie qui commandait cette colonne avait été moins heureux : il avait été enlevé, à quelques pas des siens, par les hussards prussiens, et ce fut par lui qu'York eut connaissance de l'arrivée à Châlons du maréchal Macdonald et de son intention de se porter sur Vitry.

Le général von Pirch, qui avait pu se rendre compte de l'impossibilité d'enlever Vitry par un coup de main, se décida à renoncer à des tentatives absolument inutiles [2] et établit son quartier général à Ecriennes et cantonna son infanterie à Ecriennes, Luxémont et Villotte, Vauclerc et Reims-la-Brûlée; sa cavalerie à Frignicourt, Marolles, Bégnicourt et Norrois. Afin de couvrir sa

---

[1] Général comte de Valmy, La Chaussée, 1er février, 7 heures 1/2. (*Archives de la Guerre.*)

[2] York à Schwarzenberg, Ecriennes, 2 février, 11 heures du soir. (*K. K. Kriegs Archiv.*, II, 29) et général Montmarie au major-général, Vitry, 1er février 1814 :

« Ce matin, à 8 heures, l'ennemi qui occupait depuis plusieurs jours les environs de Vitry, a attaqué cette ville. Il a montré, en avant de Marolles, 8 bataillons, 6 escadrons et 6 bouches à feu, dont 3 obusiers; il avait encore un corps assez considérable à Frignicourt.

« Des renforts qui me sont arrivés de Châlons (2 bataillons et 2 batteries) m'ont mis à même de repousser les attaques. A 1 heure, l'ennemi a commencé sa retraite ; il est retourné par la route de Saint-Dizier et occupe encore Marolles.

« On était déjà aux prises lorsque le général Pac est parti. Ses troupes auraient été bien utiles. » (*Archives de la Guerre.*)

Les troupes du maréchal Macdonald occupaient le 1er février, à 8 heures du soir, les positions suivantes : la division Molitor était cantonnée dans les villages au delà de Châlons, sur la route de Vitry et la rive droite de la Marne ; la division Brayer sur celle de Sainte-Menehould ; Exelmans avec le 2e corps de cavalerie, sur celle de Châlons à Arcis-sur-Aube ; le 5e corps (Sébastiani) était dans Châlons, et le 3e corps de cavalerie (duc de Padoue) s'était cantonné près de Châlons, sur la route de Reims. (Valmy au duc de Feltre, Châlons, 1er février, 8 heures soir. — *Archives de la Guerre.*)

droite, le général von Pirch avait envoyé le colonel Henckel sur Vitry-le-Brûlé, avec l'ordre d'observer les passages de la Saulx et de pousser, sur Changy et Saint-Quentin-les-Marais, des partis chargés de surveiller la route de Châlons.

Le 1er au soir, York établit son quartier général à Orconte; l'avant-garde (général von Katzler) vint à Malignicourt, Thiéblemont, Farémont, Haussignémont et Favresse; la cavalerie de réserve du général von Jürgass à Doprémy, Brusson, Plichancourt et Ponthion; la 7e brigade à Blesmes, Scrupt, Saint-Vrain et Heiltz-le-Hutier; la 8e brigade à Orconte, Larzicourt et Isle; l'artillerie de réserve, avec le parc du corps d'armée, fut installée à Longchamps, Le Tronc, Sapignicourt et Hallignicourt.

Enfin, pour compléter l'indication des mouvements exécutés pendant cette grande journée du 1er février, nous dirons que le IIe corps prussien (Kleist), après avoir passé en vue de Thionville, était arrivé à hauteur de Boussange, Hagondange et Hauconcourt, tandis que le corps russe de Kapsewitch, venant de Mayence par Sarreguemines, n'était plus qu'à une marche de Nancy.

Considérations sur la bataille de La Rothière. — Quand on se trouve en présence d'un événement de l'importance de la bataille de La Rothière, on ne saurait, surtout en raison de la gravité exceptionnelle des circonstances, se contenter, comme on le ferait pour toute autre bataille, de signaler les erreurs commises par les deux adversaires, d'insister sur les conditions dans lesquelles elle a été livrée et de comparer les résultats réellement obtenus avec ceux que le vainqueur était en droit d'espérer. Il faut, pour que l'on puisse se rendre un compte exact de la situation, insister sur la portée que pouvait et que devait avoir le premier échec essuyé au cœur même de la France par une armée commandée par l'Empereur en personne.

« La guerre, a dit Clausewitz dans sa *Théorie de la Grande Guerre*, est un instrument de la politique. » La campagne de 1814 et plus particulièrement la bataille de La Rothière se chargent de justifier l'opinion émise par le grand écrivain allemand, parce que jamais peut-être les considérations politiques n'ont exercé plus d'influence sur les opérations militaires que pendant cette campagne, et surtout pendant les deux ou trois jours qui ont précédé et suivi la bataille du 1er février.

Il suffit, en effet, de lire attentivement les dispositions générales du 31 janvier pour voir que le généralissime, tout en abandonnant à Blücher la direction des opérations pendant vingt-quatre heures, n'avait jamais eu l'intention d'abdiquer entre ses mains, puisque le rôle du feld-maréchal se trouvait, par ces dispositions mêmes, limité à la durée de la bataille. Il résulte, en effet, des termes mêmes de cet ordre, que Schwarzenberg avait à l'avance déterminé la mission attribuée à chacune des grandes unités après la fin de la bataille. En agissant de la sorte, le généralissime avait évidemment voulu donner à l'amour-propre du feld-maréchal une satisfaction passagère ; mais, naturellement et justement jaloux de conserver et d'affirmer une autorité qu'il avait peine à maintenir et à défendre contre les attaques et les intrigues de ses ennemis, il avait eu soin de reprendre dès le soir du 1er février une direction qu'il avait cru habile de céder pendant quelques heures. Il résulte, d'ailleurs, des conditions mêmes dans lesquelles s'était faite cette transmission momentanée du pouvoir suprême, que Blücher ne disposait pas de la totalité des ressources qu'on aurait pu et dû lui confier, parce qu'on ne voulait pas que la victoire, sur laquelle on était en droit de compter, eût des conséquences par trop graves et fût suivie de résultats trop décisifs. On tenait assurément à relever le prestige des armes des Alliés, mais tout porte à croire qu'on ne voulait pas finir, comme on l'aurait pu, la guerre d'un seul coup et qu'on redoutait même, jusqu'à un certain point, une solution définitive. On avait eu la précaution de mettre Blücher hors d'état de tirer parti de ses avantages, et tant pour prévenir ses récriminations que pour l'empêcher de donner libre cours à sa mauvaise humeur, on eut soin de le combler immédiatement d'éloges et de compliments. Dès le soir même de la bataille, l'empereur Alexandre, en lui faisant dire que « cette nouvelle victoire couronnait sa carrière et effaçait l'éclat de toutes celles qu'il avait remportées », s'empressait de lui envoyer un sabre d'or enrichi de diamants. Mais au moment même où les officiers alliés, enthousiasmés par cette victoire, se croyaient déjà maîtres de Paris, on avait enlevé à Blücher jusqu'aux moyens de recueillir le fruit de ses avantages.

Il semble presque qu'on ait eu au quartier général des Alliés une sorte de terreur superstitieuse de l'Empereur, qu'on ait craint de le pousser à bout et de l'acculer, qu'on ait tenu à laisser au César vaincu la possibilité de se retirer. Les dispositions mêmes prises par Schwarzenberg avant la bataille avaient prévu le cas, puisqu'elles dirigeaient les corps de l'armée de Silésie sur Vitry et qu'elles envoyaient le VIe corps seul à Brienne et le IIIe à Dienville. On avait de cette façon voulu empêcher le feld-maréchal de mettre en pratique les principes qu'il avait toujours appliqués, qu'il avait sans cesse cherché à inculquer à ses lieutenants. On se rappelait évidemment au grand quartier général ce qu'au lendemain de la bataille de la Katzbach, Blücher avait écrit à York, lorsque celui-ci avait cherché à lui démontrer l'impossibilité d'une poursuite plus active :

« *Ce n'est pas assez de vaincre : il faut encore savoir tirer parti de la victoire. Si nous ne marchons pas sur le ventre de l'ennemi, il se relèvera de sa défaite, et ce sera alors seulement à l'aide d'une nouvelle victoire que nous recueillerons les résultats qui ne peuvent nous échapper si nous menons énergiquement la poursuite.* »

On avait tenu à lui lier les mains et à le mettre d'autant plus dans l'impossibilité d'agir, qu'on le savait homme à tout sacrifier pour anéantir un ennemi vaincu, qu'on avait présents à la mémoire les reproches qu'il avait adressés le 31 août 1813 à ses lieutenants : « *Négliger de tirer pleinement parti de la victoire*, leur avait écrit Blücher à cette époque, *c'est s'obliger inévitablement à livrer à courte échéance une nouvelle bataille.* »

Or, sans vouloir prétendre qu'on tenait à avoir à livrer de nouveaux combats, il est certain qu'au grand quartier général on ne se souciait pas de finir la guerre d'un seul coup. C'est pour cette raison, c'est parce que les considérations politiques d'une part, les jalousies personnelles et les rivalités mesquines de l'autre, exerçaient encore à cette époque une influence réelle, quoique latente, sur la conduite des opérations, que par suite des ordres, donnés par le grand quartier général, les Alliés livrèrent la bataille sans avoir toutes leurs forces réunies et dans des conditions qui, rendant une solution définitive presque impossible, devaient, en outre, dénaturer le caractère de la poursuite en la privant de ses deux éléments essentiels : l'activité et la vigueur.

Sans aller jusqu'à ajouter foi à ce que raconte le général von Heilmann (l'historiographe de Wrède)[1], on doit reconnaître que

---

[1] Le prince Charles de Bavière, qui commandait à La Rothière la 1re bri-

les ordres mêmes du généralissime tendaient à paralyser toute action énergique après la bataille. Au lieu de chercher à anéantir l'armée française, on lui laissa non seulement la possibilité de se rallier et de se retirer en assez bon ordre, mais on perdit même sa trace.

Au lieu de pousser droit sur Paris, de mener tambour battant les débris des troupes vaincues à La Rothière, on préféra attribuer à chacune des deux grandes armées un théâtre spécial de guerre, comme si, dit Droysen dans sa *Vie du feld-maréchal York von Wartenburg*, l'on eût eu à cœur de faire traîner la guerre en longueur.

Le prince de Schwarzenberg avait, d'ailleurs, si bien senti dès ce moment qu'il allait forcément encourir de graves reproches et que cette singulière manière d'entendre la guerre susciterait des critiques justifiées, qu'on lit les lignes suivantes dans le Journal d'opérations tenu jour par jour au grand état-major général[1] : « Napoléon perd ses positions, 52 canons et 2,000 prisonniers; mais il ne quitte pas le champ de bataille et paraît avoir l'intention de recommencer la lutte le lendemain. Le prince de Schwarzenberg s'y attend et s'y prépare en ordonnant à Colloredo de venir à Dienville, et à York d'attaquer Vitry. »

Les lignes qui précèdent détruisent, il nous semble, l'un des arguments invoqués par Clausewitz. « La victoire de La Rothière, dit-il, a rendu les Alliés présomptueux, et c'est pour cela qu'ils se sont divisés[2]. » De même que Schwarzenberg a eu le soin d'essayer de justifier ses lenteurs et ses indécisions par la persistance de l'Empereur à se tenir sur le champ de bataille, de même Clausewitz a cru utile de préparer, par la phrase qui précède, une excuse qui lui servira à atténuer les fautes que son héros va commettre pendant la première séparation des armées alliées.

Au point de vue stratégique et sans vouloir chercher si la res-

---

gade de la 1re division bavaroise, a affirmé au général-major Heilmann que, après cette bataille, le prince de Schwarzenberg avait déjà commencé à parler aux souverains alliés de l'éventualité probable d'une retraite générale. « Vous pouvez aisément, ajouta le prince, vous figurer l'effet que produisit sur moi une pareille opinion exprimée le soir d'une bataille gagnée. »

[1] STÄRKE, Eintheilung und Tagesbegebenheiten der Haupt-Armee im Monate Februar 1814. (*K. K. Kriegs Archiv.*, II, 1.)

[2] CLAUSEWITZ, *Critique stratégique de la campagne de France en 1814.*

ponsabilité des fautes commises incombe plutôt au généralissime autrichien qu'au feld-maréchal prussien, on ne saurait s'empêcher de reconnaître, avec Clausewitz, que la bataille de La Rothière a été livrée dans de mauvaises conditions. « Déterminer le temps, le lieu et les effectifs à employer pour une bataille, écrit l'auteur de la *Critique stratégique de la campagne de France en* 1814, c'est là le propre de la stratégie. Les armées alliées avaient eu, dès le début, en vue l'attaque du gros de l'ennemi. C'est ce qu'on fit à La Rothière. Mais on ne saurait justifier pour cela les moyens employés pour la bataille même par Schwarzenberg. Au lieu de profiter de sa supériorité numérique pour enserrer l'ennemi de toutes parts et lui infliger de grosses pertes, conséquences d'une grande victoire, il laisse loin du champ de bataille une bonne partie de ses troupes et délègue, pour ainsi dire, un de ses généraux (Blücher) avec une portion seulement de ses forces, afin *d'essayer une bataille*. C'est là chose nouvelle dans l'histoire militaire. »

Voilà pour la part de Schwarzenberg. Mais Blücher lui-même n'est pas indemne. Tout en rendant justice à l'habileté dont il a fait preuve après Brienne pendant la journée du 30 et surtout celle du 31 janvier, on doit reconnaître qu'il serait aisément parvenu à tirer un meilleur parti des corps placés sous ses ordres, s'il avait plus judicieusement choisi son point d'attaque, si, pendant la bataille même, il ne s'était pas obstiné à considérer La Rothière comme la clef de la position et s'il avait compris les avantages considérables qu'il aurait pu recueillir, aussitôt après l'entrée en ligne des Austro-Bavarois de Wrède, en concentrant tous ses efforts contre la gauche des lignes françaises. C'était là, d'ailleurs, le conseil que Toll s'était permis de lui donner dès le commencement de la bataille. C'était parce que Toll était profondément convaincu de la nécessité d'agir surtout contre la gauche des Français, qu'éconduit par le feld-maréchal et par Gneisenau, il avait cherché, malgré l'opposition de Schwarzenberg et de Radetzky, à faire accepter son idée à l'empereur Alexandre, auprès duquel il s'était rendu. Les tiraillements qui se produisirent à la suite de l'entretien de Toll avec le tzar, l'intervention directe des souverains dans la conduite de la bataille, les demi-mesures prises par Alexandre qui, sans même en informer Blücher, dirigea six bataillons de grenadiers russes vers la droite du prince royal de

Wurtemberg, exercèrent, en outre, une influence nuisible sur les opérations. Les mouvements inutiles qu'on fit exécuter à une division de grenadiers et aux 2e et 3e divisions de cuirassiers russes contribuèrent en grande partie à empêcher Blücher, manquant absolument de réserves à la fin de la journée, de profiter des avantages que son obstination ne lui avait permis d'obtenir que fort avant dans la soirée. Il n'en eût probablement pas été de même si l'on eût dès quatre heures accentué le mouvement de Wrède en avant de Chaumesnil et de Morvilliers, si l'on eût consenti à renforcer sérieusement et immédiatement le prince royal de Wurtemberg et permis à ces deux corps, soutenus par les réserves, de pousser par le bois d'Ajou vers Brienne, de rabattre la gauche française vers l'Aube, en obligeant de la sorte les défenseurs de La Rothière, en danger d'être coupés de leur unique ligne de retraite, à quitter une position que les Austro-Bavarois et les Wurtembergeois auraient débordée et qu'ils auraient pu prendre à revers pendant que les Russes de Sacken l'aurait abordée de front.

L'attaque contre Dienville par les deux rives de l'Aube est également contraire aux vrais principes. Comme toutes les fausses manœuvres, elle ne produisit aucun résultat et les Alliés s'épuisèrent devant ce village en efforts inutiles. Il eût été assurément plus logique, plus rationnel, de garder le IIIe corps tout entier sur la rive droite de l'Aube, d'autant mieux que la division détachée sur la rive gauche aurait eu, en tout état de cause, besoin de beaucoup de temps pour déboucher par le pont de Dienville, en admettant qu'elle eût réussi à l'emporter. Au lieu de séparer ainsi le IIIe corps par le cours de l'Aube, il eût été bien plus sage d'imprimer un peu plus d'activité à la marche du Ier corps pendant les deux journées qui avaient précédé la bataille. On aurait pu alors confier l'attaque de Dienville par la rive droite au corps entier de Gyulay, pousser sur Piney le Ier corps (dont la présence sur la route de Troyes à Joinville par Brienne aurait mis l'Empereur dans un cruel embarras en le privant de la seule ligne de retraite qui pouvait lui permettre d'opérer sa jonction avec Mortier), ou bien encore diriger Colloredo sur Dienville et le charger d'enlever le pont, pendant que le IIIe corps aurait eu pour mission d'occuper sur l'autre rive les troupes de Gérard.

Au point de vue tactique, la manière de combattre des Alliés donne également prise à la critique.

Dès le début de la bataille, on peut remarquer dans l'action des trois armes un manque absolu d'entente, une absence complète de cohésion qui se continueront à travers toutes les phases de la lutte. Le temps épouvantable qu'il faisait alors est la seule circonstance atténuante que les généraux alliés puissent invoquer pour justifier le décousu de leurs mouvements offensifs. L'artillerie russe de Sacken a évidemment fait preuve d'une remarquable hardiesse, mais elle s'était tellement aventurée et elle resta pendant un certain temps tellement en l'air et tellement en avant de ses soutiens les plus proches, qu'elle ne dut son salut qu'au sang-froid de son chef et à l'état du terrain. Quant à la cavalerie russe dont nous avons déjà apprécié le rôle, les avantages considérables qu'elle remporta du côté de La Rothière dès le début de la bataille et qu'elle dut à l'entrée en ligne si opportune de la division de dragons du général Pantchoulitcheff, n'eurent pas toute la portée qu'on était en droit d'attendre d'un fait d'armes aussi brillant : d'abord, parce que l'infanterie de Sacken était encore trop en arrière; ensuite, parce que Blücher, ne pouvant, à cause de l'ouragan de neige, découvrir le champ de bataille, ne fut informé que trop tard pour pouvoir en profiter, des résultats quelque peu inattendus des charges des cavaliers de Wassiltchikoff. A la droite des Alliés, les dernières charges exécutées par la cavalerie de Wrède [1], du prince royal de Wurtemberg, de Karpoff et du prince Biron de Courlande, n'avaient pas été combinées, et leur semblant de cohésion et de connexité ne fut que le résultat d'une coïncidence presque imprévue. Pour ce qui est de l'infanterie, on l'engagea sur toute la ligne par petits paquets au fur et à mesure de son arrivée sur le terrain.

Ordres de l'Empereur pour la retraite. — Nous avons déjà essayé d'indiquer les motifs pour lesquels sans doute l'Empereur s'obstina à rester jusqu'au 1er février en présence des

---

[1] L'aide de camp de Wrède, le prince de Thurn et Taxis, prétend, dans son journal, « qu'on aurait pu faire mieux encore. On disposait, dit-il, non seulement d'une nombreuse cavalerie, mais de cavalerie fraîche. En la portant vigoureusement en avant, on aurait très probablement pu enlever Brienne. » (TAXIS, Tagebuch; *K. K. Kriegs Archiv.*, XIII, 32.)

troupes alliées. Nous avons montré que Napoléon lui-même avait trouvé sa position trop étendue et qu'il avait même commencé à retirer ses troupes au moment où l'attaque des Alliés vint à se produire. Mais si l'on peut critiquer la résolution prise par l'Empereur d'accepter la bataille dans des conditions aussi désavantageuses pour lui, on ne saurait trop admirer le calme avec lequel il arrête, dans la nuit du 1er au 2, les dispositions qui, grâce à la lenteur et à la mollesse de la poursuite des Alliés, vont lui permettre de sauver les débris de son armée, la sagacité profonde avec laquelle il pénètre les projets de ses adversaires, l'incomparable perspicacité qui lui permet de fixer la direction même que suivront leurs principales forces. Jamais peut-être le génie de Napoléon ne s'est affirmé d'une manière plus complète que pendant cette nuit du 1er au 2 février qu'il passe au château de Brienne, occupé d'une part à régler les mouvements de son armée, devinant de l'autre, avant même qu'elles aient été décidées dans les conseils des souverains alliés, non seulement la séparation des armées de Silésie et de Bohême, mais encore les directions mêmes que ces armées vont prendre.

Pendant que l'armée française exécutait, à partir de 8 heures du soir, le mouvement rétrograde que nous avons vu l'Empereur lui prescrire, Napoléon préparait au château de Brienne les dispositions nécessaires pour régler sa retraite sur Troyes par Lesmont. De 9 à 11 heures, l'Empereur est préoccupé; il craint encore que les Alliés, profitant de leurs avantages, ne se décident à une attaque de nuit[1] dont les conséquences seraient désastreuses pour lui. Enfin, à 11 heures du soir quand, sauf à Dienville, le feu a cessé sur toute la ligne, quand il sait que l'ennemi reste immobile, il dicte les ordres que Berthier enverra de suite aux commandants de corps.

---

[1] L'inaction du généralissime, aussitôt après la victoire, est l'objet des critiques les plus vives de Clausewitz. Il condamne à plusieurs reprises, dans sa *Critique stratégique,* la manière d'agir de Schwarzenberg. et c'est ainsi que, parlant des opérations de la défense, appréciant peut-être trop durement les dispositions de l'Empereur pour une bataille qu'il ne voulait pas livrer, l'écrivain allemand ajoute : « On l'attaqua, et Bonaparte, battu, eut la chance inouïe dans l'histoire de voir le généralissime allié n'engager qu'une partie de ses troupes et *donner au reste le spectacle d'une bataille.* On ne le poursuivit pas, et il put se tirer facilement d'un si mauvais pas » (CLAUSEWITZ, *Critique stratégique de la campagne de* 1814.)

« La retraite [1] de l'Empereur étant sur Lesmont, les ducs de Bellune et de Raguse doivent avoir des batteries à cheval pour la retraite..... Les trois divisions d'infanterie de la jeune garde ont en tout 24 pièces ; les batteries à cheval de la ligne et de la garde en ont 24 ; soit 48.

« Demain 2 février, à 4 heures du matin, on aura pris les positions suivantes : Le général Nansouty, avec ses 3,000 chevaux, sera en position sur la gauche un peu en arrière de Brienne-la-Vieille avec 12 pièces d'artillerie à cheval.

« Le général Gérard, avec 2 pièces, sera en avant de Brienne-la-Vieille sur trois lignes, l'une à la tête du village, l'autre à la queue, la troisième dans le bois à hauteur de Brienne.

« Le général Ricard passera à 2 heures du matin le pont de Brienne-la-Vieille ; il aura avec lui sa cavalerie et s'arrêtera à 3 heures ; il coupera le pont de Brienne-la-Vieille, après quoi il marchera sur Piney. Il couvrira la route de Lesmont par la rive gauche.

« Le général Grouchy, avec la cavalerie du 5ᵉ corps, sera sur la gauche de la garde. Le général Curial avec sa division sera en position devant Brienne, occupant la ville et en colonne de marche.

« La division Meunier sera rangée en deux colonnes sur l'extrême gauche, l'une à peu près au chemin de Maizières, l'autre plus en arrière.

« La division Rottembourg traversera Brienne à 3 heures et ira prendre position sur la hauteur, à mi-chemin de Lesmont : elle aura avec elle sa batterie et occupera les bois [2] et les hauteurs du moulin à vent. On placera les batteries de 12 près de Lesmont, pour que, si l'Empereur était trop pressé, il pût faire usage de toute son artillerie.

« Le duc de Raguse, avec 6 pièces d'artillerie, partira à 3 heures du matin, prendra position sur les hauteurs de Perthes en Rothière, s'assurera du pont de Rosnay où il y a un bataillon de garde. Il prendra position sur les hauteurs de Rosnay, se retirant, s'il y est forcé, par le pont d'Arcis-sur-Aube.

« Le duc de Bellune partira à 2 heures du matin ; il traversera Brienne et prendra position au moulin à vent.

---

[1] Registres de Berthier; Dispositions pour la retraite. (*Archives de la guerre*.)
[2] Il s'agit ici des bois et des hauteurs de Neuville.

« Le général de France, avec les gardes d'honneur, se mettra en marche à 1 heure, passera le pont de Lesmont, jettera des partis sur la route de Piney et sur la rive gauche de l'Aube en remontant.

« Le général Ruty choisira demain au jour un emplacement pour l'artillerie sur la rive gauche de l'Aube.

« Les troupes, à mesure de leur passage, se rangeront en bataille, le duc de Bellune à droite, la garde à gauche.

« Dans cette situation, on pourra passer la nuit demain.

« Le général Corbineau se rendra de suite de Maizières à Rosnay et à l'intersection des routes de Rosnay à Lesmont. Il fera brûler les ponts de Rosnay lorsqu'il en recevra l'ordre. Il aura sous ses ordres le bataillon qui est à Rosnay et les pièces, et prendra position, la droite au pont de Lesmont, flanquant l'arrière-garde pour arriver avec elle à Lesmont. »

Sur l'ordre de l'Empereur, le major-général informait à la même heure le maréchal Macdonald des événements de la journée, qu'il réduisait cependant aux proportions d'une simple escarmouche. « Il y a eu toute la soirée, lui écrivait-il, une grande canonnade, et quelques échauffourées nous ont fait perdre quelques pièces de canon. » Berthier ajoutait toutefois que l'Empereur repassant l'Aube, la ligne d'opérations serait d'Arcis-sur-Aube à Troyes. Quelques heures plus tard l'Empereur devait d'ailleurs, avant de quitter Brienne pour se rendre à Piney, envoyer des instructions plus détaillées au maréchal. Par une dépêche qui, partie de Brienne à 2 heures du matin, parvint seulement à ce maréchal assez tard dans la soirée du 2, il lui faisait connaître que le duc de Raguse allait manœuvrer par la rive droite de l'Aube pour couvrir le point important d'Arcis-sur-Aube, et lui prescrivait de manœuvrer « selon les circonstances et surtout pour maintenir libre le pays entre l'Aube et la Marne ». Au milieu même de la retraite, l'Empereur pensait déjà à reprendre l'offensive, puisque Berthier ajoutait : « Sa Majesté attend, dans les premiers jours du mois, un corps assez considérable de vieilles troupes de l'armée d'Espagne ; s'il était possible de recevoir tout cela sur Arcis-sur-Aube, cela nous mettrait à même de tenter une bataille avec quelque chance de succès [1]. »

---

[1] Major-général à Macdonald ; Registres de Berthier. (*Archives de la guerre.*

L'Empereur ne devait pas tarder à recueillir le fruit des mesures énergiques auxquelles il s'était arrêté au milieu du désordre inséparable d'une défaite. Dès le 2 au soir, les Alliés, bien qu'ils n'eussent guère engagé à La Rothière qu'un peu plus du tiers de leurs forces, allaient, après s'être laissé arrêter par la résistance que Marmont devait leur opposer sur la Voire aux environs de Rosnay, trouver le moyen de perdre le contact d'une armée qu'avec un peu d'activité et de résolution il leur eût été possible de mettre en pleine déroute.

2 février. — Premiers mouvements des Alliés à 8 heures du matin. — Du côté des Alliés, on s'était tenu absolument tranquille toute la nuit et ce fut au jour seulement qu'on se prépara à exécuter les ordres contenus dans la disposition générale donnée par Schwarzenberg avant la bataille. Au moment où les souverains alliés, accompagnés par le généralissime et venant de Bar-sur-Aube où ils avaient passé la nuit, arrivaient un peu après le lever du soleil sur le champ de bataille, leurs avant-postes signalaient la retraite de l'armée française. On avait ainsi, par une négligence inouïe, permis au vaincu de se dérober, de prendre plusieurs heures d'avance sur un vainqueur qui disposait cependant pour la poursuite de nombreuses troupes n'ayant pas pris part à l'affaire de la veille. Les mesures elles-mêmes prises pour retrouver les traces de l'ennemi semblent, d'ailleurs, justifier l'opinion émise par Clausewitz. Fût-ce parce que la victoire les avait rendus présomptueux, parce qu'ils crurent la campagne définitivement terminée et la route de Paris ouverte par une seule bataille? Est-ce dans le domaine de la politique qu'il convient d'aller chercher les causes de cette singulière manière d'opérer? Il n'en est pas moins certain que les souverains et les généraux alliés jugèrent à propos de priver Blücher et l'armée de Silésie de toute participation à la poursuite et se contentèrent de porter contre Brienne les IIIe, IVe et V[e] corps de la grande armée de Bohême: le premier, de Dienville par la rive droite de l'Aube; les deux autres, des environs de Petit-Mesnil et de Chaumesnil où ils avaient passé la nuit, en les chargeant de se renseigner sur la direction suivie par l'ennemi en retraite [1].

---

[1] Stärke, Eintheilung und Tagesbegebenheiten der Haupt-Armee im Monate Februar. (*K. K. Kriegs Archiv.*, II, 1.)

Marche du III⁰ corps sur Brienne. — Mouvement de la cavalerie des IV⁰ et V⁰ corps. — Gyulay reconnaît lui-même dans son rapport sommaire sur le rôle de son corps à la bataille de La Rothière, que « n'ayant pu, à cause du temps épouvantable, poursuivre l'ennemi pendant la nuit du 1ᵉʳ au 2, il s'était contenté d'établir quelques petits postes de cavalerie sur les deux rives de l'Aube [1]. » Il arriva un peu après 8 heures du matin devant Brienne-la-Vieille, encore occupée par une faible arrière-garde française qui, après un engagement de peu de durée, se replia sur Brienne-le-Château, suivie par la brigade d'avant-garde de la division Fresnel.

A 8 heures du matin, le prince royal de Wurtemberg, se mettant en personne à la tête de sa cavalerie, quittait La Giberie et Petit-Mesnil, se reliant par sa droite avec la cavalerie du V⁰ corps, et suivait l'arrière-garde française dans la direction de Brienne. L'infanterie de ces deux corps commença son mouvement à la même heure, marchant sur plusieurs colonnes dans la même direction que la cavalerie, pendant que Frimont faisait déboucher de Chaumesnil les troupes de la division Antoine Hardegg qui avaient fourni les avant-postes pendant la nuit [2].

L'avant-garde du V⁰ corps [3] vint donner contre quelques partis français à peu de distance de Brienne-la-Vieille, comme le

---

[1] Gyulay au prince de Schwarzenberg, rapport sommaire sur les événements des 1ᵉʳ et 2 février. (*Ibid.*, II, 34.)

[2] Les troupes en question de la division du comte Antoine Hardegg se composaient de deux escadrons de uhlans de Schwarzenberg, du régiment de hussards Archiduc-Joseph, de quatre compagnies de Szeckler (confins militaires) et d'un bataillon de chasseurs. (Stärke, Eintheilung und Tagesbegebenheiten der Haupt-Armee (*K. K. Kriegs Archiv.*, II, 1), *Journal des opérations du prince royal de Wurtemberg* (IV⁰ corps), par le général comte Baillet de Latour, chef d'état-major (*Ibid.*, XIII, 56) et Wrède à Schwarzenberg (*Ibid.*, II, 47).

[3] Le major prince de Taxis s'exprime ainsi, à ce propos, dans son *Tagebuch* (*ibid.*, XIII, 32) : « A l'aube, on sait que l'ennemi *s'est retiré*. Wrède pousse sur Brienne et se relie au prince de Wurtemberg. Sacken (c'est là une erreur commise par le prince, puisque, comme toutes les troupes de Blücher, Sacken resta immobile) pousse, de son côté, de La Rothière vers Brienne. Les réserves n'avaient pas pris part au combat, et, si la bataille de La Rothière était assurément une victoire, elle allait rester une victoire sans résultat et sans conséquences. Napoléon se retire par Lesmont, passe l'Aube et se dirige, par Piney, sur Troyes, où il opérera sa jonction avec Mortier. Il ne restait plus dans la plaine à droite (au nord et à l'est de la ville) que 1800 chevaux formés en colonne serrée et ayant avec eux quelque artillerie. On leur envoie quelques coups de canon, et ils se retirent après avoir riposté. »

IIIᵉ corps allait pénétrer dans ce village qu'il avait attaqué par la route de Dienville.

« Les avant-postes m'ayant informé de la retraite de l'ennemi, écrit Frimont à Wrède de Brienne le 3 février [1], je portai en avant toute ma cavalerie suivie par mon infanterie formée en trois colonnes. Je rejoignis l'ennemi à Brienne. Sa cavalerie se tenait seule dans la plaine; son infanterie était déjà dans les défilés et la gauche ennemie s'appuyait au village de Perthes. Ma cavalerie se porta vivement en avant, mais elle ne parvint pas à atteindre l'ennemi qui se retira sans attendre mon attaque. »

Les troupes françaises, dès qu'elles avaient remarqué le déploiement des trois corps alliés, s'étaient, en effet, reportées en arrière sur la route de Lesmont, sur une ligne allant de Brienne-le-Château à Perthes-en-Rothière. La cavalerie de Milhaud, dont la droite était protégée par l'infanterie postée dans les défilés et dont la gauche s'appuyait au village de Perthes, couvrait ce mouvement.

Le IIIᵉ corps avait de Brienne-la-Vieille continué sa marche sur Brienne et n'était parvenu à enlever la ville et le château qu'après un engagement assez vif avec l'arrière-garde française. L'artillerie de l'avant-garde des Austro-Bavarois et deux batteries à cheval du IVᵉ corps avaient efficacement soutenu le mouvement des troupes de Gyulay, qui s'était effectué sous les yeux mêmes du généralissime. Schwarzenberg, s'il faut en croire les documents autrichiens, résolut à ce moment de faire suivre par les IIIᵉ et IVᵉ corps les dernières troupes françaises en retraite sur Lesmont, pendant que Wrède avec le Vᵉ corps, prenant plus à droite, se dirigeait vers la Voire et Rosnay-l'Hôpital.

Marche du Vᵉ corps vers la Voire. — Combat de Rosnay. — D'après l'historiographe de Wrède, au contraire, et surtout d'après le journal du prince de Taxis, le mouvement du Vᵉ corps contre Rosnay n'aurait pas été ordonné par Schwarzenberg. « Le commandant du Vᵉ corps avait, ainsi s'exprime à ce propos Taxis [2], envoyé le 1ᵉʳ février au soir un de ses officiers au géné-

---

[1] Le général de cavalerie baron Frimont au général comte Wrède. (*K. K. Kriegs Archiv.*, II, 47 b.)

[2] Tagebuch du major prince de Taxis. (*Ibid.*, XIII, 32.)

ralissime et cet officier revint de Bar-sur-Aube sans rapporter d'ordres. » A peine Wrède avait-il dépassé Brienne qu'on lui signala sur sa droite la marche d'une colonne française se dirigeant le long de la Voire, vers Rosnay. Craignant pour sa droite et espérant aussi arriver avant l'ennemi aux ponts de la Voire, Wrède laisse le prince royal de Wurtemberg libre de poursuivre l'ennemi à sa guise et prend, avec le V° corps, la route qui mène à la Voire.

« Il aurait certainement mieux valu, ajoute l'aide de camp de Wrède, pousser droit vers l'Aube et poursuivre l'ennemi, puisque Wrède avait plus de cavalerie que le prince royal de Wurtemberg et qu'en outre il était plus près de l'ennemi que ce dernier. Si l'on avait agi de la sorte, on se serait très probablement emparé d'une bonne partie de l'artillerie française qui aurait eu de la peine à atteindre et à passer le pont de Lesmont. Au lieu de cela, on préféra prendre une autre direction et, à midi, la tête de la cavalerie du V° corps était au pont de la Voire. »

Avec la pointe de son avant-garde (3ᵉ bataillon de chasseurs autrichiens et régiment de hussards Archiduc-Joseph), Wrède se porta rapidement en avant dans l'espoir de s'emparer des ponts existant à l'ouest de Rosnay sur les différents bras de la Voire et qui font communiquer ce village avec Lassicourt. A cause de la gelée, les Français n'avaient pas pu les détruire complètement en se retirant et avaient dû se borner à y faire une coupure incomplète faute d'outils pour scier les longerons.

Il était en effet extrêmement important pour Wrède, s'il voulait arrriver à séparer Marmont du reste de l'armée, de prendre au plus vite pied sur la rive droite de la Voire et de s'établir sur les hauteurs protégées par le terrain marécageux s'étendant à leur pied, de façon à pouvoir y attendre, malgré les attaques de l'ennemi, l'arrivée du gros de son corps. Les chasseurs à pied autrichiens et deux des escadrons de hussards réussirent au premier moment à passer sur la rive droite de la Voire où ils furent même rejoints par quelques compagnies d'infanterie de Szeckler. Mais après avoir bravement résisté à deux attaques des troupes de Marmont, ils furent chargés et sabrés par la cavalerie légère française et rejetés sur la rive gauche.

Malgré l'arrivée en ligne de la division Rechberg et bien que soutenues et préparées par les feux de l'artillerie du V° corps, les attaques de Wrède, tant celles dirigées en avant de Lassicourt que celles tentées plus à droite par la brigade du prince Charles de Bavière, échouèrent complètement contre les habiles dispositions du duc de Raguse et la bonne tenue de ses troupes. Le combat avait pris des proportions si considérables, le feu était si vif que l'empereur de Russie, le roi de Prusse et Schwarzenberg, après avoir tenu à Brienne la conférence dans laquelle on avait décidé définitivement la séparation des deux armées, crurent nécessaire de se rendre en personne sur le théâtre de la lutte où jusque vers 5 heures du soir tous les efforts du Ve corps vinrent se briser contre la résistance énergique et habilement dirigée de quelques faibles bataillons français.

Wrède paraissait même disposé à renoncer à une entreprise qui coûtait déjà beaucoup de monde à son corps d'armée, lorsqu'une circonstance fortuite obligea le duc de Raguse à se retirer. Les uhlans de Schwarzenberg, en remontant le cours de la Voire, avaient découvert un gué aux environs de Rances. Passant la rivière sur ce point, ils menaçaient maintenant l'aile gauche du maréchal qui ayant, d'ailleurs, atteint le but qu'il s'était proposé, crut avec raison que le moment était venu d'évacuer d'abord Rosnay, puis les hauteurs, de battre méthodiquement en retraite et de prendre un peu d'avance sur l'ennemi. Le duc de Raguse se replia alors par échelons, et, grâce à la neige qui tombait à gros flocons, grâce au bon maintien des tirailleurs qu'il avait laissés sur ses positions, les Alliés ne s'aperçurent de son départ que lorsque le gros de son corps était déjà en marche sur Dampierre où son arrière-garde même parvint à le rejoindre sans avoir été inquiétée en route. Marmont avait si bien dissimulé sa retraite que les partis de cavalerie qu'Hardegg avait poussés après l'évacuation de Rosnay jusqu'à deux lieues en avant de ce point, rentrèrent à 7 heures du soir en annonçant que non seulement ils n'avaient relevé aucune trace de l'ennemi, mais qu'ils n'avaient même pas aperçu à l'horizon le moindre feu de bivouac.

Après le combat qui avait coûté, de l'aveu même de l'historien de Wrède, 53 officiers et 1,045 hommes au Ve corps [1], la division

---

[1] HEILMANN, *Wrède*, p. 340. — Voici, d'ailleurs, en quels termes le général Frimont s'exprime, à propos de cette affaire, dans son rapport à Wrède : « A Rosnay, la gauche ennemie prit position pour assurer la retraite de l'aile

du comte Antoine Hardegg se cantonna à Lassicourt. Deux compagnies autrichiennes et trois compagnies bavaroises furent chargées de la garde des ponts. Trois escadrons et deux compagnies s'établirent en avant de ces ponts sur la rive droite de la Voire sur les hauteurs de Bétignicourt à Rosnay. On plaça également une grand'garde à Bétignicourt et une autre sur la rive gauche de la Voire, à Saint-Christophe. Quant au gros du Ve corps, il revint, dans la soirée, camper à Brienne.

Dans son *Tagebuch* le prince de Taxis ne pouvait naturellement passer sous silence le combat de Rosnay : « Le pont, quoique endommagé, était encore praticable. Il était établi près du village de Rosnay-l'Hôpital, qu'occupaient les troupes de Marmont. Le maréchal se posta aussitôt sur une hauteur en face du pont. L'infanterie bavaroise essaye de l'en déloger ; mais elle est repoussée sous les yeux de l'empereur de Russie, du grand-duc Constantin et de Schwarzenberg. »

« Sans chercher à atténuer les fautes incontestables que Wrède commit le 2 février, ajoute un peu plus loin Taxis, on peut toutefois faire remarquer que le vrai coupable n'est autre que Wittgenstein qui s'était entêté à aller à Vassy, le 31 janvier. Si le comte Wittgenstein avait consenti, dès le 30 janvier, à suivre les conseils de Wrède, la bataille de La Rothière aurait eu d'autres conséquences, et en tous cas, pris à revers le 2 février par une attaque venant de Montier-en-Der, Marmont aurait été certainement gravement compromis. Au lieu de cela, il put défendre le passage de la Voire à Rosnay et réussit à s'y maintenir d'autant mieux que de nouveaux ordres de Schwarzenberg dirigèrent, le 3 février, le corps de Wrède sur Lesmont. Le combat, qui coûta beaucoup de monde aux Bavarois, dura jusqu'au soir, et Marmont put se replier dans la nuit et atteindre l'Aube. »

Rien mieux que ce témoignage rendu au duc de Raguse par l'aide de camp même de son adversaire, ne saurait mettre plus complètement en lumière les inexplicables contrastes que présente la conduite du duc de Raguse pendant toute cette cam-

---

droite et tint bon jusqu'à ce que l'ordre de se replier lui fut parvenu. L'ennemi, en se retirant, avait eu le temps de détruire les ponts. Aussitôt après l'occupation de Rosnay, le comte Antoine Hardegg avait envoyé des partis de cavalerie sur la route d'Arcis-sur-Aube. » (*K. K. Kriegs Archiv.*, II, 47 *b*.)

pagne et les inconcevables défaillances d'un des plus habiles lieutenants de l'Empereur. Dans toute sa retraite du Rhin jusqu'à l'Aube, il avait fait preuve d'une mollesse et d'une négligence qui lui avaient déjà valu de justes reproches de l'Empereur. Puis tout à coup, au moment même où après avoir compromis le sort de son arrière-garde à Saint-Dizier, après avoir, par un excès de prudence, par une timidité presque coupable, abandonné à quelques Cosaques les positions que Napoléon lui avait prescrit d'occuper du côté de Soulaines, après avoir permis ainsi à Wrède de venir jouer sur le champ de bataille un rôle qui devait nous être si fatal, il se ressaisit tout à coup. On retrouve alors à Rosnay le hardi capitaine qui jadis n'avait pas craint avec 6,000 hommes d'attaquer 15,000 Russes à Castel-Nuovo et qui, par cette victoire, avait assuré la conquête de la Dalmatie; on reconnaît le vainqueur de l'archiduc Charles à Znaïm, le brillant chef de l'armée de Portugal dont les belles manœuvres avaient réussi à arrêter, pendant près de six mois, l'armée de Wellington; mais le duc de Raguse avait malheureusement perdu cette ardeur, cette énergie, cette volonté qui avaient fait sa réputation. Sa lassitude, son découragement, ses compromissions devaient non seulement paralyser plus d'une fois, dans le cours de cette campagne, ses grandes et réelles qualités militaires, mais encore ternir à tout jamais l'éclat d'une gloire jusque-là immaculée et sans tache.

Affaire des IIIᵉ et IVᵉ corps à Lesmont. — Pendant que la résistance du duc de Raguse arrêtait le Vᵉ corps du côté de Rosnay, deux bataillons du IIIᵉ corps avaient continué à filer en avant de Brienne par les hauteurs qui s'élèvent le long de l'Aube. Ils devaient flanquer la gauche de la cavalerie du IVᵉ corps qui, soutenue par ses batteries à cheval, suivait, en faisant surtout usage de son artillerie, l'extrême arrière-garde française en retraite sur Lesmont par Précy-Saint-Martin. Pendant cette marche le régiment autrichien de hussards Archiduc-Ferdinand atteignit, entre Saint-Christophe et Lesmont, un régiment de lanciers polonais qu'il culbuta [1].

---

[1] STARKE, Eintheilung und Tagesbegebenheiten der Haupt-Armee im Monate Februar (*K. K. Kriegs Archiv.*, II, 1), et *Journal d'opérations du IVᵉ corps*, par le général comte Baillet de Latour (*Ibid.*, XIII, 56).

Le prince royal de Wurtemberg arriva ainsi, en suivant la cavalerie française, jusqu'au pied des hauteurs de Lesmont où l'Empereur, afin de couvrir sa retraite, avait massé les divisions Meunier et Decouz, soutenues par 24 bouches à feu chargées de donner à la cavalerie française le temps nécessaire pour prendre position derrière l'infanterie et d'arrêter, par leur feu, la cavalerie du IV° corps. Le prince royal de Wurtemberg n'ayant pas d'infanterie sous la main fut obligé, d'abord de faire halte, puis de se retirer avec ses batteries hors de portée du tir de l'artillerie française. L'Empereur profita de ce mouvement rétrograde pour ramener à 4 heures le gros de ses troupes sur la rive gauche de l'Aube. Il ne laissa plus à Lesmont qu'une faible arrière-garde de 400 à 500 hommes destinée à ralentir jusqu'au soir la marche des Alliés.

Pour débusquer cette poignée d'hommes de Lesmont, Gyulay, dont le corps d'armée était arrivé en ligne presque en même temps que l'infanterie du IV° corps, forma la brigade Czöllich par bataillons en masse sur les hauteurs de Précy. Il comptait attaquer Lesmont par la gauche, pendant que le général Stockmayer, avec quatre bataillons du IV° corps, se porterait contre ce point en suivant la chaussée. L'arrière-garde française abandonna alors Lesmont, repassa sur la rive gauche de l'Aube après avoir détruit le pont et s'établit solidement dans les maisons situées sur les bords de la rivière. Un escadron du 3° régiment de dragons wurtembergeois (régiment du Prince royal) conduit par le lieutenant-colonel von Bismarck, chef d'état-major de la cavalerie du IV° corps, avait vainement essayé de pousser jusqu'au pont et d'en empêcher la destruction. Il avait dû se replier devant le feu meurtrier partant des maisons de la rive gauche. Un escadron de chevau-légers de Klenau avait également tenté l'entreprise, mais sans plus de succès[1]. Les tirailleurs français réussirent ainsi à se maintenir sur la rive gauche de l'Aube pendant presque toute la nuit du 2 au 3 février et empêchèrent, par leur présence et par leur feu, les Alliés de procéder au rétablissement du pont. Une partie de l'infanterie des III° et IV° corps se cantonna à Lesmont et à Saint-Christophe ; le reste de l'infanterie et la cavalerie dans

---

[1] Gyulay à Schwarzenberg. Relation sommaire de la bataille de La Rothière, 1ᵉʳ et 2 février 1814. (*K. K. Kriegs Archiv.*, II, 34.)

les villages voisins de la rive droite de l'Aube. La division Crenneville, qui avait dû attendre à Vendeuvre l'arrivée des colonnes de Colloredo, s'arrêta le 2 au soir à Saint-Léger sous Brienne.

La destruction du pont de Lesmont, conséquence de la résistance opposée par les deux divisions de Ney aux IIIe et IVe corps, aurait pu être facilement évitée si l'on avait jugé à propos au quartier général des Alliés de se servir, à défaut du Ier corps autrichien, de la division Crenneville, dont on semble avoir oublié la présence sur la rive gauche de l'Aube.

Mouvement du Ier corps. — Le Ier corps aurait d'ailleurs pu, lui aussi, être utilisé sur la rive gauche de l'Aube. Bien que de Bar-sur-Seine le commandant du Ier corps eût envoyé : vers l'Yonne sur Chaource la division légère du comte Ignace Hardegg (2 bataillons, 12 escadrons et 1 batterie à cheval); sur Fouchères, avec ordre de surveiller la rive gauche de la Seine entre Bar-sur-Seine et Troyes, la division légère du prince Maurice Liechtenstein, et à Vircy-sous-Bois un régiment d'infanterie chargé de soutenir cette dernière division, il lui restait encore 27 bataillons et 12 escadrons avec lesquels il quitta Vendeuvre à 6 heures du matin, se dirigeant sur Dienville dont on lui avait laissé ignorer l'occupation et où ses troupes entrèrent vers 11 heures 1/2. Le feldzeugmeister informa aussitôt le généralissime de son arrivée, lui demanda des ordres et lui fit remarquer que, d'après les renseignements qu'il avait recueillis, la route de Dienville à Piney paraissait être impraticable pour l'artillerie. Colloredo avait à peine transmis ces renseignements au quartier général qu'il reçut l'ordre de se porter par Piney sur Troyes. Mais en présence du mauvais état des routes et des réclamations du feldzeugmeister, le généralissime consentit, dans le courant de la journée, à modifier ses instructions et à l'autoriser, au lieu d'agir contre le flanc droit de l'ennemi en retraite, à reprendre le chemin qu'il venait de parcourir et à retourner à Vendeuvre avec son corps d'armée [1] pour continuer de là vers Troyes.

Le Ier corps, retardé dans sa marche par un temps épouvantable et par de violents ouragans de neige, ne put atteindre Vendeuvre que dans la nuit du 2 au 3. Son artillerie n'y arriva

---

[1] Général Trapp au général Radetzky. (*K. K. Kriegs Archiv.*, II, 71.)

même que le 3 à 6 heures du matin, et tout ce qu'il put faire fut de pousser sur la route de Troyes le régiment de chevau-légers Rosenberg qui s'établit en avant-postes aux environs de la Villeneuve-au-Chêne.

Mouvement des gardes et réserves. — Affaire de cavalerie de Villiers-le-Brûlé. — Dans la matinée de ce même jour, Schwarzenberg avait donné l'ordre au général Ocharoffsky de passer l'Aube, avec la cavalerie légère de la garde russe, au pont de Dolancourt, d'en descendre le cours par la rive gauche en se dirigeant sur Piney, afin de chercher la direction prise par l'armée française en retraite. Or, comme Barclay de Tolly craignait de laisser cette division de cavalerie légère sans soutien, il avait prescrit au corps de grenadiers du général Raïeffsky et aux 2e et 3e divisions de grenadiers russes de se mettre en mouvement de Trannes sur Dienville et de là sur Piney. Ces réserves, parties de Trannes le matin, poussèrent, d'après les documents russes, jusque vers Villiers-le-Brûlé (à 2 kilomètres de Piney), tandis que, d'après les documents autrichiens, les grenadiers et les cuirassiers n'auraient pas dépassé Radonvilliers.

Quant aux gardes et à la 1re division de cuirassiers parties, comme les grenadiers, de Trannes, elles se portèrent sur Vendeuvre, à la grande surprise de Colloredo qui n'avait pas encore reçu la dépêche par laquelle le généralissime, l'informant à 10 heures du soir de ce mouvement, l'invitait à céder la place aux gardes et à continuer aussitôt après sur Troyes. Au moment où la tête de colonne des gardes paraissait à Vendeuvre, le Ier corps n'y était encore installé qu'en partie, et l'arrivée simultanée de ces deux corps débouchant, l'un par la route de Dienville, l'autre par celle de Dolancourt, produisit dans ce cantonnement, déjà trop exigu pour un seul corps, un encombrement et une confusion indicibles. La plus grande partie des troupes dut y camper à la belle étoile par un temps épouvantable. De toutes ces troupes, la division de cavalerie légère de la garde russe du général Ocharoffsky eut, seule de ce côté, une petite affaire avec la cavalerie française.

Aussi pendant que le général Seslavin[1], qui battait la campagne

---

[1] Rapport de Seslavin à Barclay de Tolly.

entre Piney et Lesmont, annonçait d'après les renseignements qu'il tenait d'un officier prisonnier que toute l'armée française battait en retraite de Lesmont sur Vitry, le général Ocharoffsky mandait le 2 février, à 6 heures, à Barclay de Tolly [1], qu'il avait donné, à hauteur de Villiers-le-Brûlé, contre un parti de cavalerie française et qu'il l'avait rejeté dans la direction de Piney. Le général Ocharoffsky ajoutait, d'ailleurs, qu'il avait été arrêté par 2,000 hommes et 6 bouches à feu venant de Lesmont. Ces renseignements contradictoires augmentèrent encore l'inquiétude qui régnait à ce moment au grand quartier général.

L'Empereur, en effet, avait de Lesmont, à 1 heure de l'après-midi, fait prescrire par le major-général à Grouchy de se porter sur Piney avec sa cavalerie qui devait être suivie par le 2e corps (duc de Bellune), et le rapport que Milhaud adressa de Villiers-le-Brûlé à 8 heures du soir à Grouchy, permet de se rendre un compte exact de l'affaire de Villiers-le-Brûlé. « Nous avons trouvé à Villiers-le-Brûlé un régiment de dragons et un régiment de uhlans russes forts de 1,000 chevaux. Nous avions sur notre droite un régiment de Cosaques [2]. Nous avons dû charger trois fois pour les éloigner du village. Le bataillon du 26e n'a qu'une compagnie de 150 hommes dont les fusils font à peine feu. J'ai ordonné qu'on coupe deux ponts, l'un qui conduit à Dienville et un autre sur le flanc du village ; mais on trouve partout des gués. La brigade Ludot a été seule engagée avec l'ennemi ; je l'ai fait soutenir par la compagnie d'infanterie, mais j'aurais eu besoin d'un bataillon pour occuper avec sûreté le village [3]. *Le pain et les vivres manquent à mes troupes.* Les hommes sont fatigués par le service et se plaignent de ne pas manger en France. Je sollicite pour eux les distributions comme pour l'infanterie. C'est le vrai moyen de conserver l'énergie de nos soldats et de les empêcher de déserter.

---

[1] Général Ocharoffsky à Barclay de Tolly, de Villiers-le-Brûlé, 2 février, 6 heures du soir.

[2] Les régiments russes, dont le général Milhaud parle dans son rapport. sont : les régiments de dragons et de uhlans de la garde et le régiment de cosaques du Don, de la garde.

[3] On est loin, on le voit, des 2,000 hommes d'infanterie dont parle Ocharoffsky dans son rapport.

« *P.-S.*. — Nous sommes environnés de 3,000 chevaux ennemis et leurs feux de bivouac sont à 500 mètres des nôtres. »

Chose singulière : c'était sur ce point seul que les Alliés avaient, le 2 au soir, établi, quoique fort incomplètement, le contact avec les troupes en retraite de Napoléon. Partout ailleurs on avait trouvé moyen de perdre jusqu'à la trace de l'armée française.

Affaire de Thurn avec les habitants d'Ervy. — Mouvements de Platoff. — A la gauche des Alliés, le lieutenant-colonel comte Thurn s'était proposé de se relier ce jour-là, par Avreuil et Les Granges, avec la division du comte Ignace Hardegg postée à Chaource; mais les habitants d'Ervy accueillirent son avant-garde à coups de pierre. Thurn les fit charger par un demi-escadron et, aussitôt après son entrée dans cette petite ville, prévint le maire qu'il le ferait fusiller à la moindre agression tentée contre son détachement par ses administrés. « Cette menace, dit Thurn[1], jointe à l'envoi de patrouilles, ramena le calme. » Malgré cela, le lieutenant-colonel n'osa pas cantonner son monde dans la ville et il bivouaqua à peu de distance d'Ervy sur une hauteur d'où il dominait et surveillait la route de Saint-Florentin.

Plus à gauche encore, Platoff avait, dans la nuit du 1er au 2 février, quitté sa position de Màlay. Passant de la rive droite sur la rive gauche et remontant le cours de l'Yonne, il se dirigeait sur Villeneuve-le-Roy (Villeneuve-sur-Yonne).

Le général Allix avait été renforcé par la cavalerie du général du Coëtlosquet, auquel il avait recommandé de ne pas s'engager, de ne rien compromettre, d'attirer cependant sur lui l'attention des Cosaques et de se poster avec 300 chevaux sur les hauteurs de Rozoy, en envoyant deux partis sur Véron et sur Passy. Mais ces partis se laissèrent entourer et prendre sans tirer un coup de carabine, et le général du Coëtlosquet dut se retirer, sans être inquiété sérieusement, il est vrai, jusque sur les bords de la Vanne, à peu de distance de Sens. Cette escarmouche avait coûté

---

[1] Stärke, Eintheilung und Tagesbegebenheiten der Haupt-Armee (*K. K. Kriegs Archiv.*, II, 1), et Thurn à Schwarzenberg, Chamoy, 4 février, 6 heures du soir (*Ibid.*, II, 81).

à la cavalerie française, rien qu'en prisonniers : 1 lieutenant-colonel, 3 officiers et 80 hommes [1].

Le général Allix, ayant quitté Sens de son côté, marchait par la rive gauche sur Villeneuve-le-Roi, en passant par Paron, Gron et Marsangis ; les partis qui couvraient sa droite s'étant laissé, eux aussi, enlever aux environs de Marsangis, le général, après avoir repoussé les Cosaques, crut devoir se replier sur Sens.

Malgré ces quelques avantages, Platoff, sachant que le général Montbrun occupait Pont-sur-Yonne avec deux bataillons de gardes nationales, informé d'autre part de l'arrivée en ligne de la brigade de cavalerie du général du Coëtlosquet (qui se replia d'ailleurs, le lendemain 3, sur Fontainebleau), au lieu de se porter sur Melun en descendant l'Yonne et la Seine, crut plus sage de se diriger par Courtenay vers Fontainebleau. Platoff avait cependant esquissé un mouvement vers Montargis et envoyé dans cette direction un parti de Cosaques, sous les ordres du capitaine des gardes Bergmann qui, après avoir passé la nuit du 1er au 2 à Courtenay, s'avança le 2 dès l'aube jusqu'aux environs de Montargis. Le capitaine Bergmann réussit à délivrer sur ce point un convoi de 405 officiers, 15 sous-officiers, 82 soldats espagnols, 49 femmes et 4 enfants qu'on évacuait d'Épernay sur Bourges [2]. Le parti du capitaine Bergmann se dirigea ensuite des environs de Montargis vers Ferrières.

Mouvement du VIe corps sur Vitry et Montier-en-Der. — Non content de faire exécuter au corps de Colloredo des marches et des contremarches, l'état-major général avait procédé de la même façon à l'égard du VIe corps. De son quartier général de Saint-Dizier, Wittgenstein, dont les corps [3] servaient de réserve au

---

[1] Rapport du général Allix au ministre de la guerre, Sens, 3 février, 5 heures du matin. (*Archives de la guerre.*) — STÄRKE, Eintheilung und Tagesbegebenheiten der Haupt-Armee im Monate Februar. (*K. K. Kriegs Archiv.*, II, 1.) — Rapport de l'ataman comte Platoff au prince de Schwarzenberg, Villeneuve-le-Roy, 3 février (*Ibid.*, II, ad. 120).

[2] Major Legros, commandant à Montargis, au ministre de la guerre, Montargis, 6 février. (*Archives de la guerre.*) — Rapport de Platoff à Schwarzenberg, Villeneuve-le-Roy, 3 février (*K. K. Kriegs Archiv.*, ad. II, 120), et STÄRKE, Eintheilung und Tagesbegebenheiten der Haupt-Armee im Monate Februar (*Ibid.*, II, 1).

[3] Le corps du prince Eugène de Wurtemberg était posté à Longchamp, et la division Helfreich à Oronte.

1er corps prussien, avait prescrit à la cavalerie du général Pahlen de continuer sa marche sur Vitry et de se relier avec York. Pahlen, après avoir rallié en route le détachement du général-major Rüdinger [1], se porta de Chavanges sur Gigny et Bussy-aux-Bois et poussa ses avant-postes jusque vers Vitry, pendant que le général Ilowaïsky XII continuait à observer les Français postés sur la ligne Maizières—Rosnay. Vers midi, on entendit le canon dans la direction de Vitry. Mais comme Wittgenstein [1] se préparait à marcher dans cette direction, il reçut du généralissime un ordre rédigé à la sortie de la conférence qu'il venait de tenir avec les souverains au château de Brienne, par lequel il lui prescrivait de revenir sur ses pas et de retourner à Montier-en-Der.

Opérations du Ier corps prussien. — Escarmouche de Saint-Amand. — Ces contre-ordres, ces incessants changements de direction du VIe corps n'étaient guère de nature à faciliter la mission confiée à York, chargé de s'emparer de vive force de Vitry, dont il importait cependant aux Alliés de hâter d'autant plus la prise qu'ils avaient connaissance de l'approche des troupes du duc de Tarente.

York employa la matinée à concentrer son corps près de Marolles, à faire passer l'Ornain à son gros près de Vitry-le-Brûlé et à masser la 8e brigade entre Bignicourt et Frignicourt, pendant que sa cavalerie de réserve sous le général von Jürgass et le détachement du colonel comte Henckel recevaient l'ordre de pousser de Vitry-le-Brûlé, Changy et Saint-Quentin vers Châlons [2]. York en personne procéda, pendant ce temps, à une reconnaissance approfondie de la place même de Vitry. A la suite de cette reconnaissance et afin de ménager ses forces, dont il avait besoin pour être à même de pouvoir résister à Macdonald, il résolut de tenter l'attaque de la place « sur trois colonnes, pendant la nuit

---

[1] Le détachement du général-major Rüdinger se composait, à ce moment, des hussards de Grodno, de trois escadrons de hussards de Soumy, d'une brigade d'infanterie appartenant au 2e corps russe du prince Eugène de Wurtemberg, et de quatre pièces d'artillerie à cheval.

[2] Wittgenstein à Schwarzenberg, Saint-Dizier, 2 février. (*K. K. Kriegs Archiv.*, II, 26. et *ad.* II, 26.) — Stärke, Eintheilung und Tagesbegebenheiten der Haupt-Armee im Monate Februar (*Ibid.*, II, 1).

du 2 au 3, ou, pour mieux dire, à l'aube[1] ». Afin de couvrir sa gauche, York avait envoyé sur la rive gauche de la Marne deux escadrons de cavalerie qui, sous les ordres du capitaine Steinemann, poussèrent sans encombre jusqu'à Sompuis, où cet officier se relia vers le soir avec les coureurs de Blücher.

Mais pendant qu'York s'occupait de préparer les ordres pour l'attaque de nuit qu'il méditait, le général Katzler, posté à Vitry-le-Brûlé, recevait du général von Jürgass l'avis de l'approche de Macdonald.

Le duc de Tarente avait, en effet, prescrit, le 2 au matin, aux généraux Molitor, Exelmans et Brayer, de pousser jusqu'à Vitry; au duc de Padoue d'aller à La Chaussée, en envoyant toutefois sur la voie romaine menant à Bar-le-Duc la moitié de sa cavalerie qui devait occuper le soir Francheville, Saint-Jean-sur-Moivre, Coupéville et Le Fresne; enfin, au général Sébastiani de venir à La Chaussée avec les batteries de réserve. A 2 heures de l'après-midi, le 11ᵉ corps et le 2ᵉ de cavalerie marchaient sur la route de Vitry, le 5ᵉ corps et le 3ᵉ de cavalerie étaient à La Chaussée[2]. La neige, tombant à gros flocons depuis le matin, n'avait cessé d'obscurcir l'horizon et avait couvert jusqu'à ce moment la marche de la cavalerie française, lorsqu'à la faveur d'une éclaircie, les vedettes prussiennes, postées en avant de Saint-Amand, aperçurent à peu de distance la tête de la colonne française en marche sur Vitry. Des deux côtés on évita tout engagement sérieux et, comme Macdonald l'écrivait au major-général de La Chaussée, « on perdit le temps en dispositions inutiles, malgré mon ordre formel de pousser sur Vitry. Comme la neige tombait à gros flocons, on a craint de s'engager, en sorte que l'ennemi n'est qu'à une lieue d'ici et nous avons pris position au village de La Chaussée, échelonnés sur Pogny. C'est ainsi que nous passerons la nuit et dès la pointe du jour nous attaquerons vivement, si nous ne sommes pas prévenus. L'intention de l'ennemi paraît être de manœuvrer par la droite. »

A 7 heures du soir, tout était rentré dans le calme[3]. Cette

---

[1] York à Schwarzenberg, Ecriennes, 2 février, 11 heures du soir. (*K. K. Kriegs Archiv.*, II, 29.)

[2] Macdonald au major-général et à Kellermann, de Châlons et de La Chaussée, 2 février. (*Archives de la guerre.*)

[3] Relation du combat de La Chaussée, par le général von Jürgass.

escarmouche, quoique bien insignifiante en elle-même, allait néanmoins exercer une influence néfaste sur la marche des événements. Jusqu'à ce moment en effet, York, tout en redoutant l'arrivée de Macdonald, ne songeait qu'à remplir la mission dont on l'avait chargé et portait toute son attention sur Vitry, dont la possession avait, d'ailleurs, une valeur réelle pour les Alliés comme pour nous. Décidé à tenter la fortune et à essayer d'enlever la place à la faveur des ténèbres, et, si faire se pouvait, par surprise, il avait déjà désigné à ses trois brigades d'infanterie des cantonnements rapprochés de Vitry, l'enserrant sur ses faces sud et est, de Marolles jusqu'à Plichancourt, et d'où son infanterie devait sortir avant l'aube pour se jeter sur la place. Du côté de Châlons, sa cavalerie, soutenue par quelques petits groupes d'infanterie, s'échelonnait de Saint-Amand jusque vers Vitry-le-Brûlé. En raison même des projets nourris par York, une concentration générale de son corps, d'ailleurs presque impossible, était en tout cas non seulement inutile, mais même dangereuse pour lui. La cavalerie française avait donc une excellente occasion de frapper un grand coup. Elle pouvait, avec un peu d'énergie, profiter de sa supériorité numérique momentanée pour forcer le passage, chasser de Saint-Amand le petit détachement du colonel comte Henckel (5 escadrons, 1 bataillon de fusiliers et une demi-batterie), le rejeter en désordre sur les dragons de Jürgass précisément en train de s'installer, les uns au bivouac, les autres dans leurs nouveaux cantonnements, bousculer le tout sur les 2 bataillons, les 4 escadrons et les 2 pièces que le général von Katzler avait fait partir de Vitry-le-Brûlé à la première nouvelle de l'apparition des cavaliers français, mener la poursuite tambour battant jusqu'à Vitry-le-Brûlé, donner la main aux défenseurs de Vitry-le-François et obliger York à en lever le siège. On pouvait encore, si l'on voulait user de prudence, les observer, après avoir reconnu la présence des Prussiens aux environs de Saint-Amand, se contenter de donner le temps aux corps échelonnés en arrière de venir sur La Chaussée, attendre les événements sans se montrer, sans donner l'éveil, et, en marchant le lendemain au canon, arriver sous Vitry pour tomber sur York dès qu'il aurait dessiné son attaque contre la place. Mais pour cela il aurait fallu que le général Exelmans se fût rendu un compte exact de la situation et des avantages qu'il pouvait en retirer. Non content de se laisser amuser et arrêter d'abord par un petit poste de 40 dragons de Lithuanie, puis par un escadron, puis, au bout de quelque temps, par un autre escadron et par une faible compagnie de chasseurs, il commit la faute de montrer jusqu'à 12 escadrons, de refuser tout combat, de se retirer sur La Chaussée, de révéler ainsi à York l'imminence du danger auquel il venait d'échapper et de lui donner le temps et les moyens, non seulement de soutenir sa cavalerie d'avant-garde, mais de modifier ses projets.

« Il y a quelques heures, écrivait York à Schwarzenberg, on m'a mandé qu'une colonne ennemie marchait de Châlons sur Vitry. C'est peut-être le maréchal Macdonald qui est arrivé à Châlons depuis deux jours. J'ai envoyé aussitôt une brigade de ce côté et l'on m'apprend, pendant que j'adresse ce rapport à Votre Altesse, que l'ennemi occupe en force La Chaussée, sur la route de Châlons à Vitry. Ma brigade l'a arrêté sur ce point. S'il ne se retire pas de La Chaussée cette nuit, je l'y attaquerai demain matin et remettrai l'assaut sur Vitry, jusqu'à ce que j'aie rejeté l'ennemi de La Chaussée sur Châlons [1]. »

Une démonstration maladroite et la mollesse d'Exelmans allaient avoir de graves conséquences. York, désormais certain de la présence entre Châlons et Vitry du corps de Macdonald, va renoncer à ses projets contre cette place, et tandis qu'on aurait pu ou le surprendre et le bousculer alors que ses corps étaient encore disséminés, ou l'observer et attendre pour le prendre à revers qu'il ait tourné tous ses efforts et toute son attention contre Vitry, la timidité des chefs de la cavalerie de Macdonald va nous valoir la défaite de La Chaussée et amener non seulement la chute de Vitry, mais la perte de Châlons. La fortune, on le voit, souriait toujours aux Alliés.

Le Ier corps prussien occupa par suite, le 2 au soir, les positions suivantes : le détachement du comte Henckel à Aulnay-l'Aître, la cavalerie du général von Jürgass à Saint-Amand, l'avant-garde du général von Katzler à Saint-Quentin. Les 7e et 8e brigades, postées pendant la nuit à Plichancourt et à Norrois, devaient éventuellement servir de soutien aux troupes de Jürgass

---

[1] York à Schwarzenberg, Écriennes, 2 février, 11 heures du soir. (*K. K. Kriegs Archiv.*, II, 29.)

et de Katzler, tandis que la 1re brigade (général von Pirch II) continuait à observer Vitry et restant sur ses positions qui s'étendaient de Vauclerc à Frignicourt.

Le duc de Tarente de son côté avait envoyé l'ordre à Exelmans de placer sa cavalerie légère à Aulnay, Ablancourt et en tête de La Chaussée, la grosse cavalerie à Omey ; à Molitor de poster un bataillon à Aulnay, un autre en tête de La Chaussée et le reste de sa division dans le village ; à Brayer d'établir sa division en arrière d'Aulnay ; à Sébastiani d'occuper avec le 5e corps Omey et Pogny ; au duc de Padoue de s'échelonner de Sarry à Pogny, pendant qu'une division de cavalerie couvrirait sa gauche à Francheville et Dampierre. Le maréchal faisait, en outre, revenir tous les bagages à Châlons et les réserves d'artillerie à Vésigneul et Saint-Germain.

Le duc de Tarente terminait son ordre en prescrivant de faire de fréquentes patrouilles et en recommandant à la cavalerie et à l'infanterie d'être toujours prêtes, l'une à monter à cheval et l'autre à prendre les armes. « Les chevaux d'artillerie resteront attelés à La Chaussée, les autres seront seulement garnis. Avant la pointe du jour, toutes les troupes seront sous les armes, l'avant-garde à cheval, l'artillerie prête à être mise en batterie. »

Mouvements des autres corps de l'armée de Silésie. — Pendant toute la matinée, les corps de l'armée de Silésie, dont nous n'avons pas parlé jusqu'ici parce qu'ils n'ont joué aucun rôle le 2 février, étaient restés immobiles sur leurs positions de la veille, et ce fut seulement à l'issue de la conférence qui s'était tenue dans la matinée au château de Brienne, que l'armée de Blücher commença son mouvement vers la droite. Sa cavalerie passa la Voire à gué à Lassicourt vers la fin du jour, son infanterie (Sacken et Olsufieff) marcha par Rosnay sur Braux-le-Comte (Braux-le-Grand) où elle n'arriva que fort tard. Blücher installa sur ce point son quartier général. L'infanterie russe se relia sur sa gauche avec la cavalerie du général Ilowaïsky XII[1] qui, parti de Maizières le 2 dans la matinée, observait d'assez loin de la rive gauche de la Voire le mouvement rétrograde du corps du duc de Raguse.

---

[1] Le détachement d'Ilowaïsky XII se composait des deux demi-régiments cosaques Ilowaïsky, Rebrikoff et de la moitié du régiment de Wlassoff.

Le II⁰ corps prussien, sous les ordres de Kleist, avait marché vers Metz en une seule colonne, composée de son avant-garde, des 10⁰ et 12⁰ brigades, en suivant la grande route jusqu'à hauteur de Woippy. Arrivé sur ce point, le II⁰ corps se rejeta plus à droite pour contourner Metz sans se montrer. Longeant ensuite la rive gauche de la Moselle, il se cantonna le soir : l'avant-garde (Zieten) à Prény et Pagny-sur-Moselle; la 10⁰ brigade et le quartier général à Gorze et aux environs; la 12⁰ brigade à Moulins et Longeau. Kleist reçut à Gorze l'ordre de Blücher lui enjoignant, au lieu de se diriger sur Saint-Mihiel dont le pont était détruit, de se porter sur Commercy, d'y passer la Meuse et de continuer de là sur Saint-Dizier, par Ligny et Stainville.

Le même jour, les rapports du général Rusca[1], commandant la place de Soissons, du général Janssens au maréchal Kellermann et du maire de Brunehamel au préfet de l'Aisne, signalaient, les uns, la présence de hussards noirs de Lützow à Carignan, leur marche sur Margut, ainsi que l'approche d'un gros parti de cavalerie venant sur Carignan ; les autres, l'apparition des Cosaques et de coureurs précédant de loin le corps de Winzingerode à Maubert-Fontaine, au sud de Rocroy.

Ordres et résolutions de l'Empereur. — Pendant que les Alliés perdaient un temps précieux en mouvements inutiles et préparaient leurs échecs en décidant définitivement la séparation

---

[1] Général Rusca au ministre de la guerre, Soissons, 2 février; général Janssens au maréchal Kellermann, Mézières, 9 février ; maire de Brunehamel au préfet de l'Aisne, 2 février. (*Archives de la guerre.*)

Le préfet des Ardennes devait, le 3 février, mettre le ministre de la guerre au courant de ces événements, qu'il présente toutefois d'une façon quelque peu différente :

« L'ennemi a surpris, écrit-il, un poste de 40 lanciers polonais à Carignan, dans la nuit du 29 au 30. Il a paru ensuite près de Givet, se repliant devant une sortie de la garnison, se portant de là sur Philippeville, puis sur Marienbourg et sur Couvin (pays de Liège). De Couvin, il s'est dirigé sur Rocroy, chassant devant lui quelques gendarmes. De Rocroy, il s'est porté, le 31, sur Maubert-Fontaine, y a pris 140 conscrits, que l'on a remis en liberté en attaquant l'ennemi le 2 février et le chassant sur Launoy. »

Nous aurons, d'ailleurs, l'occasion de revenir sur ces événements lorsque nous nous occuperons de la marche des corps de Bülow et de Winzingerode de la Belgique sur Laon et des opérations entreprises pendant ce mouvement, et en avant de ces deux corps, par les coureurs de Tchernitcheff et de Tettenborn.

de leurs deux masses principales, Napoléon n'était pas resté inactif. Il avait, comme nous l'avons vu, commencé par dérober la véritable direction de sa retraite en faisant prendre position au corps du maréchal Marmont derrière la Voire. Le reste de la journée lui avait suffi pour voir clair dans le jeu des Alliés et, certain désormais qu'ils allaient imiter la manœuvre qui avait été si fatale à Würmser en 1796, il s'occupait déjà des moyens à employer pour leur préparer un Castiglione ou un Lonato. Son génie, que la prospérité d'une part, puis la grandeur et la soudaineté des revers paraissaient avoir un instant endormi, va se réveiller plus puissant et plus admirable que jamais, à mesure que le danger qui le menace grandira et que les difficultés se multiplieront autour de sa petite armée.

Le 2 au matin il écrit de Piney au duc de Feltre [1] : « Je serai demain à Troyes. Il serait possible que *l'armée de Blücher se portât, entre la Marne et l'Aube, du côté de Vitry et de Châlons.* De Troyes, j'agirai selon les circonstances. J'opérerai pour retarder le mouvement de la colonne, qu'on m'assure se diriger par Sens sur Paris, ou pour *revenir manœuvrer sur Blücher et retarder sa marche.* »

Dès le matin, il avait fait connaître au général Bordesoulle [2] le mouvement que Marmont allait exécuter par la rive droite de l'Aube sur Arcis et lui avait prescrit d'assurer la défense d'Arcis, tout en envoyant un fort parti de cavalerie sur la route d'Arcis à Troyes pour garder les communications. Plus tard, au moment où il allait expédier ses ordres, il avait su que la cavalerie du général de Piré, qui avait pris position à Rouilly-Sacey, avait envoyé un parti à Creney sur la route de Troyes et un autre parti sur Géraudot pour observer les Cosaques qui avaient paru le matin à Piney et qui, de là, étaient retournés à Géraudot où ils avaient passé la nuit du 1er au 2. La découverte de Piré avait signalé la présence d'un assez gros corps de cavalerie russe à Géraudot [3]. Renseigné sur les mouvements de l'ennemi, tant du

---

[1] *Correspondance de Napoléon*, n° 21169.

[2] Major-général au général Bordesoulle, Brienne, 2 février. (*Archives de la guerre.*)

[3] Général de Piré au général Grouchy, Rouilly-Sacey, 2 février. (*Archives de la guerre.*)

côté de Troyes que du côté d'Arcis, Napoléon avait aussitôt (6 heures du soir) ordonné au général de France de s'établir à Villiers-le-Brûlé avec ses gardes d'honneur et le 10e hussards, d'occuper Brévonne et d'éclairer sur Dienville [1].

Le général Gérard avait reçu l'ordre de se placer à cheval sur la route de Piney à Dienville, pour soutenir la cavalerie; enfin, les ducs de Valmy et de Tarente devaient ne rien négliger pour contenir l'ennemi et maintenir les communications entre Châlons, Vitry et Arcis.

Les nouvelles reçues au quartier impérial dans le cours de la soirée étaient, en somme, rassurantes : Piré [2], d'une part, mandait à Grouchy que le 2e régiment de chasseurs de la garde et un régiment d'infanterie étaient à Creney et que le duc de Trévise devait être à Troyes. D'autre part, Mortier faisait savoir au général de France, à Piney, qu'un de ses bataillons, 300 chevaux et une demi-batterie occupaient Aubeterre, assurant ses communications avec Arcis-sur-Aube, que le pont de La Guillotière était fortement barricadé et défendu par 8 canons et 3 bataillons, que ses reconnaissances avaient poussé le matin au delà de Montiéramey et n'avaient vu que peu de monde.

L'Empereur avait, en outre, complété ses dispositions par une mesure qui prouve combien cet homme extraordinaire conservait son calme, son sang-froid et sa présence d'esprit au milieu des circonstances les plus graves et les plus difficiles. Après avoir envoyé ses ordres de mouvement, il avait, dès son arrivée à Troyes, dicté au major-général l'ordre du jour suivant : « Les chevaux de main de la maison de l'Empereur, de messieurs les

---

[1] Nous avons vu que la présence dans ces parages du général Ocharoffsky avait empêché les généraux de France et Milhaud de remplir la dernière partie du programme. Grouchy, inquiet sur le sort de sa cavalerie, postée à Villiers-le-Brûlé, proposa au major-général d'y envoyer, outre la cavalerie du général de France, un bataillon d'infanterie, parce que, disait-il, « il est probable que l'ennemi attaquera demain de bonne heure le général Milhaud, et, s'il était repoussé, il en résulterait désordre et confusion à Piney. »
Une dépêche du major-général à Grouchy, de Piney à 11 heures du soir, prescrivit à ce général de porter beaucoup d'attention à Villiers-le-Brûlé et de procurer au général Milhaud le moyen de se maintenir sur sa position. (*Archives de la guerre.*)

[2] Piré au général de Grouchy, et duc de Trévise au général de France. (*Archives de la guerre.*)

maréchaux, des officiers d'infanterie et de cavalerie, seront employés à porter les éclopés au fur et à mesure qu'on les trouvera sur la route.

« L'Empereur le recommande à l'honneur et à l'intérêt que chaque officier doit mettre à sauver un camarade [1]. »

Conseil de guerre de Brienne. — Résolutions des Alliés.
— Les Alliés avaient été moins prompts à prendre des résolutions. On avait commencé par perdre toute la matinée et, avant de rien décider, on crut nécessaire d'examiner et de discuter en conseil de guerre une situation cependant bien simple et bien claire.

Un peu après 9 heures du matin, l'empereur de Russie et le roi de Prusse, arrivés au château de Brienne, y convoquèrent Schwarzenberg, Blücher, Barclay de Tolly et leurs chefs d'état-major à une conférence, dans laquelle on devait déterminer la marche ultérieure des opérations.

Dans toute autre armée, où le commandement supérieur aurait été effectivement confié à un seul chef, on n'eût même pas songé à réunir un conseil de guerre après La Rothière. La voie à suivre était toute tracée : il ne restait qu'à achever l'anéantissement de l'ennemi vaincu, qu'à écraser sous une pression immédiate et énergique les débris de son armée, qu'à changer sa retraite en déroute. Il suffisait pour cela de continuer à concentrer les efforts des deux armées et de mettre une bonne fois fin aux rivalités personnelles en investissant effectivement du commandement supérieur ou Schwarzenberg ou Blücher; mais c'était précisément sur ce point que l'on se heurtait à des obstacles insurmontables. On a prétendu que la difficulté de faire marcher et vivre une armée de 160,000 hommes avait été la cause déterminante de la séparation des deux armées, et que d'ailleurs, en présence de la défaite infligée la veille à l'Empereur, chacune des deux armées était à elle seule assez forte pour briser les dernières résistances qu'on pourrait chercher à opposer à leurs progrès et à leur marche triomphale.

On commettrait une grave erreur en voulant attribuer à des

---

[1] *K. K. Kriegs Archiv.*, II. 177.

considérations d'ordre purement militaire les motifs déterminants d'une séparation des armées que rendaient nécessaires les tendances essentiellement différentes des souverains et de leurs conseillers, les divergences d'opinion, les jalousies et le caractère absolument opposé des deux principaux généraux.

Dans le conseil de guerre on ne fit que régler dans ses détails une mesure déjà préparée par les instructions du 31 janvier, et on y décida de marcher sur Paris par Troyes et la vallée de la Seine avec l'armée de Bohême, pendant que Blücher, se portant sur Châlons, y rallierait les corps d'York, de Kleist et de Kapsewitch, et se dirigerait vers la capitale par la rive gauche de la Marne. Le VIe corps (Wittgenstein) devait, dans ce projet, servir à établir la liaison entre les deux armées avec l'aide du corps volant du prince Stscherbatoff, passé désormais sous les ordres du général Seslavin, que l'on ne tarda pas, d'ailleurs, à envoyer sur l'extrême aile gauche de l'armée de Bohême.

A la suite de ce conseil, Blücher reçut l'ordre de se porter, avec les corps de son armée qui avaient donné à La Rothière, par Braux-le-Comte sur Vitry. Colloredo devait aller de Dienville sur Troyes par Piney; les IIIe et IVe corps avaient pour mission de suivre, à partir de Lesmont, la marche en retraite du gros de l'armée française. Wrède devait se diriger de Lesmont par Pougy sur Arcis-sur-Aube et Wittgenstein marcher de Montier-en-Der dans la même direction [1].

La bataille de La Rothière aurait cependant dû convaincre les souverains alliés que, comme à Leipzig, l'Empereur ne pouvait tenir contre leurs forces réunies.

On perdit à Lesmont, c'est le général von Bismarck lui-même qui se charge de nous le dire, l'ennemi de vue pendant plusieurs jours, circonstance d'autant plus remarquable quand on songe à la nombreuse cavalerie des Alliés, à la multiplicité des corps d'éclaireurs et de partisans qui battaient l'estrade de tous côtés.

On n'aurait pu atténuer les graves inconvénients de dispositions déjà fort défectueuses en elles-mêmes, qu'en redoublant d'activité et d'énergie, qu'en imprimant à la poursuite une vigueur d'autant plus grande qu'il s'agissait de regagner le temps

---

[1] STÄRKE, Eintheilung und Tagesbegebenheiten der Haupt-Armee im Monate Februar. (*K. K. Kriegs Archiv.*, II, 1.)

précieux que de singulières indécisions avaient fait perdre. Mais au lieu de poursuivre vivement l'armée française, les Alliés, en se laissant arrêter à Rosnay et à Lesmont, permirent à l'Empereur de prendre sur eux une avance d'une journée de marche et perdirent si complètement le contact que, le 2 au soir, on se demandait encore au grand quartier général des Alliés s'il convenait d'ajouter foi au renseignement fourni par Seslavin et d'après lequel l'armée française se repliait sur Vitry[1], ou s'il fallait lui préférer le rapport d'Ocharoffsky[2] qui signalait, au contraire, sa retraite sur Troyes.

Le 2 au soir, les souverains retournèrent avec Schwarzenberg et le quartier général à Bar-sur-Aube. Les IIIe, IVe et V^e corps, s'arrêtant entre Brienne et Lesmont, y attendirent la réfection du pont. Colloredo passa la nuit à Vendeuvre, et les réserves et gardes russes s'échelonnèrent de Brévonne à Vendeuvre, Vauchonvilliers et Dolancourt.

« En somme, comme le dit le prince de Taxis[3] dans son *Tagebuch*, la journée n'avait pas été bonne pour les Alliés. De plus on avait commis la faute de masser et d'immobiliser tant de monde sur un espace si resserré et dans une contrée déjà si épuisée que l'on manqua de vivres dès le 3 février. Les troupes souffrirent, en outre, énormément du froid et de la neige. »

Les hésitations des généraux et des souverains et la séparation des deux armées fournirent à l'Empereur les moyens de se tirer sans encombre d'une situation que la moindre énergie de la part des Alliés pouvait rendre désespérée.

En méditant les événements du 2 février, on en vient à penser que Clausewitz a dû se rappeler les tiraillements et les indécisions de cette journée lorsqu'il écrivit les phrases suivantes :

« Les données sur la situation et les mouvements de l'ennemi ne sont jamais suffisantes pour motiver entièrement les projets du chef. Mille doutes viennent l'assaillir au moment de l'exécution de son plan. Il pense aux dangers qu'il va courir, si ses suppositions sont mal fondées. Il ressent cette appréhension qui s'empare de l'homme au moment d'accomplir des actes impor-

---

[1] Rapport de Seslavin à Barclay de Tolly.
[2] Rapport du général comte Ocharoffsky.
[3] Journal de Taxis (manuscrit). (*K. K. Kriegs Archiv.*, XIII. 32.)

tants. De là à l'indécision qui mène aux demi-mesures, il n'y a qu'un pas [1]. »

Or, c'est précisément ce pas que les souverains et les généraux alliés crurent sage de faire à ce moment. Ce fut cette séparation des deux armées dont le génie de l'Empereur allait profiter pour entreprendre contre Blücher les admirables opérations que nous étudierons plus loin, ces demi-mesures destinées à donner un semblant de satisfaction à l'amour-propre, aux exigences et aux ambitions de quelques-uns des généraux alliés et devinées par Napoléon, qui furent un moment bien près d'assurer le salut de la France.

Comme le dit le général von Grollmann, alors colonel et chef d'état-major du corps de Kleist (II° corps prussien), les fautes des Alliés éloignèrent la solution de la crise; mais l'histoire militaire y gagna une de ses plus belles pages, un exemple qui montre à la postérité ce que peuvent le génie, la force de caractère, la hardiesse et la persévérance d'un grand capitaine.

---

[1] Avant Clausewitz, de Retz avait formulé la même pensée : « Rien, écrivait-il, ne marque tant de jugement solide d'un homme que de savoir choisir entre les grands inconvénients. »

ERRATA ET ADDENDA

Page 37, 13ᵉ ligne, à partir du bas de la page, au lieu de : *Hagueneau*, lire : HAGUENAU.

Page 41, 10ᵉ ligne, au lieu de : *autrement être*, lire : ÊTRE AUTREMENT.

Page 41, note 1, 7ᵉ ligne, au lieu de : *et avant*, lire : EN avant.

Page 62, dernière ligne à partir du bas de la page et dernière ligne de la note, au lieu de : **1**, mettre : **2**.

Page 67, 5ᵉ ligne, au lieu de : *renseignements que lui signalaient*, lire : QUI *lui signalaient*.

Page 74, 6ᵉ ligne, à partir du bas de la page, au lieu de : *Fraize*, lire : FRESSE.

Page 153, 3ᵉ ligne, au lieu de : *30 janvier*, lire : **20** *janvier*.

Page 153, 1ʳᵉ ligne, à partir du bas de la page, au lieu de : *la Moselle*, lire : *la* MEUSE.

Page 163, note, 1ʳᵉ ligne, au lieu de : *Balmont*, lire : BLAMONT.

Page 169, note 1 : La lettre du prince royal de Wurtemberg au général Toll a été écrite par le colonel comte Baillet de la Tour, chef d'état-major du IVᵉ corps. Elle a été adressée non pas au général-lieutenant comte Toll, mais à Radetzky, chef d'état-major général de la Grande Armée.

Page 180, 18ᵉ ligne, au lieu de : IIᵉ *corps*, lire : Iᵉʳ CORPS.

Page 210, 13ᵉ ligne, au lieu de : *Habourdange*, lire : HABOUDANGE.

Page 210, 10ᵉ ligne, à partir du bas de la page, au lieu de : *renfercé*, lire : RENFORCÉ.

Page 219, 8ᵉ ligne, au lieu de : *18 janvier*, lire : **15** *janvier*.

Page 229, 19ᵉ ligne, au lieu de : *Pont-à-Mousson*, lire : PONT-A-MOUSSON.

Page 306, note 1, 3ᵉ ligne, au lieu de : *Helwig*, lire : HELLWIG.

Page 322, note 2, au lieu de : *feldzeugmeister*, lire : FELD-MARÉCHAL-LIEUTENANT.

Page 323, 11ᵉ ligne, au lieu de : **2**, mettre : **1**.

Page 323, note, au lieu de : **2**, mettre : **1**.

Page 324, 2ᵉ ligne, à partir du bas de la page, au lieu de : *lieu*, lire : LIEUE.

Page 330, 2ᵉ ligne, mettre devant les mots : *sans plus insister*, le point . placé après les mots *Pont-d'Ain*, qu'il faut faire suivre par une virgule.

Page 401, 2ᵉ et 3ᵉ lignes, à partir du bas de la page, au lieu de : *faire partir pour soutenir Stscherbatoff les uhlans de Tchougouïeff*, mettre : *faire partir* LES UHLANS DE TCHOUGOUÏEFF *pour soutenir Stscherbatoff*.

Page 437, 1ʳᵉ ligne, au lieu de *Napoléon* **3**, lire : *Napoléon* **1**.

Page 438, 13ᵉ ligne, à partir du bas de la page, au lieu de : *Vaucouleur*, lire : VAUCOULEURS.

Page 440, notes, 11ᵉ ligne, à partir du bas de la page, avant les mots : *Victor à Grouchy*, au lieu de : ², lire : ³.

Page 453, 1ʳᵉ ligne, après le mot : *matin*, au lieu de : ⁴, lire : ¹.

Page 451, notes 1 et 2, on a oublié d'indiquer que ces deux notes sont tirées des *Archives de la guerre*.

Page 497, 8ᵉ ligne, au lieu de : *contrs*, lire : CONTRE.

Page 499, 8ᵉ ligne, à partir du bas de la page, supprimer les virgules , après les mots *placé* , et *opération* , .

Page 522, dernière ligne, au lieu de : *battait la campagne*, lire : TENAIT la campagne.

TABLE DES MATIÈRES

	Pages.
Préface	v
Avant-Propos	vii

CHAPITRE PREMIER.

SITUATION GÉNÉRALE EN NOVEMBRE ET DÉCEMBRE 1813 1

Divergence d'opinion des généraux alliés	1
Les alliés se décident à suspendre les opérations	2
Proclamation du 1ᵉʳ décembre	5
Situation de l'armée française	6
Opinion de Clausewitz sur le plan des alliés	6
Plan d'opérations du prince de Schwarzenberg	7
Premiers mouvements de l'armée de Bohême	8
Composition de cette armée	9
Composition de l'armée de Silésie	9
Composition de l'armée du Nord	10
Effectifs de l'armée française au 1ᵉʳ janvier 1814	10
20-21 décembre 1813. Violation de la neutralité de la Suisse	11

CHAPITRE II.

OPÉRATIONS DE L'ARMÉE DE BOHÊME DEPUIS LE PASSAGE DU RHIN A BALE JUSQU'A LA PREMIÈRE RÉUNION AVEC L'ARMÉE DE SILÉSIE (26 janvier 1814) 14

20 décembre 1813. Ordres de mouvement	14
Considérations sur cet ordre de mouvement	15
22 décembre 1813. Premiers mouvements de Wrède	15
Positions de l'armée de Bohême le 22 décembre au soir	16
23 décembre 1813. Mouvements	17
Mouvements de la cavalerie de Wrède	17
24 décembre 1813. Affaire de Sainte-Croix	18
Prise du château de Landskron et position des colonnes autrichiennes le 24 au soir	19
Conséquences du combat de Sainte-Croix	20
25 décembre 1813. Lettre de Schwarzenberg à Blücher	20
Prise de Blamont	21
Positions	21
26 décembre 1813. Positions et opérations	22
27 décembre 1813. Marches et opérations	23
28 décembre 1813. Mouvements	24
Mouvements de Bubna vers Genève pendant les journées du 28 au 30 décembre	25
30 décembre 1813. Occupation de Genève	26

	Pages.
Formation de corps de partisans	27
29 DÉCEMBRE 1813. Premiers mouvements des corps de partisans	28
Mouvements des colonnes	29
30 DÉCEMBRE 1813. Bombardement de Belfort et de Huningue	29
Positions	30
31 DÉCEMBRE 1813. Mouvements et affaire de Baume-les-Dames	30
Reconnaissance et combat de cavalerie de Sainte-Croix	31
Premiers mouvements de Platoff	33
1er JANVIER 1814. Wittgenstein se prépare à passer le Rhin	33
Mouvements des partisans Scheibler et Stscherbatoff	33
Mouvements du corps volant de Thurn	34
Mouvements des colonnes	34
2 JANVIER 1814. Mouvements des alliés en Alsace	35
Concentration des IVe et Ve corps sur Colmar	36
3 JANVIER 1814. La cavalerie de Pahlen passe sur la rive gauche du Rhin, se dirigeant sur Haguenau	37
Marche de Wrède sur Colmar	39
Marche de Stscherbatoff sur Remiremont	42
Mouvement de la cavalerie de Thurn sur Vesoul	42
Considérations sur les positions des alliés. Conséquences de l'entrée du Ve corps à Colmar	44
4 JANVIER 1814. Mouvements de la cavalerie du VIe corps	47
Perte du contact	48
Mouvements du corps volant de Thurn en avant de Vesoul	49
Mouvements des autres corps et ordres de Schwarzenberg	50
Nouvelles de Blücher	52
5 JANVIER 1814. Mouvements du VIe corps	52
Mesures prises par le prince royal de Wurtemberg pour le passage des Vosges	53
Stscherbatoff rentre à Remiremont	53
Combat d'Arches	55
Mouvements de Platoff et de Thurn	56
Position de Victor	56
Ordres de l'empereur à Mortier	57
Ordre à Victor, intercepté par les Cosaques	57
6 JANVIER 1814. Renseignements fournis par la cavalerie du VIe corps.	59
Mouvements du Ve corps	60
Mouvement du IVe corps vers les Vosges	60
Le IIIe corps reçoit l'ordre de se porter sur Vesoul	61
Surprise de Port-sur-Saône par le corps volant de Thurn	62
Mouvement des Ier et IIe corps	63
Arrivée à Lunéville de Caulaincourt, chargé de reprendre les négociations	63
7 JANVIER 1814. La cavalerie du VIe corps à Saverne	64
Positions du Ve corps. Affaire de Saint-Dié	64
Mouvements du VIe corps et de Platoff	65
Mouvements des autres corps	66
Schwarzenberg, ajoutant foi à des renseignements erronés, modifie ses ordres	66
8 JANVIER 1814. Mouvements de Victor	69
Prise par les Cosaques d'un courrier envoyé de Strasbourg à Victor.	70
Transmission défectueuse des renseignements et nouvelles	72
Positions et mouvements des IVe, Ve et VIe corps	73

Pages.

Mouvements du corps volant de Thurn et de la cavalerie du IIIe corps... 75

9 janvier 1814. Pahlen devant Phalsbourg.................. 77
 V^e corps. Ordre de mouvement sur Remiremont............ 78
 Seslavin à Bruyères. Renseignements. Lettre de Victor interceptée par les Cosaques... 78
 Affaires de Rambervillers et d'Epinal........................ 80
 Platoff à Pouxeux. Ses rapports avec le prince royal de Wurtemberg.. 81
 Inaction du IVe corps le 10 janvier........................ 83
 Echec du corps volant de Thurn à Langres le 9 janvier....... 85
 Affaire contre les paysans armés de Chaudenay.............. 86
 Les populations commencent à s'armer....................... 87
 Positions des autres corps de la Grande Armée pendant la journée du 9... 89

10 janvier 1814. La droite du VIe corps se relie du côté de Phalsbourg avec un parti de l'armée de Silésie........................... 90
 Mouvements du Ve corps et de Victor vers Saint-Dié. Combat de Saint-Dié.. 91
 Marche du IVe corps sur Epinal.............................. 94
 Renseignements fournis par Stscherbatoff..................... 94
 Mouvements du corps volant de Thurn....................... 95
 Dissolution du corps volant de Scheibler. Causes de ce licenciement. 98
 Positions du IIIe corps..................................... 99
 Positions des Ier et IIe corps et des réserves.............. 99

11 janvier 1814. Positions du VIe corps................... 100
 Marche du Ve corps..................................... 100
 Combat d'Epinal. Conséquences de la mollesse de Platoff...... 100
 Correspondance directe des généraux en sous-ordre avec le généralissime.. 104
 Marche du IIIe corps. Gyulay ignore ce qu'il a devant lui..... 106
 Affaire de cavalerie à Gray................................... 107
 Ordre de mouvement des Ier, IIIe et IVe corps............ 108
 Réception d'un rapport de Blücher........................... 108

12 janvier 1814. Positions des VIe et V^e corps. Immobilité du IVe corps. Ordres de Schwarzenberg relatifs à Platoff et à Stscherbatoff... 109
 Affaire de la Griffonotte et de Chaudenay.................... 110
 Causes du mouvement rétrograde de Victor.................. 111

13 janvier 1814. Nouvelles de Blücher. Le VIe corps reçoit l'ordre de se porter sur Nancy... 112
 Mouvements du Ve corps.................................. 112
 Affaires devant Langres. Gyulay se concentre à Fayl-Billot..... 113
 Le corps volant de Thurn obligé à se replier sur Grandchamp... 114

14 janvier 1814. Occupation de Lunéville par la cavalerie du Ve corps. 115
 Marche du IVe corps..................................... 115
 Immobilité de Platoff..................................... 115
 Gyulay reconnaît les abords de Langres..................... 116
 Retraite du corps volant de Thurn sur Bussières. Renseignements fournis au généralissime....................................... 117
 Positions du Ier corps et des réserves. Marche des cuirassiers de Duka.. 118
 Instructions de l'Empereur à ses lieutenants.................. 118
 Position des corps français................................... 119

	Pages.
15 JANVIER 1814. Cavalerie du VI⁰ corps à Sarrebourg	122
La cavalerie du V⁰ corps à Bayon se relie par ses partis avec les coureurs de Blücher. Evacuation de Nancy par les Français	122
Caractère des relations existant entre les généraux alliés	124
La cavalerie du IV⁰ corps à Bourbonne et à Jussey	129
Mouvements du corps volant de Thurn. Position du I⁰ʳ corps et des réserves	129
16 JANVIER 1814. Platoff à Neufchâteau. Stscherbatoff sur Toul. Renseignements qu'il transmet au généralissime	130
Ordres de Grouchy à Milhaud	131
Positions des V⁰, IV⁰ et III⁰ corps	133
Schwarzenberg donne l'ordre d'attaquer Langres	133
17 JANVIER 1814. Mortier évacue Langres sans que les alliés remarquent son départ	134
Entrée des alliés à Langres	135
Positions des IV⁰ et V⁰ corps	136
Platoff à Neufchâteau. Stscherbatoff à Colombey-les-Belles	137
Positions des autres corps de la Grande Armée	138
Affaire de cavalerie d'Occey	138
Nouveaux ordres de Schwarzenberg pour le 18	139
Perte du contact avec Mortier. Considérations sur les mouvements des alliés depuis leur départ de Bâle	140
18 JANVIER 1814. Ordres et mouvements du IV⁰ corps. Affaire de cavalerie de la Ville-aux-Bois. Reconnaissance de Chaumont	142
Affaire des cuirassiers russes à Vesaignes	143
Positions des III⁰ et V⁰ corps et de Platoff	144
Affaire de Stscherbatoff à Vaucouleurs	144
Mouvements des VI⁰, III⁰ et I⁰ʳ corps	146
Mortier évacue Chaumont le 19 au matin	146
19 JANVIER 1814. Le IV⁰ corps reste à Chaumont du 19 au 24 janvier	147
Positions du V⁰ corps	147
Mouvements de Platoff. Affaire de cavalerie à Vaucouleurs	148
Positions des alliés le 19	149
Lettre de Blücher à Schwarzenberg	150
Lettres et ordres de Napoléon à Victor	151
20 JANVIER 1814. Pahlen à Lunéville	153
Renseignements fournis par Wrède	153
Positions des III⁰ et IV⁰ corps	155
Mortier à Bar-sur-Aube	155
Composition nouvelle des troupes sous les ordres du prince héritier de Hesse-Hombourg	156
21 JANVIER 1814. Pahlen dirigé sur Joinville. Mouvement du VI⁰ corps.	157
Ordres de Schwarzenberg à Wrède	158
Lettre de Blücher à Wrède	159
La cavalerie de Platoff et de Stscherbatoff soutenue par Wassiltchikoff à Vaucouleurs. — Passage de la Meuse	159
Affaire de l'avant-garde du IV⁰ corps à Juzennecourt	160
Thurn trouve Caulaincourt à Châtillon	160
Lettre de Schwarzenberg à Blücher	161
22-23 JANVIER 1814. Mouvement de Stscherbatoff sur Saint-Dizier	161
Mouvement du corps volant de Thurn sur Neuville	162
Voyage de Schwarzenberg à Dijon. Arrivée de l'empereur de Russie à Langres	163

	Pages.
Positions de Mortier. Affaires de Clairvaux et de Tremilly	163
24 janvier 1814. Combat de Bar-sur-Aube	165
Mortier se replie sans que les alliés s'aperçoivent de sa retraite	167
Fautes et mensonges de Platoff	168
Lettre du prince royal de Wurtemberg au général Toll	169
Platoff dirigé sur Sens et Fontainebleau	170
Pahlen à Maxey. — Stscherbatoff à Eurville	171
Thurn à Bar-sur-Seine	172
Mouvements de Colloredo. Positions du prince héritier de Hesse-Hombourg	173
25 janvier 1814. Pahlen à Donjeux. Le gros du VIe corps à Nancy	173
Positions des corps alliés	173
Renseignements envoyés par Thurn	174
Stscherbatoff opère à Eurville sa jonction avec l'armée de Silésie	175

CHAPITRE III.

OPÉRATIONS DE L'ARMÉE DE SILÉSIE DEPUIS LE PASSAGE DU RHIN JUSQU'A LA PREMIÈRE JONCTION AVEC LA GRANDE ARMÉE DE BOHÊME (26 janvier 1814).. 176

Effectifs et positions de l'armée de Silésie en décembre 1813	176
Effectifs disponibles lors du passage du Rhin	178
29 décembre 1813. Mesures prises par Blücher	178
Lettre de Schwarzenberg à Blücher	178
Rôle attribué par le plan de campagne à l'armée de Silésie	179
Instructions confidentielles de Blücher à ses généraux	179
Mouvements préparatoires des différents corps	180
Ordres de l'Empereur à Marmont. Mouvements de Marmont	181
1er janvier 1814. Passage du Rhin par le corps Sacken	181
Combat de cavalerie de Mutterstadt	182
Passage du Rhin à Caub par le corps York	183
Renseignements recueillis par les Prussiens sur la rive gauche	184
Rupture du pont de la Pfalz	184
Passage d'une partie du corps de Saint-Priest. Prise de Coblentz	185
Passage du corps Langeron. Opinion de Clausewitz sur le passage du Rhin	185
2 janvier 1814. Mouvements des corps York et Langeron	186
Marche de la division Ricard	187
Affaire de cavalerie de Rheinböllen	187
Envoi du corps volant de Henckel sur Trèves	188
Combat de Dürkheim et mouvement de Biron sur Alzey	188
Combat de cavalerie de Mehlem et Ober-Winter	189
Passage du corps de Saint-Priest retardé par les glaces	189
3 janvier 1814. Mouvement de la cavalerie prussienne sur Bingen	189
Combat de cavalerie de Simmern	190
Mouvements des Cosaques	190
Marche de Langeron sur Bingen	191
Affaire de cavalerie de Neustadt. — Embuscade de Warteck. — Escarmouche de Fürfeld	191
Positions le 3 janvier au soir	191
4 janvier 1814. Ordres de Blücher relatifs à la transmission des nouvelles. — Mouvements de l'avant-garde vers la Sarre	192
Marche d'Henckel sur Trèves	192

	Pages.
5 janvier 1814. Mouvements du 1er corps prussien. — Henckel à Trèves..........	193
Marche de Sacken sur Kaiserslautern. — Langeron devant Mayence....................	194
Retraite de Marmont sur la Sarre...	194
Nouveaux ordres de Blücher..	194
6 janvier 1814. Mouvements de la cavalerie du général von Jürgass sur Deux-Ponts....	196
Cosaques de Sacken à Deux-Ponts..	197
7 janvier 1814. Positions des avant-postes de cavalerie. — Bombardement de Sarrelouis....	198
Henckel détaché vers Namur et Aix-la-Chapelle....................................	198
Escarmouche de Saint-Jean...	198
8 janvier 1814. Ordres de Blücher...	199
Affaire de Saint-Jean...	199
Mouvements d'York et de Sacken..	199
Ordres de Blücher pour les 9, 10 et 11 janvier...................................	200
Négligence de Blücher...	200
9 janvier 1814. Retraite de Marmont...	201
Cavalerie russe du côté de Sarreguemines..	201
10 janvier 1814. Evacuation de Sarrebruck.....................................	201
Ordres d'York...	203
Mouvements de cavalerie sur Thionville, Sarrelouis, Forbach, Luxembourg et Saint-Avold....	204
11 janvier 1814. Mouvements après l'achèvement des ponts de la Sarre	205
Affaire de cavalerie de Pontigny..	205
Prise de Saint-Avold par la cavalerie...	208
12 janvier 1814. Mouvement d'York et de Sacken. — Affaire de cavalerie de Noisseville....	208
Horn devant Thionville..	209
Position de la cavalerie de Sacken..	210
Retraite de Marmont sur Metz. État de son corps...................................	210
13 janvier 1814. Mouvements de la cavalerie de Sacken et d'York vers la Moselle....	211
Cavalerie du prince Guillaume devant Metz...	212
Prise des ponts de Frouard par la cavalerie russe................................	213
Marche de Biron sur Nancy...	213
Mouvement du corps de Kleist..	213
14 janvier 1814. Mouvement sur Thionville.....................................	214
La cavalerie de Lanskoï occupe Pont-à-Mousson....................................	214
Entrée de Biron à Nancy...	215
15 janvier 1814. Premiers ordres de Blücher pour le 16.......................	215
Blücher prend le parti de se porter en avant.....................................	216
Ordres à York...	217
Mouvements des corps de l'armée de Silésie le 15 janvier.........................	219
Retraite de Marmont sur Mars-la-Tour..	219
Considérations sur les opérations de Blücher.....................................	220
16 janvier 1814. Mouvement des troupes d'York autour de Metz.................	222
Henckel envoie des partis sur Arlon...	222
Sacken à Nancy. Les maréchaux continuent leur retraite............................	223
17 janvier 1814. Marche de Biron sur Toul. Cavalerie du général von Jürgass en avant de Pont-à-Mousson....	226
Mouvements de Sacken, d'une partie du corps de Langeron et de la cavalerie de Kleist....	227

Couvertures supérieure et inférieure manquantes

www.ingramcontent.com/pod-product-compliance
Lightning Source LLC
Chambersburg PA
CBHW070834230426
43667CB00011B/1798